遊佐氏の研究

遊佐恒郎

伊達政宗画像　特別展「伊達政宗——生誕 450 年記念」より転載

伊達成実画像　　特別展「伊達政宗——生誕 450 年記念」より転載

「迎賓館」（旧伊達家邸・明治 25 年築）（北海道伊達市）「筆者撮影」

遊佐氏の研究

目次

まえがき

筆者は以前から幾度となく珍しい名前であると言われてきた。今は時間的に余裕もでき過去を振り返るようになった時、ふと「遊佐氏」はどのような氏なのか思うようになった。以前から歴史に大変関心が深かったため、遊佐氏について調べることにしたのである。その結果「遊佐氏」は山形県飽海郡遊佐郷をその出自としていることに関して、ほぼ万人が認めるところであることが判った。しかし、その後の経緯は不明に近いものであり極めて困難な氏であることも判ってきた。さらに調べて行くうちに室町時代に入り八代将軍足利義政の治世、管領守護畠山持国の家督をめぐり持国の庶子（妾腹の子）義就と持国の舎弟持富の子政長とが不倶載天の仇敵の如く争い、将軍義政の後継問題、義政の不定見とがからみあい、細川勝元は政長を、山名宗全（持豊）は義就を庇護し、畠山氏家督争いが導火線となり中世史上最大の大乱である「応仁の乱」が勃発し、戦国時代に突入する画期となったのである。その時、遊佐氏は義就方、政長方双方に分かれ遊佐国助は畠山義就の守護代として、一方遊佐長直は畠山政長の守護代として働き、遊佐国助は畠山氏家督相続争いの中で畠山政長・遊佐長直に攻められ自刃し、畠山政長・遊佐長直は応仁の乱後、細川勝元の嫡子細川政元のクーデターにより、河内「正覚寺」でともに自刃する運命になるのである。「応仁の乱」の導火線となった畠山氏家督争いの中で「河内の遊佐氏」はその影の主役として活躍していたことが判ってきたのである。幸いにも、筆者はここに今は亡き父が遺してくれた『亘理世臣家譜略記』と『坂上系図』をもっている。『亘理世臣家譜略記』それは伊達政宗の家臣ではあるが従弟（母方）にあたり、また、御一門である伊達成実（亘理藩知行高約二万四千石）の家臣団の世臣家譜略記である。これは伊達成実の家臣である常盤貴定が文政四年（一八二一）に編纂したもので現存する亘理伊達藩唯一の家臣の家譜集である。本書は原本を「読み下し文」になおし復刻したものである。『亘理世臣家譜略記』の中に於いて筆者の祖は遊佐左藤右衛門にあたるが、遊佐左藤右衛門常高の二男路高が、父常高が隠居料として頂いた四貫文（四十石）を頂戴して、初代又右衛門と称し分家した家系に属する。家紋は代々「五瓜に唐花」を家紋としている。遊佐左藤右衛門常高については『仙台武鑑』・『伊達日記』・『松府来歴金華鈔』等、諸書に記載されている。『積達古館弁』では「大剛の者」と記している。『亘理世臣家譜略記』をもとに、遊佐左藤右衛門から筆者までの略系図を示すと、次のようになる。遊佐の家格は「御広間御呼懸」である。

御広間御呼懸（おひろまおよびかけ）

遊佐　姓詳ならず

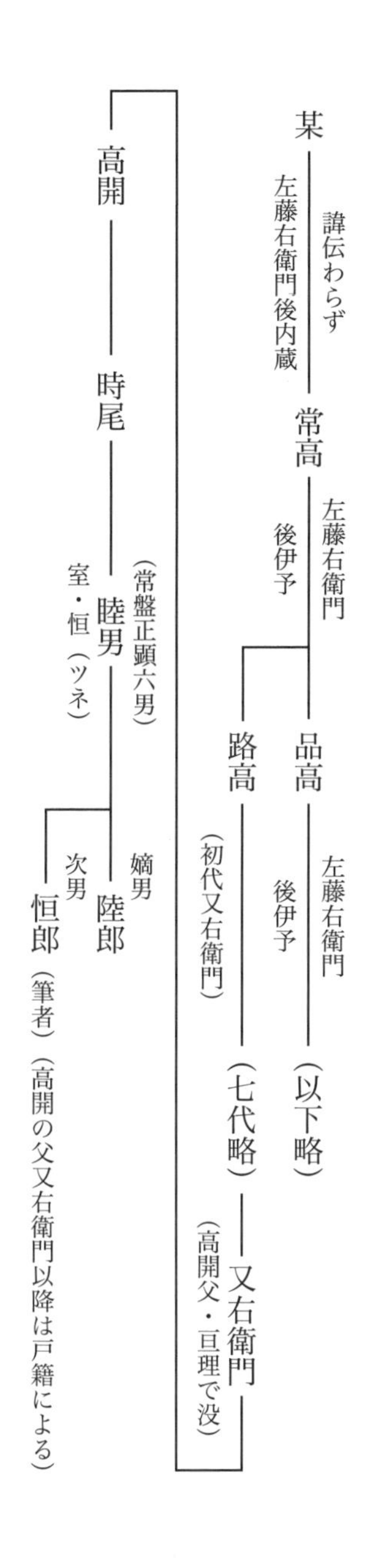

『亘理世臣家譜略記』に示されている「遊佐左藤右衛門」および「遊佐又右衛門」についての記述は次のとおりである。

・遊佐左藤右衛門

先祖内蔵は上方の産にて、二本松（畠山）義継へ仕え、東川端城に住居の所、嗣子左藤右衛門（常高）、義継へ恨み之れ有り、時々（伊達）実元君へ御目にかかり、（伊達）輝宗公へ御奉公申し上げたく、御取り持ち頼み奉るに仰せ上げられ下され候に付き、八丁目（城）へ参る可き由仰せ出され、馬上三十騎の警護相付けられ、二本松を立ち除き、罷り出候処、御同所様より所々にて知行所下し置かれ、御黒印下され、又（伊達）政宗公よりも御朱印を以て所々宛行われ候処、左藤右衛門は、（伊達）成実君へ附き上げ候て、御浪々の節も御供申し上げ、終に御家臣と成り仕え奉り候。太守公より拝受の御朱印、御黒印は、（伊達）綱村公御代、元禄八年召し上げられ、御読み相済み候て戻し下され候。

〔（ ）内は筆者加筆〕

・遊佐又右衛門

先祖又右衛門は、遊佐甚四郎の祖伊与（常高）の次男に之れ有り候処、親伊与隠居料として、高四貫文の所下し置かれ候を、跡方又右衛門に直々下し置かれ候て、召し出され御奉公。御守役より御家老仰せ付られ候節、高四貫文御加増成し下され候て、都合八貫文の高に成し下され候。

〔（ ）内は筆者加筆なお一貫文は十石である〕

右、家譜略記中重要な個所を三個所あげた。今後遊佐氏について本書を書く上で「キーワード」となるので次に記載する。

一、「**遊佐　姓詳ならず**」　即ち、遊佐の姓は不詳である。

二、「**上方の産**」　即ち、上方の出身である。

三、「**義継へ恨み之有り**」　即ち、二本松の畠山氏に代々仕えていたが畠山氏内訌時に畠山義継と決別し、伊達成実の家臣になったのである。

系図に示したように、筆者の父遊佐睦男は常盤氏の出である。遊佐又右衛門高開の孫が早世したため、遊佐高開の室が常盤氏の出であったこともあり後嗣として養子になったのである。常盤氏の家系をたどると田村氏、さらにたどると坂上氏（坂上田村麻呂）にたどりつく家系でもある。

父が実家常盤氏の『坂上系図』を書写して遺したものを筆者は受け継ぐことになったのである。

『坂上系図』のような古い系図には、異論・異説がつきものであることは十二分に承知している。

しかし、『坂上系図』は、また長い時代を経て伝えられてきたのも事実であり、少なくとも筆者にとってこれまでの人生の中で、幾度となく心の支えになったことも紛れもない事実である。

系図にはそういった秘められた力があるのであり、その意味でも『坂上系図』および『亘理世臣家譜略記』は子々孫々まで引き継いでいかなくはならない使命を負っているのである。

坂上氏は漢系氏族で「東漢直」と称された氏族である。筆者の持つ『坂上系図』の筆頭に書かれている「家紋」は「巻龍」である。漢系渡来人であることをうかがわせるものである。

『日本家紋大事典』（丹羽基二）ではこの家紋について、次のように記している。「使用家は、『寛政重修諸家譜』に、坂上氏流の田村氏がある」としている。筆者の持つ『坂上系図』の田村氏は坂上田村麻呂の子浄野からの系である。これは東京史料編纂所所蔵の『坂上系図』と同じである。筆者のもっている『坂上系図』の冒頭部のみを掲示した。『坂上系図』についての論議は本書の主題ではないので割愛する。坂上田村麻呂は征夷大将軍陸奥出羽按察使として出羽国に深く関わり、また、末子高道（十一男・『姓氏家系大辞典』太田亮による）の子坂上茂樹も出羽国守として出羽国に深く関わっていたのである。

五瓜に唐花
「筆者遊佐氏の家紋」
日本家紋大事典
丹羽基二
（株）KADOKAWA「転載」

竜の丸（巻竜）
「坂上氏の家紋」
日本家紋大事典
丹羽基二
（株）KADOKAWA 「転載」

　坂上茂樹が、出羽国守として在任していた時期は、仁和元年（八八五）から寛平三年（八九一）までである（『山形県史第一巻』）。

　また『和妙類聚抄』は源順により承平年間（九三一〜八）に編纂されたものである。それには「遊佐郷」の名が記載されている。

『酒田市史改訂版上巻』では次のように記している。「源順が約四千の郷名を挙げるにあたって資料があったと思われる。郡郷名記載例を正史記載に比して、九世紀後半該当説と九世紀前半該当説がある」としている。いずれにしても九世紀の資料を使用したといわれており遅くとも九世紀末には出羽国飽海郡遊佐郷の発祥があったであろう。遊佐氏もこの時期に

亘理世臣家譜略記

坂上系圖

家紋 巻龍 澤瀉 車前草 桐 巴 三頭左巴 二葉一花菱 松川蝶 上羽

幕紋 巴 桐 地白

指物 満月 地 空地

後漢

孝靈皇帝 ― 正王 ― 石秋王 ― 阿知王（本朝應神天皇二十年秋九月有故辭漢朝来朝矣和州高市郡ニ云云）― 高貴王 ― 志努直（本朝ニ生始テ賜坂上姓）― 駒子 ― 弓束 ― 首名 ― 大國（從五位下右衛門大尉）― 犬養（正四位上右京大夫）

苅田麻呂

非参議刑部卿兼右衛門督神亀五年生
初改坂上忌寸号坂上宿祢勲二等苅田麻呂
恵美押勝叛逆之時苅田麻呂射殺押勝
男刷雄備麻呂真猿引削道鏡有叛乱也
志苅田知之奏
光仁天皇依之道鏡配流下野刑于時苅田
叙正四位下任陸奥鎮守府将軍
延暦四年正月八日叙従三位同年七月朔日兼右
京大夫同五年正月七日薨春秋五十九才詔贈大
納言

田村麻呂

征夷大将軍 従三位大納言
天平宝字二年生
延暦四年十一月朔日叙従五位下
同六年三月兼近衛少将九年三月兼越後守
同十一年十二月叙従五位同十四年二月叙従四位下兼木工頭
同年奥州夷賊于嶋大多悪麻呂数万昔之頼於
後日城先陣亂入爲陸刎頸驚天聴依蒙追討
之勅命越東國平均也
同十五年春帰洛依軍功正月廿五日任陸奥按察
使兼守
同年十月任鎮守将軍同十六年閏五月叙従四位上
同年十一月五日任征夷大将軍
同十七年七月営清水寺　櫻渡私宅早創矣
同十八年五月任近衛権中将
同十九年奥刑逆徒之余党悪路王赤頭之徒居于刑之而夷賊之大将
高麻呂刑之残党高麻呂達谷窟而上籠刑清閑寺
田村家勅命征之高麻呂敗北而射殺　高麻呂且娘
赤頭之大将悪路王赤頭討之而奥刑平均也
同二十年帰洛之時於田谷窟前立九間四面之精舎令号
毘沙門寺安置多門天像寺西光寺云云同帰洛之時眞
高野原寺山為其地今安置聖中将大明神三天皇
同廿二年七月叙従三位任刑部卿
本尊建立寺號号鎮守山蔡平寺
同廿四年六月廿三日任参議
同廿五年五月為西大寺長官
大同元年四月十八日任中納言
同二年正月兼中衛大将
同三年四月十二日改中衛大将為右近衛大将
同年八月十四日兼侍従
同年十二月十六日兼兵部卿
同四年三月叙正三位
同年九月任大納言
弘仁元年藤原仲成逆意奉勅討之
同二年五月二十三日薨　弘仁二年四月近鎮大將
享年五十四
諡号清水寺地主権現
（以下略）

発祥したとみてよいであろう。これから発祥した遊佐氏は坂上茂樹の管轄下にあったことも窺われ、それは、まさに古代のロマンを抱かせるものである。筆者「遊佐氏」の家紋「五瓜に唐花」と「坂上氏」の「巻龍」の家紋を上に掲げる。

話を戻そう。

時代ははるかに下った江戸末期、筆者の曽祖父遊佐高開が亘理にあって、二十歳に近い若者であった。その頃、仙台藩は奥羽越同盟の盟主として、薩長率いる明治政府と戦い、完膚なきまでに敗北した。亘理藩もその影響をまともに受け、知行高二万四千石から、わずか五十八石まで減封されたのである。

さらに、亘理は南部藩の知行するところになったのである。亘理武士団は刀を捨て帰農するか、他の方策を考えねばならない二者択一の選択をせざるをえない苦しい状況に置かれたのである。この窮状に際して、時の亘理邑主伊達邦成に対し家老常盤新九郎（田村顕允）は北海道移住を建言したのである。

伊達邦成はこの建言を入れ、藩をあげての北海道移住となり、その地は北海道胆振国有珠郡伊達村（現伊達市）であった。刀を鍬にかえての開拓は艱難辛苦が伴い想像を絶するものであったのである。

伊達邦成および家臣団の堅い結束の結果、見事に未開地の開拓に成功し敗者から勝者となったのである。

この開拓期の様子は平成二十七年一月二十九日、ＮＨＫＢＳプレミアム「英雄たちの選択　感動秘話！北海道開拓明治維新伊達家の挑戦　地方創生のヒント満載」として紹介されている。

これから難解な「遊佐氏」の歴史を探っていくことにしよう。

なお本文中の「転載」と表記されたものは「許可」を受けたものである。

一・遊佐氏の現状

今まで「遊佐」という名前は珍しい名前であることを述べてきたが、はたして現在、全国的にみてどれ位の遊佐氏が居て、どのような分布になっているのだろうか。『日本の苗字三〇〇〇ランキング』（村山忠重）は、平成十五年（二〇〇三）三月に発行されているが、それには出版前の複数年にわたっての電話帳に掲載されている苗字の数の平均数が掲載されている。全国北海道から沖縄まで四十七都道府県の苗字の多い順に並べられている。それによると「遊佐氏」は全国での順位は千七百二十二位にランクされており全国で二千百八十一戸の「遊佐氏」がいることが判明した。「遊佐氏」より、はるかに珍しい名前の方が多くいることも判明した。しかし、「遊佐氏」も絶対数では圧倒的に少ないといってよいであろう。次に同書では、都道府県別「苗字二五〇位ランキング」も掲載している。それによると「遊佐氏」が掲載されている県はわずかに宮城県のみであった。「遊佐氏」は宮城県での順位は九十位であり、その数は七百六十五戸の「遊佐氏」がいることが判明した。その他の県では「苗字二五〇位ランキング」には「遊佐氏」の苗字は掲載されておらず、宮城県を除く他の都道府県に散在して居住されていることが判明した。実に全体の三十五パーセントの「遊佐氏」が宮城県に居住されているのである。その中でも特に鳴子町（現大崎市）は「遊佐氏」の多いことで知られている。鳴子町（現大崎市）では平成二十六年九月一日現在の調べで二百二十戸であるという。宮城県の中でも約三十パーセントの「遊佐氏」が居住されていることが判った。この背景にはどういう歴史があるのであろうか。「鳴子の遊佐氏」については「奥州の遊佐氏」の中で記述することになる。なぜ故に室町時代に「河内」・「越中」・「能登」・「紀伊」に守護代として名をはせた「遊佐氏」はこうも少ないのであろうか。その歴史をたどってみよう。

二、遊佐氏の家紋と出自

家紋はその家の歴史を表すものであり、またその家を象徴するものでもある。

現在、全国の遊佐氏はどのような家紋を使用しているかを調査した。筆者の家の家紋は「まえがき」で記載したように「五瓜に唐花」である。全国の家紋と姓氏・出自の関係をまとめたものに『都道府県別 姓氏家紋大事典』（千鹿野茂）がある。これは同書の著者が四十五年に及ぶ全国家紋調査に基づいて、四十七の都道府県別に家紋の分布状況、家紋と姓氏・出自の関係を明らかにしたものである。ここでは遊佐氏については「遊佐」と明記されているものに限り記載した。なお都道府県の調査対象地区は割愛した。

以下左記のとおりである。

	都道府県名	姓氏名	家紋	出自
(1)	北海道	遊佐	五つ瓜に唐花	羽前・藤秀郷流
(2)	青森県	同	五つ瓜に唐花	羽前・藤秀郷流
(3)	岩手県	同	五つ瓜に唐花	藤秀郷流
	同	同	丸に立ち沢潟	記載無し
(4)	秋田県	同	丸に木瓜	藤秀郷流
(5)	宮城県	同	五つ瓜に唐花	藤原氏族
	同	同	丸に蔦	清源族
	同	同	丸に四ツ目	宇源佐々木氏族

	都道府県名	姓氏名	家紋	出自
(6)	山形県	遊佐	左三つ巴	藤秀郷流
(7)	福島県	同	亀甲に左三つ巴	藤秀郷流
	同	同	左三つ巴	藤秀郷流
(8)	東京都	同	六つ瓜に六つ唐花	出羽・藤秀郷流
(9)	神奈川県	同	五つ瓜に唐花	羽前・藤秀郷流
	同	同	丸に蔦	羽前・藤秀郷流
(10)	愛知県	同	五つ瓜に唐花	河内・藤秀郷流
(11)	岐阜県	同	五つ瓜に唐花	河内・藤秀郷流
(12)	奈良県	同	丸に三つ柏	藤秀郷流
(13)	京都府	同	六つ瓜に六つ唐花	藤秀郷流
(14)	広島県	同	下がり藤に加の字	讃岐・藤秀郷流
(15)	徳島県	同	丸に二つ引	清源畠山氏族

以上、十五の都道府県における二十の遊佐氏の家紋は「五つ瓜に唐花」・「六つ瓜に六つ唐花」・「丸に木瓜」を含めると、およそ半数の十の遊佐氏が木瓜紋であることが判った。また出自に関しては、圧倒的に多い十五の遊佐氏が藤秀郷流としていることである。「羽前」は「出羽」・「藤」は「藤原氏」を指している。なお、「清源」は「清和源氏」、「宇源」は「宇田源氏」を指していると思われる。地区として、日本一「遊佐氏」の多い宮城県鳴子町（現大崎市）については、残念ながら記載がない。「木瓜紋」が多いことが判ったが、「木

瓜紋」以外の「遊佐氏」も長い歴史の過程でそれぞれの「家紋」を使用されているわけであり婚姻関係から、または被官関係から、その「家紋」になったかもしれず、筆者の管見の及ばないものである。ともかく、長い歴史に由来するものであり尊重されるべきものである。

筆者の遊佐を始め多くの「遊佐氏」が使用している木瓜紋とはどのような紋なのであろうか。

『日本家紋総鑑』（千鹿野茂）では次のように記載している。「木瓜紋は窠の紋で木瓜は当て字であり、正確には窠紋である。窠とは木の上に作られた鳥の巣にたいして地上にある鳥の巣のことで、形が巣の形に似ている。

そして昔の窠紋は現在のような整った形でなく、中に小さな丸が数多く描かれている。これは巣の中の卵といわれている。窠紋が何故、木瓜紋と呼ばれたかについてはいくつかの説がある」としている。

㈠平安時代に寺院や役所などの御簾や御帳の周囲にめぐらした絹布の帽額にある文様を「御簾の帽額の文」と呼び、この帽額の音から転じたという。

㈡木瓜は木瓜すなわち、胡瓜の断面を象ったものである。

㈢バラ科に属する木瓜の切り口を象ったものである。

以上、諸説があるが、その中で最も信用出来るのは㈠の説であるとしている。

「御簾」は「すだれ」の高級のものを指すという。遊佐の「瓜の紋」について記載されたものは、古くからあり『長倉追罰記』（一に羽継原合戦記）（永享七年、一四三五）長倉義成によって戦場において記録された各家の家紋が記録されている。それによれば「越前の織田と由佐の河内守が瓜の紋」とある。織田とは越前守護斯波氏の守護代織田氏で、これはのちに信長を生んだ尾張織田氏の先祖である。

由佐氏の河内守は一人もなく、この頃から遊佐氏と由佐氏が混同していたことが判る。また『見聞諸家紋』（『群書類従』巻四百廿四武家部廿五所収）は別名『東山殿御紋帳』ともいわれており、室町時代足利義政の頃、将軍家を始め、守護大名から国人層にいたるまで諸家の家紋二百六十ほどを次第不同に集積した古書である。その中には管領畠山政長の被官である守護代「河内守遊佐長直」も含まれている。さらに、由佐氏の家紋も含まれている。遊佐長直の家紋は「六瓜に唐花」である。「六瓜に唐花」は「五瓜に唐花」の外枠が五弁に対し六弁であり、中の唐花も六個である。一方、由佐氏の家紋は「下り藤に加文字」である。これから由佐氏は明らかに藤姓であることがわかり、「遊佐氏」と「由佐氏」の家紋がまったく異なることが判る。

家紋で見た限りでは河内の遊佐氏と筆者の遊佐氏とは「五瓜に唐花」と「六瓜に唐花」の違いがあるものの同じ「木瓜紋」であり、同族の可能性をうかがい知ることができる。

一方、『長倉追罰記』の長倉義成が戦場で見た「織田の瓜紋」はどのような紋であったのであろうか。同じく『都道府県別　姓氏家紋大辞典』によれば、全国四十七都道府県の内三十八都道府県で「織田氏」が記載されており、その内十五の織田氏が「織田瓜」、十二の織田氏が「五瓜に唐花」としている。「織田瓜」も基本的には「五瓜に唐花」と同一であり、これから、ほとんどの織田氏が「五瓜に唐花」であることが判る。

現在でも織田信長の軍勢の合戦シーンでは「旗指物」によく見られる御馴染みの家紋である。長倉義成が戦場で見た家紋は、まさにこの紋であろう。同じく長倉義成が戦場で見た遊佐氏の瓜紋は、「五瓜に唐花」

判らない。

であったのであろうか。それとも、「六瓜に唐花」であったのであろうか。それは、どちらであったかは

さらに、この調査によりほとんどの遊佐氏はその出自を藤原秀郷流に求めていることである。

果たして、遊佐氏の出自を「藤秀郷流」に求めていることが出来るのであろうか。また藤原秀郷流にもとめた理由をこれから探っていきたい。藤原秀郷の祖は、言うまでもなく中臣鎌足（後、藤原姓を賜る）であり、また、中臣鎌足は中大兄皇子（後、天智天皇）と、ともに蘇我氏を滅ぼして大化改新（六四五年）を断行して大功のあった者として広く知られている。鎌足の後、嗣子不比等の子は四家に分かれたが、その後、藤原秀郷・藤原道長を輩出するのである。藤原秀郷は平将門を鎮めてその名を高め、藤原道長は摂関政治の頂点を極めたことでよく知られている。藤原氏は日本最大にして最強の氏族と言えよう。秀郷・道長までの略系図を示すと次のようになる。

藤原氏略系図

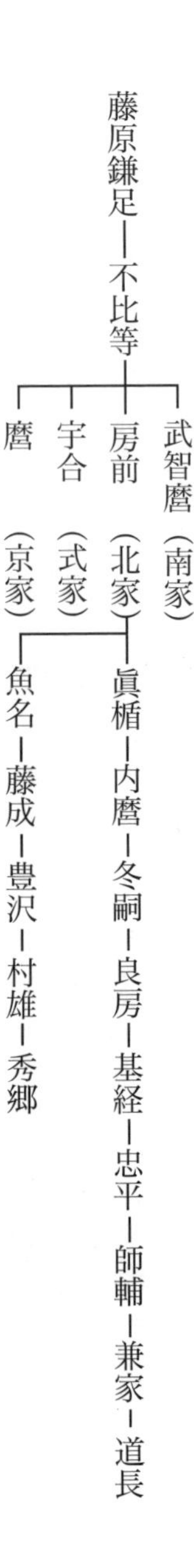

三、遊佐（ゆさ・ゆざ）の地名の語源と苗字の表記について

遊佐の名は一千年以上も前『延喜式』（藤原時平・延長五年、九二七）及び『和名類聚抄』（源順・承平年間九三一〜九三八）などの国史にその名が記載されているが、遊佐の語源は何なのであろうか。「ゆさ」・「ゆざ」について、その語源を辞書で見てみよう。それぞれ次のように記している。

一『地名の語源』（鏡味完二・鏡味明克）
　ユサ　「砂地」

二『古代地名語源辞典』（楠原佑介・桜井澄夫・柴田利雄・溝手理太郎）
ゆさ（遊佐）「砂丘地」を表す地名で「砂がゆすり上げられたところ」の意。「揺さぶる」という語と関係する地名と思われる。

三『地名用語語源辞典』（楠原佑介・溝手理太郎）
　ゆさ　(1) 砂地。イサゴ（砂）のイサから〔鏡味〕。
　　(2) 砂丘。動詞ユサ（揺）クル、ユサ（揺）ブルの語源から「砂の揺り上げられた所」。

一様に「ゆさ」・「ゆざ」の語源を「砂地」とか「砂丘地」としている。
山形県遊佐（ゆざ）の地は、西側が日本海に面しており、日本海流にのった砂がここから吹き上げられ、その砂の量は極めて多く、吹浦西浜・菅野・十里塚そのほかの西遊佐地区などは、その全域が砂地で、一名「荘内砂丘」とも呼ばれ砂はさらに東に飛んで、全てを覆いつくし、古くから多くの住民を苦しめた所である。

また、遊佐郷を含む飽海郡はどのような語源なのであろうか。

一　『古代地名語源辞典』（楠原佑介・桜井澄夫・柴田利雄・溝手理太郎）では次のように記している。

「邨岡良弼は、出羽の飽海郡は飽海郷あたりが往古最上川の遊水地となっており、阿古海と呼ばれたのが転じたものと指摘している」としている。アクは「低地・湿地」の称。ミは「辺」と同じ意の接尾語。

二　『地名用語語源辞典』（楠原佑介・溝手理太郎）

あくみ〔飽海〕アク（灰汁）・ミ、またはアクタ（芥）・ミの略で「湿地」系の地名。

往古飽海郷辺りが湿地帯であったことが判る。今でもこの地帯は天然ガスのでる所でありそれを裏づけている。

次に「ゆさ・ゆざ」という地名は全国でどの位あるのだろうか。

「ゆさ・ゆざ」という地名は少なく『新日本地名索引第一巻』（金井弘夫）を見ても日本でただ二か所、山形県遊佐（ゆざ）町と香川県香南町の由佐だけである。

ところで、「ゆさ・ゆざ」の苗字の表記はどうであろうか。その表記は実に古今さまざまである。

遊佐・遊座・遊左・遊坐

游佐

由佐

油佐・油座

湯佐・湯座・湯坐・湯沢

『姓氏家系大辞典』（太田亮）では次のように記載している。遊佐と遊座・湯佐は同じであるとし由佐と油佐は同じとしている。表音については山形県の遊佐はあくまで「ゆざ」の濁音であり、香川県の由佐は「ゆさ」である。筆者の遊佐は「ゆさ」の清音である。

筆者の管見したところ、宮城県鳴子町（現大崎市）の遊佐は「ゆさ」・「ゆざ」両方居られるようである。「遊佐」と同一として使用された表記のものは次の著書に見られる。

遊座『奥陽仙道表鑑』（木代定右衛門）
遊左『出羽風土略記』（進藤重記）
游佐『越登賀三州志』（富田景周）
湯坐『奥州仙道一覧記』（作者不詳）
湯座『酒田市東禅寺八幡宮棟札』(元和四年、一六一八）の棟札を『山形県金石文集』(山形県郷土研究会）から引用すると次の通りである。

・奉新建出羽国三庄湯座郡亀ヶ崎八幡宮一字処敬白

同じく、同時期の『酒田市一条八幡神社棟札』（元和六年、一六二〇）を『山形県金石文集』（山形県郷土研究会）から引用すると次の通りである。

・奉造立八幡宮出羽国最上源五郎
家信御息安穏大泉荘遊佐郡荒瀬郷
一条村神主小野権太夫謹言

これから、同じ時期に「遊佐」の当て字として「湯座」が使われていたのが判る。

湯沢『石黒家記』(山形県飽海郡平田町石黒氏所蔵)の一部が『飽海郡誌』(斎藤美澄)に記載されているが、遊佐氏のことを「湯沢」と当て字を使い「湯沢」を「ユサ」とルビをふっている。

この「湯沢」については『山形県地名録・山形県郷土研究会』では山形県東村山郡豊田村字「湯沢」は「ユザ」とルビがふってある。これから「遊佐」は当て字と同時に「ユサ」・「ユザ」の清音、濁音両方使われていたことを窺わせるものである。それでは、現在「ゆさ・ゆざ」を称する苗字の方々はどのような表記の方々なのであろうか。『日本の苗字三〇〇〇〇ランキング』(村山忠重)では、五つの「ゆさ・ゆざ」を称する方々が現在居られることを記載している。それは次の通りである。

遊佐
湯佐
湯座
由佐
油佐

この他、「遊座」については、『都道府県別　姓氏家紋大事典』(千鹿野茂)では茨城県に「遊座」を苗字としている方が居られることを記載している。但し、この「遊座」を苗字とする方の読み方は「ユウザ」とルビがふってある。以上が筆者の管見した上で知りえたところであるが、これ以外に「ゆさ・ゆざ」の苗字の方が居るかもしれないが筆者の管見したところでは判らない。「遊佐」の当て字として著書に多く管見されるのは「遊座」及び「由佐」であるが、しかし最大の問題点は遊佐氏と由佐氏が混同されて使用されていったことである。それは家紋から判るように「遊佐氏」と「由佐氏」の出自が明らかに異なるにも関わらずに同一とされ、大きな誤解を招いた要因の一つとなっていったのである。それについては後述する。

四. 出羽国と国造

大化改新前の氏姓古代国家、大和朝廷の時に出羽地方に「国造」があったのであろうか。大和朝廷は地域首長に「国造」の官職を与え、地方行政を行わせたといわれる。また、その地域首長の「国造」は「古墳」を築いていったことでも知られる。ここに、『「国造」の研究』(河野泰彦)がある。それは『国造本紀』・『日本書紀』・『風土記』などに記載されている国造名百二十七を掲げている。「国造」は地域首長が任命されたと考えられるので、これを「古墳」の上から検証したものである。歴代天皇の中で成務帝が「国造」に任命した数は圧倒的に多く六十三国で約半数である。出羽についても、それに関する幾つかの郷土史書がある。それを次に掲げる。

㈠『出羽国風土略記』(進藤重記　宝暦十二年、一七六二)
上古楯・矛等を朝家より賜わりて国々のしるしとせしとぞ。(成務帝)

㈡『筆濃余理』(安倍親任　慶応二年、一八六六)
大楯・当所王代楯矛オ賜リテ、表トセシ処也ト。(成務帝)

㈢『出羽国風土記』(荒井太四郎　明治十七年、一八八四)
上古楯・矛等を朝家より給り国々の表目とせしとぞ。(十三代成務帝)

何れも成務帝の時としている。果たしてこれらの記述は正しいのであろうか。同書は次のように記している。「東山道」の陸奥国は、伊久、思、菊多、阿尺、染羽、浮田、信夫、白河、石背、石城の国造が存在した。伊久国造は、『延喜式』に記載されている伊具郡地方を支配したと思われる。今日の宮城県伊具郡、角田市にあたる。思国造は、『延喜式』に記載されている志太郡地方(今日の宮城県志太郡、古川市南部地方)を支配したという説と、『国造本紀』に「思」とあるのを「曰理」とする説で、今日の宮城県亘理郡亘理町の地域にあたるとしている。菊多国造は、『延喜式』に記載されている菊多郡地方を支配したと思われる。阿尺国造は、『延喜式』に記載されている安積(あさか)郡地方を支配したと思われる。安積郡は、今日の福島県郡山市付近である。染羽国造は、『延喜式』に記載されている標葉(しねは)郡地方を支配したと思われる。浮田国造は、『延喜式』に記載されている宇多郡地方を支配したと思われる。また信夫国造は、『延喜式』に記載されている信夫郡と関係があると思われる。信夫郡は今日の福島市、伊達郡付近である。白河国造は『延喜式』や『和名抄』に記載されている白河郡域を支配したと思われる。石背国造は、『延喜式』に記載されている岩瀬郡地方を支配したと思われる。岩瀬郡は、今日の岩瀬郡、須賀川市の西部付近である。さらに石城国造は、『延喜式』に記載されている磐城郡地方を支配したと思われる。一方、「北陸道」では越後国には高志深江、高志、久比岐の国造が存在したことを挙げている。高志深江国造は新潟県三条市、西蒲原郡付近を支配したと思われる。高志国造は『延喜式』や『和名抄』に記載されている古志郡付近を支配したと思われる。久比岐国造は『延喜式』や『和名抄』に記載されている頸城郡付近を支配したと思われる。頸城郡は現在の東・中・西頸城郡、荒井市、上越市にあたるとしている。同書から判るように「東山道」の陸奥国では「国造」の出羽国に接する北限は宮城県南部、福島県までである。一方、「北陸道」では、「国造」の北限は、越後国までである。これらから、出羽国に「国造」があったことはうかがえない。よって出羽国に「国造」があり楯・矛を賜ったとする郷土史書の記載は単なる伝承であると考えることが妥当であろう。

五. 出羽国成立と陸奥国

遊佐氏が興ったとされる出羽国飽海郡遊佐郷は出羽国の成立の過程でどのようにして生まれたのであろうか。また「まえがき」で筆者の遊佐氏と坂上氏の繋がりを述べてきたが、坂上田村麻呂とその孫である坂上茂樹が陸奥国および出羽国でどのような歴史を刻んでいったのであろうか。

これからそれらを見ていくことにしよう。

㈠ 出羽郡の建置

大化の改新（大化元年、六四五）後の律令国家は、その版図の拡大を目指しており出羽の地は「土地は沃壌にして曠し」と見ていた。いわゆる「期待された国」であったのである。『酒田市史改訂版上巻』でも次のように記している。「この東国の蝦夷支配政策がにわかに積極的になるのは、大化改新が起った直後からである。そこには国域を拡大して律令制を施行しようとする姿勢がうかがえる」としている。

また『鶴岡市史上巻』は次のように記している。「その方法として採用されたのが、軍事的拠点として城柵を夷地の要衝に構築し、柵戸（きのへ）を配して附近を開拓させ、原住民を政治的、文化的に支配して行く方法であった」としている。『酒田市史改訂版上巻』は次のように記している。「大化三年、(六四七)に淳足（ぬたり）柵、翌年は磐舟（いわふね）柵を造り、蝦夷に備え、柵戸が置かれている。

いずれも新潟県で淳足は新潟県の沼垂（ぬったり）、磐舟柵は村上市の岩船と思われる。城柵を建置する施策はまず日本海側で開始され、この時期にほぼ新潟県北部まで達したことになる」としている。

さらに『鶴岡市史上巻』では次のように記している。「斉明天皇四年（六五八）に至るや、更に北方に都岐沙羅（つきさら）柵を設置した」としている。

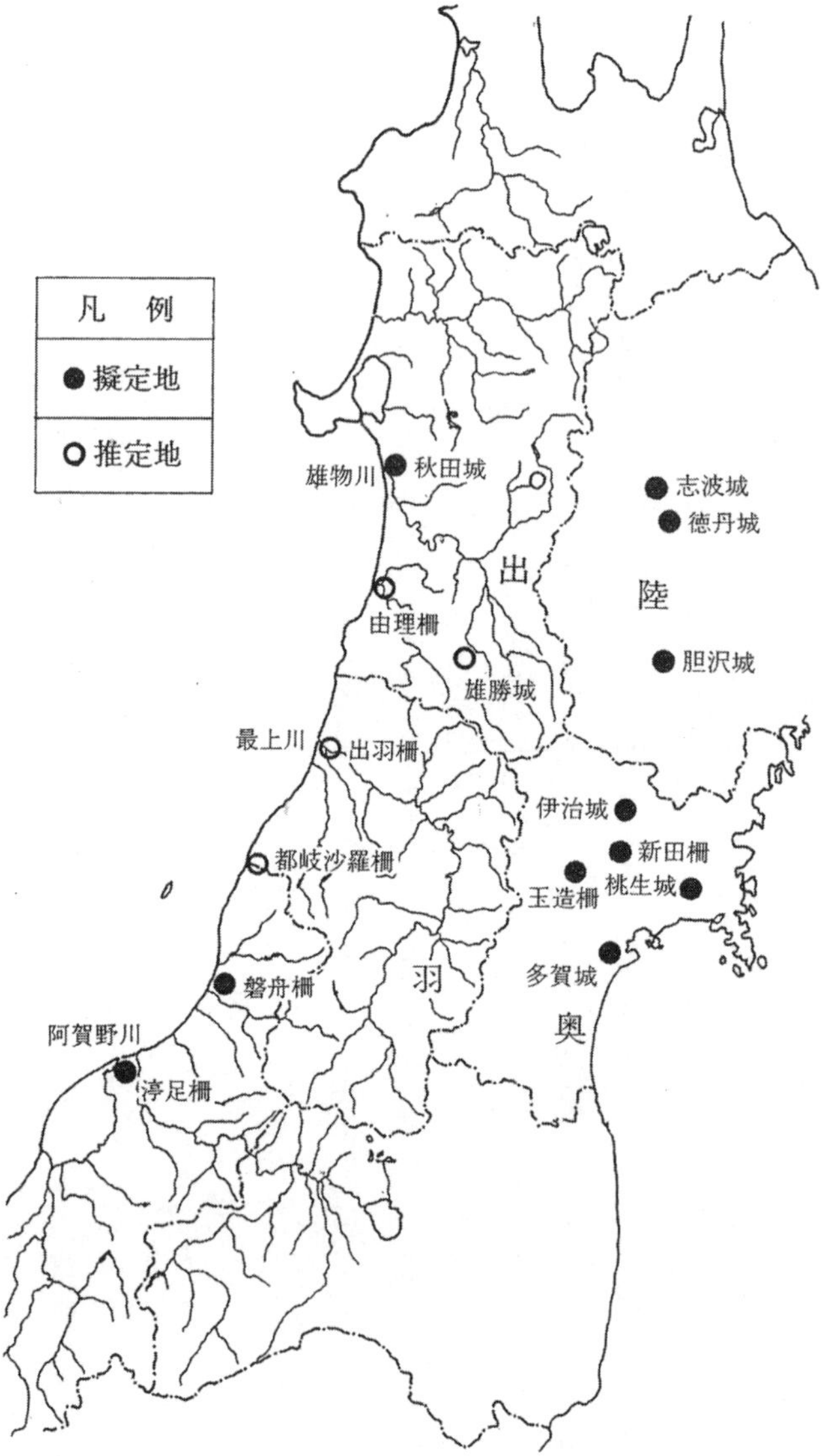

東北地方の城柵

酒田市史改訂版　上巻　図（28）の「転載」

その都岐沙羅柵の位置は記録にないが『大日本地名辞書』（吉田東伍）の鼠ケ関付近が有力視されている。

『山形市史上巻』では柵戸について次のように記している。「皆城堡内におかれ、農作業の時は外に出てそれに従事し、閑あれば柵の修理にあたる」としている。『日本書紀』天武天皇十一年（六八二）四月二十二日条に「越の蝦夷伊高岐那（イコギナ）が俘人七十戸をもって一郡を設置することを願い出ている」、さらに『続日本紀』の和銅元年（七〇八）九月二十八日条に「越国申す、新たに出羽郡を建てんと、之を許す」としている。こうして出羽郡が生まれたのである。また、出羽の名称は鳥の羽を産出貢上したとの説もあるが「いでは」即ち、設立した越後国にとって北に突出した郡となるので「出端」の意であろうとする説の方が有力である。しかし、設置された出羽郡の所在地は必ずしも明確ではない。

この出羽郡の建置は、この地域に動揺をきたしている。『酒田市史改訂版上巻』では次のように記している。「陸奥・越後二国の蝦夷、野心馴れ難く、しばしば良民を害す。とあって和銅二年（七〇九）三月に軍勢を派遣する。建郡後わずか六ケ月であった」としている。動乱は半年ほどで鎮まっている。

出羽開拓の中心になるのがこの出羽柵であり、柵は出羽政治・軍事の中心となる施設である。出羽柵については『続日本紀』和銅二年（七〇九）七月十三日条に「越前・越中・越後・佐渡四国の船百艘をして征狄所に送らしむ」と記されている。征狄所は出羽柵のことであろう。出羽柵は水運の利便性をもった地域と考えられる。最上川水系のいずれかの場所と考えられるが、出羽柵の所在地については諸説があり、その位置を明示する史料はない。また、その後の出羽郡の様子については『山形県史第一巻』では次のように記している。「和銅五年（七一二）の出羽国建置にともなって、庄内地方には田川・飽海の二郡が新たにおかれたとみられる。出羽郡はその郡域を新しい二郡に譲って消滅したとの考察もあるが、『大日本地名辞書』はその範囲を最上川下流の左岸地域に限られて存続したと考えている」としている。

㈡　出羽国の建置

出羽郡は建郡以来五年にして郡は分立して一国となるのである。『続日本紀』の和銅五年（七一二）九月二十三日条によると、太政官が「国を建て、境域を開くには、武功が貴重であり、官を設置し民を撫育するには文教が重要である、ところで北国の蝦狄は、遠くに離れている阻険の地勢をたのんで狂暴心をほしいままにしており、しばしば辺境を不穏にして驚かしていたが、官軍の電撃作戦で凶賊たちも霧消し狄部も平安になった。それで望むらくはすなわちこの好機を利して、仕上げに一国を置き規定通り国司を置き、永久に百姓の生活を鎮めたい」と奏上し裁可され、ここに出羽国が成立したのである。

建国には三郡以上が必要であり『続日本紀』の和銅五年（七一二）十月一日条によれば、「陸奥国の最上・置賜二郡を割きて出羽国に隷せしむ」という措置がとられた。ここで最上郡というのは、今の村山・最上地方を指すのであり、ほぼ今の山形県域の全部が新しい出羽国にまとまったということになる。

律令制下の各国は面積・人口・生産力により、大・上・中・下に格づけられ、出羽国は上国であった。和銅五年（七一二）に出羽国が成立したのであるが『大日本地名辞書』（吉田東伍）では出羽国が成立した時に飽海郡・田川郡両郡が建郡されたとし、この説が一般に受け入れられている。この時に出羽郡は消滅した可能性も考えられる。今までの北陸道から東山道に属することになり、陸奥国と出羽国は歴史を共に形成していくことになる。こうして出羽国は「陸奥・出羽按察使」の管轄を受けることになったのである。最上郡が出羽国の所管となって一世紀をすぎた仁和二年（八八六）十一月十一日、最上郡は勅によって二郡に分けられた。『三代実録』には「二郡に分かつ」と書いてあるだけで二郡に分けられた理由は明らかではない。二郡は最上・村上であるが、現在の最上・村上両群の位置とは逆である。これが現在の最上郡・村上郡の位置になったのは江戸時代になってからである。

㈢　出羽柵の北進

『続日本紀』の天平五年（七三三）十二月二十六日条によれば律令国家は庄内にあった出羽柵を秋田村高清水岡に進めたのである。秋田市寺内の雄物川河口右岸にある秋田城跡で、昭和五十三年発掘調査された際に、本井戸の井筒内の埋土から木簡七点が出土した。その一点からは「天平六年月」と釘書きされた木簡が発見されたのである。天平六年（七三四）から実に千二百余年の眠りから覚めたのである。

真に貴重な発見であった。刻字のある木簡が出土して出羽柵の秋田城への移転の事実を裏づけている。建国二十年で一挙に約百キロメートルも北進し、律令国家は秋田県方面まで進出したのである。天平宝字四年（七六〇）の『正倉院文書』に「阿支太城米」の文字がすでにある。『続日本紀』天平宝字三年（七五九）九月二十六日条によれば内陸の雄勝城と陸奥国桃生城とが築かれた年であるから、この頃秋田城も成立していたのであろう。同時にこの頃には出羽柵を秋田城と替えたと見られる。また庄内地方に出羽柵と併置されていた出羽国府も、その機能を秋田城に移管したものと考えられる。

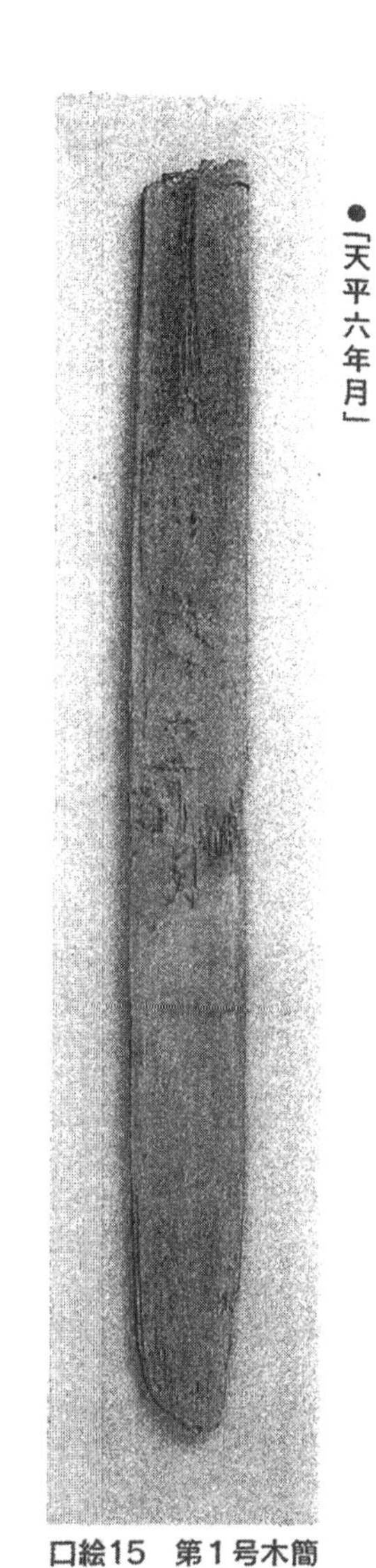

口絵15　第1号木簡

「秋田城跡出土第1号木簡」
「秋田市史第7巻古代史料編」
「口絵15の転載」

このように律令国家はその出羽国域を大幅に北上させようとする施策が大胆に講じられたのであるが、それはこれまでのような順調な歩調を保証はしていなかったのである。この北進は少なからず極端にすぎた。やがてその無理な影響が形となって現れてくる。宝亀年間（七七〇~七八〇）に入ると蝦夷の反乱は激しさを増し、こうして秋田城からの国府の撤退問題が引き起こされる。やがて、国府は安全なところに遷される事態になるのであるが秋田城の施設自体も危険になる。『続日本紀』の宝亀十一年（七八〇）八月二十三日条には、当時出羽に派遣されていた鎮狄将軍安倍家麻呂と太政官との間で秋田城の存続問題が論じられるようになる。陸奥国で起きた「伊治呰麻呂（イジノアザマロ）の乱」は朝廷に衝撃を与えたが、この乱は出羽にも大きく影響を与え出羽の不穏に対応して派遣されていた安倍家麻呂は放棄するようなことをせずに、分番守備して保持することを建言し太政官も、それを認め国司か鎮狄使かの一人を専当の城司にするように指示したのである。国府機能はまだ南遷し切らなかったのである。

この結果できたのが、いわゆる「秋田城介」で出羽介が秋田城司となる制度である。秋田城は「介」の守備する出羽国府の分局となったのである。その後「秋田城介」は陸奥国の「陸奥守」と並ぶ武門の名誉ある官位となっていったのである。一方、陸奥国多賀城は大野東人によって神亀元年（七二四）に築城されたといわれる。多賀城は規模約九百メートル四方で、政庁は東西百三メートル、南北百十六メートルである。南・東・西に門がある。その南門の内側そばに多賀城碑がある。これは藤原朝獦が天平宝字六年（七六二）に多賀城を修造したとき建立したものという。これについては長年真偽の論争がなされたが、平成十年六月、国の重要文化財に指定されたのである。松尾芭蕉もこの地を訪れ『奥の細道』には深い感動をもってこの碑と対面した様子を記している。坂上田村麻呂は延暦十六年（七九七）征夷大将軍に任命されており、この碑と対面したはずである。次にこの碑と金石文を掲げる。

「筆者撮影」

（多賀城碑文）

京を去ること一千五百里
多賀城　蝦夷国の界を去ること一百廿里
常陸国の界を去ること四百十二里
下野国の界を去ること二百七十四里
靺鞨国の界を去ること三千里

西

此の城は、神亀元年、歳は甲子に次る　按察使兼鎮守将軍・
従四位上勲四等大野朝臣東人の置く所なり。天平宝字六年、
歳は壬寅に次る　参議・東海・東山節度使・従四位上
仁部省卿兼按察使・鎮守将軍藤原恵美朝臣朝獦修造するなり。
天平宝字六年十二月一日　（読み下し）

㈣　柵戸の移住

律令国家は版図を拡大させるために、柵を逐次北進させ、それと共に柵戸を内地から移住させる施策をとっていった。柵戸とは内地から移住させられて開墾と耕作に従事し蝦夷を馴撫していく農民である。出羽柵に移民が始まったのは『続日本紀』によれば、和銅七年（七一四）からであり次の通りである。

年代	配置先	民・戸・人数	出身国
和銅七年（七一四）	出羽柵戸	民・二百戸	尾張・上野・信濃・越後
霊亀二年（七一六）	出羽国	百姓・各百戸	陸奥国最上・置賜二郡、信濃・上野・越前・越後
養老元年（七一七）	出羽柵戸	百姓・各百戸	信濃・上野・越前・越後
養老三年（七一九）	出羽柵	民・二百戸	東海・東山・北陸

このように八世紀前半までに、出羽柵と出羽国に移住した戸数は、およそ千三百戸を記録している。その後、天平宝字元年（七五七）から神護景雲元年（七六七）まで出羽国に移民されるが、天平宝字元年（七五七）以降の移民は変質し、浮浪人、犯罪人等であり、主に雄勝城（秋田）の築城に配置されたのであるが、少なくとも、庄内の人々の先祖は内地人を先祖に持つことになったのである。出羽国飽海郡遊佐郷の人々もその例外ではないであろう。この頃の一戸は平均二十人と見なされており、約二万六千人の柵戸が投入されたことになる。この数値はどのような意味を有するのであろうか。

この頃の奈良時代の全人口はどの位であったのであろうか。これから考えてみたい。『日本の歴史3奈良の都』（青木和夫）では次のように記している。

「還暦を迎えた前東京高商（現一橋大学）教授、理学士沢田吾一氏が、東京帝大の文学部国史学科に再入学したのは、一九二〇年（大正九年）の秋であった。すでにひろく使われていた数学教科書の著者として著名な氏が、末っ子のような学生たちと机を並べるようになったのは、日本の古文書の魅力に憑かれたらしい」としている。そして沢田氏は無事に卒業し文学士となり、彼は「正倉院文書」の全国各地の戸籍などの断片、つまり切れ端から統計的手法を駆使して奈良時代の人口を推計したのでる。

結論として沢田氏は次のように述べている。「故に計算上に於て総良民五百五十八万云々を得たれども、安全なる主張としては五百万と六百万の間にありと云う可く、従て之を五百六十万といふも是大体の近似数とみるべきものとす」としている。青木和夫氏はこれに一割の賤民を加え全人口は六百万としている。およそ六百万でよいのであろう。さらに、同様に統計的手法により計算した結果「奈良の都の人口は約二十万とでる」としている。同書では次のように記している。

「全人口二十万の男女別内訳を計算してみると、男十六万、女四万という結果になる」とし、さらに「奈良の都の中で家族らしい家族を形成しているのは男女それぞれ四万ということになるから、残りの十二万の男は、都が『みやこ』でなくなれば消えてしまう運命にある」としている。同書では「奈良の都」は自然発生的な都市ではなく、政治的都市であり、都であるために必要な男たちであったのであろうとしている。当然、都を運営するために全国の各郷から徴収され各官庁に小使い・下働きとして配置された仕丁や、また全国の兵士の中から選抜されて宮城や都の警備にあたる衛士も含まれていたのであろう。その他、都を維持するために必要な男たちであったのであろう。これから、奈良の都の人口は、これら十二万の男たちを除いた実質的な人口はおおよそ八万とみてよいのであろう。出羽国に投入された柵戸の二万六千人は大きなもので律令国家が版図拡大に如何に大きな力を注いでいたかが知れるのである。

㈤　山道駅路

大野東人は陸奥出羽按察使と鎮守将軍を兼任していた。また大野東人は神亀元年（七二四）に多賀城を築いたといわれている。かれは陸奥と出羽の最高の行政官であり、ながらく蝦夷の経営にあたっていたが、それだけに行政・軍事両面で陸奥と出羽が一体化して結ばれる必要を強く感じていたのである。

それが両国を緊密に結ぶ連絡路として浮上する。『続日本紀』の天平九年（七三七）正月二十二日条によれば大野東人から、秋田にある出羽柵と多賀柵を、雄勝村経由の直路にしたい建議があり、朝廷はそれを許している。それには奥羽山脈にかけての蝦夷地を平定しない限り不可能であった。

『山形県史第一巻』をもとに概要をまとめると次のようになる。大野東人は同年二月二十五日、多賀柵を約六千の大部隊を率いて行動を開始し、三月一日、西北の加美郡に至り、三月一日色麻柵から、いわゆる銀山越附近で奥羽山脈を横断、即日、出羽国大室駅に達した。大室駅は『角川日本地名大辞典6山形県』によると、玉野駅と異名同地で大室塞の同一地域内の施設であるとしている。大室駅は尾花沢市東郊であるという。色麻は加美郡の一関あたりと考えられる。大室駅には出羽国守田辺難波が兵五百、帰順した蝦夷百四十をしたがえてまっていた。東人は難波と三日間待機したうえ「賊地」比羅保許山にはいった。比羅保許山とは平弋（矛）型の頂をもつ神室山のことと考えられる。『続日本紀』には「賊地は雪が深くて馬が進めないので、雪が消え馬の飼料になる草が生えてから改めて出動する」として、一旦多賀柵に戻っている。一ケ月後、再び比羅保許山の麓まで出てきた東人に対して、田辺難波の進言があった。雄勝の俘長三人が難波に忠誠を誓ってきて、大部隊の出動に関し、大きな不安をもつことを訴えたのである。東人は「狄俘の言は信じ難いから」として進軍の断行を主張した。わざわざ大軍を動かした将軍としては当然のことであろう。けれども難波はなお慎重で適切な建言をし、東人もそれを受け入れたのである。すなわち、「軍を発して賊地に入るのは、俘狄を教諭し城を築いて民を居住させるためである。もしも彼らの願いを聞かず軍により凌圧したならば、彼らは懼れ恨んで山野に遁入してしまい、進軍の労は大きいのに開拓の成果は少ないということになり、上策ではない。示威ののち軍が引帰したあとで彼らに平穏に帰順していることの幸せとお上の寛大さを教えることにしたい。その方が、きっと城郭は守り易くなろうし、人民も長く安住するようになるであろう」というのが難波の建言であった。そして東人も、「早く賊地に入り、耕種し貯穀して、運糧の費を省くという本計に対し、今春の常年に倍する積雪では雄勝に入っても耕種することはできない。天の時を得ず、初めの計画とはもうすっかり違ってしまっている」という判断をして比羅保許から引き返したのである。

この時、陸奥国桃生城・出羽国雄勝城が築かれており、雄勝郡衙と平鹿郡衙を経由して秋田城に至る直路が開通したことが知られる。『続日本紀』の天平宝字三年（七五九）九月二十六日の勅によると、山形県側には三駅があり、秋田県側にもまた三駅が設けられたのである。その記事は「始めて出羽国雄勝・平鹿二郡と玉野・避翼・平弋・横河・雄勝・助河并に陸奥国嶺基等の駅家を置く」というものであり、陸奥の嶺基は桃生城が山城であるからその麓に置かれたものと認められる。出羽の方は、玉野は大室と異名同地で、尾花沢市東郊という、避翼は今の舟形町にあたる。さらに北上した所が平弋であるが今の金山町にあたるが、入有屋の可能性もあるという。横河は雄勝町寺沢あたり、雄勝は羽後町糠塚辺り、助川は平鹿郡増田あたりという。秋田への直路という大野東人の意図が成就したのは、天平宝字三年（七五九）であり、実に二十年後のことであった。

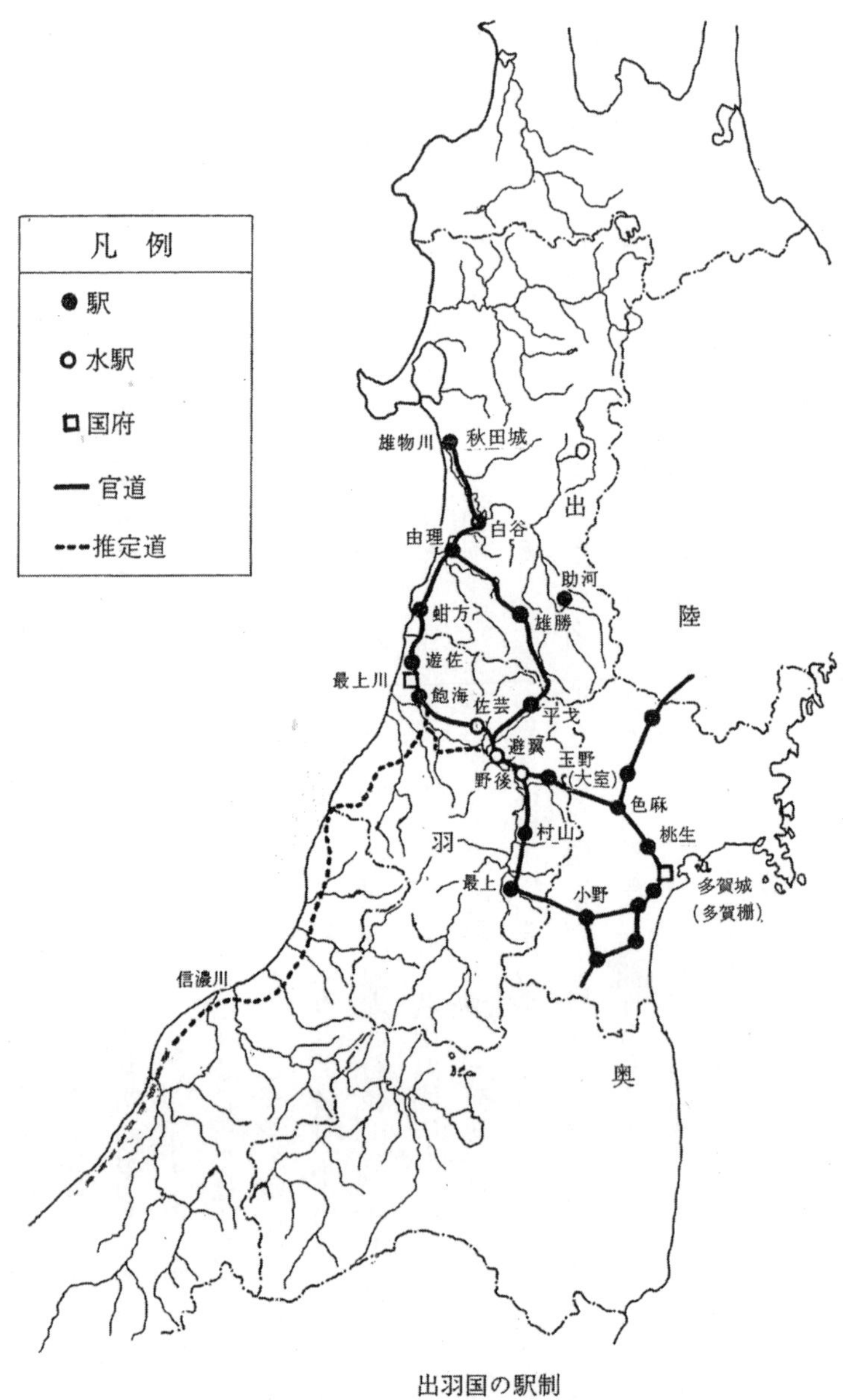

出羽国の駅制

酒田市史改訂版 上巻　図（29）の「転載」

㈥　水道駅路

秋田出羽柵にあった出羽国府が庄内に戻ったからであろうか、奈良朝のこの出羽山道駅路が、平安朝に入ってからは明らかに庄内経由の路順に変っていた。あるいは奈良朝末から変っていたのかとも考えられる。この水道駅路は『延喜式』に記載されている。この『延喜式』は延喜五年（九〇五）に藤原時平が勅を受けて、時平の没後、藤原忠平により延長五年（九二七）に完成したものであるが、その中の「兵部省兵部式諸国駅伝馬」の「出羽国駅馬・伝馬」に次の記載がされている。

出羽国

駅馬　最上十五疋、村山・野後各十疋、避翼十二疋、佐芸四疋・船十隻、遊佐十疋・蚶方・由理各十二疋、白谷七疋、飽海・秋田各十疋

伝馬　最上五疋、野後三疋・船五隻、由理六疋、避翼一疋・船六隻、白谷三疋・船五隻

となっている。これは他国に例を見ないきわめて特異なものである。というのは船をもつ駅があることである。そして駅馬の中に「遊佐十疋」とあり、ここで「遊佐」の名が初めて史上に出て来るのである。

まず最初に見える最上駅は山形市にあたる。これは陸奥から山を越えての最初の駅である。次は村山駅で東根市地内にあり、次の野後は北村山郡大石田町地内で船を置く駅すなわち水駅である。次の避翼駅は最上郡舟形町地内、その次の佐芸駅は最上川鮭川村地内でともに水駅である。これらの水駅は最上川本流ではなく、支流の注入口に立地していた。これは本流の流れが強く、停泊に危険があり、ことに遠い上流の雪雨による増水を避けたものと考えられる。避翼駅の次が飽海郡平田町地内の飽海駅になる。

冬期には最上川の舟運が困難危険になり、不可能にさえなるため、併行する陸路を必要とする。鮭川と支流真木川の合流点付近から曲川～大葦沢～（山越）～坂本と通じる山道を通るのである。そして駅路は飽海で陸上にあがり、郡山～山楯～北沢～一条～と経由して遊佐駅に通じる。そして遊佐駅は飽海郡遊佐町大楯に比定される。道はここから北上し、観音森の西側の尾根を越えて、蚶方すなわち象潟の東岸地帯に至り、次の由理本庄市附近の駅を経て雄勝川畔の白谷に至る。白谷は秋田県河辺郡雄和町付近にあたる。これも水駅である。ここから雄物川を下って秋田駅に到達する。一見、山形県南東端の米沢市・東置賜が見えず奇異に思われるが、当時の街道は陸奥国柴田郡の小野駅（川崎町）から西に向かい大関山（笹谷峠、有耶無耶の関があったという）を越えて出羽国に入り最上駅に通じていたのである。

ここで『山形県史第一巻』により山形県内の「最上駅」から「遊佐駅」までの駅名とそれぞれの比定される場所を記載すると次のようになる。

駅名	『山形県史第一巻』記載の比定場所
最上	山形市
村山	東根市郡山
野後	北村山郡大石田町駒籠
避翼	最上郡舟形町長者原
佐芸	最上郡鮭川村真木
飽海	飽海郡平田町飛鳥
遊佐	飽海郡遊佐町大楯

これをもとに、もう少し水駅を詳しく見ていくことにしよう。

律令国家の中央集権体制には、情報や物資の伝達手段として交通網の整備は重要課題となっていた。そのため、駅馬と伝馬が設けられたのである。駅馬は緊急用に充てられ、伝馬は常用に充てられたのである。駅馬は軍事用に充てられたことは自然に察しがつく。「遊佐駅」は言うまでもなく遊佐である。

『山形県史第一巻』は「遊佐駅」を遊佐町大楯に比定しているのは妥当であろう。一説に遊佐町の小松は「駒津」に通じるとし、小松にあてるものもあるが妥当ではない。駅は当時としては非常に大きな設備を必要とし、一郷あげての重大な施設であったからである。駅には駅長・駅子が置かれた。

駅長は各駅に一名で、駅戸の中で富裕であり才幹すぐれた者を任じ終身の職である。駅長の職務は、駅使が事故で任務を遂行できない場合には、代って前方の駅に連絡を取れるように計ること、馬の使用に闕所のないようにすること、駅使の所持する駅鈴の剋数を吟味すること等の実務で、当然駅戸の掌握にもあたった。駅使はその剋数の馬が使用できた。駅子は駅使の馬を引き連れ次の駅まで行って、馬を連れてかえるのである。駅戸は駅の実務にあたるため公に定められた戸である駅戸から徴収されたのである。駅子は約一二〇人必要であり、当時一郷は五十戸であり、一戸三名宛出すとして四十戸が必要になる。一駅を支えるにはほぼ一郷に近いほどの駅戸が必要であった。遊佐駅にしても、ただ馬十匹を小屋で飼っておけば良いということではなく、大きな設備が必要だったのである。駅鈴は中央でも行幸の際には天皇御璽とともにもっていくほど厳重に保管されていたのである。現在「駅伝」の名前は慣れ親しんでいるが、そのルーツは「駅馬」・「伝馬」に求められ、この時代まで遡ることは興味を引き起こすものである。さらに、駅とは馬を乗り継ぐ場所のことで馬へんであるが、後年、馬が鉄道にかわっても、列車の停まる停車場のことを、やはりその文字を借りて駅と呼ぶようになり現在に至っている。

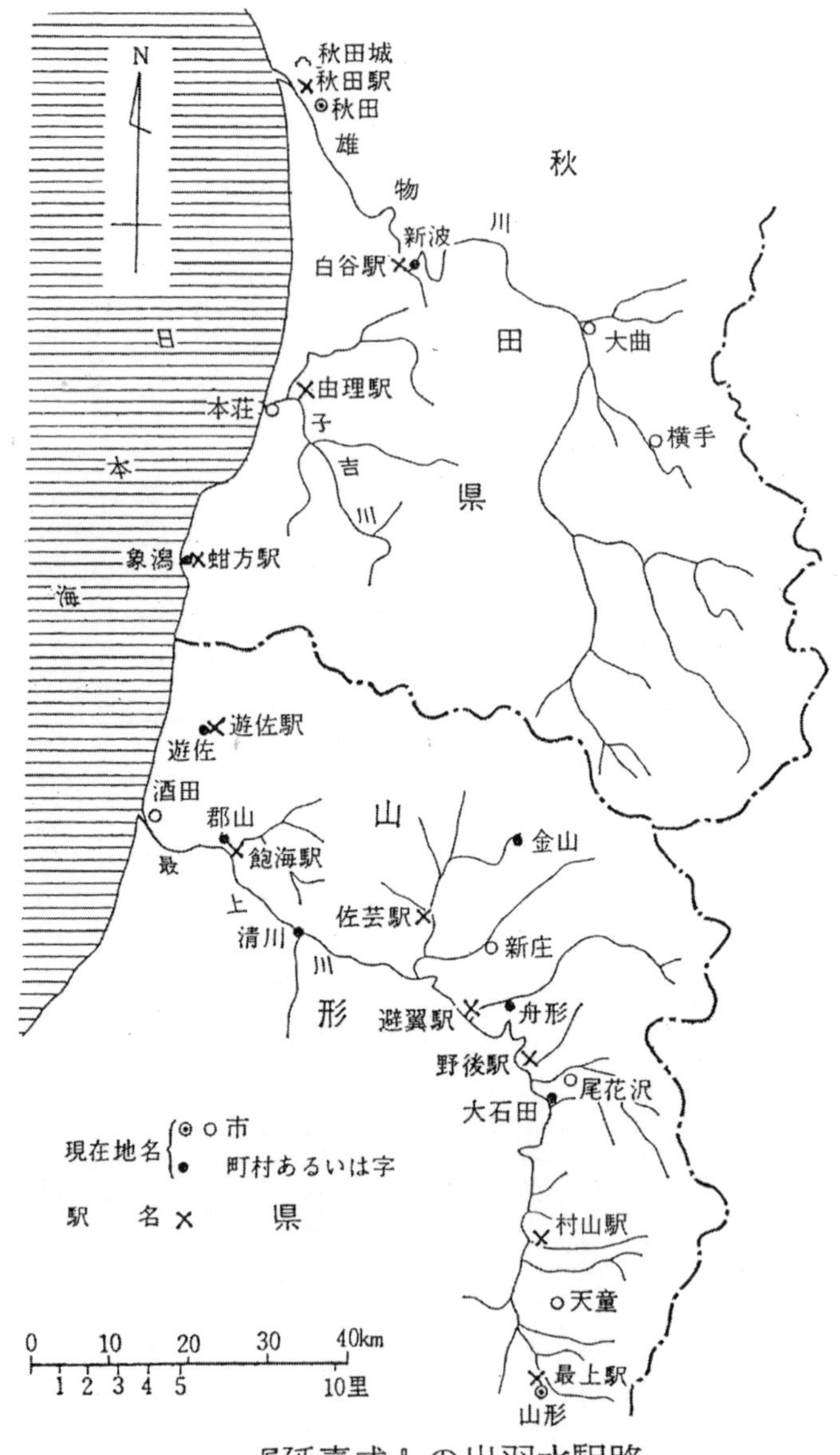

『延喜式』の出羽水駅路

山形県史　第一巻　図 138 の「転載」

(七)　遊佐郷

山形県飽海郡遊佐町は往年の遊佐郷である。いまから、およそ千八十年もさかのぼった承平年間(九三一～九三八)に、源順によって書かれたという『和名類聚抄』(高山寺本・天理図書館蔵)の「出羽国飽海郡」では次のように記している。

大原・飽海・屋代・秋田・井手・遊佐・雄波・由理

と八つの郷名が記載されている。『日本の歴史3奈良の都』(青木和夫)によれば全国の郷は全てあわせると四〇四一郷になるとしている。この膨大な数の郷に関する資料を源順が『和名類聚抄』を編纂する際に九世紀頃の資料を使用したといわれている。これから遊佐氏の発祥は九世紀末頃には、すでに発祥していたと考えてよいのであろう。その郷名の多くは現在の地を明確にし得えていない。しかし、『大日本地名辞書』(吉田東伍)は大局的に妥当として認められており、それにより探ってみよう。

大原郷　今、詳ならず。諸郷既知の位置と山野分堺の形状に観察して、松嶺・田沢の諸村里に擬せらる、即、飽海郡の東南隅なり。
飽海郷　今、南平田村・東平田村、蓋　是なり。大原郷の西にして、中世は平田郷に混入す。
屋代郷　今、吹浦村・高瀬村蓋是なり、郷内に名神大物忌の祠壇あるに取る、遊佐郷の北なり。
秋田郷　今、中平田・北平田・鵜渡河原より酒田へ渉るごとし。
井手郷　今、詳ならず。されど其名義の溝洫に因れるを想えば、即、近世、荒瀬郷といへるにあたるか。

遊佐郷　今、日向川以北、鳥海の西南麓の平広にあたり、遊佐の名目、現存す。即、遊佐町、川行村、稲田村、南遊佐村、一郷村、西遊佐村等とす。
雄波郷　今、由利西南沿海の村里にして、塩越・金浦・平沢等にあたる。
由理郡　今の西目村、本庄町、子吉村、鮎川村等にあたる。

『山形県の地名』（日本歴史地名大系6）では、遊佐郷について次のように記している。

「郷域は日向川の北辺、月光川支流高瀬川より南部の一帯で、現遊佐町の南半に比定される」としている。

また『角川日本地名大辞典6山形県』では、川行村・稲田村・南遊佐町・一郷村・西遊佐村について、合併前の諸村が記されているので、次に掲げる。


川行村・庄内平野北部、月光川中流沿いに位置する。江地村・宮田村の二ケ村が合併して成立。

稲田村・庄内平野北部、月光川中流の南に位置する。岩川・増穂・庄泉の三ケ村が合併して成立。

南遊佐村・庄内平野の北部、日向川右岸に位置する。千代田・宮内・米島の三ケ村が合併して成立。

一郷村・庄内地方、庄内平野北部、日向川中流右岸に位置する。豊岡村・小松村と小原田村の一部が合併して成立。

西遊佐村・庄内地方、日向川下流北岸に位置する。比子・藤崎の二ケ村と菅里の一部が合併して成立。

これをもとに、遊佐郷についてその地域を探り概略図を描くと次の通りである。

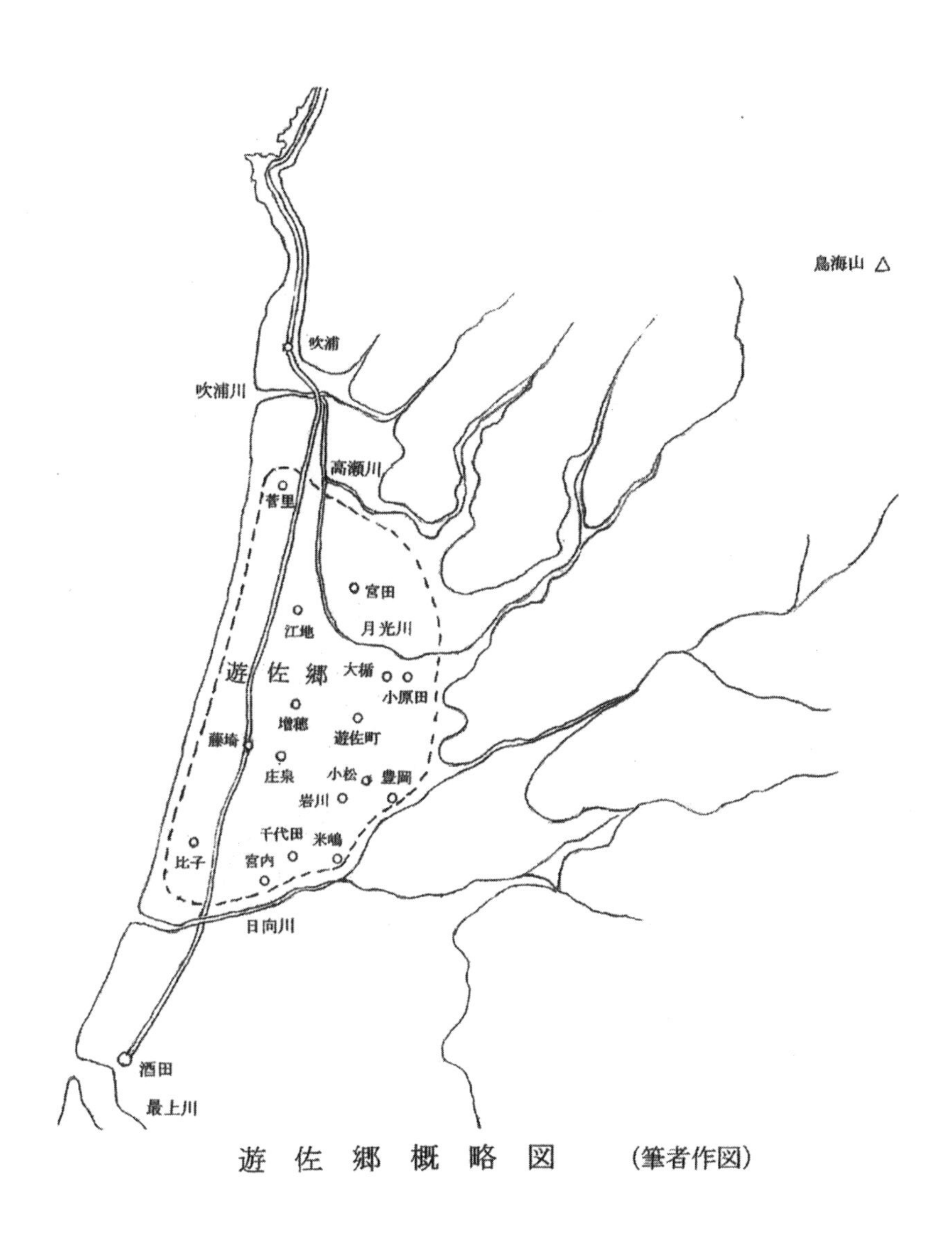
鳥海山
吹浦
吹浦川
高瀬川
菅里
宮田
江地
月光川
遊佐郷
大楯
小原田
増穂
遊佐町
藤崎
庄泉
小松
豊岡
岩川
千代田
米嶋
比子
宮内
日向川
酒田
最上川

遊佐郷概略図　(筆者作図)

律令国家は一郷を五十戸と決めたのであるが出羽国の場合一郷はどの位の人数であったのであろうか。『日本の歴史6武士の登場』（竹内理三）では『和名類聚抄』の出羽・陸奥国の郷数と『日本の歴史3奈良の都』（青木和夫）で述べた沢田吾一氏が出した出羽国及び陸奥国の人口は次の通りであるとしている。

出羽国	郷数	七十一	人口	八万三千人	郷別人口	千百六十九人
陸奥国	〃	百八十八	〃	十八万六千人	〃	九百八十九人

これから、出羽国および陸奥国の一郷あたりの平均人数は千七十九人となる。一郷は五十戸であるので一戸あたり、約二十一人となる。これは全国の平均値である。計帳は毎年提出するが、戸籍は六年ごとに作成する。現在の核家族と違い、戸主は当然複数の妻がいる。それぞれ別棟に住んでいる。一人の妻以外は妾と書いて出すのであり、これが中央の戸籍になるのである。今と違って実におおらかである。

一郷五十戸と決めたために『正倉院文書』にある戸籍の中で、最大の戸は筑前国嶋郡大領の猪手の家である。戸主肥君猪手を始めとして、なんと一家は老若男女及び奴婢を合わせて実に百二十四人である。内訳は『日本の歴史3奈良の都』（青木和夫）に詳しい。

同じく『日本の歴史3奈良の都』（青木和夫）には、昭和三十三年（一九五八）竹内理三氏を代表とする「戸籍計帳研究会」の一同十人に『正倉院文書』の戸籍・計帳の原本を調査する許可がおりたのである。

但し、調査期間は御物の曝涼期間の一週間のみの条件付であった。それぞれ担当して『正倉院文書』の戸籍計帳の原本を見たのであるが、青木和夫氏の担当した一巻は下総国葛飾郡大嶋郷の養老五年（七二一）度の戸籍であった。その時の感想を青木和夫氏は次のように記している。「生まれてはじめて、正倉院文書原本を手にしたのは、翌日日曜日の晴れた午前であった。明るい修理室の窓辺の、白布におおわれた座机に向かって、わたくしは『正集巻二十』と表題のある、軸の長さ三十センチばかりの一巻の紐を解いた。茶色がかった横しまの標紙をひらくと、強いが深いかおりが一瞬ながれた。正倉院の御物には、特製の高価な防虫剤が使われると聞いていた。標紙につづいて、千二百年前の紙があらわれてくる。意外に新しいこころもち黄ばんだ感じは紙質のためであろうが、張ってしばらくした障子紙に似ている。あれよりは薄いが、腰ははるかに強そうである。最初の一行は、この一巻が下総国葛飾郡大嶋郷の養老五年度の戸籍であることを示す。本文の最初の行に書かれた、このような題を内題という。内題にすぐつづいて、全郷五十戸の一戸一戸の戸主名・続柄・氏姓名・年齢・年齢区分・注記が、小さな字で一行に一人ずつ書かれ、各戸の終りで、さきの年令区分を使って統計がしてある。すべて穂の短い、固い筆でかいたらしく、筆端のするどい楷書である。公式令でも、公文書はみな真書（楷書）で書け、といっている。墨色も書かれたばかりのように濃い。罫線が、縦には一行ごとに、また横にも書きだしをそろえるために合計六本、引かれている。この葛飾郡では、本文と別の墨を使ったのか、薄い紫色にみえる。文字の上には、一辺が六センチに近い大きさの『下総』『国印』と二行に鋳だした朱印が一面に押してある。ただ押しかたは、わたくしの隣で調査されている筑前・豊前・豊後など北九州諸国の大宝二年（七〇二）度の戸籍にくらべると不揃いである。そういえば、文字も紙も、北九州諸国や御野（美濃）国の戸籍のほうがりっぱである。これは下総が文化のおくれた辺境であるためか、それとも七〇二年と七二一年という時代の差か。どうも後者らしい。……それにしても、目前にした戸籍は美しかった。紙の薄黄色、罫線の薄紫、文字の漆黒、国印の朱、そしてかおりがほのかにのこっている」このように、青木和夫氏は『正倉院文書』の千二百年前の古文書の原本に対面した時の感動を表現している。

(八) 宝亀の蝦夷の叛乱

宝亀年代（七七〇～）に入ると奥羽の蝦夷は巧に呼応して叛乱は頂点に達していくのである。この叛乱は平安時代の初期まで約四十年間に近い長期戦となったのである。

以下、『山形県史第一巻』により概観してみよう。宝亀元年（七七〇）帰属していた蝦夷宇屈波宇（ウクツハウ）は徒族を率いて賊地に逃げ帰り「必ず城柵を侵さん」と宣言した。「胆沢の賊」と呼ばれていた人々の領域に入ったのであろう。この頃の蝦夷の反乱は初期の蝦夷の反乱とは明らかに異なり、組織的反乱の様相を呈していたのである。宇屈波宇の反抗に驚いた朝廷は陸奥国牡鹿郡から出た道嶋宿祢嶋足を派して、宇屈波宇の言い分を聞かせている。彼以外「賊地」に入れる者がいなかったのである。次いで、九月十六日坂上苅田麻呂を鎮守将軍に起用した。彼こそ有名な坂上田村麻呂の父で自らも武門の誉れ高い人物であった。苅田麻呂は恵美押勝（藤原仲麻呂）の乱で軍功をあげ、称徳天皇の寵臣道鏡の追放にも功績のあった人物である。苅田麻呂は一時、氷上川継の謀反未遂事件の嫌疑がかけられ都から遠ざけられたのであるが、半年で中央に戻った。疑いも晴れたのであろう。次いで、翌二年（七七一）閏三月に佐伯美濃が陸奥守兼鎮守将軍になったが適任ではなかったらしく、さらに翌三年（七七二）九月大伴駿河麻呂が按察使を任ぜられた。戦乱の端緒は宝亀五年（七七四）陸奥国の蝦夷が桃生城に来襲し、西郭が破られたのに始まる。陸奥国の不穏はすぐ連動的に出羽にも及び『続日本紀』の宝亀六年（七七五）十月十三日条によれば「蝦夷の余燼がまだ平らがないので、三年間鎮兵九百九十六人を請い、一方で要害を鎮め、一方で国府を遷さんとす」との国司の言葉を伝えている。国府を遷したいほどの切迫した状況が窺える。陸奥の勢力は奥羽山脈を越えて雄勝北方と堅く結ばれていたのである。これらの勢力を結集して、伊治呰麻呂（イジノアザマロ）の大乱が勃発するのである。

　宝亀十一年（七八〇）に伊治呰麻呂（イジノアザマロ）は覚鱉城（岩手県一関辺り）で、按察使紀広純と大領道嶋大楯を殺害したのである。その数日後、多賀城が襲われて在庫の品物が奪われ消失している。出羽でも雄勝・平鹿が賊に略奪されている。秋田城にも危機が迫り『続日本紀』の宝亀十一年（七八〇）八月二十三日条によれば「秋田は保ち難く、河辺は治め易し」という国府移転問題が引き起こされている。また、『続日本紀』宝亀十一年十二月十日条に、安定した基地とみられていた大室塞についても勅が出された。「出羽国大室塞等も亦、是賊の要害なり。毎に間隙を伺ひ、頻りに来りて寇掠す」という状況なので防御を固めよと命令を出したのである。陸奥に征東大使として藤原継縄ついで藤原小黒麻呂を、出羽に鎮狄将軍安倍家麻呂を派遣したが戦況は好転しなかった。

　天応元年（七八一）四月三日、七十三歳の光仁天皇は皇太子山部親王に譲位した。伊治呰麻呂の乱を契機とする奥羽の混乱、その収拾もままならない状況に高齢の天皇は精根尽きたのであろう。山部親王は即位し桓武天皇となった。桓武天皇は「軍事と造作」すなわち、父光仁天皇からの懸案であった蝦夷の征討および長岡京・平安京の二度の遷都、これが桓武天皇の目指した二大プロジェクトであった。いよいよ桓武天皇の治世の開始である。天応二年（七八二）六月十七日に大伴家持が陸奥按察使兼鎮守将軍に任じられた。大伴家持といえば万葉歌人として有名であり、武門の家柄であったが、氷上川継の謀反事件に関与したと疑惑がもたれ、さらに中央での政争に破れての陸奥への下向であった。すでに、齢七十ほどの老将軍は為すところなく、延暦四年（七八五）八月二十八日没した。正確にいえば火中の栗を拾うために難局に投入されたのである。『桓武天皇』（村尾次郎）では、彼の没地は多賀城の説もあるが「彼は平城か、長岡か、とにかく都で死んだのである」としている。家持の死後百済俊哲・多治比宇美が鎮守将軍となるが大した成果もなく延暦七年（七八八）紀古佐美が征東大使に任じられた。紀古佐美は四千の精鋭を選抜し、延暦八年（七八九）五月から六月にかけて大作戦を展開した。

官軍は北上川渡河戦を決行したが、官軍の戦死一千余、負傷二千弱の大被害を受けたのであるが、官軍は十四村八百戸を焼払うなどはしたものの、官軍のあげた敵の首級はわずか八十九に過ぎなかったのである。蝦夷の族長阿弖流為（アテルイ）の方が戦略のほうでは、はるかに上手であった。

この状況は『桓武天皇』（村尾次郎）により概略を記すと次の通りである。桓武天皇は勅旨を与え、次のようにのべている。

「これまで、各部隊長は軍令に忠誠でなかったからこそ作戦が思うようにはかどらなかったのである。今度、もしも副将軍が将軍の命令に従わず、軍紀をみだしてその罪が死にあたる場合は、逮捕して奏上せよ。軍監以下は大使の権限で斬刑に処するがよい。坂東の安危この一挙にあり、よろしくこれに努めよ」と軍紀の厳正を強く求めたのである。しかし、結果は天皇の期待するものではなかったのである。

さらに、敵側には阿弖流為という族長が立ちはだかっていた。官軍が北上川を渡って東岸にとりつき阿弖流為の拠点に接近すると、阿弖流為はおとりの小部隊をまずくり出して、官軍に接触させ戦端を開いた。多勢をたのむ官軍はこれを排除しようとして、阿弖流為のふところ深く吸い込まれたのである。

官軍を存分に味方の内ふところへ誘いこんで背水の陣形に追いこみ、ここで阿弖流為は一挙に反撃に転じたのである。官軍は前述の如く合計二千七百が戦死・溺死、または戦力喪失になり、大敗北を喫したのである。この征軍に大きな期待を掛けた桓武天皇の失望と怒りとはなみ大抵ではなかった。これまで述べて来たように、蝦夷の宝亀の叛乱以来、幾度となく征東将軍を送り出してきたのであるが、蝦夷の征討は成功しなかったのである。いよいよ「坂上田村麻呂」の登場を待たねばならなかったのである。

㈨　坂上田村麻呂

蝦夷討伐、つまり、胆沢地方をめぐっての国家と蝦夷との攻防は、宝亀七年（七七六）以降、田村麻呂の登場によってようやく決着がつく延暦二十一年（八〇二）まで、じつに二十数年を要したのである。

坂上田村麻呂将軍の活躍の概観を『桓武天皇』（村尾次郎）・『坂上田村麻呂』（高橋崇）および『山形県史第一巻』によってみていくことにしよう。平安京に遷都された延暦十三年（七九四）の直前、延暦十年（七九一）坂上田村麻呂が征夷の局面に登場してくる。三年計画で武具・軍糧の準備をしたうえで、延暦十三年（七九四）正月征夷大将軍大伴弟麻呂・副将軍坂上田村麻呂以下十万の大軍が動員された。

空前絶後の大軍勢であった。十月には弟麻呂が帰京し報告の奏上をしたが、四ケ月間の戦果は、賊の斬首四百五十七・捕虜百五十人・馬八十五疋・焼払った賊の拠点七十五ケ所であった。それほどの大戦果とも思えぬが、評価され表彰されたのは、従来の作戦よりは戦果が明確であったからであろう。一方、夷将阿弖流為の戦略が巧であり一筋縄では太刀打ちできなかったのかもしれない。延暦十五年（七九六）坂上田村麻呂は奥羽の要職を全て兼ねた征夷大将軍陸奥出羽按察使兼陸奥鎮守将軍という堂々たる呼称をもつことになった。田村麻呂将軍は延暦十三年（七九四）の征討では副将軍としてであったが、この時の経験が大いに役立ったのである。田村麻呂将軍は数年間の準備のうえで、延暦二十年（八〇一）二月、作戦は実行に移された。兵力は四万であった。桓武天皇から節刀を賜わって陸奥の「賊地」にわけいったのである。夷将阿弖流為は依然として至極健在であった。田村麻呂は蝦夷征伐の成否は、蝦夷側の戦術からみて、ゲリラ戦は得意であるが、結局、持久戦が最良と判断したのである。持久戦となれば、一時的に山中に籠った蝦夷も長くは続かず、必ずへばってくる。こうなれば利は田村麻呂側になるのである。田村麻呂は築城術に卓越した手腕をもっており、衣川の要塞を最南端拠点とし、胆沢（水沢）と志波（盛岡）にそれぞれ築城に向け動き出したのである。築城すれば北上川の中・上流域は全く手中に入るのである。『桓武天皇』（村尾次郎）は次のように記している。「桓武天皇は全てを田村麻呂に任せた。現地の者も彼のためならば、犬馬の労を惜しまない、かくて恩威ならびほどこして人望のあつい田村麻呂将軍に率いられた諸部隊は、これまでにない整然たる統一のもとに戦い、さすが頑強であった阿弖流為も遂に降参するにいたった」としている。阿弖流為が降伏したのは延暦二十一年（八〇二）胆沢城の築城が開始されたのとほぼ同じくしている。胆沢盆地の要衝に鎮城が築かれてしまっては、彼らは糧道を絶たれて抵抗力は急速に低下する。阿弖流為側もこれをしおに、田村麻呂に降伏を誓ったのである。大墓公阿弖流為（オオツカノキミ、アテルイ）・磐具公母礼（イワトモノキミ、モレ）が投降してきた。両名とも「公」と称しており、蝦夷が帰属した「俘囚」達であった。両名は阿弖流為が長、母礼が副長という関係であったのであろう。「蝦夷征討」史上の英雄が田村麻呂なら、蝦夷側の長期におよんだ抵抗戦線の中心人物は「阿弖流為」・「母礼」であったといってよいであろう。こうして、奥地の治安は著しく好転し、志波の築城もたやすくなった。志波城ができれば、出羽との通路も確保できて、ここに宝亀（七七〇）以来、何時片付くとも知れなかった、北上川中・上流域の戦乱はおさまり、桓武天皇の目指した「軍事」すなわち陸奥の蝦夷征討問題は解決をみたのである。田村麻呂は阿弖流為・母礼を引きつれ上洛し、助命のため奔走したのである。田村麻呂の助命嘆願にもかかわらず、公卿僉議では「野性獣心、反復定まりなし」とし、放免すれば「いふところの虎を養なひて、患を遺すこととなり」として、田村麻呂の反対を押し切って、河内杜山に移送して斬刑に処したのである。無念ではないか、彼らの魂だけが故郷の胆沢の地に戻ったのである。中央の高級官人の冷酷な情け容赦ない姿を千二百年後の今も同じ姿をみるのである。では、坂上田村麻呂はどのような人物だったのであろうか。

『坂上田村麻呂』（高橋崇）によれば坂上田村麻呂については『田邑麻呂伝記』（『群書類従』所収、以下伝記という）と『日本後紀』弘仁二年（八一一）五月二十三日条「大納言正三位兼右近衛大将兵部卿坂上大宿禰田村麻呂薨ず」（以下薨伝と記す）がある。「伝記」では次のように記している。

「大将軍は、身長五尺八寸、胸の厚さ一尺二寸、向ひて視れば、偃するが如く、背より視れば俯するが如し。目蒼鷹の眸を写し、鬢（耳ぎわのカミ）は黄金の縷を繋ぐ。重きは則ち二百一斤、軽きは則ち六十四斤」とある。体躯容貌はかくのごとくで、身長約一・八メートル、胸の厚さ三十六センチ、田村麻呂を前からみるとのけぞっているかのごとくみえ、背中からみるとうつむいているようだという。軽重は意のままであり、行動は機に応じて機敏である。恰幅がいいというべきか、がっしりした体躯というべきか。容貌はとなると、赤ら顔で、目は澄んで鋭く、黄金色のあごひげが豊かである。

「怒りて眼を廻らせば猛獣も忽ち斃れ、咲ひて眉を舒めは稚児も早く懐く」（「伝記」）は、田村麻呂の人柄を示す言葉としてもっとも有名なものであろう。さらに、「丹款（まごころ）面に顕れ、桃花春ならずして常に紅く、勁節（強く屈せぬみさお）性を持し、松色冬を送りて独翠なり」（「伝記」）、は、田村麻呂のつねに変らぬ誠実さ、高潔な品性を示しているといえよう。武将としての田村麻呂については、「勇力人に過ぎ、将帥の量あり」（「薨伝」）、「策を帷張（本陣）の中に運らし、勝を千里の外に決す」（「伝記」）、「頻りに辺に兵を将ゐて、出づる毎に功あり。寛容に士を待し、能く死力を得たり」、「往還の間、従ふ者限り無く、人馬給し難く累路費え多し」（「薨伝」）等とある。指揮官たるもの、綿密に作戦を練り、戦闘においては勝利を収めなければならない。部下の信頼が絶対でなければならない。信頼を得るためにはおのれにきびしく部下に寛容であらねばならない。兵に、この将軍のもとで戦えばかならず勝利が得られるという確信をもたらさねばならない。二種の伝記は田村麻呂像をこのように記している。

偉人の伝記は過大に評価されるのが普通であるが、しかし、伊治呰麻呂の乱から四十年にわたる陸奥の戦乱を鎮めたことからいえば妥当であると言ってよいであろう。筆者の持っている『坂上系図』では田村麻呂の没年は弘仁二年（八一一）五月二十三日である。『東北の歴史』（豊田武）では次のように記している。「五月二十七日、葬儀が営まれ、山城国宇治郡来栖村に葬られた。勅命によって、立ちながら甲冑兵仗を帯せしめて葬られたといわれる。この墓は、国家に非常のことがおきたとき、鼓を打つがごとくに、あるいは雷鳴のごとくに動揺したとも伝えられている」としている。また『坂上田村麻呂』（高橋崇）では次のように記している。「勅命による埋葬法は、天皇の、田村麻呂に死後も平安京と天皇を守護してくれるようにという願いが込められた措置であったといってよいであろう」としている。筆者も幼少の頃に、父から「田村麻呂は六尺豊かの大男で、赤い顔をしており、髪は剛毛であった」と聞かされていた。おそらく言い伝えられたものであろう。さらに『坂上田村麻呂』（高橋崇）では次のように記している。「坂上氏自身が先祖のことに言及した史料が残っている。それは『続日本紀』に伝わる、苅田麻呂が八世紀末に二度にわたって同族を代表して天皇に奉った上表文である。最初は宝亀三年（七七二）四月二十日に光仁天皇へ奉った上表文で、「先祖阿智使主、応神天皇の御世、十七県の人夫率ゐて化に帰せり。詔して高市郡檜前村（奈良県高市郡）を賜はりて居す」とあり、ついで、延暦四年（七八五）六月十日の桓武天皇に対する上表文では、「臣等は本是れ、後漢帝の曽孫阿智王の後なり。漢の祚、魏に遷るとき、阿智王神牛の教えに因て、出でて帯方に行く。……化に帰して来朝せり。これ則ち誉田天皇（応神）天下を治め給ふの御世なり」としている。苅田麻呂のいい分は、朝廷において承認されていたことを物語るものであろう。また、『東北の歴史』（豊田武）では「田村麻呂は観音を厚く信仰し、京都にある清水寺を建立したことは有名であり、……」と記している。創建日は諸説がある。

㈩　出羽国の情勢

それでは、ここでもう一度出羽国に目を転じてみよう。

伊治呰麻呂から阿弖流為の乱を通して、出羽の情勢は必ずしも明らかではないが、しかし強い緊張状態にあったことは察せられる。『続日本紀』の宝亀六年（七七五）十月十三日条では「蝦夷の余燼がまだ平らがないので、三年間鎮兵九百九十六人を請い、一方で要害を鎮め、一方で国府を遷さんとす」との国司の言葉を伝えている。国府を遷したいほどの切迫した状況が窺える。こうした中、宝亀十一年（七八〇）伊治呰麻呂の大乱が勃発した。この影響は直接的に出羽にもおよび『続日本紀』宝亀十一年（七八〇）八月二十三日条によれば秋田城にも危機が迫り、「秋田城は保ち難く、河辺は治め易し」との国司の上申があり国府移転問題が出されている。しかし、秋田城は放棄せず国司か鎮狄使の一人を専当として軍を残すことにしたのである。坂上田村麻呂の延暦二十一年（八〇二）に阿弖流為の降伏をもって、ほぼ陸奥の平定はなったのであるが、出羽では『日本後紀』の延暦二十三年（八〇四）十一月二十二日条では「秋田城は建置以来四十余年、（中略）伏して望むらくは永く停廃に従い、河辺の府を保たん」と再度国司の言上を伝えている。陸奥では平定されても、出羽ではまだ余燼がくすぶり続けていたのである。その後、国府は河辺府に戻るのであるが、秋田城の移転問題は坂上田村麻呂の論奏によって、陸奥守小野岑守が建置したという。坂上田村麻呂が延暦二十年（八〇一）十一月から同二十五年（八〇六）五月までの期間に、陸奥出羽按察使の職掌範囲としておこなったものである。小野岑守の建置年代は、小野岑守の官位官職年から、弘仁六年（八一五）から同十年（八一九）の期間と考えられる。秋田城の国府が庄内に戻っていることは『三代実録』の仁和三年（八八七）五月二十日条によって知られる。当初考えられた河辺府の地が、井口の地であることは確かである。

それは坂上茂樹が仁和三年（八八七）の同条で「国府は出羽井口の地にあるが、嘉祥三年（八五〇）年の大地震で、形勢が変改し、すでに窪泥になり、海水は国府より六里の所までせまっている。崩壊してしまうのは火を見るより明らかなので、国府を最上郡大山郷保宝士野に移し建てたい。そこは険固である」と奏上しているからである。『大日本地名辞書』(吉田東伍)は大山郷保宝士野を船形町福寿野に比定している。

以上の正史から窺える出羽国府の遷府を整理すれば、次のようになる。

出羽柵国府（場所諸説あり）→秋田城国府→井口国府（河辺府）→高敞国府、ともかく三度は移転している。いわゆる「井口国府」の擬定地については、これまでに幾つかの説が見られたが、最近の継続した発掘調査の成果から、国の史跡に指定されている城輪柵遺跡に定着しつつある。出羽国司坂上茂樹の移転問題をうけた太政官では、慎重な論議が交わされた。その結果、「国府移転の必要性は認めるが、最上郡は国の南辺にあり、夏期の舟運だけしか便りにならない交通不便の地である。いざというときの烽の連絡さえおぼつかない有様である。最上郡への南遷は非とすべきである。移転をするとすれば、旧府近側高敞之地を選ぶべきである」と伝えている。移転が間もなく実施されたのである。その地は「城輪柵」の近くの八幡町八森遺跡が移設地としての可能性は強いという。「八森国府」は単一期間の短期の国府であり、再び低地へ戻り城輪柵遺跡へと継がれたのである。発掘調査から城輪遺蹟の全形はほぼ正方位による一辺七百二十メートルの方形の規模になること、方形各辺の中央に八脚門を構え、また、各四隅に櫓を設けていることなどが明らかになっている。八森遺蹟は城輪柵遺蹟の東方約三キロメートルの丘陵上に、城輪柵政庁と非常に似た遺構配置をもつ遺跡で主要遺構部の規模は、一辺約九十メートルと城輪柵政庁よりも幾分小さい。標高六十五メートルほどの段位に立地しており、造営年代は九世紀と考えられている。坂上茂樹は坂上田村麻呂の末子高雄の子即ち孫である。

坂上茂樹が出羽国国司に任命されたのは、元慶九年（八八五）正月十六日である。源順の編纂した『和名類聚抄』に「遊佐郷」が記載されていることは、すでに述べたが、源順はその編纂に九世紀頃の資料をもとに作成したといわれており、遊佐氏もその頃「遊佐郷」に発祥していた可能性を秘めている。遊佐氏は遊佐郷の郷長または里長であったかもしれず、国司坂上茂樹の管轄下にあった可能性も捨てきれないのである。これが現実であれば、筆者にとってまさに古代歴史のロマンを感じさせるものである。

柵とともに内地から、国策に準じて辺境の地に送り込まれた柵戸の人々はどのような状況下に置かれたのであったろうか。『類聚国史』の天長七年（八三〇）正月二十八日条によれば秋田地方に大地震があったことを庄内の国府に急報が届けられた。この大地震から九年たった、『続日本後紀』の承和六年（八三九）十月十七日条では、八月二十九日に田川郡司から国府に「解」（上司官庁に提出する文書）が出されている。それは「此の郡の西浜には本来石がないのに、今月三日より長雨と雷鳴が十余日続いてはれたところ、海畔に多数の隕石が横たわっていた。その形は鏃や鋒に似ていて色は白・黒・青・赤など、さまざまであるが、きっさきは皆に西に向かい、茎は東を向いていた。古老をたずねても先例をしらないという」という内容であった。これを受けた国司も不思議であるとして、その石数十枚を添えて事の次第を言上し、太政官もそれを外記局に納めた。石鏃はいわゆる、考古学遺物で長雨により、流出し波打際に打上げられたに過ぎないのであるが、当時の人々の知識では理解し難く「兵乱の前兆」を想起したのであろう。庄内でも大地震が起きた。『文徳実録』の嘉祥三年（八五〇）十月十六日条によると、庄内の大地震を「地大いに震へ裂け、山谷処を易え圧死する者聚し」と伝えている。こうした「石器異変」と「兵乱の前兆」を恐れたのであろうか、朝廷は東北の最高峰鳥海山を御神体とするこの大物忌神への国家的崇敬の念を深めるのである。

大物忌神は承和五年（八三八）の従五位上から天慶二年（九三九）の正二位まで急速に神位を高めていくのである。『類聚三代格』の嘉祥四年（八五一）二月二十一日条によると「陰陽師」を国内で初めて出羽に派遣している。不測の事態に備え、吉凶を占うためである。『三代実録』の貞観十三年（八七一）五月十六日条では、鳥海山の大噴火が去る四月八日に起こったことが記されている。この噴火は誠に激しいもので国司の言上では兵乱の危険が予測されるとしている。そして、元慶二年（八七八）三月十五日ついに秋田城下で俘囚の大叛乱が勃発した。出羽国守藤原興世は十七日飛駅で上奏した。

朝廷は名吏の誉れ高い藤原保則を出羽権守に任じて、権掾に清原令望を、さらに良将小野春風を鎮守将軍に起用した。この人事は成功した。保則の戦略は巧みであった。藤原保則は小野春風以下、恩威併せた説得、官軍側俘囚を巧に使い「夷を以って夷を撃つ」という上策を見事に成功させて叛乱を鎮めたのである。この乱の原因は出羽国司藤原興世の圧政に起因していたのである。

時代は降って、『日本紀略』の天慶二年（九三九）四月十七日条に出羽から俘囚叛乱の馳駅報告があったことが知られる。しかし朝廷にも名案はなく、藤原保則・小野春風にあたる名吏・良将もいなかったらしい。この乱に関する史料は乏しく、詳細な乱の流れを辿ることは不可能であるが、この乱も秋日を迎えて鎮静したらしく、史料は八月半ばまでで「出羽兵乱」の史料はなくなる。こうした大戦乱に加えて、柵戸を苦しめたのは疫病と飢饉であった。秋田大地震の前年から疫病が大流行している。飢饉もまた断続的に起こっている。天長九年（八三二）、承和八年（八四一）、承和十三年（八四六）、斉衡二年（八五五）、貞観十五年（八七三）、にそれぞれ出羽国に飢饉があったと記録されている。国策とはいえ、辺境の地で地震、戦乱、疫病、さらに飢饉に苦しめられ、内地の各地から産土の家郷を後にして、柵戸として送り込まれた人々はいったい、どのような思いで国家の使命に準じたのであろうか。

城 輪 柵 跡 (酒 田 市) 近 景
山形県史　第一巻　図 159 の「転載」

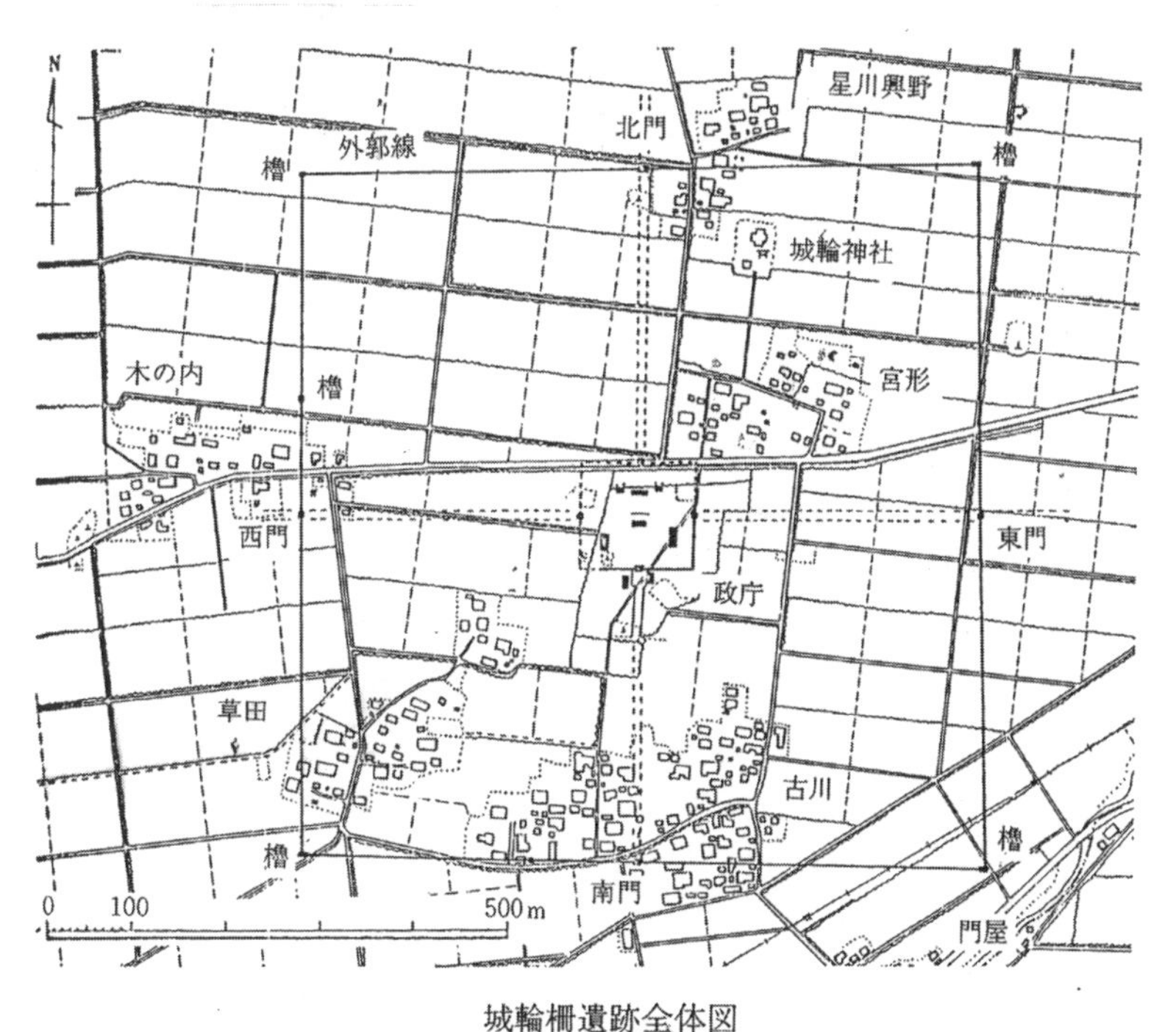

城輪柵遺跡全体図
酒田市史改訂版 上巻　図 (34) の「転載」

大 物 忌 神 社（遊佐町吹浦）
山形県史　第一巻　図 158 の「転載」

右側　大物忌神社　　左側　月山神社　「筆者撮影」

六．俘囚国家

奥州藤原清衡が奥六郡の安倍氏、山北三郡の清原氏の後を受け、平泉に黄金文化を築き、基衡・秀衡と三代にわたって百年間、「北方の王者」として覇権を握るのであるが、藤原清衡はどのようにして、前九年の役・後三年の役の戦乱の中で、母とともに数奇な運命を生き抜いていったのか、藤原清衡の人間像を追い、また藤原清衡の代から遊佐庄の遊佐氏と関わりをもつことになるのであるが、それはどのようなものであったのであろうか。『山形県史第一巻』・『遊佐町史上巻』・『陸奥話記』・『東北の歴史上巻』（豊田武）・『奥州藤原氏四代』（高橋富雄）・『藤原清衡』（高橋富雄）・『古代東北の覇者』（新野直吉）・『源義家』（安田元久）などをもとに、それらをこれから見ていくことにしよう。

㈠　俘囚国家の成立

陸奥国においては坂上田村麻呂の征夷により、胆沢城、ついで志波城を築城したが、それは最大最終の地域を確保したにとどまり、出羽国においては秋田城までの進出にとどまっていた。奈良時代に開拓をみた範囲がそのまま固定したのである。従って、開拓の進行しなかった北辺の地域においては、朝廷に帰順した蝦夷（俘囚）、すなわち、俘囚の長が地縁的・血縁的結合をもって勢力を拡大していったのである。その要因は律令国家がもっていた国司・郡司の制度に帰因するものであった。国司は一定の任期交替制であるのに、郡司は終身制であり、かつ世襲制であった。さらに国司の職能は郡司を媒介として、間接的であったのに対して、郡司の職能は地域住民と直結しており、その関係はより緊密であった。

現地族長をそのまま俘囚の長として、郡司の形で現地支配機構のなかに組織化していったのである。

現地族長の本来持っていた権力をそのまま支配機構の中に温存することになり、実質的には現地族長の勢力発展の基盤を形成する結果となっていったのである。さらに、辺境の地ということで、特殊的事情が加えられたのである。『延喜式』（巻十八式部省上）によると、「すべて郡司は、一郡に同姓を併用することを得ず」とされ、同族近親による一郡支配禁止をしているのに、種子島など西南諸島などとともに「制限あらず」として例外を認めていたのである。この陸奥縁辺とは、後に俘囚国家の本拠地となる奥六郡をさしていたと考えられるから、俘囚の長を育てる基盤が、制度そのものの中に内在していたと見ることができる。政府の蝦夷への妥協的政策は、依然としてつづいていく。公験なき開拓は、厳禁するという方針を打ち出しながらも、出羽・陸奥両国に対しては辺境の地であるとして自由な開拓にまかせたのである。俘囚の長などはこうして広大な領地をもつことが可能となり、その勢力を急速に成長させたのである。郡司の在地における土地・人民の私有化が進行し独立性の強い独自の政治社会を形成するにいたるのである。これらの俘囚国家が安倍氏の奥六郡であり、山北三郡の清原氏であり、さらに、これらを併せもつにいたったのが藤原清衡である。

奥六郡と山北三郡
遊佐町史上巻　図3-2の「転載」

㈡　前九年の役・後三年の役

出羽国俘囚の乱、元慶の乱（八七八）および天慶の乱（九三九）の後は、奥羽の地にもようやく平和が訪れることとなった。だが、平和の時代も長くはつづかなかった。永承六年（一〇五一）のことである。戦端は、奥六郡の安倍頼良が衣川を越えて、その支配権をさらにその南、磐井郡方面にも拡大するにいたって開かれたのである。陸奥守藤原登任は出羽秋田城介平重成とともに、数千の軍勢を発してこれを攻めた。安倍頼良はこれを迎え討ち、連合軍を鬼切部（宮城県玉造郡鳴子町鬼首）で撃破したのである。いわゆる、「前九年の役」の始まりである。官軍敗戦の知らせに驚いた朝廷は、将帥の誉れ高い源頼義を陸奥守ついで鎮守府将軍に任じた。源頼義は任をうけて国府に入ったが、大赦があって安倍一族の罪が許された。源頼義は戦わずして安倍一族を威圧した。頼良は恭順の意を表し、国守の名をはばかって頼良は頼時と改名した。頼義は四年の任期を終えようとした時、事件が起きた。頼義の武将陸奥権守藤原説貞の子光貞と元貞らの部隊の人馬が殺傷されたのである。安倍頼時の長男安倍貞任に下手人の嫌疑がかけられ、頼義が貞任を罰しようとした。頼時は急遽兵を集め、衣川関（胆沢郡と磐井郡の境界）を閉ざして抗戦することになった。これが『陸奥話記』の伝える戦闘再開の事情である。

開戦当初、戦局は頼義方に圧倒的に有利であるかに見えた。その兵力数万、さらに藤原経清、平永衡までが、舅安倍頼時にそむいて追討軍に加わったのである。ところが、追討軍が衣川関攻撃にとりかかろうとする直前、陣中に思わぬ混乱がおこった。すなわち、平永衡は、敵に内通しているとの疑いから、源頼義は平永衡を斬り捨てたのである。これを見た藤原経清は衝撃を受け、安倍方に奔った。この戦いの中、頼義は奥地（岩手県北部から青森県東部）の俘囚らに言葉巧みに話をもちかけ頼義に味方させた。安倍富忠も安倍頼時に反旗を翻し兵をあげたのである。

頼時は自ら赴いて説得しようと少数の手勢を率いて出向いたところ、伏兵にあって、流れ矢にあたり、胆沢郡の鳥海柵まで戻ったが、ついに、ここで死んだ。天喜五年（一〇五七）七月下旬のことであった。頼義としては、「夷をもって夷を制する」策略が功を奏したのである。頼義は頼時の敗死を中央に報告し、さらに貞任らを討つために、諸国の兵士や兵糧の徴発を申請した。太政官符が遅れ十一月となった。頼義はこれ以上遅延は許されないと考え、千八百余の軍勢を率いて決戦を挑んだ。しかし、安倍氏の勢力は少しも衰えず、頼時の子、貞任らを中心に結束を固めた。迎え討つ貞任の軍勢は四千余人、しかも『陸奥話記』が「精兵」と記すほどの強兵であった。貞任は黄海（岩手県藤沢町黄海）に決戦場を構えた。時節は冬である。黄海の合戦で頼義は大敗を喫した。衆寡敵せず、数百人戦死者を出し、当然負傷者はその何倍かであろう。頼義に従うものはわずか、長男義家以下六騎にすぎなかった。もはや戦術的には戦闘能力を失ったとみてよい。このような状況では、頼義もどうすることもできなかった。貞任はほしいままに諸郡に横行して人民を劫略しその力を誇った。ついに、藤原経清にいたっては、数百の武装兵をしたがえて衣川関の外にまで出て、各郡に使者を派遣して、政府に納めるべき貢納物を横取りした。しかし、頼義は苦境に陥ったが、奥羽に於ける軍事行動の伝統的要領は、「以夷征夷」以外にないことを十分知っていた。出羽山北三郡の俘囚長清原氏に、いとも鄭重な礼を尽くして援軍を要請した。再三の礼を尽くした要請に清原氏はついに動いた。康平五年（一〇六二）秋八月、出羽国山北三郡の郡司清原光頼・弟武則の軍一万余の大軍が国境を越えて栗原郡営岡に進出、将軍頼義の軍三千人と合流するに及んで戦局は一変した。清原氏・源氏の連合軍はまたたく間に敵を追い詰め、九月十七日厨川に安倍貞任を屠ったのである。藤原経衡は捕らえられ鈍刀で斬首された。この経清が清衡の父であり、母は安倍頼時の女であったが、この敗戦で清原武則の子武貞の妻になったのである。この時、清衡はわずか七歳であったという。前九年の役の勝利者は源頼義であったが、合戦の勝利をもたらした最大の功労者は清原氏であった。合戦後、清原武則は従五位下鎮守府将軍という破格の待遇を受けた。安倍氏の奥六郡も清原氏のものとなった。こうして山北三郡と奥六郡を併せもつ清原氏は奥羽で並ぶもののない、覇者となったのである。鎮守府将軍武則・武貞と清原氏の覇権は二十年間つづいた。しかし、武貞の子真衡の代になった時、清原氏に大きな内訌が起きたのである。真衡は清原武貞の子で嫡子である。清衡と家衡は異父同母で清衡は藤原経清の子で連れ子、家衡の父は武貞という複雑な人間模様である。これら三兄弟の胸の内はまちまちの心情や動機によって支えられていたのである。清衡は多感な幼青年期をこのように、父を殺した敵でもあった養父武貞のもとで、母とともに送らざるをえなかったことは、清衡の人間形成にはどのような影響を与えたのであろうか。さらに、真衡の代になり、嫡宗の権威が増したのか、一族に対して威勢を示し始めたのである。これに一族、清衡・家衡らは反発した。折しも、永保三年（一〇八三）の秋、源義家が陸奥守として奥州に下向してきたのである。源義家はこれに介入したため、清原一族間の内訌は、一転して、源氏・清原氏が相争う内乱へと発展し、いわゆる「後三年の役」となったのである。真衡は義家に臣下の礼を尽くしたため、義家は真衡を応援した。真衡の威勢に反発した吉彦秀武は同じ思いの清衡と家衡に檄をとばし決起を促したのである。清衡・家衡はこれに呼応した。真衡は反旗を翻し、清衡と家衡をそそのかした一族の吉彦秀武を討つため出羽に侵攻した。しかし、真衡は病のため頓死したのである。真衡が死ぬと清衡と家衡は憎しみの相手は無くなったわけであり、義家に対し戦う理由も無くなった。清衡と家衡は義家に降伏し許しを求めて、義家に従ったのである。こうして戦闘は止んだ。義家は六郡を二分し、清衡・家衡に与えた。そうして、一見均衡が保たれたかに見えた。

ところがまたしても清衡と家衡に族長権をめぐっての対立がおこり、義家は清衡を応援した。今度は異父同母の同志間の戦いである。沼柵（秋田県平鹿郡沼館町）の戦いで家衡が義家・清衡の連合軍を破ったことを知った伯父武衡は、これを清原一族の名誉として、さっそく家衡に加勢し、ともに難攻不落の金沢柵（秋田県横手市金沢）に立て籠もることになった。この金沢柵で清原家衡と武衡らは頑強に抗戦した。一方、義家の弟義光も、官途を辞して京から兄の応援にかけつけた。攻めあぐんだ義家・義光は遠まきにして、自滅をまった。清原氏の内訌から発した争乱は、清原族長権と源氏棟梁権との対決にまで発展したのである。こうして永保二年～三年（一〇八二～三）頃、内訌として争乱が始まってから満四年後の寛治元年（一〇八七）十一月、義家は、ようやく清原一族の反攻を制圧したのである。しかし、朝廷はこの戦いを私戦と見なし、加賞は殆ど顧みられず、陸奥守も解任となったのである。「後三年の役」の成果を文字どおりひとり占めした人物、それは藤原清衡であった。清衡は家衡との戦いが始まるや、義家と同盟、巧妙な政略をもって清原の一族をつぎつぎと陥れていって、義家が去ったいま、現地に生き残るただ一人の実力者となった清衡のもとに奥六郡・山北三郡の支配権をはじめとする絶大な軍事的・政治的権益が転がりこんできた。安倍・清原両氏の築きあげた遺産のただ一人の継承者として清衡が平泉に居を構え、奥羽の地に号令するにいたったのは康和年間（一〇九九～一一〇四）のことであった。そして藤原清衡によって、奥羽二国にまたがる俘囚国家が固められることになるのである。平泉に藤原政権が誕生し、そして、いわゆる百年にわたる「三代の栄華」が始まるのである。ここに、七歳にして連れ子となり、父を殺した敵である清原氏のもとで、多感な青春を過ごし苦労の辛酸を舐めつくして成人した老練な政治家の姿を見るのである。これは、また後年の今川義元のもとで人質として辛酸を舐めつくし成長した老練な徳川家康の姿を思い浮かばせるものでもある。

㈢　兵（つわもの）の系譜

ここで安倍氏・清原氏・藤原氏の系譜を探っていくことにしよう。

安倍氏の系譜は明確でない。安倍氏は「奥六郡の司」・「東夷の酋長」と称せられたという。『今昔物語』は、「今は昔、陸奥の国に安倍頼時と云う兵ありけり」と記しており、安倍氏は「兵」の一員であったことが知れる。京下りの官人・武人の直系の子孫か、その縁に連なる現地人の可能性があり安倍氏の一族が「兵」の家柄として広く世間に認められていたことは明らかである。『山形県史第一巻』では安倍比高・安倍三寅など貞観～元慶年間（八五九～八八四）に鎮守府将軍として胆沢城に赴いた人びとの縁につらなる「兵」の家であったとするのが安倍氏に関するもっとも妥当な解釈といえようか、としている。

衣川の館が敗れて敗走する安倍貞任を追った源義家は、弓に矢をつがえて、「引返せ、物云わん」とよびとめたところ、貞任がふりむいたので、

「衣のたてはほころびにけり」と歌いかけると、

「年をへし糸のみだれのくるしさに」　　（「たて」と「館」をかけている）

と上句をつけたので、義家は感心して矢をはずして引きあげたという話が鎌倉時代の『古今著聞集』にのっている。安倍一族の文学的素養の並々ならぬことを伝えるものであろう。清原氏もまた「山北の俘囚主」とよばれている。清原氏の場合にも同じく、『古代東北の覇者』（新野直吉）では、元慶年間（八七七～八八四）秋田城介の代理をつとめた出羽権掾清原令望などの縁につらなる「兵」の家であったと見られるとしている。おそらく、この清原令望がそのまま土着し、国府の官人の地位を築いていったものであろう。

藤原清衡も自らを「東夷の遠酋」・「俘囚の上頭」と称している（中尊寺金堂落慶供養願分）。清原清衡の父は藤原経清であり、平泉藤原氏の祖である。藤原経清は下野の藤原秀郷の流れを汲む官人で国司に随行して奥州に下り、亘理権太夫あるいは亘理権守と称した。国府の官人にして同時に亘理郡司を兼ねたものとみられる。経清はそのまま土着して、安倍頼時の女を娶りその客将となった（『奥州藤原氏四代』高橋富雄）。十世紀から十一世紀にかけて、国司が中央の官人や武士を引きつれて下向し、彼らを手足として国内の支配を行うことは、広い範囲でみられた現象である。それらの官人は土着して、国府の官人や郡司などの地位を世襲することになった。安倍氏は「東夷の酋長」・清原氏は「山北の俘囚主」・藤原清衡は「東夷の遠酋」・「俘囚の上頭」と称しているがどのような種族であったのであろうか。

㈣　『中尊寺と藤原四代』（中尊寺学術調査報告）

何が語るといっても、現存するミイラほどそれを語るものはないであろう。ミイラとなって、いまなおその肉体をもって、その歴史を物語っているということ以上に記録的なものはないのである。藤原氏は、清衡・基衡・秀衡三代の遺体、および四代泰衡の首級をミイラとして残すことによって、身をもって古代末、一世紀にわたる歴史を明確に再現することになったのである。

ここに、昭和二十五年に、平泉中尊寺金色堂にある「藤原氏四代」についての朝日新聞社が行った、学術調査書がある。それは『中尊寺と藤原四代』なる標題がついている。すなわち、「清衡」・「基衡」・「秀衡」のミイラ及び「泰衡の首桶」の調査であった。『奥州藤原氏四代』の高橋富雄氏は、この調査に立ちあった作家の大佛次郎氏が「八百年の歳月に抵抗して残る、藤原三代秀衡のミイラとなったマスクをながめてそう感じた」と報告書『中尊寺と藤原四代』のなかの感想文に述べていることに対して、まことに的確に歴史を感覚されているとしている。

・　藤原清衡

身長は四肢の長さを基礎にして推定すると、清衡は約一六一センチ、血液ＡＢ型である。

高橋富雄氏は清衡について、次のように述べている。

「遺体調査の結果では清衡は、顔こそ頬ばっていたらしいが、身長ゆたかで鼻すじが通り、手の形も小さく華奢で、指もすんなりしているという。どちらかというと貴族的で、神経こまやかに平泉の世紀を開いた人のようである。金色堂はそう言えば、清衡を記念するにふさわしい北方貴族の華奢を実現しているように思われる」と述べている。しかし、苦労の辛酸を経験した清衡は外見からでは想像できない内面のしたたかなものを感じざるをえないのである。そして、清衡の棺から出た長さおよそ3センチ×幅2・5センチあまりの金塊は、まさに奥州平泉の「黄金文化」を象徴するものであろう。

・　藤原基衡

身長は約一六八センチで、血液型はA型である。高橋富雄氏は次のように述べている。「遺体の調査結果によれば、三代の中でも彼はズバぬけた巨人という風貌を示していたらしい。史上に現われる基衡も剛腹そのものであり、平泉政権は彼のもとで力による確立期を迎えたと言うことができる」としている。

・　藤原秀衡

身長は約一六〇センチ。血液型はＡＢ型である。作家の大佛次郎は次のようにも述べている。

「それはまことに武人の胸にふさわしい強い胸の張りを見せていて、木造の仁王様のようであった。肩はがっしりとして円味をおび、額は広く秀でて、鼻筋は高く通っている」と付け加えている。

さらに高橋富雄氏は次のように述べている。「いみじくも祖父清衡の知と父の力とを三代にして総合した円熟を秀衡は実現したのである」。

・ 藤原泰衡

「首桶」は当初、泰衡に誅された「忠衡」のものと言われていたが、この調査で「首桶」の主は泰衡であることが判明した。眉間に鉄釘を打ちつけた痕があり、それは単なる切傷ではないからである。それは康平五年（一〇六二）安倍貞任を梟首した例にならい、長さ八寸の鉄釘を打ちつけた痕であった。

調査団はもとより、一般の人たちもまた、蝦夷というのはアイヌなのか日本人なのかに、これは人類学的な決着をつける調査になるだろうという期待をかけ、結果の公表を固唾をのんでまっていた。高橋富雄氏は『奥州藤原氏四代』で結果を次のように述べている。「昭和二十五年におこなわれた朝日新聞社の中尊寺学術調査報告は、『中尊寺と藤原四代』という形で藤原四代とその文化に関する注目すべき、成果を公表したが、ミイラとなった四代にじかに科学のメスをあてられた形質人類学者たちは、一致して藤原氏が日本人以外の何ものでないことを証明されている。それは安倍氏や清原氏まで含めて、史上のいわゆる俘囚（帰属した蝦夷）なるものが、基本的に一般内民と異なる種族でないことも証明したものであった」としている。よって、安倍氏は「奥六郡の司」「東夷の酋長」、・清原氏は「山北の俘囚主」とよばれ、藤原清衡は自ら「東夷の遠酋」「俘囚の上頭」と称しているが、それは安倍氏、清原氏、藤原氏、それぞれ自信に満ちあふれた遜称と見なされるべきであろう。

安倍・清原・藤原三氏関係略図

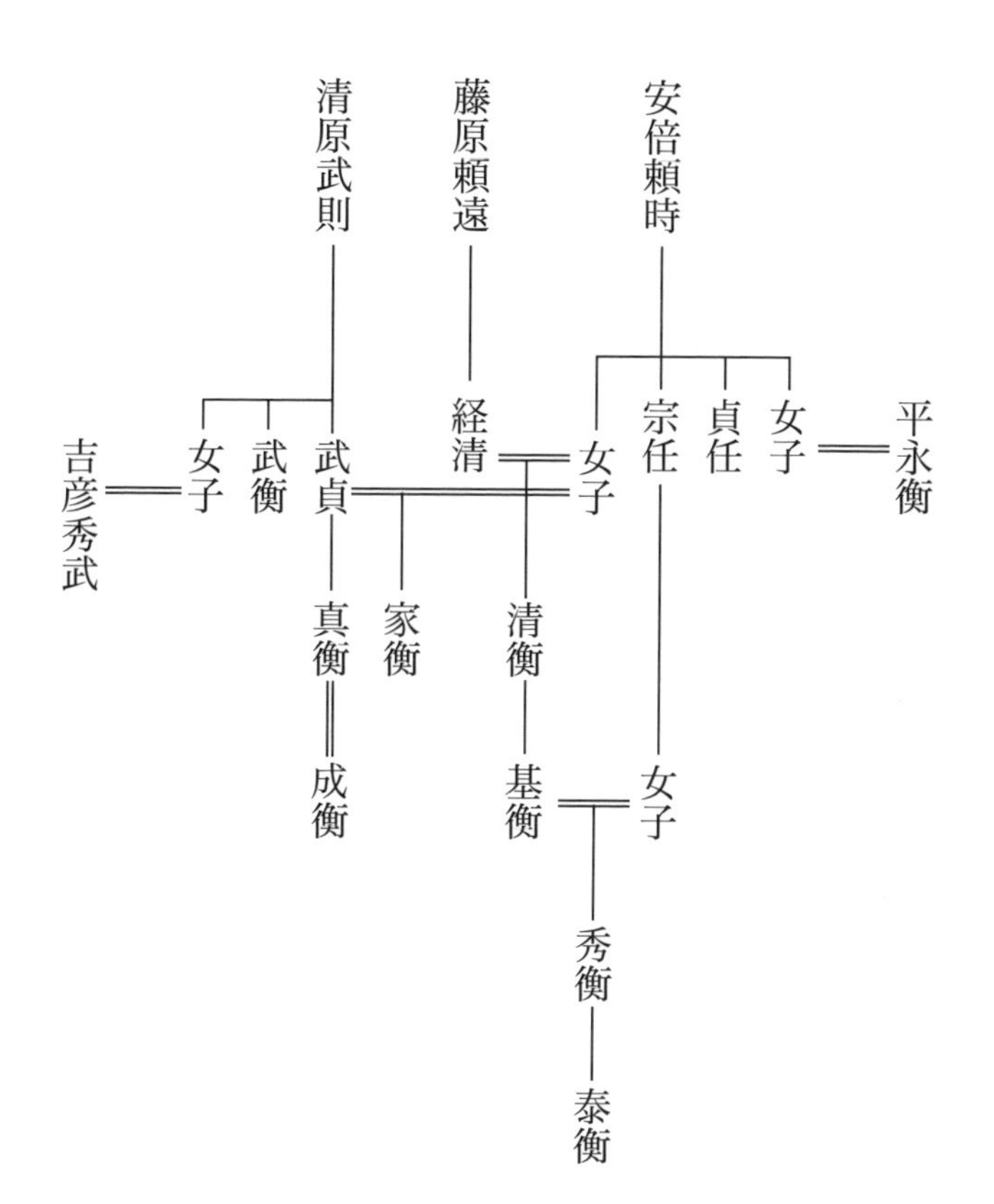

七．遊佐荘

(一) 奥州藤原氏と遊佐氏の関わり

遊佐荘はどのようなものであり、どのようにして生まれたのであろうか。以下、『遊佐町史上巻』・『酒田市史上』・『酒田市史改訂版上巻』などをもとにそれを概観してみよう。遊佐荘の成立時期については『山形県の地名』（日本歴史地名大系6）では、奥羽の摂関家領が十一世紀後半に求められることから類推して、当荘の成立も同時期といえるとしている。遊佐荘の位置についても、同書では現在の遊佐町と酒田市の北部の一部に比定されるとしている。また、『酒田市史上』では、遊佐荘は飽海郡遊佐郷にあたるようであるとしている。いずれにしても、遊佐郷を母体として遊佐荘になったと思われる。遊佐荘の遊佐氏に関し、それを証する文書はないのであろうか。それは『石黒家記』がある。『遊佐町史上巻』では『飽海郡誌』（斉藤美澄）の著者が南平田山谷邑（平田町）の石黒宅で見つけたものであるという。また、天文十五年（一五四六）に記されたものという。その中に「平田の郷は石黒あつかひ、あらせの郡はあそのあつかひ、あその知行は百貫、ゆさの庄は湯澤殿あつかひ、知行三百貫、……嘉禎三年めよりゆさ殿断絶、其年は大宝寺へゆさの床（庄）をとられ候」とある。湯澤にはユサとルビがふられており、湯澤だけは尊称でよばれている。その当時は、すでに述べてきたように、当て字が多く使われており、湯澤が遊佐を指していることは間違いない。しかし、嘉禎三年（一二三七）に遊佐氏が滅んだのだろうか。『遊佐町史上巻』でも「これは鎌倉前期で早すぎると思う」としている。『出羽国風土略記』（進藤重記）でも『石黒家記』の年代の杜撰さを指摘している。年紀の間違いかもしれない。

大宝寺氏は大泉氏また武藤氏と称されているが、その初見は『吾妻鏡』にみられる。

承元三年（一二〇九）当時、鎌倉に居住していた大泉荘の地頭大泉（武藤）氏平が羽黒山寺領を侵したとして羽黒山衆徒に訴えられているのが確実な史料である。その後は、降って『大泉庄三権現縁起』（羽黒山年代記）に次の史料がある。「文和三年（一三五四）甲午五月六日、（武藤）師氏殿御卒去」とある。

承元三年（一二〇九）から文和三年（一三五四）まで大宝寺（大泉・武藤）氏の活動は明確でなく史料もみられない。『石黒家記』に記している嘉禎三年（一二三七）に大宝寺（大泉・武藤）氏が川北（最上川以北）まで進攻し、遊佐氏を攻め滅ぼしたと考えるのは妥当でないであろう。

話を戻そう。

寛治元年（一〇八七）十一月十四日、金沢柵がついに落城し、寛治二年（一〇八八）正月には源義家が陸奥守を解任されて去ったいま、藤原清衡は豊田館（岩手県江刺市餅田）に居住していた。清衡はその後、康和年間（一〇九九〜一一〇三）に豊田館から衣川の平泉に移ったといわれる。その間、清衡は早くも京都の藤原氏と関わりをもとうとしている。『後二条師通記』の寛治五年（一〇九一）十一月十五日の記事によれば、清衡が関白師実に馬二疋献上したという連絡が師通にあったというのである。

『日本仏教史研究第一巻』（辻善之助）では、清衡について次のように記している。

「後三年の役の済みましたのが、寛治元年で、夫から四年経つと、早く清衡は京都の関白と聯絡を付けて居ります。斯う云ふ風に極く早くから清衡は藤原氏の方に関係を付けて居りまして、彼の後二条関白記の中にありまする所の、馬二匹奉ると共に、二通の解文……何と申しまするか……陳情書とでも申しまするか……その清衡より差出した文書が一緒に入って居たとあります」としている。『後二条師通記』に記載されている内容は次の通りである。

（朱）「清衡始貢馬於殿下」十五日、乙（己）亥、晴、亥剋許盛長朝臣来云、関白殿御使也、清衡陸奥住人也、馬二疋進上之由所仰也、承畢、文筥開見之処、二通解文・申文等入於筥云々、

右のような記事でありこれについて『日本の歴史6武士の登場』（竹内理三）は次のように記している。「午後十時ごろ盛長朝臣がたずねてきて、関白殿（父師実）の御使者としてまいったのですが、陸奥の住人清衡が馬を二疋進上してきたことを伝えよとのことです、という。たしかに拝領しました〔と返事を伝えさせた〕。〔盛長の持参した〕文筥を開いてみたら、二通の解文（申上書）と申文（申請書）とが筥に入っていた」とし、さらに「そしてこの記事のはじめに『清衡始貢二馬於殿下一』と見出しをつけている。馬とともに清衡が師実に呈出した解文・申文の内容は不明であるが、こののち陸奥国に本良荘（宮城県本吉郡本吉町）・高鞍荘（岩手県西磐井郡花巻町）、出羽国に遊佐荘（山形県飽海郡遊佐町）・大曾禰荘（山形市内）・屋代荘（米沢市内）の摂関家領が文献にあらわれ、摂関家としてもかなりの実入のある所領となっている。確証はないが、このとき清衡が師実にさしだした解文や申文は、あるいは、これらの荘園を寄進しましょうというものではなかったろうか。いずれにしても、義家を踏み台にして出羽・陸奥の覇権を手に入れた清衡は、源氏を無視して直接摂関家と結んだのである」と記している。

『奥州藤原氏四代』（高橋富雄）では、東北の荘園の起源は意外に古く、すでに十一世紀半ばには存在したことになると推定している。遊佐荘もこの頃には存在していると思われるが、藤原清衡とどのようにして結びついたのであろうか。『東北の歴史上巻』（豊田武）では次のように記している。

「一〇九一（寛治五年）年、清衡は、馬の貢上をもって、摂関藤原師実に結び付いた。藤原清衡の名が中央に知られた最初で、是がきっかけになって、藤原氏は、貢馬・貢金さらには荘園寄進などをかさね、中

央の政治的保護を厚くしていったのである。しかし、清衡の支配者としての地位は明確でない。

陸奥出羽押領使というような名義は持っていたらしいが、正式のものでなかったようである。押領使というのは軍事警察指揮官という程度の意味であるが、これは、国衙の方で、現地の実力者である清衡に、かりにそのような名目で、治安維持の責任を負わせたものであろう」としている。

遊佐氏も前九年の役・後三年の役を目の当たりにしていたのであり、その争乱の社会の中で、自らも、一族・郎党を組織して武装し、「兵」の道を進んだものと思われるが、清衡とどのようにして結びついたかは、必ずしも明らかではない。おそらく、清衡の押領使を通して結び付いたものであろう。

『酒田市史上』では、「荘園が分立して土地公有制度がくずれてくると、中央、地方制度もゆるみ、社会の治安が乱れてきた。地方の豪族は、自ら荘園の権益を守るために、武力を蓄えるようになった。

平泉の藤原氏も武士であり、現地における遊佐氏も武士である」と記している。さらに、『奥州藤原氏四代』（高橋富雄）では『尊卑分脈』では、陸奥押領使と呼ばれているので、彼が押領使であったことは想像しておいてよいと思う。この押領使職を通して、それを摂関家荘園の奥羽総預というもう一つの地位で補強しながら、在地支配の正当化をおし進めていくのである。こうして、後三年の役の成果を清衡が骨までしゃぶって、奥羽君主としての制度的な礎をかためて行く姿勢がほぼ見通されることになった」と記している。しかし、清衡は大治三年（一一二八）没しており、奥州藤原氏は清衡から基衡に代替りしている。久安四年（一一四八）、奥羽の五荘は師通の子、関白忠実から次子頼長に譲られた。

頼長は才気煥発、兄忠通をはるかに凌ぐものがあった。父の愛も次子の頼長の方に偏って、翌五年（一一四九）には氏長者となった。藤原道長から頼長までの略系図は次のとおりである。

藤原道長——頼通——師実——師通——忠実┬忠通
└頼長

彼の日記『台記』(『宇槐記』ともいう)の仁平三年(一一五三)九月十四日、次のように記してある。

「久安四年、禅閤、五ケ庄を以て余に譲る。同五年、雑色源国元を以て使と為して基衡に仰せて曰く、高鞍……大曽禰……本良……屋代……遊佐、金十両・鷲羽十尻・馬二疋。基衡聴かず、国元その性、弱にして之を責める能わず、空しく上洛、重ねて、延貞を遣わして之を責む。去年基衡申して曰く、仰せの所の数を増すを得ず、高鞍……大曽禰……遊佐、金十両・鷲羽五尻・御馬一疋、屋代……本良……仰せに曰く、三ケ所(本吉・遊佐・屋代)申す所、その理無きにも非ず、請に依る、高鞍・大曽禰両庄に至っては、……、今日此の数に任せて、延貞、三ケ年の年貢を持ち来る、年来、本数を貢ぐ、然れども返却して受けず、今年三ケ年を相合してか之を受く」

頼長は陸奥出羽押領使基衡に対して、課税増納を迫ったが基衡はこれに応じなかったのである。雑色の源国元を基衡のところに派遣して、五荘の年貢の増徴を要求した。基衡はこれを拒み、別にこれまでの額に色をつけた程度の改定案を示し、本良・遊佐・屋代の三庄についてはその案を呑みこませた。

高鞍・大曽禰両庄については、田も多く地も広いという理由で、頼長は最初の案を半額にした第二案を示し、今度は基衡がそれを呑むこととした。こうして基衡は、当代きっての切れ者、悪左府を相手とし相手の提案の二分の一以下の増額で押し切ったのである。悪左府の「悪」というのは、必ずしも悪事に加担したと言う意味ではなく、猛々しい、荒々しい性格の人に付けられる美称のようである。

一方の基衡は巨大な体格に示される武力と、日本国の金を一手ににぎる金力とであった。この交渉過程を見る限り、基衡の剛腹ぶりが示されたのである。いずれも譲らず、お互い互角に渡り合う好敵手であったといえよう。『酒田市史上』では出羽三荘について「藤原頼長を領家とし、奥州平泉の基衡を預所とし、各荘の現地に荘司がおったものらしい。遊佐荘においては、恐らく、遊佐氏が地頭的地位にあったものとおもわれる。その階級的支配階級は次のようになる」と記している。陸奥の摂関家領も同様であったろうと思われる。

遊佐荘		
領家	藤原頼長	
預所	藤原基衡	
荘司または地頭	遊佐氏	
荘民	農民	

しかし、頼長は、保元の乱（一一五六）で崇徳上皇方に味方して、討死にした。そのために奥羽五荘は、保元二年（一一五七）三月二十五日付太政官符をもって没収され、直ちに後白河院領となったのである（『兵範記』）。藤原基衡は保元二年（一一五七）頃没しており、好敵手同士は相前後して没したことになる。鎮守府将軍・陸奥守秀衡が基衡の跡を受け継いだ。『酒田市史上』では「遊佐荘の本家が院になったが、恐らく、現地の上司である預所は、従来通り平泉の藤原秀衡であったらしい」と記している。

遊佐荘以外の出羽の本良荘、屋代荘また陸奥の高鞍荘、大曾禰荘も同様であったと思われる。

これらの陸奥および出羽五荘の具体的な交渉内容、経過を、一覧表にまとめ、また摂関家と皇室御領の分布図を示してある。特に、摂関家領五荘の中で注目されるのが遊佐荘の鷲羽であろう。

これは遊佐荘の解明に重要な手掛かりになると思われるのである。それについては次の「大楯遺跡」で述べたいと考えている。

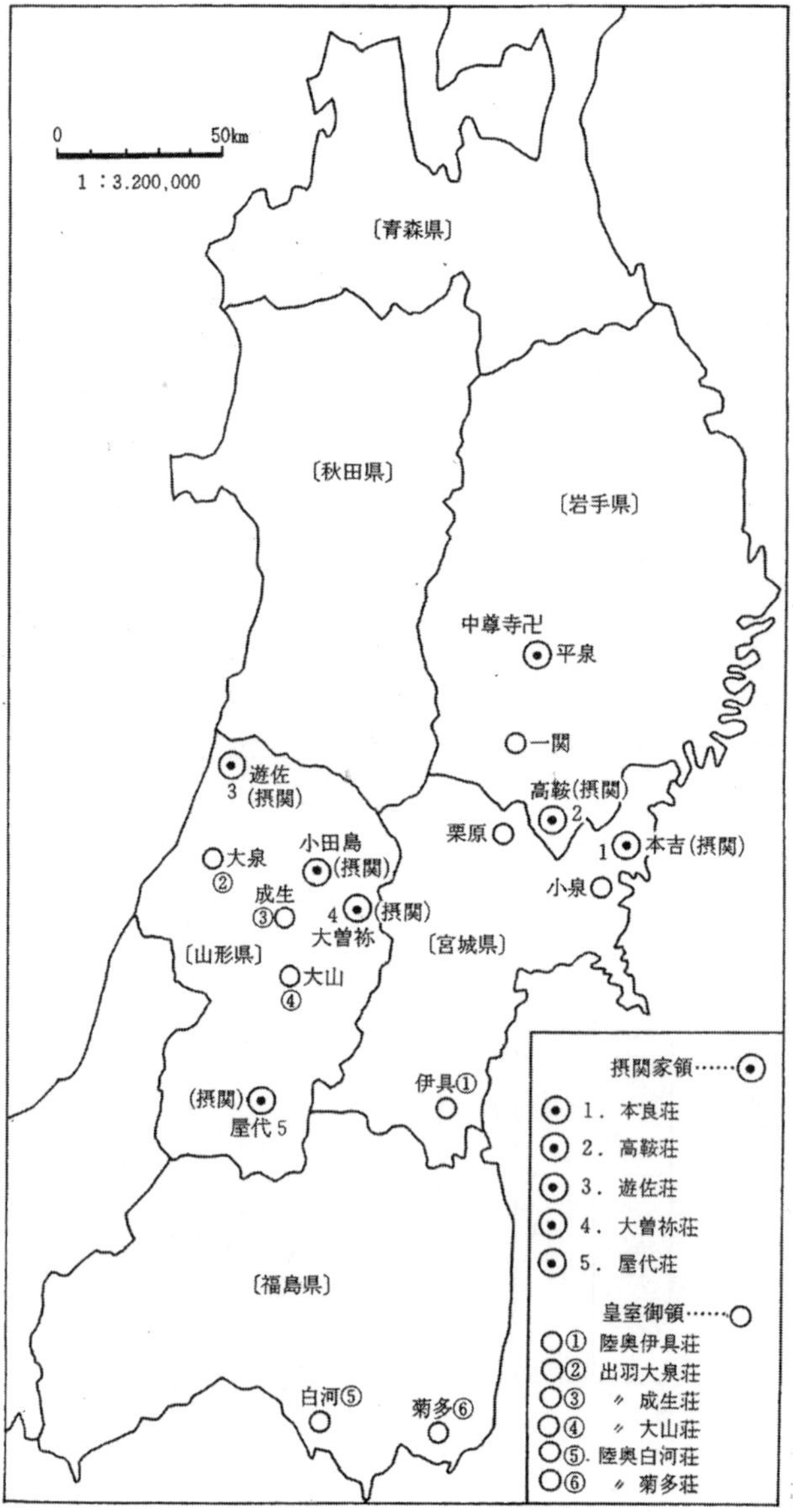

古代末期中世における東北地方の荘園分布図

酒田市史改訂版 上巻　図（68）の「転載」

表(8) 攝関家藤原氏荘園の年貢増徴推移

荘名	本数(A)	父摂関家藤原忠実案(B)	同上頼長久安五年要求(C)	平泉藤原基衡仁平二年案(D)	摂関家頼長仁平三年案(E)
高鞍	金 一〇両 布 一〇〇〇反 細布 一〇反 馬 二疋	五〇両 一〇〇〇反 ｜ 三疋	五〇両 一〇〇〇反 ｜ 三疋	一〇両 三〇〇〇反 一〇反 三疋	二五両 五〇〇反 ｜ 三疋
大曽禰	布 二〇〇反 馬 二疋 水豹皮 ｜		七〇〇反 二疋 ｜	二〇〇反 二疋 五枚	三〇〇反 二疋 ｜
本良	金 一〇両 馬 二疋 布 ｜	(別に預所分五両) (別に預所分一匹)	五〇両 四疋 二〇〇反	一〇両 三疋 五〇反	
屋代	布 一〇〇反 漆 一斗 馬 二疋		二〇〇反 二斗 三疋	一五〇反 一斗五升 三疋	
遊佐	金 五両 鷲羽 三 尻馬 一疋		一〇両 一〇 二疋	一〇両 五 一疋	

酒田市史改訂版上巻 表(8)の「転載」

㈡　大楯遺跡

大楯は『和名類聚抄』の遊佐郷の地内にある。また大楯は『延喜式』の東山道の遊佐駅に比定される場所でもある。所在地は遊佐町大字小原田にある。『遊佐町史上巻』により、大楯遺跡の発掘調査の概要をまとめると以下のようである。

大楯遺跡は小原田字大楯・大槻・堂田・大面・館の内にわたる地内にある。大楯付近には、御所馬場・道ノ上・塚・輪経・仲堂田などの小字名があり、以前から歴史的遺名として取りざたされていた。この遺跡一帯に圃場整備を契機に昭和四十八年（一九七三）から、山形県教育委員会により分布調査が行われた。その結果、遺跡は東西八五〇m、南北七〇〇m、面積六一万㎡におよぶ広大な範囲であることが判明したのである。さらに昭和五十九年（一九八四）の試掘調査で、堂田地区に貴重な遺構や遺物が遺存することが確かめられた。こうして昭和六十二年（一九八七）から平成二年（一九九〇）にかけて、山形県教育委員会と遊佐町教育委員会により発掘調査がなされた。この大楯遺跡の大きさは、現在出羽国府に比定されている「城輪柵」の東西および南北それぞれ七二〇mの規模と同等な遺跡であることも判明したのである。実際に調査されたのは約一万㎡であったが、これらの調査の結果は、それぞれ県教育委員会および遊佐町教育委員会から報告書が発表された。発掘調査で出土した遺構群と多量の遺物は、驚嘆すべき価値が秘められていた。この調査で三万点あまりの遺物が出土している。

また発見された遺構群はやや不整な方形にめぐる囲繞施設とその内外にある。この囲繞施設は北に方位をとっており北辺が四八・四m、西辺が四三・八m、東辺が三八m、南辺が約五四mの規模であった。

囲みの内側には、角材は方約一五㎝のクリ材で二本一組が約一m間隔で埋設されており、恐らく囲みの内側は板塀で覆われていたと思われる。その外側に幅約三m、深さ四〇㎝の堀がめぐらされている。

囲繞施設の内部から建物跡四棟と井戸跡一基が出土している。建物跡は礎石建物跡一棟と堀立柱建物跡三棟である。礎石建物は三間四方の間取りの東側に庇と玄関がつけられており、玄関周りには石組みの雨落ち溝が設定されていた。囲繞施設内の南西にはいまも五輪塚がまつられている。内部には地業がおこなわれていた。囲繞施設の外部からは、北東部で堀立柱建物跡三棟と井戸跡四基、北西部で堀立柱建物跡四棟と井戸跡一基それに多数の土杭や溝跡が出土している。

大楯遺跡から出土した遺物は三万点あまりであるが、これらは当時の大楯遺跡で営まれた生活にかかわるものであり、高度な文化と遺跡の性格を示している。出土の八〇％以上はかわらけであった。これらは素焼きの土器であるが、国内産焼物のほか海外から輸入された青磁・白磁・青白磁などの磁器である。木製品などは、折敷・箆・柄杓・大小の曲物・黒漆や赤漆の碗や盤は食生活の遺品である。

井戸、土杭、溝などで出土した七点の木製品を試料として、年輪測定の第一人者である光谷拓実が年輪測定法によって実年代を測定している。六点の曲物は一一一九年から一二六七年であった。折敷は一一九二年であった。さらに、文字の書かれた試料が九点発見されており、その中に、溝跡から出土した墨書板状品とされるものがある。上下が欠損しているが、横一六・九㎝、縦三・三㎝、厚さ三㎜の板切れで、表裏面に片仮名が書かれている。文章の上下がなくて書状の意味が不明であるが、末尾に漢字で「保元」の紀年銘の文字が読み取れる。保元の元号が用いられたのは、西暦一一五六〜一一五九年の四年間に限定される。遺跡があった時期の有力な証左といえよう。さらに「ほろは」と墨書された木簡が出土したのである。大楯遺跡の報告書では出土した遺物によって建物群の時期は、平成元年（一九八九）の報告書では「十二世紀末頃成立し、十三・十四世紀に隆盛をむかえ、十五世紀には衰退していったもの」とされていたが、平成三年（一九九一）の報告書では遺跡の「はじまりは十二世紀初頭、隆盛期は十二世紀中葉から十三世紀中葉のことで、十四世紀以降は衰退していた」としている。『図解・日本の中世遺跡』（荒川正夫）では「山形・大楯（十二〜十五世紀）」とし一九八九年の報告書を引用している。しかし大楯遺跡の遺物の中で、特に注目すべきものは墨書板状品の文字「保元」と木簡の文字「ほろは」であろう。

「保元」の元号は、西暦一一五六年から一一五九年のわずか四年間であり保元元年（一一五六）は遊佐荘の領家であった藤原頼長が「保元の乱」で討死にした年である。まさに大楯は藤原頼長が領家であった時の「遊佐荘」の政所といってよいであろう。また、「ほろは」は漢字で書くと「保呂羽」である。

大楯遺跡の「五輪塚」　「筆者撮影」

「ほろは」を『精選版国語辞典3』で調べると次のように記している。「保呂羽・鳥の両翼の下にある羽。両脇に近い部分の羽。鷹などのそれを矢羽として珍重する」としている。この「ほろは」と墨書された木簡は、これはまさしく「遊佐荘」に課せられた年貢の鷲羽を送付する荷札であったことは間違いないであろう。また「保呂」は袋状の布を鎧の背につけ流れ矢を防ぐための布である。『図解・日本の中世遺跡』で荒川正夫は「中世寺院の様態」の中で、礎石建物跡の拡大図を示して「『一遍上人絵伝』の墳墓堂に酷似している」と記している。また墳墓堂は「現存するものでは岩手県中尊寺金色堂がある。遺骨を堂に安置し供養した後に堂下に埋葬し信仰仏を奉安し供養する建物を墳墓堂という」と記している。大楯遺跡の礎石建物跡の南西には五輪塚の墓地が残っており筆者もそれを確認している。では大楯遺跡は時衆と関わりがあったのであろうか。

『山形県史第一巻』では、次のように記している。「遊行上人が廻国の際は『時衆過去帳』を携行し、往生した結縁の人々などに対して阿弥号を与え、『時衆過去帳』に登録した。神奈川県藤沢市清浄光寺（遊行寺）に所蔵される『時衆過去帳』によると、遊行九代白木は延文二年（一三五七）九月八日羽州沙越で忍阿弥号を某尼に与え、遊行十代他阿元愚は康暦元年（一三七九）新潟の柏崎、加茂を経て康暦三年（一三八一）正月七日大山で往阿弥陀仏、同年（一三八一）正月十二日、遊佐で眼阿弥陀仏の法名を与えた。新潟を経て日本海沿いに庄内を遊行していたことがわかる」としている。遊行上人はその地方の拠点を巡っているのであり、「遊佐」の地は大楯であったと考えられる。「眼阿弥陀仏」の実名は不明であるが、恐らく、大楯の地で遊行上人元愚が化導と賦算を行ったと考えてもよいのであろう。

この事実から、大楯は遊佐荘を支配した遊佐氏の荘家とみてよいであろう。この『時衆過去帳』の左記の部分の撮影は『山形県史第一巻』頁八六六に掲載されているが、これの復刻史料は『山形県史資料編十五下』（四五六）にありその関係する部分のみを記載すると次の通りである。

（裏書以下同ジ）
康暦元十月六日「柏崎」
師阿彌陀佛
康暦二年十月十二日「加茂」
哀阿彌陀佛
同　十二日「遊佐」
眼阿彌陀佛
（後略）

（中略）
（貞治三年）
同十月六日
經阿彌陀佛
同二年十二月六日「柏崎」
陵阿彌陀佛
同三年正月七日「大山」
往阿彌陀佛

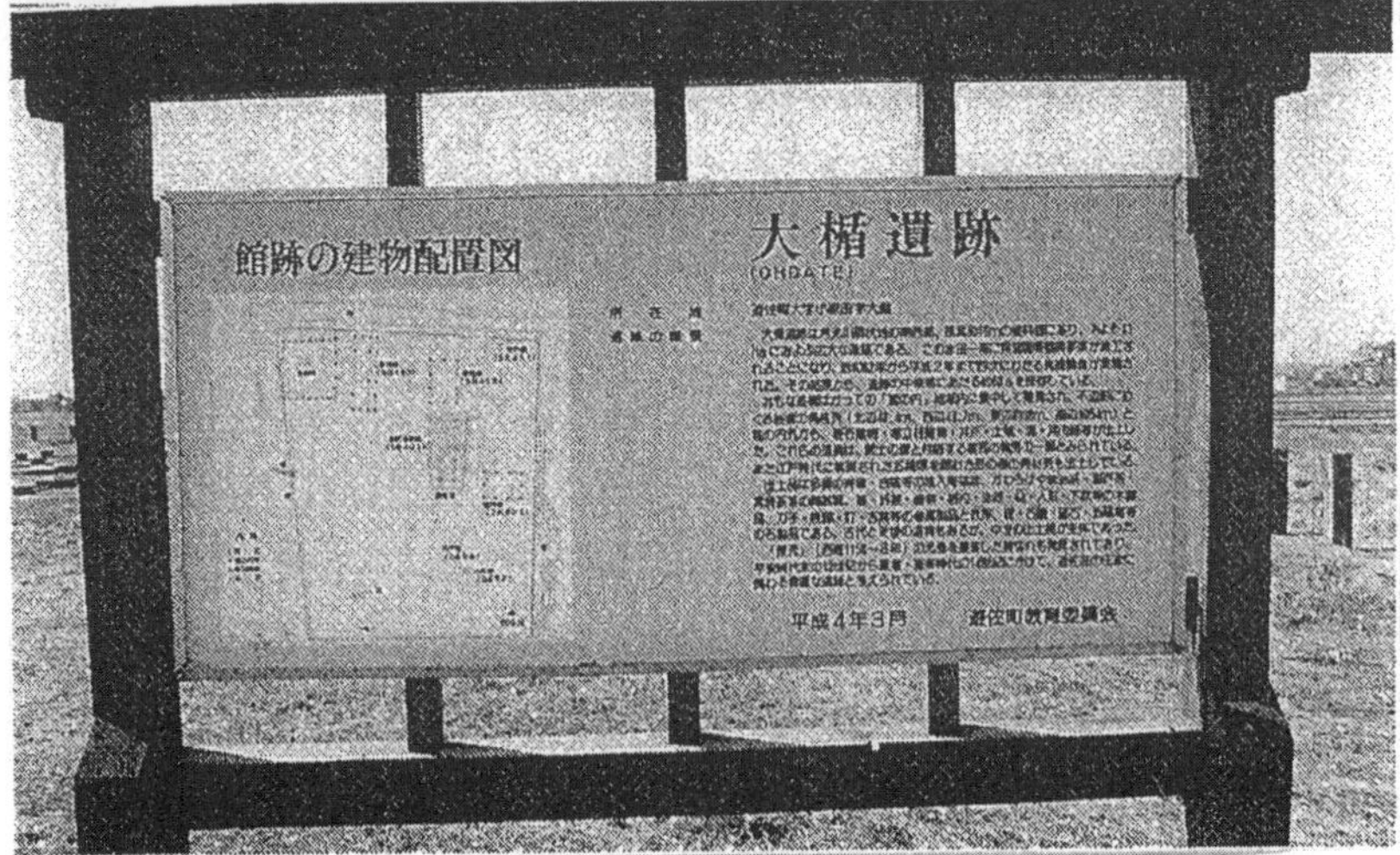

大楯遺跡と説明版　（遺跡の中枢部が保存された町の指定史跡）

遊佐町史上巻　図 3-36 の「転載」

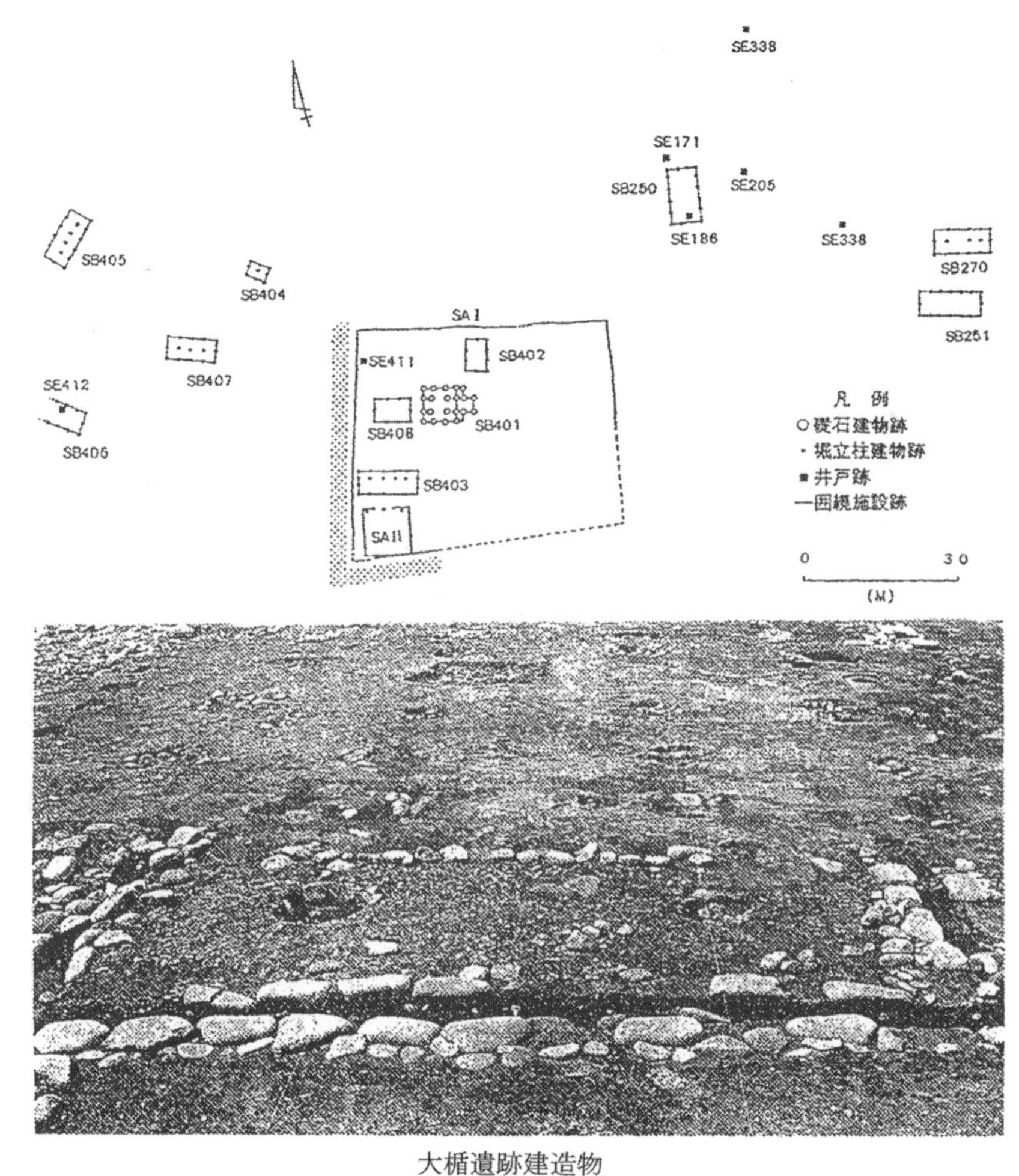

大楯遺跡建造物

(上は主要遺構の配置、下は東から見た礎石建物跡、町指定史跡)

遊佐町史上巻　図 2-33 の 「転載」

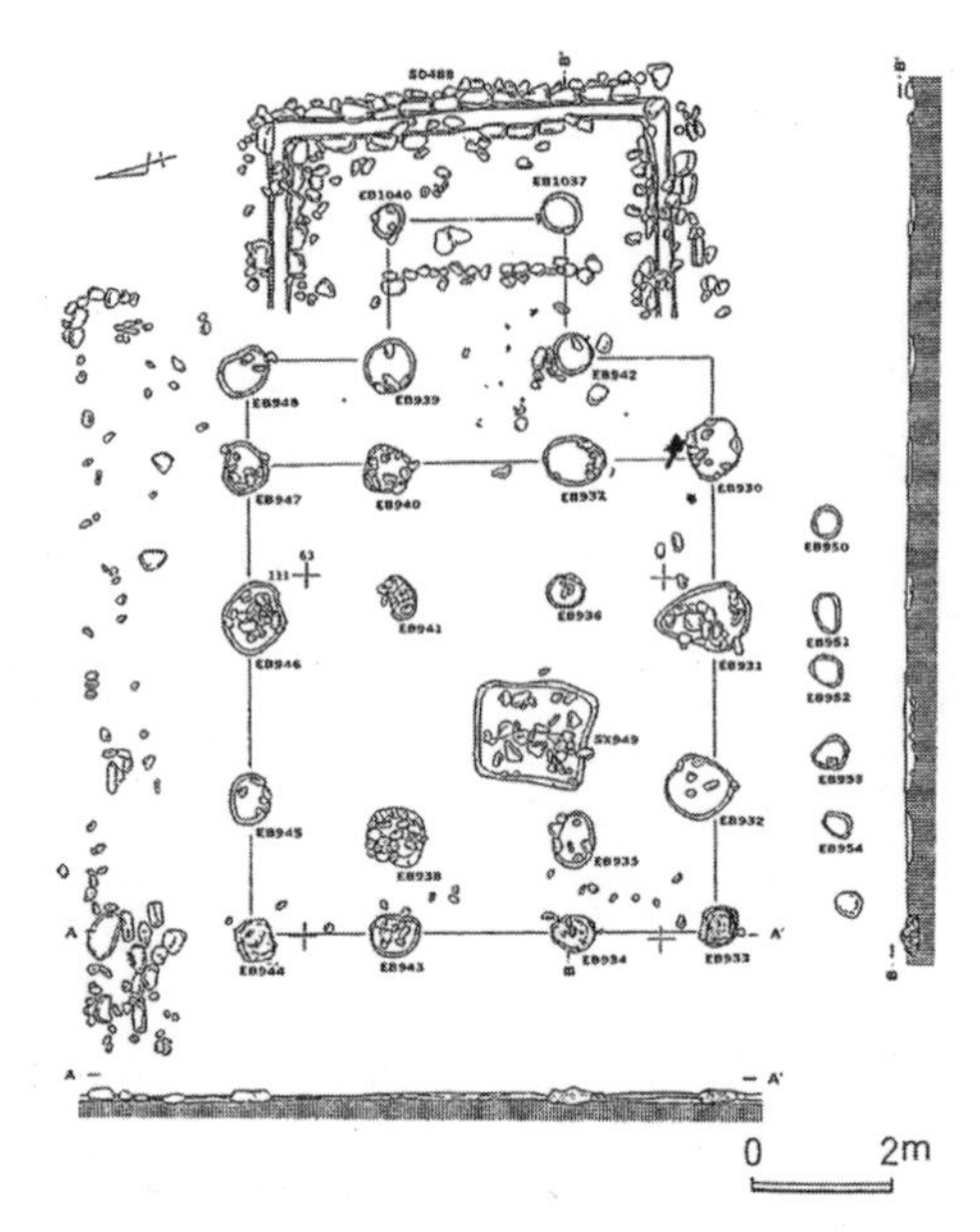

三間四方の礎石建物（大楯遺跡出土）（SB４０１）

遊佐町史上巻　図 2-34 の 「転載」

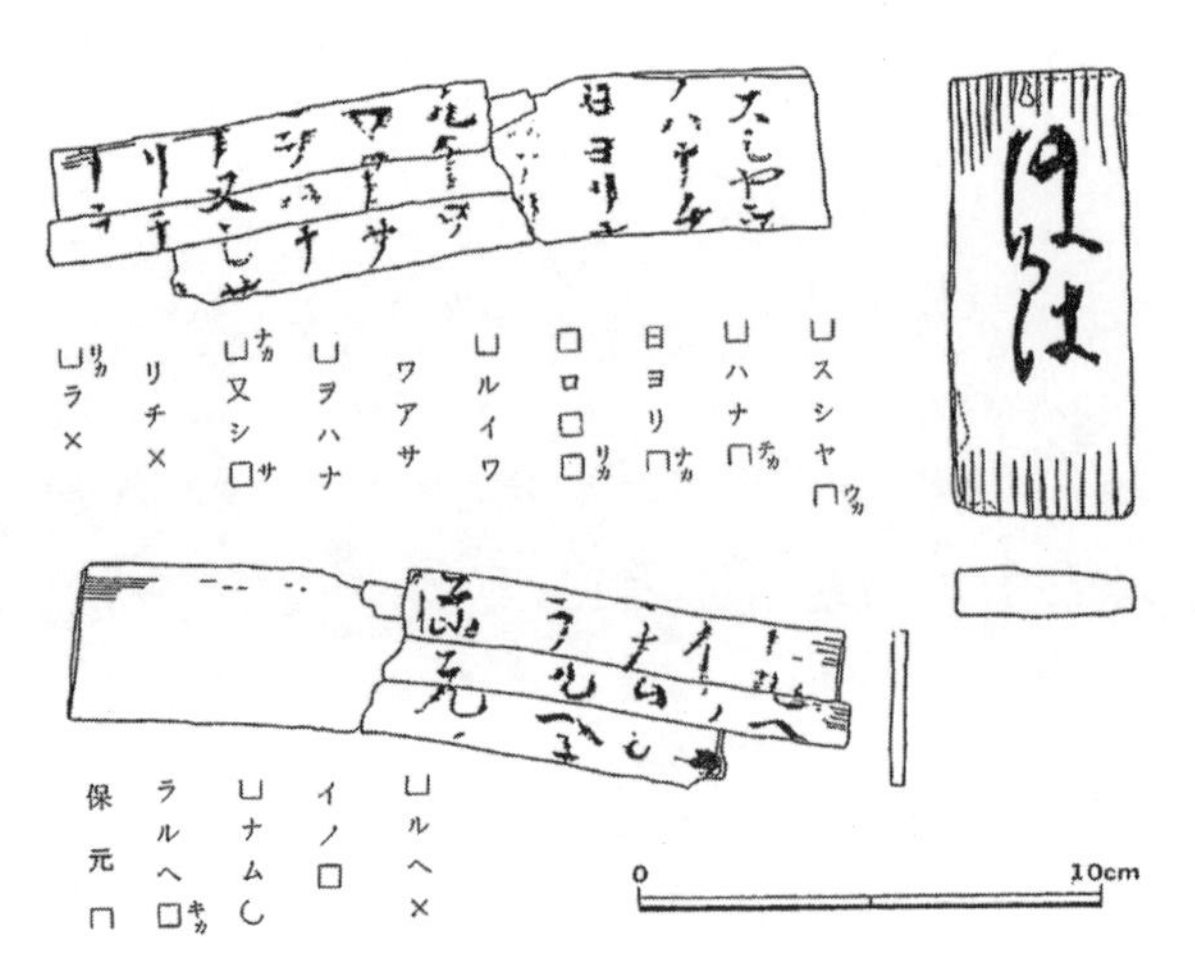

墨書版状品の文字（大楯遺跡出土）

遊佐町史上巻　図 2-36 の「転載」

八、奥州征伐

「驕れるもの、久しからず」平氏は、最後「壇の浦」で敗れ滅亡した。義経の活躍によって平家を滅ぼした後、義経は兄頼朝と対立し、自立を志向したが果たせず朝敵となり、全国に捕縛の命が伝わると難をのがれ、伊勢・美濃・越後・庄内を経て、義経主従はめぐりめぐって文治三年（一一八七）二月、藤原秀衡を頼って平泉に来た。そこは義経が大望に胸をもやして少年時代を送った所である。基衡は保元二年（一一五七）に没し、秀衡が跡を継いでいたのである。秀衡は嘉応二年（一一七〇）鎮守府将軍となり、さらに養和元年（一一八一）陸奥守となっていた。秀衡は奥州の金力と十七万騎を統率しており、秀衡の代に至って、堂々たる政権としての風貌を整えていたのである。しかも、秀衡は厳正に中立という態度を保ち続け、また放胆にして緻密な政策の固さに、頼朝もうかつに動けなかったのである。

『奥州藤原四代』（高橋富雄）では源頼朝が次のように述べたことを記している。

「……御館は奥六郡の主、予は東海道の惣官なり。尤も魚水の思いをなすべきなり。……」と。しかし秀衡も潮の大きな変化はすでに感じていたのである。義経をこの重大な時期においてあれほど鄭重に保護するということは、来るべきものを見越して、最終的には力による主張以外に防御の道はない。そう腹を固めてのことであった。間もなく義経の捜索に懸命になっていた頼朝のもとに、義経が秀衡に庇護されていることが知られることになる。こうして義経が秀衡にかくまわれていることが公然の秘密になり、朝廷・幕府の両方から尋問を受けるが、これに対し秀衡は「別に他意はない」といってかわしている。問題はもはや義経ではなく平泉の独立であったと思われる。しかし、時はそれを秀衡に与えなかった。義経が平泉に着いて一年にも満たない文治三年（一一八七）十月二十九日迫り来る嵐の中に彼はこの世を去った。

『吾妻鏡』はその死に臨んでの遺言には、義経を大将軍にして国務をせしめるようにと伝えている。さらに『玉葉』（九条兼実）では国衡、泰衡、義経にも、「異心あるべからず」と起請文を書かせたとある。しかし、国衡、泰衡は秀衡ほど器量人ではなかったのである。子弟一致して義経の采配の下に結束するようにという秀衡の遺言は空しく終わった。『奥州藤原氏四代』（高橋富雄）では、義経と秀衡との最後の別れを次のように記している。義経は、「いかなる親の嘆き、子の別れというとも是には過ぎじ」と、今は空しいむくろに取りすがり男泣きに泣いたという。義経にしてみれば親以上の親の死であった。その死と共にみずからの武運も平泉の家運も全く窮ったことを悟ったのである。

鎌倉・朝廷からの圧力に対し、一歩も退かず断固とした態度をもちつづけた秀衡が死去した後は、平泉藤原氏の結束は急速に崩れていった。朝廷では頼朝の意をうけ数度にわたって義経追討の宣旨を出し、泰衡に対して、義経を召し進むべしとの院宣を発した。文治三年（一一八七）暮れから五年（一一八九）までの二年間このような頼朝・朝廷からの働きかけと、それに対する平泉側の反発が繰り返されたのである。文治四年（一一八八）暮れ、本格的な出兵の準備をはじめた頼朝は、年が改まると、一方では義経追捕の断行を院に促し、他方では奥州に偵察の兵を送って平泉に対する圧力を強めた。文治五年（一一八九）の開戦を予定し、二月にはすでに全国的動員体制が準備されつつあったのである。こうした頼朝の圧迫に泰衡兄弟間に義経の扱いについて対立が生じ、秀衡の遺命を守ろうとする弟忠衡を泰衡は誅伐している。文治五年（一一八九）閏四月三十日、ついに頼朝の圧迫に屈した泰衡は秀衡の遺命を破り、平泉衣川館の義経を襲ったのである。衣川館を平泉の兵に囲まれた義経は覚悟を決めていたのであろう。義経は一切戦うことをせず、持仏堂に籠り、まず正妻の郷御前と四才の子を殺害後自害して果てたのである。享年三十一才であった。泰衡は義経を除くことで平泉の独立を保ちうると信じていたのである。そして頼朝が命ずるままにこれを攻め殺し、その首を鎌倉に送ったのである。だがもとより頼朝は兵を収めはしなかった。問題は奥州征伐そのものにあった。頼朝の心の奥深くには奥州における武門の棟梁権の確立があったのである。これは源頼義が前九年の役では、清原氏に対し屈辱的姿勢で参戦を請わなければ勝利できず、さらに、後三年の役では源義家は結果的には、藤原清衡に敗れたのである。

いずれも武門の棟梁権は踏みにじられたのである。奥州に源家の棟梁権の確立は、源家嫡流である頼朝としては、何としても確立しなければならない、「源家相伝の意趣」であり、悲願だったのである。

さらに、その先には全国にわたる武門の棟梁権の確立を見据えていたのである。

後白河法王は義経が討たれた以上、奥州征伐の必要性を認めようとしなかった(『吾妻鏡』)。後白河法王は頼朝の勢力の拡大を恐れたのである。文治五年(一一八九)六月二十五日、頼朝は宣旨を重ねて上奏した(『吾妻鏡』)。さらに「故事」に通じた大庭景能に、勅許なく勝手に動員令を発して追討軍を動かすことに対し意見を求めた。これに対し、「軍中では将軍の命を聞くが天子の詔は聞かない。すでに奏聞を経ている上に、累代の家人のことだ、理由は十分整っている」といった。頼朝はそれで腹をきめて踏みきったのである。文治五年(一一八九)七月十七日、頼朝は部署を定めた。三軍に兵を分けた。その総勢は二十七万四千騎であった。これに対する平泉軍は十七万騎である。東海道は千葉常胤・八田知家、北陸道は比企能員・宇佐美実政、そして頼朝自身は大手の総帥として中路を進む、七月十九日頼朝は一千騎の直臣を従えて鎌倉を発ち、同二十九日には平泉軍の何らの抵抗なしに白河関を越えた。これは頼朝の進撃が平泉軍としては意外に早かったためであろう。文治五年(一一八九)八月十日、平泉軍の最初にして最大かつ唯一の抵抗は、伊達郡(福島県)の阿津賀志山(厚樫山)で始まった。西木戸太郎国衡が大将で二万余騎が布陣していた。

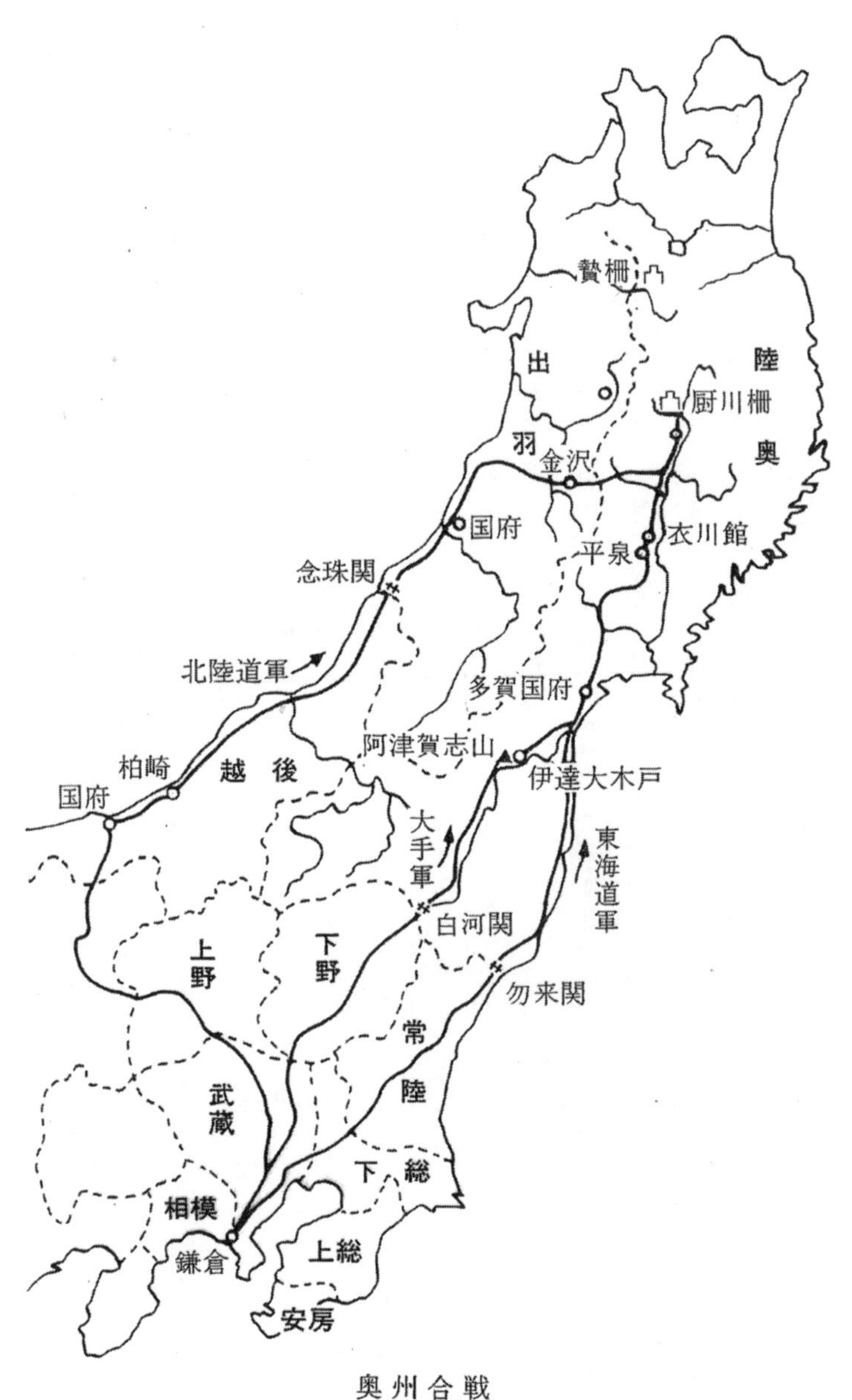

奥州合戦

源平合戦事典　福田豊彦・関幸彦編　（吉川弘文館）付録より「転載」

この阿津賀志山の戦いで国衡は芝田郡大高宮（宮城県柴田郡内）で畠山重忠・和田義盛らの手に討たれた。この状況を詳しく見てみよう。『畠山重忠』（貫達人）では次の通り記している。

「……和田義盛先陣をかけぬけ、夕方暗くなるころ、芝田郡大高宮の辺に到着した。ちょうど国衡は出羽道を経て大関山を越えようとして、大高宮の前を駈けすぎた。義盛は国衡を追かけ互いに名乗りをあげて、弓手に向い合った。国衡は十四束の矢をつがえたが、かの時早く、この時遅く、義盛の放った矢が国衡のよろいの射むけの袖を射抜いて、左肩にあたり、国衡は疵の痛みに、馬を右手にまわした。義盛も敵の副将軍を射たので、遠慮して二の矢をつがえながら、少しはなれた。その瞬間に先陣重忠の軍勢がどっと駆けつけ、両方の間にわりこみ重忠の従軍、大串次郎重親は、この怒涛の進撃に驚いた国衡が深田に馬を乗入れ進退不自由になっているところをとっておさえて、たちまち首級をあげたのであった」さらに「十一日、頼朝は船迫の宿に滞在していた。重忠が国衡の首をもってきた。頼朝が大いにほめているところに、義盛が進み出て、国衡は義盛の矢にあたって命をおとしたのであるから、重忠の功績ではないという。重忠大いに笑って、義盛の言い分ははなはだぼんやりしている。証拠があるのか。重忠が首級をもってきたのだから間違いあるまいといった。そこで義盛は重ねて、首をとったのが重忠であることはいうまでもない。ただし国衡のよろいは定めて剥取ってあるだろう。それをもってきて実否を確かめて頂きたい。なぜかというと、自分は大高宮の前で国衡にあい、射向けの袖の札の二―三枚目の辺に射中てたから、その鏃の穴があいている筈である。よろいのおどし毛は紅であり。馬は黒毛であったといった。そこで、よろいをとりよせてみると、まず紅威であり、馬は黒毛であった。射向けの袖（よろいの左袖）をみると、三枚目のうしろよりに射透した跡がはっきりついており、その穴は鑿をうちこんだようにするどかった。

そこで頼朝が重忠に、矢を射たかときく、射ませんでした、と答えたところ、頼朝はよいともわるいとも言わずだまってしまった」という。『吾妻鏡』の編者はこの話に続けて、「これは鏃の跡からみて、凡人の射た矢ではないから、重忠でなければ義盛に相違ない。義盛のいうことは、はじめから終わりまで符合していて、少しもちがうところがない。だから義盛がよいといってよいのであるが、ただし、重忠の方もその性質は天性清廉潔白であり、詐偽なきをもって本意としているものである。重忠は追跡の時従郎が先登にいて重忠は遅れていた。だから国衡が矢に中ったことは知らなかったのであって、ただ大串次郎が首をもって来て、重忠に渡したので、射取ったと思って、疑ってもみなかったのであろうと書いている」としている。ここに畠山重忠、和田義盛の潔い武士の姿を見るのである。ここで国衡が討取られた状況を詳しく述べたのは「武藤系図少弐」（『続群書類従』）にある次の武藤資頼が国衡を討取って大功あったとする武藤資頼の名はみられないのである。「武藤系図少弐」では「依是錦戸太郎ヲ討テ。頸ヲ取テ見参ニ入時。依彼忠大泉庄拝領了。」と記しているが武藤資頼の名はない。しかし、合戦後、十一月頼朝上洛時、先陣の畠山次郎重忠の随兵交名の四十番に武藤小次郎（資頼）（『吾妻鏡』）とあり、奥州討伐に参加したことは事実であろう。国衡の敗報を聞いた本陣の泰衡は戦わないで奥にのがれ、頼朝は十二日、多賀国府までは無抵抗で進出し、海道軍も一戦も交えることなく逢隈湊（宮城県亘理町）まで進出して、これまた多賀城まで進出して入城、本体と合流した。平泉軍の動静は玉造・栗原にかけてかなり組織的抵抗線を形成していた軍勢も各個に撃破された。平泉の道は近くなった。二十二日、岩井郡（岩手県）平泉に入った。先陣の重忠は頼朝より早くここを通ったはずである。頼朝は九月二日、岩井郡厨河の辺にゆき、志波郡陣岡蜂杜（岩手県紫波郡志和町）に陣をかまえた。九月六日、泰衡の首を郎従河田次郎が届けに来たのである。泰衡は比内郡贄柵（秋田県大館市）で郎従河田次郎に討取られたのである。こうして平泉は完全に滅亡した。

頼朝は首実検をし、「前九年の役」の安倍貞任の例にならい、長さ八寸鉄釘をうちつけ梟首し、獄門としたのである。また河田次郎は重恩の主を討取った罪は許せないとして斬罪に処されている。

九月九日、志波郡陣岡の陣中に泰衡の追討の宣旨が届けられた。宣旨の日付は頼朝が鎌倉を出発した同じ日七月十九日となっていた。全くの事後承諾であった。北陸道では状況はどうなっていたのであろうか。比企能員・宇佐美実政らは、泰衡に命じられて出羽口を守っていた由利八郎・田川行文・秋田致文らの軍勢を破っている。田川行文・秋田致文両名は泰衡同様に梟首され獄門にされている。宇佐美実政は由利八郎を生捕ったのである。しかし、ここでも、宇佐美実政と天野則景との間でも功名の争いがおきている。九月七日、宇佐美実政は由利八郎を生虜としてともない陣岡に参上した。ところが天野則景が生虜としたのは自分だといい、またもや争論となった。由利八郎の名は知られていたため、その生虜の功を争ったのである。頼朝はまず二階堂行政に証拠調べをさせておいて、実否のほどを梶原景時に尋問させた。その態度が無礼であったため由利八郎は忿然として答えない。次に畠山重忠が慇懃礼を尽くして問い、由利八郎は喜んで口を開き、「黒色緘の鎧を着て鹿毛馬の者が先に自分を引き落し、あとに追い来た者は、どっときたので色目はわからない」という。それは宇佐美実政のものであった。それを聞いて頼朝は感じるところあり由利八郎を御前に召した。頼朝は「お前の主、泰衡は二国を管領・支配し、十七万騎の軍勢を持ちながら、百日はおろか二十日の内に一族滅亡したのは、不甲斐ないではないか」と滅亡を笑ったのに対して、八郎は「それじゃ伺いますが、故義朝公は海道十五国を管領しながら平治の乱では数万騎の軍勢をもち持ちながら、僅か一日で零落したではないか」と例を引いて「むかしと今と甲乙いかん」と理路整然といい返したのは、胸のすくような小気味よいほどの応酬である。頼朝はこの由利八郎の豪胆さに御感あって罪を許している。由利八郎は出羽国由利郡（現本荘市）の人である。

ではその時、出羽国飽海郡大楯の遊佐氏はどうしていたのであろうか。『遊佐町史上巻』ではこの頃の遊佐氏について次のように記している。

「奥州合戦では日本海側でも越後から軍勢が攻め寄せているが、それを迎え撃つ武将に史料では遊佐氏の名が登場せず、遊佐氏は中立を堅持したか、あるいは鎌倉方についたことが考えられる。前者が濃厚とみているが、遊佐荘は温存されて鎌倉時代を迎えることとなる」としている。

九月十五日、秀衡舎弟、樋爪入道俊衡はさきの四日、拠城の樋爪館を焼いて逐電したのであるが、逃亡をあきらめ子弟らを連れ弟季衡とともに厨河（盛岡市）に投降してきたのである。さらに十八日、泰衡舎弟本吉冠者高衡も投降してきた。「遊佐氏の出自」を検討する上で大きく関係してくるので、特に、十五日および十六日の状況を『全譯吾妻鏡』（貴志正造）および『現代語訳吾妻鏡』（五味文彦・本郷和人）によりもう少し詳しく見てみよう。『全譯吾妻鏡』（貴志正造）では次のように記している。

「十五日、壬申　樋爪太郎俊衡入道ならびに弟五郎季衡、降人として厨河に參ず。俊衡子息三人太田冠者師衡・次郎兼衡・同じき河北冠者忠衡を具す。季衡子息一人字は新田冠者經衡を相具す。二品（頼朝）彼等を召し出し、その體を覽るに、俊衡は齢すでに六旬に及び、頭には繁霜を刷ふ。まことに老羸の容貌、もっとも御憐愍に足るなり。八田右衛門尉知家に召し預けらる。知家これを相具して休所に歸る。しかるに俊衡法華經を讀誦するのほか一言を發せず。知家はもとより佛法を崇敬するの士なり。よって随喜甚深なりと云々」としている。「十六日、癸茜　知家御前(頼朝)に參進し、俊衡入道轉經の事を申す。二品(頼朝)、往日よりこの經を持せしめたまふの間、罪名を定められず、本所（比爪）を安堵すべきの由下知せしめたまふ。これしかしながら十羅刹の照鑒に優じたてまつるの旨仰せ含めらると云々」としている。また『現代語訳吾妻鏡』（五味文彦・本郷和人）では次のように記している。

「十五日、壬申。樋爪太郎俊衡入道と弟の五郎季衡が、降人として厨河に参上した。俊衡は子息三人〔太田冠者師衡、次郎兼衡、同河北冠者忠衡〕を、季衡が子息一人〔字は新田冠者経衡〕を伴っていた。二品（源頼朝）が彼らを召し出してその風貌を見ると、俊衡は、年齢がすでに六十歳を越え、頭には多くの白髪があった。まことに老いて弱々しい姿で、特に憐れまれるに足るものであった。（そこで）八田右衛門尉知家に召し預けられた。知家は（俊衡を）伴って宿所に帰った。ところが俊衡は法華経を読誦する以外は一言も発しなかった。知家は仏法を崇敬する者だったので非常に喜んだという」と記し、「十六日、癸酉。（八田）知家が御前（頼朝）に参上し、（比爪）俊衡入道が法華経を転読していることを申し述べた。二品（源頼朝）は昔から法華経を大事にして信仰していたので、その罪名をお定めにならず、本領（比爪）を安堵するようにと下知された。これはすべて十羅刹女の照鑑により免じたものであることをよくよく仰せられたという」としている。

奥州藤原氏の降人となった一族をまとめると次の通りである。

樋爪俊衡入道・太田冠者師衡・次郎兼衡・河北冠者忠衡・五郎季衡・新田冠者経衡・本吉冠者高衡の七人であった。本領（比爪）を安堵されたのは法華経を深く信仰し、また老齢であった俊衡入道のみであったのである。河北冠者忠衡がこの時、本領（遊佐荘）を安堵され遊佐氏の祖となったとする説があるが、それは『吾妻鏡』から事実ではないことは明らかである。飽海郡の異称を河北といい、河北冠者忠衡の河北をこれに結び付けて、出自のはっきりしない遊佐氏を強引にその子孫と付会したものとしか思われない。河北冠者忠衡の子は『尊卑分脈』では「山聖円」とあり、恐らく山僧であったのであろう。

これについては「遊佐氏の出自」で再度述べることにしたい。

奥州藤原氏略系図（『尊卑分脈』『吾妻鏡』）

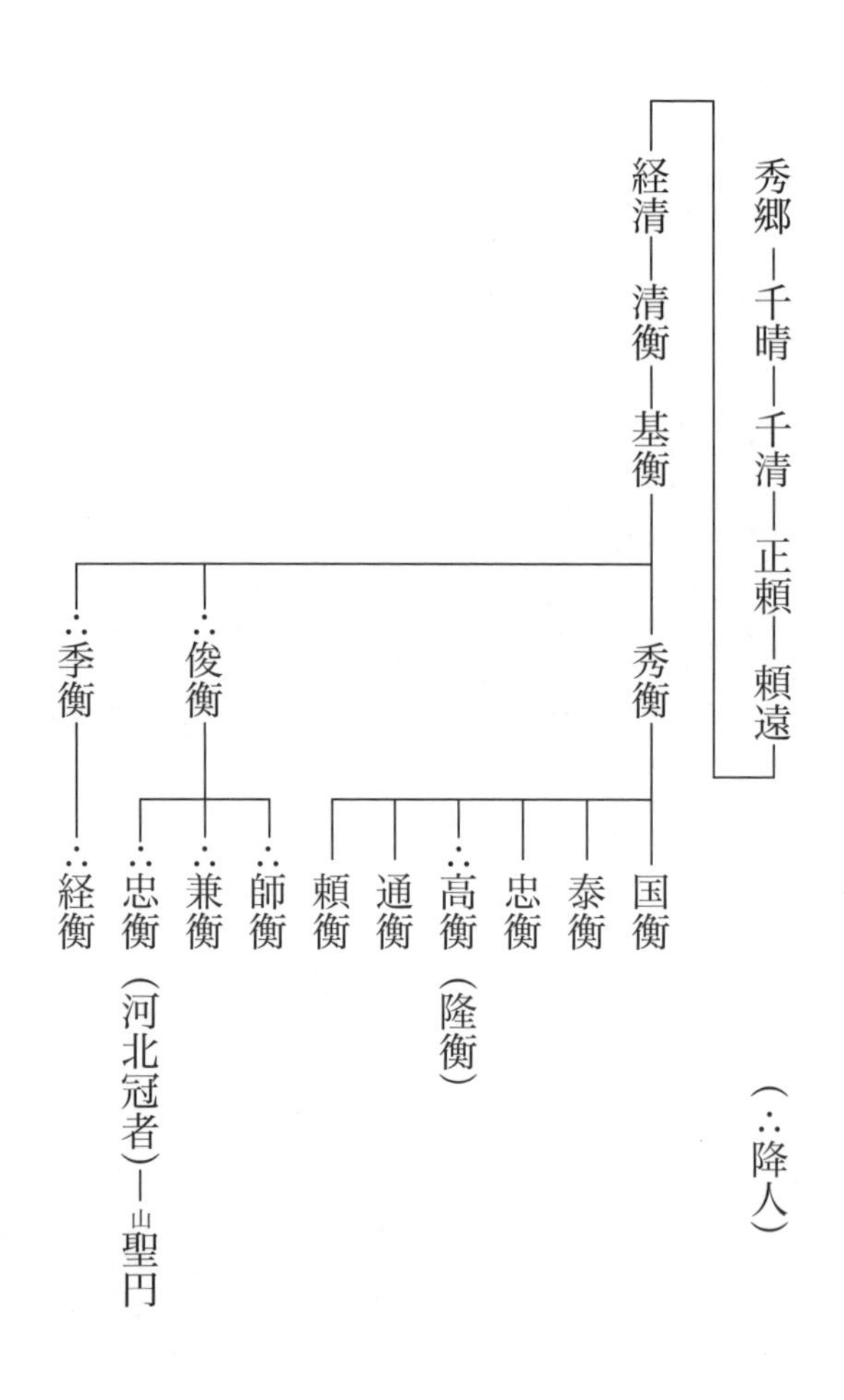

九．鎌倉時代の出羽国

㈠　出羽国の情勢

源頼朝が平泉藤原氏を滅亡させたが、それ以降、出羽国はどうなっていったかを概観してみよう。

奥州征伐を終えた頼朝は早くも九月十四日、奥羽の行政に着手した。二十日には平泉において「吉書はじめ」の儀式のあと、奥州討伐の論功行賞が行われ、多数の武将が恩賞にあずかり所領を宛行われた。

主な武将の恩賞地を次に掲げる（『東北の歴史上巻』豊田武）。

千葉常胤　　海道諸郡
畠山重忠　　葛岡郡（宮城県栗原郡の一部）
葛西清重　　胆沢・磐井（岩手県）・牡鹿（宮城県）諸郡
和田義盛　　遠田・名取両郡・栗原郡三迫（宮城県）・由利郡（秋田県）
小山（結城）朝光　白河（菊田荘湯竃郷地頭）・岩瀬（ともに福島県）・名取諸郡
伊達朝宗　　伊達郡（福島県）

二十二日、葛西清重が陸奥国内御家人と平泉郡内の治安維持の任務を与えられた。

源頼朝は文治五年（一一八九）十月一日、多賀国府で郡郷荘園支配に関して国府に次の張文を掲げた。

「荘園の地頭の名を使って、不当な道理を押しつけてはならない。国中のことは秀衡・泰衡の先例通りにその処理をすること」と記している。頼朝は奥羽の戦乱の余燼がまだ治まっていないことを感じていたのであろう。頼朝は処置に対して極めて慎重な態度が窺える。文治五年（一一八九）十月二十四日、出羽国の土地の検注を出羽国府留守所に命じたが、調査は厳格を極め、留守所が地頭の門田（屋敷の付属地）まで没収したため、地頭らはその不理を訴えるという事件が起こった。

これに対して頼朝は、「出羽・陸奥は夷の地の為め、たびたびの新制から除かれてきた。ひとえに古風をまもり、さらに新儀なきように、従って、門田はこれまで同様、地頭の所有を認めるように」と下知している（『吾妻鏡』文治五年十月二十四日条）。この場合の地頭は、御家人・非御家人を含めて指していると考えてよいであろう。さらに正治二年（一二〇〇）にも、幕府は、陸奥・出羽両国の留守所に「郡郷地頭の所務は故藤原秀衡・泰衡の旧例に従うように」と命じている（『吾妻鏡』正治二年八月十日条）。文治五年（一一八九）十二月、頼朝の危惧していたことが現実となって現われてきたのである。泰衡の郎従で八郎潟東岸（現秋田県五城目町）を本拠とする大河兼任が蜂起したのである。泰衡の滅亡後も平泉方に心を寄せる者が多かったことを物語っている。大河兼任は七千余騎を率いて出羽で挙兵すると、平泉方の武士は続々と参加し大河兼任は出羽から平泉に出てさらに鎌倉を目指す情勢となったのである。この大河兼任の叛乱で由利八郎が小鹿島（秋田県男鹿市）で討死にし、さらに津軽で由利八郎を生捕った宇佐美実政までもが討死にしたのである。不思議な因縁の間柄であった。頼朝は足利義兼を追討使とし千葉常胤率いる東海道軍、比企能員率いる東山道軍が奥羽に発向したのである。文治六年（一一九〇）二月十二日平泉より南下する大河兼任軍は栗原郡一迫で追討軍と合戦したがついに敗れ、兼任自身も義経ゆかりの栗原寺（宮城県栗原市）まで逃れたがここで殺害されたのである。これで平泉方の残存勢力も壊滅させ頼朝は奥羽支配の基礎を築き、頼義・義家以来の武門の棟梁権を奥羽の地に打ち立てたのである。頼朝は建久三年（一一九二）七月十二日、征夷大将軍となり鎌倉幕府を開き、ついに念願の全国的な武門の棟梁権をここに確立したのである。そして全国に守護・地頭を置いたといわれているが、平泉藤原氏滅亡後の陸奥・出羽両国はどうだったのであろうか。これについて『鎌倉幕府守護制度の研究』（佐藤進一）では要約すると、次のように記している。「陸奥・この國には守護の設置された形跡はない。……文治五年九月奥州征伐の直後葛西清重が陸奥御家人事奉行を、即ち御家人の統率を命じられた。……そこに清重の陸奥御家人の統率権が窺われるのであるが、一般の守護の根本的職權である検斷權に關しては、彼の検限の及ぶ所は僅かに平泉一郡にすぎず、到底彼が陸奥一國の守護に任ぜられたと見る事ができない。建久二年（元年カ）三月伊澤家景が陸奥留守職に補せられ、國中民庶の訴訟取次ぎを命ぜられた。……そして同年（建久六年）九月三日平泉寺塔修理の命が清重・家景両人に對して發せられてゐる。……然し留守所の權限も検斷權を包含するものではなかった。奥大道夜盗取締令、陸奥出羽兩國諸郡夜討強盗等取締令は幕府より直接郡郷地頭に宛てられ、その間に守護或は奉行の如きを介した形跡はない。以上によって考えれば、この國に守護の設置を見なかった事は先ず疑ひなく、一般守護の職權である検斷權は郡郷地頭に與へられ、一般的行政職務のみが留守所の所管とされたのではあるまいか」としている。さらに「出羽・この國についても所見なし。……この国にも守護の置かれなかった事を推測せしめる」としている。これに続けて『日本の封建制』（豊田武著作集第八巻）では次のように記している。

「文治五年（一一八九）九月には、葛西清重が陸奥御家人の統率を命じられ、建久元年（一一九〇）三月には、伊沢家景が陸奥留守職に補せられた。両人は共に奥州惣（総）奉行たる地位をあたえられたといわれるが、これが一般の守護と同一のものかどうかは相当に疑問である。守護の如く広汎な権断権をもたなかった点、陸奥・出羽には守護を置かず、専ら留守所を以て「庶務」を執行していたというのが、近頃の説である」（『鎌倉幕府守護制度の研究』佐藤進一）。同書は続けて次のように記している。

「それでは何故、留守所を以て『庶務』を代行させたか、これについて、陸奥・出羽両国は鎌倉時代を通じて将軍家の知行国であったからだという説が出てくる」さらに、「恐らく鎌倉将軍家は、陸奥・出羽の荘園及び荘園化した郡郷に対して、御家人をその地頭職に任命して、自らは領家的な地位に立ってその年貢を徴収していたのであろう」としている。こうして御家人は相次いで郡郷或は荘園の地頭職を与えられ、さらに他国に比べ強い権力を与えられており、これにより頼朝の威勢は奥羽のすみずみまで及んだのである。また、『東北の歴史上巻』（豊田武）では、次のように記している。

「建保三年（一二一五）大江広元が陸奥守となった。翌々年（一二一七）北条義時がこれを継いだ。陸奥国が関東知行国になるのはこのころであり、以来幕府の執権（北条氏）が陸奥守になる例となった。頼朝の在世中は、陸奥守・出羽守になった人々はいずれも公卿であったことからみれば、陸奥・出羽の関東知行国化はついに実現しなかったらしい。陸奥・出羽両国はここに名実ともに鎌倉の直轄知行国となり、幕府の重要な経済的基盤となったのである。平泉藤原氏が独占した奥州の砂金・馬・其の他の国産はすべて幕府の徴収するところとなった。奥州総奉行がその歴史的役割を果たし、地方行政府としての実を失ったのはそのころである」としている。

『遊佐町史上巻』には次の記事が見られる。承久二年（一二二〇）十二月、北目（遊佐町北目）地頭をも兼ねた新留守所宛てに、出羽両所宮（大物忌神社と月山神社）の修造について、幕府奉行人連署奉書がとどいたのである。その内容は次の通りである。

出羽国両所宮修造の事、其の功を終えざるの由神主久永訴え申すの間、
去る建保六年十二月、催促の為め雑色正家を差し遣わさると雖も、

故右大臣殿の御大事出来の間、正家は其の節を遂げずに帰参す。
然れども修造に限り有り、黙止すべからざるに依り催促の為め雑色真光を差し
遣わさる所なり。懈怠無く其の功を終うべきの状、陸奥守殿御奉行に依って
執達すること件の如し

承久二年十二月三日　　　　散位　藤原
北月地頭新留守殿　　　　　散位　三善

『遊佐町史上巻』より引用

「故右大臣殿の御大事出来の間」とは源実朝が源頼家の子公暁により暗殺されたことをさしている。

この両所宮の修造は『吾妻鏡』建久六年（一一九五）に、頼朝が平泉寺塔の修造を葛西清重と伊沢家景（留守職）に命じていることを記したが、この修造の職務も『日本の封建制』（豊田武著作集第八巻）で述べられているところの留守所の職務「庶務」に相当すると考えてよいのであろう。

(二)　出羽国の地頭

出羽国に任命された地頭について見ていくことにしよう。

頼朝の御家人は相次いで、出羽国の郡郷或は荘園の地頭職を与えられた。一族の中には、この地方に移住し、土着するものが現われた。関東武士団の奥羽移住といわれる現象がそれである。陸奥・出羽の地頭は行政、警察権の一部をも担当しており、他の地方の地頭より強い権力を有していたのである。

それでは鎌倉時代東北各地において地頭職を与えられた、土豪の分布状況を『日本の封建制』（豊田武著作集第八巻）をもとに、出羽国南部を抽出してみると次の通りである。

〔出羽国〕

郡名	庄名	地頭名
北村山郡	小田島庄	小田島氏
西村山郡	寒河江庄五箇郷	大江氏
	成生庄	二階堂氏
置賜郡	長井庄	長井氏
海辺郡	余部内宗太村	安保氏
飽海郡	遊佐庄	遊佐氏
（田川郡）	大泉氏	大泉氏（大宝寺氏）

このように『日本の封建制』（豊田武著作集第八巻）では鎌倉時代での遊佐庄の地頭を遊佐氏としている。また『山形県史第一巻』では「大泉荘」については「大泉氏平拝領」と記している。

遊佐氏は、頼朝に直接見参した御家人ではなく、非御家人であったろうと思われる。さらに『遊佐町史上巻』では、大楯遺跡の調査結果から遊佐氏について次の通り記している。「最初に遊佐荘の庄家としての経営が成立していて、鎌倉派遣の（新）留守氏との親密なかかわりが大楯を消滅させることなく、その権力と高い文化がこの遺跡で継承されたのではないだろうか」としている。

また『時衆過去帳』の康暦三年（一三八一）に十代元愚上人が「遊佐」の地を訪れているので「遊佐荘」は存続し継続されたとみてよいであろう。

出羽国南部のこれ以外の荘園を見ていくことにしよう。

文治五年（一一八九）頼朝の側近であった、大江広元が屋代荘（東置賜郡）をはじめ成島荘（米沢市）・北条荘（南陽市）と寒河江荘（寒河江市・村山市を含む）の地頭になっている。寒河江荘は嫡男親広が、成島荘・屋代荘・北条荘は次男の時広にはじまる長井氏が継いでいる。大曽禰荘（山形市）は安達盛長が地頭になったが、次男時長が大曽禰荘を継承し、大曽禰氏を称している。このほか、山辺荘（東村山郡）や大山荘（山形県南部）の地頭は不明である。海辺郡余部の安保氏は武蔵国（埼玉県）賀美郡（現児玉郡）安保郷を根拠とする土豪である。これらの出羽国南部だけでも十二の荘園があったことがわかる。しかし、これらの荘園の運命は頼朝の没後、北条氏の勢力が陰に陽に現われ、有力御家人を圧迫し、次々と没落させていき、これらの荘園は次第に、北条氏の所領となっていくのである。

頼朝が建久十年（一一九九）一月十三日没した。それからわずか一年にも満たない正治元年（一一九九）十月には早くも幕府内部で政争が起き、頼朝の腹心であった梶原景時が没落したのである。

この事件では、北条時政、義時の名は見られず、御家人達の影に隠れた形となっているが、景時追放は、その後つづいていく、北条氏による有力御家人排除のはじまりとされている。ついで、建仁三年（一二〇三）九月二日、頼朝の有力御家人であった比企能員が北条時政の謀略によって滅ぼされたのである。

元久二年（一二〇五）頼朝の有力御家人であった畠山重忠が北条時政の策謀により、二俣川（現神奈川県横浜市）で北条義時率いる大軍に攻められ滅亡したのである。同じく、建暦三年（一二一三）頼朝の有力御家人であった和田義盛が北条義時に度重なる挑発を受けて、挙兵（和田合戦）したが鎌倉市街戦で敗れ、一族が滅亡したのである。宝治元年（一二四七）有力御家人三浦泰村が北条時頼と鎌倉市街で武力衝突（宝治合戦）し、三浦氏も滅亡したのである。この事件により北条氏の得宗（嫡流家）専制政治が確立したとされる。このように、梶原・比企・畠山・和田・三浦などの諸氏は北条氏の策謀によって次々と滅び、北条氏に対抗出来る有力御家人として残されたのは衆目の一致するところ安達氏のみとなった。

このような情勢の中で弘安八年（一二八五）十一月に勃発したのが「霜月騒動」である。鎌倉政界随一の実力者安達泰盛が北条貞時の内管領平頼綱の陰謀によって滅ぼされたのである。「霜月騒動」の余波は出羽国にも及んだ。安達氏宗家によって、代々受け継がれてきた秋田城介の地位は事実上、北条氏によって掌握されるに至ったのである。秋田郡の地頭職も同じく没収されて、北条氏所領となったものと思われる。それだけではない。安達盛長の次男にはじまる大曽禰氏は安達氏宗家と手を携えて鎌倉幕府に重きをなす存在であったが、その大曽禰氏もまた安達氏宗家とともに滅亡するに至ったのである。

こうして、出羽国荘園の多くが北条得宗家の所領となった。出羽国南部十二荘の内、北条氏の所領となったと思われるのが大曽禰荘のほかに寒河江荘（北部）・小田島庄・大山荘・山辺荘・大泉荘・海辺荘などが北条氏所領となったと思われる。大泉荘の大泉氏・海辺荘の安保氏は北条氏の代官として生き残り、大泉氏は北条氏滅亡後に復帰し、戦国大名まで成長するのである。

源家嫡流家は頼朝没後、頼家が将軍となり後を継ぐが修繕寺に幽閉され、その後殺害された。ついで弟の実朝が将軍となるが、頼家の子息公暁に暗殺された。こうして嫡流家は絶えた。その後は、前述したように北条氏が頼朝の有力御家人を次々と滅亡させ、北条氏による得宗専制政治を進めていくのである。

承久三年（一二二一）後鳥羽上皇が挙兵するも、北条義時に敗北し、後鳥羽上皇らは配流になった。挙兵は時期尚早だったのである。しかし、文永十一年（一二七四）と弘安四年（一二八一）の両度にわたる蒙古軍の襲来を迎えることになった。新進気鋭の十八才の執権北条時宗が立ち向かうことになった。この両度の蒙古軍の襲来も天運が幸いして、二度の暴風雨により撃退したのであるが、弘安七年(一二八四)時宗は世を去った。若干三十四才であった。それを継いだのは、わずか十四才の貞時であった。合戦後の御家人らに対する、恩賞地給与など容易に解決する課題はどれ一つとしてなく、幕府の立場は困難きわまるものとなっていったのである。合戦で傷つき損害をうけた御家人らの不満も癒されることなく、ますます強まるばかりとなっていった。北条氏得宗による専制政治も行き詰まり、次第に瓦解していき、やがて後醍醐天皇による「建武の新政」につながっていくことになる。

ここで、北条氏の得宗家の略系図を次に掲げる。「得宗」とは二代義時に関する言葉で義時の別称・戒名・追号等の説がある。

北条氏得宗家略系図

時政[1] ― 義時[2] ― 泰時[3] ― 時氏[4] ┬ 時頼[6] ― 時宗[7] ― 貞時[8] ― 高時[9]
　　　　　　　　　　　　　　　　　　　 └ 経時[5]

(数字は得宗家代数)

十．建武の新政と出羽国

後醍醐天皇の「建武の新政」は出羽国にどのような影響を及ぼしたのであろうか。『山形県史第一巻』・『太平記』・『日本の歴史9南北朝の動乱』（佐藤進一）・『南北朝の動乱』（安藤英男）・『太平記の時代』（新田一郎）などをもとに概観してみよう。

後醍醐天皇は異形な天皇といわれている。後醍醐天皇は父、後宇多天皇の仰せによって花園天皇から文保二年（一三一八）三月二十九日皇位を受け継ぐや、元亨元年（一三二一）これまでの院政を廃止して親政をはじめた。また自らを平安の醍醐天皇・村上天皇になぞらえて「延喜・天暦にかえれ」としてふつうは天皇の崩御に贈られる諡号を生前に「後醍醐」と定めたのである。そうした剛直な性格の後醍醐天皇の政治目標が鎌倉幕府廃止へと奔ったのは、必然的な成り行きであったといえよう。後醍醐天皇は正中元年（一三二四）倒幕計画（正中の変）を立てるも、六波羅探題の知るところとなり敗れる。

しかし、剛直な後醍醐天皇は少しも怯むことはなかった。元弘元年（一三三一）に再び天皇は倒幕計画（元弘の乱）を立てるが、またも計画は事前に六波羅探題に発覚し敗北したのである。天皇は笠置に逃れるが、やがて捕らえられて、元弘二年（一三三二）三月に隠岐島に流された。計画に加わった多くの公卿や武士たちが捕らえられ流され、あるいは斬られたのである。しかし、難を逃れた皇子護良親王は幾内の地に出没して奇襲を続け、河内の楠木正成らが挙兵して、幕府軍と根強い戦いを続けた。護良親王による挙兵の呼びかけは広く九州まで及んだのである。元弘三年（一三三三）には、播磨の赤松則村・伊予の土居通増・阿蘇惟直らがこれに呼応して挙兵した。折りしも、後醍醐天皇は、元弘三年（一三三三）二月、隠岐島を脱出すると伯耆の名和長年に頼り、船上山（鳥取県東伯郡琴浦町）で挙兵し倒幕の大号令を天下に発したのである。それまで形勢を観望していた反幕府諸将は倒幕へと傾いていった。

幕府軍の武将として進軍していた足利高氏（後の尊氏）までが天皇側に通じて、護良親王とともに六波羅探題を落とし倒幕側に転ずるに及んで、いっせいに倒幕運動が展開され、元弘三年（一三三三）五月十八日、上野の新田義貞の軍勢が鎌倉に突入し北条高時は鎌倉の東勝寺で自刃し、ここに鎌倉幕府は滅亡した。これで後醍醐天皇の幕府滅亡の執念が成就し、後醍醐天皇は晴れて六月四日還幸したのである。六月五日、六波羅探題攻撃を主導した足利高氏を鎮守府将軍に任じ、さらに八月五日天皇の偏諱「尊」の一字を与えられ高氏は尊氏と改めた。一方の功労者、護良親王は尊氏を牽制し信貴山（奈良県生駒郡平郡町）を拠点とし上洛せず、後醍醐天皇は六月二十三日、護良親王を征夷大将軍に任じ上洛させたのである。後醍醐天皇は「朕の新儀は未来の先例たるべし」と断言し、大変な意気込みで親政をスタートさせたのである。新たな法令・人事・組織などが矢継ぎ早に発表された。法令については「個別所領安堵法」・「寺領没収令」・「朝敵所領没収令」などである。その諸政策は出羽国にもただちに伝えられた。これらの内、出羽国関係の領主・武士たちを驚愕させたのは「個別所領安堵法」と「朝敵所領没収令」であった。領主・武士たちの本領は無条件で安堵するのでなくて、一旦無効とした上で、天皇綸旨で保証するというものであった。また、朝敵とはどこまで指しているのかは天皇の綸旨次第で決まり、全てが綸旨至上主義である。こうして、不安と焦燥に駆られた領主・武士たちは我先にと綸旨を求めて上洛したのである。

「諸国の輩、遠近を論ぜず、悉く以て京上」という状況を生み出し、訴訟が爆発的に増加したのは当然であった。後醍醐天皇がいかに超人であろうとも、綸旨至上主義は物理的に無理であり、天皇の処理は限界となった。七月には「個別所領安堵法」は「諸国平均安堵法」（一同の法）で天皇綸旨から国司の裁断に移管されたのである。天皇は後退せざるをえなかったのである。

さらに、九月には雑訴決断所を設けている。「朝敵所領没収令」は最終的には、北条一族のみに限ったのであるが、出羽国の場合には、さらに事態は深刻であった。鎌倉末期の北条氏の広がりを思い出していただきたい。この法令のもたらした衝撃の大きさを理解できるであろう。耐え難い不安に駆られた領主・武士たちは格別相伝の由緒を掲げ北条氏に横領された非を鳴らし所領の確保を求め上洛したのである。さらに、武士たちに衝撃を与えたのが鎌倉幕府が消滅した以上、御家人・非御家人の別があってはならぬというのであり一律に天皇の直接支配に属すべきであると主張したのである。旧鎌倉幕府の武士たちにとっては、この上ない屈辱であったであろう。さらに、所領を一旦無効とすることは、武家社会の永い慣習法である「知行年紀法」さえも否定するものであった。『日本の歴史9南北朝の動乱』（佐藤進一）では次のように記している。「貞永式目（一二三二）に鎌倉幕府が制定した御成敗式目の第八条に『当知行（所領の事実上の支配）二十カ年を経過すれば、理非に論ぜず沙汰に及ばず』という当知行年紀法が規定されたが、これは現行の民法第一六二条にある、『二十年間所有ノ意志ヲ以テ平穏且公然ニ他人ノ物ヲ占有シタル者は其所有権ヲ取得ス』と記されている。まさに現在まで生き続けており、歴史の重みを感じさせる条文なのである。こうして、出羽国でも後醍醐天皇の親政に対する不満が満ち溢れていたのである。こうした先鋭化した状況下に、葉室光顕が出羽守兼秋田城介として任命されてきたのである。葉室光顕は「承久の乱」で斬られた葉室光親の玄孫である。葉室光顕は後醍醐天皇の寵臣であり「元弘の乱」の謀議に加わったとして　元弘二年（一三三二）六月、執権北条高時によって追放され出羽国に流されたのである。出羽国のどこかは判らない。しかし、後醍醐天皇の「建武の新政」が始まると、元弘三年（一三三三）九月に設置された雑訴決断所の結番交名（四番）に葉室光顕の名があり、一時京師に帰ったことが知れる。

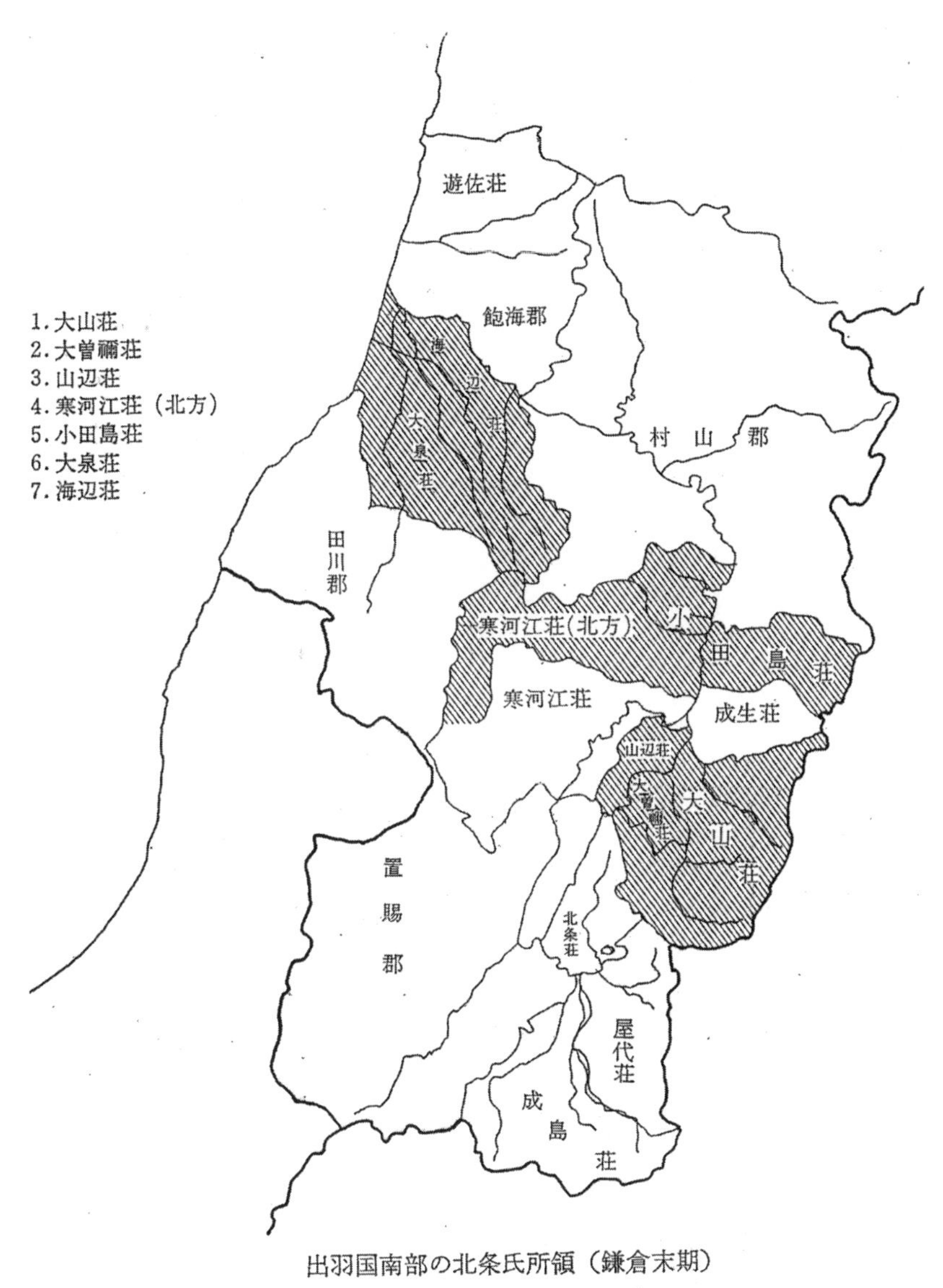

出羽国南部の北条氏所領（鎌倉末期）

山形県史第一巻　図217の「転載」

『日本の歴史9南北朝の動乱』(佐藤進一)では、元弘三年(一三三三)八月に発せられた陸奥・出羽の新国司の人事を載せている。陸奥・出羽国は次の通りである。

国名	人名	備考
陸奥守	北畠顕家	北畠親房の子
出羽守	葉室光顕	後醍天皇の寵臣

北畠顕家は元弘三年(一三三三)十月、十六才で陸奥守となり、義良親王(六才という)を奉じて、父親房とともに奥州多賀国府に下り、陸奥将軍府が成立した。時を同じくして、十二月には、足利尊氏の弟の直義が成良親王を奉じて鎌倉へ派遣され鎌倉将軍府が成立した。ところが他方、出羽国に赴任した葉室光顕は建武に殺害されたのである。『公卿補任』には、「参議、元弘三年五月詔して本職を為し、八月兼出羽守、秋田城務たるの由宣下、建武三年五月任国に於て被誅畢」、『尊卑分脈』には「天下の事に依り建武二年冬出羽国に於て斬首」とある。被誅といい斬首といい、ふつうの死に方ではないのであり、しかも、国司が斬首されるということは、出羽国が異常状態であり、極めて先鋭化していたことを示すものである。『山形の歴史』(誉田慶恩)では、「兇徒はおそらく庄内の足利方である、大泉か安保氏だろう」と記している。こうして、早くも、後醍醐天皇の始めの意気込みとは裏腹に親政はみるみる足踏みしだしたのである。さらに、親政内部にも不和が起こり始めた。護良親王は後醍醐天皇とはもともと反りが合わず、尊氏暗殺計画を立てたとされ、また皇位簒奪を企てたとして後醍後天皇により征夷大将軍を解任され、建武元年(一三三四)天皇の意を受けた名和長年・結城親光らに捕らえられて幽閉され、鎌倉将軍府に送られ、

尊氏の弟直義の監視下に置かれたのである。こうした折、建武二年（一三三五）七月、北条高時の遺児時行が諏訪頼重に擁立されて信濃で挙兵したのである。時行の軍勢はすみやかに武蔵国に入り、女影原（埼玉県日高市）・小手指原（埼玉県所沢市）・府中などに足利軍を打ち破って鎌倉に迫った。ここに至って足利直義は自ら出陣して時行勢を迎え討とうとしたが、井出沢（東京都町田市）で時行勢に敗れた。直義は一旦鎌倉に戻り、幽閉中の護良親王が奪われて時行勢に利用されるのを恐れたのであろう。鎌倉出立に際して護良親王を殺害させ、千寿王（後の義詮）や成良親王とともに西走して、三河国矢作（愛知県岡崎市）に到った。時行は七月二十五日に鎌倉に入った。直義は矢作で一旦態勢を立て直して反攻の機を窺おうとしていたのである。ここで成良親王を帰洛させている。また使者を至急尊氏のもとに使わして注進した。報せを受けた尊氏は後醍醐天皇に東下の許可を求め、それとともに征夷大将軍と総追捕使の官を請うたが、いずれも後醍醐天皇の容れるところとならず、逆に成良親王を征夷大将軍に任じたのである。尊氏は勅許を得ないまま、八月二日京都を発して東下、三河矢作で直義と合流して時行軍を遠江で破っていく。尊氏は八月九日遠江の戦いを手始めとして、佐夜中山・高橋・箱根・相模川・片瀬川で時行軍を撃破しつつ東下、十九日に鎌倉を奪回した。時行は逃走し、諏訪頼重は自刃した。時行が鎌倉を保ちえたのは、わずか二十数日にすぎなかった。後醍醐天皇は鎌倉奪回の報を得ると勅使を送って「争乱静謐に帰した上は、速やかに上洛せよ、武士の恩賞は天皇自ら綸旨をもって行う」と伝えさせた。尊氏はこれに従おうとしたが、直義の制止によって思いとどまったという。

尊氏は鎌倉幕府の旧地に新第を建て、また侍所を設立して武士に恩賞を与え、後醍醐天皇に行動をもって答える形となった（延元の乱）。こうして後醍醐天皇と尊氏の関係は完全に決裂する。十一月二日には直義の名をもって諸国に新田義貞追討の檄文を発し兵を募っている。一方の尊氏は十一月十八日に義貞を

「君側の奸」であるとして討伐を要請するも、逆に後醍醐天皇は尊氏の一連の行動は叛逆と見なして、義貞に尊氏追討の命を下したのである。尊氏追討の命が発せられると尊氏は一変して赦免を求めて隠棲するのである。これに対し、後醍醐天皇に対する対峙の姿勢は直義のほうが強く、義貞軍が東下の報に接しても、なお動かぬ尊氏に業を煮やした直義は出陣した。しかし、十一月下旬高師泰の軍が、三河国矢作川で義貞軍に破れ、さらに直義率いる軍も駿河国手越河原（静岡県静岡市）で敗北し関東に退いた。義貞軍は伊豆へと進んだ。尊氏はこの報に接し「サテハ一門ノ浮沈此時ニ候ケル」といい、「若シ頭殿（左馬頭直義）命ヲ落ル、事アラバ、我又存命無益也、タヾシ違勅ノ事心中ニ於テ発起ニ非ズ（天皇に弓を引く考えは毛頭ない）」として、十二月八日鎌倉を出陣したのである。こういった尊氏が、この後、「観応の擾乱」で実の弟直義を殺害しなければならない運命になるとは、尊氏自身知る由もなかったのである。運命とは残酷なものである。十二月八日に鎌倉を出立、同十一日に駿河国竹ノ下（静岡県小山市）に於いて義貞軍を破り、直義軍もまた箱根（神奈川県箱根町）に於いて義貞軍を破った。西走する義貞軍を追った尊氏と直義は駿河国府中（静岡県静岡市）に於いて合し、そのまま西上して翌建武三年（一三三六）正月に京都に入った。後醍醐天皇は比叡山（滋賀県大津市坂本）に逃れた。これより先、義良親王を奉じて奥州にあった北畠顕家は新田義貞と連絡して鎌倉を挟撃せよとの命令を受けていたが、準備に手間取り鎌倉に到った時には尊氏・直義は竹ノ下・箱根へと向かった後であった。ただちに追撃し、足利軍にわずかに遅れて近江に到着し、坂本で新田義貞や楠木正成らと合流した。

『山形県史第一巻』では次のように記している。「このときの軍勢に実際に出羽の軍兵がどれほど含まれていたかは未詳である」としている。両軍は数次にわたり、京都近辺で戦闘を繰り返したが足利軍はついに京都を確保することができずに、丹波に逃れた。

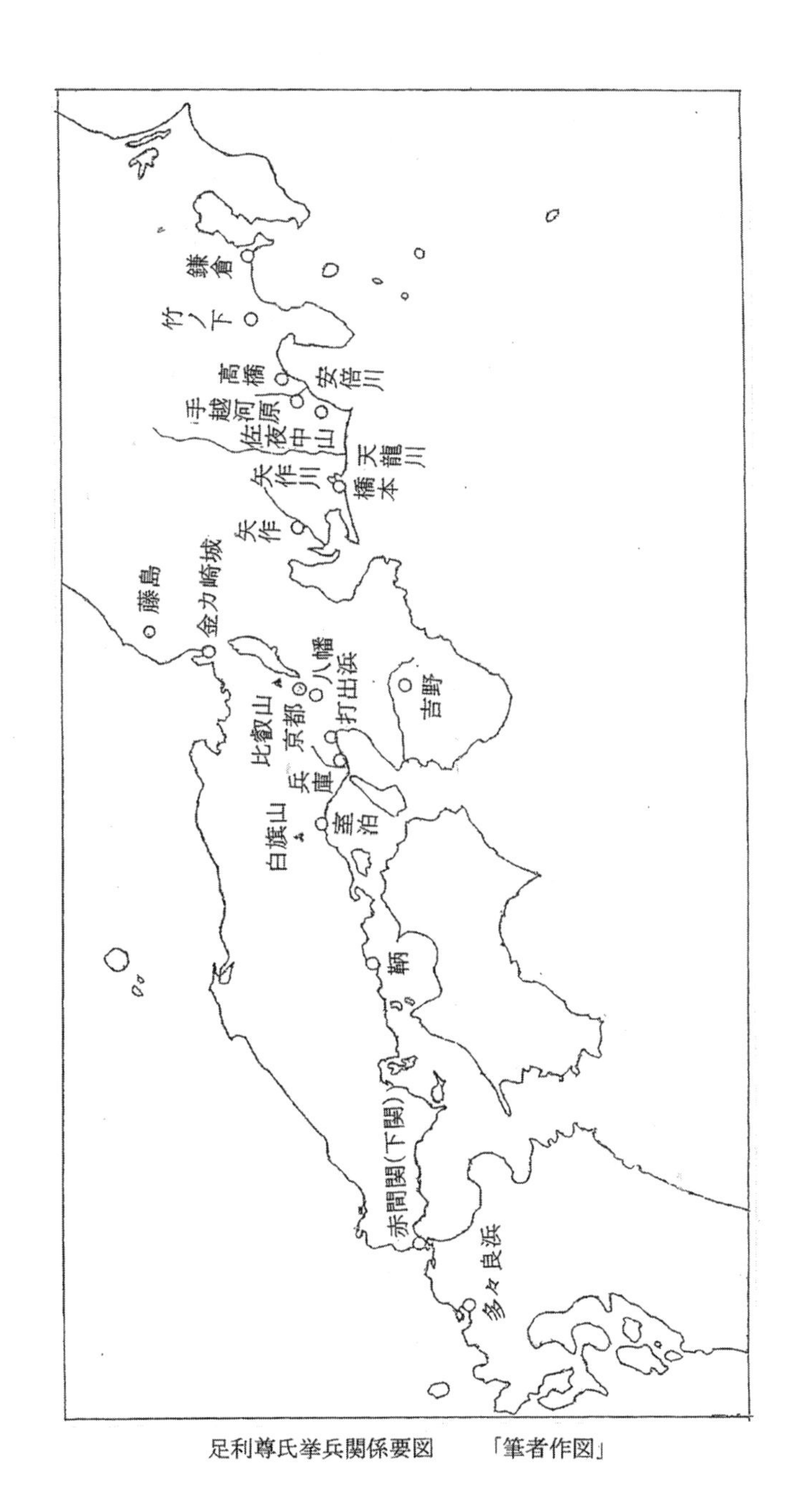

足利尊氏挙兵関係要図　　「筆者作図」

比叡山から後醍醐天皇は還幸し、二月二十九日に延元と改元し、三月義良親王をあらためて陸奥大守に、北畠顕家を鎮守府大将軍に任じ東国のおさえとして、再び奥州へと派遣する一方、新田義貞を西国に下すことに決めた。一旦京都を失った尊氏だが丹波から兵庫へ出ようとした時、尊氏は再起への布石をすばやく打っている。一つは「元弘没収地返付令」であり、もう一つは「院宣」の獲得である。「元弘没収地返付令」は後醍醐天皇に没収された所領を返付するという法令であり、多くの武士に歓迎されたものである。まさに機宜の策であった。「院宣」の獲得は、元弘以来、日影暮らしの持明院統の光厳上皇に密使を送ったのである。九州へ赴く途上、備後国鞆津（広島県福山市）で光厳上皇の「院宣」の獲得に成功したのである。武士の棟梁の必須の資質として問われるのは「当を得た」時期に、果断に「機宜の策」を打てるかの能力であろう。これによって、尊氏は後醍醐天皇に対する、気おくれを一掃し「天下ノ君ト君トノ御争」と自分に認識させ、行動の拠り所としたのであろう。尊氏は「院宣」を「錦旗」として捲土重来、上洛するのである。尊氏は延元元年（一三三六）二月二十日、長門国赤間関（山口県下関）で少弐頼尚らに迎えられて、翌三月二日には筑前国多々良浜（福岡県福岡市）の合戦で菊地武敏を破って大宰府を確保した。四月には光厳上皇の「院宣」を掲げて東上の途についた。東上途中備後国鞆津で尊氏は海路・直義は陸路と進路を分けた。二方向から摂津国兵庫に迫った。新田義貞は和田岬・楠木正成は湊川（いずれも兵庫県神戸市）に陣を構えて防御にあたったが、五月二十五日の「湊川の戦い」で正成は敗死し、義貞は一旦西宮（兵庫県西宮市）まで退いて反撃を試みたが、またも敗れ逃れて京都まで退いた。湊川の敗戦の報に接し後醍醐天皇は、五月二十七日京都を出て比叡山に難を逃れた。六月に入り後醍醐天皇方と足利方との間に一進一退の攻防が繰り広げられた。この間に千種忠顕・名和長年らが討死にした。六月中旬に、光厳上皇は尊氏に伴われて入京した。

皇室略系図（数字は即位順○印の数字は北朝、（）印の数字は南朝の即位順）

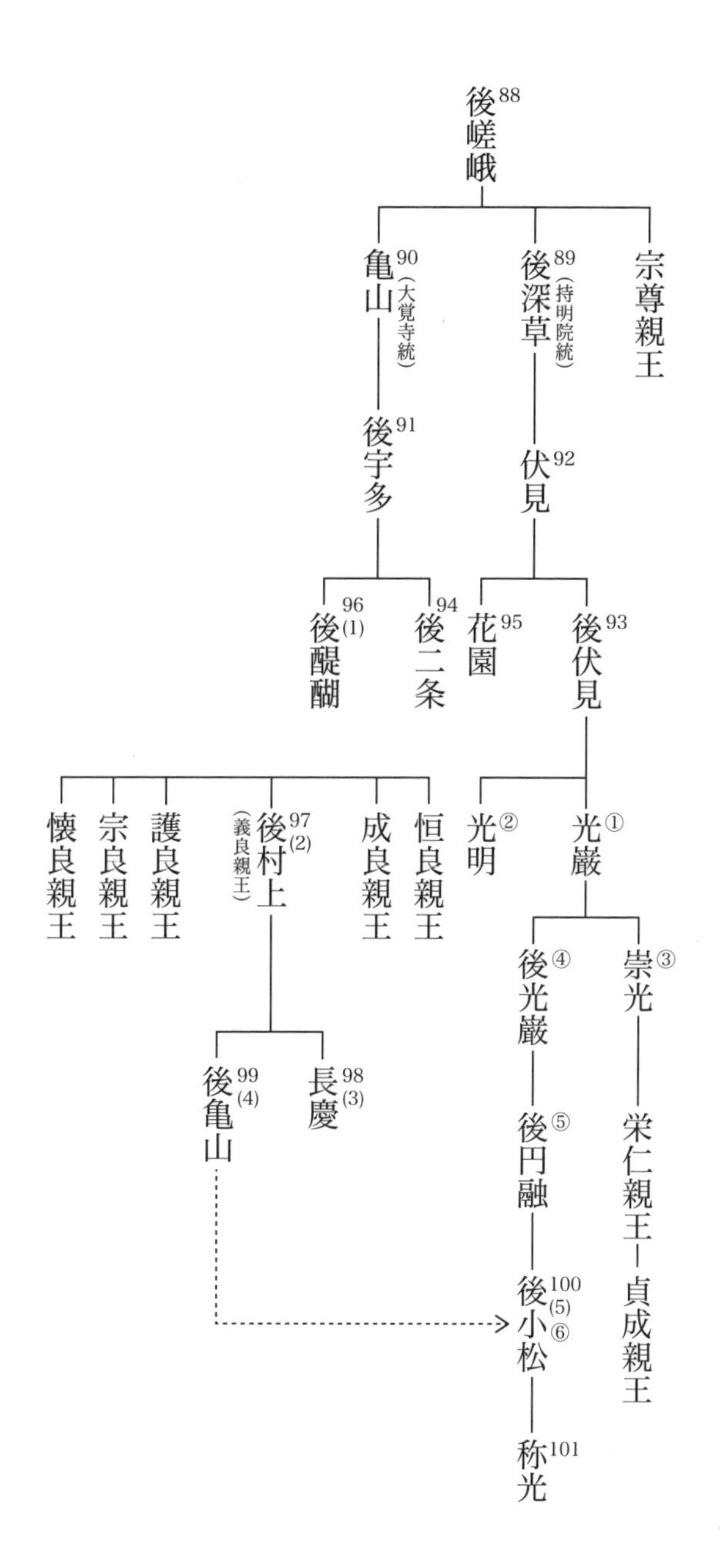

足利氏・新田氏略系図

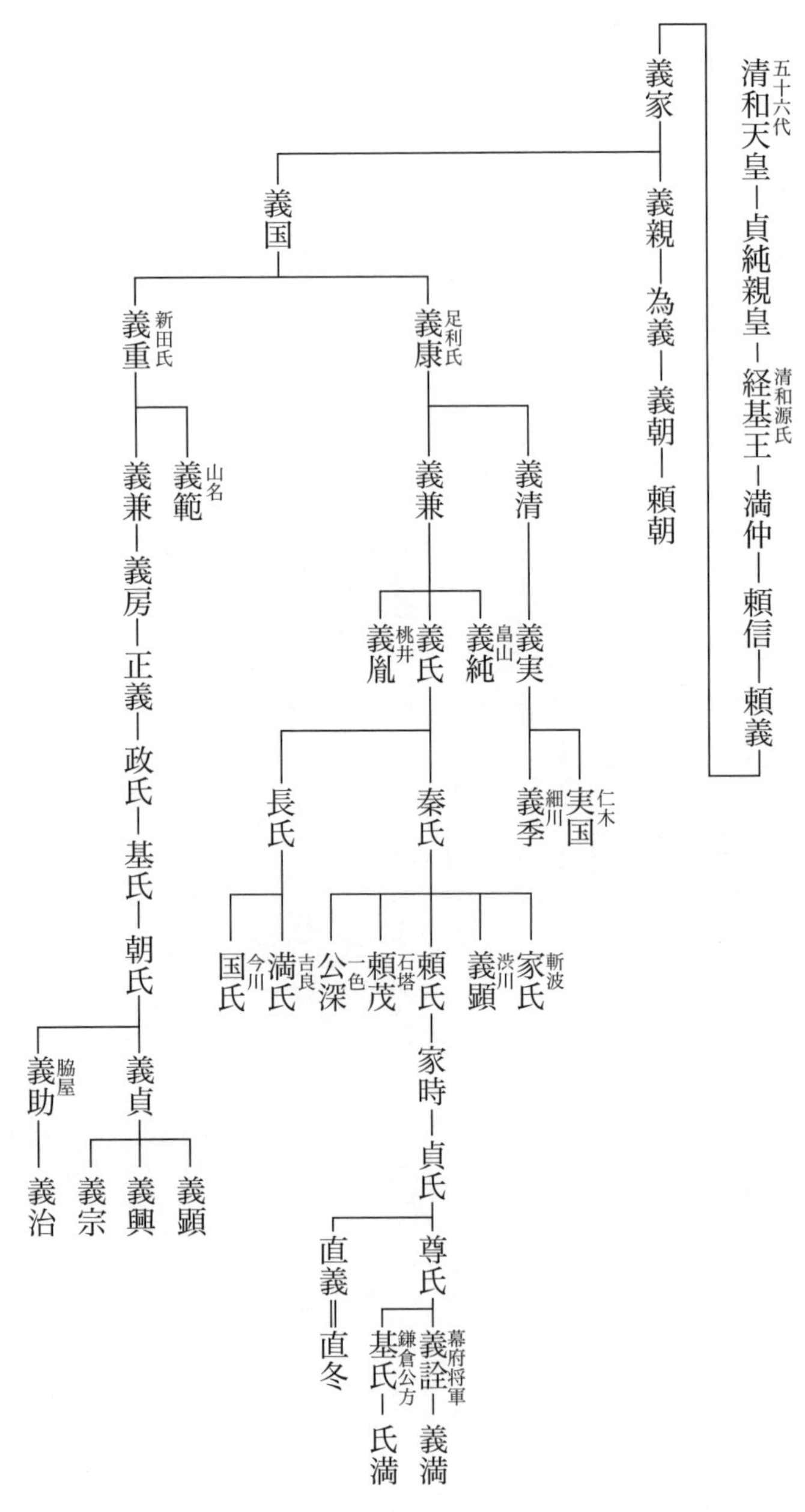

(=養子)

八月十五日、豊仁親王が践祚し、光明天皇が誕生した。「三種の神器」は後醍醐天皇の手にあるため「剣璽渡御」の儀が出来ず神器なしで践祚した「寿永（後鳥羽）・元弘（光厳）」の先例に倣い「伝国の宣命」をもって践祚の儀が行われた。ここに「北朝」が誕生した。こうして「建武の新政」は二年半で脆くも瓦解したのである。比叡山に籠って、攻防百日、抗戦した後醍醐天皇ではあったが、山門に至る物資の流路を絶たれるに及んで命脈は尽きようとしていた。こうした情勢をみて尊氏は講和の密使を山門に送った。ついに後醍醐天皇は下山を決意し、下山をまえに後醍醐天皇は恒良親王・尊良親王を新田義貞につけて北陸に下らせ、また懐良親王を征西大将軍とし九州に下らせた。十月十日後醍醐天皇は京都に帰還した。十一月二日後醍醐天皇は光明天皇に神器を譲り渡して譲位の形を整えた。後醍醐天皇に太上天皇（上皇）の号が贈られ、後醍醐の皇子成良親王が皇太子に立てられた。後醍醐天皇は花山院に軟禁の身となったのである。建武三年（一三三六）十一月七日、尊氏は「建武式目」を制定し、ここに「室町幕府」を開いたのである。しかし、建武三年（一三三六）十二月二十一日後醍醐天皇は神器を携えて花山院を脱出して吉野（奈良県吉野町）に赴いたのである。後醍醐天皇は自分の神器が本物と称し自身の皇位と延元の元号を復することを宣言し足利尊氏の討伐を諸国に呼びかけた。こうして「南北朝」が始まり、人は「一天両南北京」と称したという。これから約六十年にわたって続くことになる。吉野に拠った後醍醐天皇の反攻の構想は畿南の反幕勢力であったが、反攻の主力を担うのはやはり奥州の北畠軍と北陸の新田軍であった。奥州軍の長駆来援するのを待って、北陸・畿南軍一時に立って京都を攻略することであった。奥州の北畠顕家は建武三年（一三三六）十二月後醍醐天皇から京都奪還の綸旨が届いていたのであるが、延元二年（建武四、一三三七）正月、足利方の攻撃で支えきれず本拠を国府多賀城から伊達郡霊山城に移していたのである。「霊山城が敵に囲まれており、なおかつ奥州が安定していないので、すぐに上洛できない」と、奉答書を送っていた。出立が遅れていたが、同年八月十一日北畠顕家は義良親王を奉じて霊山城を発ち上洛するため再び南下した。『太平記』（巻十九）によると次のように記されている。「伊達・信夫・南部・下山六千騎にて馳せ参る。国司幷せて、三万余騎白河関打ち越え玉ふに、奥州五十四郡大半付き従ひしかば、兵十万余騎になりにけり」とし出羽の軍勢が参戦したことが知れる。また、『山形県史第一巻』では次のように記している。「同（延元二年）八月、後醍醐からの要請を容れ奥羽両国南党の総力を集めて、二度目の上洛にふみきった。『太平記』も出羽・陸奥ノ勢十万騎と、はじめて出羽勢を明記する」としている。この時、出羽の遊佐氏の参陣の可能性は考えられる。顕家率いる軍勢には新田義興（義貞弟）、さらに中先代の乱で知られた北条時行が南朝より赦免され、これに合流し関東一円から武将が馳せ参じ大軍となり西上した。十二月二十四日には鎌倉に突入して、斯波家長を滅ぼして、延元三年（一三三八）一月二日に顕家は鎌倉を出立した。これからの速度は速い。顕家の兵糧米の現地調達の凄まじさを『太平記』（巻十九）を引いて『山形県史第一巻』は次のように記している。「元来、無慚無愧ノ夷共ナレバ、路次ノ民屋を追捕シ、神社仏閣ヲ焼払フ、捴ジテ此勢ノ打過ケル跡ノ塵ヲ払テ海道二・三里ガ間ニハ、在家ノ一宇モ残ラズ、草木ノ一本モ無カリケリ」としている。これに対し、尊氏は高師冬の軍勢を向かわせ美濃国（岐阜県大垣市）青野原に陣を敷き師泰らはその後方黒血川に背水の陣を敷いた。顕家はこの「青野原の戦い」で徹底的に高師冬軍を破ったが、その後方の高師泰軍の突破を試みることなく、垂井から南に折れて伊勢路に選んだ。これが顕家の運命を決めたのである。『太平記』（巻十九）では顕家が伊勢ではなく越前に向かい義貞と合流すれば勝機はあったとしている。伊勢より伊賀を経て奈良に入り、ここで態勢を立て直し、京都を突こうとしたが二月四日尊氏の命により高師直・師冬らが顕家追討のため京を進撃した。顕家は般若坂（奈良県奈良市）で戦って破れ、河内に逃れた。再度態勢を立て直し北進し一時は優勢を取り戻したが、尊氏が大軍をさし向けるに及んで形勢は逆転した。五月二十二日、和泉堺浦で最後の決戦を試みたが、高師直軍に大敗し討死にした。享年二十一才であった。奥州・出羽の軍勢は散々になり四散したのである。一方北陸の新田義貞の方はどうなったのであろうか。幕府軍の攻撃は、奥州北畠顕家軍の発向前にまず、義貞軍に集中させた。義貞は金ヶ崎城に拠っていたが、斯波高経が攻撃し、ついで援軍の高師泰に包囲されて兵糧に窮し、ついに建武四年（一三三七）三月、金ヶ崎城は陥落した。義貞は落城前に脱出し、北方四十キロに位置する杣山城に逃れたが、嫡子義顕と尊良親王は自刃した。恒良親王は捕われて、京都に送られた。義貞はその後次第に勢力を盛り返し、越前の国府（福井県武生市）を奪い翌暦応元年（一三三八）閏七月、進んで黒丸城に斯波高経を攻めようとした。その途上「藤島の戦い」で敗死した。享年三十七〜三十九才と諸説がある。こうして後醍醐天皇の頼みの綱は両方とも切れた。この時結城宗広は吉野にいたが老骨に鞭打って南朝の再建策を奏上した。再び奥州を再建させるべきことを強く進言したのである。後醍醐天皇は結城宗広の気魂にうたれ、三度奥州軍の西上を期待することになったのである。よって北畠親房の子顕信（顕家弟）を鎮守府将軍に任じ、義良親王（後の村上天皇）を擁して、奥州に下向させることになったのである。これには老将結城宗広、北畠親房も同行することになった。延元三年（暦応元、一三三八）九月のはじめ伊勢の大湊から出航した。しかし不幸なことには、遠州灘を過ぎる頃に暴風雨にあった。一行の船は四散したのである。義良親王と北畠顕信の乗った船は伊勢に吹き戻された。結城宗広の船は七日間漂流後これも伊勢に吹き付けられた。宗良親王の船は遠江に漂着した。北畠親房のみは辛うじて常陸に到着したのである。以後興国四年（康永二、一三四三）に至るまで親房は常陸にあって東国の経営に腐心し関東・南奥州の武将たちに南朝方への帰参を促し続けることになる。

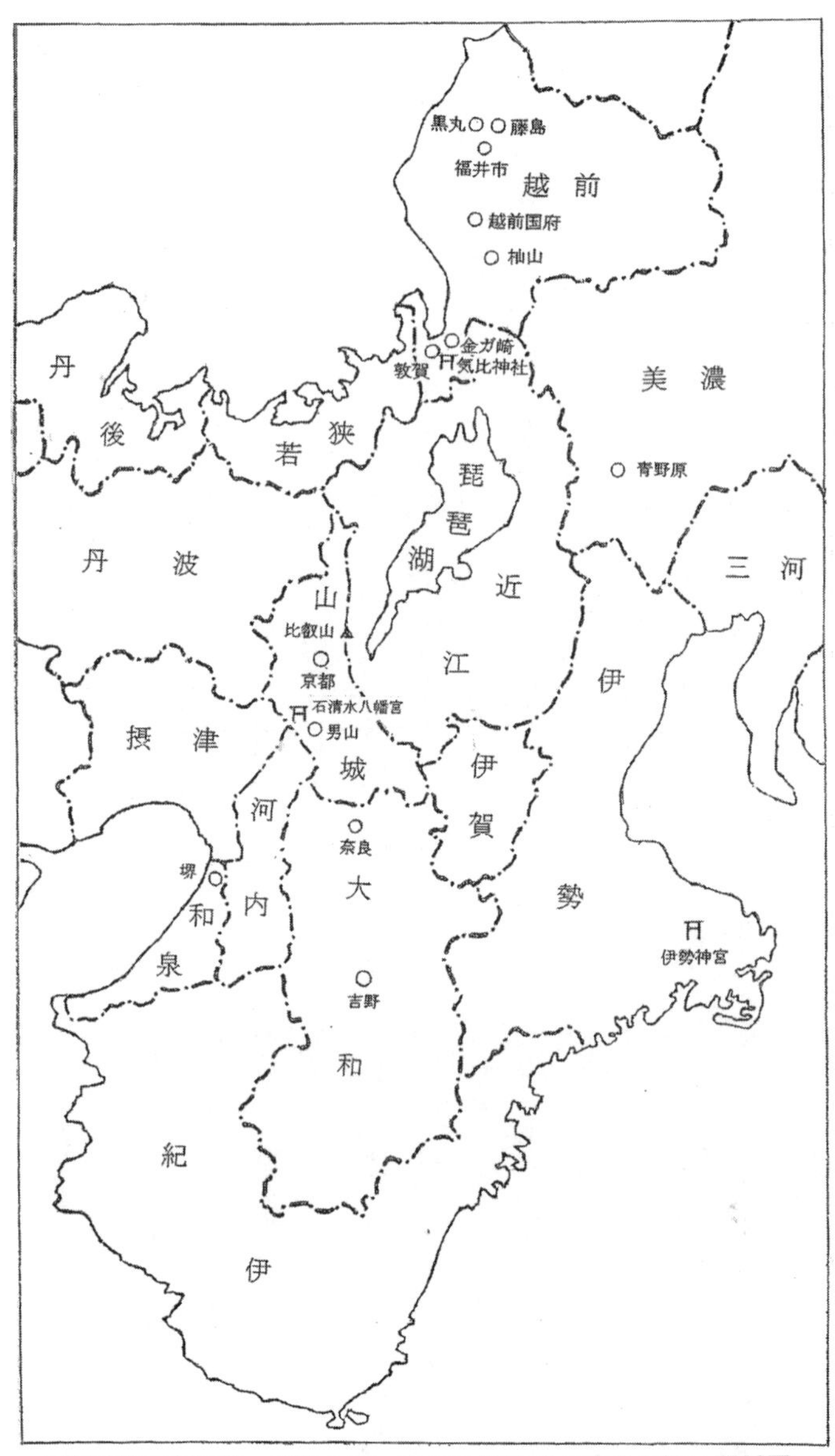

北畠顕家の青野原・堺浦の戦い及び新田義貞の藤島の戦い関係図

「筆者作図」

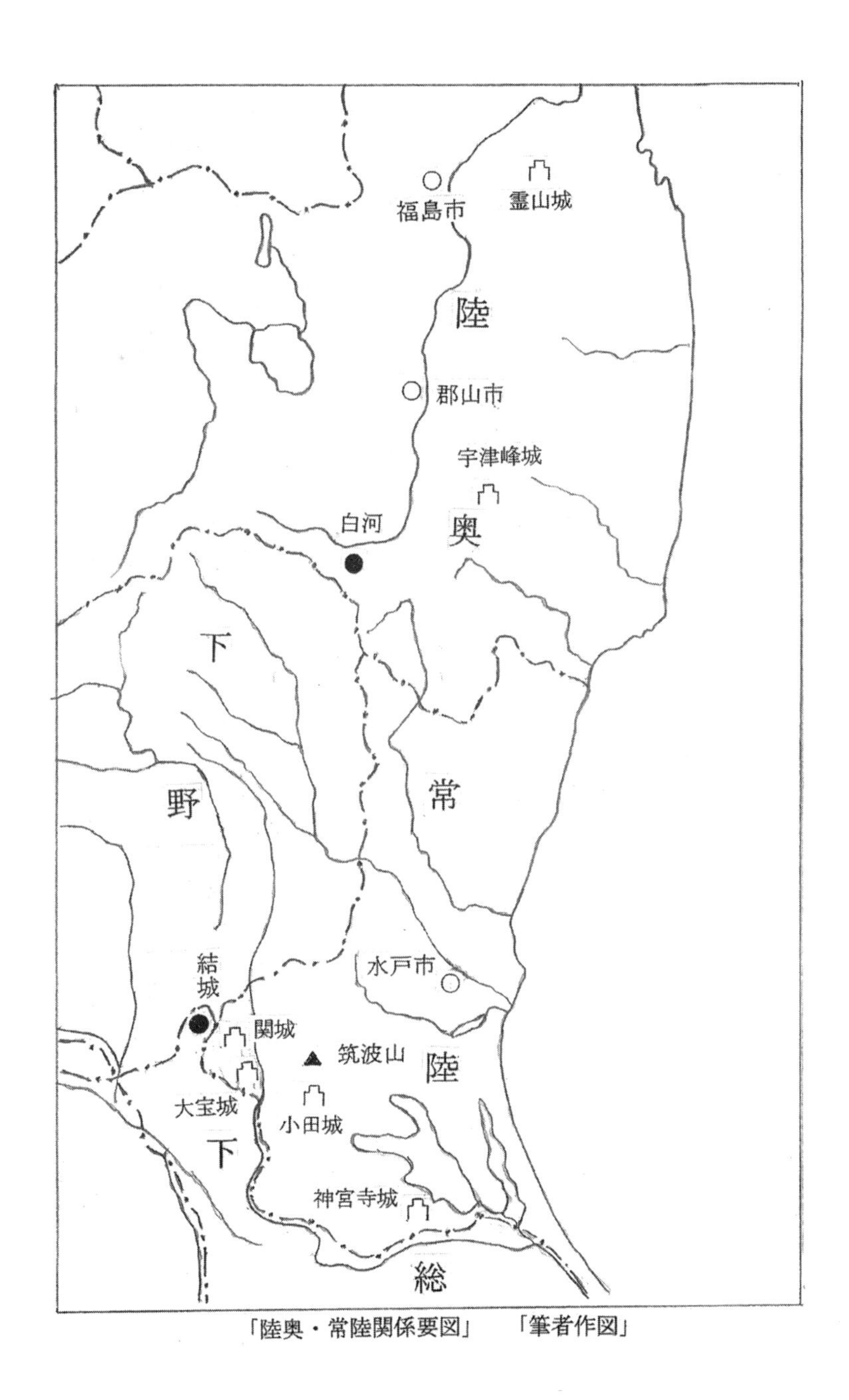

「陸奥・常陸関係要図」　「筆者作図」

とりわけ、結城親光は結城宗広の子でありまた後醍醐天皇の寵臣であった親朝の兄であるだけに親房の期待は大きかった。しかし親光はついに動かなかったのである。親房の説得工作は観念より実利につこうとする当時の武将たちを説得するだけの力を持たなかったのである。こうした中、親房は常陸国小田城（茨城県筑波町）に拠る小田治久を頼ってこうした説得工作を続けたが、暦応二年（延元四、一三三九）親房を討つべき任を帯びて高師直の猶子である師冬が派遣されるに及んで状況は大きく転回した。

興国二年（暦応四、一三四一）十一月小田氏は降伏、親房は小田城から常陸国関城（茨城県関城町）に逃れ関城の関宗祐と近隣の大宝城（茨城県下妻市）の下妻政泰を頼ったものの、さらに二年にわたる攻防の末に関・大宝城両城は陥落し親房は逃れて吉野に帰還した。しかし親房が常陸で活動していた中、伊勢に在って再挙の機会を待っていた結城宗広が延元三年（暦応元、一三三八）十一月二十一日没したのである。さらに、つづいて翌延元四年（一三三九）八月十六日、不撓不屈の後醍醐天皇は京都奪還の夢も消え、吉野の行宮で崩御した。ときに享年五十二才であった。諡号は天皇の遺志どおり「後醍醐天皇」と定められた。『太平記』（巻二十一）の叙する臨終の描写には迫真力がある。「唯生々世々（ただ死後永遠）ノ妄執ニモ成リヌベキハ朝敵尊氏ガ一類ヲ亡ボシテ、四海を泰平ナラシメント思フコノ事バカリナリ……玉骨ハタトヒ南山（吉野山）ノ苔ニ埋ムルトモ、霊魄ハ常ニ北闕（京都）ノ天ニ臨マント思フナリ……ト委細ニ綸言ヲ遺サレテ、左ノ御手ニ法華経ノ五ノ巻ヲ持セ給ヒ、右ノ御手ニハ御剣ヲ按ジテ、八月十六日丑ノ尅（午前二時）ニ宝筭（天皇の年令）限リアリシカバ五十二才ト申シシニ、ツイニ崩御ナラセ給ヒニケリ」と記している。後醍醐天皇の京都奪回が成らなかった無念さが伝わってくるのである。後醍後天皇は死の前日帝位を皇太子義良親王に譲位した。すなわち後村上天皇である。この時わずか十二才の少年であった。これからの南朝の再建は北畠親房に託されることになったのである。

十一・出羽遊佐氏の上洛

筆者のもっている『亘理世臣家譜略記』の遊佐左藤右衛門の祖は「上方の産」即ち「上方の出身」と記しており、上方から奥州二本松に畠山高国とともに下向したものである。

出羽遊佐氏の一流がいつの時期かに上洛したことは間違いない。しかし、それに関する根本史料はない。それではいつなのであろうか。これから探っていこう。まず、遊佐氏について各書籍はどのように記載しているのであるか見てみよう。

(一)『國史大辞典14』(吉川弘文館　熱田　公)

「ゆさし　遊佐氏　室町幕府の管領家畠山氏の譜代の被官で、各領国の守護代。出羽国飽海郡遊佐郷(山形県飽海郡遊佐町)が名字の地とされる。畠山氏の被官は未詳」

(二)『日本歴史大辞典9』(河出書房新社　井上　鋭夫)

「ゆさし　遊佐氏　畠山氏(奥州探題・河内・紀伊・越中守護・能登守護)の重臣。山形県飽海(あくみ)郡遊佐郷より起ったといわれ、南北朝初期より管領家畠山氏の執事として現われる」

(三)『出羽国風土略記』(進藤重記　宝暦十二年、一七六二年)

「…按に遊佐は大楯に居して畠山の手に属し在京勤番の頃河内の守護代に補せられしと見えたり…」

(四)『姓氏家系大辞典』(太田亮)

「遊佐　ユサ　和名抄、出羽国飽海郡に遊佐郷を収む。……此の氏の起原・沿革・歴代の名称等、何れも詳かならざれど、その発祥地は当国にして、以下当国より移りしものと考えられる」としている。

いずれも、出羽国飽海郡遊佐郷から上洛し、畠山氏譜代の重臣としているが、いずれも、上洛した時期は未詳としている。遊佐氏が畠山氏の被官として現われるのは南北朝の初期から戦国末にかけて河内・紀伊・越中・能登の守護代・奥州畠山氏の執事として活動していることは各史料から知られる。

では、遊佐氏は出羽国からいつ上洛したのであろうか。筆者は、その時期は「建武の新政」を起点とし、「建武の新政」の崩壊後、即ち、元弘三年（一三三三）から延元三年（一三三八）に至る動乱期に求めるのが最も妥当と考えている。それは、次に述べる三つの時期であろうと思われる。

㈠　葉室光顕の帰洛後の国宣発給時期

葉室光顕は「元弘の乱」で謀議に加わったとして北条高時により、元弘二年（一三三二）六月、出羽国に流されたのであるが、元弘三年（一三三三）五月、後醍醐天皇の復辟により召還され帰洛し、葉室光顕が出羽国国司兼秋田城介に任命され、京師で国宣を発給した時期である。

この時期の飽海地方の状況を示すものはないのであろうか。それを雄弁に物語るものに板碑が存在する。板碑は本来供養のために造立した塔婆の一種である。それらは主として地方豪族や僧侶によって造立されたものである。『板碑の総合研究・地域編』（川崎利夫）では次のように記している。

「最上地方や庄内地方ではやや遅れており、鎌倉時代も末期になって板碑が出現するようである。

しかしながらその普及は急速で、南北朝期に板碑造立のピークをなしている……板碑造立者が、各地の地頭層や有力武士層に限られていたのであろう」さらに「飽海地方・最上川以北の庄内地方で酒田市を中心とする地域である。この地域では、酒田市東部鷹尾山麓の生石延命寺の寺域に多くの自然石塔婆が密集し、これを中心にして南は平田町より北は八幡町の出羽丘陵ぞいの社寺の境内などに散在する。すべて安山岩の自然石を石材とするもので、頭部や碑面などにわずかに加工の施されたものである。……飽海地方の板碑総数七十基中、三十一基の記年銘板碑があるが、そのうち南北朝のものが二十八基でもっとも多い。全体的にみればそのうち十八基が南朝年号であり、北朝記年が多い県全体の状況の中では特異な存在である。この地域が庄内南朝勢の拠点であったという歴史的背景を反映するものであろうか。しかも南朝碑は正平十年（一三五五）を最後として跡をたつことも南北両朝の消長を物語るようである」としている。

酒田市龍厳寺の板碑

酒田市史改訂版　上巻　図（72）の「転載」

次に『山形県金石文集』（山形県郷土研究会編）の飽海郡にある南朝紀銘年号板碑の主なものを掲げる。

紀銘年号	所在地
元弘二年（一三三二）二月	飽海郡南平田村山谷三浦徳右衛門氏宅地
延元五年（一三四〇）三月	飽海郡東平田村生石延命寺東方山腹
興国三年（一三四二）二月	飽海郡東平田村寺内遠藤甚吉宅地
興国五年（一三四四）二月十七日	飽海郡東平田村生石延命寺観音堂西脇
興国七年（一三四六）一月廿日	飽海郡東平田村生石延命寺
正平二年（一三四七）	飽海郡東平田村関
正平三年（一三四八）六月	飽海郡東平田村生石字奥山小学校裏山腹
正平七年（一三五二）	飽海郡中平田村熊野田字仏田
正平十年（一三五五）十月二十七日	飽海郡東平田村横代瑞雲院観音堂

この元弘二年（一三三二）はまさに葉室光顕が出羽国に流された年であり、その年に南朝年号を使用していることは、すでにこのころ南朝方の豪族・武士層がいたことを示しており注目に値するものである。また、『酒田市史改訂版上巻』では次のように記している。「旧酒田最古の確かな遺物として知られる真言宗龍厳寺境内の板碑は、いわゆる飽海型に属し、生石・横代・熊野田の正平の年号のある板碑と同一のものであり、これらの地を連ねると、ほぼ一線に並ぶ」としている。これは大楯を含む飽海地方の情勢は元弘以降正平に至るまで南朝方の土壌であったことを反映しているものといえよう。

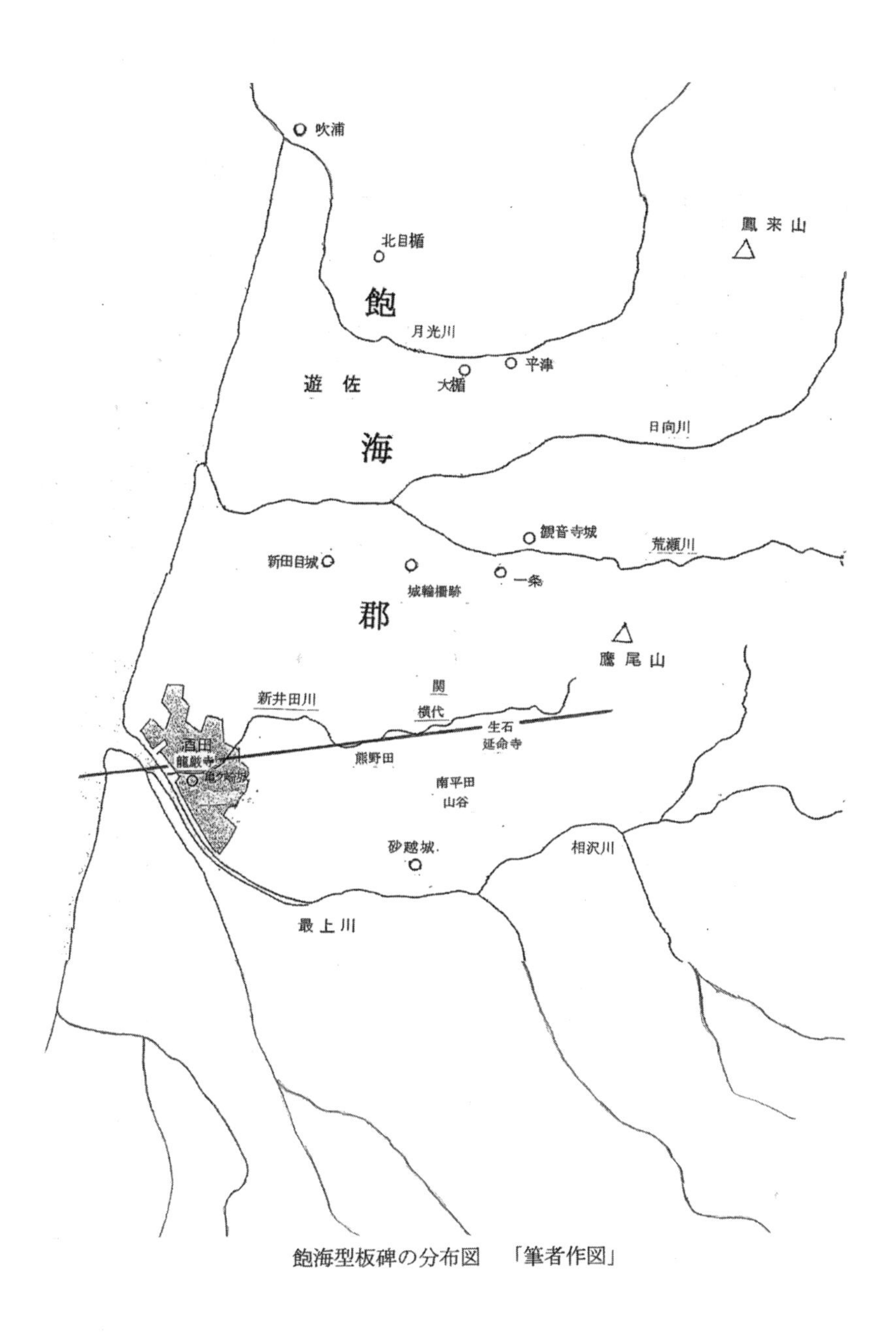

飽海型板碑の分布図　「筆者作図」

後醍醐天皇の復辟に伴って元弘三年（一三三三）五月葉室光顕は召還され八月出羽国守に任命された。京師で国宣を発給し始めたのである。「諸国の輩、遠近を論ぜず、悉く以て京上」の状況を生み出し多くのものが我先に上京したのである。『山形県史第一巻』では次のように記している。

「新国司光顕が早速国務を執り始めた例証として、最上郡立石寺の識乗坊に院主・別当識を安堵し（立石寺文書）、小早川五郎宗平に由利郡小友村地頭職を安堵した（小早川文書）、元弘三年の二通の出羽国宣が現存する。発給国宣は更に多かったとみられる。この時点で光顕は参議在職中であり、立石寺僧も小早川氏も上京して新国司の決済を仰いだことになる」としている。

『山形県史第一巻』は次のように記している。「出羽国司葉室光顕は立石寺識乗坊に対して、『立石寺寺院別当両職、譜代相伝の所職たる上は、管領相違あるべからず』（立石寺文書）との国宣を発給して、従前の所職を安堵した」としている。次に葉室光顕の国宣小早川五郎宗平宛ての安堵状を掲げる。

（外題）
宣旨の状に任せ安堵せしむるべき者なり
元弘三年八月廿四日

（葉室光顕）

小早河左衛門五郎入道性秋（宗平）謹みて言上
早く宣旨の状に任せ国司御証判を賜はり後代の亀鏡に備へんことを欲す。

当知行所領出羽国由利郡小友村（由利孫五郎惟方跡）の事。
副へ進らす　御下文案
右所領は、性秋知行相違無きの条、国中其の隠れ無し。若し又不知行の地を以て、当知行と称する者、罪科に処せられべきなり。然れば早く御証判を賜ひ申し、後代の亀鏡に備えんが為、仍て言上件のごとし。
元弘三年八月　日

（読み下し）
（大日本古文書　小早川文書）

このような状況下に、飽海郡の遊佐氏も新国司に所領安堵を求めて上洛したことは考えてよいであろう。遊佐氏の上洛を裏付ける史料はないが、遊佐氏のいた飽海地方の土壌が元弘以降南朝方であった事実を考えれば、新国司に任命された葉室光顕のもとに安堵状を求めて馳せ参じたことは想像に難くない。

しかし「建武の新政」下の出羽国は極めて先鋭化しており、地元（酒田市）郷土史家の方から傾聴すべき見解をいただいた。「遊佐氏が上洛したとすれば、その路次の確保が問題でなかったか。飽海郡の南には北朝方の武藤氏がおり、海路で上洛する方法もあるが、むしろ、その頃は大物忌神社の神威は絶大なものがあり、その力を借りた山伏としてではなかったか」としている。これからすれば立石寺識乗坊の寺僧は山伏であったかもしれない。また小早川五郎宗平は小友村から子吉川を下り、海路上洛した可能性も考えられる。ともあれ、立石寺識乗坊寺僧も小早川五郎宗平も上洛し新国司葉室光顕から安堵状を手にしたことは間違いないのである。

(二) 大番役条々の実施時期

鎌倉時代の御家人関係設定の手続としては、正式には頼朝の見参に入り将軍より直接に本領安堵の下文を受けるという手続を取る。しかし、遊佐氏の場合はこうした形跡は見られず、非御家人であったと思われる。『日本の歴史9南北朝の動乱』(佐藤進一)では次のように記している。

「御家人というのは鎌倉幕府の将軍に直属する武士に与えられた称号であって、御家人は順番に上京して半年(もしくは三カ月)交替で勤務する京都大番役を負担しなければならない反面、いろいろな特権を与えられていた……後醍醐の構想からすれば、幕府を廃止した以上、それを前提とする特権的な身分制度も廃止すべきである。つまり武士の身分に御家人・非御家人の別があってはならぬ、すべては一律に天皇の直属支配に属すべきである」としている。さらにこの廃止時期について次のように記している。「廃止の時期は明らかでないが、おそらく国司制度の改革と同じく元弘三年(一三三三)の夏か秋頃だろう。称号の廃止にひきつづいて、御家人だけが負担した京都大番役は従来非御家人と呼ばれていた庄官・名主らにも課せられることになった」としている。

ここに、それを示す『建武年間記』があるのでそれを掲げる。

大番役条々。建武二三一

一、田数に就き支配すべき事。

遠国三十町。中国二十町。近国十町。一人分に別ち面々参勤すべし。当知行の地不足の輩は課役を惣領に沙汰渡すべし。若し惣領無くんばその郡催促の役人弁ずべし。

(読み下し)

(『群書類従』雑部)

次にこれの「現代語訳」を掲げる。

大番役に関する箇条。建武二年（一三三五）三月一日。

一、（所領として有する）田数によって役を課すこととする。遠国は三十町、中国は二十町、近国は十町の所領当り一人を大番役にだすこととして役を配分し、各自出仕して務めを果たすこととする。当知行の地が不足している者に関しては、課役を惣領に命じることとする。もし惣領がいなければ、当該の郡の大番役催促の役目を負っている者が負担することとする。

これに対して『大系日本史叢書政治史1』（藤木邦彦・井上光貞）では次のように記している。「この大番役が三月一日から実際に行われたことは『薩摩旧記』に所見があり確実である」としている。飽海郡の遊佐氏は南朝方であったと思われ、この法令に呼応して上洛したとしても不思議ではない。非御家人であった遊佐氏の一流がこの時に上洛したことは十分考えてよいであろう。

㈢　北畠顕家二度目の上洛時

『山形県史第一巻』では、すでに述べたように次のように記している「同（延元二）八月、後醍醐からの要請を容れ奥羽両国南党の総勢力を集めて、二度目の上洛にふみきった。『太平記』も出羽・陸奥ノ勢十万と、はじめて出羽勢を明記する」としている。この北畠顕家の二度目の上洛に際し、この出羽軍の中に遊佐氏が参陣していたかは明確ではないが、顕家軍は美濃国「青野原の戦い」の勝利後、伊勢路を経て奈良に向かったが、尊氏が差し向けた高師直軍に敗れ、延元三年（一三三八）五月、和泉堺浦で討死するのである。その後奥州・出羽軍は散々に四散した。『室町幕府守護制度の研究上』（佐藤進一）によれば、当時伊勢守護は畠山高国であり紀伊守護は畠山国清であった。遊佐氏が参陣していたとすれば四散後、それぞれ紀伊守護畠山国清、伊勢守護畠山高国の被官になった可能性はあるであろう。以上、遊佐氏の上洛時期の可能性を探ってきたのであるが、可能性の高いのは次の二つであろうと思われる。

(一) 葉室光顕の帰洛後の国宣発給時期

葉室光顕が配流先の出羽国から召喚され、出羽国の新国司に任命された、元弘三年(一三三三)八月頃から元弘三年(一三三三)十一月に出羽国司として在京して国宣を発給した時期

(二) の大番役条々の施行時期

建武二年(一三三五)三月一日に大番条々の実施された時期

以上、二つの時期が遊佐氏の上洛の時期として最も可能性が高いと思われるが、北畠顕家が二度目の上洛に踏み切り和泉堺浦で敗れ、出羽勢も四散した。遊佐氏も参陣したとすれば敗北後方途に迷い、それぞれ伊勢守護畠山高国、紀伊守護畠山国清に従ったとする可能姓は残されているであろう。

しかし、遊佐氏の上洛の時期を探っていく上で障害となるものがもう一つある。それは『尊卑分脈』の畠山氏の系図である。『尊卑分脈』は洞院公定によって南北朝から室町初期に編纂されたものであり系図の中で最も基本とされるものであるが、筆者の系にも関ってくるのでどうしても訂正しなくてはならないのである。それは「畠山高国」の系である。『足利一門守護発展史の研究』(小川信)では畠山高国のことについて次のように記している。「高国は『尊卑分脈』以下の系図等が国氏(時国)の子、しかし、多く

は長子に系けているが、『吾妻鏡』における国氏の記事の下限弘長三年（一二六三）から彼（高国）の活動の初出する建武二年までには六十年以上の開きがあり、しかも『尊卑分脈』『系図纂要』に伝える高国の享年から逆算すると、その出生は嘉元三年（一三〇五）となる。したがって両人を父子とみることは殆ど不可能で、この間に少なくとも一代、おそらく二代の欠落があるに違いない」としている。

また『太平記』（巻九）では足利高氏（尊氏）が後醍醐天皇追討のため上洛した時、その軍勢の中に「畠山上野守高国」の名があり、また『太平記』（巻十四）では足利尊氏が新田義貞追討のため出陣した軍勢の中に「畠山左京大夫国清」の名を数えている。畠山国清は嘉元元年（一三〇三）生まれであり、出生からは国清は兄となるが、由緒ある上野介の官途を襲った点から見る限り、高国の方が嫡流ではないかとも思われる。いずれにせよ、かかる嫡庶関係の不明瞭化は、畠山一族の惣領制的結合が鎌倉末までに殆ど解体しつつあったためと思われる。いずれにせよ高国と国清は兄弟であることは間違いない。

とまれ遊佐氏の一流が出羽国から上洛したと思われる元弘三年（一三三三）から建武二年（一三三五）では畠山国清・畠山高国はそれぞれ当時三十才前後であり、もうすでに独立した立派な武将であったと思われる。次に畠山高国・国清の訂正すべき箇所を含め略系図を掲げる。

高国・国清訂正略系図

義兼―義純―泰国―時国―貞国―家国┬高国―国氏―国詮
　　　　　　　　　　　　　　　　├国清
　　　　　　　　　　　　　　　　└義深―基国―満家

十二、出羽遊佐氏の上洛後

㈠　畠山氏と遊佐氏との邂逅

「建武の新政」期に遊佐氏が上洛したと覚しいと述べてきたが、その後、遊佐氏は畠山高国・国清の被官となって史上に登場する。遊佐氏は畠山高国および国清とどの様に関わり、その被官になっていったかをこれから探っていこう。『太平記』・『梅松論』・『日本の歴史9南北朝の動乱』(佐藤進一)・『南北朝の動乱』(安藤英男)・『太平記の時代』(新田一郎)・『室町幕府守護制度の研究』(佐藤進一)・『足利一門守護発展史の研究』(小川信)等をもとにまとめていきたい。それには再度時間軸を戻し畠山氏の動きとあわせ概観してみよう。後醍醐天皇が鎌倉幕府討伐を全国に呼びかけ、これに対し足利高氏(のち尊氏)が鎌倉から後醍醐天皇追討のため上洛したのである。この時、畠山高国と国清の動静はどのようなものであったのであろうか。源姓畠山氏は畠山義純に始まるが、もとは足利義兼の子であったが、「畠山重忠の乱」で平姓畠山重忠が討死したためその妻が未亡人となった。この未亡人は北条時政の娘であり、また北条政子の妹であったことから足利(畠山)義純に娶らせたのである。鎌倉後期までは源姓畠山氏の動静は全く窺えないのであるが、鎌倉幕府滅亡期になってようやくその動静の一端が窺える。

すでに述べたように後醍醐天皇は元弘三年(一三三三)二月船上山(鳥取県東伯郡琴浦町)に挙兵した。この報を受け執権北条高時は尊氏に討伐のため上洛させた。三月尊氏は鎌倉を発し入京後さらに伯耆に向け進発した。しかし尊氏は丹波篠村(京都府亀山市篠村)で叛意を決し六波羅探題滅亡を目指した。五月七日野望の成就を祈願して篠原八幡宮の社前において次の願文を奉っている(『南朝忠戦記』)。

敬白。立願の事。右、八幡大菩薩は、王城の鎮護、我が家の廟神なり。而して、高氏（尊氏）、神の苗裔となり、氏の家督となり、弓馬の道に於て、誰人か優異せざらん哉。……此の願、忽ち成り、我が家、再び栄えなば、社壇を荘厳ならしめ、田地を寄進すべし。仍て、立願、件の如し。

元弘三年二月二十九日（ママ）

前治部大輔　　源朝臣高氏　　敬白

『太平記』（巻九）では、この尊氏軍の武将の中に畠山高国を数えている。ここには国清は明記されていないが国清も含まれていたと推測したい。この時畠山高国・国清は三十才前後と思われ既に一人前の武将である。尊氏は六波羅探題を陥した後、直ちに奉行所を開設し全国各地から上洛する武将を傘下に加えた。同様に有力武将の畠山氏も上洛した武将の被官化に努めたと思われる。こうした折「中先代の乱」が起き尊氏は建武二年（一三三五）八月京都を出立した。在京は二年半であった。第一に、この畠山高国・国清が在京した二年半の期間が上洛した遊佐氏と畠山氏との邂逅の可能性が最も高いと考えられる。尊氏は三河国（愛知県東部）矢作で直義と合し、東下し時行軍を撃破し鎌倉に入った。後醍醐天皇の上洛命令に従わず叛意を示したため後醍醐天皇は新田義貞を尊氏追討のため東下させた。後醍醐天皇に対しての「気おくれ」から腰を上げない尊氏に先立って十一月二十日直義は義貞軍討伐のため進発した。『太平記』（巻十四）ではこの直義軍の武将の中に畠山左京太夫国清を数えている。直義敗北の報に接しようやく尊氏は出陣を決し直義軍の後を追った。尊氏は駿河国府中（静岡県静岡市）において直義と合しそのまま西上し京都に迫ったのである。『梅松論』では畠山高国について次のように記している。

「去程ニ御手分アリ、勢田ハ下御所（直義）、副将軍ハ越後守師泰、淀ハ畠山（高国）上総介、芋洗ハ吉見三河守、宇治ハ将軍（尊氏）御発向アルベシト云々」と記している。この畠山上総介は上野介の誤りで高国を指している。これから尊氏・直義軍に高国・国清がともに参陣していることが知られる。

第二に、この畠山高国・国清が再度、上洛した時に遊佐氏との邂逅があった可能性が考えられる。

奥州の北畠顕家は後醍醐天皇から新田義貞と連携して鎌倉を狭撃すべく命を受けており長駆南下した時は、既に尊氏・直義は鎌倉を出立しており顕家はこれを猛追し、十二月、近江坂本（滋賀県大津市）に入り新田義貞、楠木正成と合流した。両軍は数次にわたり、京都近辺で戦闘を繰り返したが足利軍はついに京都を確保することができずに丹波（京都府北部）に逃れた。比叡山から後醍醐天皇は還幸し再び北畠顕家を義良親王とともに奥州へ下向させ、さらに新田義貞を西国に下すことにした。一旦京都を失った尊氏だが丹波から摂津国（大阪府北部と兵庫県南東部）兵庫（神戸市）へ出ようとした時、尊氏は再起への布石をすばやく打った。「院宣」の獲得である。元弘以来日影暮らしの持明院統の光厳上皇に密使を送っていた。尊氏は丹波（京都府北部）から室津（兵庫県御津町）を経て九州に逃れたのであるが、その途次備後国鞆津（広島県福山市）で光厳上皇の「院宣」の獲得に成功した。延元元年（建武三、一三三六）三月、筑前国（福岡県北西部）「多々良浜合戦」で菊地武敏を破った。

『太平記』（巻十六）には、多々良浜合戦の開始にあたり、直義に従って香椎宮より出陣した部将の中に畠山修理太夫国清を挙げていて、尊氏・直義に直属する有力武将として累次の戦いに励んだことが窺える。多々良浜合戦の勝利を足場として尊氏・直義は大友・島津ら九州の有力豪族を味方につけ、四月には光厳上皇の「院宣」を掲げて、捲土重来東上の途につき摂津国兵庫に迫った。

足利軍は五月二十五日「湊川の戦い」（兵庫県神戸市）で楠木正成を討死させ、和田岬の新田義貞を破り再び上洛した。『太平記』（巻十六）ではこの「湊川の戦い」でも畠山修理太夫（国清）の参陣を伝えている。国清はこうした一連の軍功により、建武三年（延元元、一三三六）五月に和泉守護に補任され、さらに九月には紀伊守護にも補任された（『室町幕府守護制度の研究』佐藤進一）。「湊川の戦い」の敗報に接した後醍醐天皇は足利軍の入京が近いと見て、二十七日京都をでて比叡山に難を逃れた。しかし光厳上皇は病気と称して京都に残った。直義は入京して山門攻めの態勢を整える一方、尊氏は八幡（京都府八幡市）に陣を構え光厳上皇と弟の豊仁親王を迎えた。比叡山に拠った後醍醐天皇に対する攻撃は直義の指揮で六月五日始まったが、この攻撃は山門の険阻ゆえ攻撃することは容易ではなく、後醍醐天皇方と足利方との間に一進一退の攻防が繰り広げられた。『太平記』（巻十七）にはこの軍勢の中に「吉良・石堂・渋川・畠山を大将として」と記されており畠山氏の参陣を伝えている。

第三に、この時期も遊佐氏と畠山氏との邂逅の可能性を考えてもよいのであろう。

六月中旬、光厳上皇は尊氏に伴われて入京し延元の年号を廃して建武に復すべきを宣した。八月十五日豊仁親王の践祚が行われた。「三種の神器」は後醍醐天皇が握っているため、神器なくして践祚した「寿永・元弘の先例」に倣って光厳上皇の「伝国の証書」を発するにとどめたのである。こうして豊仁親王は践祚した。即ち光明天皇である。ここに「北朝」が誕生し、こうして「建武の新政」は脆くも瓦解したのである。比叡山に籠って抗戦した後醍醐天皇であったが、山門に至る物資の流路を絶たれるに及んで命脈は尽き、尊氏の要請を受け下山を決意した。下山を前に後醍醐天皇は恒良親王・尊良親王を新田義貞につけて北陸に下らせた。また懐良親王を征西大将軍に任じ九州に下らせた。十月十日後醍醐天皇は京都に帰還した。後醍醐天皇は光明天皇に神器を譲り渡して譲位の形を整え後醍醐天皇には太上天皇（上皇）の号が贈られた。後醍醐天皇は花山院に軟禁の身となった。十一月七日「建武式目」が制定され、ここに「室町幕府」が発足した。しかし建武三年（延元元、一三三六）十二月二十一日後醍醐天皇は神器を携えて花山院を脱出して吉野（奈良県吉野町）に赴いたのである。後醍醐天皇は自らの神器が本物と称し自分の皇位と延元の元号を復することを宣言し足利尊氏の討伐を諸国に呼びかけたのである。こうして、これ以降約六十年にわたる「南北朝」が始まったのである。

(二) 南北朝期の畠山氏

「南北朝の動乱」の過程で畠山高国・国清の動静をさらに探ってみよう。

吉野に拠った後醍醐天皇の反攻の構想は畿南の反幕府勢力であったが、しかし、反攻の主力を担うのはやはり奥州の北畠軍と北陸の新田軍であった。奥州軍の長躯来援を待って、北陸・畿南軍が一時に立って京都を攻撃することであった。奥州の北畠顕家は建武三年（延元元、一三三六）十二月、後醍醐天皇から京都奪回の綸旨が届いていたのであるが、多賀城を支えきれず、霊山城に拠っていたが苦戦しており「霊山城が敵に囲まれており、なおかつ奥州が安定していないのですぐに上洛できない」と奏答書を送っていた。翌建武四年（延元二、一三三七）八月十一日、北畠顕家は義良親王を奉じて、老将結城宗広とともに霊山城を発ち、乾坤一擲、再び上洛のため南下したのである。この顕家軍に出羽の軍勢が参陣している。『山形県史第一巻』でも「『太平記』も『出羽・陸奥ノ勢』十万騎と、はじめて出羽勢を明記する」としている。延元三年（暦応元、一三三八）一月二日に顕家は鎌倉を出立した。これに対し、尊氏は高師冬の軍勢を向かわせ美濃国青野原（岐阜県大垣市青野原）に陣を敷き、師泰らは、その後方の黒血川に背水の陣を敷いた。

顕家はこの「青野原の戦い」で高師冬軍を破ったが、その後方の第二線の高師泰軍の突破を試みることなく垂井から南に折れて伊勢路を選んだのである。この瞬間に顕家の運命は決まったのである。

そして延元三年（一三三八）五月、和泉堺浦で戦死したのである。参陣した陸奥・出羽勢も四散した。

この出羽勢の中に遊佐氏が参陣したかは明確ではないが、敗戦後方途に迷った遊佐氏がそれぞれ畠山高国・国清の被官になったとする可能性は残されているであろう。この頃、畠山高国は伊勢守護であり、一方国清は紀伊守護であったのである（『室町幕府守護制度の研究上』（佐藤進一）。

いずれにしろ、「建武の新政」（元弘三年、一三三三）から、この北畠顕家敗死（延元三年、一三三八）までの何れかの過程で畠山高国・国清と邂逅し被官になったことに間違いないと思われる。その後、畠山高国と畠山国清は中央の政局にどう関わっていったのであろうか。それを概観してみよう。『足利一門守護発展史の研究』（小川信）では、畠山高国は建武三年（延元元、一三三六）六月足利方の京都再占領とともに武将を率いて九月頃まで京都周辺で南朝軍の駆逐に当っていたことを記している。さらに『室町幕府守護制度の研究』（佐藤進一）では建武三年（延元元、一三三六）十二月頃には伊勢守護に補任されたことを記している。ここに高国が伊勢守護の時に、周防国（山口県東部）島津五郎三郎の代理人右衛門太郎に宛てた感状がある。それを次に掲げる。

島津五郎三郎代右衛門太郎。軍忠を致すの条、尤も以て神妙。恩賞においては執り申すべきの状件の如し。

建武四年四月廿五日　（高国）

（別筆）　島津周防五郎三郎忠兼申す軍忠の事

（読み下し）

（越前島津文書　国立歴史民俗博物館蔵）

その後、延元三年（暦応元、一三三八）九月頃伊勢守護は高師秋と交替している。『足利一門守護発展史の研究』（小川信）では次のように記している。

「高国の伊勢守護解任は、おそらくこれらの南朝方の軍事行動を阻止しえなかった責任を問われたのであろう」としている。おそらく北畠顕家軍の伊勢を経て伊賀に侵入するのを阻止できなかったことが大きな要因かもしれない。またこの時、紀伊守護であったにもかかわらず畠山国清は畠山高国に援軍を送った兆候も見られない。これは畠山氏の惣領制の崩壊を示しているのであろう。

その後、高国は康永元年（興国三、一三四二）十月、尊氏が後醍醐天皇を追善するために造営中の天龍寺（京都府京都市左京区）に勅使が差遣され、尊氏・直義が臨場して綱引・禄引の儀が執行された際、木工長七人に贈る鋳馬中一疋を贈進している（『天龍寺造営記録』）。『太平記』（巻二十四）には、これに供奉した諸将の中に「吉良・渋川・畠山・仁木・細川」を挙げており、この畠山氏は高国を指していると思われる。

康永四年（十月二十一日貞和と改元、一三四五）高国は嫡子国氏を伴い、執事遊佐氏とともに奥州に下向したが「観応の擾乱」でともに岩切城（宮城県仙台市）において嫡子国氏とともに自刃する運命になるのである。そして族滅の危機に陥るのであるが、国氏嫡子王石丸は家臣に抱きかかえられて脱出し、辛うじて族滅の危機を免れたのである。筆者の遊佐氏の祖（執事）も高国・国氏とともに岩切城で自刃している。

これについては「奥州の遊佐氏」で述べることにしたい。

運命とはまことに過酷なものである。畠山高国の晩年はまことに不遇といってよいであろう。

㈢　足利尊氏・直義両将軍

話を中央の政局に戻そう。

後醍醐天皇が吉野に去った後、幕府は尊氏・直義による二頭政治が始まった。尊氏・直義は同母（上杉清子）の兄弟であったが、性格は全く異なっていた。尊氏は八方美人的・場当たり的性格に対し直義は自己抑制的・論理的性格であったという。尊氏の陽に対して直義の方は陰である。しかし尊氏は寛容の徳があり多くの武将の心を掴む器量を有していた。武士の棟梁にふさわしい人物であったことは確かであろう。尊氏・直義は始めから仲が悪かったわけではない。「中先代の乱」の鎮圧以降、後醍醐天皇に対して「気おくれ」からふさぎ込む尊氏を叱咤激励して室町幕府を開くまでに至った功労者はまさに直義であったのである。そのため当初、尊氏は政務一切を直義に譲るつもりであったが、直義は固辞したため尊氏の隠遁は実現しなかった。結局、将軍の権限は二分割され尊氏は軍事的指揮権（守護の任免権・恩賞の宛行）、直義は統治支配権（訴訟・裁判）を担うことになり「両将軍」と称されたのである。

しかし「両雄並び立たず」の通り、最終的に直義の悲劇的死を招くことになる。尊氏自身自分の手で実の弟直義を殺害せねばならないとは、この時点では夢想だにしなかったことであろう。

この将軍権力の「二元性」は最初から矛盾したものであり、終局一元性に収斂されねばならない性質を有していたのである。これが実現するのは尊氏の嫡子義詮の代に始まる「管領」の出現まで待たねばならなかった。さらに、この将軍権力の「二元性」の相克を悪化させた悪役が介在してくる。

それが「仮名手本忠臣蔵」の悪役吉良上野介のモデルになった、尊氏の執事高師直であった。尊氏の家格上昇とともにその権力を拡大させていった人物である。師泰（一に師直兄ともある）も侍所頭人となり軍事力を獲得したのである。師直・師泰兄弟は「力こそ正義」と主張して憚らず、さらに神仏に対する畏怖の念を一顧だにしないのである。直義が「秩序」を遵守する側であり、師直は「秩序」を破壊する側である。それが端的に現れたのが「所領知行の秩序」であった。兵站線がまだ整わない、この当時の南朝方との戦時下では、兵糧米の現地調達は荘園・公領からであり、師直・師泰の調達のやり方はまさに強奪そのものといってもよいであろう。戦時下はともかく、平時でも行い部下にも「領地は勝手に切り取れ」と命じるのである。しかし師直・師泰のこの手法は軍事指揮官としては有能であろう。

この時代、神仏を恐れることを知らない人種は無敵といってよいのであろう。事実として北畠顕家を和泉堺浦で討死させたのは師直であり、新田義貞の越前国金ヶ崎城を落城させたのは師泰だからである。

さらに直義は政務統治者の立場から守護適任者を尊氏に推薦する。それが尊氏側の人事と衝突する。

こうして直義と師直との対立は次第に発展して、尊氏と直義との対立に発展して行き、最後には救い難い状態に追い込まれていく。当然ながら、直義・師直にはそれぞれの党派が生じていき、「類は友を呼ぶ」の通り、直義方には筋を通す実直な武将桃井直常・上杉憲顕に代表される武将が集まり、他方、師直方には無頼・策謀の武将土岐頼遠・佐々木導誉（高氏）に代表される武将らが集まっていき二党派が結成されて行ったのは当然であった。桃井直常・上杉憲顕らは最後まで直義方であり続け、一方土岐頼遠は無頼派の代表格であり、京都で光厳上皇の行列に出会っても「何ニ、院ト云ウカ、犬ト云フカ、犬ナラバ射テオケ」と上皇に矢を射かけたのである。その後、土岐頼遠は直義に召還されて斬首されている。また佐々木導誉（高氏）は仁木義長の追落し事件や直義の追落しにも、陰で暗躍したと言われている策謀家であった。まさに高師直・師泰の周りは無頼派集団の集まりといってよいであろう。

㈣　南朝の再建

後醍醐天皇は延元四年（一三三九）八月十六日、吉野の行宮で崩御したが、常陸から吉野に戻った北畠親房は南朝の再建に懸命に取り組んでいた。貞和三年（正平二年、一三四七）八月近畿南朝軍の動きが再び活発になったのである。北畠親房を中心として内部統一が行われ、北は摂津（大阪府北部・兵庫県南東部）から南は紀伊に及ぶ反幕府勢力の結集が進められていたのである。近畿南朝軍の反攻はこうした情勢下に起ったのである。南朝軍の主力は楠木正成の遺子楠木正行の率いる河内・和泉の軍勢である。

楠木正行はまず紀伊を突き、ついで天王寺方面より南下する幕府軍の細川顕氏を河内に迎え撃って壊走させた。幕府は援軍として山名時氏を急派したが、楠木正行は機先を制して細川顕氏・山名時氏の駐留する天王寺・住吉を襲って再び幕府軍を破った。楠木軍の討伐を命じられた細川顕氏は河内・和泉守護で細川一族の中では、唯一人直義党に属する武将であった。援軍の部将山名時氏もまた直義党の一人である。つまり直義党が二人ながら楠木軍に敗れて幕府の危機を招いたのである。尊氏の執事高師直がこれを見逃すはずがなかった。細川顕氏は直ちに河内・和泉の守護職を罷免され高師泰が、これに代って出陣した。貞和四年（正平三、一三四八）正月、河内の四条畷で激戦が行われ、結果はまたしても南朝軍の惨敗に終わった。総師楠木正行はこの戦いで討死した。享年二十三才とも云われるが諸説がある。

高師泰軍は河内の南朝軍を掃討し、高師直は吉野に向かった。南帝後村上天皇は吉野をすてて、賀名生（奈良県五条市）に逃れ、高師泰は聖徳太子廟を焼き、高師直軍は吉野の行宮・社殿を焼いたのはこの時である。まさに神をも恐れぬ所業であった。しかし、こうした悪行三昧のつけはやがて高師直・高師泰自身の身に降りかかろうとはこの時点では両人とも気づいてはいないのである。

㈤　観応の擾乱

軍功を誇る高師直・師泰の権勢は足利政権内部にも次第に反感を生じて行ったのである。貞和五年（正平四、一三四九）閏六月、足利庶流の畠山直宗・上杉重能らは禅僧妙佶を抱き込み直義に進言して、師直の執事職を罷免させ（代って師直の甥の師世が継いだ）さらに師直の追放を画策し、こうして直義と師直の対立は決定的となった。八月九日、直義の計画を察知した師直は当時和泉・河内守護で石川城（大阪府南河内郡河南町）に在った師泰を呼び寄せた（『後鑑 巻三四』）。師泰は紀伊守護の畠山国清を呼び石川城を託した。八月十四日師直・師泰は先手を打って兵を集め、直義を襲った（『後鑑 巻三四』）。直義は尊氏邸に逃れたが、師直は上杉重能・畠山直宗・禅僧妙佶らの引き渡しを求めて尊氏邸を包囲した。尊氏と師直の交渉の結果、上杉重能・畠山直宗らを配流に処し、直義の政務への関与を停止させた。代って当時鎌倉に在った尊氏の嫡子義詮を上洛させ政務に当らせるという条件で師直は囲みを解いた（八月二十五日）。尊氏・直義も帰依していた高僧無窓疎石の斡旋もあり直義は政務、師直は執事復帰するという原状復帰の了解がなったかに見えた。しかし実際には上杉重能・畠山直宗らは配流先の越前に送られる途中に師直によって殺され、政務に復帰するはずの直義も十月に義詮が上洛すると事実上政務からの隠退を余儀なくされたのである。鎌倉へは義詮に代って弟の基氏が送り込まれた。尊氏は師直の強請を退けて弟直義を守り通したかに見えながら、その実、巧みに息子義詮を後任にすえるという最大の収穫をえたのである。

政治家尊氏の面目躍如たる感がある。これに先立って直義は尊氏の庶子で尊氏に好まれず直義の猶子となっていた直冬を四月に西国を管領する中国探題として送っており、備後国（広島県福山市）鞆に着任していた。師直はさらに尊氏に求めて、直冬の追討を命じさせたが直冬は辛うじて九州に逃れた。

翌正平五年（観応元、一三五〇）二月二十七日北朝は元号を「観応」と改めた。

直冬は九州に逃れた後、肥後（熊本県）の豪族河尻氏に迎えられ、中国地方にも直冬に応じる者も少なくなかった。尊氏はまず師泰を派遣したが、事態は好転せず、のみならず九州の大族少弐・大友氏も直冬につくという事態に至り、十月尊氏は京都を義詮に託して、自ら西征の途につくことを決した。

ところが尊氏の出立の直前に直義は京都を脱出したのである。それにもかかわらず尊氏は当初の予定通り進発した。直義は既に南朝に和睦を求めており、大和からさらに河内へ赴き、石川城に在った畠山国清に迎えられたのである。これについて『足利一門守護発展史の研究』（小川信）では国清の和泉・河内進出は、八月二十五日の直義と師直の両党の妥協人事ではなく、始めは師直派と目されていたからこそ、師泰が国清に石川城（大阪府南河内郡河南町）を託し、師泰に代って両国の支配を委ねたとしている。

これは畠山国清の変節を意味している。南朝の勅免のもとに直義は「師直・師泰誅伐」の兵を挙げた。直義の呼びかけに応じて桃井直常・石堂頼房・細川顕氏らは兵を挙げ、また関東でも上杉憲顕が直義方について高師冬を逐うなど情勢は一気に緊迫した。直義の出奔にも関わらずに西上した尊氏もここに至っては備後国（岡山県東部）から軍を返し師直・師泰らもこれに従った。ここに始まる一連の動乱を、「観応の擾乱」と呼び、正平七年（文和元、一三五二）に直義が鎌倉で殺害されるまで続くのである。

明けて、観応二年（正平六、一三五一）二月、京都ついで摂津「打出浜の戦い」（兵庫県芦屋市）で直義方に敗れた尊氏は師直・師泰の出家を条件として直義と和睦した。尊氏は師直・師泰らを従えて京都に向かう途上、上杉能憲らがこれを待ち受けて高師直・師泰らを殺害したのである。上杉能憲は二年前に配流途上で師直に殺された養父上杉重能の仇を見事に報じたのである。対立の根元、師直・師泰が滅んだ後、直義は義詮の補佐をして政務に復帰した。尊氏は師直の後の執事に仁木頼章を任じた。直義は「直義追討」の光厳上皇に対抗する形で南朝に帰順し後村上天皇の綸旨を得て南朝方勢力を見方につけようとしたのであるが、そのことが南朝の存在意義を高めることになったのである。こうして後醍醐天皇崩御後、頽勢にあった南朝を足利氏の内訌の展開が蘇生させたのである。観応二年（正平六、一三五一）二月に尊氏・直義兄弟の和議が成り事態は終幕するかに見えた。しかし直義に対して反感を持つ者はなお多かったと見え、三月末に直義の信頼を得ていた斉藤利泰が何者かに殺され、五月には桃井直常が直義を訪れて帰途に襲撃される事件が起った。

それぞれ背後関係は不明であるが、不穏な情勢が続いた。師直・師泰亡き後、反直義派の結集の核となったのは直義とともに政務を執った義詮となった。直義と義詮両者の間には政務を巡って隙が生じ、七月十九日には直義は尊氏に対して義詮との間の「不快」を理由に政務辞退の意向を伝えた。七月下旬には義詮方の武将の多くは京都を離れて戦いに備えるなど、政情は急速に不穏の度を増していった。

さらに月末、尊氏は佐々木導誉（高氏）が南朝に通じたとして近江に赴き、また義詮も播磨（兵庫県南部）で蜂起した赤松則村を討つとして京都を離れた。尊氏の近江出陣は佐々木導誉と事前の了解のもとであったと見られている。直義はこの一連の動きは、尊氏と義詮とが相互に示し合わせて直義を京都に挟撃する作戦と見て、八月一日未明に京都を脱出し、若狭（福井県南部）を経て越前国（福井県北部）金ヶ崎城に入った。直義に従った武将は斯波高経・桃井直常・石堂義房・畠山国清・弟義深・山名時氏・吉良満貞ら兼ねてより直義派の多くの武将たちが従って北国へと向かったのである。この「観応の擾乱」期に遊佐氏について記されたものはないのであろうか。ここに『畠山記集成』（黒田俊雄）がある。

その中の「畠山家記」（如意輪寺所蔵）の「畠山家記　乾」（表紙）の（表紙に追記）として次の記載がある。

畠山国清・畠山入道々誓時分ニモ家ノ子遊佐・神保・┏斉藤・杉原アリ
北国ニ流ル、　　　　　　　　　　　　┗利仁将軍末孫

遊佐氏が畠山国清の被官として明示されており、国清に従って行ったことがうかがえる。

こうして遊佐氏は上洛後、神保氏らとともに畠山氏の根本被官の道を目指して行ったのである。尊氏はなお直義との和解の路を探していたが、観応二年（正平六、一三五一）九月、尊氏・直義両軍が近江で交戦した。『太平記』（巻二十九）では畠山阿波守国清が直義方の大将として出陣していることを伝えている。交戦は尊氏軍の優勢裡に和議が進められ、十月二日尊氏・直義は近江の興福寺（滋賀県東近江市五智町）で対面したが、直義は従わず、先に尊氏に帰順して和議の使いとして直義の許に派せられていた細川顕氏は国清とともに和議の事を随分媒介したが、成就せず面目なしと称し、上洛し尊氏に帰参したのである。直義党諸将の間でも和平派が大勢を占めた模様であり、国清が帰順すると他の武将も相次いで多数幕府に降った。直義は間もなく越前を去って、北陸道を経て十一月に鎌倉に入り直義方の上杉憲顕に迎えられた。鎌倉の情勢は「観応の擾乱」の初期、義詮が直義に代わり政務を執るべく上洛し、代って尊氏の末子基氏が東下したが、この時基氏はまだ十才の少年であった。これを補佐すべき上杉憲顕・高師冬両執事の間には京都の政情と連動した対立が生じていた。「観応の擾乱」の過程で憲顕は師直の猶子師冬を討ち、ついで直義を迎えたのである。尊氏・義詮は直義との争闘に備えて京都の安泰を図るべく南朝との和解を画策していた。和睦交渉は八月頃より勧められていたが十月下旬に至り南朝方もこれを受託して、直義追討を命じる綸旨を発した。尊氏はここに自分で担ぎ挙げた北朝の上皇・天皇を見捨てたのである。ここには武将よりは老練な政治家としての尊氏の姿をみるのである。尊氏は綸旨を受けとると、翌十一月四日、新任

の執事仁木頼章・その弟義長・畠山国清らを随えて、直義追討のため関東に向かった。国清に従って遊佐氏も下向したものと思われる。『太平記』（巻二十九）では「薩埵山合戦」（静岡県清水市）に畠山阿波守国清・舎弟尾張守義深・その弟左近将監（清義）その弟式部太夫国熈を挙げているが、この国熈は『尊卑文脈』の播磨守義熙を指していると思われる。尊氏軍は防戦する直義軍を十二月駿河薩埵山（静岡県静岡市）に、翌正平七年（観応三、一三五二）正月箱根早河尻（神奈川県小田原市）に破り直義を降して鎌倉に入り、翌二月二十六日に直義は急死した。鴆毒による毒殺であったといわれている。享年四十七才であった。同年閏二月、宗良親王を戴く新田義興・義宗らが挙兵した、いわゆる「武蔵野合戦」が起り、一時的に鎌倉は占拠されたものの、国清は今川範国らとともに尊氏を護って武蔵に出撃し、金井原（東京都小金井市）・小手指原（埼玉県所沢市北部）に連戦して、ついに敵軍を駆逐、続いて新田義興・脇屋義治（新田義貞の甥）らが相模原河村城（神奈川県足柄郡山北町）に籠ると国清は三月十五日発向してこれを攻めた。河村城は文和二年（正平八、一三五三）三月に落城した。かくして、当面の主敵を掃討し、配下の武将に恩賞を沙汰し尊氏は関東の政務を基氏に託し、畠山国清を執事として基氏を補佐させて、文和二年（正平八、一三五三）七月、仁木頼章らとともに上洛した。正平十三年（延文三、一三五八）十月十日、国清は南朝方の新田義興を多摩川「矢口の渡し」で謀殺した。これにより関東における南朝方の勢いは削られた。ともあれ、尊氏の関東下向とともに国清の活動も関東に移ったのである。なお『太平記』（巻三十）では、この武蔵野合戦に畠山上野守（高国）の参戦を記しているが高国は「観応の擾乱」で観応二年（正平六、一三五一）に岩切城で自刃しているので、これは『太平記』の誤りである。『室町幕府守護制度の研究』（佐藤進一）では、国清の伊豆守護在職時期は観応三年（一三五二）頃から康安元年（一三六一）頃であったとしている。

さらに延文二年（一三五七）十二月頃には武蔵守護に補任されたことを記している。

ここに国清が観応三年（一三五二）三月二十六日に伊豆守護代遊佐勘解由左衛門尉に宛てた遵行状がある。それを次に掲げる。

鎌倉法泉寺雑掌申す、伊豆国狩野庄能坂村の事、御寄進状并施行の旨に任せ、下地を雑掌に沙汰し付くべきの状件の如し。

（読み下し）

観応三年三月廿六日　（畠山）国清

遊佐勘解由左衛門尉殿

（相模文書・南北朝遺文所収）

かくして遊佐氏が上洛してから畠山氏の被官として叛服常ない当時の武士たちの中にあってひたすら仕え、根本被官となり、さらに守護代になるまでに約二十年の長き歳月を要したのである。

㈥　正平一統

話を中央の政局に戻してみよう。

尊氏の和睦を受けて、南朝の攻撃は予想以上に苛烈であった。まず北朝の崇光天皇・皇太子直仁親王は廃された。年号は南朝の年号正平に統一されて、観応二年（一三五一）は正平六年と呼び替えられた。

尊氏は出京六日目の十一月九日から正平の年号を用いざるをえなかったのである。十一月二十日をすぎると南朝の勅使が入京して政権接収の基本方針を示した。それは義詮にとって驚愕すべき内容であった。

(1) 北朝の神器は「偽器」として没収する。

(2) 北朝による官位・叙任は全て無効とする。

即ち北朝の朝廷としての正統性の全否定であった。翌正平七年(一三五二)の二月には、後村上天皇が近々帰京する旨が義詮に通告された。実際に後村上天皇は二月二十六日に賀名生を発ち、河内国東条(大阪府河南町)を経て、二十八日摂津国住吉(大阪府大阪市)へ、閏二月十九日には八幡(京都府八幡市)に進み、京都を窺う位置を占めている。一方、義詮には鎌倉での直義の死の報は閏二月上旬には届いていたはずであり、義詮にとっても強いて和睦の必要性は薄らいでいたのであり、早くも「正平の一統」の破綻は時間の問題と見られていたのである。北畠親房に率いられた南朝軍が京都に突入したのは閏二月二十日のことであった。北畠親房は十七年ぶりに京都の土を踏んだのである。北畠親房の感慨はいかほどのものであったのであろうか。翌日には北朝の三上皇(光厳・光明・崇光)と廃太子直仁親王を京都から八幡の陣へ拉致し、翌月には河内の東条、さらに南朝の根拠地賀名生へ移し、北朝再建の芽を摘んだのである。一方、京都を逐われた義詮は和睦が敗れたとして「観応」年号を復して諸国武将を動員して反撃に移った。三月十五日には京都を奪回した。南朝方の軍事的勝利はわずか一ケ月も保てず崩壊した。南朝方は八幡に退いて、しばらく防戦に努めたが、糧食乏しく脱落者が続出し、二ケ月ほどの攻防のすえ、五月十一日には八幡の陣も陥ち、後村上天皇は辛うじて逃れて賀名生に帰還した。

しかし三上皇が連れ去られたことによって北朝方には天皇、上皇のいずれも不在となったのであり、緊急かつ最重要課題は次の天皇の擁立であった。光厳上皇の第三皇子で仏門に入る予定になっていた弥仁王（十五才）に白羽の矢がたった。しかし践祚の儀ができない。窮余の策として義詮は弥仁王の祖母に当る広義門院を担ぎ出し、上皇代わりになって弥仁天皇を立てることを要請した。当初は拒絶したが、結局践祚の手続をとらざるを得なかった。「三種の神器」がないため「群臣に推戴されて皇位に就いたとされる継体天皇の先例」が引照され、この手続を合理化しようとしたのである。

異例の手続を踏んでの践祚であった。まさに窮余の策といえよう。なりふり構わずとはこの事であった。

こうして八月十七日後光厳天皇が即位した。京都奪回の宿願を果たさず死去した後醍醐天皇の跡を嗣いだ後村上天皇は、繰り返し京都の奪回を企てて軍勢を動かし、正平一統の破綻以降も正平八年（文和二、一三五三）六月、正平十年（文和四、一三五五）一月、正平十六年（康安元、一三六一）十二月と三度にわたり「京都争奪戦」を行い、実際に入京させている。これらの経過を一見したところは、京都を巡る両勢力の力関係は相拮抗し、一進一退を繰り返していたかのように見えるが実際はそうではない。

京都は地勢上「攻めるのに易く、護るに難い」といわれ、兵站線が確保できなければ、即ち兵糧米などの補給が十分でなければたちまち乾上ることになり、撤退せざるを得ないのである。たとえ一時的に京都を回復できても周辺地域の確保が困難な南朝方には、それを維持することは容易ではないのである。この間、正平九年（文和三、一三五四）四月に北畠親房が賀名生で没した。長年にわたって実質的な政務の主導者として南朝を支えてきた親房の死は南朝にとって大きな打撃であったに違いない。まさに南朝の大黒柱を欠いたのである。この北畠親房の正面の敵、尊氏も延文三年（正平十三、一三五八）四月三十日、背中に癰（はれもの）を患い、これがために没した。享年五十四才であった。

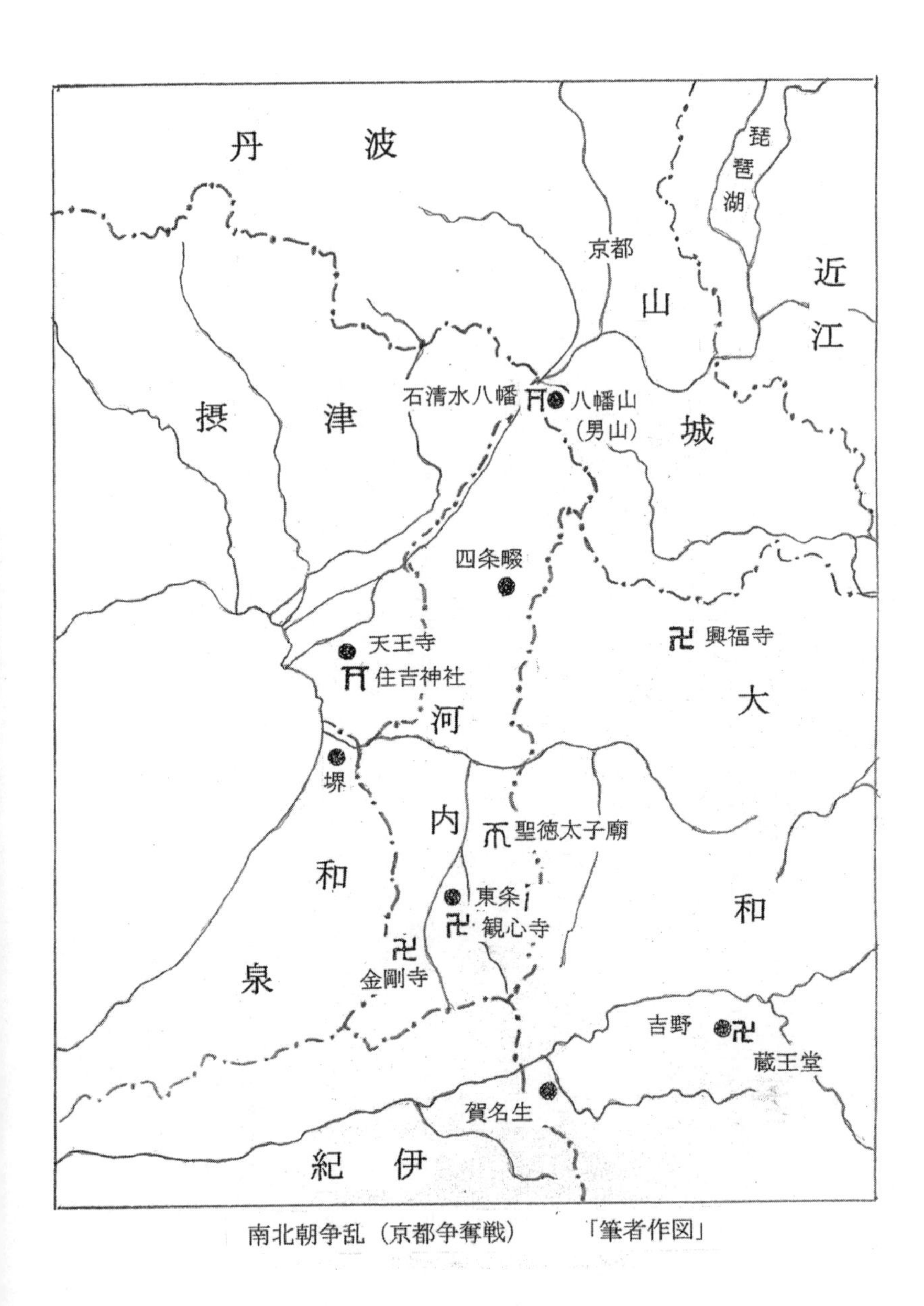

南北朝争乱（京都争奪戦）　　「筆者作図」

当時北畠親房が没したとはいえ、南朝は賀名生にあって意気盛んであった。九州の菊池氏が懐良親王を奉じて意気盛んであり、中国においても足利直冬がいて一敵国をなしていた。こうした折、義詮は鎌倉の基氏に畠山国清の援軍要請をしたのである。基氏は反対であったといわれているが、国清は延文四年（正平十四、一三五九）に関東の軍勢を率いて幾内に赴いて南朝軍と戦っている。『室町幕府守護制度の研究』（佐藤進一）では国清は延文四年十二月頃から延文五年七月頃迄河内守護に再任されたとしており、また延文五年四月頃に紀伊守護にも再任されたと覚しいとしている。『太平記』（巻三十四）では、畠山国清・弟義深とともに遊佐勘解由左衛門が南朝方と戦っていることが記されている。この遊佐勘解由左衛門は伊豆守護代遊佐勘解由左衛門をさしていると思われ、国清に従って参陣していることが知られる。国清が在京の諸将と呼応して南朝軍を駆逐している頃、執事仁木頼章の没後も弟仁木義長が権勢を振り回し日ごろから細川清氏・土岐頼康らの指弾の的であったが、突如として謀反したのである。

これに対し畠山国清が結託して仁木義長を没落させたのである。また、この仁木義長追い落としの陰では佐々木導誉が暗躍したといわれている。しかし畠山国清の関与は南朝攻撃に対し「九仞の功を一簣に虧い」たばかりでなく、南朝軍の反撃を許す結果となり、不評を招いたのである。さらに畠山国清に随った武将のうちには長陣の疲れで戦線を離脱して勝手に帰国する者が多くなった。翌延文五年（正平十五、一三六〇）八月、国清は京都での後難を恐れて密かに関東に帰還した。そもそも遠征に不満であった関東の武将たちは基氏に対して国清の執事職罷免を強く迫ったのである。基氏は「下トシテ上ヲ退ケル嗷訴、下剋上ノ至リカナ」と心中密かに憤慨はしたものの「此者ドモニ背カレナバ、東国ハ一日モ無為（平和）ナルマシ」と思い直して国清を追放したという。畠山国清追放後、足利基氏は上野に隠遁していた上杉憲顕を赦免し鎌倉に呼び執事に復帰させている。基氏二十四才、上杉憲顕五十八才であった。

康安元年（正平十六年、一三六一）十一月、鎌倉を追われた畠山国清・弟義深・義熙らはともにかれらの分国伊豆の三津城（伊豆国市・静岡県沼津市）・金山城（静岡県田方郡大仁町）・修善寺城（静岡県伊豆市）などに城を構えて基氏に反抗した。基氏の討伐軍との間に戦いが続けられたが、翌貞治元年（正平十七、一三六二）九月畠山兄弟は一旦降伏したが、基氏の処刑を恐れて逃亡した。『太平記』（巻三十六）では畠山方の武将として、遊佐・神保・杉原を挙げており奮戦していたことが窺える。同書ではこの遊佐氏は遊佐勘解由左衛門（国重）としている。畠山国清兄弟は逃亡に際し時宗の藤沢道場を頼っている。その時の様子について『時宗の成立の展開』（大橋俊男）は次のように記している。

「貞治元年（一三六二）畠山兄弟が鎌倉府の足利基氏にそむき伊豆国修善寺に陣を布いていたのは、観応の騒乱の余波いまだおさまらざるころのことであったが、その年の九月畠山入道道誓（国清）は弟式部大輔義熙とともに『中間一人ニ太刀持セ、兄弟二人徒ニテ』十八日の夜、遁れて『藤沢ノ道場』にまでやってきた。どのような目的があって、藤沢にやってきたかはっきりしないが、時に上人の好意によって『甲斐々敷、馬ニ疋・時衆二人相福テ』昼夜わかつことなく、『馬ニ鞭ヲ進メテ上洛』した。そのころ舎弟尾張守義深は『箱根ノ御陣』にいたが、こうした動きをしていることを知る由もなく、『翌ノ夜時衆』から、この旨を聞き、『サテハ我モ何クヘカ落ナマシ』ということで、結城中務少輔（直光）に助けを請うた。この好意によって、義深は底に空気穴をあけた長唐櫃の中に寝、『鎌倉殿ノ御馬廻ニ供奉シテ』藤沢道場まで送りとどけられたという。京都にいったといい、箱根から藤沢に送られたといったところで、所詮遊行上人とか時衆の厄介になっているか、藤沢道場のお世話になっている。時衆の世話にならずに往来することは困難だったのかとさえ思われる。……伊豆在国時、畠山氏に従っていた人のなかに遊佐入道性阿という時衆がいた。この手引きがあったかどうかわからないが、畠山氏は時衆をたより、藤沢へ、更に京都

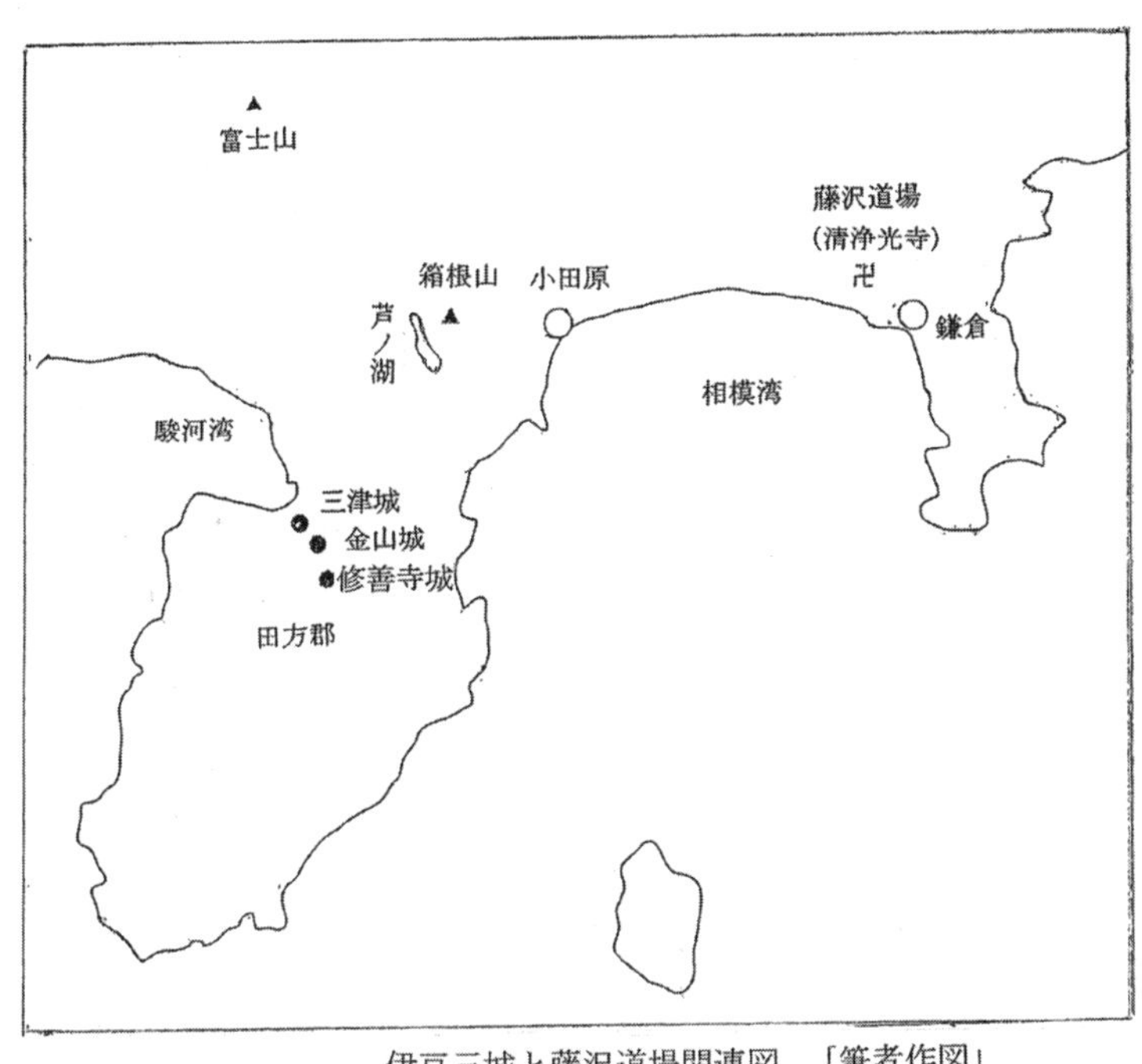

伊豆三城と藤沢道場関連図　「筆者作図」

七条道場へと遁れたらしい。こうして時衆が、落人の世話もすれば、案内することができたのは、時衆の風体さえしていれば天下御免で通行が許される特権をもっていたからであろうし、ひいては藤沢道場に入れば罪をのがれることができるというような治外法権的な地域をもっていたのかもしれない」としている。おそらく遊佐勘解由左衛門（国重）も同じように時衆の服装で同行したと思われる。

降って義深が越前守護に補任された時、遊佐勘解由左衛門国重が守護代としてその名が見えるからである。国清は流浪の末、奈良の辺で窮死したらしい。国清はこうして南北朝動乱をまさに地で行くような人物であった。

しかも、国清は弟義深が赦免されたことを知ることはできなかったのである。これ以降、畠山氏は義深にその復興を委ねることになったのである。

十三、出羽遊佐氏（宗家）の滅亡

再び、出羽国に目を転じてみよう。「建武の新政」期に出羽遊佐氏の一流が上洛したと思われるがその後、出羽の遊佐氏（宗家）はどのような歴史を刻んでいったのであろうか。それを探っていこう。

㈠　東禅寺城（のち亀ケ崎城）

康暦三年（一三八一）年、遊行上人元愚が「遊佐」の地を訪れ「眼阿弥陀仏」の法名を与えている。恐らく大楯であろう。また、それは「大楯遺跡」の遺物から、およそ十五世紀まで存続していることが知られる。しかし、これ以外、この時期の遊佐氏を語る根本史料はまったくないといってよい。これが出羽遊佐氏を探る上で誠に困難な障害となっているのである。これは何に起因しているのであろうか。

『改訂遊佐の歴史』（遊佐町教育委員会）では次のように記している。

「中世、当地方を遊佐郡とも称しており、また遊佐氏の名称が残っていることからみて、遊佐氏は相当に家柄も高く勢力のあった豪族ではないかと考えられるが、それに関連した資料や遺跡、遺物が全く欠けていることは、遊佐町の歴史解明上誠に残念なことである。恐らくこれは、後の支配者が前の支配者と民衆との結びつきを割くために文書や証拠の煙滅を図り、その一族郎党をきびしく探索して処罰したからである。例えば遊佐氏が滅びると間もなく、上杉氏が庄内を領有するのであるが、その時流浪無頼の徒を始めとして、土着の武士、社家山伏に至るまで、上杉氏の命令に従わないものや、あるいは抵抗したことのあるものなど、不穏の行動を示したものを一戸一戸たずねて問いただし、これを捕えて斬り捨てたり、追放したことが伝わっていることからも察せられる」としている。おそらく事実であろう。

また、『山形県史第一巻』では次のように記している。しかしこれは越後軍の掃討作戦が苛烈をきわめたからであった……本庄繁長は最上方のものは在所のものまで老若男女ことごとく虐殺したという」としている。

また『山形市史上巻』でも同様に次のように記している。

「（最上）義光にとってわずかに心慰めだったことは、庄内国人衆のほとんどが、最上領に亡命してきたことだった。その数一万以上に及んだので、来春にはこの者たちを先頭に立て、庄内を再び奪回する覚悟だったのである。しかし、多くの庄内国人衆が、最上領に亡命したのは、本庄軍の掃討が苛烈をきわめたからであった。……繁長の掃討戦は、翌天正十七年六月ごろになっても熾烈に続行されていた」としている。

これは天正十六年（一五八八）八月、最上義光と上杉景勝（本庄繁長）との間に起こった「十五里ケ原の戦い」に本庄繁長が勝利し、その後に行われた掃討作戦の様子を記したものであり、この本庄繁長軍の掃討作戦の凄まじさを伝えるものである。このように遊佐氏が武藤氏に滅ぼされた後、庄内は武藤氏、最上氏、上杉氏の三つ巴の戦いの場となりまさに庄内は「草刈り場」となってしまったのである。このように、この時期の庄内に残された根本史料はないが遊佐氏の姿を出来るかぎり辿っていきたい。それには地元郷土史書に頼らざるを得ない。その郷土史書はどのようなものがあるのだろうか。

㈠『荘内物語』（小寺信正　享保九年　一七二四）
㈡『出羽国風土略記』（進藤重記　宝暦十二年　一七六二）
㈢『筆濃余理』（安倍親任　慶応二年　一八六六）
㈣『庄内要覧』（渡會幹正　慶応二年没　一八六六）

(五)『出羽国風土記』(荒井太四郎　明治十七年　一八八四)
(六)『荘内史』(藤山豊　明治二十五年　一八九二)
(七)『荘内歴史』(野村敏恵　明治四十四年　一九一一)
(八)『飽海郡誌』(斎藤美澄　大正四年　一九一五)

各書、それぞれ独自の主張を繰り広げているが、これらの中で最も古いのは『荘内物語』であり、『出羽国風土略記』始め、その他の諸本も『荘内物語』を引用している。筆者はやはり『荘内物語』の論旨に沿って行きたい。さらに加えて『酒田市史改訂版上巻』・『遊佐町史上巻』・『亀ケ崎史』・『山形県史第一巻』・『鶴岡市史上巻』・『山形市史上巻』等をもとにまとめていきたい。

『荘内物語』で小寺信正は、その書の中で次のように記している。

「予がかの地に杖を引き、かつ土人に尋ね、古記に考えてここに載せるものなり。……正徳元年辛卯(一七一一)にこの稿を企て、享保九年甲辰(一七二四)に稿を脱す」としている。

小寺信正は東禅寺城に触れて、遊佐氏について次のように記している。

「東禅寺城・あるいは酒田城のち改めて亀ケ崎ともいう。平城なり。この城の経始も詳らかならず。文正年中人皇百四代土御門院の頃までは今の新堀村の北、五町野という所の川より北にあり。六・七十年前までは今の四ツ興野村の南に、城跡の土手・堀とも形少し残り、並木の根などありしとなり。その辺より今鵜渡川原の東までを東禅寺という地名あり。田畑の古き下げ札にも、今もって東禅寺畑などあり。これその証なり。文正の年あるいは天正ともいう洪水ありて、川北水を湛える事七日、その時東禅寺の城塁破壊しけるを、遊佐太郎繁元というもの今の城地へ移し、酒田の城というとかや。信正いう、これを考えれば、天正の洪水は誤りにて文正なるべし。この洪水を俗に白髭水といい伝う。東禅寺右馬允もここより出でたる人なりとぞ」としている。この中の東禅寺右馬允のことを、小寺信正が本文中で次のように記している。「荘内勢のなかより東禅寺右馬頭あるいは右馬允ともあり。頭は誤りなるべし」としており、東禅寺右馬頭は間違いで右馬允が正しいとしている。いずれにしろ東禅寺右馬頭と東禅寺右馬允は同人である。東禅寺右馬頭は降って、天正十六年（一五八八）に起こった「十五里ケ原の戦い」で最上方の武将として登場し討死しており、洪水にあって破壊した東禅寺城を文正年中（一四六六）に現在地（酒田市）に移築した遊佐太郎繁元とは時代的に約百年以上の開きがあり、全く関係ない人物なのである。小寺信正が『荘内物語』を書き始めたのが正徳元年（一七一一）であり、それより六・七十年前は一六四〇〜一六五〇年代にあたり、遊佐太郎繁元が洪水で破壊された城塁を移築してから約二百年後である。まだ城塁の土手・堀・並木の根が存在したことは十分考えられるであろう。

さらに、『亀ケ崎史』では、移築前の東禅寺城の位置を特定しており、次のように記している。

「東禅寺城の位置については、いろいろ諸説があって確定はむずかしい。しかし、現在も『東禅寺』あるいは『東禅寺畑』（みずほ二丁目付近）『東禅寺沼』（亀ケ崎五丁目酒田市農協・東北電力変電所付近）という地名が存在することから、付近一帯が東禅寺城にかかわりを持つ地域であったということは、まず間違いない。東禅寺城域は四ツ興屋・大町・鵜渡川原と旧最上川・古川に囲まれた範囲の中に存在していたと断定できるし、方位をより狭めれば、東は最上川古川跡まで、北東は四ツ興屋村の南まで（かつて享保のころまで、城跡の土手・堀形・並木の根株があった）、北西は大町村の南、西は亀ケ崎三丁目・亀ケ崎公園・正法会館を含む地域、南は丸橋を含む古川跡までが該当すると考えられる。

さらに『山内家家系』の記事『……城南東禅寺に葬る……』より、同家の墓地の位置関係から東禅寺の中心地は、現在の松原南、みずほ一・二丁目付近に存在していたと推定できる」としている。その位置は四ツ興屋からやや南西方向であるが、小寺信正のいう四ツ興屋南はほぼ該当している。この元の東禅寺城の推定位置図、東禅寺城から改称された亀ケ崎城周辺絵図、新川掘削と〆切工事図、亀ケ崎城絵図、遊佐郡図および現在の最上川河道図を掲げた。この頃の遊佐氏の様子を記したものに『出羽国風土記』（荒井太四郎）がある。次のように記している。「大楯跡・小原田村大楯にあり、応仁の頃（一四六七〜八）遊佐某本土守護代となり其子太郎繁光の居館なりと云」としている。一方、出羽国山形に斯波兼頼が延文元年（一三五六）に、羽州探題として下向したといわれるが、明確な羽州探題補任の形跡はない。『奥州餘目記録』（仙台叢書第八巻）では「山形殿は出羽守護にて御座候。大崎は奥州の探題にて御座候」とある。また『山形県史第一巻』でも次のように記している。「永正十一年（一五一四）作成の『余目旧記』では、探題は大崎氏のみであり、最上山形氏は出羽守護である、とさえ主張している」としている。さらにこの頃はまだ最上氏は領国の経営に腐心しており、まだ庄内への覇権は認められない。庄内に食指を示すのは、降って最上義光になってからである。よって遊佐氏の守護代補任もなかったであろう。遊佐某本土守護代とあるのは、この頃遊佐氏は守護代相当の勢力を有していたと考えるのが妥当であろう。遊佐某の実名は不明であるが、遊佐某が遊佐太郎繁元に比定されるのであれば、その子は繁光となる。しかし繁元と繁光は同人の可能性もあり定かではない。また、この頃の遊佐氏の勢力を示すものとして挙げられるのが「遊佐郡」の私称であろう。『遊佐町史上巻』では、「戦国期から近世初期にかけては、郡名を遊佐郡と称したときもあった」としている。幕命により遊佐郡から飽海郡の旧名に戻るのは江戸期寛文四年（一六六四）のことであるが、これは遊佐氏が河北一円を掌握したことを示す史実であり、遊佐氏が川北一円をその支配下に置いたと見てよいのであろう。

東禅寺城推定位置

(『亀ケ崎史』より「転載」)

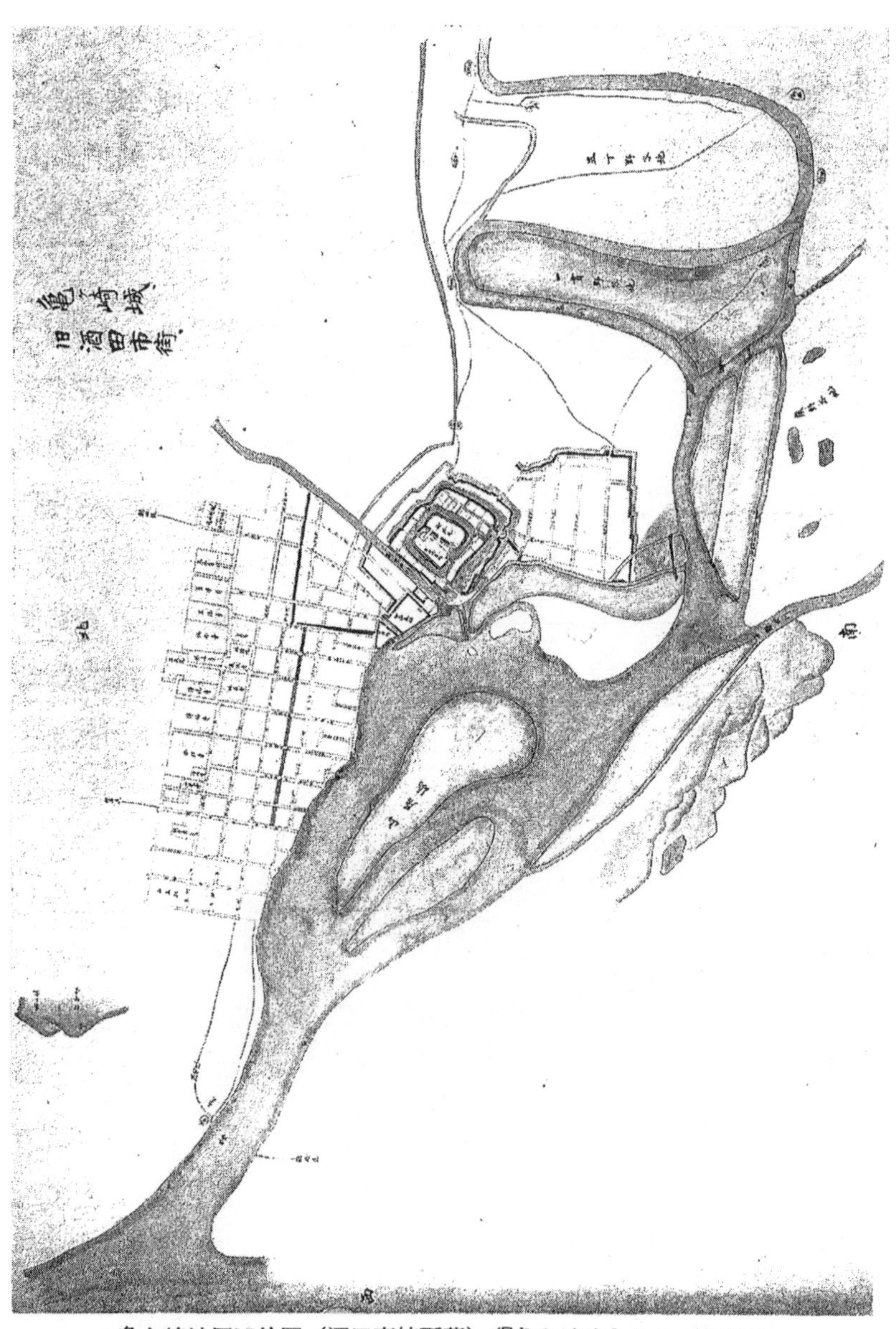

亀ケ崎城周辺絵図（酒田東校所蔵）（『亀ケ崎史』より「転載」）

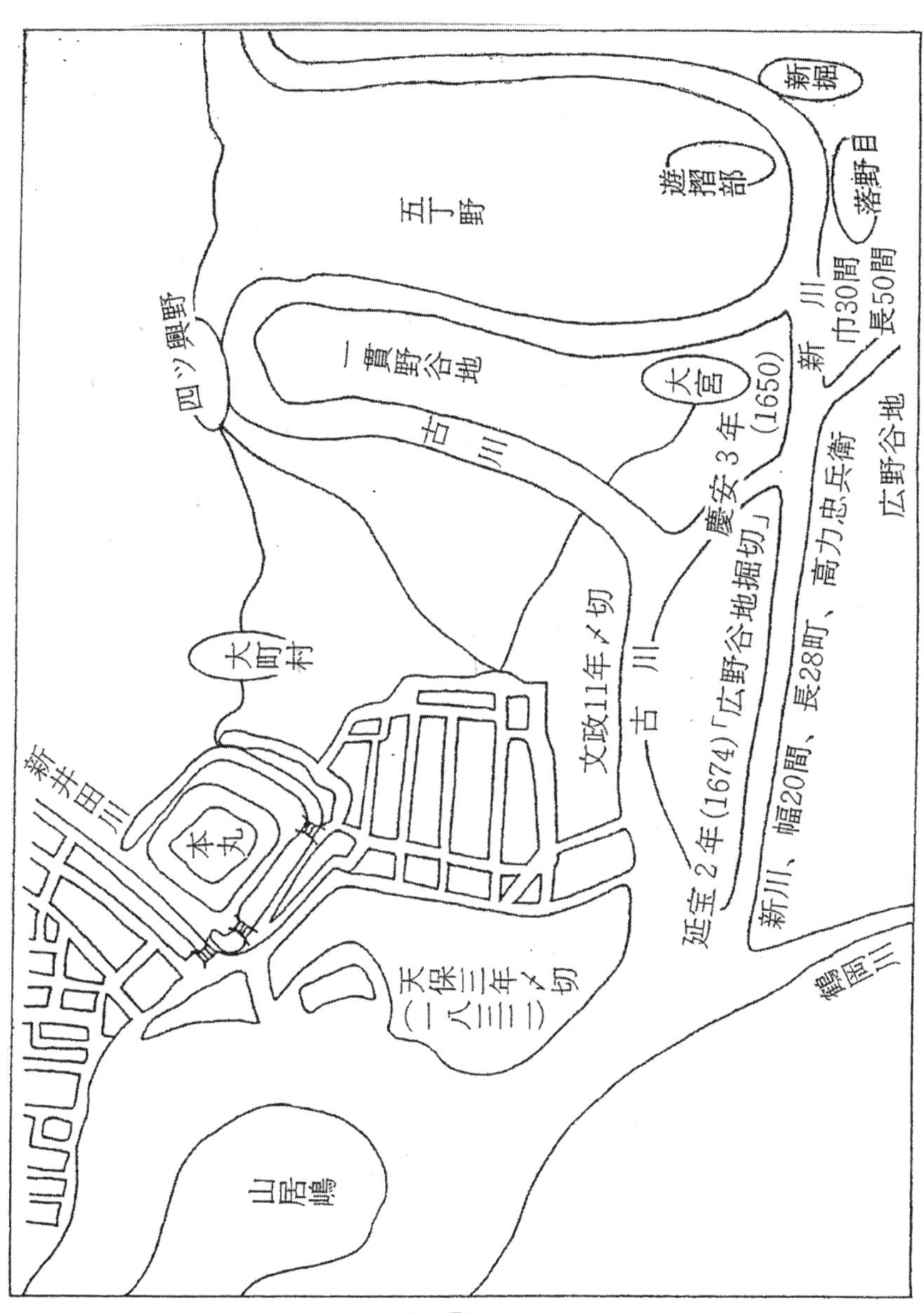

新川掘削と〆切工事（『亀ケ崎史』より「転載」）

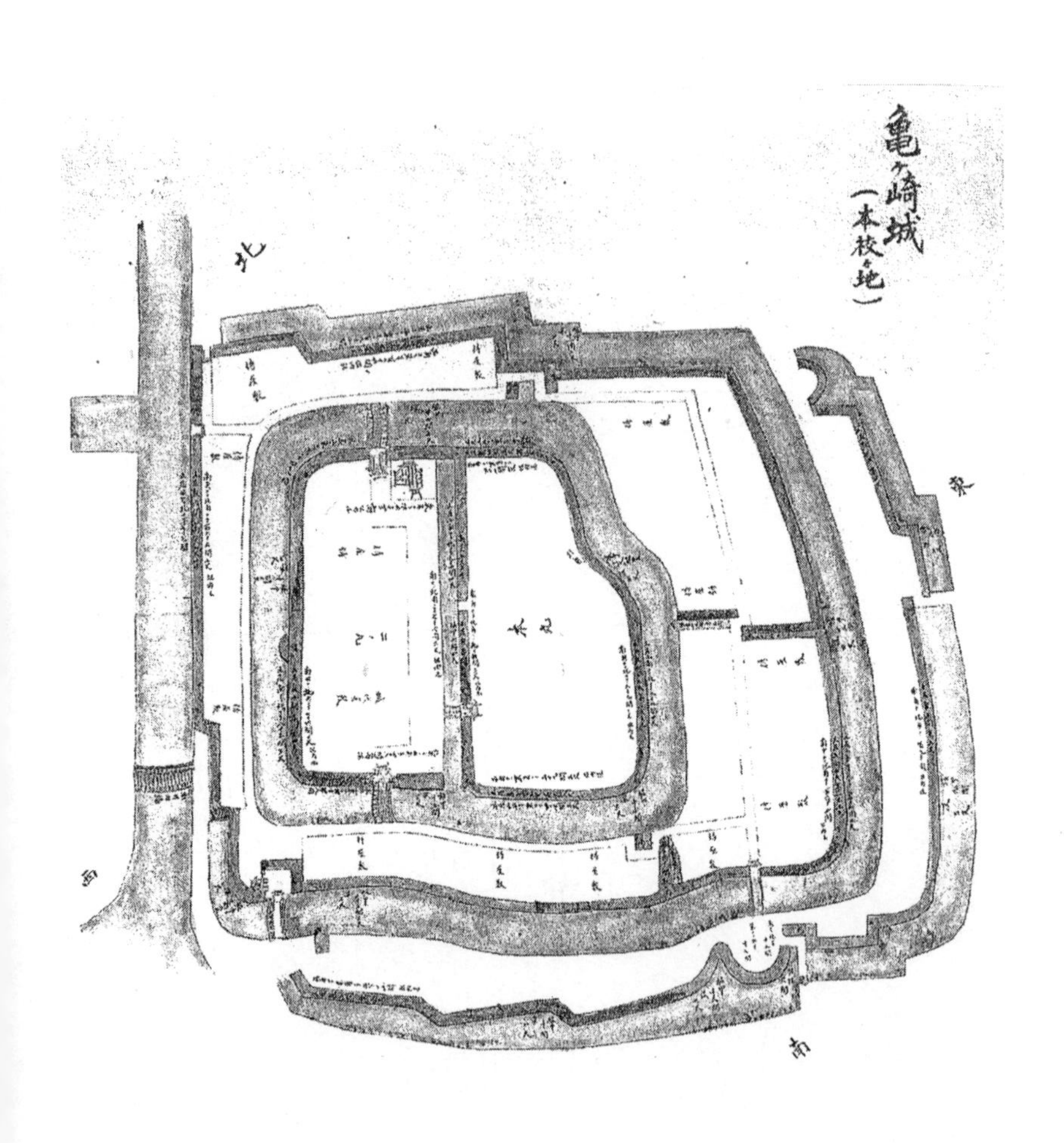

亀ケ崎城絵図（酒田東高校所蔵）（『亀ケ崎史』より「転載」）

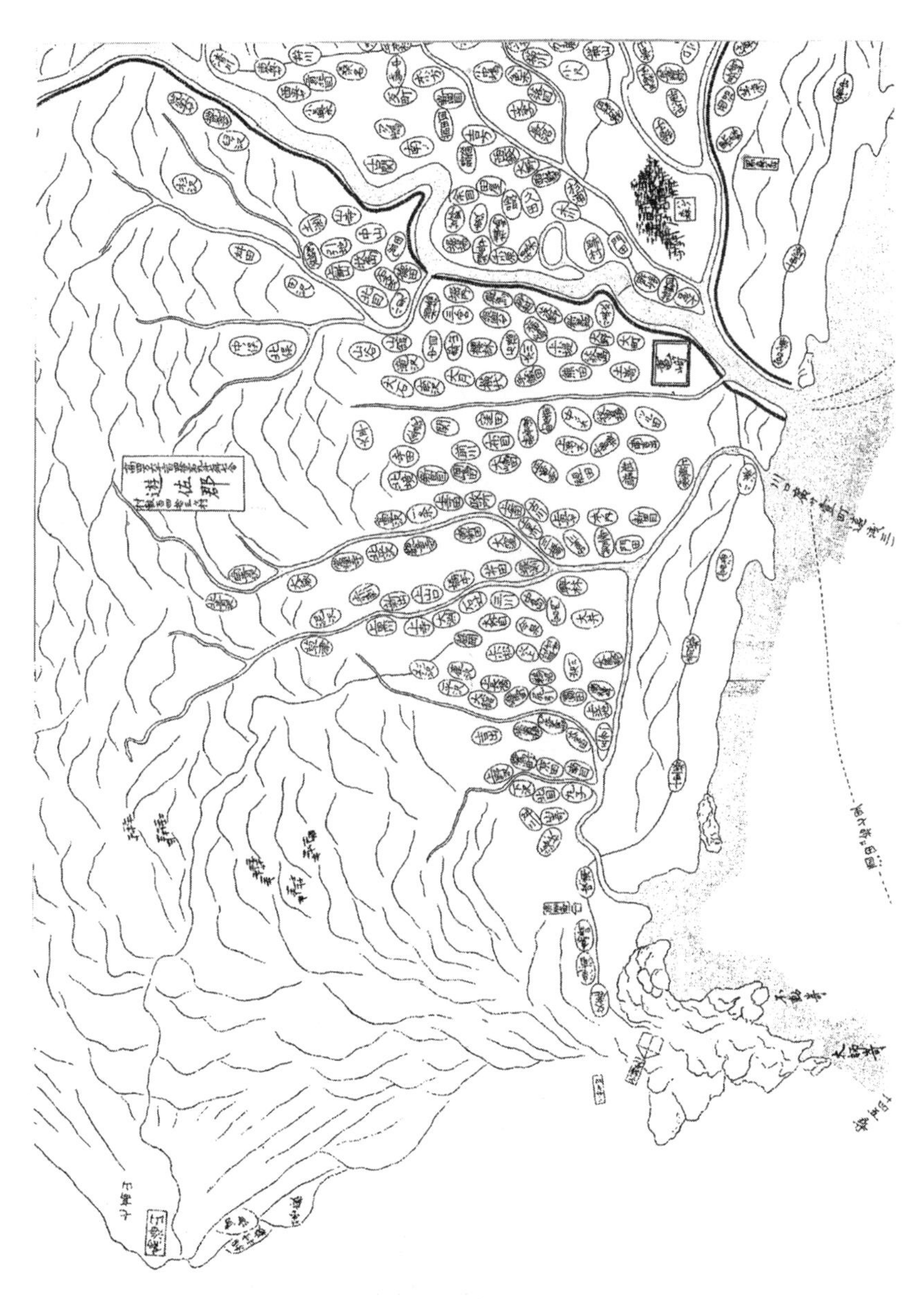

庄内三郡之図の一部（『亀ケ崎史』より「転載」

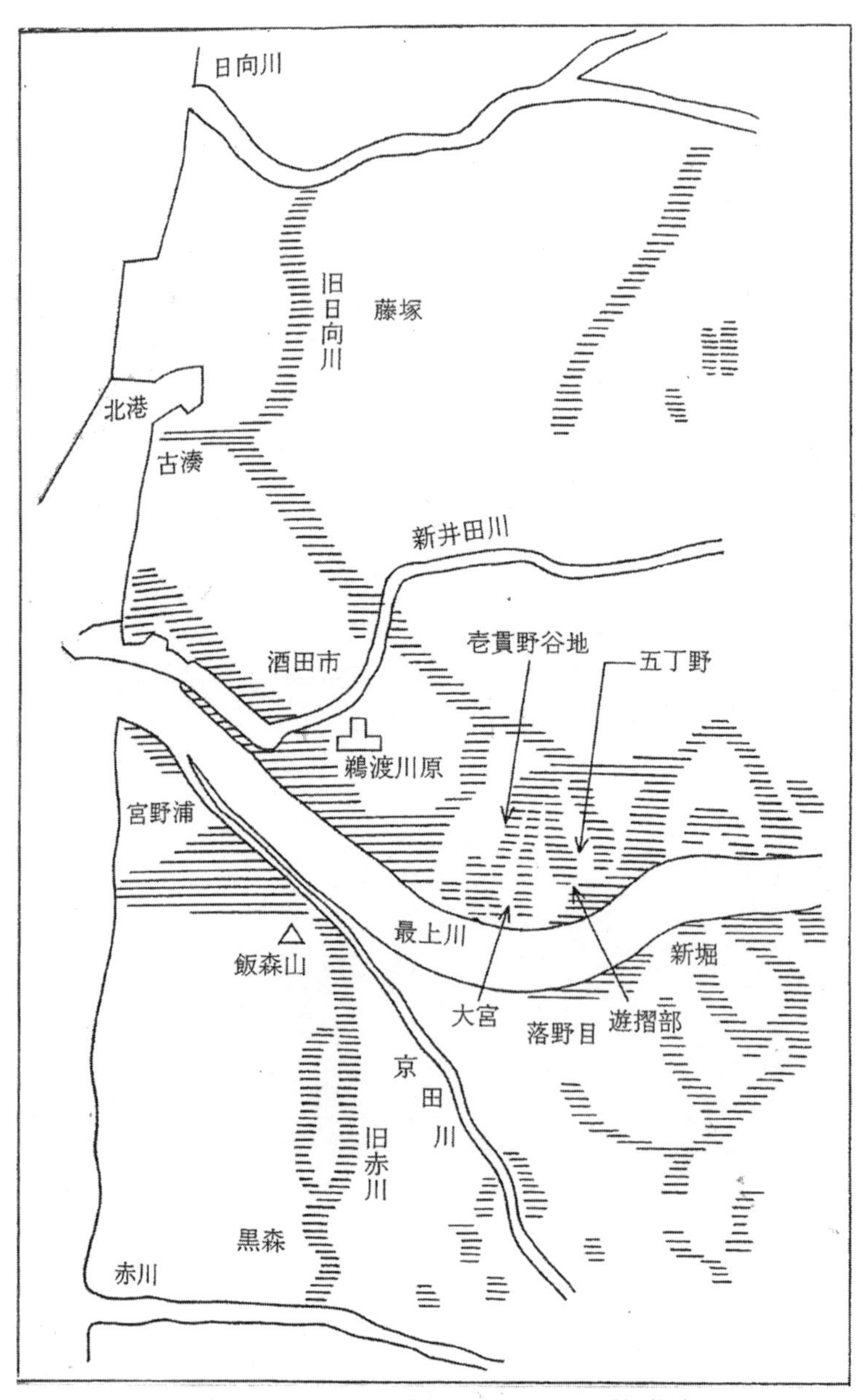

現在の最上川河道（『亀ケ崎史』より「転載」）

ここで問題として取り上げねばならないのが坂田氏の存在の有無である。

『酒田市史改訂版上巻』では「大泉荘は大泉氏（武藤氏・大宝寺氏とも称す）を地頭として栄えていたがその配下には、幾多の小豪族が各地にいたものと思われる。坂田（酒田）の地には、坂田次郎という土豪がおって港を領有し上方まで聞こえておったらしい（『義経記』）」としている。義経らが逃避行を続け奥州平泉に向かう途中で倶利伽羅峠（石川県と富山県の国境の峠）を越え「如意の渡し」（富山県小矢部川）で渡し守の権頭と弁慶とのやりとりで『義経記』（『日本古典文学全集』）では次のように記している。名場面である。「か様に我らに当らば、出羽の国へ今年、明年にこの國のもの越えぬことはよもあらじ、坂田の渡りは、この幼き人の父、坂田次郎殿の知行なり、只今この返礼すべきものをとぞ嚇しけり」とある。この本の「注」では出羽国飽海郡坂田付近の土豪であろうとしている。

また『酒田市史改訂版上巻』では次のように記している。『吾妻鏡』に建久元年（一一九〇）源頼朝上洛の供の行列の名簿の中や、同六年（一一九五）東大寺供養の供行列の名簿の中に、坂田三郎の名が見えるがこの坂田三郎が大泉の坂田であるかどうかは疑わしくむしろそうでないと思われる」としている。

また『遊佐町史上巻』では次のように記している。「酒田市の郷土史にはこの人（酒田氏）が燦然として生きていて、『吾妻鏡』の建久元年（一一九〇）十一月、六年三月に載っている随兵の坂田三郎をその人としている。坂田三郎というのは武蔵七党の丹党、坂田大蔵季時の子坂田三郎季治である」としており、『義経記』の坂田氏とは別人としている。『荘内物語』（小寺信正）はその書のなかで坂田氏については一切言及していない。『亀ケ崎史』では次のように記している。「坂田氏は、当地に所領をもつ土豪であったことはたしかであるが、この坂田氏に関する文献はない」としている。坂田（酒田）氏が存在したとしても袖ケ浦地方の一土豪として見るのが妥当であろう。

(二) 出羽の武藤氏

遊佐氏は遊佐太郎繁元の後裔が武藤氏に滅ぼされるのであるが武藤氏はどのような氏なのであろうか。また遊佐氏の滅亡時期を何時に求めるべきなのであろうか。これからそれを探っていこう。

出羽の武藤氏は大泉氏また大宝寺氏ともいわれ、まぎれもなく藤姓である。

『武藤系図少弐』(『続群書類従』)では武藤資頼について次のように記している。

「……依是鏡戸太郎ヲ討テ。頸ヲ取テ見参ニ入時。依彼忠大泉庄拝領了。而又建久二年被宛賜大宰府守護岩門少卿種直跡」とある。訳は次の通りである。

「……是より鏡戸太郎を討ち頸を取りて見参に入る時、彼の忠に依り大泉庄を拝領し了んぬ、而してまた建久二年大宰府守護岩門少卿種直の跡を宛て賜り了んぬ」としている。

この「武藤系図少弐」によれば、武藤資頼は「奥州征伐」に参陣して鏡戸太郎(國衡)の首を討とったとしているが、前述「奥州征伐」の阿津賀志山での戦いでは武藤資頼の名の片鱗さえ見えない。その首を取ったのは畠山重忠の郎党大串次郎であったのである。また建久二年(一一九一)大宰府守護になったといわれるが、この年に正式な守護に補任された形跡もない。しかし、その後九州に下向しているのは事実である。『古代中世史論集・鎌倉時代の大宰府と武藤氏』(九州大学国史学研究室編)では次のように記している。「注(6)建久六年(一一九五)三月に源朝頼の上洛に従った『武藤小次郎』が関東における武藤資頼の動向を示す最終のものであるから(『吾妻鏡』同月十日条)、資頼はこれ以降九州に下向したと考えられる」としている。『武藤系図少弐』にある武藤資頼が大功によって大泉庄を賜ったとするのは極めて疑わしい。しかし『吾妻鏡』では、弟の氏平が大泉庄の地頭であった史実がある。

『吾妻鏡』では弟氏平が承元三年（一二〇九）五月五日、羽黒山衆徒が鎌倉に集まり、地頭大泉氏平を訴えたのである。当山は地頭の庶務ではないのに、今、わけもなく一万八千枚の福田を押領し、あるいは山内の庶務に干渉したから、これを停止してほしいというのである。いずれにしても、武藤氏（大泉氏）が大泉庄の地頭を賜ったことに間違いない。『山形県史第一巻』では次のように記している。

「大泉庄・大泉氏平が拝領。氏平は武蔵国の御家人武藤氏の出身。鎮西奉行武藤資頼の弟にあたる。大泉の名乗りは大泉荘にちなんだものか……鎌倉後期の大泉九郎長氏、同次郎兵衛尉氏村らはその子孫か（『吾妻鏡』建長二年十二月二十七日・同四年八月十四日条など）」としている。『山形県史第一巻』では氏平が拝領したとしている。これが史実に沿った解釈であろう。『武藤系図』については『尊卑分脈』はじめ諸系図があるがここでは武藤（大泉）氏平までは『尊卑分脈』によることにしたい。

また出羽の武藤氏（大泉氏）については酒田の本間美術館が所蔵する「大日本国出羽国大泉庄当家藤原殿前七代系図」（本間美術館蔵）がある。『鶴岡市史上巻』では次のように記している。「用紙や筆勢から見て慶長、寛永頃に書かれたものと考えられ注目すべきものである」とし、さらに「この系図には歴代の戒名と命日、菩提寺が記せられ、恐らく武藤氏の一族か旧臣が先祖か主家の菩提を弔うために制作したと考えられる。内容については他の史料と合わない点が少なくないが、比較すべき系図を持たない現在、真実を求めることは不可能であろう」としている。この武藤氏系図の元祖をだれに求めるかについて、古来諸説紛々として定説がないのが現状であり、牽強附会がなされている。この系図は文章体で書かれており、これをよく読むと長盛の後に「是前七代」と書かれている。この系図の最初の「頼方」までは六代であり、前の一代を暗示しているのである。これに相当する人物は武藤資頼か氏平であろうが史実から見て氏平に比定するのが最も妥当であろう。頼方は氏平の猶子であったことも考えられる。

武藤氏略系図（『尊卑分脈』による）

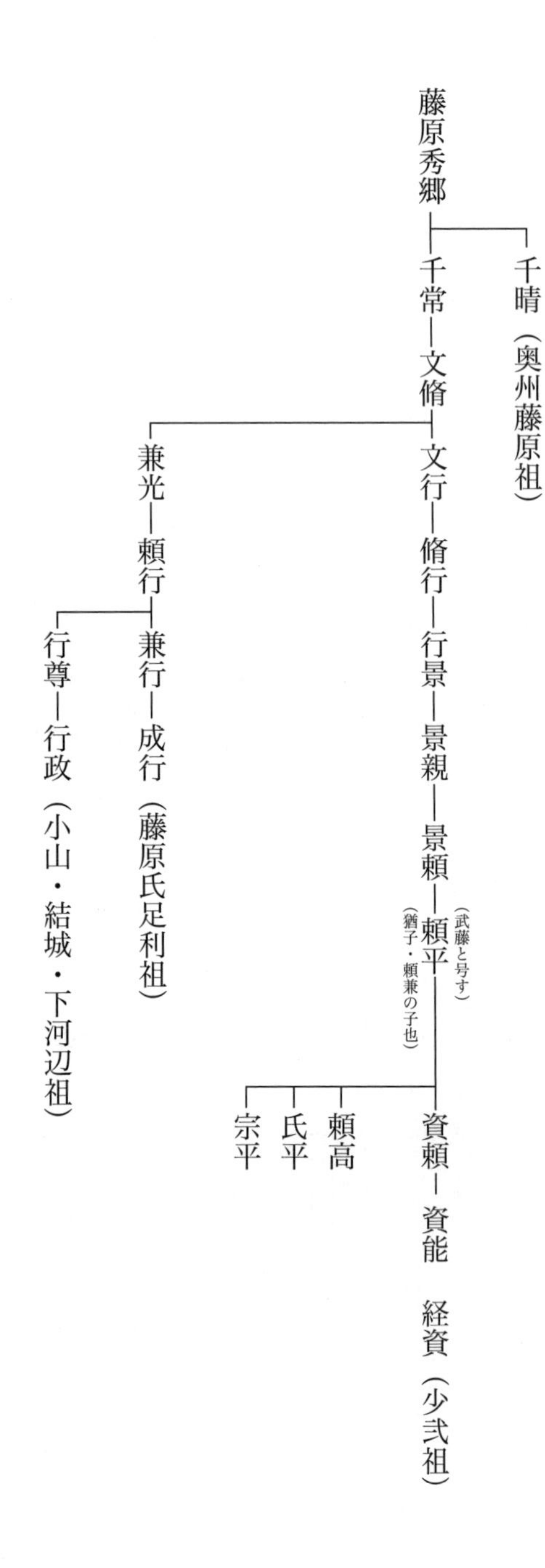

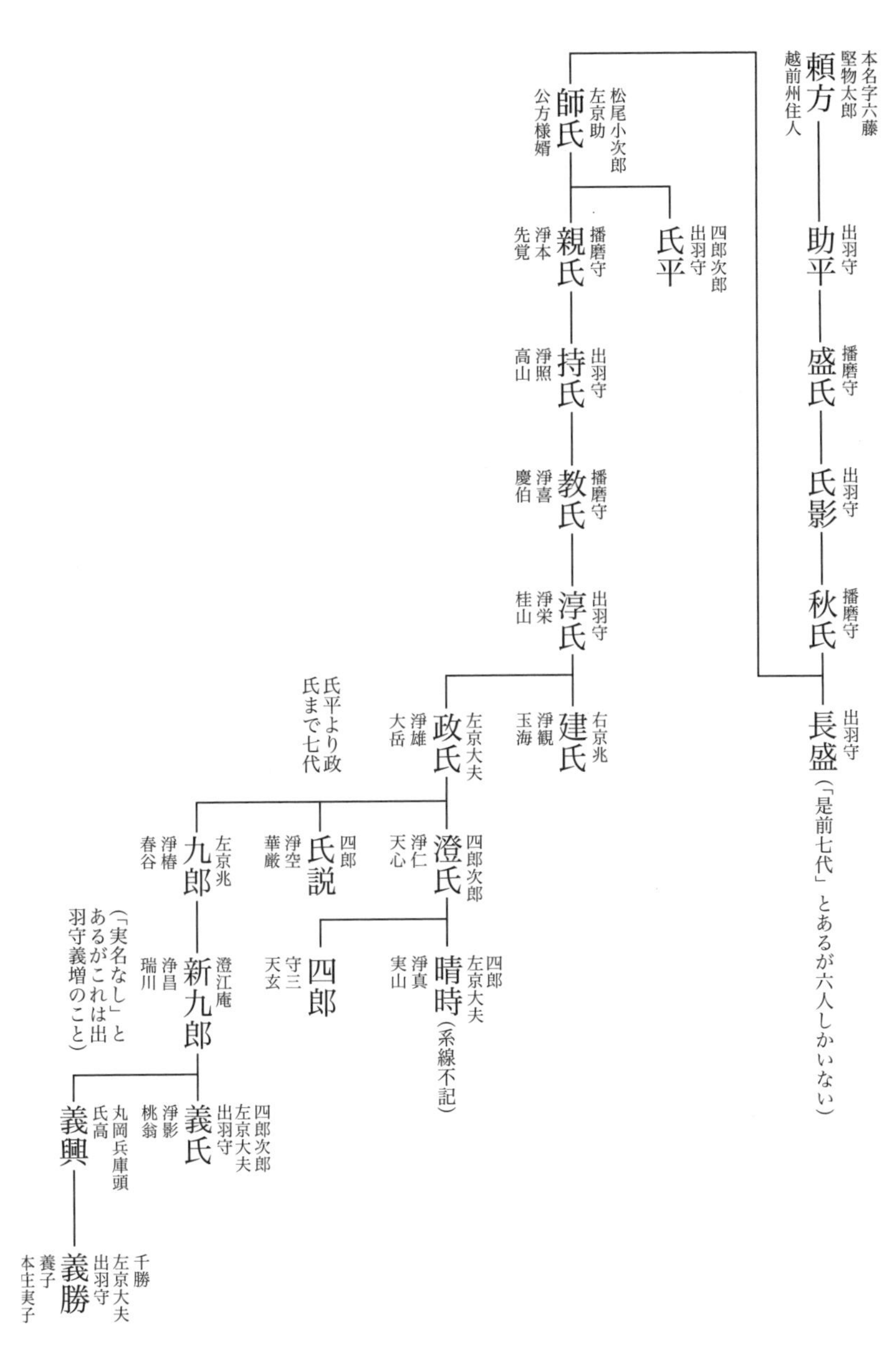
大日本国出羽国大泉庄当家藤原殿前七代系図（本間美術館蔵）
本名字六藤
堅物太郎
頼方
越前州住人
出羽守
助平
播磨守
盛氏
出羽守
氏影
播磨守
秋氏
出羽守
長盛
（「是前七代」とあるが六人しかいない）
松尾小次郎
左京助
師氏
公方様婿
四郎次郎
出羽守
氏平
播磨守
親氏
浄本
先覚
出羽守
持氏
浄照
高山
播磨守
教氏
浄喜
慶伯
出羽守
淳氏
浄栄
桂山
右京兆
建氏
浄観
玉海
左京大夫
政氏
浄雄
大岳
氏平より政氏まで七代
四郎次郎
澄氏
浄仁
天心
四郎
氏説
浄空
華厳
左京兆
九郎
浄椿
春谷
四郎
左京大夫
晴時
（系線不記）
浄真
実山
四郎
守三
天玄
澄江庵
新九郎
浄昌
瑞川
（「実名なし」とあるがこれは出羽守義増のこと）
四郎次郎
左京大夫
出羽守
義氏
浄影
桃翁
丸岡兵庫頭
氏高
義興
千勝
左京大夫
出羽守
義勝
養子
本庄実子

（『遊佐町史上巻』より「転載」）

この時代猶子はよく見られたことで、特に珍しいことではない。事実、資頼・氏平の父の頼平は猶子であったのである。また『武藤系図少弐』では氏平について次のように記している。

「氏平・左衛門尉。大泉。在子孫系図奥。武蔵国居住」とある。この「在子孫系図奥」の示すものは「子孫系図」が奥(出羽)にあるという意味であろうか。そう解釈すれば氏平の偏諱をもち、建長二年(一二五〇)から弘長三年(一二六三)にかけて長氏・氏村・広氏の名が見られるが、氏平の直系か一族であることの説明も可能となるのである。武藤氏は『吾妻鏡』では氏平以降一貫して「大泉氏」であるが室町時代に入ると一部に大泉、多くは大宝寺として史上にあらわれる。大宝寺とは大梵字川ともいった赤川の下流左岸、いまの鶴岡市周辺の古名である。しかし、こうして、鎌倉時代に大泉庄の地頭として始まった武藤氏(大泉氏)であるが、北条氏の得宗専制下では大泉庄は北条氏の荘園となり、武藤氏はそのもとで地頭代官として大泉庄を治めていたのである。南北朝時代中期の康安元年(一三六一)には上杉憲顕が地頭職に任じられており、武藤氏は地頭代官としてこの地を治めていた。しかし武藤氏(大泉・大宝寺)は単なる地頭代官に甘んじてはいなかったのである。しかし、出羽国武藤氏のその初期の活動を示す史料は極めて少なく明確ではない。『山形県史第一巻』では次のように記している。

「同じく大宝寺氏(大泉氏)でも、長盛の弟松尾小次郎師氏が鎌倉に伺候し、やがて「鎌倉公方婿」となり、長盛の跡目をついで大宝寺氏中興の祖となったという(大泉庄当家藤原殿前七代系図)」としている。

また『羽黒山年代記』には次の記載が見られる。

文和三年(一三五四)甲午五月六日、師氏殿御卒去
延文元年(一三五六)丙申五月三日、氏平殿御卒去

また『山形県史第一巻』では次のように記している。「大泉氏が幕府と結び附いたのは、将軍義教の諱

字を賜わって改名したと伝えられる大泉教氏の時からであったという」としている。

また『遊佐町史上巻』では次のように記している。「教氏の子が右京亮淳氏、のちの出羽守である。康正元（一四五五）年八月の『玉瀬軒記』には「壇越大泉魁師藤原右京亮淳氏」と記載している。寛正元年（一四六〇）十月幕府が関東・奥羽の諸将に古河公方成氏追討を命じた下命文書が淳氏に宛てて出されている。『御内書案』（『続群書類従』武家部）に載っている。それを次に掲げる。

成氏対治の事度々仰せ遣わさると雖も未だ事行なわれざるの間、重ねて仰せ下され候。詮ずる所、時日を移さず一族被官の人等を相催し、別して戦功を抽んずれば勧賞を行われるべし、委曲は尚（伊勢）貞親申すべ也。

十月二十一日　　御判

大泉右京亮どのへ

（読み下し）

大宝寺の事也、出羽守に任ずる也、同三年九月

（『遊佐町史上巻』より引用）

また『遊佐町史上巻』では次のように記している。「寛正三年（一四六二）九月、淳氏は出羽守となったがそのあと二〜三年、『蔭涼軒日録』（相国寺鹿苑院の公用日記）や『親元日記』（幕府政所代蜷川親元の日記）にしきりに大宝寺氏の名が見える。四年十月、大宝寺出羽守が参洛、将軍義政に御馬十疋を献じた」としている。淳氏の代に幕府との接近を図り京都扶持衆の家格を手にしたのであろう。

淳氏の嫡子が健氏である。『羽黒山年代記』では次のように記している。

「応仁元年正月十一日、上杉右京亮健氏殿、最上へ御発向あり」としている。

『遊佐町史上巻』は続けて次のように記している。「『ご発向あり』というのは軍勢を催して進発したということであろうか。そのころ洛中近畿には暗雲立ちこめ、その正月には東西両陣営はおのおの軍勢を京畿に集結、まさに一触即発の危機にあった。諸国の守護大名もまたそのいずれかに属して敵方の動きをうかがい、やがて五月に干戈をまじえて長い戦乱がつづくことになるのであるが、その大乱においての大宝寺氏や、そのほか出羽国諸豪の動向はわからない」としている。

「上杉右京亮」について『山形県史第一巻』では次のように記している。「大泉淳氏の子建氏が『上杉』と記されているのは、誤記ではなく、大泉総地頭職を主張する越後守護上杉氏と大泉氏との間に姻戚関係などを介在する同族意識が形成されていたことを反映しているとみられるが……」としている。一方、『遊佐町史上巻』では次のように記している。「このように大宝寺氏が上杉氏を称していること、事実とすれば僭称である」としており、見解は分かれている。

さらに『遊佐町史上巻』では次のように記している。「応仁の乱（一四六七）においての大宝寺氏の動きは不明である。乱の前も後も大宝寺氏は幕府に接近し、ときには将軍に会っているらしいので、乱にも直接大なり小なりのかかわりがあったに違いないが、それを示す文書は見当たらない。文明九年（一四七七）年四月、大宝寺氏は健氏の弟黒丸の元服にあたって将軍の御字を乞い、御礼として太刀金□と二千疋とを献じ、雑掌の飯野・蜷川両氏へも千疋を送ったが、朝倉敏景がそれを執り成した。

ついで黒丸から舎兄砂越氏雄の受領を望み願った。将軍義政はすでに罷めて幼少の息義尚に譲っていたが、実権はなお義政にあった。翌五月、義政は『政』の字を入れて黒丸に名を『政氏』と自筆をもって与えた」としている。次に文明九年（一四七七）四月十九日大宝寺氏が健氏の弟黒丸の元服に際し、将軍の御字を乞い、また舎兄砂越氏雄の受領を望んだ時の『蜷川親元日記』を掲げる。

一、（羽州）大宝寺黒丸元服に就き、御字の事之を申す。
仍て御礼として御太刀金一、
弐千疋之を進上。雑掌飯野、貴殿へ千疋。
此の事朝倉弾正左衛門尉執り申す。書状之有り。
黒丸舎兄砂越六郎氏雄受領の事之を望み申す由、
惣領たるに依り黒丸方より之を執り申す。

（読み下し）
（『蜷川親元日記』）

『遊佐町史上巻』では砂越氏について次のように記している。「砂越氏は大宝寺氏の支族、飽海郡砂越（平田町）城主である。砂越氏の名はそれより前、永享二年（一四三〇）の『一条八幡宮祭礼日記』に見える」としている。さらに「その永享のころから頭角をあらわし、氏雄は文明九（一四七七）四月に受領を望んだ……翌十年（一四七八）、氏雄は信濃守に任ぜられ、受領の御礼として馬二疋を献上した」としている。こうした砂越氏の飛躍に主家の大宝寺氏は快いはずもなく、やがてははげしく対立して相争うこととなった。氏雄は幕府に直礼して惣領家大宝寺氏に対抗する勢いを示し対立は決定的になった。

文明十年（一四七八）に御礼として馬二疋を献上した『蜷川親元日記』を引いて『後鑑』（『国史大系』）は次のように記している。

文明十年十月二日
大宝寺信濃守氏雅（雄）物を献ず。

親元日記に云ふ。大宝寺砂越信濃守（氏雄）、受領御免の御礼御馬二疋
（月毛、印雀目結／黒、印同）。
（読み下し）
（『後鑑』）

遊佐氏の滅亡に関する根本史料はない。しかし出羽国遊佐氏（宗家）は滅亡している。

では、それはいつなのであろうか。これをこれから探っていこう。

前述したように、大宝寺氏の庶流砂越氏雄は信濃守の官途を受領し、その勢力を拡大し河南の櫛引（櫛引町）や清川（立川町）まで進出したのである（『羽黒山年代記』）。

こうした砂越氏の飛躍に主家の大宝寺氏は激しく対立し、東禅寺を巻き込む争乱に発展したのである。

そうした経緯を『羽黒山年代記』および『来迎寺年代記』は次のように記している。

永正九年、大宝寺・砂越一乱、東禅寺合戦、大宝寺衆徒千余人討死す。（『羽黒山年代記』）
同　十年十月一日、砂越城主万歳丸殿、家老父子共に於田川討る、。（『羽黒山年代記』）
永正十年十月一日、砂越殿生害、十五年砂越名代立、十六年再興。（『来迎寺年代記』）

『遊佐町史上巻』では次のように記している。

「大宝寺というのは大宝寺氏すなわち武藤氏のことであり、その住地の地名であって寺の名ではない。同じように東禅寺というのも酒田東部の地名であり、また、そこに拠城した東禅寺氏のことであって寺名ではない。……衆徒というのは僧徒・僧兵の意からのちには一般信者を指し、大衆ともいった。
（『遊佐町史上巻』より引用）

三　遊佐氏の滅亡

ここにある『大宝寺衆徒』は大宝寺家臣か、大宝寺大衆のこと。一説に、そのころここ東禅寺には遊佐氏がいた。東禅寺というのはその遊佐氏で、砂越氏に与した遊佐氏を大宝寺氏が襲ったか、あるいは、大宝寺と組んだ遊佐氏を砂越氏が攻めてか大合戦、大宝寺方が敗れて千余人が死んだものという。翌（永正）十年十月一日、砂越万歳丸は田川で討たれた。田川郡に出でて戦って討死にしたのか、捕われて殺されたものかはわからない」としている。『山形県史第一巻』では次のように記している。

「攻撃に出た砂越氏雄の軍を東禅寺に邀撃した武藤澄氏は大敗を喫して千余名の将兵を失った。勝に乗じた砂越氏は翌十年大挙して田川郡に進撃したが……迎え撃った武藤澄氏のために撃破され、砂越氏雄万才丸の父子は乱戦の中に討死し、戦は一応武藤氏の勝利に帰した」としている。武藤澄氏は将軍足利義澄から偏諱を賜わり澄氏と名乗ったといわれている。

こうして砂越氏雄、万歳丸の父子は乱戦の中で討死したが、しかし動乱はその後もつづき、武藤方は苦戦したようである。『羽黒山年代記』及び『来迎寺年代記』は次のように記している。

天文元年、砂越殿大将にて土佐林殿御追討の為一乱あり。（『羽黒山年代記』）

天文元年、弓矢起り、崇禅寺、般若寺炎上、其外大宝寺内亡処と成り、三庄中動乱、総光寺破る。（『来迎寺年代記』）

『山形県史第一巻』では次のように記している。（『遊佐町史上巻』より引用）

「武藤氏と砂越氏は一進一退の激しい攻防戦を展開していた。ことに天文元年（一五三二）になると砂越氏の家督を継いだ砂越五郎氏維が著しく勢力を盛り返し、……田川郡に侵入し、武藤氏の被官土佐林氏の藤島城を攻め、更に進んで大宝寺を攻撃しこれを灰燼に帰せしめた。……庄内一円が戦乱の巷となり、大宝寺は『亡所』となったのだった。危険を感じた武藤氏は、以来、堅固な尾浦（大山）城に走ったのである」としている。永正や天文の争乱は庄内の多くの国人衆をまきこんでの動乱だったようである。この戦乱で名刹崇禅寺・般若寺は炎上している。

『遊佐町史上巻』は「やがて北越後の諸将が仲裁に入って砂越の乱はようやく沈静し」としている。しかし、それも長くは続かなかった。早くも和平は破れて庄内は再び争乱が起こったのである。

『来迎寺年代記』は次のように記している。

天文七年、飢渇、蝿無し、十二月十四日再乱、東禅寺破れ、同じく名体断絶、又、稲沢同名四人生害。
天文九年、飢渇、八月十二日巨風。

（『来迎寺年代記』）
（『遊佐町史上巻』より引用）

ここに「東禅寺が破れ、同じく名体断絶」とある。この当時の城主は誰かということが問題となる。一説に、武藤氏が砂越氏に対抗するべく築城したものがあるが、それを裏付ける史料はない。

『荘内物語』（小寺信正）は文正年（一四六六）に洪水により、城塁が破壊されたので、今の城地（酒田市）に移築したことを伝えているが、その後のことについては一切言及していないのである。

従って、その後の城主は不明である。しかし、永正年間まで東禅寺の存在していることは間違いない。

『遊佐町史上巻』では次のように記している。

「『天文七年（一五三八）年、飢渇、蝿無し。十二月十四日再乱、東禅寺破れ、同じく名体断絶、又、稲沢同名四人生害』（『来迎寺年代記』）。これは遊佐氏滅亡のこと。大宝寺氏はこれより前も砂越氏に裏切られた前例もあり、勢力いよいよ強大となって川北を掌握した遊佐氏にも危機感を覚え、先んじて東禅寺を攻めてこれを落し、遊佐氏は敗れて大楯に退いたが大宝氏の追撃はげしく、大楯もまた陥って遊佐氏はここに滅んでこの地から消えた」としている。

その時期は判然としないが『大日本地名辞書』（吉田東伍）では次のように記している。

「亀崎城は旧名を東禅寺城といい、酒田の津市に近いことから酒田城ともいった。往古の経始はわからないが、けだし遊佐氏の遺墟である。大宝寺氏が川北を兼併したのち、東禅寺氏はその被官であった。按ずるに遊佐は川北の大庄である。坂田はもと川南にあって出羽国府の湊であったというではないか。だから坂田氏を東禅寺の下にあるとは考えがたい。遊佐氏が文正中にここに移ったという説に従うのみである。東禅寺と称しているが、もと遊佐氏の家名であろうか。それを安倍氏の『筆濃余理』や藤間氏の『庄内史』が『河南武藤氏家臣の東禅寺某が遊佐氏を伐ち滅ぼしてそれにかわった』といっているのは、どうしたことであろうか。東禅寺氏というのは、そのまま遊佐氏の家名である。旧説に大宝寺満氏のときに遊佐氏を滅ぼしたといっているが、これは天文七年の大宝寺晴時の時である」としている。

（『遊佐町史上巻』より引用、意訳）。

さらに続けて『遊佐町史上巻』では次のように記している。

「東禅寺という氏号はのち天正十年代（一五八二〜）に至って東禅寺筑前守や右馬頭が名を遺したので紛らわしく、さきの東禅寺の名が薄れてしまった感があるが、文正（一四六六）から天文七年までの東禅寺は遊佐氏のことであるというのである」としている。

この時代、その地名を苗字にするのはよく見られたことである。遊佐氏が東禅寺城に拠って東禅寺と名乗っても不思議ではない。『苗字の歴史』（豊田武）では次のように記している。「とくに地名に基づくものが名字として多く用いられるようになったのではあるまいか」としている。後年、武藤氏の被官で東禅寺に拠った東禅寺筑前守は以前は前森蔵人と称していたのである。なお、『大日本地名辞書』文中の「旧説に大宝寺満氏のときに遊佐氏を滅ぼしたといっているが……」と記しているが、これは『出羽国風土記』（荒井太四郎）の「其後年月しれず武藤左近将監満氏遊佐氏を滅して当城を取り」を指すものであろう。しかしこの武藤満氏は本間美術館所蔵の『大日本国出羽国大泉庄当家藤原殿前七代系図』には見られず『系図纂要』の「武藤氏」に記載されているのみである。遊佐氏が滅んだのは、遊佐太郎繁元が洪水により破壊した東禅寺城を移築したのが、文正元年（一四六六）であり、天文七年（一五三八）の滅亡まで、その間約七十年間の開きがあり、恐らく遊佐太郎繁元から二～三代後のことと思われる。また、遊佐氏を滅ぼした大宝寺晴時は『歴名土代』（湯川敏治）によれば、天文十年（一五四一）九月二十九日に従五位下に叙されている。また、『日本の歴史11戦国大名』（杉山博）でも武藤（大宝寺）晴時は「戦国大名」と記載されており、戦国大名たりえた武将であったのである。

従五位下　大宝寺藤晴時　九月二十九日　（大宝寺小四郎）同日左京太夫

こうして、出羽国の遊佐氏は永正期から天文期にかけての争乱の渦に巻き込まれ滅亡していく運命におかれたのである。

(四) その後の東禅寺城

天文七年（一五三八）武藤晴時に攻められ遊佐太郎繁元の後裔が滅亡したが、遊佐太郎繁元が文正元年（一四六六）に移築した東禅寺城は戦乱の世に「亀ケ崎城」と称されるようになる。その戦国の世で庄内は武藤氏・最上氏・上杉氏の三つ巴の壮絶な戦いの舞台となり、激しい「争奪戦」が繰り広げられるのである。その「争奪戦」を概観してみよう。武藤晴時に嫡子がなく甥の新九郎（義増）が遺領を継いだ。やがて甥の新九郎（義増）から嫡子義氏の時代に移り、天正元年（一五七三）二十四才で遺領を継ぎ、同七年（一五七九）には屋形号を許された。屋形号というのは、室町時代、勢力のある武士に許された敬称である。武藤義氏は武勇の将ではあったが、領内の統治には無頓着で権力ばかり振り回して窮乏に泣く領民を顧みなかった。ついに義氏は悪屋形呼ばわりされ、怨念の声すら上るようになった。こうした庄内の状態に目をつけたのが、最上義光であった。四周を山脈に囲まれた土地に生まれ育った最上義光にとっては、長い海岸線を持つ庄内の土地は、確かに食指の動く場所であった。策謀と情勢読み長じている義光はその時期を待っていた。由理地方の叛徒を鎮定すべく征討中の武藤義氏は、最上義光の調略により、義氏の重臣である東禅寺城代東禅寺筑前守（前森蔵人）、大宝寺城代東禅寺右馬頭（『荘内物語』では右馬允）がにわかに反逆したのである。反逆の知らせを陣中で受け取った義氏は、急を聞いて途中から引き返したが万策尽き、尾浦城裏の新山森に於いて腹かき切って憤死したのである。最上義光は、ここで直ちに庄内支配に乗り出したのではなく、東禅寺筑前守（前盛蔵人）を庄内に楔として打ち込むだけにとどめた。庄内における上杉の支配は、まだ強力であったのである。武藤義氏の跡を継いで弟の丸岡兵庫義興が迎えられて尾浦城に入った。以後しばらくの間、庄内は武藤義興と東禅寺筑前守の二頭支配が続いた。武藤義興が越後村上の本庄繁長の次男千勝丸を養子に迎えて上杉との関係の強化を図ったのはこの時期である。しかし最上義光と結ぶ東禅寺筑前守（前森蔵人）は、天正十四年（一五八六）春、庄内の北部一帯に反乱を起こし、武藤義興を藤島城に攻めた。義興は本庄繁長と伊達政宗に助けを乞い東禅寺軍を撃退した。翌天正十五年（一五八七）十月、東禅寺筑前守が、ふたたび義光に通じて反乱を起こしたが、武藤義興の反撃で一時東禅寺城は存亡の危機に追い込まれた。

しかし、最上義光が大軍を率いて庄内に侵入してきたため形勢は逆転し、武藤義興は腹背に敵を受けてついに回復できず、あら林に引き出され詰め腹を切らされたという。尾浦城は陥落し、庄内は最上義光の手中に落ち上杉勢力は一掃された。ここに鎌倉時代から約四百年続いた名族武藤氏は滅んだ。田川郡清水城にいた養子義勝（千勝丸）は、逃れて羽越国境の小国城に退いた。最上義光は東禅寺筑前守に庄内をまかせ、最上からは目付の将・中山玄蕃を派遣し、尾浦城に置いた。大宝寺城には東禅寺右馬頭を置いた。上庄内からの撤退は、本庄繁長にとって痛憤の種であった。繁長は、たびたび羽越国境に兵を動かした。上杉景勝は、本庄繁長の痛憤の訴えを暗黙のうちに了承した。庄内は、古くから上杉と連盟してきた土地であり、ことに父上杉謙信が手厚く手入れした所でもあった。最上義光に奪われて、黙っている手はないと思ったのであろう。本庄繁長は、庄内進攻の軍備を整えたまま、京にいる上杉景勝からの指令を待つことにした。在京中の上杉景勝が、石田三成を介して庄内出兵の件について暗黙の了解を得たのが、天正十六年（一五八八）七月であった。本庄繁長は庄内進攻に向かって動き出し、田川街道から進軍した。最上方の諸城を奪った。さらに八月、上杉景勝の後楯を得た本庄繁長、義勝父子は大軍を率いて進軍した。一方、最上義光は、直ちに重臣草刈虎之助を庄内に派遣し、草刈と東禅寺勢が本庄勢を迎え撃つ体制をしいた。こうして「十五里ケ原の戦い」の幕は切って落とされたのである。最上勢八千は、大山の尾浦城と鶴岡の大宝寺城の中間にある千安川西岸に集結した。

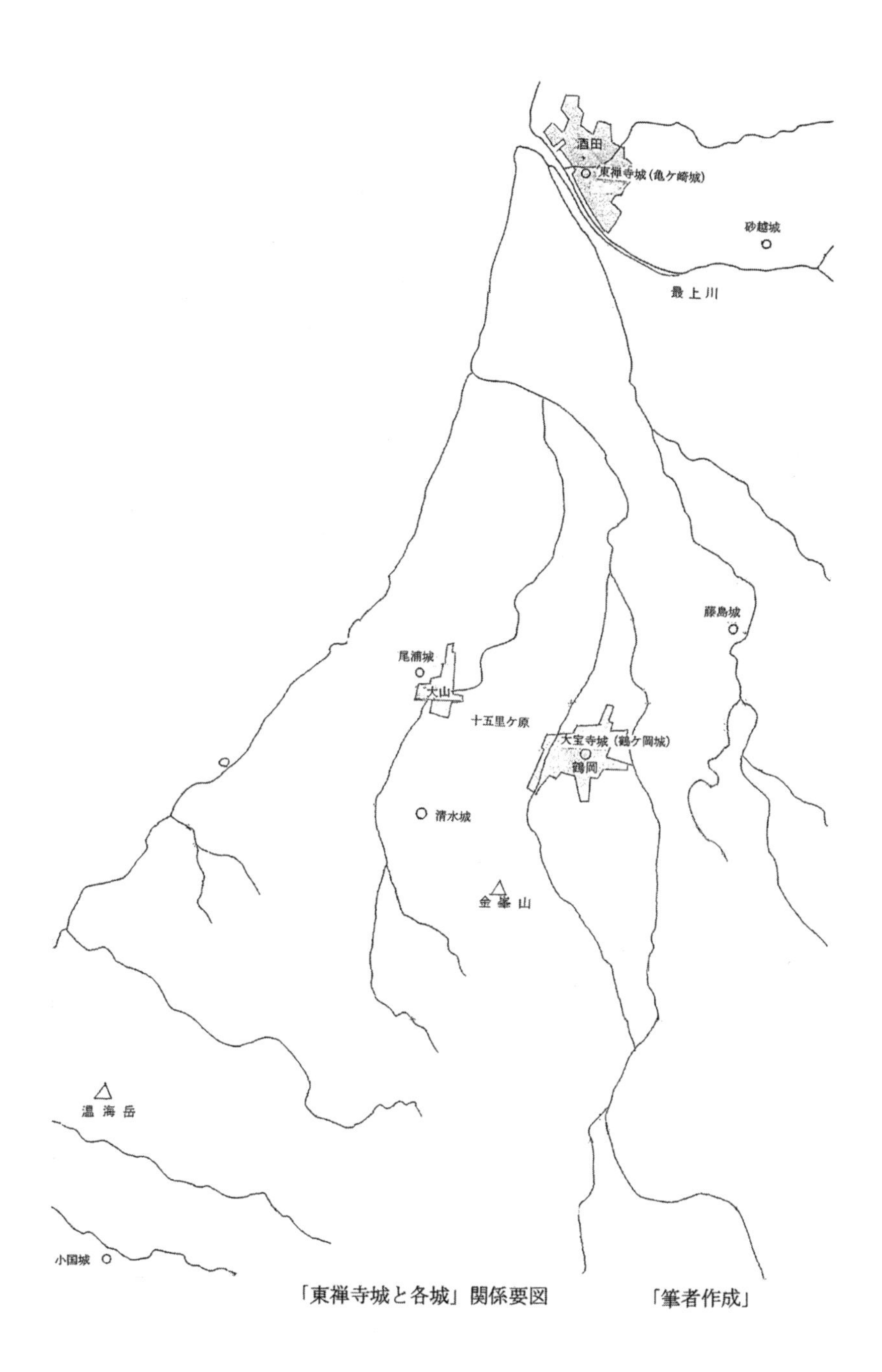

「東禅寺城と各城」関係要図　　「筆者作成」

この地は未開原野が出羽丘陵まで続く、平坦な土地であった。千安川は幅五メートル、水深一〜二メートルで、自然の要塞をなしていた。敵味方合わせて一万数千人による戦闘であったが、戦いはわずかに半日と続かず、あっけなく最上勢の敗退で幕をとじたようである。千安川をはさんで攻撃の機会を狙っていた本庄軍は、八月二十四日未明ひそかに暗闇に紛れて千安川を渡り最上軍の後方から不意をついて攻撃の火ぶたを切った。これと前後して尾浦城・大宝寺城にも兵を送り戦闘を開始した。二つの城は火の海と化した。敵に裏をかかれた最上軍は、驚きあわてて、アッという間に壊滅した。この戦いで、東禅寺筑前守（前森蔵人）・草刈虎之助は、奮闘のすえ、千安川のほとりで討死にした。残った東禅寺右馬頭は単身本庄繁長に迫った。切り落とした敵方の首をぶら下げて「我、右馬頭を討ち取ったり」と、大声を上げながら本庄軍に紛れ込み、陣を張って床几に座っていた本庄繁長に切りつけた。太刀は繁長の兜に当たったものの、付近にいた本庄の将兵によって討ち取られ、悲壮な最期をとげた。目付けの中山玄蕃はただ一騎、乱戦の中を切り抜け、酒田より青沢越をして最上へ落ち延びた。最上義光は味方大敗の悲報を耳にして、急遽大軍を率いて六十里越えを急いだが、もう間にあわなかった。義光にとってわずかに慰めだったのは、庄内領民の多くが心変わりせず最上領に亡命して来たことで、その数一万余に及んだといわれている。越後軍による掃討は苛烈を極めた。その残党狩りは、翌年六月になっても続行され、最上衆はもとより、在所の老若男女一人残らず惨殺されたという。こうして庄内領の在地勢力は掃討された。その時の様子は『改訂遊佐の歴史』（遊佐町教育委員会）ですでに述べたとおりであり、遊佐氏に関する根本史料の欠如を招いた最大の要因となったのである。戦いは、本庄軍の圧倒的な勝利のうちに終わった。この「十五里ケ原の戦い」で上杉・最上の両軍戦死者は千八百人と古記録に書き残されている。本庄繁長・義勝父子は懐かしい庄内に戻ることができ庄内はふたたび上杉の支配に返った。

そして武藤義勝は尾浦城に戻り、本庄繁長は東禅寺城に入った。当時唯一の物証は、東禅寺右馬頭が本庄繁長に斬りつけた太刀である。何枚かの鋼鉄を張り合わせて出来ている兜に切り込んだ刀は、ただの刀ではなかろうと調べたところ、正宗の名刀であったという。後に東禅寺正宗とか、本庄正宗と呼ばれた。この名刀は本庄繁長から上杉景勝を経て豊臣秀吉へさらに徳川家へ渡ったといわれる。

「東禅寺右馬頭首塚」（十五里ケ原古戦場跡）「亀ケ崎史の転載」

また、新潟県村上市の博物館に、東禅寺右馬頭が斬りつけた本庄繁長着用の兜が展示されているが、今でも斬りつけた痕が、生々しく残っている。天正十八年（一五九〇）八月、豊臣秀吉は小田原城を陥れた後、上杉景勝に命じて秀吉の代官である大谷吉継とともに庄内三軍の検地を実施した。これには各城に兵を配備し万一の一揆に備えた。この年の十月になって、庄内においても太閤検地に反発して一揆が勃発した。藤島にあがった一揆の火は、たちまちのうちに庄内全域に野火のように広まった。川北では菅野大膳、川南では平賀善可がその将で、勢い侮り難かった。藤島に本拠を置いた川南の一揆は、横山・大宝寺などの諸城を落とし、さらに尾浦の本城に迫った。検地のため仙北（由利郡）にいた上杉景勝は、急遽尾浦に馳せ帰り防戦に務めたといわれている。天正十九年（一五九一）五月、上杉の将・直江兼続をして藤島一揆を攻め降し、藤島城を破却した。この一揆には武藤氏の残党が多く加担したといわれ、直江兼続による徹底した残党狩りによって、以後、武藤氏につながる人も物も、その影を没するに至った。天正十九年（一五九一）六月、豊臣秀吉は武藤義勝父子および本庄繁長を、一揆の責任により所領没収処分とした。天正十九年（一五九一）六月、武藤氏滅亡の後の庄内は、上杉の所領となった。明けて文禄元年（一五九二）は、征韓の役の幕開けである。同年三月、征韓の役出陣のため、上杉景勝は春日山城を出て、肥前名護屋に向かった。最上義光も諸将を率いて朝鮮に向かった。文禄二年（一五九三）十月、上杉景勝は、甘粕景継を東禅寺城代に任命した。慶長三年（一五九八）三月、豊臣秀吉は上杉景勝を会津に封じた。これは前の領主であった蒲生氏郷の病死によるものだが、一説には毒殺ともいわれている。上杉景勝の封土は、会津四郡、仙北八郡、置賜、田川、飽海、佐渡を加えて百二十万石になった。上杉景勝移封にともなって、直江兼続は上杉領のうち、米沢三十万石に封じられた。上杉の陪臣でありながら、三十万石の大名格である。これは秀吉による特別の配慮によるものだった。上杉景勝は会津移封にともない東禅寺城代には志駄義秀を任じた。しかし慶長三年（一五九八）八月、秀吉は京都伏見城で病死した。享年六十二才であった。慶長五年（一六〇〇）九月十五日、関ケ原で「天下分け目の戦い」が行われ、西軍石田三成方に対し東軍徳川家康方が勝利した。この戦いに最上義光は直接参陣していないが、家康に味方した。その理由は徳川家康から借りた恩義があったのである。それは、天正十八年（一五九〇）豊臣秀吉の小田原参陣に対し、最上義光は、隣国の伊達政宗が容易に腰を上げないため、もしや小田原に参陣している留守に領国を奪われはしないかと心配している間に、参陣の機を失いそうになった。伊達正宗は最上義光の妹の子でありながら戦国武将たちは、かくも猜疑心が深かったのである。正宗が小田原に出かけたとわかって、義光はあわてて小田原に向かったが、到着したのは六月半ば、正宗の参陣に遅れること十日ばかりであった。秀吉は不興を隠さなかったが、徳川家康のとりなしでようやく拝謁を賜わりつつがなく本領を安堵されたのである。

上杉景勝は、豊臣秀吉から特別な知遇を得ていたが、豊臣五大老の一人として家康の政権獲得への野心と策謀を嫌って、会津に引き篭もり、上京を促す家康の催促を断って抵抗した。当時、上杉領は置賜と庄内に渡っていたので、最上義光は直接上杉勢と対峙することになり、心安からざるものがあった。

義光はこの間あらゆる策を講じた。しかし、慶長五年（一六〇〇）九月八日上杉軍は米沢と庄内の二方向から最上領に向けて侵攻を開始した（出羽合戦）。上杉景勝は最上攻めの全権を直江兼続に委ねて、自分自身は会津城に居た。最上義光の籠る山形城は、城を囲む上杉兵で満ち溢れていた。最上義光はたまらず伊達氏に救援を依頼した。それに応じて伊達政景は三千の援軍を送ってきた。その中にあって城将志村光安の籠る長谷堂城は寡兵ながらよく戦った。上杉軍の直江兼続を向こうに廻し、上杉の大軍を小城にてよく押さえ、一躍武名をあげたのである。会津の上杉景勝から急使が来て、伊達政宗が最上義光救援のため山形城に入ったと聞いたが、事実であれば自分も出陣するとの伝令の口上であった。引き続き上杉景勝から、関ケ原の決戦に石田三成方が敗れたので、急ぎ最上領から退いて国境の備えを固めるべきであるとの書状が届いた。上杉軍二万の大軍を退かせるのである。一歩間違えば、上杉軍には名状しがたい混乱が生まれ、壊滅的な打撃を受けることになりかねない。上杉軍二万の将兵の生死は一に直江兼続の双肩にかかっていた。関ケ原での西軍の敗報は最上義光の知るところとなり攻守が逆転した。

最上・伊達連合軍の追撃はすさまじく直江兼続自身殿で防戦せざるをえなかった。直江兼続は一時自害しようとしたが、思いとどまり撤退を決意したのである。この撤退戦は後世まで語り草となった激戦であった。直江兼続は辛うじてこの危機を脱し、十月四日、直江兼続は米沢に帰城した。明けて慶長六年（一六〇一）四月、最上義光は「出羽合戦」の余勢をかって、庄内攻略を敢行した。当面の敵は東禅寺城を守る上杉城将志駄義秀であった。当時、東禅寺城は「巴城」とも呼ばれ、平城であったが、天然の地勢を生かして築城された要害堅固な名城であった。城の東北側は湿田で人馬とも足を踏み入れることができず、南側は最上川、西側は荒瀬の諸流を合わせて流れる新井田川があり、それぞれ自然の外堀の役割をはたしていた。東禅寺城の攻略軍の主力軍は青沢越口の間道より庄内に入った。一方、六十里越街道を庄内に向かって進んだ第二軍は大宝寺を経て砂越に到着した。第二軍の一隊が対岸袖ケ浦銚子口より船で最上川右岸浜づたいに上陸、西の方より民家に火を掛けた。西風に煽られた火勢はみるみる拡大、民家の人々は逃げ場を失い城を目指して逃げた。しかし、敵の進入を防ぐために、新井田川橋は取り払われていた。帰ることもできず、皆、押し落とされて重なって死亡するもの、その数を知らず、後には死人の上を馬にて渡ったと古書に記されている。なお、この戦闘での「酒田市中焼討ち」は、記録に残る酒田大火災第一号となった。最上勢は三方より攻撃を掛けたが、上杉方も頑強に応戦し、一進一退が繰り返された。東禅寺城は「難攻不落」の名城であった。数十日を過ぎても東禅寺城はびくともしなかった。戦闘は膠着状態となった。そこで最上勢は城将志駄義秀と顔なじみの降将下吉忠を軍使として城内に送り込み、懐柔に取りかかった。こうした説得の結果「武人としての面目を保たせた」好条件であったのであろう。慶長六年（一六〇一）六月、志駄義秀は東禅寺城を開城し、一族郎党をひきつれて米沢に撤退した。これより庄内三郡は、最上義光の手に属したのである。慶長六年（一六〇一）八月十七日、最上義光は庄内攻めの功によって本領二十四万石のほかに、庄内三郡、秋田の由利をあわせた五十七万石を行賞された。最上義光は志村光安を庄内攻略戦では最上軍の参謀として活躍し、東禅寺城将志駄義秀を説諭して開城させたその戦功により東禅寺城主に任じた。志村光安の山形長谷堂城より東禅寺城への移封にともない、将兵たちの家族も東禅寺城に移転してきたが、それは慶長七年（一六〇二）より翌八年（一六〇三）末頃であろうと推定される。

一方、上杉景勝は慶長六年（一六〇一）十一月、石田三成に加担した廉によって、会津一二〇万石から米沢三〇万石に移封された。慶長八年（一六〇三）三月、酒田湊に七尺（二メートル）近くもある大海亀が這い上がった。漁師たちが大亀を捕えて城代のところに持って行ったところ、時の代官がこのことをさっそく山形の最上義光に注進した。義光は大いに悦び、両郡七日間、酒宴・興業を免じた。

人々は大亀を台車に乗せて、町々を練り歩いた。この吉事を境にして、最上義光は東禅寺城を「亀ケ崎城」に、大宝寺城を「鶴ケ崎城」と改めたのである。なおこの後の寛文四年（一六六四）、中山城を松山城に、田尻を竹田と改めたことにより、「鶴亀竹松」という目出たい語呂合わせが、地名の上で誕生したといわれる。しかし、慶長十九年（一六一四）正月十八日、一代の暁将最上義光は病没した。

この後、最上氏は一族の内訌が続発し、元和八年（一六二二）幕命により改易となった。ここに斯波兼頼が延文元年（一三五六）に山形に入部して以来約二六〇余にして名族斯波氏（最上氏）は滅亡したのである。これより前の元和元年（一六一五）六月、幕府は一国一城制をしき、諸大名に命じて各居城以外の城塁を破棄させた。庄内は鶴ケ崎と亀ケ崎城の二城を置くことが許された。

しかし、亀ケ崎城は城主を廃して定番をおくことになり、城としての役割を終えたのである。

こうして、遊佐太郎繁元が文正元年（一四六六）に移築した「難攻不落」の東禅寺城（亀ケ崎城）は戦国の熾烈な戦乱を見つづけ、今その役目を終え、静かに歴史上の表舞台から退場したのである。

最上氏略系図（清和源氏）

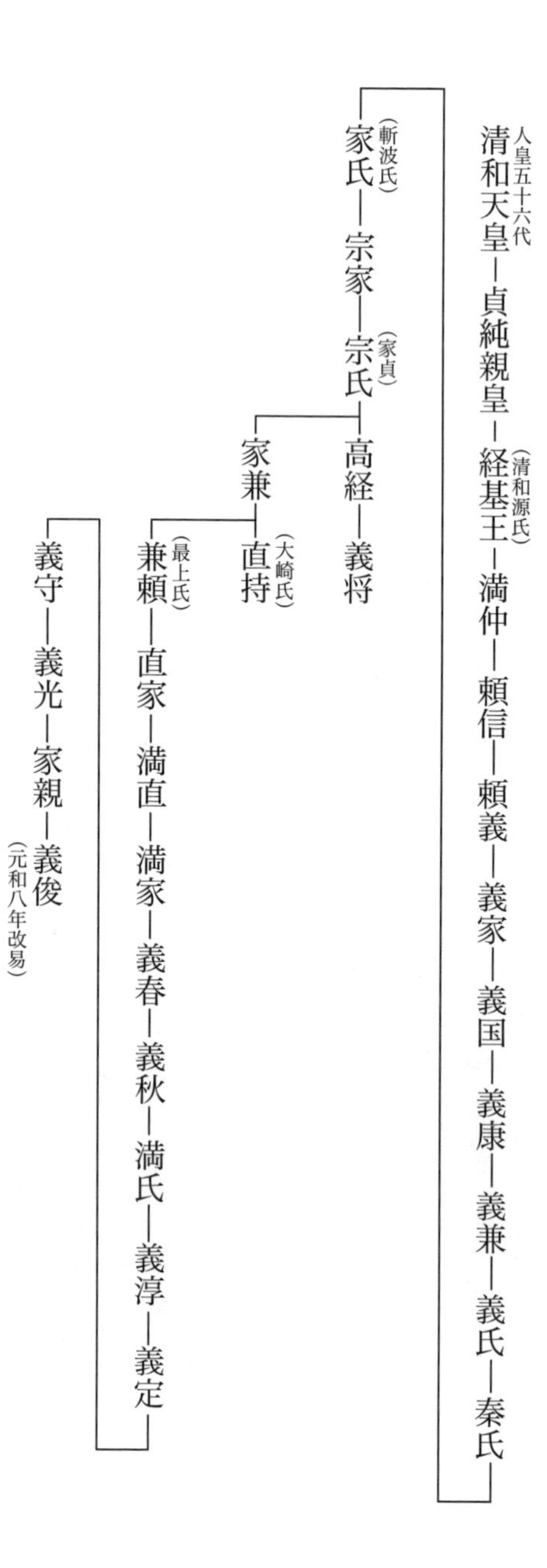
人皇五十六代
清和天皇
貞純親皇
(清和源氏)
経基王
満仲
頼信
頼義
義家
義国
義康
義兼
義氏
泰氏
(斬波氏)
家氏
宗家
(家貞)
宗氏
高経
義将
家兼
(大崎氏)
直持
(最上氏)
兼頼
直家
満直
満家
義春
義秋
満氏
義淳
義定
義守
義光
家親
義俊
(元和八年改易)

十四．河内の遊佐氏

㈠　将軍足利義詮の時代

話を中央の情勢に戻そう。

「十二．出羽遊佐氏の上洛後」では出羽遊佐氏の一流が上洛し、その後畠山国清・畠山高国の被官となり、それぞれ根本被官の道をひたすら目指し約二十年の歳月を経て遊佐勘解由左衛門が伊豆国で畠山国清の守護代となったことまで述べた。一方畠山高国の執事として奥州二本松に下向した遊佐氏はのち「観応の擾乱」に巻き込まれ畠山高国・嫡子国氏とともに岩切城で自刃する運命をたどることになる。

これは「奥州の遊佐氏」で扱うこととする。ここでは「河内の遊佐氏」に焦点をしぼり探ることとする。「河内の遊佐氏」は守護畠山氏の守護代としてどのように関わり、どのような歴史を刻んでいったのか、これから探っていこう。鎌倉幕府滅亡から「建武の新政」さらに「南北朝」期に入り、時代はめまぐるしく駆けめぐっていった。しかし、今やその時代の主役を占めた人々はほとんどが没してしまった。

時代は新しい時代に入りつつあったのである。将軍義詮以降については『日本の歴史9南北朝の動乱』(佐藤進一)・『日本の歴史10下剋上の時代』(永原慶二)・『日本の歴史11戦国大名』(杉山博)・『室町幕府守護制度の研究上』(佐藤進一)・『足利一門守護発展史の研究』(小川信)・『守護領国支配機構の研究』(今谷明)・『河内守護畠山氏の研究』(森田恭二)・『中世寺領荘園と動乱期の社会』(熱田公)・『畿内戦国期守護と地域社会』(小谷利明)・『戦国期の室町幕府』(今谷明)・『室町幕府と守護権力』(川岡勉)・『中世後期畿内近国守護の研究』(弓倉弘年)・『足利義満』(臼井信義)・『山名宗全と細川勝元』(小川信)・『山名宗全』(川岡勉)・『赤松円心・満祐』(高坂好)・『蓮如』(笠原一男)・『本願寺・一向一揆の研究』(戦国大名論集

13）・『戦国三好一族』（今谷明）・『三好長慶』（長江正一）・『足利義昭』（奥野高広）・『織田信長文書の研究』（奥田高広）・『河内長野市史第一巻』などをもとにまとめていきたい。

足利尊氏が没したのは延文三年（正平十三、一三五八）四月三十日であった。将軍義詮は同年十二月に将軍宣下を受け二代将軍となった。義詮は尊氏の執事仁木頼章が尊氏の死とともに辞職したため、後任に、仁木義長を排除して実権を掌握した細川清氏を執事に任命したが、清氏も義詮の側近佐々木道誉（高氏）と対立し義詮の勘気を蒙り、幕府から離反した（康安の政変）。幕府を離反した仁木義長・細川清氏は相次いで南朝に降り、その都度南朝は力を得て京都奪回を繰り返すが南朝の頽勢は覆うべくもなく南朝の利用価値は低下するに従って、貞治二年（正平十八、一三六三）に山陽の大内弘世と、翌年山名時氏が相次いで幕府に帰参したことによって大規模な反幕府の行動はほぼ終息したのである。

こうして幕府体制の基盤にようやく落ち着きを兆すのと相前後して義詮は幕府職制の強化に着手した。貞治元年（正平十七、一三六二）斯波高経の子義将を、細川清氏の後任の執事に任じたのである。当初斯波高経は固辞したが義詮の懇請により嗣子をその職に据え、斯波高経は後見することで決着した。

この時に、足利家の執事が天下の政務を「管領」する職へと漸次移行したとみられている。「管領制」の確立は足利一門の頂点に君臨し、幕政の運営を将軍の意志に基づいて行うものとなり管領職はその後斯波・畠山・細川氏の内から、その都度政治情勢によって輩出されていくのである。

従って、その後遊佐氏も「管領家」守護畠山氏の守護代として活躍していくことになるのである。

しかし、貞治五年（正平二十一、一三六六）八月、斯波高経も義詮の股肱の臣佐々木道誉（高氏）との対立から失脚した（貞治の政変）。貞治六年（正平二十二、一三六七）十一月義詮は政務をわずか十才の嗣子義満に譲り、その補佐役として細川頼之を分国の讃岐より召還し、前年の斯波高経の失脚に伴う斯波義将の後任として管領の職に任じた後、義詮は同年十二月、三十八才の若さで没したのである。

斯波氏が失脚すると早速、反動的な人事や立法が次々と発表された。畠山義深は六年前に兄畠山国清とともに関東を追われて上洛していたが、畠山義深は幕府より赦免を受けたのである。

『足利一門守護発展史の研究』（小川信）では、義深は貞治五年（正平二十一、一三六六）六月には、既に幕府に復帰していたとし、次のように記している。「将軍義詮が国清・義深の追放に積極的に関与していなかったため、義詮と基氏との隙に乗じて義詮の赦免をかちえた蓋然性も考えられる」としている。

さらに斯波一族が没落すると、義深はその追討を命ぜられて越前に向かっている。『太平記』（巻四十）には追討軍の筆頭に畠山尾張守義深を記している。遊佐氏も随ったものと思われる。その後、義深は越前守護に補任されたのである。義深の越前守護在任期間は義深嫡子基国も含めて『室町幕府守護制度の研究』（佐藤進一）では次のように述べている。

「貞治五年（正平二十一、一三六六）八月頃から康暦元年（天授五、一三七九）十一月頃」としている。この間、義深は康暦元年（天授五、一三七九）正月十二日に没し、その跡は基国が継いでいる。

義深の越前守護の守護代として、遊佐勘解由左衛門の名が見える。国清が伊豆守護の時の守護代であった遊佐勘解由左衛門と思われ、国清・義深が関東没落時に、随って上洛したのである。

ここに越前守護畠山義深の守護代として遊佐勘解由左衛門尉国重が幕府連署奉書に対し発した打渡状があるのでそれを掲げる。幕府連署奉書は次の通りである。


越前国河北庄の事、一円の下地を三宝院雑掌に打ち渡すべきの由候なり。

仍て執達件の如し。

貞治六年四月五日　　　　　　　　　長清（花押）
　　　　　　　　　　　　　　　　　常心（花押）
遊佐勘解由左衛門尉（國重）殿
（大日本古文書・醍醐寺文書）
これを受けて遊佐勘解由左衛門国重の打渡状は次の通りである。
（読み下し）
越前国河北庄の事、仰せ下さるの旨に任せ、下地を一円に三宝院雑掌に打ち渡し候ひ了ぬ。仍て渡状件の如し。
貞治六年四月九日　　　　　　　　（遊佐）国重（花押）
（大日本古文書・醍醐寺文書）
（読み下し）

義深が貞治六年（正平二十二、一三六七）十月から十一月にかけて発した遵行状は遊佐次郎宛になっている。『足利一門守護発展史の研究』（小川信）では次のように記している。「同年（貞治六年）十月五日付の義深遵行状写（『史料蒐集目録二九七』および同年（貞治六年）十一月六日付の遵行状（『古今采輯』の宛所に拠って守護代は遊佐次郎に交代したことが推定される。国重と次郎とはおそらく父子の関係ではあるまいか。基国が守護職を継承してまもなく康暦元年七月十一日に発した遵行状の宛所遊佐次郎左衛門尉もおそらく遊佐次郎と同一人で引き続き守護代に在職したに違いない」としている。次に義深が遊佐次郎に宛てた遵行状二通と義深の嫡子基国が遊佐次郎左衛門尉に宛てた遵行状を掲げる。

遊佐次郎左衛門尉は畠山義深に引き続き畠山基国のもとでも守護代であったことがわかる。

春日社領越前国泉庄并小山庄郷の事、去んぬる月廿八日御教書の旨に任せ、下地を彼の雑掌に沙汰し付くべきの状件の如し。

貞治六年十月五日　　義深（花押）

遊佐次郎殿

（「古今采輯」・東大史料編纂所所収）（読み下し）

越前国泉庄の事、去んぬる月十四日御奉書の旨に任せ、下地を春日社雑掌に沙汰し付くべきの状件の如し。

貞治六年十一月六日　　（義深）（花押）

遊佐次郎殿

（「古今采輯」・東大史料編纂所所収）（読み下し）

安禅寺雑掌申す越前国真柄庄領家職の事、早く今月二日御教書に任せ彼の雑掌に打ち渡すべきの状件の如し。

康暦元年七月十一日　　（基国）（花押）

遊佐次郎左衛門尉殿

（「田中文書」・東大史料編纂所所収）（読み下し）

しかし、基国の立場は微妙なものであった。「康暦の政変」で突如細川頼之が失脚し、代わりに斯波義将が管領になったのである。越前は元々斯波氏の分国であり、基国は親細川頼之的と目されており、追罰されるだろうとの憶測も流れていたのである。このため地の利の悪い越中と越前を交換せざるを得ない状況に置かれたのである。この交換は康暦元年（一三七九）十一月から康暦二年（一三八〇）七月までの間と推定される。早くも、越中守護基国に将軍御教書が管領斯波義将から康暦二年（一三八〇）七月二十三日に発せられている。次にそれを掲げる。

祇園社雑掌申す越中国堀江庄内村々の事。先度施行せられ畢。
不日被官人等の妨げを退け、社領厳重たる上は、一円に下地を
雑掌に沙汰し付けらるべし。更に緩怠有るべからざるの状、
仰せに依りて、執達件の如し。
康暦二年七月廿三日　　左衛門佐（斯波義将）在判
畠山右衛門佐（基国）殿
（将軍家御教書・八坂神社文書）（読み下し）

これを受けて基国から施行状が発せられたものと思われるが史料がなく明確ではないが前年まで基国の守護代であった遊佐次郎左衛門尉と考えるのが妥当であろう。実名は不明であるが遊佐国重の「国」の偏諱があったと考えたい。その後基国は河内守護も兼帯し河内守護代に遊佐国長が任じられる。それ以降は河内守護代が越中守護代を兼帯することになる。遊佐国長は『明徳記』によれば「明徳の乱」（明徳二年、

一三九一）の内野合戦で活躍していることが知られる。遊佐国長が何時から河内守護代となり越中守護代を兼帯したかを推定したい。遊佐国長の生年は不明であるが没年はわかっており、応永十九年（一四一二）十二月である。これから、おおよその推定は可能である。畠山基国が永徳二年（一三八二）に河内守護になった時、遊佐国長が二十才と仮定すると、まさに活動期の年令であり、没年時の年令は五十才となる。この当時の寿命年令と考えてよいであろう。従って畠山基国が河内守護になった時に遊佐次郎左衛門尉に続いて守護代になったことを考えることは可能である。これらをもとに伊豆守護畠山国清から越前守護畠山義深および越中守護畠山基国までの守護・守護代を『室町幕府守護制度の研究』（佐藤進一）および『足利一門守護発展史の研究』（小川信）を引用してまとめると次のようになる。

伊豆・越前・越中（初期）守護・守護代一覧（筆者作成）

守護	在任期間	守護代
畠山国清（伊豆）	観応三年三月 — 康安元年十一月	遊佐勘解由左衛門（國重）
畠山国清・義深	没落期間 — 康安元年十一月～貞治五年六月	
畠山義深（越前）	貞治五年八月 — 貞治六年四月	遊佐勘解由左衛門国重
畠山義深（越前）	貞治六年四月 — 康暦元年一月（義深没）	遊佐次郎（左衛門尉）
畠山基国（越前）	康暦元年一月 — 康暦元年～翌二年七月の間に越前から越中に国替	遊佐次郎左衛門尉
畠山基国（越中）	越中へ国替以降— 永徳二年二月	遊佐次郎左衛門尉（推定）

足利氏略系図（尊氏以降）（数字は将軍、○内印は鎌倉公方、（　）内数字は古河公方の歴代）

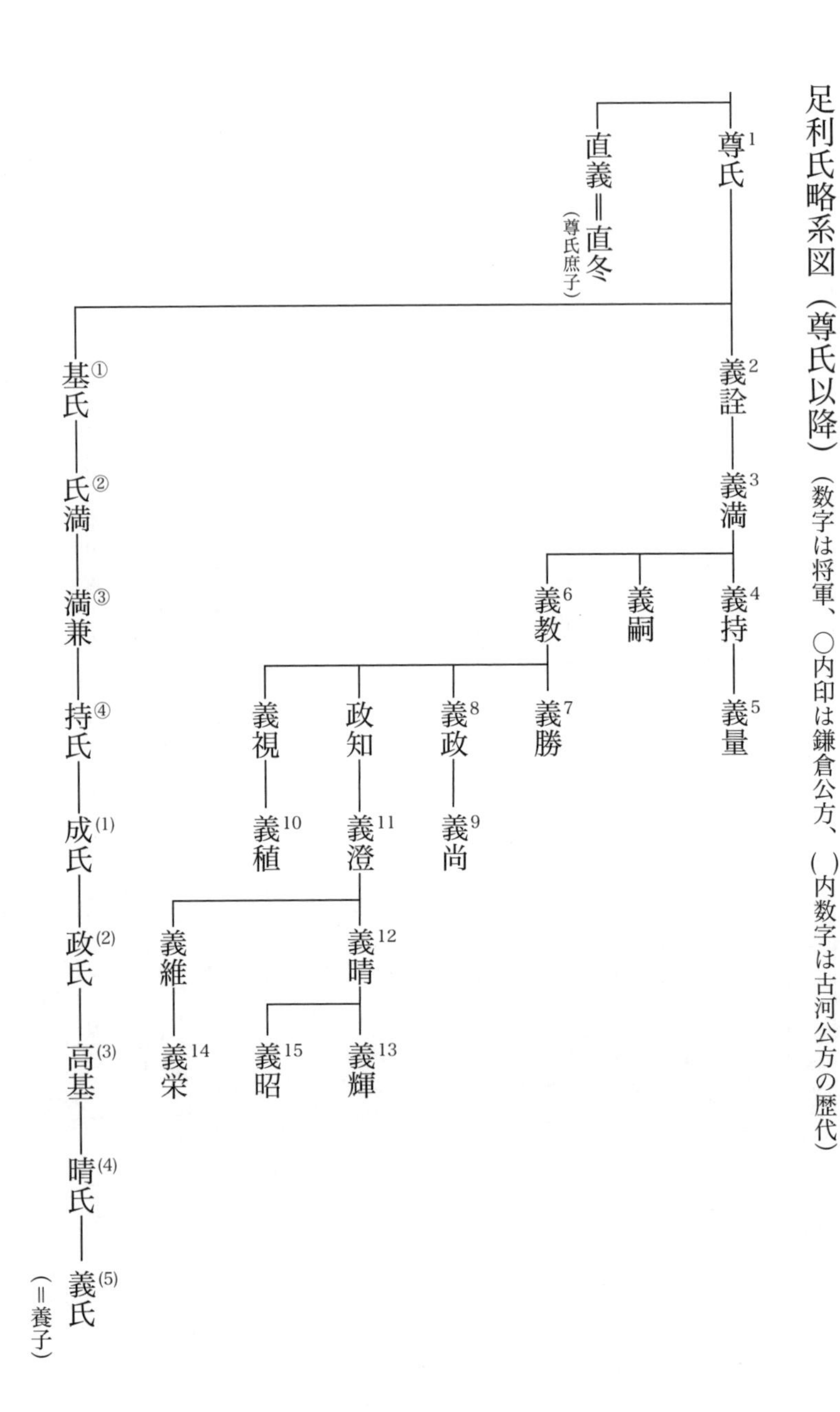

畠山氏略系図 (1)

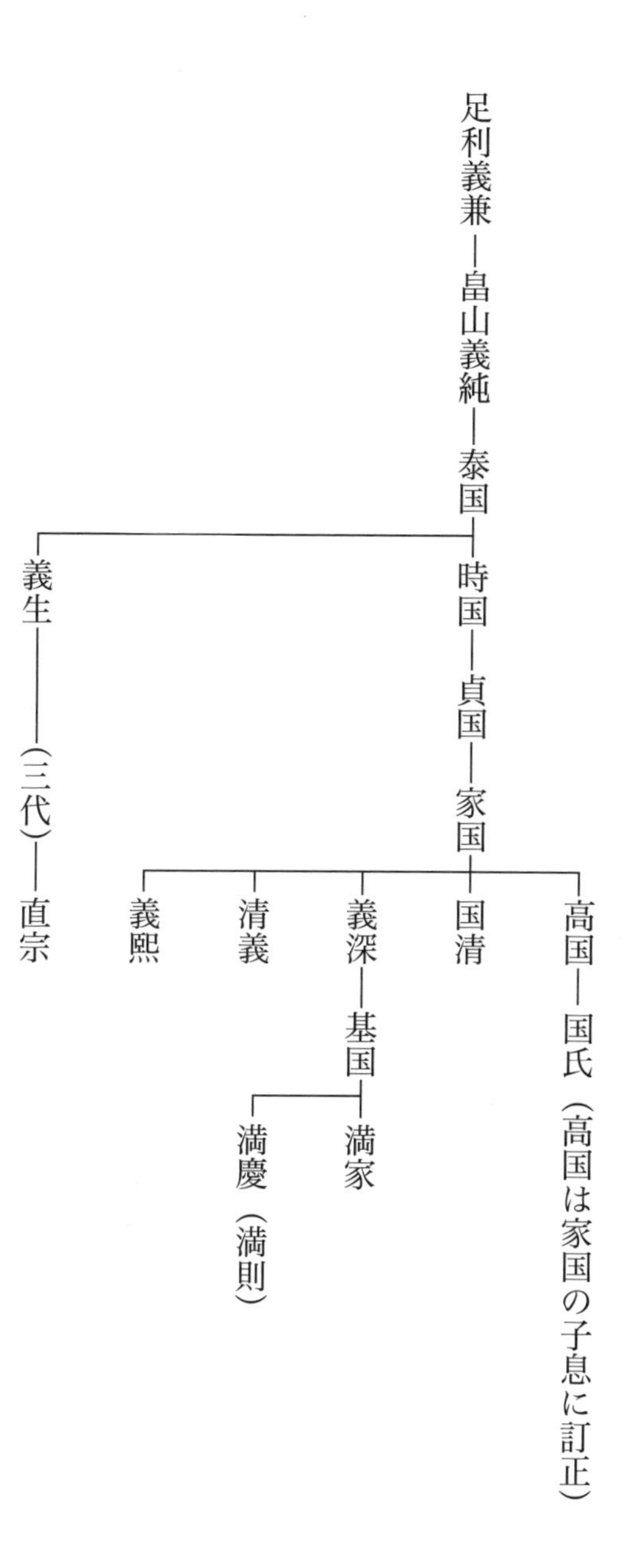
足利義兼
畠山義純
泰国
時国
貞国
家国
高国
国氏（高国は家国の子息に訂正）
国清
義深
基国
満家
満慶（満則）
清義
義熙
義生
（三代）
直宗

細川氏略系図

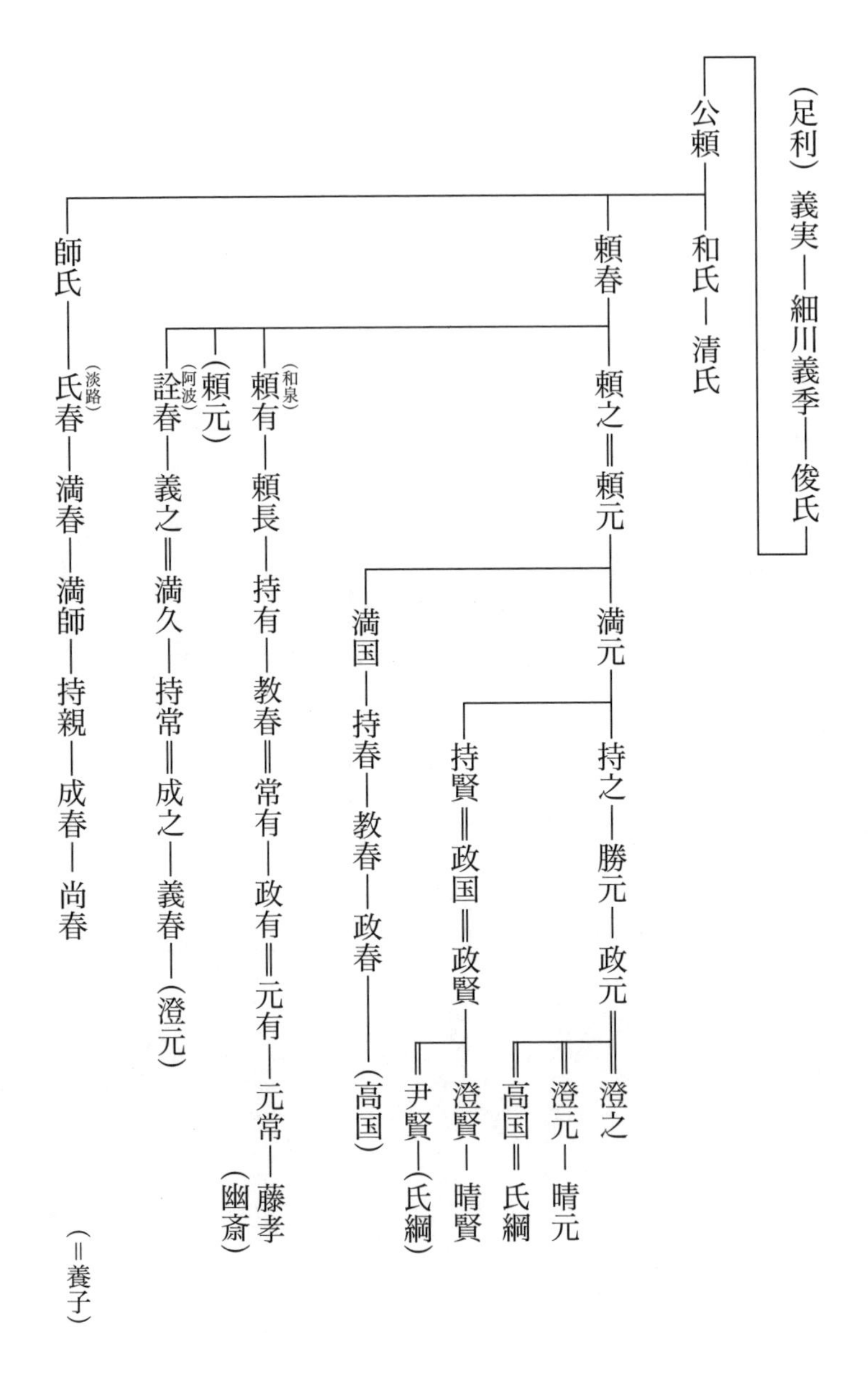

（足利）義実―細川義季―俊氏
公頼
和氏―清氏
頼春
頼之＝頼元
満元
持之―勝元―政元
澄之
澄元―晴元
高国＝氏綱
持賢＝政国＝政賢
澄賢―晴賢
尹賢―（氏綱）
満国―持春―教春―政春―（高国）
（和泉）頼有―頼長―持有―教春＝常有―政有＝元有―元常―藤孝
（幽斎）
（頼元）
（阿波）詮春―義之＝満久―持常＝成之―義春―（澄元）
師氏
（淡路）氏春―満春―満師―持親―成春―尚春
（＝養子）

斯波氏略系図

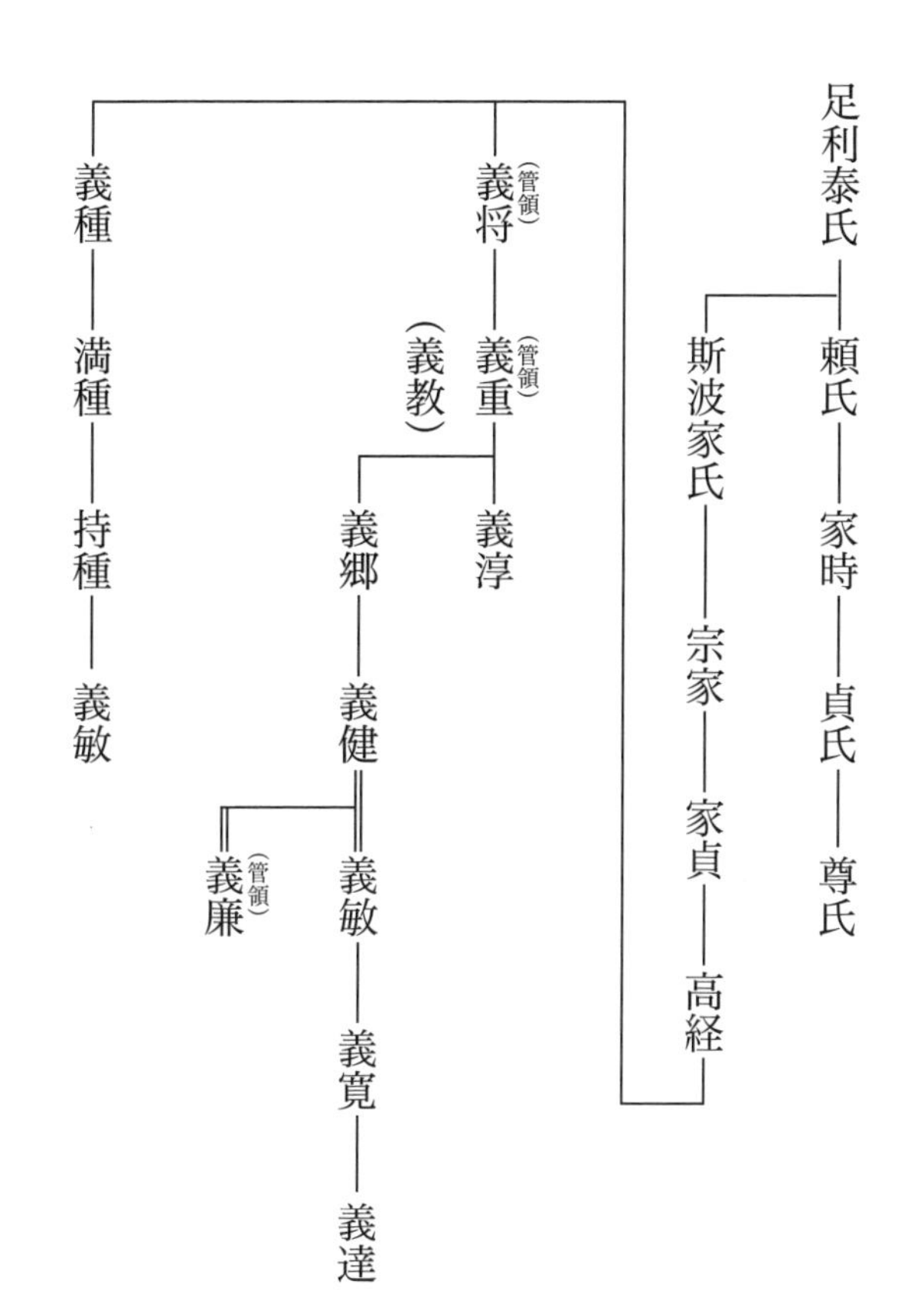

足利泰氏
頼氏
家時
貞氏
尊氏
斯波家氏
宗家
家貞
高経
義将（管領）
義重（管領）
（義教）
義淳
義郷
義健
義敏
義廉（管領）
義寛
義達
義種
満種
持種
義敏

（＝養子）

山名氏略系図

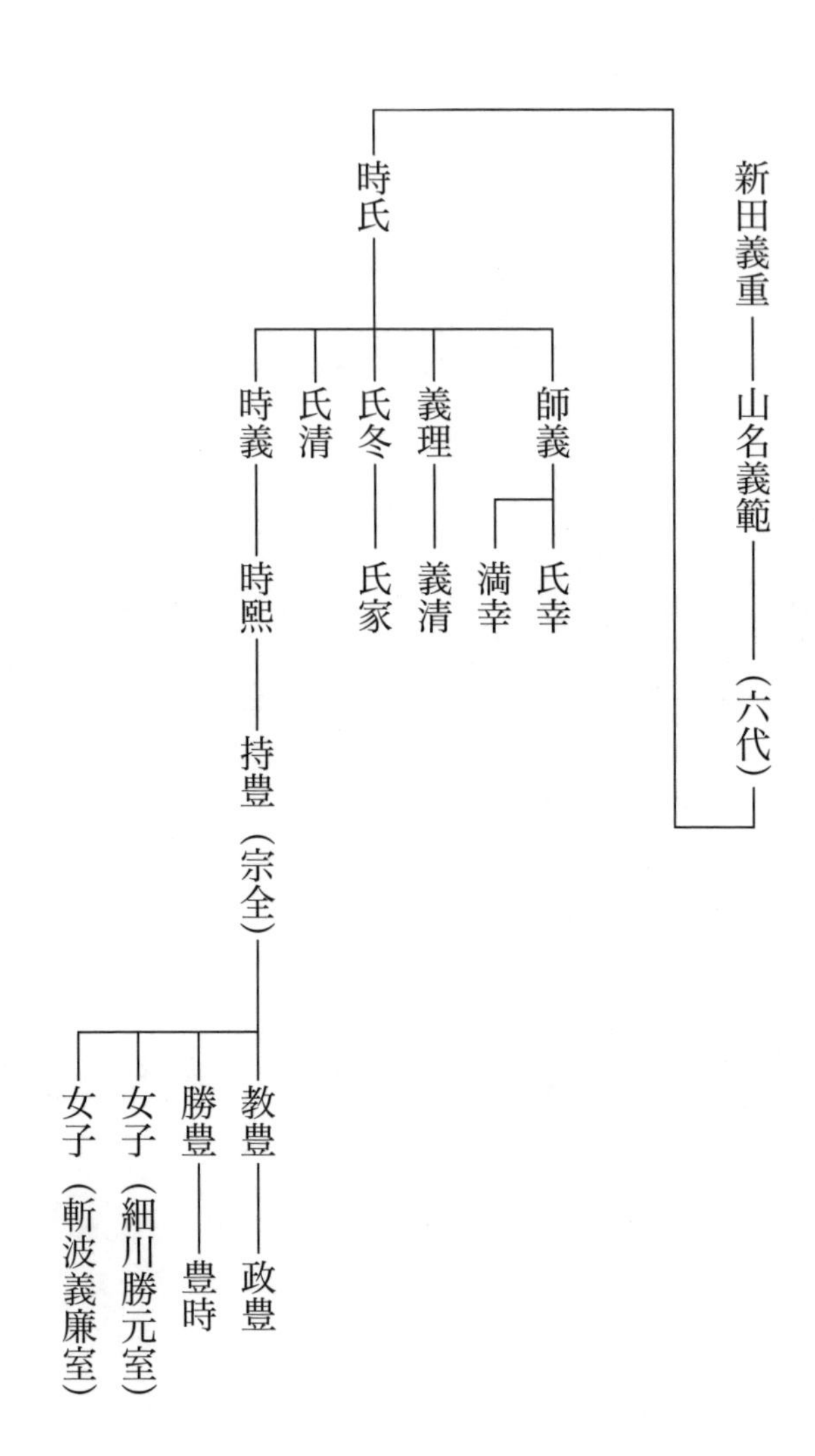

新田義重
山名義範
（六代）
時氏
師義
義理
氏冬
氏清
時義
氏幸
満幸
義清
氏家
時熙
持豊（宗全）
教豊
勝豊
女子（細川勝元室）
女子（斬波義廉室）
政豊
豊時

畠山基国が河内守護となり、さらに越中・紀伊・能登を兼帯することになり畠山氏の中興の祖となるのである。それに仕えた遊佐国長もまた上方の遊佐氏の礎を築いていったのである。幸い河内畠山氏については多くの研究がなされており、それに関して多くの諸本がある。その中で守護代遊佐氏についても断片的ではあるが記載されており、それを可能なかぎり探り、中央の政局に守護畠山氏がどう連動し、それに伴い守護代遊佐氏がどう関わったかを探っていこう。

(二) 将軍足利義満・義持の時代

足利義詮は貞治六年(正平二十二、一三六七)十一月、義詮は政務をわずか十才の嗣子義満に譲り、その補佐役として讃岐より細川頼之を召還し、前年の斯波高経の失脚にともなう斯波義将の後任として、管領の職に任じた。細川頼之は若年の将軍義満をたすけて十年余の間幕政を主導したが、斯波義将以下諸大名が細川頼之の強圧的な幕政に反感を強め、永和四年(天授四、一三七八)細川頼之は猶子細川頼元を総大将として軍勢を紀伊・和泉南朝軍追討のため派遣したが、諸将が随わず鎮圧に失敗した。成長した将軍義満は反細川頼之派の山名義理・氏清を紀伊・和泉守護として派遣し南朝軍を討たせた。

ついで永和五年(天授五、一三七九)二月、同じく反頼之派の斯波義将・土岐頼康に大和の乱の鎮圧を命じた。しかし斯波義将は帰京し、土岐頼康と佐々木(京極)高秀らは、それぞれ本国美濃・近江に降って挙兵した。義満は土岐・佐々木(京極)らの追討を命じたが、斯波義将らの圧力で赦免せざるを得なかったのである。ついで天授五年(一三七九)閏四月斯波義将ら反頼之派は軍勢を率いて御所を囲み、細川頼之罷免を迫ったため義満は頼之を罷免した。頼之は一族とともに分国の四国へ没落した。ついで義満は斯波義将を管領に任じた。この政変を「康暦の政変」といい、この政変の結果、義満は同時に頼之の束縛から自立でき、主導権を確立したのである。基国は斯波義将が管領になったことで従来の分国越前と越中を交換して越中守護に転じ越前よりも遠隔で政治的にも軍事的にも不利な基盤に立つことになった。しかし、それより後、一、二年の内に、この不利を補って余りある新たな分国を獲得することになったのである。それは永徳二年（一三八二）閏正月河内守護楠木正儀が南朝に復帰した時基国が楠木追討に派遣されて河内守護に補せられたのである。この基国の河内守護補任時期に遊佐国長が河内守護代に任ぜられたものと思われる。基国の勢力上昇を示すのは能登守護への新補である。『新修七尾市史14通史編Ⅰ』では補任時期を嘉慶三年（一三八九）頃としている。こうして基国は越中に隣接する能登をも分国として獲得し家格上昇をさせていった。将軍義満は南朝勢力の圧服とともに、将軍専制権力確立の手段として強大化した守護勢力の削減を目指したのである。その第一の的は山名氏であった。当時の山名氏は南北朝時代の山名時氏以来分国を広げ十一ケ国にまで拡大しており「六分の一衆」（全国六十六ケ国の六分の一）と称されていた。将軍義満は山名時氏没後の家督交代の機会をとらえて功みに挑発したのである。明徳二年(元中八、一三九一）十二月三十日畠山・細川・大内らの幕府軍は洛中での「内野合戦」（京都市上京区）で山名氏清・満幸らを破った。その結果、山名氏は一族で十一ケ国の守護からわずか三ケ国の守護へとその勢力は大幅に削減されたのである。いわゆる「明徳の乱」である。

この「明徳の乱」は『明徳記』に詳しいが、基国はこの戦いに嫡子満家や満慶（満則）を率い、遊佐国長も参陣し活躍している。「明徳の乱」の勝利により、幕府の基盤を脅かす守護はなくなり義満による統率は一応完成することになった。そうした幕府の立場を背景に南北両朝の合一を目指したのである。大内義弘は「明徳の乱」で活躍し、乱後は周防・長門に加え、山名氏の領国を与えられ、紀伊・和泉など六カ国守護を兼帯する大守護となっていた。紀伊守護でもあったため南北朝合一のため南朝と下交渉にもあたり、大内義弘は南北朝合一の影の功労者であった。

こうして明徳三年（一三九二）南朝後亀山天皇が京都に還幸し三種神器も北朝の後小松天皇に渡された。延元元年（建武三、一三三六）以来五十七年に及び南北両朝に分かれ、その間全国各地で断続的に継続した内乱はひとまずここに終止符がうたれたのである。義満の狙いは南朝を吸収して北朝の権威を高め、さらに叛乱の拠り所を払拭することであった。義満は明徳三年（一三九二）八月、相国寺において盛大な落慶供養を行った。相国寺は禅寺で義満の発願により、この年に完成をみたのである。畠山基国は侍所頭人として嫡子満家と郎党三十騎を随えて義満一行の行列の先駆けをつとめている。この盛儀を記録した「相国寺供養記」に記録されている畠山氏郎党の面々は次の通りである。

遊佐河内守国長・遊佐豊後守助国・斉藤次郎基則・隅田彦次郎家朝・遊佐孫太郎基光・古山次郎胤貞・神保宗三郎国久・飯尾善六清政・遊佐五郎家国・門真小三郎国康・三宅四郎家村・三宅次郎慶明・誉田孫次郎・酒匂次郎国頼・斉藤彦五郎利久・斉藤四郎国家・槇島次郎左衛門尉光基・槇島三郎光貞・杉原五郎貞平・井口彦五郎奉忠・斉藤次郎左衛門尉利宗・佐脇孫五郎久隆・椎名次郎長胤・吹田孫太郎国道・斉藤孫左衛門利房・松田孫左衛門尉秀久・稲生平左衛門尉基宗・和田太郎正友・神保肥前守氏久・神保四郎左衛門尉国氏

いずれも畠山氏の近臣であるが斉藤氏五騎・遊佐氏四騎・神保氏三騎・杉原氏一騎の名が見られる。遊佐国長がこの郎党三十騎の筆頭に名を連ねている。この郎党のうちで、遊佐・神保・斎藤・杉原氏は『太平記』にもその名を連ねており、足利直義とともに畠山国清・畠山義深に随って北国（越前）落ちに随い、また、足利尊氏が直義追討のため鎌倉下向時にも畠山国清・畠山義深に随い、さらに、国清・義深が没落した後も義深・基国に仕え、ひたすら根本被官の道を目指してきた結果の晴れ姿であったのである。

将軍足利義満は応永元年（一三九四）十二月将軍職を嫡子義持に譲った。義満は同月に太政大臣に任ぜられたが翌応永二年（一三九五）六月三日には早くも太政大臣を辞し、出家し天山道有（のち道義）と称した。しかし、これは隠退したのではなく、実権は依然として握ったままである。応永四年（一三九七）これまでの室町第は義持に与え、新たに北山の地に三層の舎利殿（金閣寺）を含む壮麗な北山第を築いたのである。ここが義満の政庁となった。この北山第を建設するのに、どの位の費用がかかったのであろうか。『足利義満』（臼井信義）では『臥雲日件録』を引用しておそらく完成には百万貫を要したであろうとしている。『日本の歴史9南北朝の動乱』（佐藤進一）では「嘉慶二年（一三八八）時の三十貫はその年の相場に換算すると約四十石とある」と記している。これをもとに筆者の試算では一貫は約八万円となり概略十万円としてよいであろう。一石十万円で計算すると約一千億円となり、現在の感覚でもかなりの費用を要したことが推定できよう。義満はなおも将軍の絶対的専制を目指し、大守護の勢力削減を狙っていた。大内義弘は南北朝合一の功労者であったが、義満は大内義弘にも圧力を加えていったのである。義満の功みな挑発にあって和泉堺で挙兵したのである。応永六年（一三九九）十一月、大内義弘は義満の「御政道を諫め奉る」（『応永記』）ことを挙兵の理由として公言し、義満の内乱統一の過程で犠牲となった人々に広く挙兵を呼びかけた。しかし南北朝内乱の間であれば義満の政治に不満を抱く勢力が南朝を旗印として結集して、たちまちに幕府を脅かす大勢力となったであろうが大内義弘の呼びかけにも、大勢力となることはならず、大内義弘は抗戦一カ月後討死したのである。

このいわゆる「応永の乱」は大内義弘自ら南北朝合一の政治的意義を見事に証明したことは誠に皮肉なことであった。この「応永の乱」の様子は『応永記』に詳しいがこの戦いでも守護代遊佐国長の活躍を伝えている。畠山基国はこの「応永の乱」の戦功により、紀伊国を与えられ、河内・越中・能登・紀伊四カ国を分国として領することになったのである。これより一年前の応永五年（一三九八）畠山基国が畠山氏として初めて管領となったことで足利幕府前期における畠山氏の基盤は揺るぎない不動のものとなったのである。基国は応永五年（一三九八）から応永十二年（一四〇五）まで管領の職にあり、義満の最盛期に幕府機構を統括していたのである。管領守護畠山基国の守護代遊佐国長がそれを支えていたのである。しかし基国は応永十三年（一四〇六）一月十七日に病死した。享年五十四才であった。

基国没後、家督を継いだのは嫡子満家ではなく次子満慶（満則）であった。相国寺の落慶供養の行列には基国とともに満家も加わっており、その後義満の勘気を蒙り蟄居していたのである。その理由ははっきりとは判っていない。しかし応永十五年（一四〇八）五月六日義満は急死したのである。享年五十一才であった。病状は咳気とあり、また流布の病とも記されている。畠山基国も応永十三年（一四〇六）に没し、畠山氏の家督は嫡子の満家ではなく、弟の満慶（満則）が応永十五年（一四〇八）八月まで継承していたが、義満没後に河内・越中・紀伊・能登守護は満慶（満則）から嫡子満家に交代している。明らかに義満の死と

畠山氏領国　「筆者作図」

関係していると見てよいであろう。理由は明確ではないが、満家と満慶（満則）の交代は円満に行われた。また満家は満慶（満則）に能登一国を与えている。これについて『河内長野市史第一巻』では次のように記している。「嫡子満家は弟満慶（満則）に能登を分かった。本家・分家の協調で畠山氏の永遠をはかったのである。兄弟疎隔は幸い回避できた。これには家臣らが未だ増長しなかったこと、これを統率する守護代遊佐長護（国長）が抜群であったことが原因としてあげられる」としている。義満時代になって守護領国制が全国的にみて広く形勢され将軍の命令が全国の荘園や郷村のすみずみまで伝達される命令伝達が完成した。将軍の命令は管領が奉じて伝達する仕組みである。この伝達ルートは次のようになる。

将軍 ― 管領 ― 守護 ― 守護代 ― 小（又）守護代・郡代

遊佐国長は基国没後も嫡子満家・次子満慶（満則）に仕えている。次に満慶（満則）の施行状を受けて、守護代遊佐国長が応永十四年（一四〇七）に小守護代菱木盛阿に宛てた遵行状を次に掲げる。

（読み下し）

河内国観心寺雑掌申す観心寺七郷地頭領家両職半分の事。
六月九日御施行の旨に任せ、当寺雑掌に沙汰渡すべきの状件のごとし。
応永十四年九月二日　　遊佐明叟（国長）
　　　　　　　　　　　　沙弥（花押）
菱木掃部助入道（盛阿）殿

（大日本古文書・観心寺文書）

遊佐氏の礎を築いた遊佐国長は応永十九年（一四一二）十二月十九日に没した。その跡は嫡子国盛が継ぎ守護畠山満家の守護代としてつとめている。畠山満家の免除状を受けて国盛は国長と同じ宛所の菱木盛阿に施行状を出しているので父国長を継いだことは間違いない。それを次に掲げる。

（読み下し）

当国観心寺領、同国観心寺庄段銭以下、臨時課役并びに撿斷等の事。
免許せしむべきの由、今月九日御判成さるる所なり。
存知せしむべきの状件のごとし。
応永廿四年八月十二日
左衛門尉（遊佐国盛）
菱木掃部助入道（盛阿）殿

（大日本古文書・観心寺文書）

畠山満家は応永十七年（一四一〇）から十九年（一四一二）まで管領をつとめた後、応永二十八年（一四二一）から永享元年（一四二九）まで二度管領をつとめている。応永三十年（一四二三）義持は将軍職を嫡子義量に譲った。しかし義量は二年後に病死したのである。義持には義量以外に実子はなかった。後継者は重臣らに任せるという遺言があり、急遽重臣会議が開かれ、後継者は義持の弟四人の中から選ぶほかなかった。前代未聞にもくじ引きが行われることになったのである。氏神六条八幡宮の神籤で後嗣を選ぶことになり、管領畠山満家が神前においてこれを探ったところ天台座主の青蓮院義円（のち義教）が当籤したのである。青蓮院義円は還俗して義教と名のり、六代将軍となったのである。これを主宰したのは管領畠山満家であった。次期将軍のくじ引きによる決定は室町幕府が有力守護の連合政権であることを象徴する事件であったといえる。義持は後継者指名によって有力守護の結束が乱れることを恐れたのであり、鎌倉公方足利持氏が将軍就任を狙っており一層幕府の結束を固める必要に迫られていたのである。正長元年（一四二八）九月、我国最初の大土一揆（徳政一揆）が将軍交代のいわば政治的空白期を狙って京都を襲った。京都の土一揆は管領畠山満家が何とか鎮圧した。当時守護代であった遊佐国盛も満家をたすけて従軍したと思われる。この土一揆はたちまち幾内を中心に諸国に波及した。

播磨・伊賀・伊勢・河内・和泉・若狭などで一揆が蜂起したのである。奈良では興福寺が徳政令を出し、五年以上前の借用書は無効とし、去年以前の未進年貢は免除することとしたのである。

この興福寺の出した徳政令に関して越中国高瀬荘の争論についても関連するが、それについては「越中の遊佐氏」で後述する。土一揆の蜂起は荘園や郷村の奥深くから庶民勢力が台頭したことを示すものであったのである。『日本の歴史10下剋上の時代』（永原慶二）では、この「正長の土一揆」について大乗院尋尊は、その状況と衝撃を次のように記しているとして紹介している。

「正長元年九月日、一天下の土民蜂起す。徳政と号し、酒屋土倉寺院等を破却せしめ、雑物等ほしいままにこれを取り、借銭等悉く之を破る（借金証文を破棄した）。管領之を成敗す。日本国開白（闢）以来、土民蜂起初めなり」としている。この「管領」は畠山満家を指している。またこの「正長の土一揆」は、京都ばかりでなく奈良方面でも激しい動きを示した。それを示す貴重な史料が残されているのである。同じく『日本の歴史10下剋上の時代』では次のように記している。「現在は奈良市の市域に入っているが、旧添上郡柳生村の昔の柳生街道に面して地蔵尊を彫りつけた花崗岩の巨石がある。その地蔵像に向かって右下の部分に、もう風化して判読するのもむつかしいがかすかに文字が刻みこまれている。『正長元年ヨリサキ者カンヘ四カンカウニオヰメアルヘカラス』この二十七字がその全てである。

文意は『正長元年以後、神戸四カ郷にはいっさい負債がない』つまり正長元年以前の借金は棒引きとなったということである。神戸四カ郷とは大柳生・坂原・小柳生・邑地の四村をさす。おそらく正長の大一揆で、このあたりでは徳政がかちとられ、そのよろこびを郷民のだれかが地蔵を彫った巨石の脇に刻みこんだものであろう」としている。さらに問題の巨石について「高さ三メートル、正面幅三・五メートル、側面幅二・五メートルもある。徳政碑文はその右下寄りのところにあり、その彫刻面は縦三十三センチ、横二十一センチほどの小さなものだ」としている。同じく同書の著者永原慶二氏がこの地蔵尊を訪ねた時、郷土史家杉田定一氏が案内した。その時、杉田氏から、この「碑文」の解読までの苦心談を聞き、それを紹介している。「杉田氏がこの碑文にとりくんだのは大正三年（一九一四）のころであった。七十歳過ぎの杉田氏だから、まだ二十歳そこそこのころの日の事である。通称疱瘡地蔵とよばれていたこの地蔵尊に信仰をよせる村人はあっても、この碑文に関心をよせる人はいなかった。杉田氏はひとりこのさだからぬ碑文にとりつかれ、苦心のすえ、どうやら字の形のほぼわかる拓本もとった。

いろいろ調べるうちに、江戸のなかごろ享保年間（一七一六―三五）に柳生藩の松田四郎兵衛が記した『柳生家雑記録』の『袖隠抄』のなかに、『地蔵石に正長元戊申年春日四箇郷の事書付有』とあるのがこの石だということもわかったが全体の文意はおろか文字さえ解読できない……そうこうするうちに十年の歳月が流れた。ところがたまたま大正十三年（一九二四）、渡辺世祐氏の『大日本時代史』第七巻『室町』を読んだところ、正長の徳政一揆にふれた記事があり、その瞬間『これだ！』と直感した。

杉田氏はとるものもとりあえず拓本をもって東京帝大の史料編纂所にかけつけ、渡辺氏に面会し鑑定を仰いだ。こうして杉田氏は十年ぶりに疑問を解決しそれが徳政一揆の稀有の史料であることを確認した」と記している。こうして歴史の貴重な扉が一枚開かれたのである。

㈢　将軍足利義教の時代

前代未聞にも神籤で将軍となった義教にはどんな運命が待ちうけていたのだろうか。

こうした社会の動揺が深まってきた情勢の中で将軍となった義教は将軍専制を強めることで克服しようとしたのである。守護家に対しても強圧的態度でのぞみ廃立を繰り返し、公卿にも処罰を強行したのである。国人の台頭が目覚しい大和国に対して大軍を派遣し、陣中で四職家（侍所頭人職・山名・一色・赤松・京極家）の一人一色義貫を誅殺し、さらに伊勢守護土岐持頼をも誅殺したのである。次は赤松氏であろうと噂された。「万人恐怖」したという。この間、永享五年（一四三三）九月十九日、畠山満家が病死した。享年六十二歳。家督は嫡子持国に代わった。持国が守護を継承したが遊佐国盛が引き続いて守護代をつとめている。畠山持国の安堵状を受けて遊佐国盛が小守護代菱木七郎右衛門入道に遵行状を下しているので次にそれを掲げる。

（読み下し）

河内国観心寺雑掌申す同国観心寺七郷地頭領家両職半分の事。

今月十五日御遵行の旨に任せ、当寺雑掌に沙汰し付くべきの状件のごとし。

遊佐久叟

徳盛　（花押）

永享十年十一月十六日

菱木七郎右衛門入道殿

（大日本古文書・観心寺文書）

こうした中、将軍義教の専制政治は鎌倉公方足利持氏が親将軍家の執事上杉憲実を追放したのを咎めて持氏討伐の決行を決意し、永享十一年（一四三九）関東討伐軍は上杉憲実と協力して持氏を自刃させた（永享の乱）。次いで持氏の遺児を擁して結城城に拠る結城氏朝を遺児とともに滅亡させた（結城合戦）。

こうした義教の恐怖政治に対して各守護大名は驚愕した。義教の鉾先は管領家畠山家にも向けられた。

こうした折、守護畠山満家・持国に仕えてきた守護代遊佐国盛が永享十二年（一四四〇）八月二十日に没したのである（『師卿記第三』）。永享十三年（嘉吉元、一四四一）一月二十九日、持国は将軍義教の勘気を受けて、にわかに京都から河内に下り八尾に隠居したといわれる。同行したのは西方国賢ら側近であった。勘気の理由は先の結城合戦の折、義教の命に拒んだともいわれるがはっきり判らない。

こうして畠山氏の家督は持国の腹違いの舎弟持永と交代した。これに伴って守護代も遊佐勘解由左衛門尉国政となった。国政は遊佐国盛のもとで越中にも関わりをもっていた。『守護領国支配機構の研究』（今谷明）では「『建内記』に持永派の有力内衆として『遊佐勘解由左衛門尉』と記され『満済准后日記』に『遊佐息勘解由左衛門尉』とあるのを勘案して勘解由は遊佐国盛の子と推定され一応守護代と推定した」と記している。『建内記』では将軍義教の鉾先をかわし畠山氏を守るために持国と遊佐勘解由左衛門尉国政・斉藤因幡入道が事前に了解の上行われたとしているが、筆者は事実はそうではないと考えている。逆に将軍義教の各守護に対する家督相続の介入の機を好機と捉えて庶子同士の畠山持永と遊佐国政らが画策したと考えるのが妥当であろう。遊佐国盛が少なくともあと半年永らえておれば、畠山持永・遊佐国政らの謀反はなかったであろう。遊佐国政は国盛の子としても、その「生き様」から考えて、到底嫡流とは考えられないためである。庶子同志の策謀であったと考えるのが妥当であろう。

畠山氏の有力被官が分裂して家督争いが起る最初の事件といえる。次いで四職家赤松氏に鉾先が向けられるのではないかと噂されていたが、こうした中、赤松満祐は病気と称して嫡子教康を家督にし、隠居したのである。一方義教は討伐戦もようやく完了して、戦勝祝賀の中にいた。赤松満祐は嘉吉元年（一四四一）六月二十四日将軍義教を京都の自邸に招いた。戦勝祝賀と嫡子教康の家督祝いの招宴と合点した。義教は警戒など全くなかった。『赤松円心・満祐』（高坂好）により概略すると次のようである。

「その日はあいにく雨に風さえ加わっていた。義教の行列が赤松邸に入ったのは申刻(午後四時)であった。供奉していた面々は三条実雅・管領細川持之・山名持豊（宗全）・赤松貞村・一色五郎らが扈従していた。畠山持永もこれらに混じって名を連ねていた。酒宴が始まり、二回、三回と諸大名の間を酒が廻っていった。そして、庭の能舞台では、赤松家ひいきの観世の能楽師によって猿楽能が演じられていた。やがて、一刻(二時間)ばかり経った時、突然邸の内の方でドドッと何かのとどめく音がした。不意の物音に義教は『何事ぞ』と回りの者に尋ねた。三条実雅は『雷鳴でしょう』とのんびり返事した。ところが、このとき遅し、義教の御座の明障子を押し開けて甲冑に身を固めた数人の武士が踊り入りアッと驚く将軍の頸を後ろから刎ね飛ばしたのである。こうして酒宴の席は一瞬にして血染の修羅場と化したのである。将軍の頸を落としたのは家中きっての勇者安積監物行秀であったという。戦うものはわずかであり討死し、または重症を負った。畠山持永なども戦わず右往左往したあげく逃亡したのである」としている。これがいわゆる「嘉吉の変」である。あまりに突然の出来事に居並ぶ重臣各守護大名はただ呆然としている間に、赤松満祐・教康らは本国（播磨）に引き上げている。将軍の死は「自業自得」・「犬死」であったと評されている。赤松満祐はやられる前に先手をうったのである。管領細川持之はともかく義教の八才の嫡子義勝の家督を定めた。一方隠居していたの突然の難局に忙殺されており、赤松氏討伐は後手に回らざるをえなかったのである。一方隠居していた畠山持国は、失脚は遊佐勘解由左衛門尉と斉藤因幡入道両人の策謀だとし、その非を鳴らし、同年（嘉吉元、一四四一）七月上洛し赦免を取り付け、遊佐国政・斉藤因幡入道両名に切腹を迫った。しかし両名は畠山持永を擁して越中に逃れた。遊佐国政が越中と関係が深かったことによるものであろう。遊佐国政・斉藤因幡入道の二人は切腹もせず世上の嘲笑を浴びたという。しかし越中の国人達は持国の味方をして持永の入国に反対し、持永は結局越中で討たれたのである。畠山持永・遊佐国政らが、それぞれ、このような「生き様」を示したことは嫡子でないことを明確に示すものであろう。こうした混乱の情勢の中、ようやく赤松討伐軍が発向した。細川持常を大手軍の大将とした。復権のなった畠山持国もいち早く参陣し発向した。一方搦め手の大将として山名持豊（宗全）が進撃した。一方、播磨坂本城（兵庫県姫路市書写）に引き上げた赤松満祐らは追討軍に追われ、城山城（兵庫県揖保郡新宮町）に退いた満祐は白旗城（兵庫県赤穂郡上郡町）に逃げる道は閉ざされ大勢は既に決したことを悟り、ここで満祐は安積行秀に介錯を命じ自刃したのである。安積行秀も介錯後、その後を追って自刃した。安積行秀は赤松勇士の最後の華を飾ったのである。山名持豊（宗全）はその快進撃により、赤松満祐を城山城で討死させた功によって赤松氏の旧領を恩賞として授かった。山名氏はかって「明徳の乱」で敗北し衰退していたが山名持豊（宗全）で名誉回復したのである。こうして、後日「応仁の乱」では西軍の旗頭になるのである。管領細川持之は義教暗殺後は、義教に対する怨嗟を一身に負うことになり、翌嘉吉二年（一四四二）に病臥していたが、心身の耗弱も手伝って没した。その跡は畠山持国が復活を遂げた旧守護大名の輿望を受けて管領に就任した。こうして管領となった持国は「権勢無双」と称されるようになった。わずか八才で第七代将軍となった義勝は管領細川持之、次いで畠山持国によって代行されたが嘉吉三年（一四四三）七月二十一日、赤痢のため急死したのである。幸い義勝には弟がおり、これが家督を継ぎやがて第八代将軍義政になったのである。跡を継いだ義政は宝徳元年（一四四九）十五才で征夷大将軍となった。

畠山氏略系図　(2)

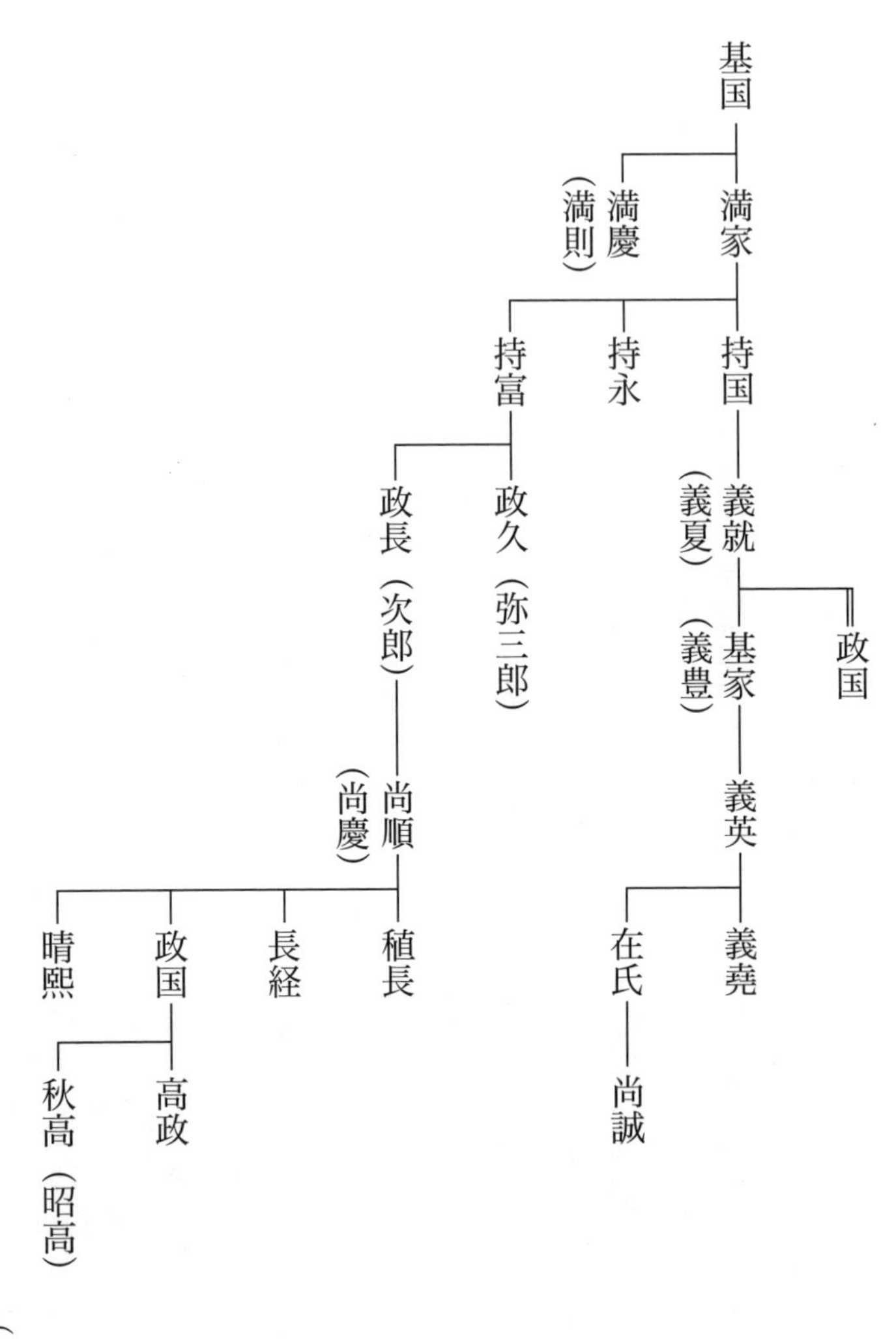
基国
満家
満慶（満則）
持国
持永
持富
義就（義夏）
政久（弥三郎）
政長（次郎）
政国
基家（義豊）
義英
尚順（尚慶）
義堯
在氏
尚誠
稙長
長経
政国
晴熙
高政
秋高（昭高）

（＝養子）

赤松氏略系図

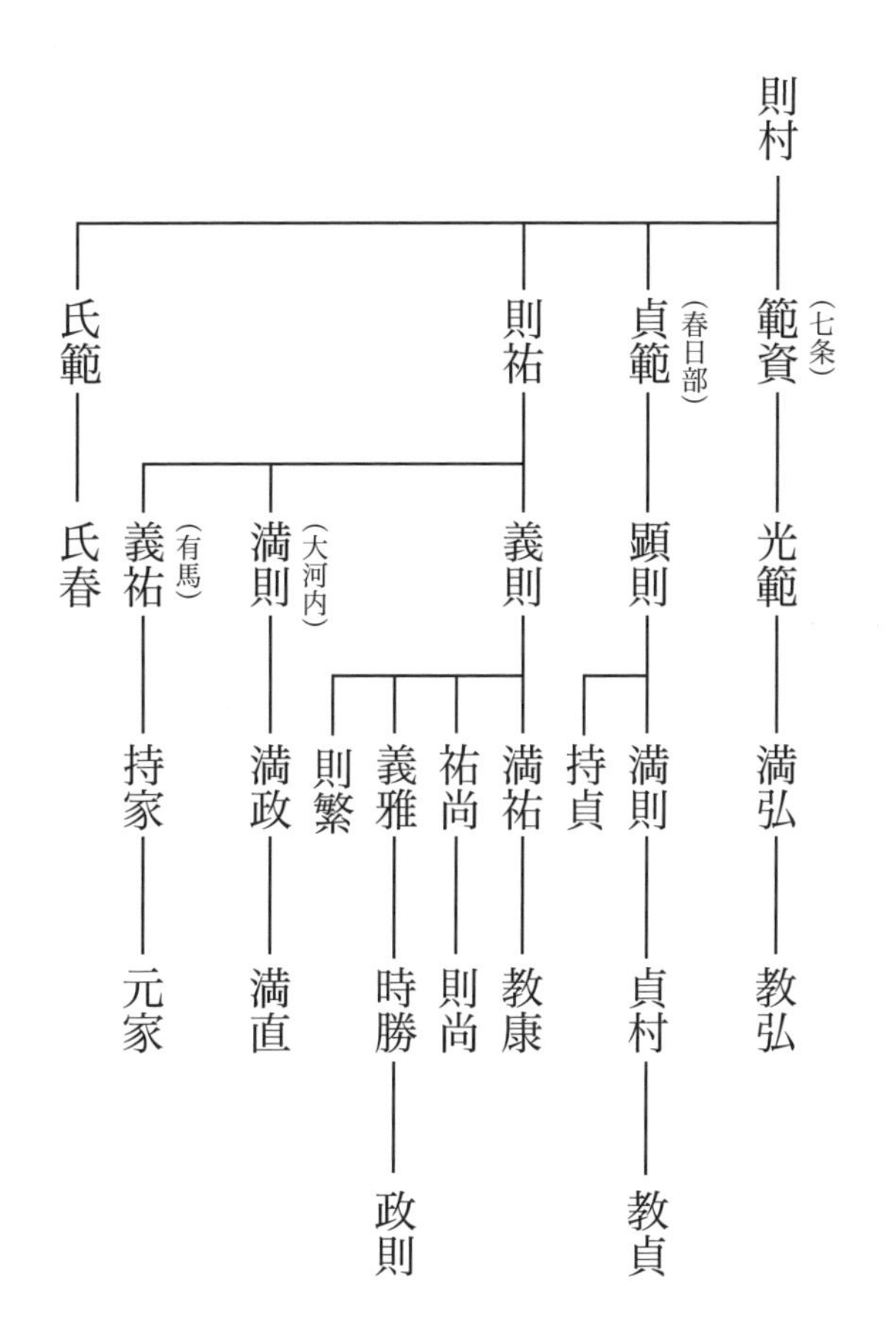

則村
（七条）
範資
光範
満弘
教弘
（春日部）
貞範
顕則
満則
貞村
教貞
持貞
則祐
義則
満祐
教康
祐尚
則尚
義雅
時勝
政則
則繁
（大河内）
満則
満政
満直
（有馬）
義祐
持家
元家
氏範
氏春

(四) 将軍足利義政・義尚の時代

将軍義政は「応仁の乱」や東山文化に代表される「銀閣寺」(慈照寺)の造営ですでに広く知られているが、義尚は義政と日野富子との間に生まれた実子である。この時代に管領家守護畠山氏の家督争いが発端となりそれに将軍家の後嗣問題が絡み合い天下の大乱「応仁の乱」が起きるのであるが、それはどのような状況の下で起きたのであろうか。また有力被官の遊佐氏がどう関わっていったのであろうか。

それを、これから見ていくことにしよう。前述したように将軍義教による畠山氏の家督介入により、畠山持国と舎弟持永の家督争いが起き惣領制に動揺が生じ、同じく筆頭被官の遊佐氏にも一家分裂が見えてきたのである。「嘉吉の変」後、畠山持国が家督を取り戻すと、論功行賞と思われる大規模な人事刷新が行われて、分国の支配体制は一変する。河内では守護代は畠山氏の筆頭被官である遊佐氏が襲職してきたのであるが「嘉吉の変」後は持国が河内に没落していた時に同行した西方国賢に代わったのである。『室町時代の河内守護』(今谷明)では次のように記している。「守護代は僅かの例外を除いて遊佐氏の襲職する所であった」としており、この例外は遊佐氏に代わって西方国賢が守護になったことをさすのであろう。『室町時代紀伊国守護・守護代等に関する基礎的考察』(弓倉弘年)では次のように記している。「嘉吉の変後持国が守護に復帰すると、論功行賞と考えられる大規模な人事が行われ在地の支配体制は一変する。河内では遊佐・野尻・菱木に代わって、西方・猿倉の名が見える。紀伊では……口郡においては遊佐・草部から誉田・原・法楽寺に交替する」としている。

畠山持永・遊佐国政・斉藤因幡入道らの策謀によって没落した衝撃は大きかったであろうと思われる。では西方国賢は如何なる人物なのであろうか。『河内長野市史第一巻』では「西方(国賢)は当時河内小守護代(遊佐氏の代官)、猿倉正遵は郡代だったらしい」と記している。

『守護領国支配機構の研究』(今谷明)の「津川本畠山系図」では、西方国賢について次のように記している。畠山満家からの略系図は次の通りである。

畠山満家━┳持国
　　　　　┣持永
　　　　　┣持富
　　　　　┗国賢(西方・分地河州・八尾立石領主)

これによると西方国賢は持国の末弟であり、西方に猶子として入嗣したのであり畠山氏の一族である。畠山氏の分裂は持国の家督問題に端を発し、それに連動して遊佐氏も一族が分裂していくのである。

ところで、畠山持国の跡目は如何なる理由で弟の持富に定められたのであろうか。持富は嘉吉二年(一四四二)十一月義勝の元服や将軍宣下の諸儀に際して、持国が当時出家して法体の身であったため法体を忌む祝儀に兄持国に代わって執行したのである。これは持国が法体の父満家に代わって義教に加冠し、将軍宣下の諸儀を行った先例にならったものであった。この義富の一連の活動は畠山持国の家督継承者としての行為と見てよいのである。このことから遅くとも嘉吉二年(一四四二)末までには、持富が持国の跡目に決められていたと考えられる。一方持国の庶子(妾腹の子)畠山義就は永享七年(一四三五)または永享九年(一四三七)生まれといわれ嘉吉二年(一四四二)の時点では六才か八才の小児であった。従って持国の跡目の決定は切迫した問題として義就の成長を待っていられなかったのではないかと思われる。これに加えて「嘉吉の変」後、持富がとった行動も考慮する必要がある。将軍義教の横死後、持国と持永の対立が深まる中で嘉吉元年（一四四一）七月四日、持富は河内の持国の元に走り、これが契機になって持永が没落したといわれる。このように持富の持国への帰参は持国と持永との対立の狭間にあって決定的ともいえる動きであった。持国が持富を跡目としたことは、この時の行動に対する論功行賞的色彩が濃いといえよう。義教の横死後、持国は諸将の輿望を受け、嘉吉二年（一四四二）六月に管領になったが、その後文安二年（一四四五）三月まで管領をつとめたあと、年令わずか十六才の細川勝元と交代した。義政が征夷大将軍となった宝徳元年（一四四九）十月に再び持国が管領になったが、享徳元年（一四五二）十一月には再度細川勝元と交代した。以後、当分は細川勝元の管領が続くことになる。畠山持国は宝徳二年（一四五〇）二月、山城守護を兼帯した。その時、遊佐国助を守護代に任じた。これ以降、遊佐国助は畠山持国の筆頭被官として、持国、庶子義就に仕えていくことになる。

次に遊佐国助が山城守護代として遵行状を発しているのでこれを掲げる。

東寺雑掌申す山城国久世上下庄・上野・拝師・植松庄等段銭以下臨時課役の事。先々免除の上は、御下知状に任せ、使者入部を停止すべきの旨、去んぬる三月廿九日御施行此のごとし（案分之裏を封ず）。存知せしべきの状件の如し。

宝徳弐

五月八日　　　　（遊佐）国助判

中村掃部入道（道吉カ）殿

（読み下し）

（大日本古文書・東寺百合文書）

こうした中、畠山持国の跡目は文安五年（一四四八）十一月になって、突然、持国の庶子義就を元服させて持富に代えて義就を家督としたのである。こうした畠山持国の強引な仕置きが、畠山氏とその有力被官遊佐氏等の分裂を引き起こしたのである。畠山持富は宝徳三年（一四五一）三月二十七日以降、享徳三年（一四五四）四月三日までの間に没したものと見られる（『中世後期畿内近国守護の研究』（弓倉弘年）。享徳三年（一四五四）四月反義就派の遊佐・神保・土肥・椎名らの被官らが義就の家督継承に反対して持富の子弥三郎（政久）を立てようとする動きが発覚したのである。『後鑑第三編』では次のように記している。「立川寺年代記云　三年（享徳）甲戌。遊佐。神保。土肥。椎名叛二畠山伊豫守一。欲レ執二立同名彌三郎成總一。伊豫守聽レ之。同卯月四日。推二寄神保館一。備中父子被二切腹一。彌三郎憑二細川方一八月落。」としている。弥三郎の実名は『室町幕府と守護権力・補論・畠山弥三郎の実名について』（川岡勉）では次のように記している。「畠山弥三郎については、古くから同政長と同一人物として扱われてきたが、今谷明氏の研究によって政長の兄であることが明らかになった。……それまで実名を持っていなかった弥三郎は、このとき義政から「政久」の諱を拝領したのである。「成総」でも「義富」でもなく、「政久」こそが弥三郎の実名であったと結論づけられる」としている。

なお『守護領国支配機構の研究』（今谷明）では「成総」は弥三郎の実名ではなく「成惣領」の意、「総（領）と成さんと欲す」と解釈すべきであると提唱されている。こうして反持国・義就派の動きに対し、持国・義就派の守護代遊佐国助らは京都の神保館に先制攻撃を行ない神保越中守父子は切腹させられ弥三郎は細川邸に逃れたのである。しかし享徳三年（一四五四）八月には、形勢は逆転し、細川勝元の支援を受けた弥三郎（政久）方がまき返し八月二十一日、持国は能登守護畠山義忠邸に逃げ込み、次いで建仁寺西来院に隠居してしまった。義就は被官の遊佐河内守(国助)らと伊賀方面に逃走したのである。『立川寺年代記』

にある「遊佐」はいったい誰なのであろうか。『長禄寛正記』では享徳三年（一四五四）四月に河内守遊佐国助が神保館を襲撃した際の事として、「去享徳三年四月……神保宗右衛門。遊佐新左衛門ハ山名右衛門佐ノ宿所ニ忍居ケリ」とあり遊佐新左衛門は神保氏とともに山名持豊邸に逃れたのである。また同書の長禄四年（一四六〇）十月十日河内守国助との神南山（三室山・奈良県生駒郡斑鳩町神南）での戦いでも「遊佐新左衛門長直大将ニテ大和勢押寄ル」とあり、享禄三年の遊佐新左衛門の実名は記されていないが、長禄四年の遊佐新左衛門長直と同一人であると考えたい。

さらに『山名宗全と細川勝元』（小川信）では次のように記している。

「しかし畠山家の御内（直臣）の中でも重臣の神保越中守・同宗右衛門・遊佐長直らは日ごろ弥三郎に心を寄せていたので、持国の振舞いを恨み、弥三郎を立てて義就を除こうと同志を募って密謀をこらし始めた。享徳三年（一四五四）四月その陰謀が露顕し、怒った持国は家臣遊佐国助らを遣わして越中守・長直らを襲わせた。越中守は殺されたが、長直・宗右衛門らは山名宗全の邸に逃れ弥三郎も逃げ出して細川勝元の邸に匿われた」としている。小川信氏は反持国・義就派の遊佐氏を遊佐長直としている。

遊佐長直は弥三郎（政久）の没後も家督政長の被官として遊佐国助と争闘を続けていくことになる。『長禄寛正記』では弥三郎（政久）と政長とは区別してなく混同して使われているため混乱させている。『中世後期畿内近国守護の研究』（弓倉弘年）では遊佐国助について次のように記している。

「遊佐国助と隅田某も、永享十三年（一四四一）に持国が河内に逼塞した際、持国に近侍していたと考えられる」としている。一方、畠山政長被官遊佐長直はこれ以降、畠山政長の有力被官の筆頭として、仕え、この後、「明応の政変」で畠山政長とともに自刃する運命になるのである。ここで、遊佐長直の家紋について記しておきたい。遊佐長直の家紋は『見聞諸家紋』に掲載されており『見聞諸家紋』はまた『東山殿御紋帳』ともいわれ将軍義政の頃、将軍家初め守護大名から国人層に至るまで諸家の家紋を集禄した古書である。そこに示されている遊佐長直の家紋は「六瓜に唐花」である。筆者遊佐氏は代々「五瓜に唐花」である。いずれにしても一族であることをうかがわせるものであろう。

遊佐氏は畠山氏の有力被官として守護代を世襲してつとめてきた。河内では畠山基国の守護代は遊佐国長であり、基国のもとで活躍したことはすでに述べた。遊佐国長の後は『室町時代の河内守護』(今谷明)では遊佐国盛について次のように記している。「応永十九年長護(國長)死後、守護代を継承したのではあるまいか」としている。「嘉吉の変」後、遊佐氏に代わり、持国の近臣西方国賢が守護代となった。遊佐国盛没後の遊佐氏はどうなったのであろうか。これが最大の焦点となる。これまで遊佐国助・遊佐長直の名を挙げてきたが、両人の関係はどのようになるのであろうか。『日本歴史大辞典9』では井上鋭夫氏は河内守護代遊佐氏について推定としながらも「通字」から次の系を掲げている。筆者も異存はない。さらに国長の跡は国盛であるのは明らかなので、国盛を入れると左記の下段のようになる。

遊佐国長┬遊佐国助
　　　　└遊佐長直

遊佐国長――遊佐国盛┬遊佐国助
　　　　　　　　　　└遊佐長直

次に遊佐国長・遊佐国盛・遊佐国助・遊佐長直のそれぞれの花押を次に掲げる。これらの花押から遊佐国長・遊佐国盛・遊佐国助・遊佐長直は同じ系統の花押と考えてよく、特に遊佐国助・遊佐長直の花押は酷似しており、兄弟と見てもよいであろう。

遊佐国長花押

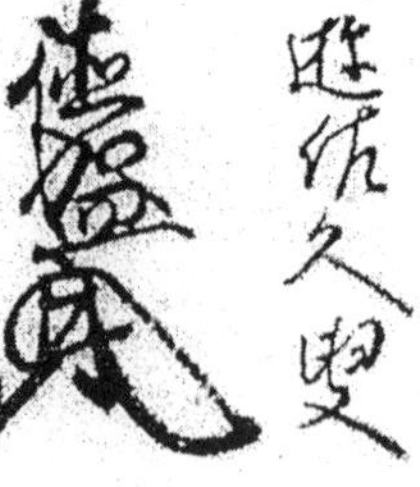

遊佐国盛花押

遊佐国助花押

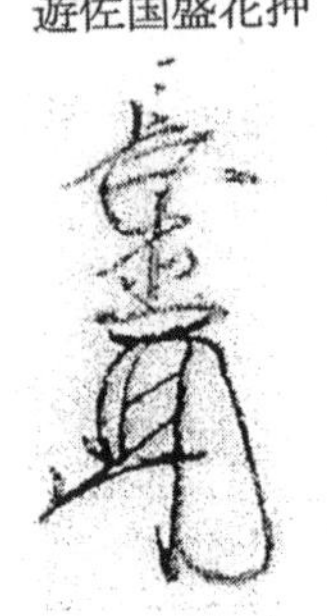

遊佐長直花押

こうして細川勝元の支援を受けた畠山弥三郎（政久）は持国を隠居させ家督を相続して幕府に出仕した。弥三郎（政久）は持国の邸宅に入り享徳三年（一四五四）九月十日には弥三郎（政久）が建仁寺西来院（京都市東山区）に隠居していた持国を自邸に迎えている。これは弥三郎（政久）が持国の正統な後継者であることを示すために行なわれた行為であろう。持国を隠居に追い込んだままでは都合が悪く、持国を迎えた上で九月二十二日に正式の家督承認となったと考えられる。この事態に対し、持国とともにあった側近の西方国賢らは面目ないと称し、自刃したのである。正に「名こそ惜しけれ」の「生き様」を身をもって示したのである。『康富記』の享徳三年（一四五四）九月十日条にその様子があり次にそれを掲げる。（読み下し）

「十日戊午　畠山左衛門督入道徳本、建仁寺西来院に隠居させらるるの処、弥三郎家督を相続するの間弥三郎方より迎え取り、屋形に同居す。是弥三郎成敗毎事入道の気色に任すべきの故なりと云々。爰に一族西形入道父子并聟、其の外従類八九人切腹。立ち帰るべきの条面目無きの由称するの故自殺すと云々」

と記している。『師卿記第五』の九月十日条には同様に西方の自刃を伝えており、西形は西方と同人である。

このような中、十一月に至り、状況が大きく変化する。弥三郎（政久）が隠居していた持国を自邸に迎えたことで持国方の影響力が復活したことが考えられ、持国は当主の座に復帰したのである。十二月に入って形勢は三転した。将軍義政の庇護を受けた義就が赦免を受けて、十二月十三日に上洛し翌十四日幕府に出仕した。将軍の後ろ楯を得た義就の前に、弥三郎（政久）は何ら有効な手段はなく、同十二月二十六日、弥三郎（政久）は没落した。享徳四年（一四五五）三月二十六日持国は五十八才で没した。義就は晴れて家督となり河内・越中・紀伊の守護職を継承したのである。一方の弥三郎（政久）も長禄三年（一四五九）までには没し（『中世後期畿内近国守護の研究』弓倉弘年）、弟政長が跡を継いだ。その後、政長は弥三郎（政久）の内衆をそのまま引きついだものと思われる。この後、政長と義就は家督抗争を「不倶戴天の仇敵」の如く争いを続けて行き、遊佐氏もそれぞれ遊佐国助は畠山義就方として遊佐長直は畠山政長方として分裂していくのである。この畠山氏の分裂が発火点となり、さらに将軍家の後継問題が複雑に絡み合い細川勝元・山名持豊（宗全）をも巻き込み「応仁の乱」へと突入していくことになるのである。『戦国期河内畠山氏の動向』（国学院雑誌・弓倉弘年）に倣い便宜上、畠山政長の子孫を政長流畠山氏とし、畠山義就の子孫を義就流畠山氏と称していきたい。享徳元年（一四五二）以来、管領は細川勝元であったが、時の将軍義政は何の政治的定見を持たず、ちょっとした思惑のもとに決定がなされて行ったのである。暗殺された父義教の強烈な個性とは逆に性格的には意志薄弱であった。持国没後に義就は家督になったが長くは続かず長禄四年（一四六〇）九月十六日に家督を剥奪されて河内に没落し、同二十三日政長に家督が与えられることが決定した。

畠山政長は遊佐長直らとともに幕府に出仕して正式に家督を継承し、河内・越中・紀伊の守護になったのである。ところで注目すべきことは畠山弥三郎（政久）・政長の赦免と義就の追討には、特定の理由が見出されないのである。『応仁記』によれば弥三郎（政久）・政長と義就が対立を始めて以来、互いに勘当を蒙る事三度、赦免せられる事三度、何の不義もなく、何の忠もなく、このため京童は「勘当ニ科ナク、赦免ニ忠ナシ」と笑ったという。政長が家督に復帰して、すぐさま義就の追討が命ぜられた。

細川勝元は一挙に義就の討伐をはかったのである。畠山政長は遊佐長直と奈良経由で河内に進攻しようとした。奈良で国人筒井氏と合流しようとしたのである。長禄四年（一四六〇）十月法隆寺門前の龍田（奈良県生駒郡斑鳩町）に陣取っていた政長に対し、義就軍の遊佐国助らが攻め寄せ、河内に政長軍を侵入させない決意であった。政長軍には大和国人筒井氏が一方義就軍には越智氏が加わった。龍田西口で交戦（龍田合戦）。次いで神南山（三室山・奈良県生駒郡斑鳩町神南）（神南山合戦）で義就方が破れた。この戦いで長禄四年（一四六〇）十月十日遊佐国助は討死したのである。義就は河内から急遽国境の信貴山に出張して督戦したという。この戦いの様子は『長禄寛正記』に詳しい。神南山の頂上に登って敵方の旗を見下ろし、腹を切ろうと評定した遊佐国助は郎党を呼んで次のように言い遺したという。

「一男は館御供に残し置き、末の子は出家させてわが菩提を弔えと伝えよ」と。これから国助には少なくとも二人の子息がいたことが判る。『経覚私要鈔』の長禄四年（一四六〇）十月十一日条に「遊佐国助の討死」を伝えている。義就は大和で大敗を喫した。義就は嶽山城に籠城した。

一方、政長は河内に入って若江城を収めた。この一連の戦功によって遊佐長直は河内守に任じられ、その妻には大和国人筒井順永の女が配されたのである。『大乗院寺社雑事記』には寛正七年（一四六六）二月二十一日条に「筒井女子明日畠山・遊佐所へ行向云々」と記され婚姻が整ったことを記している。

ここで筒井氏の系図を奈良県『郡山町史』に従って記載すると次のようになる。

筒井氏は畠山弥三郎・政長との関係を強めており、また遊佐氏とも婚姻を通して関係が深いので遊佐氏との繋がりを含めて記載する。（　）内は筆者加筆

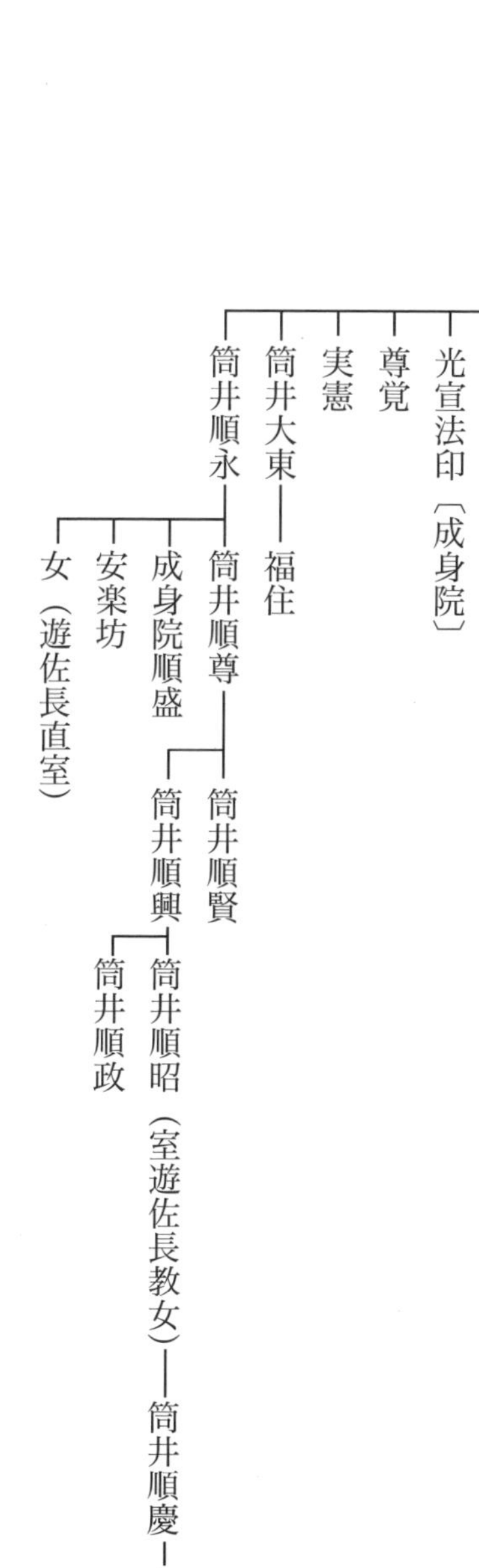

大和で大敗した義就は次いで嶽山城に籠城した。嶽山城に籠った義就であったが寛正四年（一四六三）四月十五日、嶽山城は陥落し、義就は紀州、次いで大和の奥の吉野に逃れた。

一方、政長は寛正五年（一四六四）十一月幕府の管領に細川勝元に代わって就任した。実に前後四年にわたるこの戦いは守護代遊佐国助を神南山合戦で失ったが義就の善戦が伝えられていた。

この畠山氏の内訌に関して山名持豊（宗全）は細川勝元が自分の女婿でもあり当初は勝元と連携して政長に与力していたのであるが『応仁記』によると嶽山城に籠る義就の働きを伝え聞いた持豊（宗全）は「弓

矢ヲ取テ当代ノ比類ナシ。不憫ナル事ト思ワレケリ」と持豊（宗全）が感涙したことを伝えている。その後義就は文正元年（一四六六）八月になって吉野から出て壷坂寺（奈良県高市郡高取町）に移った。南大和国人越智氏の与力によるものであったという。翌九月初めには河内まで進攻した。この時若江城に居た守護代遊佐長直は畠山政長から城の守備を命ぜられていた。『応仁記』は次のように記している。「大堀二重三重ニアケサセ。兵糧塚ヲツキ。矢楯岡ヲナシ。軍勢四五千有リケルガ。一戦ニモ不及追落サレ。長直ガ舅。奈良の筒井ノ法橋ガ方へ落行ケリ。依之義就手足ニサワル物ナク河内入国シ。我ガ家ノ子国助ガ子息ヲ元服サセ遊佐河内守と號セラル」遊佐長直がどうして一戦も交えず筒井氏の舅の所に奔ったのかは判らない。何か切羽詰まったことが起きたのかもしれない。ここの筒井の舅は筒井順永であり、畠山義就が河内守に任じたのは、遊佐国助の遺児二人の内の一人であろう。

義就の一字「就」を受けた遊佐就家であろうと思われる。『大日本野史』（飯田忠彦・嘉永四年、一八五一）では遊佐国助の跡の系として国助—順盛として掲げているが、遊佐順盛は後の守護畠山尚順の守護代であり、明らかにこの系は誤りである。

ここに遊佐国助の将軍の意を奉じた折紙と遊佐長直の安堵副状さらに遊佐国助の遺児遊佐就家の奉書（折紙）を次に掲げる。

> 河内国観心寺領御所様御造作段銭の事。今度国中平均の沙汰として
> 之を仰せ付けらると雖も、当寺に於いては、御祈祷精誠に致さるに依り、
> 御免許の上は、催促を止めらるべきの状件の如し。
> 長禄元

十月廿五日　　　　　　　　　　　　　　　　　　（遊佐）国助

大町越前入道殿

長尾三郎左衛門尉

中村与三郎（助通）殿　　　　　　　　　　（大日本古文書・観心寺文書）（読み下し）

天野山金剛寺間の事

右、代々御判の旨に任せ、四至の内、田畠山野以下、所当官物并びに国役臨時雑事を免除せられ、殺生を禁断する所なり。然れば此の旨を守り、寺務を全うせらるべきの状件の如し。

寛正四年六月廿日　　　　　　　　　　　　（遊佐）長直

当寺住侶御中　　　　　　　　　　　　　　（大日本古文書・金剛寺文書）（読み下し）

河内国観心寺寺領相国寺分の事。御寄進の旨に任せ、申し付くべきの状件の如し。

文正元

十二月十七日　　　　　　　　　　　　　　（遊佐）就家

中村与三（家通）殿　　　　　　　　　　　（大日本古文書・観心寺文書）（読み下し）

「観心寺金堂」　「筆者撮影」

「金剛寺金堂」　「筆者撮影」

こうした折、畠山義就の赦免の噂が流れた。山名持豊（宗全）は義就の上洛出仕の許しを将軍家に運動する一方、文正元年（一四六六）十二月、山名持豊（宗全）の手引きで義就は上洛し、二十五日千本釈迦堂に陣した。ともかく義就の上洛強行によって「応仁の乱」の導火線に点火される結果となった。

山名持豊（宗全）は畠山義就を得たことで与党糾合の力が倍加し、万一のさいは細川氏と一戦もできると確信するにいたったに違いない。筒井の舅のもとに居た遊佐長直は義就上洛のことを聞き、急遽大和から上洛した（『大乗院寺社雑事記』）。翌文正二年（応仁元年、一四六七）正月、管領畠山政長は将軍家祝賀行事の垸飯の儀を勤仕したが、翌二日将軍義政の畠山政長管領邸御成りは中止となり、政長の出仕が止められ、さらに、その邸の明け渡しを命ぜられた。一方義就が許されて同日将軍に謁し、河内・越中・紀伊の守護に返り咲いた。正月五日、義就は久々に京都に入り、山名持豊（宗全）邸を借りて将軍義政を迎え、はなやかな饗宴をひらいた。この陰では山名持豊（宗全）の暗躍が伝えられている。これは山名持豊（宗全）のクーデターといってよいであろう。すでに山名邸には畠山義就や一色義直らが参集している。

畠山政長が参仕停止の命をうけて細川勝元邸に駆け込んだ。山名持豊（宗全）の動きを知った細川勝元は山名持豊（宗全）の暴挙に激怒したが、すでに八日には山名持豊（宗全）は室町邸を囲ませており、将軍家をいわば占拠したうえ、管領畠山政長から斯波義廉への管領就任をとりつけたのである。

さらに将軍義政は細川勝元に対し政長と手を切るように命じていたのである。持豊（宗全）の圧迫によるものである。政長は孤立した。義就は一挙に政長打倒をはかり、将軍家に政長追討を出願した。政長はすぐさま相国寺の北側にある上御霊神社の森に陣取った。これは神保長誠の献策と言われ、遊佐長直も参陣している（『応仁記』）。政長は勝元邸に近くその援助を求めたのである。また『応仁記』では「義就ノ河内守」と記されており、これは遊佐就家を指しており、遊佐氏も両派に分かれ戦っていたのである。将軍義政は戦火の拡大を恐れて急遽、持豊（宗全）・勝元以下の諸将に対し政長・義就の戦いに介入しないようにとの布達を発したが、それはほとんど意味がなかった。

政長の蹶起の報により翌十八日午後に義就は上御霊森を襲った。勝負はつきかねたが義就方に斯波義廉や山名軍が与力したため義就の大勝となり政長は敗走し、ひそかに勝元邸に逃れた。勝元は将軍の命もあり動かなかった。上御霊社の合戦はあくまで政長・義就の私闘にとどまり持豊（宗全）はまだ兵火をまじえずに終わっていたのである。だが大乱はすでに深く潜行したかたちをとりながら進んでいたのである。この頃、将軍家にも波乱含みの状態であった。寛正五年（一四六四）十一月将軍義政は政治に興味を失って隠居しようとはかり、弟である浄土寺義尋を自らの後継者に定めた。義尋は翌十二月に還俗して名を義視と改めた。浄土寺義尋は、もし日野富子に男子が生まれたら僧籍に入れるという約束を取った。ところが、一年後の寛正六年（一四六五）十一月に富子が男子（後の義尚）を出産したことによって、義視の立場はたちまち不安定になったのである。日野富子は義視を廃して自身の生んだ義尚を跡継ぎにしようとしたため、富子と義視との間にはたちまち冷たい対立の空気がながれはじめた。富子はうしろだてに山名持豊（宗全）を選ぶと、義視は勝元を頼った。もともと細川勝元は山名持豊（宗全）の女婿であり、両者は初め畠山氏の争いに対しては一致して畠山政長をおしていた。だが「嘉吉の変」で滅んだ赤松氏を再興して山名持豊(宗全)の対抗馬にしようとした。山名氏は「明徳の乱」で敗北し衰退していたが、山名持豊（宗全）が「嘉吉の変」で赤松追討の軍功により、その遺領を手に入れたのであり、細川勝元の仕打ちに憤激したのは当然であった。ここで富子と義視の対立はたちまち持豊（宗全）と勝元の対立に転化し、さらに前者は畠山義就を、後者は畠山政長を引き付けたから、両派の対立はついに幕府の実力者たちを二分して争わせることとなったのである。「応仁の乱」はいよいよ目前に迫ってきた。文正二年（一四六七）二月の中頃になると周防の大内政弘が東上するという風聞が流れた。四月に入ると、山名方の年貢米が途中丹後・丹波あたりで細川方に略奪されるという事件が起き、播磨では細川方が山名方を攻撃する事件が起きた。こうして地方から戦乱が開始されたのである。

京都市中も物情騒然となり、山名方・細川方それぞれ諸国の兵を募ったのである。六月に入ると両軍の勢力分野はほとんど確定した。「大乗院尋尊」の記す両軍の主要勢力は次の通りである。

東軍
細川右京大夫（勝元）、同讃州（成之）、同和泉守護（常有）、同備中守護（勝久）此外一類、京極入道（持清）、赤松次郎法師（政則）、武田（信賢）
西軍
山名入道（宗全）、同相模守（教之）、同大夫、同因幡守護（勝豊）此外一類、斯波武衛（義廉）、畠山衛門佐（義就）同大夫（義統）、土岐（成頼）、六角（高頼）以下十一人大名廿ケ国勢共也

こうして、両軍ともに大兵力がぞくぞくと入京し、露営する兵士たちが辻々にあふれた。勝元派は幕府を本拠に、その北側の細川邸に本陣をかまえ、持豊（宗全）派はそれぞれ堀川をへだてた西側の山名邸を本陣とした。それぞれ壕を掘り、櫓をかまえ、のちに井楼を設けて陣地を構築した。大乱の当初から勝元派は東軍、持豊（宗全）派は西軍と呼ばれた。『日本の歴史10下剋上の時代』（永原慶二）では次のように記している。「山名党は西軍とよばれ、『西陣』の地名も生まれることになった」としている。東軍の総勢あわせて十六万一千五百余騎、西軍は総勢十一万六千余騎と『応仁記』は伝えている。この両軍の兵員数

は後の「関ケ原」の戦いで両軍が勢揃いして開戦したものではなく、「応仁の乱」では十一年間にわたる大乱に参加した延べ兵員数と理解すべきであり、漸次上洛してきたのである。五月二十六日から、京都市中における両軍の正面衝突がはじまった。

同日早暁、卯の刻（午前六時）ごろ、東軍が西軍の陣を攻め、戦いの火ぶたが切って落とされたのである。『山名宗全』（川岡勉）では次のように記している。「五月二十六日の朝、細川方の武田信賢が山名方の一色義直の屋形を攻撃したことにより、両軍全面戦争に突入した」としている。まず百万遍あたりが兵火にかかり、京都市街の戦火も刻々拡大していった。京都での合戦ははじめ東軍有利に展開したが、応仁元年（一四六七）八月、周防・長門等の守護大内政弘が到着してから西軍がもりかえし、以後一進一退の合戦が続いた。足軽が重要な兵力をなしたことから、放火が主要な戦術として用いられ、本来合戦には関係のない町家や寺社も焼亡した。すでに上京地帯は焼野原となった。この中で冷泉家（京都市今出川烏丸東入る）の土倉が奇跡的に戦火をまぬがれ、幸い国宝などの重要な文化的史料が現在まで残されることになったのである。この間、将軍義政の立場は微妙であった。義政は東西両軍のいずれかを支援するか、はじめ態度をはっきりさせなかったが、合戦がはじまった直後の応仁元年（一四六七）六月三日、牙旗（将軍旗）を細川勝元にさずけて、東軍支持の立場をはっきりさせたのである。この結果、西軍は幕府に反抗する兇徒・賊軍となり西軍の諸将は守護職を失うことになった。ここに東軍の畠山政長は再び畠山氏の家督として河内・越中・紀伊の守護となった。将軍夫人日野富子ははじめ義尚の将来を持豊（宗全）に託したが、将軍義政が東軍に与力することを明確にしたことにより、応仁二年（一四六八）頃には富子と義政の妥協が成立して富子も東軍方になった。このことは将軍継嗣に定められていた義視がその立場を追われたことを意味した。義視は結局西軍に迎えられ、文明元年（一四六九）には義尚が将軍の家督後継者と定められたのである。しかし、京都での合戦は文明元年（一四六九）頃を境に膠着状態に入り、それぞれ敵方の守護らの領国の攪乱をねらう形で合戦はしだいに地方に拡大した。こうした中、文明五年（一四七三）三月十八日、西軍の領袖山名持豊（宗全）が病死した。享年七十才。一方、山名持豊（宗全）の死から二ケ月も経たない五月十一日、今度は東軍の領袖であった細川勝元が急死した。享年四十四才であった。東西両将は奇しくも同年に没したのである。

そして年末には足利義尚が晴れて九代目の将軍となった。しかし戦乱はすでに諸国に拡大しつつあり両将の死と新将軍の実現によって京都で東西両軍が合戦せねばならぬ理由の大半はなくなった。すでに文明五年（一四七三）山名持豊（宗全）の死の直後にも和平交渉が行われたが、この時は畠山政長・畠山義就ともに反対したのである。しかし細川勝元の死と新将軍の誕生が大きな転機となった。両派を引き継いだ細川政元と山名政豊との間で、文明六年（一四七四）四月、両者は会見して講和を決定した。

しかし、今回も戦勝によって家督と河内・越中・紀伊の守護の獲得をめざす西軍畠山義就はあくまで反対し全面停戦とはならなかった。もはや幕府には戦争を終結させるだけの政治力もなくなっていたのである。多くの守護の領国で守護代や国人らの反守護の行動が多くなり、次々と帰国する状態が続いた。西軍が解体に瀕したので余裕を得た畠山政長はいち早く河内の奪回をはかって文明八年（一四七六）に遊佐長直を河内に下国させ、与党を糾合させた。政長方の奮起を聞き翌文明九年（一四七七）九月、最も熱心な主戦論者であった畠山義就は中央に見切りをつけた。『長野市史第一巻』では次のように記している。「畠山義就は馬上三百五十騎、兵二千を率いて下国したといわれる」としている。畠山義就は中央に見切りをつけ陣を撤して河内に下国し、河内の確保を期したのである。畠山義就の河内下国の後、大内政弘・土岐成頼らは幕府に帰参し、守護職をあらためて安堵され帰国した。土岐成頼は帰国に際し義視を伴っていた。

こうして、ここに前後十一年間に渡った京都に於ける「応仁の乱」は終結した。しかし、畠山政長と畠山義就との戦いはこれで終わったわけではなかった。

義就はこれ以後、河内の実質的支配を強く決意しており、争いの舞台は河内に移りさらに山城に拡大していったのである。まさに「不倶戴天の仇敵」とはこのことをいうのであろう。

河内に下った義就は九月末にはまず誉田城を攻め、これを落とし、さらに若江城に拠る遊佐長直を攻め、これも落とし遊佐長直を敗走させている。こうして畠山義就と畠山政長との戦いは河内で続けられた。義就が河内に下向時に初めて高屋城を築城したとされるが、これに対し誉田城であろうとの意見もあるが、『河内長野市史第一巻』では、次のように記している。「畠山基国が初めて河内国守護として入部した当初は石川城（河南町）を占拠したと思われる。次いで誉田城（羽曳野市）を築き、さらに遅れて若江城（東大阪市）・高屋城（羽曳野市）を構築したといえよう」としている。この石川城はかつて南北朝時代に畠山国清が高師泰に留守を預けられ、足利直義を迎え入れた所縁の城である。

畠山政長と畠山義就との戦いは文明十五年（一四八三）にその戦いの舞台が山城に移り続いていくのである。その後の戦いも激しさを加え文明十七年（一四八五）十二月十一日、両軍の長期対峙を憎んだ山城国（京都府南部）南半の上三郡（久世・綴喜・相楽三郡）の国人らは集会を開き、両畠山氏に対し政治的影響力を排除するため国外退去を強硬に申し入れた。いわゆる「山城国一揆」である。この集会には十五才から六十才の国人が参加したといわれ「国中掟法」を定め「月行事」など惣国の組織を整えて国持体制を確立し「三十人衆」によって以後八年間自治を行ったのである。義就・政長はこの要求をのまざるをえなかったのである。義就の追討がかくして不首尾に終わったばかりでなく、かつて山城守護を兼帯していた山城国で国人の一揆が成立し、守護勢力を排除されたことは、政長にとってはなはだ面目を失ったことであった。長享元年（一四八七）七月政長は結局管領職を下り、細川政元と交代した。

「応仁の乱」から「山城国一揆」へと歴史の激動がつづいていく中で、義政は文明十五年（一四八三）以来東山山荘（銀閣寺）に移りすべての世俗から抜け出そうと風雅の世界に生きようとしたのである。文明五年（一四七三）九才で将軍となった義尚は文明十五年（一四八三）には、成人して政務を取るようになった。四年後の長享元年（一四八七）九月将軍義尚は近江国の寺社本所領荘園の回復を名目にこれを侵略している近江守護六角高頼の討伐を諸将に命じ、将軍自らも出陣した。

管領細川政元も将軍の出陣とあらば、従わざるを得ず、畠山政長も子息尚順を従軍させ、その他多くの武将や守護も参陣した。加賀守護富樫政親もいったん出陣したが、一向一揆の勃発により、帰国したが高雄城（石川県金沢市高尾町）で一揆のため殺され、以後約百年間は「百姓の持ちたる国」となるのである。将軍義尚自らの出陣は、三代将軍義満が「明徳の乱」で山名氏、次いで「応永の乱」で大内氏を討伐のため出陣して以来ということで、洛中の人々はこの一代の壮観を一目見ようと道にあふれていた。

『日本の歴史11戦国大名』（杉山博）では次のように記している。「ここに一幅の画像がある。頭に長烏帽子をいただき、赤地錦の鎧、金襴の直垂に身をかため、黄金作りの太刀を佩いて、河原毛の馬にまたがった負矢・握弓の二十三歳の若武者が、いましも出陣しようとしているこの画像は、第九代将軍義尚が、隣国近江の守護大名の六角高頼を退治しようと、京都を出陣したときの姿を描いたものである」としている。はたして将軍義尚のこの颯爽とした出陣は将軍および幕府の権威を回復できたのであろうか。

将軍義尚は東坂本（滋賀県大津市）を経て、十月には近江鈎の里（滋賀県栗東市）に陣を張った。近江守護六角高頼はその本城の観音寺城（滋賀県安土町）を捨てて、甲賀の山深く敗走した。しかしこの征討も将軍義尚にとっては思うにまかせず、途中管領細川政元が義尚と不和になり帰京する事態となった。

戦陣は思いのほか長引いたのである。この間、義尚は過度の酒色におぼれ放埒な日々が続いたため、たちまち健康を損ね、一年半ばかりの後の延徳元年（一四八九）三月、にわかに陣中で没したのである。享年二十五才であった。日野富子の落胆は想像を絶するものであったという。将軍義尚の出陣は将軍家と幕府の権威を示そうとしたものであったが、かえって権威の失墜の様をさらけ出す結果となったのである。義尚が鈎の陣で病死すると義尚には男子がなかったため、次期将軍をめぐって、その継嗣問題が持ち上がった。ここでも日野富子が画策したようである。義政・細川政元らは義政の弟にあたる堀越公方政知の子息香厳院清晃（のちの義澄）を擁立しようとしたのであるが、これに対し、富子は義材（のちの義尹・義稙）の母が富子の妹であることから富子は義材を後嗣に定めようとしたのである。しかし法体の義政は義材の襲職に反対し、ふたたび新政を始めたのである。富子の画策は水の泡と消えたかに見えたが、義尚の死から一年もたたない延徳二年（一四九〇）正月七日義政はわが子の後を追うかのように世を去ったのである。享年五十五才。死因は中風であったという。これにより富子の画策は功をそうすることとなった。土岐成頼に伴われ美濃に逃れていた義視・義材親子は義尚の死後上洛していたがここに義材は新将軍となったのである。ところが義材の父義視が富子の意に反して新政を始めようとしたのである。義視の専横を富子が黙視しているわけがない。たちまち富子と義視との間に不和が生じていった。富子は手のひらを返すように、こんどは義材の擁立をかねがね不満に思っていた細川政元に近づき始めたのである。日野富子の暗躍ぶりは女性ながらあっぱれというべきであろう。将軍義尚・義政の相次ぐ死は当然、政局の転換にも連なったし、それ以上に大きく時代の画期をもかたちづくった。

これから以後、将軍はもはや政治の中枢に立つことはできなかったのである。守護大名も国人も、それぞれに領国経営をめざして独自の道をあゆみだす。それはすでに「応仁の乱」の過程で明白に示されていた歴史の進路であったが、将軍義尚、とりわけ義政の死はそれをもっとも鮮やかに象徴する画期となったのである。こうしてみると、将軍義尚・義政の時代の為政者たちは、いかにも無為であった。

義政はそのなかでもとりわけそうであった。そしてこの為政者たちの無為はなんといっても社会の混乱を大きくしていったことは否定できない。もちろんこの時代は、すでに見てきたように経済・社会不安が大きく移り代わってゆく変革的な時代であった。それゆえ、その激動を「成敗」できるほどの「将軍」を持ちえなかったことは、この時代に生きた人々の不幸でもあったのである。こうした折、河内では畠山政長と「不倶戴天の仇敵」として戦い続けてきた一世の「波瀾児」畠山義就も延徳二年（一四九〇）十二月十二日病没した。「北野社家日記」延徳三年二月二十六日条には、「去年十二月十三日被切腹云々」とあり、これによると死因は悪瘡が出来たためで、自ら切腹したと伝えている。畠山義就の死後、家督はその子息畠山基家（義豊）に受け継がれた。ここに於いてようやく「応仁の乱」が名実ともに終結を見たといってよいであろう。

(五) 将軍足利義材・義澄の時代

将軍足利義材は明応七年(一四九八)に義尹、永正十年(一五一三)に義稙と改名している。将軍足利義尚が近江鈎の里で陣没後、紆余曲折して将軍となった義材は将軍とはいえ、室町幕府・将軍権力が衰退していくのを象徴するかのように数奇な運命をたどった将軍である。また畠山氏がそれにどう関わり、その有力被官である遊佐氏がどう連動していったかをこれから探っていこう。新将軍義材は延徳三年(一四九一)四月前将軍足利義尚の意志を継いで、再び近江守護六角高頼征伐を目指したのである。

延徳三年(一四九一)八月近江に出陣した。前将軍義尚の時と同様に六角高頼は観音寺城を放棄して甲賀に逃げたが、十一月には近江をほぼ平定し、明応元年(一四九二)十二月に帰京した。ついで畠山政長の要請を入れて、畠山政長と長年家督相続をめぐって対立してきた畠山義就の嫡子畠山基家(義豊)を討つことを決定し、基家(義豊)が拠る河内国へ明応二年(一四九三)二月十五日出陣したのである。

しかし、この河内出陣には細川政元は反対で出陣しなかった。この河内出陣は畠山氏の家督をめぐる争いであり、いわば私戦とみなされ、必ずしも諸大名の支援を受けるものではなかった。義材は政長とその子息尚順・被官遊佐長直らを率いて河内へ進発した。正覚寺(大阪市平野区加美町)を本陣とし、誉田城の基家(義豊)への攻撃が始められた。この間、三月から四月にかけて、京都では細川政元と日野富子らは義材を将軍から更迭し堀越公方足利政知の子息香厳院清晃を将軍とすべく四月二十三日に朝廷に奏聞し、政元は清晃を自邸に迎えいれ十一代将軍としたのである。清晃は義遐・義高さらに義澄と改名するが以後義澄とする。こうして義材が出陣中に細川政元の「明応の政変」といわれる、クーデターが決行されたのである。さらに、政元は義材・政長およびその被官の遊佐長直らの拠る河内正覚寺に大軍を差し向けた。そのため義材・政長・長直らの軍勢は劣勢にたたされ完全に包囲されたのである。

畠山政長はもはやこれまでと子息の尚順を紀伊に落とした後自刃し、遊佐長直もともに自刃した。一世の「波瀾児」畠山義就はすでに没し、畠山政長もここに没した。畠山義就の有力被官遊佐国助は「神南山の戦い」で自刃し、一方政長の有力被官遊佐長直も「正覚寺の戦い」で自刃し、遊佐国助、遊佐長直ともに河内守護代嫡流の「生き様」を身をもって示したといえよう。足利義材は「正覚寺の戦い」で敗れたのち、上原元秀の軍にくだり、元秀によって京都に連れ戻され、龍安寺に幽閉されたのち上原元秀邸に移されたのである。ところが明応二年（一四九三）六月二十九日の夜、義材は折からの暴風雨に乗じて元秀邸を抜け出て、直ちに近江に向かい、琵琶湖を舟で渡り美濃経由で越中に入り神保長誠を頼ったのである。越中は畠山氏の領国であり、神保長誠は畠山政長の有力被官であったからである。こうして、からくも細川政元の手から逃れた義材ではあったが、これから義材は「流れ公方」・「島公方」と称されるように室町幕府・将軍権力が衰退していくのを具現するように漂流していくのである。その後、越中の流浪生活六年と越中から周防に渡り、ここで流浪生活八年計十四年の間、義材はその青春の二十八才から四十二才までを、不遇な異国の旅についやしたわけである。まさに「流れ公方」の名にふさわしい生き方を取らねばならなかったのである。「正覚寺の戦い」で政長の家臣団がほぼ全滅した。この「正覚寺の戦い」では畠山政長をはじめ、遊佐河内守（長直）・同息又太郎・河内守弟兵庫助・遊佐加賀守（長滋）など多くの遊佐氏の一族が戦死したのである。

『蔭涼軒日録』の明応二年（一四九三）五月五日条には、正覚寺において、畠山政長とともに切腹した戦死者等を記した名簿が書き上げられている。それは次のとおりである。

明応二年癸丑閏四月廿五日自卯刻攻正覚寺於正覚寺切腹人数事
畠山左衛門督殿。遊佐河内守。同息又太郎。河内守弟兵庫助。同名加賀守。平三郎左衛門尉。
丹下三郎右衛門尉。土肥六郎右衛門尉。長井。

廿四日夜自正覚寺落衆
畠山尾張守殿。同伴衆遊佐九郎次郎。同又五郎。斎藤兵庫助。三宅四郎次郎。相楽新。柘植次郎左衛門尉。
同右京亮。同弥太郎。

誉田城江討捕頸注文
畠山駿河守殿。池田三郎。林。神保出雲守。隅田。松岡。渋川。澿田。高井田。真木。勝福寺。
橋溝。森。

生捕之衆
畠山中務少輔殿。神保八郎廿六日於誉田城切腹。同三郎左衛門尉。同前。椎名降参。

この名簿は、明応二年五月五日条に書き上げられたものであり、合戦から十日ほど経過してからの名簿である。日記は、わざわざ後になってこの名簿を掲げたのはこの名簿が正統な手続きをふんだ公式名簿であったためであろう。これには正覚寺で政長とともに自刃した名簿と正覚寺攻めの前日の夜に畠山尚順とともに紀州に逃れた人物の名簿、畠山基家（義豊）の籠もる誉田城攻めで討取られた名簿、生捕や降参した名簿の四種に書き分けられている。いずれも畠山氏、遊佐一族など家格の高い順に書き上げられている。自刃した遊佐長直とともに同息又太郎も自刃している。遊佐長直の一族は絶えたのであろうか。遊佐長直の跡のことはのちの『後鑑巻二』の永正十二年（一五一五）十一月十九日条にみえる。

それには次のように記されている。

「遊佐河内守。遊佐又五郎。松田。三宅。誉田。井地。各御太刀（持）。」とある。

さらに、『河内長野市史第一巻』には次のように記している。

「同（永正）十二年（一五一五）十一月、畠山尚順はその息の鶴寿丸を元服させ、二郎稙長と称せしめた。将軍義稙から一字（稙）を授かった。この元服御礼に老臣遊佐河内守順盛・同又五郎・松田・三宅・誉田・井地ら六名が将軍家に参上している（『後鑑』）」としている。この河内守順盛は『蔭凉軒日録』にある政長息尚順とともに紀伊に落ちた遊佐九郎次郎・同又五郎のうちの遊佐九郎次郎であることは間違いない。

守護代遊佐氏は族滅をかろうじてまぬがれたのである。

中央の政局に話を戻そう。

細川政元は「明応の政変」でクーデターを起こし、畠山政長・遊佐長直らを自刃させたのち細川政元は丹波・摂津・大和・河内・山城・讃岐・土佐の七ケ国に実質的な守護権を握ったとされ、さらに、和泉・阿波・淡路・備中の四ケ国が細川一門の領国であり、その頂点に君臨する細川政元のもとには計十一ケ国の支配領域が形成されていたという。とまれ、政元は畿内を強力な軍事力で掌握したのである。

この「明応の政変」が戦国時代への画期になったといわれている。

細川政元は「応仁の乱」の領袖細川勝元の嫡子であり、その官途が右京大夫であり、唐名が「京兆伊」と称されたことから細川政元の専制体制を「京兆専制」といわれている（『戦国三好一族』今谷明）。

細川勝元が臨終のとき「われ死すとも小法師があるほどに家はくるしかるまじきぞ」(『蓮如上人御一代聞書』)といわれたと伝えられている。はたして勝元がいった通りになったのであろうか。以下概観してみよう。細川政元はすでに述べたように「明応の政変」で畠山政長・遊佐長直を自刃させ、将軍義材やその連累にことごとく迫害を加えて、その性格はきわめて酷薄な残忍な面を見せている。かと思うと修験道に凝って「空に飛びあがったり、空中に立ったり」して天狗の業の修行に余念がなかった。さらに女人禁制の結果として、「御子ひとりもましまさず」(『細川両家記』)ということになって、細川氏の相続問題が極めて大きな問題となって浮上したのは当然であった。とまれ、政元には妻子なく、それでは管領家細川氏は立ち行かないというわけで、有力被官のすすめで猶子を迎えることになった。前関白九条政基の子澄之を文亀二年(一五〇二)九月、後嗣と定めたのである。しかし、公家からの跡継は武家の瑕瑾というわけか、有力被官らが反発したため、文亀三年(一五〇三)五月、前阿波守護細川成之の孫にあたる澄元を二人目の猶子としたのである。これで止めておけばよかったものを、さらに京兆家庶流の細川政春の子高国を三人目の猶子としたのである。これでは家督争いが起こらないほうが不思議である。はたして数年後には猶子同士が血で血を洗う内訌を繰り返し、最後に漁夫の利を占めるのが三人目の猶子高国であった。細川政元は「明応の政変」後、実質的守護権を河内にも及ぼしており、政元の「京兆専制」の下で畠山基家(義豊)は守護となったが、政元に臣従せざるをえなかった。この「京兆専制」に対し、また基家(義豊)の傀儡化に対して論者の異論がある。基家(義豊)は明応二年(一四九三)八月および明応四年(一四九五)十一月の二度にわたって越中の義材討伐に軍勢を派遣したがその都度撃退されている。これは政元の意向を反映していることは明らかである。この畠山基家(義豊)の守護代は遊佐就家であり、就家は義就の代から守護代をつとめている。次に遊佐就家の折紙を掲げる。

河内国観心寺寺領の内相国寺分同和州宇智郡内木原（西方三郎方知行と号す）
幷段銭以下臨時課役同検断等、其の外の条々の事。延徳三年十二月六日
御判の旨に任せ、全く寺家領知せらるべきの由候なり。
其の旨申し付くべきの状件の如し。

延徳三年
十二月廿四日　　　　　　　　就家（花押）
中村五郎左衛門尉殿

（読み下し）
（大日本古文書・観心寺文書）

細川政元の下で守護になった畠山基家（義豊）ではあったが、その被官内に内訌が発生したのである。畠山義就は延徳二年（一四九〇）没した後、延徳三年（一四九一）二月には早くも遊佐就家と誉田氏により奉行人花田氏・豊岡氏が失脚し、また明応六年（一四九七）七月には遊佐就家と誉田氏が合戦し誉田氏が没落した。畠山義就の死によって畠山基家（義豊）の被官たちの権力闘争が激化したのである。これに乗じて「明応の政変」で紀伊に潜伏していた畠山尚順は明応六年（一四九七）に紀伊から和泉を経て河内に侵入し、高屋城の畠山基家（義豊）を攻め、これを落とし、河内からさらに大和をも占領したのである。畠山尚順の被官は尚順ともに紀伊に落ちた遊佐長直の子息遊佐順盛である。尚順から一字「順」を受けたと思われる。ここに遊佐順盛の安堵副状があるのでそれをここに掲げる。これは「花押」のみ記されている。『大日本古文書・金剛寺文書』に記載されているのは次のとおりである。

河内国天野山金剛寺寺領の事、代々宣旨院宣手続証文の旨に任せ、四至の内、田畠山野以下、所当官物并びに国役臨時雑事闕所検断等免除せしむ。殺生を禁断せしめ、寺家領知を全うせらるべきの由、御判の旨に任せ、知行相違有るべからざるの状件のごとし。

明応七年十二月廿五日

左衛門尉藤原（花押）

（読み下し）

（大日本古文書・金剛寺文書）

この遊佐順盛の「左衛門尉藤原」の「藤原」については河内遊佐氏については初見するものである。この「藤原」は遊佐氏の本姓なのであろうか。遊佐氏にとって最大の関心事であり、検討を要する事柄でもある。『応仁私記』に畠山政長の被官の多くが「大江」・「紀」・「橘」・「藤原」・「小槻」・「小野」・「秦」・「平」・「和気」・「菅原」・「多々羅」「越智」などその「本姓」が記載されている中で「遊佐十郎直量」はその「本姓」は書かれていない。少なくとも、畠山尚順の父畠山政長の守護代遊佐長直の代までは遊佐氏はその「本姓」は「姓詳ならず」であったと考えてよいであろう。では遊佐順盛の「藤原」はどこからきたのであろうか。この遊佐順盛の前褐安堵副状を「東大史料編纂所所収」の「河内金剛寺古文書」謄写本で確認したところ、前掲安堵副状の前に次のように記されている。

畠山尚慶之士　遊佐順盛　姓不知

そこには「畠山尚慶之の士姓不知」と書かれた脇に「朱書き」で「遊佐順盛」と加筆されている。明らかに本文とは異なりのちに加筆されたものである。畠山尚順は『越中中世史の研究』（久保尚文）では明応七年（一四九八）に尚順から尚慶に改名したという。これにより尚慶は尚順を指していることになる。よって「左衛門尉藤原」だけでは遊佐順盛であることは、この時点では広く認知されていなかったと思われる。次に年未詳ではあるが遊佐順盛とわかる「金剛寺文書」を掲げる。

当寺に於いて、同寺領金口取り候事、先々之無く候由、支証の物被見せしめ候。其の筋目を以て、稲生美濃守へ申し届け候の処、別儀無く合点し候。寺家其の意得成さるべく候。委細由上弐位行松善右衛門尉申すべく候。恐々謹言

七月廿七日

金剛寺

（読み下し）

（大日本古文書・金剛寺文書）

この遊佐順盛の花押が「左衛門尉藤原」の花押が一致することによって「左衛門尉藤原」が遊佐順盛と判明したものと思われる。では「藤原」はどこから来たのであろうか。『畿内戦国期守護と室町幕府』（「日本史研究」小谷利明）では次のように記している。「近衛家・徳大寺家・日野家・足利家・畠山家」が婚姻によって深い関わりをもっていることを示し、次の略系図を掲げている。

「近衛家・徳大寺家・日野家・足利家・畠山家関係図」

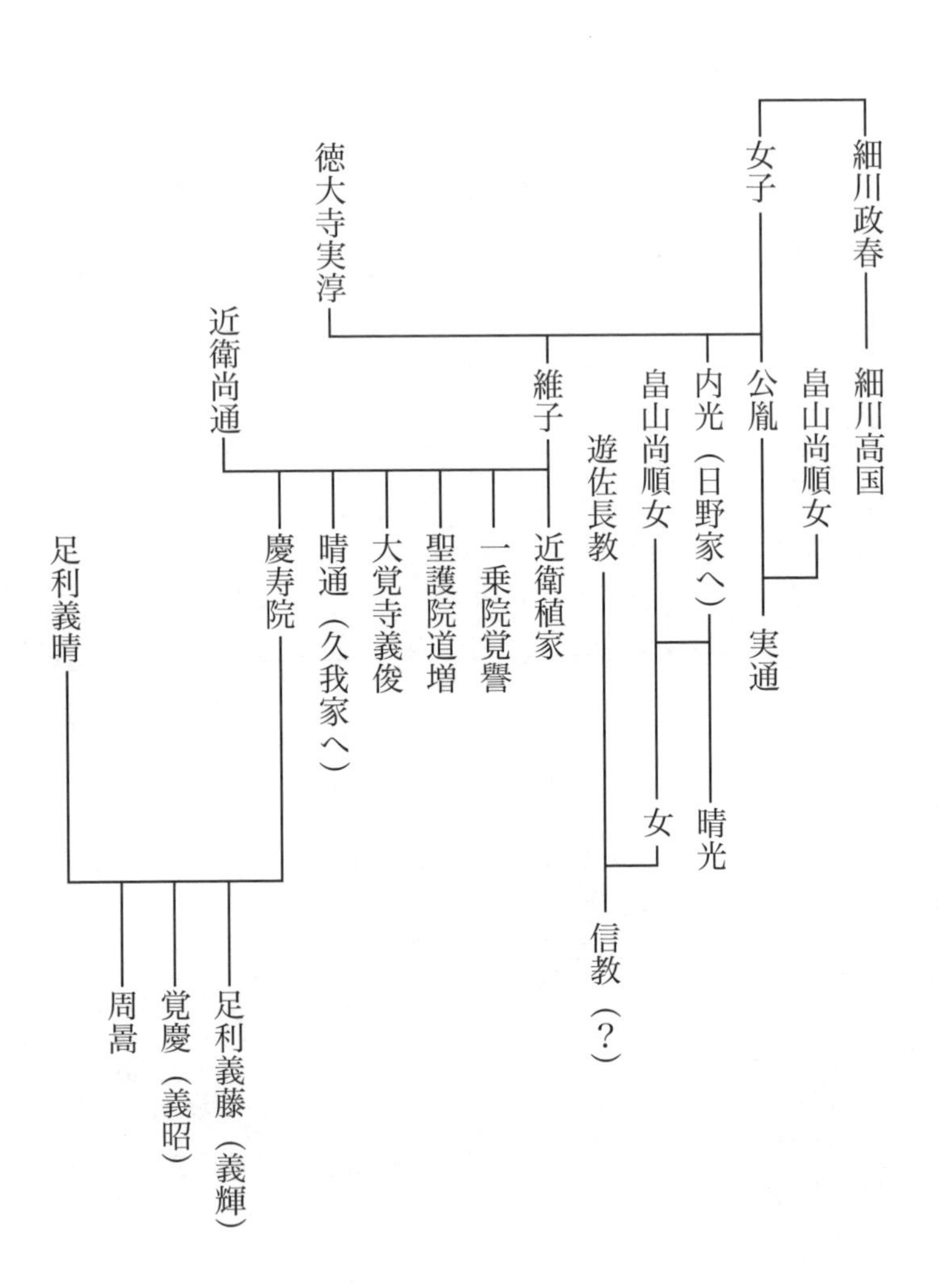

さらに、同書では次のように記している。

「徳大寺実淳の息子公胤は、畠山尚順と婚姻を結び、日野内光も同じく畠山尚順と婚姻を結んだ。畠山尚順は細川高国に近い徳大寺実淳の息子ふたりと婚姻関係を持ったのである。徳大寺実淳の娘維子は、近衛尚通に嫁いでおり、その娘慶寿院は足利義晴に嫁いでいる。近衛稙家、聖護院道増、大覚寺義俊、久我など慶寿院の兄弟は将軍外戚として義晴、義輝を補佐した。徳大寺実淳と関係を持ったことで、畠山尚順及びその後の畠山氏は、京都に一定の基盤をもったのである」としている。畠山尚順女と日野内光との間に生まれた女が遊佐長教と婚姻し、その間に生まれた子が遊佐信教ではないかとしている。それは十分考えられるであろう。

徳大寺氏は「藤姓」である。その系について示すと次のようになる。

藤原鎌足から、藤原秀郷および大徳寺実淳までの略系図を示すと次のようになる。

藤原鎌足―不比等┬武智麻呂（南家）
　　　　　　　　├房前（北家）┬魚名―藤成―豊沢―村雄―秀郷
　　　　　　　　│　　　　　　└真楯―内麻呂―冬嗣―良房―基経―忠平―師輔―公季―実成
　　　　　　　　├宇合（式家）
　　　　　　　　└麻呂（京家）

―公成―実季―公実―実能（徳大寺）―公能―実定―公継―実基―公孝―実孝―公清―実時―公俊―実盛―公有

―実淳

これからわかるように徳大寺氏は藤原真楯系であり、藤原魚名系の藤原氏ではないのである。

畠山尚順はこのように藤原真楯系の徳大寺氏・日野氏と婚姻を通して深く関わりをもっており、この関係から遊佐順盛が「藤姓」を称したことも考えられる。日野氏・徳大寺氏と実際に婚姻があったかどうか不明であるが「藤姓」を名乗ることが許されたかもしれない。あるいは私称・僭称したのかもしれない。しかしこの場合でも秀郷流とはならない。

秀郷流として考えられるのは讃岐国（香川県）にいる由佐氏である。この由佐氏は下野国（栃木県）の大族小山氏（藤姓秀郷流）の庶族で室町時代には名の聞こえた氏族であり、その頃からすでに文字の上でも遊佐・由佐が混用されており、遊佐氏の発生由来も混淆し遊佐氏も由佐氏と同じく小山氏の庶族とされたのかもしれない。また河内国の遊佐氏と居住も近く婚姻があったかもしれないが、婚姻についてはその有無についてはわからない。

話を戻そう。

畠山尚順は紀伊・河内・大和の三ケ国を基盤として、政治的影響力を強め、越中に滞在している足利義材と連携を取りつつ、細川政元と対峙することになったのである。越中滞在の足利義材の上洛計画はうまくはいかなかった。明応六年（一四九七）になって上洛問題が表面化したが、都鄙間の交渉は必ずしも足利義材の思惑どおりではなかった。明応七年（一四九八）四月から五月にかけて一旦和睦問題は急進展し六月には足利義材の上洛が実現しそうに見えた。この和睦進展の背景は、明応六年（一四九七）に畠山尚順の河内・大和平定が大きく影響したのである。足利義材は明応七年（一四九八）八月頃、義尹と改名したようである。明応七年（一四九八）には足利義尹上洛の風聞が聞かれ、事実九月一日には足利義尹は越前一乗谷に入った。

河内の畠山尚順も明応七年（一四九八）に尚慶と改名したようであるが、以後、畠山尚順で統一する。明応八年（一四九九）一月に反撃してきた畠山基家（義豊）を河内十七ケ所に迎撃して自刃させ、その畠山基家（義豊）の嫡子畠山義英を出奔させたのである。足利義尹は全面的な武力抗争の段階を迎えたのである。畠山尚順も明応八年（一四九九）九月五日に河内から摂津に進攻した。足利義尹は十一月に三千人程の軍勢をもって近江坂本に布陣した。細川政元は山城上郡守護代赤沢朝経・細川政賢らを発向させた。畠山尚順の軍勢を摂津中島近くで、くい止め天王寺に撃破し河内の諸城を落とした。畠山尚順は紀伊に逃げ帰ったのである。一方、足利義尹の坂本布陣は遅きに失していた。足利義尹は明応八年（一四九九）十一月二十二日、近江守護六角高頼の攻撃により散々に破られ、足利義尹はかろうじて丹波に脱出し、遠く周防の大内氏を頼って没落したのである。畠山尚順が紀伊に去った後、畠山基家（義豊）の嫡子畠山義英は守護を取り戻した。

畠山義英の守護代は遊佐就家から代替りして、遊佐就盛になっている。次に遊佐就盛の折紙を掲げる。

（読み下し）

河内国観心寺寺領の内、相国寺分、同和州宇智郡木原（西方三郎知行と号す）段銭臨時の課役検断、其の外条々の事。延徳三年御判并びに（遊佐）就家下知状等の旨に任せ、寺務を全うせらるべきの状件のごとし。

永正元

七月十八日　　　　就盛　花押

観心寺衆徒御中

（大日本古文書・観心寺文書）

こうして、足利義尹が周防の大内氏のもとに去り、畠山尚順も敗北して紀伊に追われた後、文亀年間（一五〇一～一五〇三）は過ぎた。しかし、永正元年（一五〇四）になると、盤石とみられていた細川氏の内部にも亀裂が生じるようになったのである。まず永正元年（一五〇四）になると細川政元の猶子細川澄之と細川澄元との間の内訌が表面化してきた。永正元年（一五〇四）九月、細川澄元擁護派の摂津守護代薬師寺元一が淀城に立て籠もって細川政元に反旗を翻した。また細川政元から軍事を委ねられていた山城上郡守護代赤沢朝経も折から、細川政元との関係が悪化していたため薬師寺元一方に加わった。

結局、細川政元は山城下郡守護代香西元長らに命じて淀城を攻め落とした。赤沢朝経は許されたものの、薬師寺元一は刑死した。赤沢朝経の先祖は信濃出身といわれ、四国系の多い細川氏被官の中では特異な存在で、やはり「応仁の乱」後、急速に抬頭してきた人物であった。こうした細川方の内紛を機に再興を窺がっていた畠山尚順は河内に出陣した。そのため河内守護の畠山義英は孤立した。畠山義英は畠山尚順と永正元年（一五〇四）十二月十八日に和睦したのである。こうして、長禄年間（一四五七～）以来の宿敵だった畠山政長流の畠山尚順と畠山義就流の畠山義英が以後、しばらく共存関係に入り、畠山尚順は高屋城、一方畠山義英は誉田城にあって、河内を分領することになった。しかし、この和睦は細川政元に対する一時的な苦肉の策にすぎなかったのである。この和睦については観心寺が永正二年（一五〇五）二月に遊佐順盛に提出した禅衆の山伏道を禁制する陳情書（『観心寺文書』・五二一～二）にも「御両家御和談のみぎり」とみえており、畠山両家の和談を実証している。しかし、これはあくまで便宜上のものであることは明白であり、いずれ決裂する運命のものであったのである。同時に畠山義英と細川政元の同盟関係も崩れ、細川政元は畠山義英の河内守護を剥奪している。これにより、畠山義英もまた周防に滞在中の足利義尹に応じることとなった。

「高屋城址」(安閑天皇陵)　　「筆者撮影」

「誉田城址」(応神天皇陵)　　「筆者撮影」

細川政元はこの事態に対応するため、しばしば山科本願寺の実如を訪れ「門徒の坊主達並惣門徒に出陣させて給わり候へ」と懇願した。細川政元の出陣要請はもちろん河内の両畠山氏の対策を意図したものである。細川政元と本願寺との関わりは第八代蓮如にまでさかのぼる。長享二年（一四八八）の加賀一向一揆が蜂起した際に生じたのである。加賀一向一揆が守護富樫政親を亡ぼしたことを怒った将軍足利義尚は蓮如に対して、加賀一国の門徒を破門するように命じた。苦境に立たされた蓮如に対し救いの手を差しのべたのが細川政元だったのである。将軍の怒りをなだめ、蓮如から門徒にあてて「お叱りの御文」を申し付けることで、破門問題を収拾し、本願寺の危機を未然に回避させたのである。細川政元の要請に対し実如は当初これを拒否したが、実如はついに断りきれなくなり加勢を承諾したのである。

実如は河内・摂津両国の坊主門徒衆に出陣を命じたが、本願寺内部でも細川政元に結ぶことに非を唱える動きがあり、実如は細川政元の強圧的な軍事催促に屈し、加賀から千人程の人数を上らせたのである。

この実如の陣立要請こそ本願寺の「具足懸」つまり武装蜂起の始まりであると指摘されている。永正二年（一五〇五）細川政元は赤沢朝経に命じて誉田城の畠山義英を討たせている。翌永正三年（一五〇六）一月には加賀衆を加えた赤沢朝経は畠山義英の河内誉田城を急襲して陥落せしめ、さらに高屋城を陥落させ畠山尚順を大和に追放したのである。こうして一旦足利義尹や両畠山氏のもくろみは水泡に帰し、細川政元の危機は打開されたかにみえた。翌永正四年（一五〇七）四月、幕府の命をきかず、若狭に侵入を繰り返している丹後守護一色義有を討伐するために、細川政元自ら猶子細川澄元、その被官三好之長・赤沢朝経らを率いて進発した。三好之長が澄元の付き人になって上洛したことで三好氏が幕府との関わりが始まったのである。これより少し前、もう一人の猶子細川澄之は香西元長・薬師寺長忠らを率いて、やはり細川政元の命で一色討伐の先鋒となり進発していた。細川政元・細川澄元らが一色義有を攻めあぐねている隙に謀略をめぐらし、一足先に帰京したのである。彼らは先手を打って細川政元・細川澄元を除き、細川氏の家督を一手に握ろうとしたのである。このことを夢とも知らず、細川政元・細川澄之らは京都へ全軍を引き上げさせた。これこそ細川澄之らの思う壺であった。永正四年（一五〇七）六月二十三日、奇怪なる修験道に取りつかれていた細川政元は帰京後、常のように「月待の潔斎」の準備として、沐浴のため邸内の湯屋に入ったところ、香西元長の派した刺客竹田孫七なる者の手にかかってしまったのである。当時の入浴は今でいうサウナ風呂で簀子の下より蒸気を送る蒸し風呂であり、浴中も湯帷子(浴衣)を着すが、小姓が湯帷子を差し出すところを小太刀で切りつけ、顛倒したところを腹部に小太刀を突き立て、次いで頸を切り落としたのである（永正の錯乱）。享年四十二才であった。こうして権力を一手に握った権力者もあっけなく潰えたのである。翌六月二十四日、クーデターを決行した香西元長・薬師寺長忠らは細川澄元邸を襲撃し、細川澄元・三好之長を近江に敗走させた。また丹波の陣中で細川政元の爪牙として恐れられた赤沢朝経も丹波で戦没していた。七月八日、細川澄之は将軍足利義澄から細川氏家督に任じられた。しかし第三人目の猶子細川高国は反細川澄之の細川一族の糾合に成功し、細川澄元・三好之長方は八月一日京都の細川澄之邸を襲ったため澄之は自刃し、香西元長は流れ矢に中り、薬師寺長忠は討死にした。澄之の天下は三十余日で幕を下ろしたのである。この二ケ月の内に幾内の主は政元―澄之―澄元と目まぐるしく変転した。八月二日には細川澄元は将軍足利義澄に拝謁し細川氏家督を安堵された。しかし、細川政元の家督争いは、これで終わったわけではない。これから細川澄元と細川高国の対峙となるのである。細川澄元は細川澄之を討った功労者細川高国の抬頭を忌避したため、永正五年（一五〇八）三月十七日、細川高国は伊賀守護仁木高長を頼って奔った。

四月に入ると、西からは足利義材・大内義興が上洛するとの風聞が聞かれ、内からは有力国人に叛かれ今は唯一人となった細川澄元は三好之長とともに近江に逃れ、さらに再興を期して阿波に逃れていった。四月十日入れ替わりに入京した細川高国は足利義澄を擁するとみせかけて、実は足利義尹と気脈を通じていたのである。当然であろう。義澄はすでに猶子細川澄之と細川澄元の二人に細川氏の家督を安堵していたからである。この状況下、足利義澄はいたたまれず、近江岡山城（滋賀県近江八幡市岡山）の九里氏のもとに流寓したのである。一方、河内では細川政元の凶事に乗じた畠山義英が一挙に河内を回復したが、それは畠山尚順との勢力の均衡を揺るがし、永正四年（一五〇七）十二月四日、両畠山氏の和睦は破れた。畠山義英は誉田城を捨てて嶽山城に拠り、畠山尚順方がこれを攻撃している。畠山尚順は紀州隅田寺（利生護国寺カ）に出陣し、遊佐順盛が誉田城を収め、南北から嶽山城を挟撃したのである。嶽山城は永正五年（一五〇八）に落城し、畠山義英は和泉堺に逃れたのである。細川氏の抗争で細川澄元と細川高国が対立するに至ると畠山順盛は細川高国に、畠山義英は細川澄元に与した。

　永正五年（一五〇八）四月、周防の大内義興に奉ぜられて上洛した足利義尹を細川高国とともに畠山尚順が迎えた。近江に出奔した足利義澄の後に入京した足利義尹は「明応の政変」で京都を脱出して以来、実に十五年の年月が経っていた。まさに「流れ公方」の名にふさわしい。細川高国は細川氏の家督を許され管領となった。大内義興は山城守護に任じられ畠山尚順は畠山氏の家督を許されたのである。

　一方、何とか阿波にたどり着いた細川澄元は永正八年（一五一一）に入ると、播磨守護赤松義村を味方に引き入れ、澄元方細川尚春とともに東進させ、他方細川政賢、細川元常らをして和泉方面を衝かしめ、堺の深井城（堺市深井）を攻めさせた。この「深井城の戦い」で細川澄元方は細川高国方に大勝利した。この戦いで畠山尚順の武将遊佐筑前守（実名不明）が討死にしている（『瓦林政頼記』）。さらに細川政賢らは中嶋（大阪市淀川区）へ進撃した。八月十六日細川澄元・細川政賢らが京都に迫ると聞いて、足利義尹は細川高国と謀って丹波に奔り、敵が京都に入るや細川高国と大内義興は大軍をもって一気にこれに迫り、二十四日有名な「船岡山合戦」（京都市北区）が起こったのである。細川澄元・細川政賢・畠山義英らは大敗した。大内軍の勇猛な軍事力の前には歯が立たなかったのである。この戦いに三好之長が参陣していたかは明確ではない。この戦いで細川政賢は討死した。畠山義英の被官遊佐就盛も討死したのである（『実隆公記巻五』）。細川高国はこの「船岡山合戦」で勝利し細川高国政権は不動のものとなったが、その安定は永正十五年（一五一八）八月大内義興が帰国するまでの間でしかなかった。裏を返せば大内義興の軍事力に支えられていたにすぎなかったのである。船岡山の戦いで大敗した細川澄元は細川政賢が戦死、さらに前将軍足利義澄が近江岡山城で病死するという不幸が続き、しばらく立ち直れないほどの衝撃をうけたのである。一方、河内では、その後も河内を中心に畠山尚順と畠山義英は抗争を展開させている。永正十年（一五一三）八月畠山義英は河内観心寺付近に陣したといわれている。和泉堺から当地に進出したがあえなく畠山尚順の軍勢に大敗し堺に逃れたという。帰途、和泉松尾寺（和泉市）に進入したが金剛寺衆が警固したので退去したといわれる。この時の様子は次ぎの寄進状の「裏書」にみえる。

無動院真空御影供米田地寄進状

（中略）

永正十年癸酉三月廿一日　　　　無動院栄舜房阿闍梨真空　（花押）

（右裏書）

本巻文は、同永正十年八月廿五日当国観心寺陳ぶるに総州様（畠山義英）弓矢執り負ひ、泉州（和泉）え向けて逃げ去り給ふ。其の時松尾寺敵に同意を為すに依り即ち発向するなり。……去り乍、此の時松尾寺堂前は当寺拘るに依り、相違無き者なり。之に依り、当寺御家の重宝は大事無き者なり。後鏡の為、此のごとく記し了。右筆金剛資宏任ず（卌二才）

（読み下し）

（大日本古文書・金剛寺文書）

以後、永正十五年（一五一八）九月まで畠山義英の消息は知れず、河内・紀伊は畠山尚順のもとで、ひとまず平静を取り戻したのである。永正十二年（一五一五）十一月、畠山尚順は、その嫡子鶴寿丸を元服させ二郎稙長と称せしめた。将軍足利義稙から一字「稙」を授かった。この元服御礼に遊佐順盛らが将軍家に参上したことはすでに述べた（『後鑑』）。

『中世後期畿内近国守護の研究』（弓倉弘年）では畠山尚順は永正十三年（一五一六）八月にはすでに紀伊に在国していたとしている。永正十五年（一五一八）八月、約十年の長い京都滞在に終止符をうち、大内義興は周防に帰国した。ようやく、細川澄元・三好之長らの京都奪回の機は熟したといえる。永正十六年（一五一九）十月細川澄元と三好之長は入念に戦備を整え細川高国に叛旗を翻し、十一月六日に摂津兵庫に到着した。これを細川高国は摂津勢を率いて対峙した。ところが永正十七年（一五二〇）正月十二日、京都で土一揆が蜂起したのである。

この状況下に細川高国は細川澄元・三好之長への防戦どころではなく帰京せざるを得なかったのである。一旦敗れるや、細川高国陣営の崩壊は急であった。細川高国は将軍足利義稙を奉じて近江に逃れようとしたが、足利義稙は細川高国の要請を断った。やむをえず細川高国は近江坂本に奔った。細川澄元が細川氏家督を継いだことを知った近江逃亡中の細川高国は五月二日、三好氏討伐の動きを開始した。坂本より出陣し京都に迫った。永正十七年（一五二〇）五月五日「等持院の戦い」（京都市北区）が行われ、三好之長は敗れた。三好之長は百万遍の知恩院に送られ、そこで自刃させられた。

三好之長の自刃を摂津の伊丹城（兵庫県伊丹市）で聞いた細川澄元は病中であったが播磨に逃走し、間もなく阿波に渡り、勝瑞城（徳島県板野郡藍住町）で病死した。享年三十二才。細川澄元の後は嫡子細川晴元が継いだ。ここに細川政元の二人目の猶子細川澄元が潰えさったのである。最後に細川政元の猶子は細川高国唯一人残ったのであるが、しかし細川高国を待ち受けていたのはどのような運命であったのであろうか。細川澄元・三好之長の死によって、細川高国は「今は心に懸る事もなく、威稜日月に増長」するさまとなった。こうした、細川高国の専横に対し、将軍足利義稙との間に不和が生じていったのである。一方、永正十三年（一五一六）紀伊にあって領国経営にあたっていた畠山尚順は『本願寺・一向一揆・守護畠山氏と紀州「惣国一揆」』（石田晴男）によると湯河征伐の失敗や強圧的支配により、紀伊で「惣国一揆」が発生し永正十七年（一五二〇）八月に紀伊の広より和泉堺に追放されたのである。これにも論者の異論がある。畠山尚順は嫡子畠山稙長とも不和になっていたのである。大永元年（一五二一）三月、足利義稙はひそかに京都を抜け出して堺の畠山尚順を頼り、そこからさらに淡路を経て阿波の撫養にやってきたのである。京都では細川高国は足利義澄の子で赤松義村のもとで養育されていた亀王丸を迎え、名を義晴と改めさせた。このような京都の動きに対し、十月足利義稙は再挙をはかって堺まで進出したが、細川高国方の攻撃にあって挫折し、その後も上洛の計画をめぐらせたが、ついに実現せず、大永三年（一五二三）四月九日、五十八才の波乱に富んだ、流浪多き生涯を阿波の撫養で終えたのである。「流れ公方」・「島の公方」の名にふさわしい数奇な一生であった。紀伊を追放された畠山尚順も大永二年（一五二二）七月十七日淡路で没したのである。

一方、畠山尚順と時には和し、時には離反してきた畠山義英については『中世後期畿内近国守護の研究』（弓倉弘年）では畠山義英は大永二年（一五二二）四月大和国吉野郡小川で没したと思われるとしている。その跡は義堯がついでいる。そして一方、畠山義就流畠山義英の後は義堯が継いだが、その被官は遊佐堯家になっている。畠山政長流は畠山稙長が継ぎ、その被官は畠山尚順から引き続き遊佐順盛がつとめている。遊佐就盛が「船岡山の戦い」で討死したためである。細川高国に迎えられて足利義晴と改名した足利義澄の子息亀王丸は大永元年（一五二一）十二月元服の式を終えて、第十二代将軍の座についた。しかし細川高国の高揚期はこの時までで、この後急速に下り坂となるのである。不運はまず一門の将細川尹賢と香西元盛の対立に始まった。細川尹賢は香西元盛のことを讒訴しこれを信じた細川高国が謀殺したのである。これを聞いた兄の波多野稙通と弟の柳本賢治は憤激して、ついに細川尹賢討伐を決意し、阿波の細川晴元と連携を密にした。柳本賢治と三好勝長の軍勢は連合して京都に進出し大永七年（一五二七）二月十三日、細川高国・細川尹賢軍と柳本賢治・三好勝長軍との間で「桂川原の戦い」（京都市西京区）がおこなわれ激戦となった。この戦いで畠山尚順の岳父である幕府方の権大納言日野内光も戦死した。この「桂川原の戦い」で敗れた細川高国は十四日、将軍足利義晴を擁して、近江に奔った。柳本賢治・波多野稙通らは難なく入京し、後は阿波の細川晴元・三好元長らを待つのみであった。

一方、阿波では三好元長（之長の嫡孫）らは、仇敵細川高国討伐の機会をうかがっていたが細川高国が敗走するや、三好元長は足利義維（義澄の子、義晴弟）と細川晴元を擁して大永七年（一五二七）三月二十二日堺に進出し、ここに「堺幕府」が成立したのである。入京した三好元長は大永七年（一五二七）九月中旬、細川高国残党討伐のため摂津に進発した。近江に逃げていた足利義晴・細川高国らは京都の手薄を衝いて急遽入京したため三好元長は兵を返した。今回の足利義晴・細川高国軍には近江の六角氏および北陸の朝倉教景が加わっていた。十一月十九日京都西院で三好元長・畠山義尭の「堺幕府」と義晴方の朝倉教景との合戦が行われた。この戦いで畠山義尭の被官遊佐堯家が討死したともいわれている。しかしこの遊佐堯家の死については二つの説がある。

一つは『中世後期畿内近国守護の研究』（弓倉弘年）では次のように記している。

「遊佐堯家であるが、『古今消息集』（『福井県史』資料編二、中世）の細川高国（道永）書状に高国方の朝倉教景が、大永七年（一五二七）十一月十九日に京都西院で、『遊佐弾正忠』以下『百余人討取』とし、このことから、遊佐堯家は大永七年（一五二七）十一月に、戦死したとみられる」としている。

もう一つは、『畿内戦国期守護と地域社会』（小谷利明）では次のように記している。

「近年、木沢長政の行動ではっきりした点がひとつあった。『大日本古記録』（『二水記』）享禄三年（一五三〇）十二月十八日条に『木沢畠山彼官人也、而依令害遊座（佐カ）出奔、其後為常桓（細川高国）彼官之分、今度河内国於所々有武勇譽、而称有述懐、又近日境六郎（細川晴元）為彼官云々』とある」としている。

「従来、この記事は、『後鑑』に掲載された『二水記』を利用していたが、『後鑑』には『而依令遊座（佐カ）出奔』とあって『害』が抜けており、史料解釈が混乱していた。従来の解釈では、遊佐堯家は自ら出奔したことになっていた。木沢長政は天文元年六月に主人であった畠山義尭を一向一揆を催して亡ぼしたことは有名であったが、それ以前に守護代遊佐堯家も滅ぼしていたのである。木沢長政は畠山義尭の内衆として細川晴元方として行動したが、義尭の重臣遊佐堯家と対立・殺害し、細川高国の内衆となり、畿内で武勇を轟かせたのである。ところが享禄三年末に再び高国から細川晴元の内衆に加わったのである」としている。これらの二説の中で遊佐堯家はどのような運命をたどったのであろうか。

それには木沢長政の「生き様」を考えるべきであろう。木沢氏は『蔭涼軒日録』（明応二年七月二十八日条）に「遊佐越中守・平・木沢・隅田」と記され、義就流畠山氏の内衆であったが、守護代家ではなかった。それまで襲職していた守護代遊佐氏に取って代わり守護代になったのである。細川晴元方でもあった畠山義堯をも殺害していたのである。筆者は木沢長政の「生き様」から判断して遊佐堯家を殺害して守護代に這い上がったと考えるのが妥当であろうと考えている。これ以降、義就流の遊佐氏の名は見られない。次に遊佐堯家が金剛寺に施行状を発給しているのでそれを掲げる。

河内国天野山金剛寺領の事。代々宣旨院宣手続証文の旨に任せ、四至の内、田畠山野以下、所当官物并びに国役臨時の雑事闕所検断等免除せしむ。殺生を禁断し、寺家領知を全う致すべきの由、御判の旨に任せ、知行相違有るべからざる者なり。依って状件のごとし。

大永参年（癸未）五月廿八日　（遊佐）堯家（花押）

当寺住侶の中

（大日本古文書・金剛寺文書）

（読み下し）

「堺幕府」が成立してから後、京都の将軍足利義晴をいただく細川高国の勢力と「堺幕府」の足利義維をいただく細川晴元・三好元長の勢力とが相対することになったのである。この後、京都を舞台にした戦いでは「堺幕府」方が三好元長の活躍で優勢裡に進められ、大永八年（一五二八）五月、細川高国は近江に退き、足利義晴は近江朽木（滋賀県高島郡朽木）に難を逃れた。その後、細川高国は伊賀の仁木氏・伊勢の北畠氏・越前の朝倉氏・出雲の尼子氏・備前の浦上氏らを頼って漂流する身となった。

しかし、享禄三年（一五三〇）六月、浦上村宗に身を寄せていた細川高国は播磨に出陣中の柳本賢治を依藤城に刺客を放って暗殺した。細川高国は一挙に勢力を挽回しようとした。これには、「堺幕府」方の三好元長が細川晴元と不和になり阿波に帰国したことも幸いした。こうして細川高国は浦上村宗と京都を回復した。しかし、細川高国方の優勢はわずかの期間であった。享禄四年（一五三一）二月、阿波の三好元長が細川晴元を援けるために堺に出陣してくると形勢はがぜん逆転しはじめた。

摂津中島で三好元長と合戦を交えたが、この戦いで高国は有力な部将を失い、非勢は覆い難かった。その後幾度かの小合戦がおこなわれたが、ついに六月四日の「天王寺の合戦」（「大物崩れ」）では、高国は将兵七千余を失う、散々な敗北を喫した。高国は晴元方の追撃を避けて尼崎に敗走した。そこで、高国は一軒の紺屋に身を隠した。紺屋の主人は高国を大きな藍甕の中に隠した。三好衆は高国を捜しだそうと、尼崎の民家を片端から調べたがわからなかった。そこで一計を案じて、子供らに瓜をやって「この辺に落人はいないか」とたずねまわった。すると一人の子供が瓜ほしさに「あの家の甕の中に入道が一人隠れている」と知らせたので元長らがその家に入り、甕をあけてみるとそれが高国であったという。

三好元長らは早速高国を捕らえて、六月八日、寅刻（午前四時）に尼崎の広徳寺で高国に自刃させたのである。前管領としてはまことにみっともない最後であった。こうして細川政元の三人の猶子すべて消滅したのである。これから起こる京・畿内の騒乱の元凶はこの特異な細川政元にもとめられるであろう。

三好氏略系図

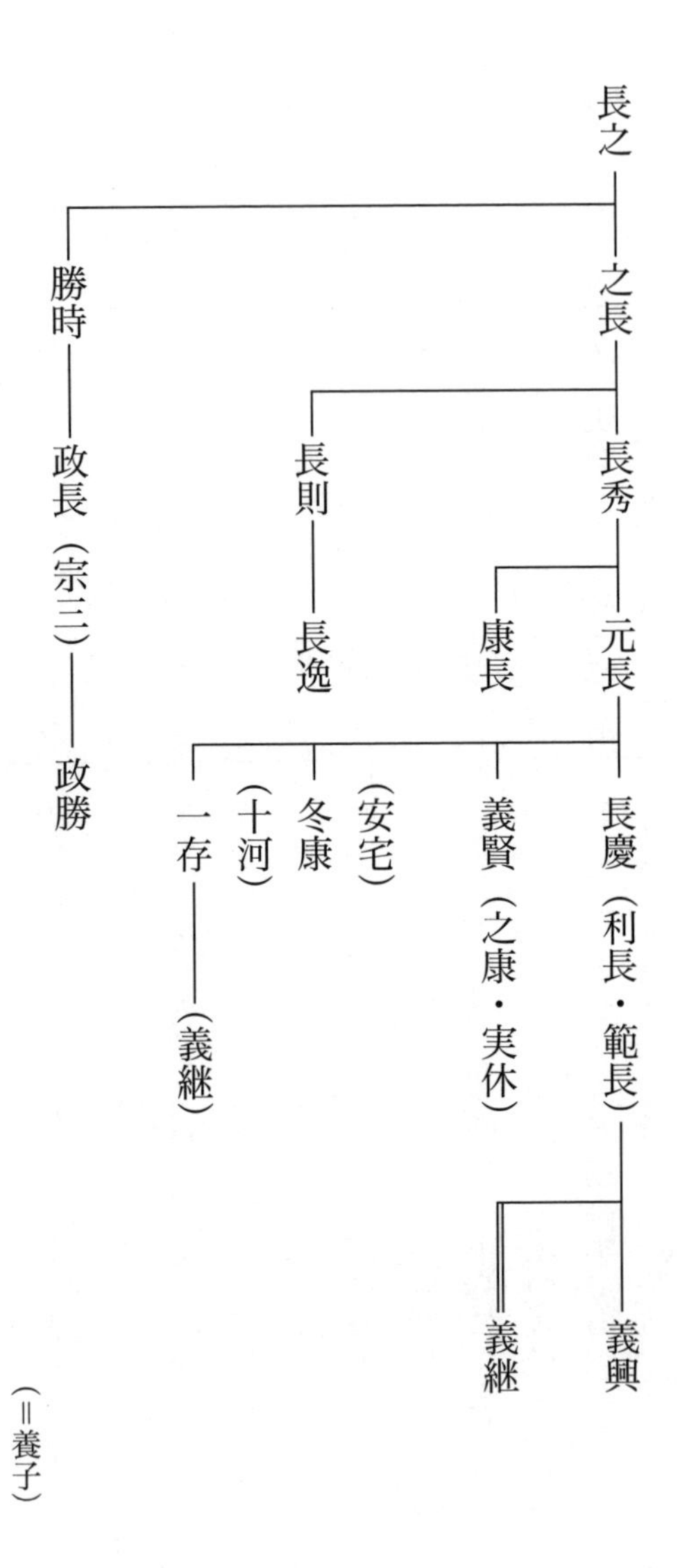
長之
之長
勝時
長秀
長則
政長（宗三）
元長
康長
長逸
政勝
長慶（利長・範長）
義賢（之康・実休）
（安宅）冬康
（十河）一存
（義継）
義興
義継
（＝養子）

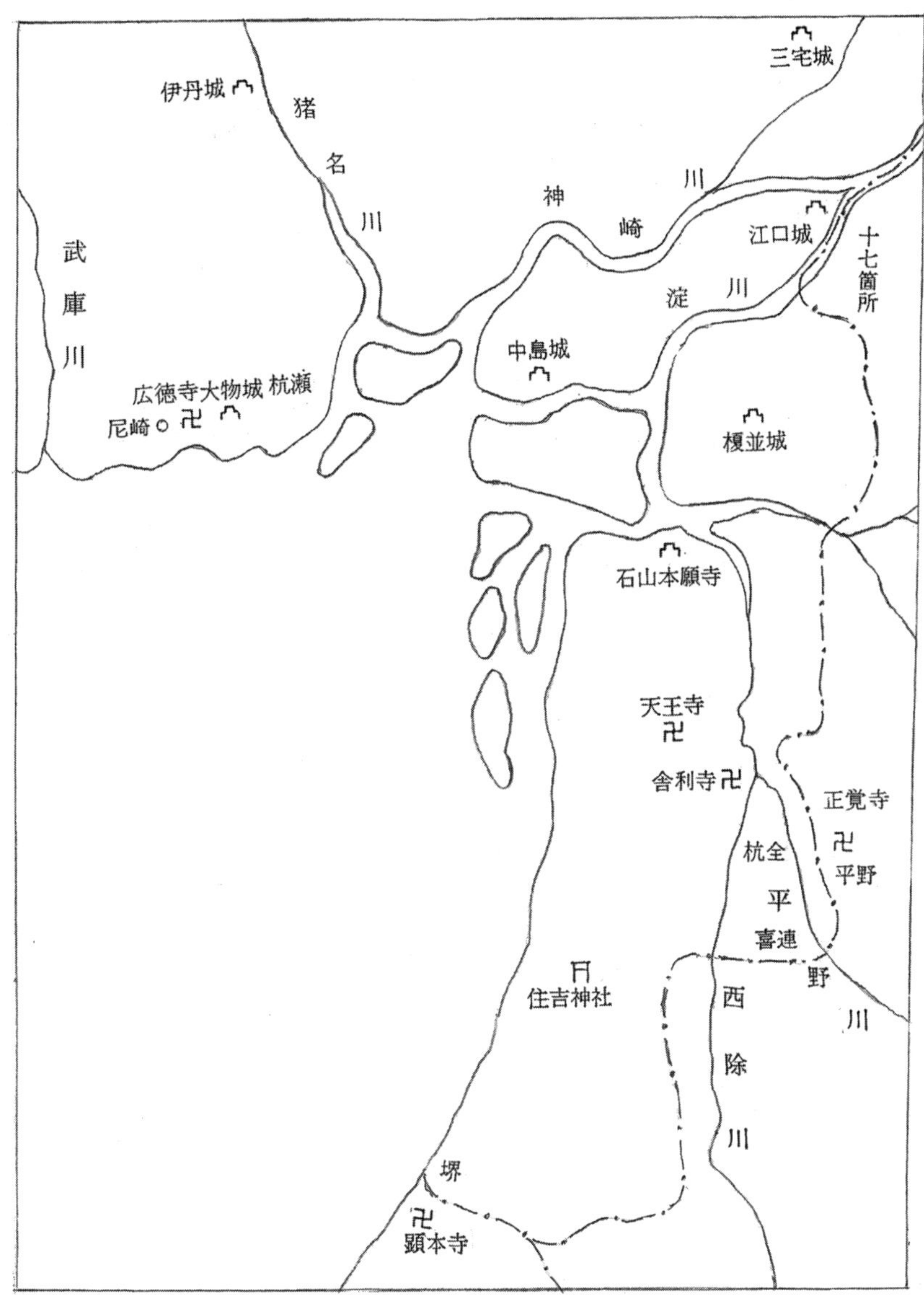
三宅城
伊丹城
猪名川
神崎川
江口城
十七箇所
武庫川
淀川
中島城
広徳寺大物城
杭瀬
尼崎
榎並城
石山本願寺
天王寺
舎利寺
正覚寺
杭全
平野
平野川
喜連
住吉神社
西除川
堺
顕本寺

摂津欠郡要図　「筆者作図」

(六) 将軍足利義晴・義輝の時代

細川政元による「明応の政変」後の室町幕府・将軍権力は、将軍足利義材(義尹・義稙)にみられるように衰退していった。これ以降の将軍も実際には驚くほど無力であったのである。これ以降の将軍も例外ではなかった。ちなみに次表に示すように九代将軍義尚から十四代将軍義栄まで歴代将軍のほとんどが、働きざかりの年令で死んだり殺されたりしており、室町御所のタタミのうえで満足に死んだ人は一人もないのである。義尚は近江鈎の陣中で、義材(義尹・義稙)は阿波の撫養で、義澄は近江の岡山の城中で、義晴は近江の穴太でそれぞれ死に、義輝に至っては、松永久秀に攻められ討死にせざるをえなくなり、義栄は織田信長に圧せられて、摂津の富田で病死した。まったく六人が六人とも、不幸な最後をとげていったのである。まさに将軍の権威は失墜し、かれらの生涯そのものが、戦国の時代相をよくあらわしていたといえよう。九代将軍義尚から十四代将軍義栄までの六将軍の生没年表を掲げる。

将軍代数	将軍名	没年	没時年令(数え年)	没時場所
九代	足利義尚	長享三年(一四八九)	二十五才	近江鈎の陣で病死
十代	足利義稙	大永三年(一五二三)	五十八才	阿波撫養で病死
十一代	足利義澄	永正八年(一五一一)	三十二才	近江岡山で病死
十二代	足利義晴	天文十九年(一五五〇)	四十才	近江穴太で病死
十三代	足利義輝	永禄八年(一五六五)	三十才	松永久秀に襲われ自刃
十四代	足利義栄	永禄十一年(一五六八)	三十一才	摂津富田で病死

この時期の将軍がいかに傀儡にすぎなかったか、またいかに政争の具とされたかは明らかである。

しかし、下剋上の世になっても、これらの将軍たちの権威を利用しようとした守護大名・戦国大名がいたことも事実である。この時代は将軍を政争の具として、合従連衡が繰り返され、戦乱時代の複雑な様相を繰りひろげるのである。畠山氏がこれにどう関わり、その有力被官遊佐氏がそれに連動していったかを探っていこう。享禄四年（一五三一）「天王寺の戦い」（「大物崩れ」）で敗北し、六月八日に細川高国が尼崎広徳寺で自刃した。この細川高国討伐に最も大きな力をふるったのは細川晴元の被官三好元長であった。ここで三好元長を中心とする政局の安定があらわれるかにみえた。しかし、それもつかの間のことであった。三好元長の主君細川晴元が、このころにわかに近江の将軍義晴に接近していった。

一方将軍義晴も細川高国のいない今、細川晴元と結ぶ以外帰京はかなわなかったのである。さらに細川晴元は三好元長の叔父三好政長や畠山義堯の被官木沢長政の讒言を入れて三好元長を討とうとしたのである。畠山義堯の被官木沢長政は畠山義英のころは奉行人であったが守護代遊佐堯家を殺害し、その守護代の職を奪い守護代まで上りつめたのである。遊佐氏が守護代職を襲職していたがこれ以降の義就流遊佐氏の名は見えない。木沢長政は細川晴元被官を公言し細川晴元も木沢長政に与した。こうして「堺幕府」内でも木沢長政は勢力を拡大させ抬頭していき、畠山義堯とも対立していったのである。享禄四年（一五三一）八月頃には両者間で戦闘さえ繰り返されていった。享禄五年（一五三二）五月十九日、畠山義堯は飯盛城の木沢長政を攻めた。木沢長政は全く山上の一部に追いつめられた。細川晴元はこれを救うべく本願寺の証如に援軍を要請したのである。本願寺は蓮如の遺戒どおり戦国大名とは事を構えることを慎重に回避してきたが、その本願寺が、なぜこの時点で細川晴元の援兵という名目ながら一向一揆の軍事行動「具足懸」に応じたか、明確ではなく状況証拠以外に史料はなく真相は闇につつまれている。ただ摂津・河内・和泉の門徒を指揮すべく、証如が総本山の山科本願寺から、摂津石山の本山に移ったことを禁中の一女官がその日記にわずかに記しているのみである。「けふ山しなの本願寺、世にざうせつ（雑説）あるとて、つのくに（摂津）のかたへいぬる。うつつなし、〳〵」（『御湯殿上日記』）。証如の檄に応じて蹶起した摂津・河内・和泉の一向一揆は総勢三万という大軍である。享禄五年（一五三二）六月十五日、石山本願寺（大阪府大阪市中央区）に集結した一揆は東へ向い、ひたひたと飯盛城に打ち寄せた。包囲の畠山・三好軍はたちまち崩れた。畠山義堯は敗走し、高屋城に籠ったが、地から湧くような一揆の大軍に如何ともしがたく落城した。畠山義堯は夜陰にまぎれ石川道場（大阪市富田林市）に潜んでいるところを捕らえられ六月十七日自刃させられた。一向一揆はさらに顕本寺の三好元長を襲って自刃させたのである。ここに「堺幕府」は消滅したのである。細川晴元の目的は木沢長政の救出であったが、一揆は細川晴元・証如の思惑をはるかに超えて動き出したのである。一揆の火の手は奈良に移り、さらに摂津・河内・和泉に燃え広がった。法敵と戦い死ねば極楽浄土に生まれ変わるというのであるから門徒は死の恐怖は感じないのである。すざまじい勢いである。これに対し、細川晴元方はまたも狡猾な戦法を考え出した。「毒をもって毒を制す」と称して、法華一揆の軍事力をして一向一揆に向かわせたのである。狂信者同士の争いとて、この方法は大成功を収めた。しかし、この一向一揆と法華一揆との争乱の中で本願寺が受けた最大の惨事は天文元年（一五三二）八月二十四日の真宗総本山山科本願寺焼打であった。「寺中広大無辺、荘厳さながら仏国の如し」と謳われた大伽藍も猛火の下に、万に近い信徒の町屋もすべて灰燼に帰したのである。事態がここまで深刻になった以上、証如も真宗の存亡をかけて武家体制と対決せざるを得ず、総本山を大阪石山に移して、門徒あげて抵抗を呼びかけたのである。細川晴元方も畿内の武士勢力を糾合して大阪石山城を包囲にかかった。こうした時である。

三好千熊丸（のちの長慶）が登場し細川晴元と証如の和睦を取り持ったのである。『大系真宗史料・本福寺明宗跡書』に次のように記されている。「（天文二年）六月廿日三善千熊に扱をまかせて、敵方悉く敗軍す」と。石山本願寺それも十六才の証如率いる真宗教団がいかに窮余のすえとはいえ、わずか十二才の三好千熊丸に講和依頼したかは明らかではない。しかし千熊丸の名で代理のものがしたのであろうが、若年の千熊丸（以後長慶に統一する）を中心とした三好方の勢力が、三好元長が自刃した一年後には細川晴元と本願寺とを和談させるほどに勢力が回復したととらえることができよう。一揆方も農村の疲弊甚だしくまた細川晴元方も将軍足利義晴を擁して、室町幕府を復活させたばかりであり、これ以上の戦乱は避けたかったのである。こうした三好長慶の力量を目にした細川晴元は木沢長政の斡旋により、天文三年（一五三四）十月頃、三好長慶と細川晴元は和睦した。この頃、河内の状況はどうであったであろうか。

畠山尚順は紀伊を追放されて淡路にいたが、大永二年（一五二二）七月十七日に没した。

畠山尚順の被官遊佐順盛は引き続き畠山尚順の嫡子畠山稙長につかえている。遊佐順盛は永正十七年（一五二〇）六月に細川高国と畠山稙長の命により、筒井氏と越智氏の和睦のために派遣されている。『奈良県史11・大和武士』では『祐維記抄』永正十七年（一五二〇）六月十九日条をもとに次のように記している。「筒井順興は、はじめは和睦を拒否して取あわなかった。しかし、二十二日に遊佐順盛が強く話し合いをすすめると筒井順興と越智氏（家頼カ）は、いちおうこれに応じてそれぞれ陣に返って、ひとまず合戦にならなかったが和睦にはなかなか結果しないままであった」としており、和睦には時間を要したようである。また『畿内戦国期守護と地域社会』（小谷利明）では大永七年（一五二七）六月の「高野山加明院来迎堂修復に係る勧進帳」をもとにその中に記載されている「河内守」を遊佐順盛と特定し、遊佐順盛が大永七年（一五二七）頃まで活動していたことを指摘している。

政長流守護代遊佐氏はこの後、遊佐順盛の嫡子遊佐長教の時代に入り、この時代は天文年間になる。

この時期の史料としては、主に『天文日記』の史料をもとにしていると思われる。しかし、この『天文日記』に記載されている「播磨守」が勝熙か晴熙かまた「弥九郎」が政国か否かなど人物比定に論者の見解が分かれており、『畿内戦国期守護と地域社会』(小谷利明)でも、「この時期の畠山氏の家督については、長年混乱が続いている」と記している。『大乗院寺社雑事記の研究(河内守護畠山氏の系譜をめぐる諸問題)』(森田恭二)では『天文日記』にある播磨守は「勝熙」でなく「晴熙」であることが判明したと記している。このように畠山氏の家督相続時期についても、どの史料にもとづき、それをどう解釈するかでも異なるようである。よって畠山氏の家督相続時期も異なることはやむを得ないことであろう。筆者は守護代遊佐氏を主題として探っているものであるが、畠山氏の家督の人物比定、またその在職時期は論者の間では、まだ通説になってはいないと判断し、守護正員は畠山基国から畠山基家までは『守護領国支配機構の研究』(今谷明)に準拠し、それ以降は同書および『河内守護畠山氏の研究』(森田恭二)に準拠した。遊佐長教は天文三年(一五三四)頃から活動がみられる。父遊佐順盛が大永七年(一五二七)六月まで活動が見られるので、これ以降のいずれかの時期に家督を引き継いだと思われる。畠山尚順は永正十四年(一五一七)頃に紀伊に隠居した後、嫡子畠山稙長が跡を継ぎ高屋城に入り、弟基信を本願寺に入れ本願寺と結んでいる。畠山稙長は本願寺と結んで勢力奪回し、木沢長政に対峙しようとしたのである。しかし畠山稙長は天文三年(一五三四)八月には、木沢長政と遊佐長教のために紀伊国に追放されている。『室町時代紀伊国守護・守護代等に関する基礎的考察』(弓倉弘年)では次のように記している。「遊佐長教等は本願寺と同盟することが、すなわち反幕府側になることを危惧して稙長を更迭したのであろう」としている。畠山稙長に代えて弟畠山長経を擁立したのである。

この畠山長経の擁立も長くは続かず、早くも天文七年（一五三八）には政国を擁立している（南半国）。一方、木沢長政は天文六年（一五三七）十一月には在氏を擁立したが、天文十一年（一五四二）には在氏を追放し、天文十四年（一五四五）三月には晴熙を擁立している（北半国）。

こうして河内南半国は遊佐長教が支配し、北半国は木沢長政が支配することになったのである。

この南北半国支配体制についても明確に「分割体制」ではないとの異論がある。

いずれにしてもこの時期、守護代が守護を凌駕したことは間違いないであろう。

ここに河内守護代遊佐長教の安堵副状があるのでそれをここに掲げる。

河内国天野山金剛寺寺領の事。御代々宣旨院宣手続証文、同（遊佐）順盛証状の旨に任せ、四至の内、田畠山野以下、所当官物并びに国役臨時雑事欠所検断等免除せしむ。殺生を禁断せしめ、寺家領知を全うせらるべき由、御判の旨に任せ、知行相違有るべからざるの状件の如し。

天文六年十二月廿五日　　（遊佐）長教 

（読み下し）

（大日本古文書・金剛寺文書）

一方、京都では三好長慶は細川晴元の有力被官として、摂津越水城を与えられ、京都に屋敷を構え、幕府に出仕する身分となった。三好長慶は千熊丸時代に本願寺との和睦を仲介し、細川晴元政権の危機を救う戦功があるとの自負もあり、畿内の大荘園を望むようになったのは当然の成り行きといえる。

三好長慶は細川晴元に対し幕府御料所である河内十七箇所（荘名・大阪府守口市一帯）の代官職を要求したのである。しかし細川晴元は聴き入れなかったらしく、三好長慶は直接幕府に訴えた。幕府の内談衆の大舘尚氏はこれを正当と認め将軍足利義晴に答申した。『三好長慶』（長江正一）では次のように記している。「十七箇所がもと長慶の父元長が任命されていて、元長の戦死後、戦死のかげに暗躍したといわれている政長が任命されていたものと想像される」としている。十七箇所（荘）はかつて畠山政長、畠山義就の驍将が代官を歴任してきた由緒ある大荘園である。しかし細川晴元は三好政長を帷幕に重要しており、三好長慶の要請を不遜なりとみたのか拒絶したのである。細川晴元の拒絶の背後に、三好政長の影をみた三好長慶は、今さらのように亡父三好元長の仇敵、三好政長・細川晴元に対する憎悪がよみがえったのである。これに対し、三好長慶は細川晴元打倒の兵を挙げようとした。この時、将軍足利義晴は六角定頼・木沢長政に調停を命じる一方、自重を命じる内書を細川晴元・三好長慶双方に送りことなきをえたのである。河内北半国守護代木沢長政は遊佐堯家を殺害し守護代に上りつめ、さらにその主畠山義堯を一向一揆により滅ぼし、今は飯盛城に畠山在氏を擁して信貴山城を預けられていた。

天文十年（一五四一）八月、木沢長政は前守護畠山長経を遊佐長教と謀って弑殺したのである。これについても異論がある。さらに木沢長政は将軍足利義晴の供奉警固を強要した。足利義晴はこれを拒否して慈照寺（銀閣寺）に退き、その後、近江坂本に逃れ、細川晴元は北岩倉（京都市左京区岩倉）に逃れた。まさに木沢長政のクーデターの類である。警固すべき将軍が消え去った今、京都を後に木沢長政は河内に引き上げざるを得なかった。幕府内ではこの機会に乗じて、木沢長政を亡ぼしてしまうべきという声が高まっていったのである。特に三好長慶にとっては亡父三好元長の仇の一人でもあった。三好長慶が細川晴元の指示で、勇躍、木沢長政攻めの急先鋒となったであろうことは想像に難くない。

戦局は翌天文十一年（一五四二）二月に入り動き始めた。準備が整った足利義晴方は木沢長政を討つべく兵を挙げた。河内でも大きな動きが三月初旬に起こった。高屋城の河内南半国守護代遊佐長教は、かつて廃立した前守護畠山稙長を（政国の兄）を還任させるため、密かに幕府に根回しして、三月八日木沢党である斎藤山城守父子を暗殺した。これを知った南半国守護畠山政国は、恐怖を感じて三月十日、高屋城を出奔し、木沢勢の守る大和信貴山城に逃亡した。間髪を容れず幕府は紀伊に亡命中の畠山稙長に宛てて、畠山政国追討軍勢催促内書を送ったのである。畠山稙長は総勢万余といわれる紀州勢を率いて十三日、八年ぶりに高屋城に入った。木沢長政は斎藤山城守の謀殺を聞いて激怒し、高屋城を眼下に見下ろす要害、二上山（大阪府南河内郡太子町）の山頂の城郭を占拠した。畠山政国は信貴山城から、木沢長政は二上山城から高屋城を挟撃でくる体制を整えたといわれている。天文十一年（一五四二）三月十七日、二上山城の木沢勢と落合川の上畠という在所で遊佐長教・三好長慶勢の白兵戦が行われた。

この戦いでは遊佐長教・三好長慶勢の追撃はすさまじく、特に三好長慶は父の遺恨もあり次々と打ち破っていった。木沢長政も討ち取られた。首級をあげたのは遊佐長教の被官小嶋某という人物であったという（太平寺の戦い）。木沢長政が畠山義英の被官として飯盛城に現れてから、わずか十二年しかたっていなかったのである。所詮徒花であったといえよう。「太平寺の戦い」は、河内の政治情勢を大きく変えた。半国守護体制が廃され、前守護畠山稙長が一人制の守護に復帰するという結果と、遊佐長教の抬頭をもたらした。『中世後期畿内近国守護の研究』（弓倉弘年）では、これから以降の河内は「遊佐長教の領国化」との評価を与えている。畿内全体としてみると、三好長慶の軍事力がいよいよ大きくなり細川晴元政権内で隠然たる重みをもつようになったといえよう。『暦名土代』（湯川敏治）では、遊佐長教は天文十三年（一五四四）三月廿三日に叙勲されたことを記している。

従五位下　　遊佐　藤　長教　　三月廿三日、〈遊佐〉同日、河内守

この「藤姓」はどこから来たのであろうか。

さらに『天文日記』天文十三年（一五四四）八月二十五日条には次のように記されている。

「遊佐へ、就結婚事樽遣之、使麻生」

すでに述べたように日野内光（藤姓）と畠山尚順の女との間に生まれた女と婚姻したのである。これから「藤姓」を名乗ったと思われる。しかし、この「藤姓」は「秀郷流」とはならないのである。

話を戻そう。木沢長政が去った後、河内は守護代遊佐長教が抬頭し、あたかも遊佐長教の領国のようになり全盛期を迎えたのである。まさに守護代遊佐長教が守護を凌駕したといえよう。天文十四年（一五四五）三月十三日、北半国は畠山晴熈が守護となっている。一方、南半国は天文十四年（一五四五）五月十五日、畠山政国が守護となっている。これは畠山稙長が天文十四年（一五四五）五月十五日に没しており、畠山政国がその跡を継いだものと思われる。畠山稙長の後嗣には能登守護畠山義総の子息がなる約束がなされていたらしいが不調に終っている。『新修七尾市史14通史編Ⅰ』では能登守護代遊佐秀頼が宗家家督が未定のため「宗家守護代遊佐長教に弔意を表した」と記している。さて、中央の幕府細川晴元政権内では木沢長政が去った後、三好政長と三好長慶が大きな位置を占めるようになった。しかし、三好政長は攻城野戦の功もなく細川晴元政権の帷幕に収まっており、これを心よく思わぬ者は、三好長慶一人ではなかった。さらに、三好長慶には亡父三好元長の仇敵との意識は当然あったものと思われる。

去る大永六年（一五二六）に、細川高国に讒言して香西元盛を謀殺し、大永七年（一五二七）の畿内大乱の原因をつくった細川尹賢は、かの「天王寺の戦い」（「大物崩れ」）の翌日、摂津で木沢長政に殺されていたが、その遺児細川氏綱が、天文十一年（一五四二）暮れ、突如として和泉堺で挙兵し、細川高国の跡目と称して幕府に叛旗を翻したのである。細川晴元にとっては悪夢が再現したような驚きであったであろう。しかし、この時は細川氏綱らは和泉守護細川元常らに撃退されている。その後も細川氏綱らは和泉山間部に逃亡し蠢動を繰り返すのである。細川氏綱の挙兵以来、各地に反細川晴元党が蜂起し、その都度三好長慶が掃討にかりだされ、天文十三年（一五四四）から十五年（一五四六）にかけては、三好長慶はあたかも細川晴元の走狗のような役割を黙々と演じていた。しかし、この転戦の間に三好長慶の軍事的才幹はとぎすまされ、畿内国人の間に大きな声望と勢威を勝ちとり、急速に戦国大名としての地位を堅めていったのである。「太平寺の戦い」では三好長慶とともに細川晴元方として戦った遊佐長教は、密かに細川氏綱に通じ、天文十五年（一五四六）夏、細川氏綱を高屋城に迎え入れる手筈を整えていた。遊佐長教は細川氏綱の救解を将軍足利義晴に求め細川氏綱を細川晴元に代わらせる謀略をめぐらせた。細川晴元はこうした状況下、天文十五年（一五四六）八月十六日、細川晴元は三好長慶に命じ摂津の軍勢を率いて堺へ向かわせた。しかし三好長慶らが堺の掌握に手間取っている間に、十九日細川氏綱・遊佐長教の軍勢が堺を包囲した。敗勢を打開すべく三好長慶は兼ねてから懇意の堺の会合衆に調停を依頼し、この危機を何とか脱出ができたのである。さらに遊佐長教は細川晴元・三好政長の圧政ぶりを指弾した回状を摂津の国人らにめぐらせた。このため摂津の国人らは細川氏綱へ帰参を申し出、幕府への叛旗を鮮明にした。将軍足利義晴はこの両細川氏の対立を観望するため、一種の中立の立場をとっていた。細川晴元はこうした情勢を見て嵯峨から丹波に逃亡した。さすがの細川晴元も、こうなっては三好長慶の軍事力に頼るしかなかったのである。細川氏綱・遊佐長教はさらに摂津に入り、芥川孫十郎の籠る芥川城（大阪府高槻市）を落としている。こうして、初戦は、全く細川晴元・三好長慶方の連戦・連敗であった。しかし、三好長慶には阿波から三好義賢、讃岐から十河一存の両実弟が援軍を率いて堺に入った。これによって三好長慶は勢いづき、天文十五年（一五四六）十一月には丹波から細川晴元を越水城近くの神呪寺（兵庫県西宮市甲山）に迎え、細川氏綱方との決戦を期した。三好長慶はこの機に乗じて氏綱に寝返れば、晴元は簡単に滅亡する筈であるが、そうしなかったのは遊佐長教に主導権を取られる恐れがあったからといわれている。こうした折、将軍足利義晴は天文十五年（一五四六）十二月十九日に嫡子菊幢丸（十一才）を元服させ、翌日には足利義晴は将軍職を譲ったのである。管領代に六角定頼を任じて諸儀を執行させた。この将軍家祝儀に遊佐長教は管領畠山家の名代として参仕している（『光源院殿御元服記』・『群書類聚』所収）。さらに、翌天文十六年（一五四七）三月義晴親子は晴元を討つと称して坂本から勝軍地蔵山城に進駐し、反晴元の態度を旗幟鮮明にさせたのである。しかしこの時点ではもはや義晴が味方した位では、所詮氏綱の旗色の助けとはならなかったのである。三好長慶は摂津の国人衆をほぼ従えて上洛しようとし、とくに六角定頼を説き細川晴元に呼応し上洛をうながした。七月、細川晴元・六角定頼らは入京し、前将軍足利義晴を近江に奔らせた。続いて三好軍は河内十七箇所に集結、細川氏綱・遊佐長教に決戦を挑んで河内に進攻した。畠山在氏も参陣しており先陣を承っている。摂津天王寺近くの舎利寺（大阪市生野区）で決戦、三好軍が勝利を収めた（舎利寺の戦い）。翌八月三好長慶は河内に入り高屋城を攻撃した。上洛を達成した細川晴元は六角定頼とともに前将軍足利義晴と和睦し、その帰洛で細川晴元政権の立て直しに成功した。一方高屋城攻撃の三好長慶が遊佐長教と和睦した。六角定頼が遊佐長教を奈良に招いて会談、三好長慶との講和を勧めたのである。

前将軍足利義晴と細川晴元とが和睦したのと軌を一にしたといえる。これを機会に遊佐長教と三好長慶の間に婚儀がまとまったのである。三好長慶はたまたま波多野氏の女と離縁して空閨をかこっていたところであり、遊佐長教の女を娶ったのである。こうした折、細川晴元政権内では三好長慶に対する競争相手として一族の三好政長がいた。三好政長は細川晴元の寵臣であり帷幕で重きをなしていたが、三好長慶にとっては、亡父の仇でもあった。三好長慶は遊佐長慶と和睦すると間もなく三好政長の成敗を細川晴元に要請した。案の定、細川晴元はこの三好長慶の請願を黙殺した。三好長慶は岳父遊佐長教と綿密な打ち合わせの上、細川氏綱と同盟しついに天文十七年（一五四八）十月二十八日細川晴元・三好政長へ叛旗を翻し、三好長慶は摂津越水城（兵庫県西宮市）を進発し三好政長の拠点である摂津十七箇所へ向かった。十七箇所の拠点は榎並城（大阪市城東区）であり三好政長の嫡子政勝が籠城していた。

三好長慶は榎並城を包囲した。翌天文十八年（一五四九）二月遊佐長教に出兵を求めた。今の三好長慶には、実弟の三好義賢・安宅冬康・十河一存の四国・淡路勢を得ており、三好政長と袂を別っても畿内制覇は可能であったのである。一方、細川晴元は近江六角定頼に派兵を取り付け、四月丹波経由で一庫城（兵庫県川西市）に入った。五月には三好政長が三宅城（大阪府茨木市）に入った。細川晴元は一庫城で六角軍を待っていたが、三好政長の矢の催促で細川晴元も三宅城に到着した。三好政長は近江軍の到着を待ちきれず六月十一日、三好政長は榎並城に向かうべく、三宅城を出て江口城（大阪市東淀川区）に着陣したのである。江口城は北・東・南は川に囲まれた要害であるが、逆に水路を封鎖されると孤立する弱点があった。三好長慶は江口城を包囲し、さらに三宅城との連絡を遮断した。戦端は鬼十河と恐れられた十河一存が三好長慶の命の待たずに切ったという。三好・遊佐軍は三方から江口城に乱入した。

こうして大決戦が行なわれた(江口の戦い)。この戦いで三好政長軍は戦死者数百人と大敗北し壊滅した。

三好政長は淀川を南渡して榎並城へ逃走しようとしたが、遊佐長教の足軽に首級をあげられたという。榎並城の三好政勝はいずことも知れず逐電し、細川晴元は三宅城を放棄して丹波から山城の嵯峨へ逃亡、京都の東寺まで来ていた六角義賢（定頼の子）も近江へ引き上げ、ここに細川晴元政権は、瞬時の「大崩壊」となった。江口の敗報が京都に達して、天文十八年（一五四九）六月二十七日足利義晴・義輝父子と細川晴元らは京都を逃れた。ことに細川晴元はいまさらのように父の仇を狙う三好長慶の執念を見たような思いであったであろう。七月九日、三好長慶は中嶋城（別名堀城・大阪市淀川区）から、颯爽として上洛、無人の京都へ駒を進めた。この三好長慶の行列には、新たに主と仰ぐ細川氏綱が加わっていた。遊佐長教もこれに従軍、摂津国人らの宣撫にあたっている。三好長慶は越水城を本城とし、芥川城（大阪府高槻市）を支城として居住、在京は努めて避けた。これを幸いとして近江の前将軍足利義晴・細川晴元および六角定頼などが京都奪回をはかった。しかし、洛中には進入できず撃退されている。前将軍足利義晴は銀閣寺の裏山に中尾城（京都市左京区）を築きはじめた。しかし前将軍足利義晴はこの中尾城を拠点に京都奪回を夢見ながら、病を発して不如意のまま天文十九年（一五五〇）五月半ば近江の穴太（大津市坂本穴太）で没した。享年四十才。京都は将軍不在のまま、三好長慶は細川氏綱を棚上げして実権を握り、将軍足利義輝や細川晴元らの反撃も抑えた。京・畿内に三好長慶政権を築きあげたのである。一方遊佐長教は河内にもどり、河内の領国支配にあたっている。天文十九年（一五五〇）八月十二日守護畠山政国が没した。この没年も異論がある。『中世後期畿内近国守護の研究』（弓倉弘年）ではこの時点では没しておらず「政国は遊佐長教との方針の違いから袂を分ち紀伊へ遁世したのであろう」としている。天文二十年（一五五一）五月五日、河内の実力者遊佐長教が暗殺されるという凶変が起きたのである。『戦国三好一族』（今谷明）では次のように記している。

「遊佐長教には、かねてより帰依していた時宗の僧侶がいた。この僧は、京都の六条道場に止住していたが、長教のひいきが重なるので、そのころ河内の西琳寺辺（羽曳野市、高屋城の地）に居を構え、依頼に応じて高屋城へ出入りしていた。五月五日の夜、長教は独酌し、法師に話相手をさせていたが、泥酔した長教が横になったところを、やにわに時宗僧がおどりかかり、どこに隠しもっていたか懐剣によって長教をめった突きに刺した。犯人の時宗僧は、誰にも気かれずに悠々脱出して京都に逃れたとも、その場で家臣らに討ち取られたともいわれている。犯行当時、長教のそばには目撃者が不在であったことは確かなようだ」とし、さらに「やはり六月二十日に、長教の婿であった奈良の筒井順昭が二十八才の若さで卒した。『筒井家記』には死因が記されておらず、これも疑えば疑える要素に満ちている」と記している。同じような事件はすでに京都で起きていたのである。天正二十年（一五五一）三月、三好長慶に対し、放火未遂事件と、幕府奉公衆進士賢光の暗殺未遂事件がおきたのである。いずれも将軍足利義輝から遣わされたと白状したのである。足利義輝の周辺が、刺客を各所に派して暗殺網をめぐらせていたことがうかがえる。奈良では「最近大和国が治まっていたのは、河内の実力者遊佐長教が頑張っていたからであって、長教死去となった上は、再び乱れるのではなかろうか」と噂する者が多かったという。とまれ、遊佐氏の期待の星は潰え去ったのである。実力者遊佐長教の死は百日間秘されたという。

実は、遊佐長教の暗殺はこれで終わったわけではなかった。河内の萱振といえば、富裕な国人であって、「米銭以下充満し、彼国にては随分の果報」と称されていた。萱振は、若江城の南方（大阪八尾市萱振）で、高屋城から欠郡方面へ出る最短距離にあり、水陸の要衝を利して一族はひろく商業活動に従事し、富裕な国人が多かったのである。天文二十年（一五五一）五月に遊佐長教が没するや、萱振某は河内上郡代（実は河内上半国守護代カ）に任ぜられ、一躍、高屋城の城代の地位にのし上がったのである。

河内守護は、畠山稙長、畠山政国と相次いで死去したのち、畠山高政が後嗣となっていたが、まだ若年で、実権は全く守護代層が握っていた。ところが、この河内上郡代萱振某が、他ならぬ遊佐長教の暗殺に関係しているらしいという情報を、下郡代（下半国守護代カ）、飯盛城代の安見宗房がかぎつけた。

安見宗房は、今は亡き遊佐長教に見いだされ、長教のもとで下郡代に抜擢されたのである。亡主の仇を報ぜんものと一計を案じた。さらに『戦国三好一族』（今谷明）の内容を纏めるとつぎのようである。

飯盛城下に美麗を極め、粋をこらした「数寄の座敷」を造営し、天文二十一年二月十日、萱振某を招待したのである。萱振某は油断した。引出物は馬一駄になるほど用意し、料理と芸能に贅を尽くして歓待した。酒半酣の頃、かねて示し合わせておいたとおり、宗房の指示した刺客、討手が座敷に押入り、一瞬の間に宴会も血の海と化し、萱振主従十人は惨殺された。宗房は、仕済ましたりと早馬を仕立て、次いで家臣を騎馬にて出立させ、夜通し高野街道をかけとおさせて高屋城下の萱振屋敷を襲撃させた。

飯盛―高屋間は直線距離で二十キロ近くである。恐らく小半時足らずで高屋城に達したに違いない。

かくて変事が萱振方に伝わる以前に高屋城の不意打ちに成功したのである。萱振一族の子女は残らず斬り殺され、これまた阿鼻叫喚の地獄絵が現出した。城内の野尻・中小路氏ら萱振方一味の土豪は、さすがに抵抗したが、安見方は続々と大軍をくり出し、結局みな切腹し果てた。萱振某の弟、萱振隆生のみは飯盛城より密かに脱出し、大和生駒を経て奈良に落ちのびた。しかしここにも遊佐一族の筒井氏の手が回っており、捕られの身となり高屋城に送られた。安見宗房は、見事に亡主遊佐長教の仇を討ったというので武名大いにあがり、「弓取の上にては神妙なる働らき、比類なし。君忠の者なり」とて畿内にその名を知られるようになった。遊佐長教の弟は兄と仲悪しく出家して根来の松坊と称していたが、これが萱振と一味していたことも発覚し、追手が出された。たまたま松坊は有馬温泉（神戸市北区）に湯治に出ており、長慶自身、芥川城から兵を派して湯治場にて打殺した。これは今谷氏が見つけられた『天文間日次記』に記載されているもので、この一件は当時、興福寺僧良尊が大般若経書写中だったため、その奥書に詳細に記したものである。なお、粛清された萱振某の実名は『河内長野市史第一巻』では、萱振賢継であるとしている。こうして、安見宗房が長教に代わって河内の実力者になり守護代になった。これに対して異論もある。遊佐長教横死後、遊佐太藤なる人物が突然『天文日記』に登場しその後御供衆になったとするが、守護代遊佐氏との関わりは全く不明であり、筆者は守護代遊佐氏を探るものであり遊佐太藤なる人物はそれほど重要ではなく、ここでは詳しくこれには触れないことにしたい。さて、京都の政情はどうなっていったのであろうか。近江の六角定頼は天文二十一年（一五五二）正月没したが、跡を継いだ六角義賢が三好長慶に対し将軍足利義輝との和睦を執拗に勧誘したのである。

三好長慶はこの和睦に踏み切った。しかしこの和睦は長続きしないのは明らかであった。天文二十二年（一五五三）に入ると、三好長慶と将軍足利義輝の間がおかしくなった。同年（一五五三）八月、将軍足利義輝は三好長慶と対立して再び近江に逃亡した。この将軍足利義輝・細川晴元を近江に追いやった際に畠山軍は安見宗房・丹下盛知らに率いられて三好長慶に加勢に上洛している。こうして三好長慶は軍事力でもって将軍らを京都から追放し、ここに三好長慶は名実ともに三好政権を打ち立てたのである。三好長慶は将軍足利義輝を朽木谷の朽木氏に奔らせ、細川晴元を流浪させ、細川氏綱も棚上げした。

三好長慶は本城を越水城から芥川城に移した。京都には松永久秀を奉行として駐在させ、官僚伊勢貞孝とともに庶政にあたらせた。松永久秀の出自は良くわからない。京都で商人であったともいわれ、初めは、三好長慶の右筆をつとめていたようである。京都の情勢に詳しい松永久秀は三好長慶には必要であったのであろう。同様に一介の油売りから美濃一国の戦国大名となった斎藤道三とは戦国大名の梟雄として双璧をなして、その悪名は後世に名を残すのである。とまれ、三好長慶の勢力は摂津を中心に山城・丹波・和泉・播磨におよび、さらに阿波・讃岐および淡路を本国として八ケ国を掌握したのである。

この頃が三好長慶の絶頂期であった。しかし永禄元年（一五五八）に入ると、将軍足利義輝・細川晴元らは離京後、丸五年に及び、この年二月の改元についても朝廷から諮問にも預かっておらず、このままでは将軍としての地位にも影響がでてきたため焦慮していたのである。将軍足利義輝・細川晴元らは京都回復を目指して軍事行動を開始した。同年（一五五八）三好長慶は将軍足利義輝や細川晴元与党の京都襲来を撃退したが、同年（一五五八）十一月初旬、将軍足利義輝は三好長慶と再び和睦して同二十七日帰京した。ここに中絶していた室町幕府が復活したのである。こともあろうに長慶を暗殺しようとした義輝と和睦をしたのである。この和睦は長慶が将軍を戴き、その権威を利用して京・畿内支配を徹底しようとしたともいわれる。一方この和睦で長慶は「戦国の世で弱肉強食の論理を知らぬ文弱の大名」といわれる所以でもある。信長は決してこの選択はしなかったであろう。しかし将軍足利義輝から細川晴元との和談を勧められたが応じなかった。当然亡父の仇敵としての思いがあったのかもしれない。

ちなみに将軍足利義輝の帰京の参礼に上杉謙信や織田信長らが上洛している。この時点でも廃れたとはいえ、まだ将軍家の権威を利用とする戦国大名らがいたのは事実であり、三好長慶を含めて室町幕府の枠内での勢力の伸長を図ろうとしていたのである、この頃はまだ戦国大名の中でも、室町幕府の枠組みを打ち壊す発想はまだなかったのである。室町幕府の権威は、室町幕府の屋台骨が崩れかけても、まだそれを権威がそれを支え続けていた如くであった。その室町幕府の枠組みを初めて打ち破るのはもう少し後になって最後の将軍足利義昭の時代に入り、織田信長の登場を待たなければならなかったのである。

ここで、遊佐長教が暗殺されて以降の河内に目を移してみたい。遊佐長教横死のあとを継いだ守護代安見宗房は対抗馬萱振一族を粛清し、完全に領国の実権を握って守護畠山高政をないがしろにする風が見えてきた。両者互いに害意を抱くようになった。畠山高政は安見宗房の専横に反発して畠山高政は、永禄元年(一五五八)十一月三十日高屋城を脱出し紀伊に向かった。時あたかも三好長慶らは将軍足利義輝との和睦に忙殺されており、この事件は三好長慶の介入なく進行したのである。こうした河内の状況は三好長慶の権力維持にとって不安定要因でしかなくなった。三好長慶は畿内固めに移ったのである。翌永禄二年(一五五九)五月、河内の安見宗房救援のため和泉に根来寺衆が進撃してきた。これより先、三好長慶は岸和田城に十河一存を任じていたがその援軍として松永久秀に命じ、十河一存と連合させ、これにあたらせたが大敗した。これは根来寺衆の優秀な鉄砲隊の驚くべき威力によるものであるといわれる。そこで三好長慶は河内十七箇所に全軍を終結させた。六月二十二日、十七箇所で高屋城から打って出た安見軍と戦闘が行われ、これを破ったが激戦であった。さらに安見軍を追い高屋城に迫って七月末にこれを攻略した。安見宗房らは飯盛城へ奔った。さらに三好長慶の強勢に畏怖した飯盛城籠城中の安見宗房らはこらえきれず大和に逃亡した。しかしこの大和への逃亡は三好長慶に大和侵入の口実を与えることになった。三好長慶は直ちに松永久秀に命じ、安見宗房追討に向かわせた。松永久秀は八月八日、信貴山城(奈良県平郡信貴山)に移った。ここはかって木沢長政の城であったが、松永久秀の最後の死に場所となったのである。折から、紀伊の国人湯川直光・玉置氏らが三好長慶の内命をうけ畠山高政を擁して和泉堺に入っており、畠山高政は難なく高屋城を回復したのである。紀伊から畠山高政を援けてきた湯川直光が守護代に任じられた。これに対しても異論がある。しかし湯川直光の河内支配はこの地は縁故をもっていなかったため円滑にいかなかった。元来が状況主義の畠山高政は、この状況に体よく紀伊に追い返した。畠山高政は永禄三年（一五六〇）初め、前年大和へ逃亡した安見宗房を呼び戻し守護代に還補し、飯盛城に入れたのである。これは三好長慶の意に反したものであり、三好長慶の河内支配の口実を与える結果となった。三好長慶は永禄三年（一五六〇）七月、弟の三好義賢（実休）とともに畠山高政征伐軍をおこし玉櫛（東大阪市玉串）で高政軍を破り、太田・若林（八尾市）をへて藤井寺に進出した。高屋城の畠山高政は大和の筒井勢に檄を飛ばしていたが、これは信貴山城の松永久秀が塞いでおり、なお根来寺衆も高屋城救援に出動していたが十月に高屋城近くで討伐軍が撃退されている。高屋・飯盛城は案外に長く保たれたが、しかし、十月末にいたって両城は相次いで落ち、畠山高政は安見宗房とともに堺に出奔している。戦後河内は三好長慶の支配となり、三好長慶は飯盛城に入り、三好義賢（実休）が高屋城に入った。松永久秀は大和を支配した。大和・河内を併呑した永禄三年（一五六〇）も暮れ、翌永禄四年（一五六一）三好氏の強勢を目の当たりにして将軍足利義輝は三好長慶に細川晴元との和睦を勧告した。三好長慶にとっては仇敵であったが和睦勧告を受け入れ、摂津富田の普門寺（大阪府高槻市）に入れ軟禁した。一方、六角義賢は紀伊に亡命中の畠山高政に三好長慶挟撃の軍事同盟の提案をした。これの背後には将軍足利義輝・細川晴元らの思惑があったとも指摘されている。畠山高政は一議に及ばず応諾し、早くも七月二十三日には根来衆をして和泉に侵入させた。六角義賢は永禄四年（一五六一）七月二十八日、突如挙兵して勝軍地蔵山城に進出したのである。六角義賢の直接的挙兵の要因は、ほっておくと近江も河内・大和の二の舞になるという恐怖であった。こうして畠山高政と六角義賢は南北から三好長慶を挟撃しようとしたのである。これに対して三好長慶は三好義興・松永久秀らを討伐にあたらせたが、六角軍の洛中進撃を食い止めるがせいぜいであった。一方、畠山高政軍は根来衆や紀伊勢が主力となり、まず和泉岸和田城に迫った。城主の十河一存が病死し、臨時に淡路の安宅冬康が守っていた。この手薄に乗じて、これの攻撃をまず敢行したのである。

畠山軍にはかつて高屋城にいた遊佐信教・安見宗房らが参陣していた。遊佐信教は遊佐長教の嫡子である。遊佐信教は遊佐長教と畠山尚順の女の子との間に生まれたと思われ、『中世後期畿内近国守護の研究』（弓倉弘年）では『観心寺文書』から天文十七年（一五四八）生まれとしている。これからこの時点での信教の年令は十三才と推定される。この頃の武将の子は早熟に育てられていたのである。ともあれ、飯盛城にあった三好長慶は、高屋城主三好義賢（実休）に三好康長・三好政康ら淡路・阿波勢を添えて急遽岸和田に向かわせた。しかし岸和田城には入れず、久米田寺（大阪市岸和田市）に陣した。こうして一万を超える大軍が対峙したまま越年した。永禄五年（一五六二）二月になると、三好軍に疲労の色が見え始めた。この機を逃さず畠山高政が遊佐信教・安見宗房・根来衆を率いて大挙して久米田の陣へ喚き懸った。畠山高政方の攻撃に乗って岸和田城兵が出撃した混戦のうち、わずかの手兵に守られた三好義賢（実休）はあえなく戦死した。根来衆徒の鉄砲の流れ弾に中って戦死したといわれる。三好義賢（実休）の戦死によって三好軍は総崩れとなった（久米田の戦い）。安宅冬康は岸和田城を脱出して淡路へ逃亡した。高屋城の留守居兵は、飯盛山城へ逃亡した。畠山高政方はやすやすと和泉・南河内を回復したのである。和泉岸和田城の陥落の報をうけた飯盛城の三好長慶は将軍足利義輝を石清水（男山）に遷座させている。三好義興は一戦もまじえず京都から撤退したため、三月六日、代わって六角義賢はやすやすと京都に進出した。一方、二年ぶりに高屋城に入った畠山高政は三月中旬に三好長慶が籠城する飯盛城を包囲した。これに対し、三好方は五月中旬、三好義興・松永久秀・安宅冬康・三好長逸・三好政康・三好康長らの大軍勢が淀川を渡って河内に入った。これに対し、畠山高政方は畠山軍に加え、紀伊湯川直光・雑賀・根来衆が参陣し、雑賀衆は四千丁の火縄銃を擁していたという。こうして三好方六万、高政方四万ともいわれる大軍勢が五月十九日払暁から、教興寺付近で大激戦が展開されたのである（教興寺の戦い）。この戦いでは三好軍が一族で占められていたのに対し、高政軍は混成軍であり、指揮系統の違いが勝敗を分けたようである。三好方が先手をとり、高政方は後手に回った。翌二十日までに高政方は総崩れとなり、この戦いで湯川直光が戦死し大敗北となった。畠山高政は烏帽子形城（大阪府河内長野市）に退いた。安見宗房・遊佐河内守（信教）らは「摂州石山ノ城ヱ落行」（『足利季世紀』）している。河内高屋城には三好康長が入った。六角義賢は和睦して近江に軍を還した。この戦いは河内支配の帰趨を決するものであったが、この後の三好長慶による河内支配が順調に行われたわけではない。永禄六年（一五六三）九月十八日付けで、畠山氏の河内守護代遊佐信教が金剛寺に判物を発給している。信教は翌七年（一五六四）九月二十九日に観心寺にも判物（免除状）を発給している。畠山氏は依然として南河内で権力を行使していたのであり、決して三好氏の権力基盤は強固なものではなかったのである。ここに遊佐信教が金剛寺に宛てた安堵状があるのでそれを掲げる。『畿内戦国期守護と地域社会』（小谷利明）では「教と署名している場合は、永禄十一年（一五六八）以前の文書とみてよい」としている。

河内国天野山金剛寺雑掌申す間の事。
右、代々宣旨院宣手継証文の旨に任せ、四至の内、田畠山野以下、
所当官物并びに国役臨時雑役を免除せしめ、殺生を禁断する所なり。
然れば、此の旨を守り、寺務を全うすべきの状件のごとし。
永禄六年九月十八日　教

当寺住侶中

（読み下し）

（大日本古文書・金剛寺文書）

三好長慶は先に末弟十河一存が病死し、久米田の砲撃戦で長弟三好義賢（実休）を失った三好長慶の痛手は大きかった。生存しているのは淡路にいる弟安宅冬康一人となった。三好長慶は永禄五年（一五六二）「教興寺の戦い」で畠山高政を撃退したのが三好長慶の昂揚期で以後有力な近親を相次いで失い、急激な退潮に見舞われるのである。次いで永禄六年（一五六三）三月、三好長慶の仇敵であり永らく三好長慶を苦しめてきた細川晴元が富田普門寺（大阪府高槻市）に幽閉されたまま病没した。以後、将軍足利義輝が三好長慶の反三好方の巨魁とみられるに至り、二年後の暗殺に影響を及ぼしてくるのである。

次いで永禄六年（一五六三）八月、三好長慶の嫡子三好義興が芥川城で病死した。三好義興は三好長慶ただ一人の実子で、父三好長慶以上の器量と諸人が評したとあり、将来を嘱望されていただけに、三好長慶の落胆は大きかった。三好義興の死が三好長慶政権の急落を決定づけた一因であった。三好義興は二十二才であり、まだ嗣子がなかったので、三好長慶は十河一存の子を猶子とした、後の義継である。死因は黄疸ともいわれ、側近が毒をもったともいわれ、また松永久秀の毒殺という説も伝えられている。

三好長慶は三好義興の死によって悲嘆やる方なく身心異常をきたし、終日茫然たる日を過ごすことが多くなった。『戦国三好一族』（今谷明）では次のように記している。「故有吉佐和子氏のいわゆる『恍惚の人』は長慶を一つのモデルとしたといわれる」としている。こうして右筆から身を起こした松永久秀の暗躍がますます激しくなり、人々の輿望は、三好長慶ただ一人の弟、安宅冬康の上に移った。その安宅冬康が、永禄七年（一五六四）五月、こともあろうに三好長慶自身の手によって誅殺されたのである。「逆心悪行があったとのことだ」と伝えられているが、心あるものは誰もそのようなことは信じなかった。皆、松永久秀の魔手が背後に動いていることは確かであった。三好長慶が病痾のため冷静な判断力を欠いていたことは確かであろう。その心の空白に松永久秀の暗躍があったのであろう。三好長慶の病は亢進するばかりで、ついに七月四日、安宅冬康の憤死後、わずか二ケ月後、まだ四十三才の若さで飯盛城下で病死した。三好長慶は、廃れたとはいえ室町幕府の権威の強靭さに負けたのかもしれない。

三好長慶はつまるところ、織田信長のように一切を冷酷に割り切ることができなかったのであり、そこに三好長慶の悲劇があったのである。三好長慶の死は三年の間、喪を秘することが決められた。三好長慶なき後の三好政権は三好三人衆（三好長逸・三好政康・石成友通）、松永久秀らが継いだが松永久秀が三好政権を壟断したといっても過言ではないだろう。三好長慶亡きあとの三好政権は自壊闘争を繰りひろげていったのである。永禄元年（一五五八）将軍足利義輝の還京以来、幕府の復活と三好政権の京都からの退潮を眼のあたりに見せつけられた三好三人衆、松永久秀らは足利義輝が到底傀儡に甘んじているような将軍でないことを覚った。足利義輝の方でも松永久永らの害意に気づいていた。永禄四年（一五六一）から五年（一五六二）の近江六角・畠山両氏の挟撃に足利義輝が干与していたという噂が流れてからは両者の対立が先鋭化し、三好長慶の没後は衝突必至という状況になった。とまれ、賽は投げられた。永禄八年（一五六五）五月十九日、松永久秀の嫡子久通と三好三人衆は主君三好義継（長慶の養嗣子）とともに清水寺参詣を名目に当時二条御所（京都市上京区）と呼ばれた室町第を大軍で押し寄せ訴訟ありと偽り取次を求めた（永禄の変）。勇士を邸内に潜入させて一時に打ち入ったのである。足利義輝は覚悟が決まっていたのであろう。足利義輝は上泉伊勢守に兵法を学んだ程の剣客であり畳上に幾本もの太刀を突き立て取っかえ引っかえ阿修羅のように斬って回り、鬼神のような形相に敢えて近づく者も少なかったという。打ち入ってから二時間以上が経過しており足利義輝・奉公衆の抵抗が激烈なものであったことは確かである。最後は戸板の脇に隠れていた池田教正の子某が薙刀で義輝の足を払い顛倒したところを障子を押しかぶせて上から槍でとどめを刺したといわれている。享年三十才であった。

「飯盛山城遠望」　「筆者撮影」

「飯盛城石垣」　「筆者撮影」

「飯盛城址跡」　「筆者撮影」

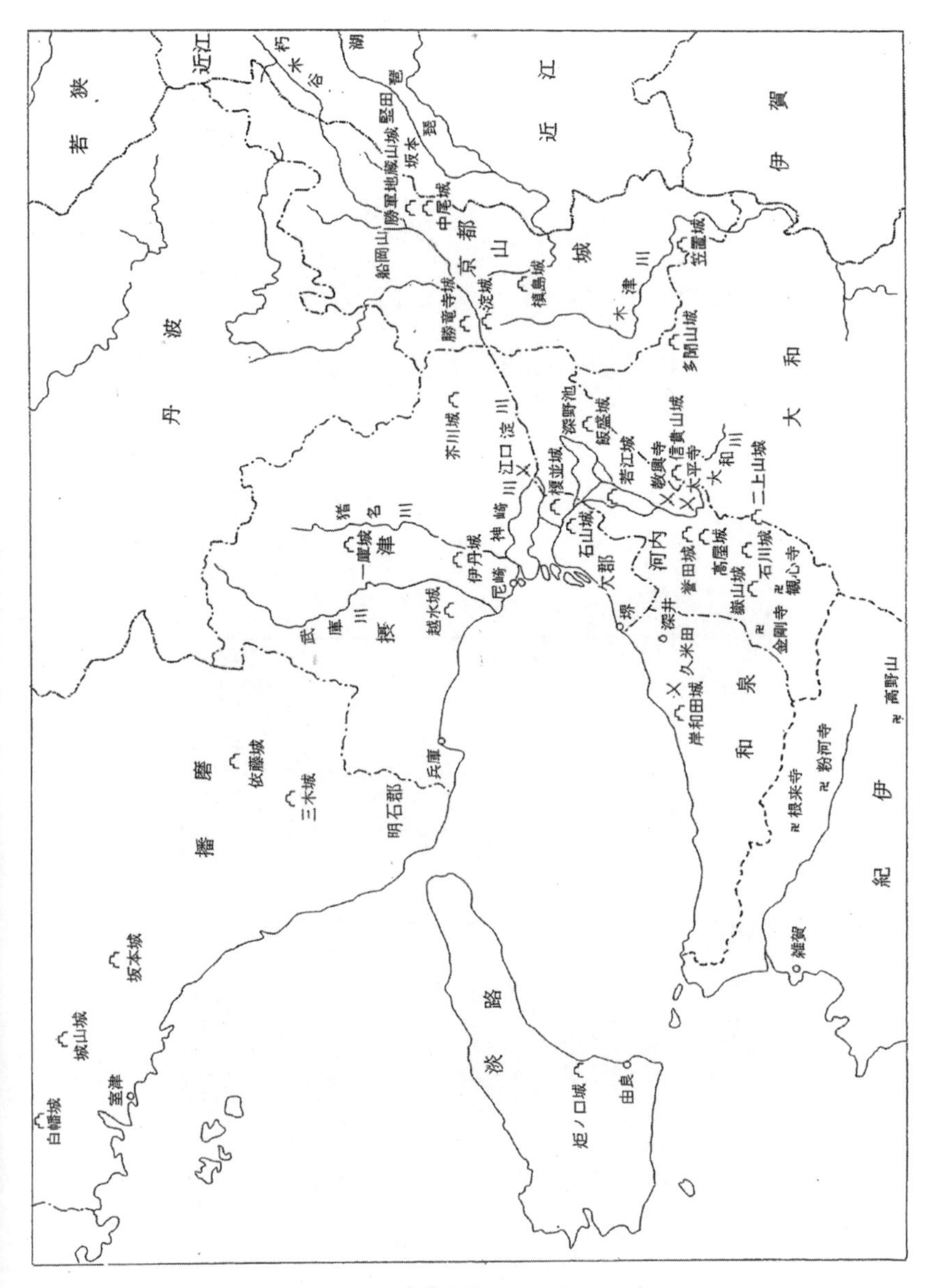

京・近畿関係要図　「筆者作図」

(七) 将軍足利義昭の時代

将軍義輝の憤死後遺族で残ったのは奈良一乗院に入室していた末弟の覚慶（のちの義昭）のみとなった。覚慶は近臣らの働きでなんとか奈良を脱出し、松永久秀の勢力の及ばない近江に逃亡した。これが足利義昭の流浪の始まりであり、そして織田信長に擁立され第十五代将軍となり、最後は織田信長に追放され、室町幕府は消滅する。最後は「貧乏公方」とまで称されるに至るのである。この時代の畠山氏がそれにどのように関わり、その有力被官遊佐氏がそれにどのように関わっていったかを探っていこう。

河内では永禄八年（一五六五）十二月守護は畠山高政から弟畠山昭高（秋高）に代わっている。『中世後期畿内近国守護の研究』（弓倉弘年）では次のように記している。「しかし、当時の状況は、三好三人衆の反撃、若江城の三好義継、内には守護代遊佐信教と、守護自らが在京して幕政と分国支配を行えるほど甘くなかった。そこで畠山氏は、当主の権力を分割し畠山秋高は河内に在国してその支配にあたり畠山高政は畠山秋高の後見として在京し幕府や織田信長との折衝にあたったとみられる」としている。

今度は三好三人衆と松永久秀らの亀裂が生じた。足利義輝弑逆に三好三人衆は異議はなかったが、松永久秀が頑是ない幼君三好義継を押し立てて弑逆の張本としたことに不快であり、次いで将軍後嗣のことで意見を異にし、ついに松永久秀と三好三人衆は袂を分かった。永禄八年（一五六五）十一月十六日、三好三人衆は飯盛城にいたって三好義継に松永久秀の追放を要請し、なお三好義継を高屋城に移した。松永久秀が三好義継を奪取するのを防いだのである。これに対し、松永久秀は畠山高政・遊佐信教・安見宗房・根来寺衆らに檄を飛ばした。こうして戦乱は河内一帯に拡大してきたのである。永禄九年（一五六六）二月、河内で松永久秀・畠山軍と三好軍との両軍が、和泉上ノ芝（大阪府堺市上野芝町）で激突した。この戦いでは三好軍が大勝し、畠山高政・遊佐信教・安見宗房らを敗走させている。

なお三好三人衆は大和に進撃、筒井氏と合して信貴山城の松永勢と奈良多聞城（奈良市法連町）の松永久通（久秀の息）との分断をはかった。やがて、永禄九年（一五六六）五月、松永久秀は堺に入り畠山高政と会談し、それぞれ、摂津勢や紀伊勢を糾合して河内進撃を期した。これを聞いた三好三人衆らは堺に進撃した。松永久秀らは無勢、敗死をまぬがれるため、堺の会合衆に調停を依頼し、何とか堺を脱出できたのである。こうして三好三人衆による畿内支配がようやく軌道に乗ったのである。将軍の跡目足利義栄は、永禄九年（一五六六）八月二十三日、摂津越水城（兵庫県西宮市）に入城し、十二月七日に摂津富田の普門寺（大阪府高槻市）に移った。しかし、三好三人衆政権の安定も久しくなかった。

翌永禄十年（一五六七）正月、三好義継は三好三人衆とともに上洛したが、三好三人衆は足利義栄を敬い、三好義継が若年でもあり、無視に等しい冷遇を受けた。これを不快としてたまたま堺に入った松永久秀に身を投じたのである。この時、高屋城の三好康長・遊佐信教・安見宗房らも松永久秀に奔った。ここに三好三人衆と松永久秀方の勢力は再び均衡をとり戻し、畿内は再び戦乱のるつぼの中に投げ込まれた。松永久秀は三好義継を信貴山城に迎えた。これに対し、三好三人衆は河内から大和入りを決行し、松永久秀の本城多聞城（奈良県奈良市法連町）に進撃した。ここにいたって主戦場は奈良に移ったのである。三好三人衆は、永禄十年（一五六七）四月、東大寺南大門辺に陣を構えた。五月、三好勢は東大寺伽藍を占拠した。こうして両軍は対峙した。十月十日の亥の刻（深夜）松永久秀の軍は大挙して多聞山城を討って出て大仏殿を襲撃した。この夜襲により火が東大寺に移り大仏殿が炎上した。

「三国無双の大伽藍」と称された大仏殿が紅蓮の炎に包まれてしまったのである。多聞院英俊の日記には次のように記されている。

「猛火天に満ち、さながら雷電の如く、一瞬に頓滅し了ぬ。釈迦像も湯にならせ給ひ了ぬ。言語同断。浅猿々々とも思慮に及ばざる所なり」とその衝撃ぶりを示している。さきの将軍足利義輝の弑殺と併わせて「大仏を焼いた松永久秀」という烙印を押され、後世にその悪名を残すのである。

さて、富田の普門寺に在る足利義栄はようやく摂津在住のまま将軍位を受けるという異例の方式で永禄十一年（一五六八）二月八日、第十四代の将軍に任官した。ともかくも足利義栄は父足利義維が、かつて堺にあって果たせなかった夢をはたすことができた。しかし天は足利義維父子に味方しなかった。

織田信長の上洛で騒然たる永禄十一年（一五六八）九月、足利義栄は病のため摂津富田で三十一才の短い生涯を閉じたのである。しかし、この間に畿内の情勢は急展開していた。近江より若狭・越前と流浪を続けていた足利義昭は、ようやく永禄十一年（一五六八）七月、江北浅井氏の小谷城（滋賀県長浜市湖北町）に入り、次いで七月二十五日、美濃立政寺（岐阜県岐阜市）に移った。明智光秀ら側近の奔走で、井ノ口城（稲葉山城・金華山城）に在った織田信長に頼ることに一決したのである。三好三人衆はここに容易ならざる難敵と対決せざるを得なくなったのである。永禄十一年（一五六八）八月に入って、いよいよ織田信長の上洛近しとの情報を得た三好三人衆は観音寺城（滋賀県近江八幡市）に赴いて、六角義賢父子と織田信長への対策を協議した。しかし、この三好三人衆と六角義賢の同盟の締結は遅きに失していた。織田信長は永禄十一年（一五六八）九月七日、足利義昭を奉じて上洛したのである。織田軍は鎧袖一触の勢いで観音寺城を踏み潰し、九月下旬には迫ってきた。破るるや、急であった。九月二十九日、勝竜寺城（京都府長岡市）・淀城（京都市伏見区）の両城が攻め落とされ、さらに摂津芥川城（大阪府高槻市）・越水城（兵庫県西宮市）などが落城した。こうして三好長慶が粒々辛苦の上に築きあげてきた畿内五カ国は一瞬に崩壊したのである。入京した信長は足利義昭を第十五代の将軍に任官させたのである。永禄十一年（一五六八）

十月十八日、足利義昭は流浪の末、待望の第十五代将軍となったのである。この時、足利義昭は織田信長に足利家家紋の桐と二引両を授けたのである。

織田氏の家紋は元来「瓜の紋」（五瓜に唐花）であり、良く目にする織田信長の画像の裃の桐紋はこの時授けられた「桐」の家紋であろうと思われる。織田信長の軍容を目の当たりして、目敏い松永久秀は、将軍足利義輝を暗殺した巨魁でありながら織田信長に第一号として降伏したのである。この時松永久秀は茶の湯の好きな織田信長に自分の所持していた名器「作物茄子（一名九十九髪）」を献じたという。将軍足利義昭は殺すことを主張したが織田信長は諫めてその罪を許したのである。織田信長はまだ松永久秀を利用できると思ってのことであろう。松永久秀のような類の人種は古今東西どこでも存在するようである。松永久秀は二度も織田信長を裏切り、二度目に信貴山城で自刃に追い込まれるのである。

間もなく、三好義継も降伏を申し入れた。織田信長は松永秀久に大和一国を与え、三好義継には河内半国を与えた。三好義継は若江城主となった。こうして、織田信長は仕置きを終えた後、岐阜にもどっている。その後、三好三人衆の蠢動が続くが、大きなうねりとはなっていない。永禄十二年（一五六九）織田信長の媒酌で、三好義継が将軍足利義昭の妹と婚姻したのである。足利義昭にとって三好義継は兄足利義輝の仇である。その旧恨を心配した織田信長が仲立ちしたのである。しかし、この縁が後に三好義継の命取りなることは、今の三好義継にとっては夢想だにしなかったことであろう。元亀元年（一五七〇）に入ると織田信長と足利義昭の間が険悪となった。足利義昭が織田信長の目指す傀儡政権を逸脱した動きを見せ始めからである。一方、これに対し三好三人衆の蠢動が激しくなった。さすがの織田信長も捨て置けず岐阜を発して八月二十三日入京し二十八日天王寺に移った。三好三人衆には強力な支援者が現われていたのである。それは石山の本願寺であった。

織田信長から城地を明け渡すよう催促がしきりで、三好三人衆の挙兵以前から、法主顕如は三好三人衆に款を通じていたのである。織田信長はこの地を拠点として、畿内制覇と阿波・讃岐両国を攻略するため、のどから手が出るほど欲しがっていたのである。こうして、九月十二日、顕如は三好三人衆と同盟し、織田信長に敵対して挙兵したのである。一向一揆と織田信長との十一年に亘る「石山合戦」の幕が切って落とされたのである。この時は織田信長は形勢不利と判断し、三好三人衆・本願寺と和睦したのである。次に織田信長が元亀元年(一五七〇)十月二日に織田信長が遊佐信教に宛てた書状があるので次に掲げる。『織田信長文書の研究上巻』(奥野高広)では宛名は「遊佐□□」であるが、遊佐信教としている。遊佐信教に宛てたとすれば、状況報告とともに遊佐信教の与力を期待したのであろうと思われる。

其の表の趣、如何に候や。徳川三河守(家康)着陣し候。近江へ向け□候丹羽(長秀)・木下(秀吉)己下も湖を渡らしめ候間、徳川に相加はり、東福寺・清水・粟田口辺に陣を執るべく候。敵淀川を越し候□、間近に寄り候とも、此の表の儀は、志賀・勝軍人数を残し、信長即時□討ち果すべし。敵の働き様子を見届けられ、手を合わせらるべく候。其の為申し送り候。恐々謹言。

十月二日　信長(花押)

遊佐□□

(読み下し)

(『織田信長文書の研究』)

元亀二年（一五七一）五月、三好三人衆と織田信長の和は破れた。同五月松永久秀は信長に叛いた。甲斐の武田信玄に款を通じ、三好三人衆に寝返ったのである。まことに機を見るに敏というか向背常ない姿である。元亀二年（一五七一）秋、摂河泉では三好三人衆の優位が続き、若江城の三好義継までが織田信長への態度がおかしくなった。信長に忠誠を誓ったのは、わずかに高屋城の畠山昭高（秋高）ぐらいとなった。織田信長としては、浅井・朝倉を片付けぬうちは畿内の混乱を収束することは不可能であった。元亀三年（一五七二）の終わり、武田信玄の西上という信長にとっては、最も恐れていた事態が起こった。すでに対立していた足利義昭の檄に応じたものといわれている。織田信長は東に武田、北に浅井・朝倉、西に石山本願寺・三好三人衆と四面腹背に攻撃を受け、織田信長は最大の窮地に置かれた。

しかし、天は信長に味方した。朝倉義景は不可解にも撤兵し、武田信玄も元亀四年（一五七三）四月、三河で病死したのである。武田信玄倒るの報に接し、織田信長は俄然畿内で攻勢に転じ、四月足利義昭を二条城に屈服させ七月十八日なおも槙島城（京都府宇治市槙島町）に拠る足利義昭を降した（槙島城の戦い）。ついに室町幕府を最終的に崩壊させたのである。この元亀四年（一五七三、七月二十八日、改元天正）六月二十五日、高屋城で凶変が起きたのである。それについて『織田信長文書の研究上巻』（奥野高広）では信長が河内保田知宗に宛てた書状を次のように掲げている。ただし同書の（補注20）で、この文書の発給年月を元亀四年（一五七三）と訂正されている。

柴田（勝家）かたへ書状披見し候。肥（昭）高の事、是非無く候。無念之に過ぐべからず候。
其の方身上の理聞き届け候。両方衆相談及び行き、遊佐（信教）の事、相果たすべく候由
尤も簡要。先に調べ候趣に就き、此の方分別相届かざる為、然るべきの様に

調略肝要に候、様躰に於いては、柴田申すべく候。恐々謹言。

七月十四日　　　　　　　　　　　　信長御印

保田左助（知宗）殿

（読み下し）

（『織田信長文書の研究』）

この書状は畠山昭高（秋高）弑殺直後に出された書状である。織田信長としては畠山昭高（秋高）は織田信長の縁者であり、遊佐信教が畠山昭高（秋高）を弑殺したことは到底許すことはできなかったはずである。『中世後期畿内近国守護の研究』（弓倉弘年）では次のように記している。

「通説では義昭方の信教が、信長方の秋高を殺害したとされる。一旦は守護として将軍義昭についたものの、織田信長の圧倒とも言える軍事力を目の当たりにした秋高が、国内の三好勢力の存在をも考えた時、反信長戦線に躊躇し、進退に窮したとしても当然と言える」としている。さらに、「一方、保田知宗や河内における秋高系の大半は、足利義昭に与することを支持していた。これを好機と見た遊佐信教が、畠山秋高を殺害したのであろう」としている。足利義昭は七月二十一日妹の嫁ぎ先である河内若江城の畠山義継を頼ったのである。途中、土一揆に御物など所持品を掠奪され、乞食の如き姿であったといわれ「乞食公方」とも称されたのである。「槇島城の戦い」の時、三好三人衆の石成友通が守っていたが、織田信長の攻撃で戦死している。享年四十三才。他の二人三好長逸と三好政康はいずれも行方不明となり没年さえ明らかでない。十一月九日、前将軍足利義昭は、ようやく若江城を離れ、堺に移った。

織田信長は安国寺恵瓊、木下秀吉らを派遣して義昭の上洛を促したが足利義昭はその招きを振り切って織田信長の勢力の及ばぬ紀伊由良（和歌山県日高郡由良町）の興国寺へと流れて行ったのである。

織田信長に対する抵抗を止めまいとする前将軍の面子と妄執のようなものが敗残の足利義昭に取りついていた。これが足利家の血筋というものであろう。反織田信長として残るのは、唯一人三好義継のみとなった。織田信長は、佐久間信盛・明智光秀らに命じて大軍を預け、若江城を包囲させていた。三好義継は前将軍足利義昭をかくまった責任を追及してのことである。天正元年（一五七三）十一月十六日、三好義継は自刃した。『信長公記』では次のように記している。

「（義継は）天主（守）の下まで攻め逃げ候処、叶い難く思し食し、御女房衆、御子息達みなさし殺し、切って出て、余多の者に手を負はせ、その後左京大夫（義継）殿腹十文字に切り、比類なき御働き、哀れなる有様なり」としている。ここに三好氏の宗家は断絶したのである。この頃、遊佐信教はどうしていたのだろうか。それは次の書状によって知ることができる。

（前略）

河内高屋の城、由佐（遊佐信教）と四国衆（三好康長）楯籠り候、相城取り付けられ候。其の人数討ち入り候はば、信長も帰国の由候。定めて此比たるべく候。（以下略）恐惶謹言。

（天正元年）十二月十二日　（安国寺）恵瓊（花押）

山縣越前守殿

井上又右衛門尉殿

（読み下し）

（大日本古文書・吉川家文書）

また、『足利義昭』（奥野高広）では次のように記している。

「天正二年（一五七四）四月二日本願寺門跡の顕如は、また信長に反抗し、三好康長・遊佐信教らは、河内高屋城（大阪府羽曳野市）でこれに味方した」としている。さらに「十月に信長は、佐久間信盛や明智光秀らに命じ河内高屋城に遊佐信教を攻めさせた」と記している。そうして、さらに天正三年（一五七五）四月に三好康長を河内高屋城に攻めた。三好康長は、こらえ切れず降伏したのである。

「若江城址」　「筆者撮影」

しかし、ここで最大の謎が浮かび上がるのである。それは前年迄、三好康長とともに籠城していた遊佐信教の消息が突然途絶えるのである。いったいどうした訳なのであろうか。三好康長は降伏後も織田信長・豊臣秀吉に仕えているが、遊佐信教のことについては一言も触れていない。『信長公記』には若江城の三好義継が前将軍足利義昭をかくまったことで自刃に追い込まれたことについてはすでに述べた通り詳細に記載している。『織田信長文書の研究上巻』（奥野高広）にも遊佐信教に関する自刃についての史料はない。畠山昭高（秋高）は織田信長の縁者であり、その室は『足利季世紀』では信長の妹とし、『足利義昭』（奥野高広）では信長の養女としている。いずれにしても織田信長の縁者である。織田信長の性格からして、遊佐信教が畠山昭高（秋高）を弑殺したことは到底許すことはないはずである。三好義継が足利義昭をかくまったことで自刃に追い込まれたのである。

遊佐信教がこの時期自刃すれば当然織田信長方に記録に在って然るべきである。では自刃した史料としてはどのようなものがあるのだろうか。

(1)『大日本野史』(飯田忠彦・嘉永四年、一八五一)

「遊佐長教……子信教、河内守に任ず、和歌を善くす。天正二年五月、自刃す。年五十一才」とある。

(2)『和州諸将軍伝』(遊客閑雲子・宝永四年、一七〇七)

「同(天正二年)五月五日ニ城ニ火ヲ掛ケ妻子ヲ刺殺シ信教行年五十一ニテ従類百余人相並シテ切腹ス」とある。享年は、いずれも遊佐信教の自刃時の年令を五十一才としている。

(3)『続本朝通鑑』(林我峯・寛文十年、一六七〇)

「天正元年六月廿五日、遊佐信教、其主畠山昭高を高屋城に殺す。……(中略)……信長兵を発し、遊佐を誅し高屋城をとる」とある。

これは遊佐信教が自刃とは明確に書いてはいないが、『大日本野史』・『和州諸将軍伝』と同様に戦記物の類と見てよいであろう。

『観心寺文書』から『中世後期畿内近国守護の研究』(弓倉弘年)では遊佐信教の生年は天文十七年(一五四八)であろうとしている。これから天正二年(一五七四)での遊佐信教の年令は二十六才と推定され、五十一才は年令としては合わない。では、遊佐信教はどうしたのであろうか。三好康長が降伏以前に城を出た可能性がある。

『足利季世紀』は戦記物ではあるが前述したように「教興寺の戦い」で敗北した遊佐(信教)は安見宗房とともに石山本願寺に逃げていることがあったである。次のように記載されている。

「遊佐(信教)・安見ハ摂州ノ石山ノ城ヱ落行ケリ」と記されている。

さらに『柏崎物語』（柏崎三郎右衛門・寛政五年、一七九三）（大日本史料第一編）では次の記載がある。「……信長承知致されず、一通り聞こえたれども、数代の主を討つ事不届きなり見懲らしの為攻め落とさる。夜中に城を明けて、遊佐落ち行く。跡番城に成し、後室は城に残し置き、皆落ちうする」としている。これらの記事から戦記物とはいえ、遊佐信教が城を後にした可能性が高いといえるだろう。

さらに、『吉川家文書』には次の史料がある。

其の表に至り、公儀御座を移され候。仍て上聞に達する為、遊佐差し下し候。其に就き、右馬頭（毛利輝元）一札を以て申し候。然るべき様相談され、此の刻急度御入洛を遂げらるべき事、肝要に候。然れば此の表の儀、紀州三ケ寺申し騒ぎ、油断有るべからず候。随ひて甲越両国同じく入魂の事に候。様子に於いては、河内入道申し分すべく候。当家の儀、別けて御馳走憑み入り候。恐々謹言。

五月十三日　頼英（花押）

吉川駿河守殿

進之候

（読み下し）

（大日本古文書・吉川家文書）

『中世後期畿内近国守護の研究』（弓倉弘年）では次のように記している。

「足利義昭が備後鞆に移ったのが天正四年（一五七六）であるから、……年代は、天正四年（一五七六）以降に比定できる。……「頼英」は本願寺関係者と見てよい。また、河内守護代家の遊佐氏を「差下」せるのは、守護家が滅亡しているので、本願寺と考えるのが妥当であろう。……河内入道は、信教に比定できるのではないか」としている。筆者も三好康長の降伏以前に自刃していれば、そのことは必ず記録されているはずであり、それがない以上、遊佐信教は三好康長が降伏以前に城を後にして、石山本願寺に向かったとするのが妥当であろう。遊佐信教は「石山合戦」が、これ以降天正八年（一五八〇）八月まで続くのであるが、その戦乱の過程のいずれかの段階で戦没したと考えたい。もう、その時点では遊佐信教が戦死したかどうかは戦局に大きく影響するものでなく記録されなかったのであろう。

ここに河内畠山政長流の有力被官遊佐氏も消滅したと思われる。天正五年（一五七七）八月、松永久秀がにわかに石山本願寺の陣を撤し、大和信貴山城に帰って織田信長に二度目の謀叛をしたのである。

さすがの信長も「仏の顔も三度まで」とはならなかった。織田信長はその子息織田信忠や細川藤孝・明智光秀らをして、これを討たしめ、火を放って攻めた。松永久秀は防ぐあたわず火中に入って自殺した。時に天正五年（一五七七）十月十日である。享年六十八才。謀叛の理由は定かではない。

かつて、徳川家康が織田信長に謁したとき、信長はかたわらの松永久秀を紹介して次のようにいったという。「この老翁は世の人のなしがたき事三つなしたる者なり。将軍を弑し奉り、又己が主君の三好を殺し、南都の大仏殿を焚きたる松永と申す者なりと申されしに、松永あせを流して赤面せり」このことは、『常山紀談』に記載されているのである。さらに松永久秀は平素茶を好み、集めた名器も少なくなかったが、その死に臨んで「自分の首と秘蔵の平蜘蛛の釜は信長の目には触れさせまい」といってその茶器を微塵にくだき、自殺したという。まさに波瀾の梟雄にふさわしい、凄まじい最期であった。

こうして畠山基国が入国して以来、営々として築き上げてきた河内国は戦国大名織田信長の前に消滅したといってよいであろう。このように戦国の世を生き抜くのは至難の業であったのである。

これ以降の「河内の遊佐氏」は「政長流遊佐氏」・「義就流遊佐氏」ともに遊佐氏の名はみられない。実に多くの氏族が「南北朝」から「戦国時代」にかけて、消滅していることを考えれば遊佐氏も例外ではなかったのである。ここで「河内守護畠山氏」と「河内守護代遊佐氏」との関わりを一覧表にまとめておきたい。前述したように、天文期は主として『天文日記』に依っていると思われる。

従って論者の間で守護正員畠山氏の比定および在任期間が異なっていると思われる。ここでは守護畠山基家までは『守護領国支配機構の研究』(今谷明)を引用し、守護畠山義英以降は『守護領国支配機構の研究』(今谷明)および『河内守護畠山氏の研究』(森田恭二)を引用してまとめることにする。

従って、作表にあたり次の一部を加筆した。

(1) ☆印のついている「☆畠山義尭」・「☆遊佐尭家」・「☆遊佐順盛」・「☆畠山昭高」・「☆遊佐信教」・「☆安見宗房」の追記および「☆畠山在氏」の守護在職期間と「☆畠山晴熈」の在職期下限並びに「☆畠山稙長」の没年については『河内守護畠山氏の研究』(森田恭二)(頁三〇二)より引用し記載した。なお「☆三好康長」の信長に降伏した年月は『戦国三好一族』(今谷明)頁二二五より引用し補筆した。

(2) ✻印のついている「✻遊佐信教」・「✻安見宗房(直政)」・「✻湯川直光」については『戦国三好一族』(今谷明)の「久米田の戦い」頁一九五および「教興寺の戦い」頁一九七および一九八から引用した。これらをもとに「河内守護および守護代」の作表を次に掲げる。

河内守護・守護代表（今谷明『守護領国支配機構の研究』に準拠）

守護正員	在職期間	守護代	小守護代・郡代・奉行人
畠山　基国	永徳2・2・3―応永13・正・18（没）	遊佐河内守国長（長護）	（茨田郡）草部左衛門次郎入道
			（交野郡小守護代）菱木掃部助盛阿
畠山修理大夫満則	…応永14・6・5	遊佐国長（長護）	（錦部郡小守護代）菱木盛阿
	―応永14・8・26		
畠山　満家	…応永15・9・17	〃	（〃）〃
	―永享5・9・19（没）	（大和宇智郡）遊佐美作守	（茨田郡）渡辺源六
			（大和宇智郡）池田主計入道
		遊佐国盛	（錦部郡）南条入道
			（宇智郡）野尻七郎右衛門尉
			（錦部郡）菱木七郎右衛門入道
畠山　持国	永享5・9・19―永享13・正・29（没落）	遊佐国盛（徳盛）	（宇智郡）野尻七郎右衛門尉
畠山左馬助持永	永享13・正・29―嘉吉元・7・4（没落）	遊佐勘解由左衛門尉	（錦部郡）猿倉正遵
畠山　持国	嘉吉元・8・3―康正元・3・26（没）	西方国賢	小守護代　中村与三郎助通
畠山右衛門佐義就	康正元・3・26―長禄4・9・16（没落）	遊佐河内守国助	錦部郡代　近藤四郎右衛門尉
			小守護代　榎並美濃入道

守護正員	在職期間	守護代	小守護代・郡代・奉行人
畠山　政長	長禄4・9・17—文正2・正・2（没落）	遊佐次郎左衛門尉長直	小守護代　長尾三郎左衛門尉 〃　大町越前入道 丹南郡代　桑原　某 奉行人　誉田三河守祥栄 〃　遊佐弾正忠
畠山右衛門佐義就	文正2・正・2—応仁元・5・14（更迭）	遊佐就家	小守護代　中村家通 錦部郡代　岡田通春
畠山左衛門督政長	応仁元・5・14—明応2・4・22（更迭）（閏4・25敗死）	遊佐長直	小守護代　恩智道春カ 錦部郡代　南条盛正 奉行人　斎藤基守 〃　某　直秋
畠山　基家（義国）	明応2・5・19—明応8・正・30（敗死）	遊佐就家	小守護代　中村五郎左衛門尉 錦部郡代　岡田正秋 奉行人　小柳貞綱 〃　花田家清 〃　豊岡慶綱

河内守護・守護代表（今谷明『守護領国支配機構の研究』及び森田恭二『河内守護畠山氏の研究』に準拠

守護正員	在職期間	守護代	小守護代・郡代・奉行人
畠山　義英	明応8・正・30—永正元・12・18（尚順ト講和）	遊佐就盛	
☆畠山義堯	大永3・3・18—享禄4・6・18（敗死）	☆遊佐堯家	
畠山（尾張守）尚順	永正4・12・10—永正14・6・2（隠居）	☆遊佐順盛	
畠山　稙長	永正14・6・2—天文3・8（追放）	遊佐順盛	
畠山　長経	天文3・8　—天文7・7・4	遊佐新次郎長教	菱木孫右衛門尉
畠山　（南半国）政国	天文7・7・4—天文11・3・10（追放）	遊佐長教	
☆畠山（北半国）在氏	天文6・11・13—天文11・3・20（追放）	木沢長政	
☆畠山稙長	天文11・3・10—天文14・5・15（没）	遊佐長教	
☆畠山（北半国）晴熙	天文14・3・13—天文21・9・29		
……（以下戦国大名、幕府トノ関係不明確、高屋城主オ以テ守護トミナス）……			
畠山　（南半国）政国	天文14・5・15—天文19・8・12（没）	遊佐長教	吉益匡弼　田川総忠 走井盛秀　萱振賢継

守護正員	在職期間	守護代	小守護代・郡代・奉行人
畠山 高政	天文19・8—永禄3・10・27（没落）	遊佐長教 安見直政（宗房） 萱振 某 湯川直光	
（三好 義賢（実休）	永禄3・11・—永禄5・3・5）（敗死）		
畠山 高政	永禄5・3・5—永禄5・5・20（没落）	＊遊佐信教 ＊安見宗房 ＊湯川直光	
（☆三好康長	永禄5・5・20—天正3・4）（没落）		
☆畠山昭高	永禄8・12・11—天正元・6・25（敗死）	☆遊佐信教 ☆安見宗房	

次に河内守護代遊佐氏の系についてまとめていきたい。

「遊佐氏の上洛後」で、すでに述べたように遊佐氏は「建武の新政」期に上洛したと覚しくその後畠山国清・畠山高国の被官になった。畠山国清が伊豆守護代になった時、上洛後およそ二十年後にしてようやく遊佐勘解由左衛門尉国重が初めて伊豆守護代となった。畠山国清の没落後、舎弟畠山義深が越前守護となり、その時、遊佐勘解由左衛門尉国重が引き続いて守護代を務め、その跡は遊佐次郎左衛門尉が守護代となった。義深の跡の越前守護は義深嫡子基国が継いだ。その時に遊佐次郎左衛門尉が引き継いで基国の守護代を務めている。畠山基国は管領斯波義将と越前と越中を交換している。その時の越中守護代は史料の欠如があり誰であったかは明らかでないが、遊佐次郎左衛門尉が引き継いだと推定した。その後基国は河内守護も兼帯するが、その時の守護代は遊佐国長である。遊佐国長の没年から遊佐次郎左衛門尉の跡とみて大きな齟齬がないと判断した。遊佐国長の跡は遊佐国盛である。遊佐国盛は永享十二年（一四四〇）八月二十日に没した。畠山持国は永享十三年（一四四一）正月、将軍義教の勘気を受け没落した。代わって庶子の畠山持永が継いだ。これは庶子畠山持永と遊佐国盛の庶子（推定）遊佐国政との庶子同士の謀反と推定した。遊佐国盛があと半年永らえていれば、この謀反はなかったであろう。また、遊佐国政の「生き様」から見ても到底嫡流の「生き様」ではないと判断したためである。遊佐国政が嫡流であるとの見解もあるが、そうではないと筆者は判断している。

従って、遊佐国盛の嫡流は「義就流」の遊佐国助と「政長流」遊佐長直に分かれると判断した。

これをもとに「河内守護代遊佐氏」の略系図を掲げるとは次のようになる。

河内守護代遊佐氏の略系図

遊佐国重―遊佐次郎左衛門尉（実名不明）―遊佐国長―遊佐国盛┬遊佐国助―遊佐就家―遊佐就盛―遊佐堯家
└遊佐長直―遊佐順盛―遊佐長教―遊佐信教

十五．越中の遊佐氏

越中は京師から遠隔にあっても、中央の政局に密接に関わらざるを得なかったのである。では畠山氏が越中において中央の政局にどう関わり、また遊佐氏がそれにどう連動していったかを探っていこう。

越中は京師から遠隔の地であったため、守護畠山氏は越中に小守護代（又守護代）を派遣して統治していったのである。畠山氏が越中守護を補任されたのは畠山基国の時である。その補任時期は康暦元年（一三七九）十一月から翌康暦二年（一三八〇）七月までの間と考えられる。畠山基国は父義深の分国越前を継承していたが、斯波義将の分国越中と交換したのである。越前は南北朝内乱の当初以来、斯波氏が本拠をおいていたが南北朝内乱中、斯波高経の失脚によって基国の父義深が守護に補任されたのである。

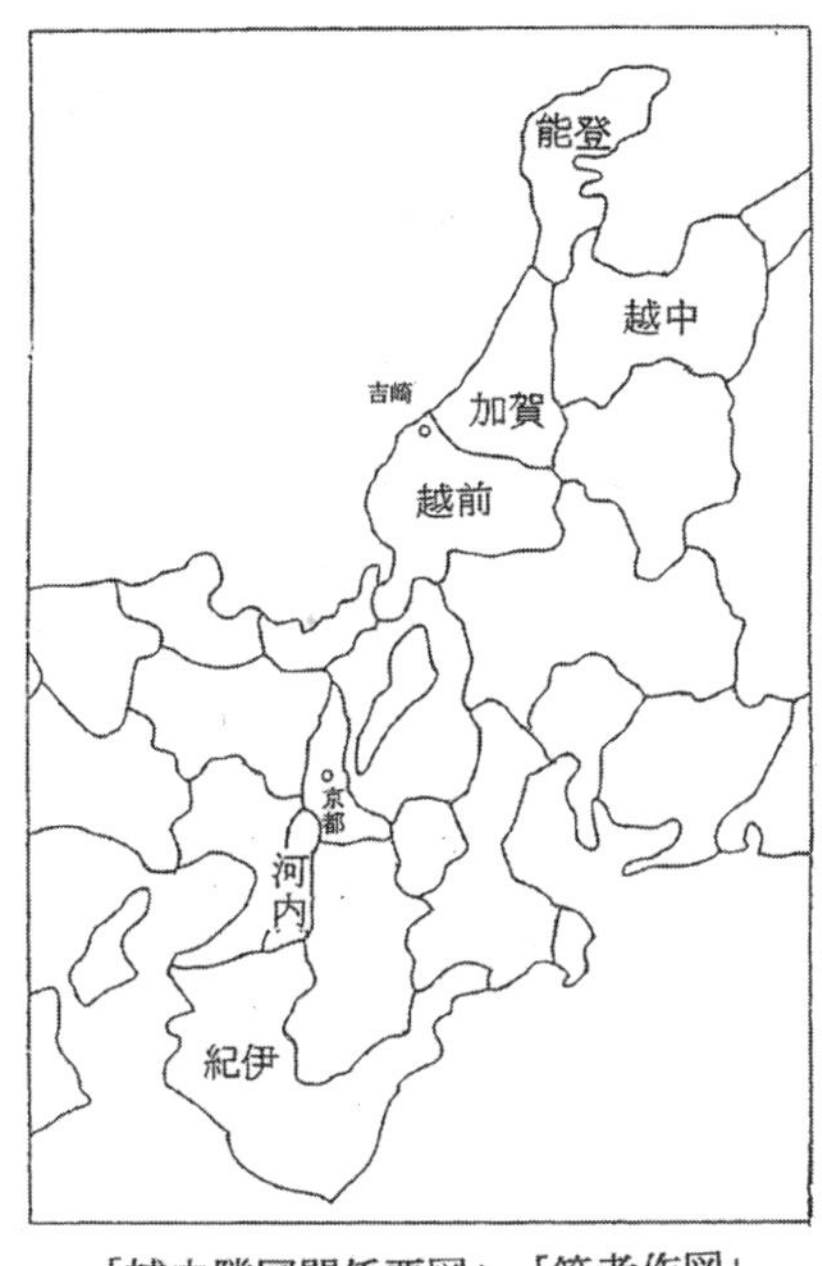

「越中隣国関係要図」「筆者作図」

康暦元年といえば「康暦の政変」の後であり斯波義将が政敵細川頼之に代わって管領に就任した直後でもあり、畠山基国は親細川頼之と見られていただけに不本意ながら交換を認めざるを得なかったのである。従来の分国越前よりも遠隔で政治的・軍事的にも不利な基盤の上に立たざるを得なかったのである。しかし畠山基国が越中守護となって以降は守護家の改替はなくなる。畠山基国が越中守護になった当初の守護代は誰であろうか。

「河内の遊佐氏」ですでに述べたように、越前守護畠山基国の守護代遊佐次郎左衛門尉（実名未詳）が引続いて越中守護代になったと推定した。その後、永徳二年（一三八二）に畠山基国が河内守護になった時に、遊佐国長が河内守護代になり、越中守護代を兼帯するようになったと思われる。

『守護領国支配機構の研究』（今谷明）では次のように記している。「河内・紀伊・越中の三守護が一括して畠山惣領に相続されたことは例外がない」としており、これ以降、越中守護は河内守護畠山氏の兼帯するようになったと考えてよいであろう。「越中の遊佐氏」については『富山県史通史編中世』・『富山市史通史上巻』・『新潟県史通史編中世』・『小矢部市史上巻』・『中世寺領荘園と動乱期の社会』（熱田公）・『日本の歴史10下剋上の時代』（永原慶二）・『越中中世史の研究』（久保尚文）・『蓮如』（笠原一男）・『一向一揆』（笠原一男）・『本願寺・一向一揆の研究』（戦国大名論集）・『古文書の語る日本史』（峰岸純夫）などをもとにまとめていきたい。なお、以下「越中の遊佐氏」の遵行状、施行状などの史料は『富山県史史料編中世』からの引用である。次に守護畠山基国が守護代遊佐国長に宛てた施行状があるのでそれを掲げる。

（読み下し）

祇園社領越中国堀江庄高木村役夫工米の事。
奉書の旨に任せ、催促を停止すべきの由、相触るべきの状、件の如し。
応永三年十二月三日　（畠山基国）（花押）
遊佐河内入道（長護）殿

（八坂神社文書・京都市東山区）

また守護代遊佐国長が、小守護代藤代次郎兵衛尉に宛てた遵行状を次に掲げる。

越中国下与河保半分の事。早く去んぬる月廿九日御施行状の旨に任せ、佐竹右馬頭入道常盛（義盛）代に沙汰し付くべきの状、件の如し。

応永十一年八月三日

沙弥（遊佐長護）（花押）

藤代次良（郎）兵衛尉殿

（読み下し）

（佐竹文書・秋田県立図書館）

畠山基国は応永十三年（一四〇六）一月十七日没した。しかしその跡は畠山満慶（満則）が継いでいる。兄満家が将軍義満の勘気を蒙り蟄居していたためである。この理由は定かではない。しかし、将軍義満は応永十五年（一四〇八）五月六日没したため、畠山満慶（満則）は家督を兄満家に譲ったのである。守護代遊佐国長は畠山基国・満慶（満則）・満家に仕えたが、遊佐国長も応永十九年（一四一二）十二月十九日に没した。河内では遊佐国長の跡は遊佐国盛が継いでいるが、越中では遊佐家長が守護代となっている。遊佐家長は『室町時代紀伊国守護・守護代に関する基礎的考察』（弓倉弘年）によれば、遊佐家長は始めは紀伊守護代であったが、応永二十年（一四一三）六月十五日に越中守護代に転じたと記している。

次に遊佐家長の「守護代書下案」を掲げる。

東寺棟別の事。先度方々より、訴えらるの間、相綺ふべからざるの由、
中せしむるの処、三社領・御料所等を除き、守護使を相副え、催促致すべきの由、
重ねて御教書成さるるの上は、郡使を東寺代官に副え、相副えしむべく候なり。謹言。

（遊佐）家長　判

（応永廿年）六月十五日

草部中務入道殿
藤代雅楽助殿
遊佐新右衛門尉殿
郡使を東寺代官に副え、相触れらるべく候なり。

（読み下し）
（教王護国寺文書）

これにより、河内遊佐氏の一族と思われる遊佐新右衛門尉が初めて越中の小守護代として派遣されたことが知れる。越中守護代遊佐家長の跡は遊佐家光が守護代になっている。「家」の通字から見て、遊佐家長の系と考えてよいであろう。

遊佐家光が「打渡状」を発しているので次にそれを掲げる。

宮河庄半済の事。四月廿二日御奉書の旨に任せ、徳大寺殿御代官方へ
下地を打ち渡し申さるべきの状、件の如し。

応永廿四
五月三日　　　　　　　　　　（遊佐）家光　判
貴志八郎左衛門尉殿
若杉入道殿
（読み下し）
（徳大寺文書）

越中守護代遊佐家光の後は河内守護代遊佐国盛が越中守護代となっており、遊佐国長と同様河内と越中守護代を兼帯しているのが知れる。遊佐国盛が小守護代遊佐加賀守に宛てた遵行状を次に掲げる。

仁和寺菩堤（提）院雑掌申す、当国広瀬郷領家方の事。仰せ下さるの旨に任せ、先度遵行の処、今渡し申さざるの旨、御門跡より承り候。いそぎ下地を寺家雑掌に沙汰し居らるべく候なり。恐々謹言。
応永廿六年
十一月廿二日　　　　　（遊佐国盛）判
遊佐加賀守
（読み下し）
（仁和寺文書）

小守護代として越中に派遣された遊佐氏、藤代氏、草部氏、貴志氏、若杉氏については遊佐氏は「河内遊佐氏」の一族であろう。さらに『富山県史通史編中世』では次のように記している。「藤代姓および貴志姓の者は、ともに畠山氏のいまひとつの分国である紀伊の出身と考えられる。若杉姓は未詳であるが、越中出身の可能性は薄いように思われる」としている。また草部氏については『畿内戦国期守護と地域社会』（小谷利明）では次のように記している。「草部・菱木氏は共に本来和泉国出身であったと考えられる」としている。さらに『富山県史通史編中世』では次のように記している。「越中にも、守護の被官に連なって在地領主制を拡大させようとする国人がいなかったわけではない。しかし、守護畠山氏は、越中支配の開始にあたってこれら国人を小守護代や郡代、つまり守護領国制の中枢には組織しなかったことであろう。代わって畠山氏にとってより忠実な被官人を他国から越中にさしむけて越中の国人をその配下につけ、いわば上から守護領国制を形成していこうとしたのではないだろうか」としている。こうして他国から越中に土着して根拠地をもち在地領主として成長するものがあらわれた。遊佐加賀守もそのひとりであった。この遊佐加賀守は小守護代として越中に入部し、土着して永享年間（一四二九～一四四〇）の頃、蓮沼に城郭を構え、その一族や城衆が荘園の代官請を行なって勢力の拡大・伸長をはかったことがうかがえる。『小矢部市史上巻』では次のように記している。「遊佐の居城となった蓮沼は砺波郡の中心に当たり、かつ城下に近く小矢部川水運の便もあり、繁栄を極めたようで『蓮沼三千軒』ともいわれた」としている。また、遊佐氏は文芸も好んだらしく、連歌師飯尾宗祇も蓮沼に立ち寄り千句会を催している。宗祇が越後に赴く途中に蓮沼城主遊佐長滋の館に度々立ち寄り、千句の連歌を興行したと伝えられている。宗祇が著した『新撰菟玖波集』に遊佐長滋の詠んだ歌が残されている。

舟つなぎおく水のさむけさ旅人の静まる月に鐘なりて　（藤原長滋）

『富山県史通史編中世』では「藤原長滋」では「遊佐長滋」とは認識されないため「畠山内遊佐加賀守藤原長滋」と記載している。『新撰菟玖波集』には「藤原長滋」のみの記載であり、その出自がどの藤姓かは全く不明である。また遊佐長滋は河内守護畠山政長の被官である。「河内の遊佐氏」で記したように同じ畠山政長の被官である遊佐十郎直量はその本姓は示していない。これはこの時点では遊佐氏の本姓は不詳であったのであろう。遊佐長滋は婚姻により藤姓を称したかもしれず、あるいは私称したのかもしれない。いずれにしても詳細は不明であるといわざるを得ない。宝暦十四年（一七六三）の『古城跡調』には、東西二十六間、南北三十六間、回りには巾五間の堀を回したと記されている。平城である。今は城跡も殆ど田畑と化し、城の中央に道路が通り人家も建ち迫り僅かに地盛りのあとが残るのみである。現在、その城跡には石碑が立っている。次に越中の遊佐氏の略系図を掲げておきたい。越中遊佐氏の初見は、越中小守護代として、前掲の応永二十年（一四一三）六月十五日遊佐家長が発した「守護代書下案」にある「遊佐新右衛門尉」である。これを「越中の遊佐氏」の初代とし、それをもとに『越中中世史の研究』（久保尚文）の「越中遊佐氏略系図」を引用すると次のようになる。

「蓮沼城跡石碑」　「筆者撮影」

遊佐新右衛門尉――遊佐加賀守――遊佐長滋――遊佐慶親――弥九郎

（遊佐加賀守：加賀守新右衛門尉）（遊佐長滋：新右衛門尉）（弥九郎：永正十七年戦死）

遊佐氏については、すでに述べてきたので、次に神保・椎名氏についてその出自を概観してみよう。

神保氏は遊佐氏と同様畠山氏の譜代有力被官の一人である。神保氏は上野国多胡郡辛科郷神保邑を本貫とし、その名字の地であった。神保氏は比較的遅く越中に入部したようである。嘉吉三年（一四四三）十二月二十七日に、婦負郡守護代神保備中守国宗に守護奉行人の連署奉書が宛てられているのが、その初見である(徳大寺文書)。また神保国宗は射水郡も知行している。神保氏もまた越中に在国するだけでなく、畠山氏の分国紀伊等の支配に携わることも多かったのである。一方、椎名氏は相前後して越中分郡守護代となって登場する。その徴候は『経覚私要鈔』の宝徳元年（一四四九）七月二日条に「越中国ニ椎名知行分」とあることから知れる。越中の椎名氏は関東の名族桓武平氏千葉氏流の一族であろうと思われる。『千葉大系図』によれば、千葉常兼の子に椎名六郎胤光がおり下総国千葉郡匝瑳郡において子孫の繁栄をみたが、その一流である。越中の椎名氏も「胤」をその名の通字としており関東の名族千葉氏の一流であることは間違いないであろう。また、『富山県史通史編中世』では「南北動乱の最中、越中出身の椎名孫八入道（頼胤カ）の活躍したことが知られる。その頃から椎名氏は国人として越中で地歩を固めつつあった可能性が強い」としている。椎名氏は松倉城を居城としていたようである。明徳三年（一三九二）八月、将軍足利義満が創建した相国寺において盛大な落慶供養が行われたが、その時に侍所頭人である畠山基国の郎党三十騎の中に遊佐氏四騎とともに神保肥前守氏久・神保四郎左衛門尉国氏とならんで椎名次郎長胤の名が見られる。この頃にはすでに畠山基国の有力被官になっていたことが知られる。恐らく椎名氏は鎌倉時代に越中守護名越氏と関わり新補地頭職をえて越中に入部し、国人として成長し畠山基国の時代にその有力被官になったものと思われる。名越氏は鎌倉幕府二代執権北条義時の次男北条朝時が名越の地にあった祖父北条時政の邸を継承した事により名越氏を称したという。

次に越中における神保氏の略系図を『越中中世史の研究』（久保尚文）から引用すれば次のようである。

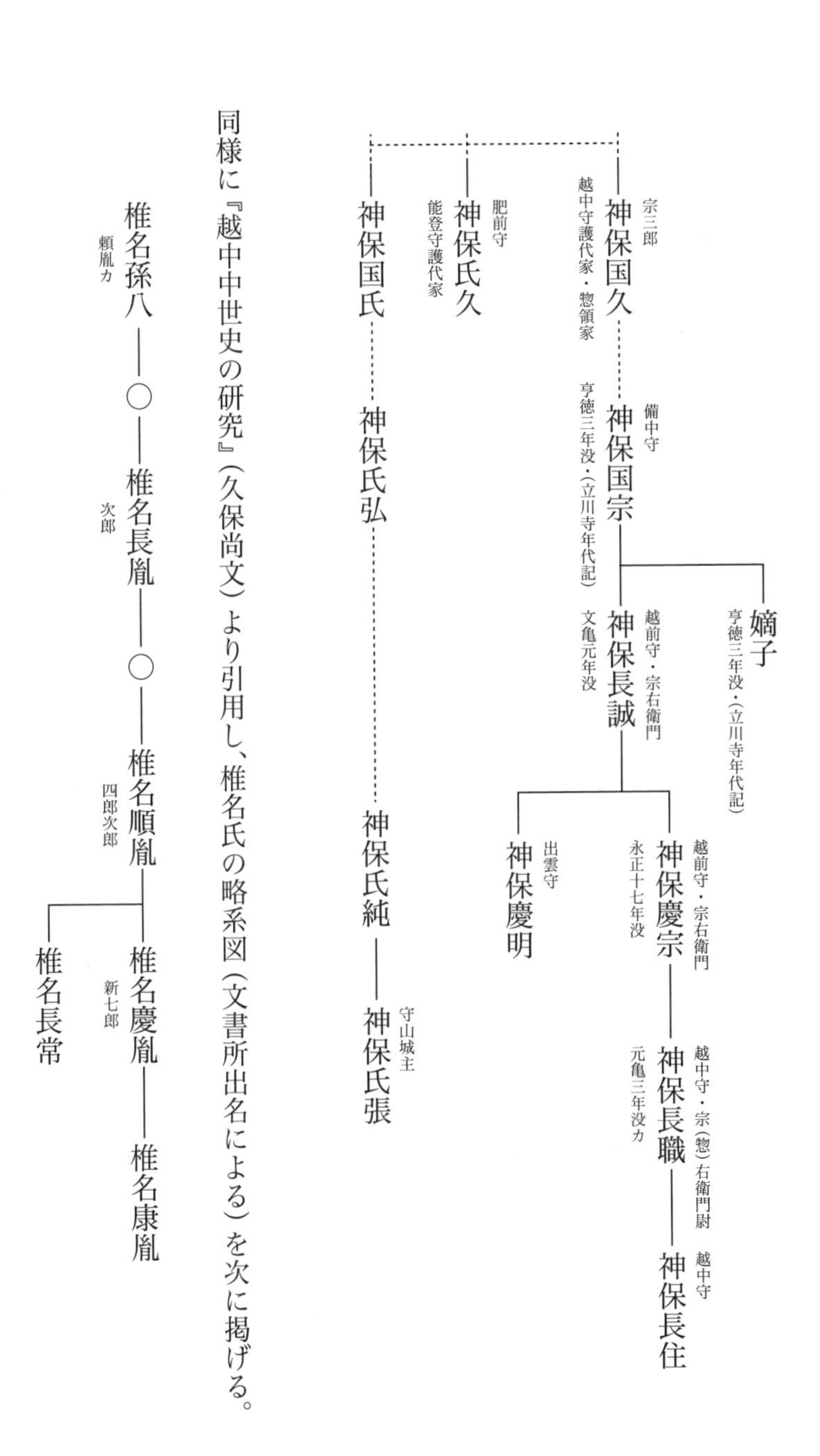

同様に『越中中世史の研究』（久保尚文）より引用し、椎名氏の略系図（文書所出名による）を次に掲げる。

遊佐加賀守は永享年間（一四二九〜一四四〇）の頃、蓮沼城に拠っていた。その城衆の一人に下長五郎左衛門尉がおり、「高瀬荘の争論」をもたらすのであるが、この争論に遊佐国盛・遊佐国政も関わり「正長の土一揆」ともからんで興味深い問題を提起してくれる。では「高瀬荘の争論」とは、どのようなものであったのであろうか。

「高瀬荘の争論」

高瀬荘は八乙女山北西麗、現井波町の越中国一の宮高瀬神社を含む東大谷川（大門川）流域を中心とする一帯に比定される荘園である。高瀬荘地頭職は足利尊氏から東大寺八幡宮に寄進されていた。応永の頃、その預所職は叡春の相承の所職となっていた。叡春は東大寺学侶（学問僧）の一員であったが、東大寺転害門前にひらけた転害郷に住んで、土倉業者化した東大寺学侶であった。ただし高瀬荘現地には大和式下郡下長荘の土豪に出自する下長五郎左衛門尉を代官として派遣していた。下長氏の代官補任は応永二十一年（一四一四）から確認される。叡春の預所職はかなりの収入をもたらすものであったが、さらに、その収入を高利貸として運用していたのかもしれない。叡春の地頭職預所職請負額は年一七〇貫文であった。だが同二十七年（一四二〇）には七〇貫文ほどしか寺納できなかったため、学侶浄願坊英重から一〇〇貫文を借用したのである。浄願坊英重も同じく土倉業者化した学侶であったのであろう。翌二十八年（一四二一）にも借銭した。ところが叡春はこの所職を質物（抵当）として借銭したのである。両年で三三五貫文余になったのである。貸し倒れでもしたのであろうか。この金額は現在の価格でどの位の金額に相当するのであろうか。この当時は一石六二五文（『越中中世史の研究』・久保尚文）で換算されているので、筆者の試算では一貫は約九万六千円となり、約十万円でよいであろう。

三三五貫文はおよそ三三五〇万円となり、現在の感覚でも、やはり相当な金額である。契約では毎年一〇〇貫文を四ケ年で返済するとされていた。だが叡春は応永二十七年（一四二〇）に四八貫二八一文、同二十八年に四四貫一三四文、同二十九年に二貫文、同三十年に四〇貫文、都合一三四貫四一五文を返納したのみであった。その間東大寺学侶方は当荘年貢を直務徴収したが、同三十一年（一四二四）に至り、叡春の預所職を流質処分とし、下長五郎左衛門尉を再び代官に登用したのである。「職」は本来官職名であったが、この頃には不動産物件化していたのである。そこで叡春はこれを不満として京都へ訴え出たが、叡春の権益保全の主張は通らなかった。だが、叡春は引き下がらなかった。我が国最初の「正長の土一揆」が京都で勃発した。これは鎮圧されたが、奈良では正長元年（一四二八）十一月二十五日、大和国内に実質的守護奈良興福寺によって五ケ年以前の借書についてはこれを破棄すべしとの条項を含む徳政令が出されたのである。これについては「河内の遊佐氏」で「通称疱瘡地蔵」と呼ばれた有名な「徳政碑文」ですでに紹介した。叡春は十二月に至って、先の流質処分から五ケ年を経過したことでもあり、興福寺に訴状を提出したのである。叡春は応永二十七年（一四二〇）の百貫文の借銭は以後四年間（応永二十七年から応永三十年であろう）で返弁していること、それ以外の借銭はこの間の五ケ年（応永三十一年から正長元年であろう）の東大寺の直務によって過分に返済していると主張したのである。また借銭契約の際には返済が遅れても借銭合計が本銭の二倍になれば借書を作り替え、合計三倍にならない場合は流質処分にはならないと主張したのである。叡春はあくまで預所職は依然として叡春のものであると主張続けたのである。この訴訟は当初叡春に有利に展開するかに見えたが、東大寺学侶方は学侶集会を開いて対抗処分として叡春およびその子孫を寺帳から削り追放処分としたのである。また将軍義教は高瀬荘の地頭職・預所職を東大寺学侶方に安堵している。

しかし、以後も叡春方は当荘において実力行使するとともに、大和の悪党らと結んで、東大寺を襲って放火狼藉を働いている。しかし永享二年（一四三〇）東大寺学侶方はこの叡春に現銭二七〇貫文を与えて、その上でようやく当荘を東大寺学侶方の直務支配としたのである。再び下長五郎左衛門尉を代官としたのである。この争論が応永二十七年（一四二〇）に発生して以来、実に十余年にわたって争われている。金にまつわる争論は古今東西かわらないものである。

預所といえども、いかに旨みのある魅力的な所職であったかを知ることができるのである。再び代官となった下長五郎左衛門尉は砺波郡蓮沼城（小矢部市）を拠点とする小守護代遊佐加賀守の城衆であったが、下長氏は地下百姓への年貢・国役徴収等諸事に厳しく折檻した。当荘は元来守護不入地であったが、下長氏の代官就任によりその原則は空文化し、この頃には、守護方代官に頼らなければ年貢の徴収は、もはやできなくなっていたのである。さらに永享四年（一四三二）以降、同十一年（一四三九）におよぶ大和出陣（大和永享の乱）に遊佐加賀守から人夫五人さえも課せられていたのである。このため東大寺学侶方は将軍義教や守護畠山満家へ執り成しを依頼している。さらに、収奪を強化された地下百姓らは永享八年（一四三六）一月五日、下長氏の代官改易を要求して「逃散」行動に訴えたのである。

対する、東大寺側は守護代遊佐国盛に仲介を依頼したので、遊佐国盛は遊佐国政に指示し、国政が交渉にあたることになり、下長氏を改易し東大寺の直務を条件として荘民を還住させたのである。こうして、農民の「大訴」はここに大勝利となったのである。

ここに、この「高瀬荘の争論」に際して、遊佐国盛が東大寺西院に宛てた書状があるので掲げる。および、遊佐国盛から指示を受けた遊佐国政が遊佐加賀守に宛てた書状を掲げる。

高瀬庄地頭職方の事に就き、御状委細承り候ひ了。仍て京都に於いて了見仕り申し談ずべきの由、（遊佐）勘解由左衛門尉方へ申し候。定めて委細申すべく候。度々御懇ろに承り候。畏れ入り候。尚々御意に懸けられ候の条、訴える所をしらず候。事々後便を期し候。恐々謹言。

二月廿三日　（追筆）「遊佐殿状」　徳盛（花押）

（追筆）「永享八年丙辰」

西院御報

（読み下し）
（東大寺文書）

高瀬荘地頭の事南都より直務あるべく候。百姓等還住候て、遂に耕作。御年貢等厳密沙汰致すべく候よし申し付けられ候て、彼の代官方へ渡さるべきの由申し候処、下長渡状をとりて下すべく候由承り候。此の条は子細無く候へども、先に渡され候て、これより旨趣を注進候へかし。か様の子細にて今度の儀も出来候へ。中々是非無き事に候。下長方折紙執り進らせ候なり。恐々謹言。

（永享八年）三月廿三日　国政　判

遊佐加賀殿

（読み下し）
（東大寺文書）

これらから遊佐国政が越中と関わりが深かったことがうかがえるのである。なお、この書状の解釈について『中世寺領荘園と動乱期の社会』（熱田公）（四四〇頁）では次のように記している。「なお『富山県史通史編中世』で、永享八年の下長の改易を、遊佐国政の判断と記したが（四一四頁）、国政書状の強引な解釈であった。右の国政書状は直接関係する史料がなく事態の正確な解釈は困難であるが、『下長渡状をとりて可下候由承候』云々とあり、下長氏の渡状をとることを提案したのは、むしろ書状の宛先である遊佐加賀（守）の方であり、実際に渡状をとって改易することに決した両者の協議の結果とするのが、この書状の自然な解釈と思われる。ここに訂正する」としている。永享五年（一四三三）九月十九日、畠山満家が病死した。これ以降、満家の嫡子持国の家督争いが始まり、遊佐氏も二派に分かれ争っていくことになるが、遊佐氏および越中の神保、土肥、椎名氏がそれにどう連動せざるを得なかったかを、もう一度概観してみよう。畠山満家没後、家督は持国に替わった。畠山満家に仕えていた守護代遊佐国盛は『師郷記』によれば、永享十二年（一四四〇）八月二十日に没した。中風によるものであったという。ところが嘉吉元年（一四四一）一月二十九日、畠山持国は将軍義教の勘気をうけてにわかに京都から河内に下り、畠山氏の家督と同時に越中などの守護は持国庶弟の持永と交代したのである。将軍義教の弾圧は三管領の一つ畠山氏にも及んだのである。この家督交代は単に義教の勘気ばかりではなかった。『建内記』では畠山氏被官遊佐国政・斎藤因幡入道が畠山家保全のためしくんだとも記されているが、筆者は畠山庶子持永と遊佐庶子国政（推定）が将軍義教の弾圧を好機とした謀叛と判断している。遊佐国盛がもう少し永らえていれば遊佐国政らの謀叛はなかったであろう。しかし将軍義教のこのような弾圧は嘉吉元年（一四四一）六月二十四日、赤松満祐の義教暗殺によって幕を閉じる事になった。嘉吉元年（一四四一）七月、畠山持国は上洛し、畠山持永・遊佐国政らの非を訴え、遊佐国政らに切腹を命じた。畠山持永・遊佐国政らは失脚し京都を逃れ越中に逃れようとした。遊佐国政が越中と関係が深かったことによるものであろう。結局畠山持永は越中で討たれた。次に畠山基国から畠山持永までの守護・守護代等の一覧表を『富山県史通史編中世』を引用してまとめると次のようになる。

守護	在職期間	守護代	小守護代・郡代
畠山基国	↑康暦2年7月23日― ―（応永13年1月17日没）	遊佐河内守国長（長護）	藤代次郎兵衛尉
畠山満則	↑応永13年閏6月17日↓		
畠山満家	↑応永15年10月3日― ―（永享5年9月19日没）	遊佐河内守長護 家長	草部中務入道 藤代雅楽助 遊佐新右衛門尉 貴志八郎左衛門尉 若杉入道
畠山持国	（永享5年5月19日）― ―（嘉吉元年1月19日没落）	遊佐筑前守家光 遊佐河内守国盛（徳盛）	遊佐加賀守（入道）
畠山持永	（嘉吉元年1月19日）― ―（嘉吉元年7月4日）	（遊佐勘解由左衛門尉国政）	

注1　↑↓は越中関係の史料からは明徴を得ないが、表示した年月日は以前または以後に存続した可能性があることを示す。
注2　(年月日) は越中関係史料以外から判明するもの。
注3　史料は（　）以外は『富山県史』史料編Ⅱによる。

畠山持国は復権後、管領になり「近日畠山の権力無双なり」といわれる絶頂の時代を現出したのである。しかし、持国の跡目問題をめぐり大きく動揺をきたすことになった。持国は嘉吉二年（一四四二）の時点で齢四十を超えており現在と違い老境に入りつつあった。持国にとって跡目は切迫した問題であったであろう。最初持国の跡目は弟持富に決められていたようであるが、文安五年（一四四八）十一月に持富から庶子の義就に移ったのである。持富は享徳三年（一四五四）以前に没していたため、享徳三年（一四五四）四月、遊佐・神保・土肥・椎名らは義就の家督継承に反対して持富の子弥三郎（政久）を立てようとする動きが発覚したのである。神保・土肥・椎名らは越中に関わる畠山氏の被官であった。持国・義就方の遊佐国助らが京都の神保館を急襲し、弥三郎（政久）は没落、神保備中守父子は殺害されたのである。『中世寺領荘園と動乱期の社会』（熱田公）では次のように記している。「享徳三年四月、遊佐河内守に神保館を襲われて敗死したのは前褐のように『師郷記』は「神保越中守」と記すが『後鑑』所引『立川寺年代記』は「備中守」と記している。神保備中守は嘉吉─文安のころ実在し享徳三年以後現存史料では所見しなくなる。京都で敗死した者を備中守とするのは『立川寺年代記』のミスとはいいきれない」としている。同様に『越中中世史の研究』(久保尚文)でも、神保館で殺害された神保父子を神保備中守国宗父子としている。このように持国の跡目相続では越中の被官が多く関わっていたのである。没落した弥三郎（政久）は、実は細川勝元にかくまわれており、享徳三年（一四五四）八月、細川勝元の支援を受けた弥三郎（政久）派の被官らは反撃にでて、京都の持国の館を襲撃したのである。八月二十一日、敗れた畠山持国は能登守護畠山義忠の屋敷に逃れた。義就は守護代遊佐河内守国助らと伊賀方面に逃れた。この結果、弥三郎（政久）は復帰し家督を相続した。

ところが十二月に入って形勢は三転し、将軍義政の赦免をうけて義就は上洛し、代わって弥三郎（政久）が没落した。持国も享徳四年（一四五五）三月二十六日没したため、義就がはれて越中・河内・紀伊の守護を継承した。義就の復権がなった康正元年（一四五五）五月、幕府は義就に命じ弥三郎（政久）派追討の使節が越中に派遣されている（『斎藤基恒日記』）。さらに康正三年（一四五七）には、代官として遊佐河内守国助が下賀茂領倉垣荘に「強入部」して年貢を横領し、同二年下賀茂領寒江荘には畠山義就方の誉田三河守祥栄が、嘉吉年中以来の代官職を享徳三年（一四五四）に停止されているにもかかわらず、同じく「強入部」したという。

神保氏を没落させた後で、守護の援助をうけて神保一派の抵抗を排除しつつ、遊佐河内守国助らの越中へのいわば攻勢がにわかに強化されていったように思われる。このように持国から義就までの目まぐるしい内紛で越中の状況も極めて不明瞭となっていくのである。『富山県史通史編中世』でも次のように記している。「嘉吉元年（一四四一）に畠山持国が守護に復活して以降、越中の守護代に関しては史料は十分ととのはない」としている。この時期の畠山氏の動揺の激しさを反映したものであろう。

少ない史料の中で、長禄二年（一四五八）に遊佐国助が木村秀興とともに畠山義就の奉行人として「守護奉行人奉書」を発給しているので次にそれを掲げる。

東大寺八幡宮領越中国高瀬地頭職代官職の事。
寺門補任の旨に任せ、柚留木藤五郎沙汰し付けらるべき由候なり、
仍て執達件の如し。

長禄二　戊寅
十二月十三日

木村秀興　判
遊佐国助　判

遊佐左衛門太夫殿

（読み下し）
（東大寺文書）

『富山県史通史編中世』では次のように記している。
「遊佐左衛門太夫を越中の守護代とみることも可能だが、砺波郡の守護代とみることもできる。神保氏の台頭によって、越中の遊佐氏は砺波郡の守護代になったのかもしれない。とすると新川郡守護代は椎名氏であったろうか。なお新川郡には土肥氏も台頭しつつあった」としている。

越中の遊佐氏は新右衛門を名乗っているので、この遊佐左衛門太夫の在地性は認められず、越中の遊佐氏の系ではないと思われる。おそらく、在京していたと思われ、降って畠山稙長の被官紀伊国守護代遊佐左衛門大夫長清がおり、その系に繋がっていくと考えた方が妥当と思われる。

持国の跡を継承した義就ではあったが、その家督も長くは続かなかった。弥三郎（政久）が細川勝元の援けで長禄三年(一四五九)七月、赦免されたのである。しかし弥三郎(政久)は、その後、長禄三年(一四五九)九月頃没したものとみられる。翌長禄四年（一四六〇）九月、義就は河内国に没落し、代わって弥三郎（政久）の弟政長が家督におさまり、越中はじめ河内・紀伊の守護となった。政長の幕府出仕は九月二十六日

で、遊佐長直および神保長誠をともなっていた。遊佐長直は畠山政長の有力被官として活躍し後の「明応の政変」でともに自刃する運命をたどるのである。神保長誠は戦国前期の越中史を賑すことになるが、また遊佐長直と同様に畠山政長の有力被官である。ここに神保長誠・遊佐長直の「守護連署奉書」があるのでここに掲げる。

去んぬる廿六日御家督として出仕致され候。則ち御分国并在々所々御知行・御判を頂戴し候の条目出に候。仍て右衛門佐（畠山）義就退治の為、御奉書を成し下され、近国の御勢を立てられ候。即ち同じく私の奉書を成され候。御方調談を致され、不日出陣有らば、欣悦たるべきの由なり、仍て執達件の如し。

長禄四
九月廿日

（神保）長誠
（遊佐）長直

和田（盛助）殿

（読み下し）
（『続群書類従』・系図部）

河内に下った義就はただちに朝敵として追討をうけることになった。長禄四年（一四六〇）閏九月、政長は遊佐長直とともに大和へ、ついで河内に出陣し義就を攻撃し幕府の大軍が投入され、義就は南河内の嶽山城に籠城した。そして寛正四年（一四六三）に嶽山城から敗退するまで、足掛け四年、この時期としては異常に長い合戦がつづいた。この戦いの過程で越中倉垣荘の代官として、話題を投じた遊佐河内守国助は神南山で自刃し、また寒江荘の代官であった誉田三河守祥栄も参陣していたがこの合戦でいずれも討死したのである。寛正四年(一四六三)畠山義就の籠もる河内嶽山城が落城して義就は紀伊、ついで大和の奥の吉野に逃れた。寛正五年(一四六四)九月、越中はじめ河内・紀伊の守護となった畠山政長は、細川勝元に代わって晴れて管領になった。

次に守護畠山政長が越中砺波郡守護代遊佐新右衛門尉長滋に宛てた遵行状があるのでそれを掲げる。

(読み下し)

徳大寺雑掌申す越中国般若野庄段銭・公事・課役并守護役等の事。免除せられ訖。去んぬる十三日御判の旨に任せ、一切使者入部を停止すべき状、件の如し。

(畠山政長) 判

文正元年十月十七日

遊佐新(右)衛門尉殿(長滋)殿

(徳大寺文書)

ところが、文正元年(一四六六)に入ると情勢がまた変わりはじめた。吉野にいた義就は大和の越智氏の援けをうけ、南大和に出陣し、年末には、ついに将軍義政の赦免をうけ、義就は入京したのである。影で山名宗全の暗躍があったといわれている。翌文正二年(一四六七)一月二日、義就は将軍義政に謁し、ついで一月五日には山名邸で将軍義政を饗応した。一月八日、畠山政長は突然管領を罷免された。

文正二年（一四六七、三月五日応仁と改元）一月十八日、政長は上御霊社に布陣した。これは神保長誠の献策によるといわれている。上御霊社は細川邸に近く、細川勝元の与力を期待したものであったが、勝元は将軍義政の命で動けなかったのである。この上御霊社の一戦で政長は孤立無援の中で敗退したのである。こうして「上御霊社の戦い」から「応仁の乱」が始まったのであるが、その経過については「河内の遊佐氏」で述べたので、ここでは割愛する。東軍・西軍が約十年の長きにわたって続けられた。文明五年（一四七三）三月、西軍の領袖山名宗全が病没し、奇しくも五月には東軍の領袖細川勝元がまた病没したのである。両派閥を引継いだ細川政元と山名政豊との間で、文明六年（一四七四）講和を決定した。京都での戦乱に見切りをつけ、主戦論者の畠山義就は河内に下向したのである。一方、畠山政長は「応仁の乱」後の文明九年（一四七七）十二月に三度目の管領に就任した。

ここに越中の椎名四郎次郎に宛てた「越中守護奉行人連署奉書」があるのでそれを掲げる。

越中国弘田庄の事。去んぬる月一日御奉行の旨に任せ、早く広福院殿雑掌に沙汰し渡せらるべき由候なり。仍て執達件のごとし。

文明十三年十一月六日　　基守（花押）
　　　　　　　　　　　　直秋（花押）

椎名四郎次郎殿

（読み下し）
（宝鏡寺文書）

「応仁の乱」後も畠山政長と義就の抗争は河内・南山城を舞台に展開された。文明十七年（一四八五）には有名な「山城の国一揆」がおこり、畠山政長・義就ともに撤退せざるを得なかったのである。管領であった畠山政長は甚だ面目を失い、長享元年（一四八七）七月政長は管領を下り細川政元と交代した。政長の仇敵義就も延徳二年（一四九〇）に病死し、ここに名実ともに「応仁の乱」は終結したのである。義就の跡は嫡子基家が継いだ。長享元年（一四八七）九月、将軍義尚は近江国で侵略を繰り返している守護六角高頼討伐のため、自ら出陣した。管領細川政元以下、畠山政長も嫡子尚順とともに出陣した。加賀守護富樫政親も出陣したが、一向一揆の勃発によって帰国せざるを得なかったが、高雄城（金沢市）において、一揆のため殺害された。将軍義尚の近江出陣は将軍と幕府の権威の回復にあったが、長享三年（一四八九）三月、義尚は近江鈎の陣で病死し、逆に権威失墜を露呈する結果となった。義尚の跡は延徳二年（一四九〇）七月、足利義材が新将軍となった。将軍義材は近江再征を指令し自ら出陣した。明応二年（一四九三）には近江から一転して河内に出陣し、畠山政長を援けて畠山義就の嫡子基家の討伐を目指し、河内正覚寺に陣した。この間、管領細川政元と日野富子によって堀越公方足利政知の子息清晃を擁立する計画は密かに進行していたのである。明応二年（一四九三）四月二十二日、将軍義材を廃し清晃（改名して義澄）をたてるクーデターを敢行したのである。政元は大軍を派遣し、閏四月二十五日、正覚寺の陣が敗れ、畠山政長・遊佐長直はともに自刃した。さらに、この戦いで越中の砺波郡守護代遊佐長滋がともに自刃し、越中国人土肥六郎右衛門尉も自刃している。神保出雲守の頸が誉田城に届けられ、誉田城で神保八郎が切腹している。さらに椎名氏が降参している。前将軍義材は捕らえられた。このように、越中の多くの畠山政長被官が甚大な被害をうけたことが知れるのである。「応仁の乱」で活躍した神保長誠は、明応二年（一四九三）の一月に半中風になっていたため河内には出陣せず越中に在国していたのである。越中の勢力は神保長誠を中心に結集されており、以後の足利義材・畠山尚順の反抗の足掛かりを残していた。次に畠山持国から畠山政長までの守護・守護代等の一覧表を『富山県史通史編中世』を引用しまとめると次のようになる。

守護	在職期間	守護代名
畠山持国	嘉吉元年8月3日 ↓享徳4年3月26日（没）	神保備中守国宗（婦負・射水郡）
畠山義就	享徳4年3月26日 ↓長禄4年9月16日（没落）	遊佐左衛門大夫（砺波郡）
畠山政長	長禄4年9月17日 ↓文正2年1月2日（没落）	神保孫三郎長誠（宗右衛門尉）（婦負・射水郡） 遊佐新右衛門尉長滋（砺波郡）
畠山義就	文正2年1月2日 ↓応仁元年5月14日（更迭）	
畠山政長	応仁元年5月14日 ↓明応2年4月22日（更迭） （閏4月25日敗死）	椎名四郎次郎順胤（新川郡） 遊佐新右衛門尉長滋（砺波郡） 神保越前守長誠（婦負・射水郡）

注1.　在任期間は、畠山家家督の期間である。家督の間は越中の守護をかねていると推定する。
注2.　守護代は、守護等の奉行人の発給文書のあて先により推定。管轄の郡名も文献上の確証は

ないが関係史料を総合して推定した。

注3. 遊佐左衛門大夫は『中世寺領荘園と動乱期の社会』(熱田公)の頁四四〇頁の指摘により畠山義就の守護代とした(筆者加筆)。

捕らわれた前将軍足利義材は明応二年(一四九三)五月二日に京都に護送され、竜安寺に幽閉された後、上原元秀邸に禁固された。しかし、義材は同年六月二十九日夜の豪雨を利用して、上原邸を脱出した。義材はただちに近江に向かい、琵琶湖を舟で渡り、美濃路経由で越中に向かったのである。脱出は事前に綿密に計画されていたといわれ、神保長誠の指示のもとで行われたともいわれている。越中に逃れた義材は神保長誠・慶宗膝下の放生津(新湊市)にあった正光寺に御座所を定めた。

その着座とともに近国の能登畠山義元・加賀富樫稙泰・越前朝倉貞宗・越後上杉房定代などの諸大名が参上したといわれる。また遊佐慶親・椎名慶胤・土肥氏なども当然参進したと思われる。一方、「正覚寺の戦い」で自刃した畠山政長の嫡子尚順は遠く紀伊に逃れたが、その後、ほぼ紀伊一国を平定し、勢力の回復に努めていた。越中と紀伊とに離れていながらも、足利義材と畠山尚順は連携しあい、再起を企てることになったのである。神保長誠は、この頃半中風の状態にあり「不能判形候間、以印申候」というように花押も書けず印判を用いざるを得なかったのである。それでも神保長誠以下の越中勢は護持に全力をあげていたのである。義材の下向から三ケ月を経た明応二年(一四九三)八月、および四年(一四九五)十一月の二度にわたって畠山基家は軍勢を越中に派遣したが、その都度、神保氏に撃退されている。基家の軍勢派遣は細川政元の意向を反映していることは明らかである。義材の放生津御座所は「越中御所」ともいわれ小なりといえども、政権を形成していたといってよいであろう。

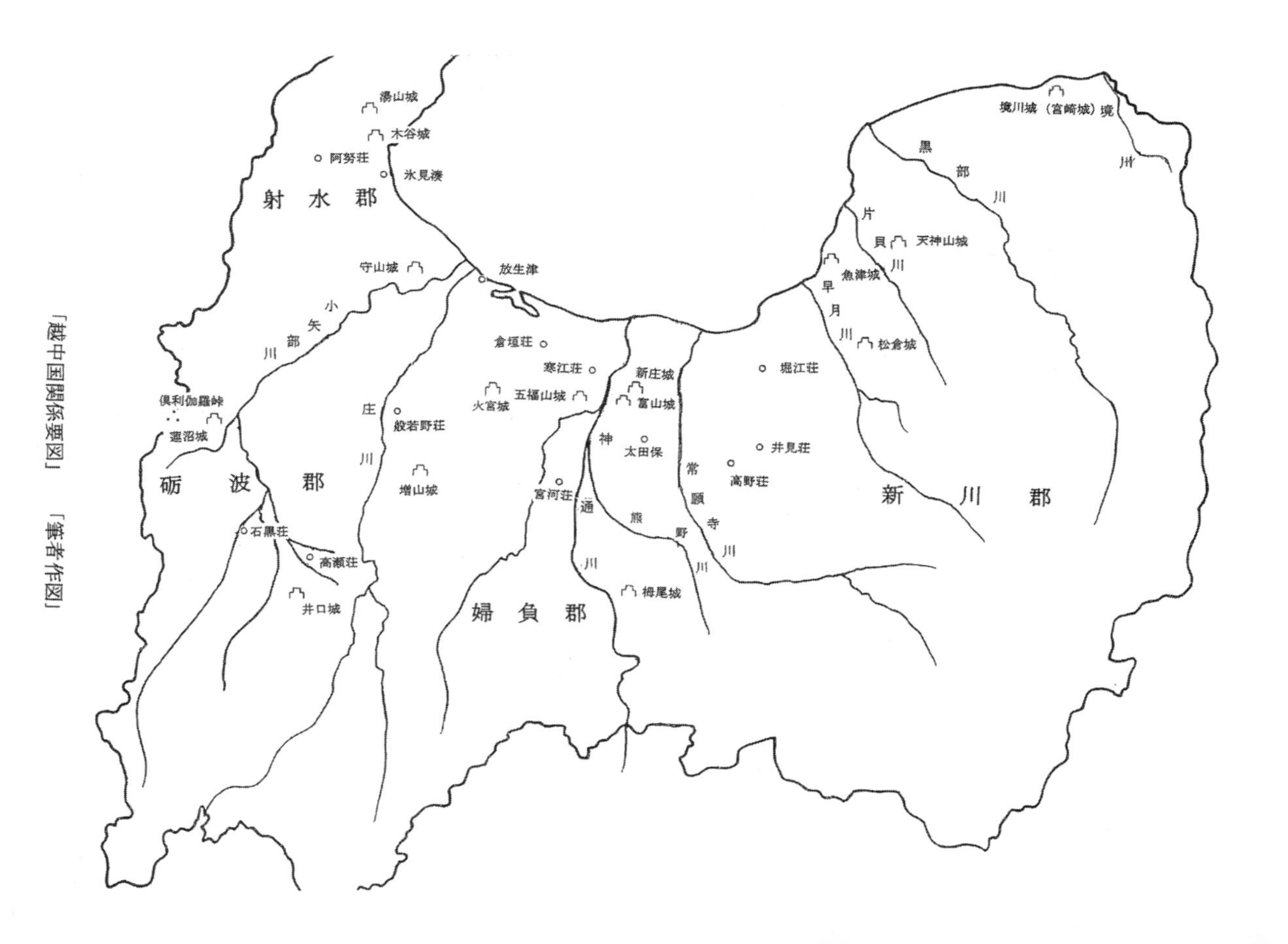

「越中国関係要図」　「筆者作図」

義材に供奉した者は七十人ばかりであったという。越中に下向した者もけっして少なくなかったのである。越中下向以来、一年を経た明応三年（一四九四）秋には義材は諸大名に上洛軍の催促を頻繁に行い、京都では義材の上洛近しとの風聞も聞かれるようになったが、実施されるには至らなかった。

明応四年（一四九五）九月には周防の大内政弘が没し、義材の上洛計画も頓挫せざるを得なかったのである。こうして、義材の越中滞在期間はさらに延長されることになったのである。一方、「明応の政変」後、紀伊で勢力回復に努めていた畠山尚順は、明応六年（一四九七）に紀伊から和泉を経て河内に侵入し、基家方の内紛に乗じて河内から大和をも占領したのである。こうして尚順は紀伊・河内・大和の三ケ国を基盤として、政治的影響力を強め、越中に滞在する義材と連絡を取りつつ細川政元と対峙することとなったのである。明応六年（一四九七）になって足利義材の再度の上洛問題が表面化してきた。

こうした和睦進展の背景には明応六年（一四九七）に尚順の河内・大和平定の進展があり大きな影響力を発揮したことによるものである。義材は明応七年（一四九八）義尹と改名している。また、『越中中世史の研究』（久保尚文）では、次のように記している。「畠山尚順は明応七年夏、『尚慶』と改名し、ついで越中に下向して将軍足利義材に随順するとともに越中三守護代家の惣領子息たちに〝慶〟の一字書出を与えたと推測される」としている。さらに「花押形態の類似・模倣というものは、まさに越中守護代の意識統一、軍事協力を主眼としたものであったことがうかがえる」としている。三守護代は遊佐慶親・神保慶宗・椎名慶胤である。ただし以後煩を避け「尚慶」は「尚順」に統一する。こういう情勢の下に細川政元との和議も進展し、義尹は越前一乗谷の朝倉館に入った。しかし、義尹は以後一年近く一乗谷に留まざるを得なかったのである。義尹と政元との関係は再び悪化の途をたどっていた。

河内の畠山尚順は明応八年（一四九九）一月、基家を河内十七ケ所に迎撃して自刃させ、基家の嫡子義英を出奔させている。尚順は義尹と共謀し、いよいよ京都奪回に動き出した。

すでに和睦交渉は棚上げとなり、全面的な武力抗争に入ったのである。明応八年（一四九九）七月に入ると義尹の京都進軍の動きが顕著になってきた。義尹は同年七月二十日に敦賀に進出し、同年九月五日尚順も河内から摂津に侵入した。義尹は同年十一月十六日には三千人程の軍勢をもって近江坂本に布陣した。これに対し政元は山城半国守護赤沢朝経・細川政賢らを派遣し、同年九月に尚順を摂津中嶋でくい止めた。義尹の坂本布陣は遅きに失していた。近江守護六角高頼に義尹は散々に破られ、義尹は辛うじて丹波に脱出し、遠く周防の大内氏を頼って没落した。一方、同年十二月二十日政元は天王寺に尚順を撃破したのである。こうして、河内の諸将も再び義英方となり尚順は再び紀伊に逃げ延びたのである。明応九年（一五〇〇）足利義尹が周防に去り、畠山尚順も紀伊に逃げ去った後、文亀年間（一五〇一～一五〇三）は抗争もなく平穏に過ぎた。

しかし、永正年間（一五〇四～一五二一）になると、北陸を舞台に凄まじい一向一揆が吹き荒れるのである。このような爆発的エネルギーの導火線に火をつけたのは誰なのであろうか。

それはいうまでもなく、浄土真宗の中興の祖といわれる第八代宗主蓮如その人である。しかし、宗祖親鸞と蓮如の思想と実践は著しく異なっていた。親鸞は真宗を信仰する人々を同朋・同行の人として扱い、弟子とは見なさず、したがって教団をつくることも寺をつくることもなかったのである。この点はのちに、あの巨大な本願寺王国の礎を築いた蓮如とは全く異なっている。では蓮如はどのような手段をとったのであろうか。以下『日本の歴史10下剋上の時代』（永原慶二）をもとに概略を追ってみよう。

蓮如が第八代宗主となった長禄元年（一四五七）のことである。そのころ、肝心の門徒は意外に少なくその教勢はまことに微々たるものであった。当時、真宗は下野の高田（栃木県真岡市高田）専修寺の流派と京都の東山大谷の本願寺を中心とする流派に分裂し、前者は宗祖の法脈を伝えるといえば、後者は、宗祖の血脈をつぐものとして対抗していた。その他諸派に分かれていた。本願寺派は門徒の数において、どの流派にも劣っていたばかりでなく、宗主の生活さえも貧乏のどん底にあえいでいた。しかし、その赤貧の中にあって蓮如は、最初の妻との間に四男三女をもうけ、その最初の妻の死別後二度目の妻との間に三男七女をもうけた。こうして生まれた子供たちは次々と養い子にださなければならなかった。ついでにいえば、蓮如は八十五才で死去するまでに、五人の妻を迎え、合わせて十三人の息子と十四人の娘をもうけ、最後の十三男にいたっては、蓮如八十四才の子であったという。

まさに超人というべきであろう。しかし、この極貧の生活環境が後の蓮如が広く深く貧しい民衆の心をとらえたことに寄与したことは間違いないであろう。蓮如の最初の布教はまず近江辺りから始められたが、山門（比叡山）の圧力が加えられた。一方、専修寺の教線は蓮如が近江で山門の強圧に直面している間に北陸でも教線を伸ばしていたのである。蓮如は山門との正面衝突を回避し、北陸での異端（専修寺）との戦いを決意したのである。こうして蓮如は近江の布教から文明三年（一四七一）越前の吉崎に下り、やがてその地を新たな布教の拠点としたのである。吉崎で蓮如のとった布教の作戦は活発な「御文」と「講」の組織であった。「御文」はとりわけ、異端に対して批判が重要な内容であり、文字も読めない下積みの人々にも読んで聞かせればすぐにわかる平易な文章で、懇切丁寧に書かれている。また門徒たちが口誦するのにふさわしい文体として彫琢されている。もう一つは「講」の組織である。人々が月々寄り集まり、そこで互いに信心を語りあうことが必要であり、それこそが極楽往生が遂げられる謂れであると説くのである。またその寄合では人々の信仰による平等な結合ということになるだろう。

そこで民衆相互の接触を奨励し、その寄合の中で教腺を伸ばしていくのである。

浄土真宗宗主略系図及び蓮如親族略系図

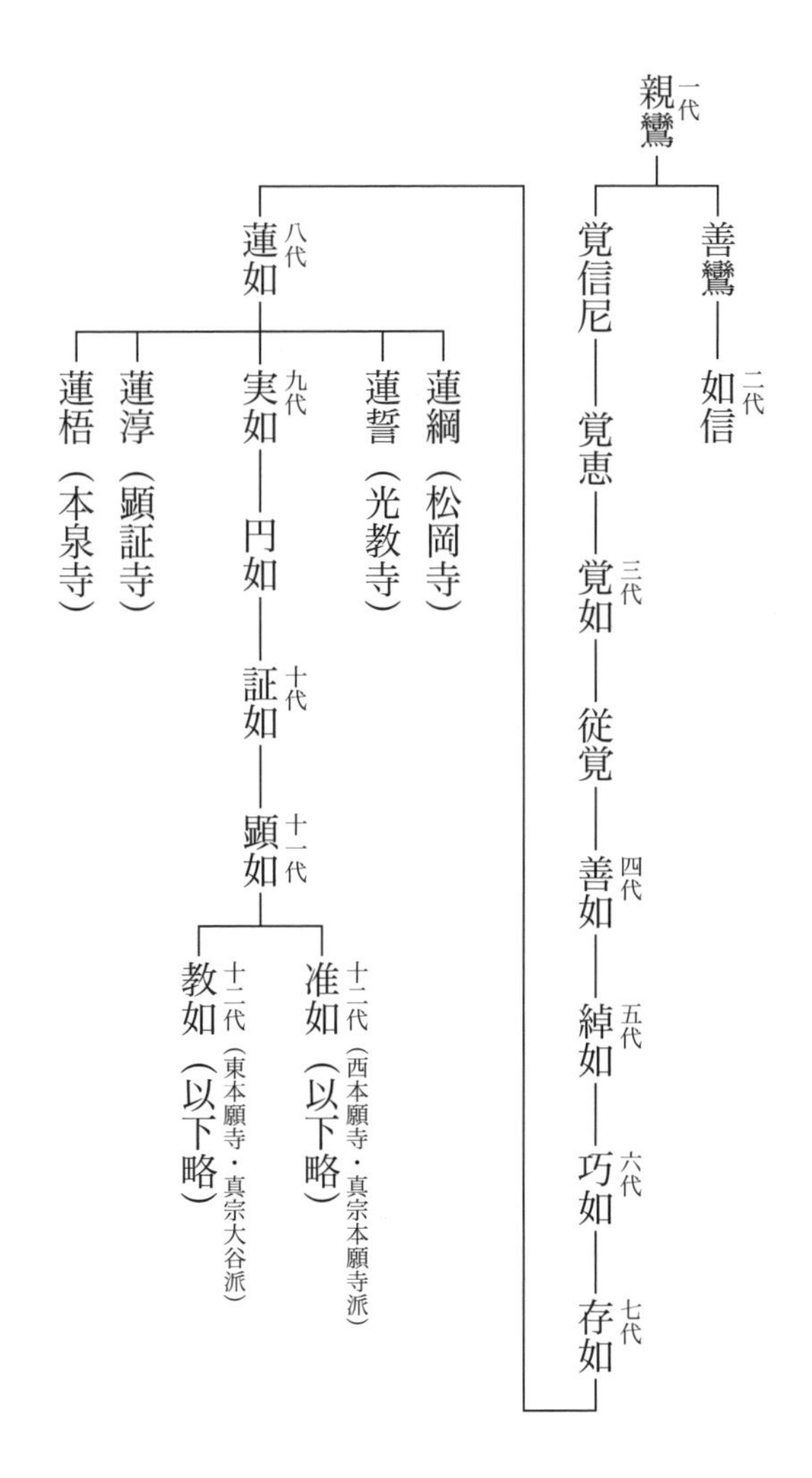

この集団性と平等性という側面が、やがて門徒の一揆、すなわち一向一揆の基礎的条件ともなったのであろう。この「講」が開かれる寄合場所が、いわゆる道場である。道場は特別な場所ではなく、既存の堂であり、また有力者の家であった。そこには「本尊」と「名号」の掛け軸を置く程度のものであったという。そして、この道場の上部機関としては寺があった。本願寺から見れば、それは末寺であるが、その末寺が道場を統括していたのである。みごとに組織だっていたというべきである。

本願寺（本山）――末寺――道場＝「講」

このように、中央から地方末端にいたる系統が整然たる姿をとり、門徒たちは、いわば「ネズミ算」的にその数を増される可能性があるのである。この中には地侍達も包含していたのである。

蓮如はさらに続けていう。門徒が「志」（納入金）を出すのは、蓮如によれば、信心をえて、仏恩報謝の念仏の徒となりえた「うれしさのあまりに師匠・坊主の在所へもあゆみをはこび、こころざしをもいたすべきもの」なのである。蓮如は異端他派のいわゆる「物取り信心・施物だのみ」をつよく排斥するが、別の意味で門徒がよろこびの表現として「志」を出すのは当然だというのである。そして、そうした志納金は当然師匠・坊主の手をとおして本山に集中するのである。こうして蓮如は北陸において急速に成功をもたらしたのである。蓮如は真の宗教者というよりも乱世にふさわしい類まれな戦略家・組織者といえよう。ともかくも、蓮如の吉崎での布教活動は目にみえてその成果を上げていった。蓮如の顔を拝みたいという善男善女たちがあとをたたず、吉崎には北陸地方の坊主たちの他屋（坊主の出張所）が立ち並んだ。ところが、このような門徒の増加、蓮如によるその統合は、折しも地方に波及してきた「応仁の乱」と結びついてこの方面でも意外な波瀾を呼び起こしていった。この頃、守護富樫氏内部で内訌が生じており、「応仁の乱」では富樫政親は東軍に与し、弟の富樫幸千代は西軍に与した。

加賀の分裂が大規模になり、深刻さを加えると門徒の勢力も軍事的側面からにわかに脚光を浴びだしたのである。実際門徒は見ようによっては、みごとに組織化された一大武力であった。それは地侍・農民という現地につよく根をおろした人々が信仰面からも固く結束しているのであり、これこそまさに無視しえぬ軍事力といってよい。仏のために命を捨てれば極楽浄土に行けるのであるから恐れをしらないのである。富樫幸千代は蓮如が異端として攻撃をやまなかった高田（専修寺）派の門徒を誘い入れた上、これらの門徒たちは本願寺派門徒たちに攻撃を仕掛けた。これに対し本願寺派門徒も奮い立った。蓮如の制止を振り切った。「仏法のためには一命惜しむべからず」と唱え武装蜂起したのである。こうして富樫両派の対立は本願寺派・高田（専修寺）派の両派の対立がからまって情勢は、もはやどうすることもできない勢いとなった。いまや門徒たちは蓮如を乗り越え始めたのである。今となっては、蓮如は門徒の一揆に押し切られたのである。文明六年（一四七四）七月、決戦の幕は切って落とされた。それは両富樫の争いというより加賀守護方と本願寺派門徒との正面衝突という性質のものであった。もともと富樫政親が本願寺門徒と結んだのは富樫政親の一時的方便にすぎなかったからである。ともあれ富樫幸千代との対決は本願寺派門徒の圧勝に終わった。しかし、翌七年（一四七五）に入ると状況は一変して、本願寺門徒は富樫政親との対立を明らかにし始める。これは加賀守護富樫政親と本願寺門徒との正面衝突という性質のものとなっていった。加賀一国は守護勢力と本願寺門徒勢力の決戦場となった。富樫政親は将軍義尚による近江守護六角高頼討伐に従軍中であったが、加賀の情勢が風雲急を告げており、急遽、帰国したのである。

しかし、長享二年（一四八八）石川郡高尾城（金沢市）に攻められ自刃したのである。

これから加賀国は天正八年（一五八〇）織田信長に敗れるまでの九十年間、「百姓の持ちたる国」となったのである。将軍足利義尚は寵臣である富樫政親が一向一揆により殺害されたことに激怒して蓮如にたいして加賀一国の門徒を破門するよう命じた。苦境に立たされた蓮如に対して、細川政元は救いの手を指し伸ばし将軍の怒りをなだめ、蓮如から門徒に宛てた「お叱りの御文」を申し付けることだけで、破門問題を収拾し、本願寺の危機を未然に回避させたのである。蓮如は政元を本願寺の外護者であり、聖徳太子の生まれかわりであるとして特別の待遇をしている。蓮如時代に築かれた本願寺と細川政元との関係は、実如時代にも踏襲されることになったのである。こうして細川政元と本願寺の結びつきは、政元の与党たることを明確にした本願寺は好むと好まざるとにかかわらず、北陸の諸大名・武将を敵とせざるを得なくなったのである。こうした情勢下に加賀門徒の総帥である本泉寺蓮悟（蓮如七男）は永正三年（一五〇六）三月、志ある門徒に「護法のため蹶起せよ」と訴えたのである。

一向一揆はまず、東に進んで越中になだれ込み越中の守護方勢の急を襲って越中守護方勢を越後境に放逐したのである。一向一揆の蜂起によって、いったんは越後に逃れた越中守護方勢は長尾能景を頼った。長尾能景は越前に攻めこんだ加賀一揆と戦いを交えている朝倉教景（宗滴）と相応じ越中へ進攻したのである。七月のことで、河内畠山尚順の要望にこたえたものである。越前戦線では八月五日から戦闘状態に入り、朝倉軍は朝倉教景を総大将とし、両軍は九頭龍川を挟んで対峙した。八月六日の一戦では、一向一揆は完敗したのである。戦いに勝った朝倉軍は、蓮如によってはじめられた吉崎道場をはじめ本願寺の末寺を破却した。こうして完敗した藤島超勝寺・和田本覚寺は加賀へ敗走したのである。

一方、越中では越中守護方勢は越後勢とともに再び越中で一向一揆と戦いを交えることになった。一向一揆と越後・越中守護方勢の連合軍との戦いは、永正三年（一五〇六）八月に始まった。

怒涛のように押し寄せる守護方勢の前に、一向一揆勢は、西へ西へと後退し始めた。この越中守護方勢の中核は遊佐慶親と神保慶宗であった。越後・越中守護方勢は越中東部で一向一揆勢を圧倒し続け、越中のほぼ中央、婦負郡寒江蓮台寺の戦いでも勝利した。遊佐慶親は、この戦いで参陣し矢疵を負った埴生八幡宮の神主埴生与七に感状を与えている。『小矢部市史上巻』では次のように記している。

「埴生の神主は早くから武士化し、守護畠山氏の被官となり、近くの蓮沼城の遊佐氏の下で働き」としている。しかし、西へ行けば行くほど兵站線は伸び切り逆に一向一揆方は加賀とは近くなり有利となる。こうして敵の懐深く入り込んでいくことになった。実はここに越後・越中守護方勢に予期せぬ事態が発生したのである。この砺波郡「芹谷野の戦い」で越後の長尾能景が討死にしたのである。大事な詰めの段階にきて、それまで味方であった神保慶宗が戦線を離脱し、越後・越中守護方勢は手痛い敗北を喫してしまったのである。『富山県史通史編中世』では次のように記している。

「ともあれ敗戦により長尾軍は算を乱して潰走し、同勢に参陣していた砺波郡守護代遊佐慶親もまた春日山に去ったのである。このように加賀一向一揆は越前進出には失敗したけれども、長尾能景を排除して永正三年九月以後には越中支配に乗り出すことになったのである。ことに遊佐氏が敗走したあとの砺波郡では、全面的な一揆支配であったかどうかはわからないものの、その支配は強力なものであったろう。また神保氏や椎名氏等との関係も史料を欠くため全くわからないけれども、おそらく神保氏等は再度追放されるということにはならず、一定の妥協が行われ、相互不可侵的了解がとりつけられたものとおもわれる」としている。

この「芹谷野の戦い」で遊佐慶親に忠節を尽くした埴生の神官に与えた「折紙」がある。その「折紙」を次に掲げる。

去んぬる十九日芹谷野合戦に於いて鑓を入れ其の儘城中に御籠り候。御忠節比類無く候。弥御粉骨を抽でらるべき事肝要に候。　恐々謹言

永正（三）
九月廿六日　　　遊佐新右衛門
　　　　　　　　慶親

埴生次郎兵衛尉殿
之を進らせ候

（読み下し）
（護国八幡宮文書）

この埴生八幡宮の石段は遊佐慶親が寄進したものといわれている。筆者も登ってみたが立派な石段である。現在は百三段であるが、昭和初年の改修前は総数百八段であったという。これは仏教語の「百八煩悩を踏み消して、大前に近づく」との信仰を反映したものであるという。

また、埴生八幡宮は、遠く平安時代の寿永二年（一一八三）八月、木曽義仲は埴生に陣をとり、砺波山（倶利伽羅峠）に二倍の軍勢を布く平維盛の大軍と決戦するに当り、この埴生八幡宮に戦勝祈願文を奉納したのである。「倶利伽羅合戦」では「火牛の計」の奇略で平軍七万の大軍を破り大勝利したことでつとに有名である。

「埴生護国八幡宮」　「筆者撮影」

「遊佐慶親寄進の石段」「筆者撮影」

この頃、中央の政局は細川政元の三猶子の一人澄之によって政元が永正四年(一五〇七)六月に暗殺され、政元の京兆専制政治は幕を閉じたのである。その後三猶子の間で血を血で洗う抗争があったが漁夫の利を占めたのは高国であった。高国は周防に流寓していた義尹と通じ、これによって義尹は永正五年(一五〇八)七月再び将軍に返り咲いたのである。この帰洛を祝って遊佐慶親・神保慶宗が太刀・馬などを送っている。これに対し将軍義尹がそれぞれに対し御内書を発しているのでそれを次に掲げる

太刀一腰・馬一疋(黒毛。印雀目結)・鳥目千疋到来し候ひ訖んぬ。自然の儀に於いては、忠節致さば、神妙たるべく候なり。
(永正八年)十二月十四日
遊佐新右衛門尉(慶親)どのへ

(読み下し)
(御内書案・大日本史料)

兇徒退治の礼として、太刀一腰、馬一疋(鴾毛)到来し候ひ訖んぬ。自然のお儀に於いて、忠節致さば、神妙たるべく候なり。
(永正八年)十二月廿六日
神保越前守(慶宗)どのへ

(読み下し)
(御内書案・大日本史料)

この御内書の日付はともに永正八年十二月で日付もわずか十二日違いである。

おそらく贈り物はほぼ同時期送られたとみるのが妥当であろう。とくに遊佐慶親が越後に亡命したままで、その後堪忍の日々ではこのような贈り物はできないはずである。よって遊佐慶親も一揆勢とのある程度の妥協が成立し、蓮沼に戻っていたとするのが妥当であろう。

話を戻そう。

永正三年（一五〇六）秋、長尾能景が越中で討たれた後、越後守護代を相続したのは嫡子為景である。為景は、翌永正四年（一五〇七）八月、越後守護房能の養嗣子定実を擁立し、房能を排してクーデターを起こした。府中（直江津）を追われた房能は兄の関東管領上杉顕定のもとへ逃れようとしたが、天水峠（天水山）で為景勢に包囲され自刃した。弟を自害に追いやられた兄顕定は関東の軍勢を引き連れ、越後になだれ込み一度は為景を越中へ敗走させ、過半を制圧した。しかし、為景はいったん越中から佐渡へ渡り、ここで体制を立て直し再び越後に戻った。ひとたび上杉顕定に味方した国人たちも形勢の逆転を察知すると為景のもとに集結したのである。やがて勢いに乗った為景の軍勢は、越後長森原（南魚沼市）で顕定を討ち取り、子の憲房はかなわずして関東へと遁走した。これによって、越後国内における為景・定実の権威は諸人の認めるところとなった。しかし、永正十年（一五一三）為景と定実との間に隙が生じ、為景は定実を捕らえて幽閉したのである。その結果、定実は守護の座を追われ、為景は名実ともに越後国主の座についたのである。永正十一年（一五一四）に越後国内の平定を終えた為景は、ここで加賀一向一揆の平定に歩を進めることに決したようである。こうした折、加賀国内では擾乱が生じていた。このような加賀国内の分裂状態につけ入るかのように、両越能三ケ国守護方がまたしても、一向一揆討滅の企てをしているとの風聞が流れた。実際に、永正十年（一五一三）の本願寺実如も「国中在々所々とりあひのよしきこえ候」（『六日講御書』）と書状に述べ、また永正十一年（一五一四）でも「三ケ国より乱入すへきなともってのほかの雑説の由、聞き候」(『六日講御書』)と書状で述べており両越能三ケ国の軍勢が乱入しようという噂をつたえている。しかしこれは単なる「雑説」ではなかったのである。

翌永正十二年(一五一五)為景の越中侵攻がなされたのである。この越中侵攻は加賀一向一揆討伐が目的であったが、まだこの時点では両越能三ケ国の協調体制は十分になされていなかったのである。

このため、越中国人勢は越後勢を敵と見なし戦ったのであろう。こうして為景の永正十二年(一五一五)の越中侵攻は成果なく失敗に帰したのであった。しかし、為景は新たに体制を立て直し、再び越中へ侵攻することになったのである。おそらく為景は永正十二年(一五一五)の越中侵攻に際して、越中勢の反撃をうけたことについて、その中心が神保慶宗であることを察知したからこそ、永正十六年(一五一九)の侵攻に際しては、その攻撃目標を加賀一向一揆というより第一目標を神保慶宗としたのであろう。為景は越中守護畠山尚順や能登守護畠山義総と十分に下交渉をしながら、神保慶宗調略に向かったのである。こうして、両越能三ケ国による神保慶宗討伐計画は着々と進められ、両越能三ケ国側は勝王を越中攻めの総大将とした。勝王は畠山義英の子であるが、当時畠山尚順と畠山義英は融和しており、勝王が起用されたようである。なお尚順はこの為景の越中侵攻に際して、恩賞として新川郡一郡を与えることを約している。さらに、加賀一向一揆側から今度の越中侵攻に対して非介入の約束を取りつけることができたのである。

こうして、為景は永正十六年(一五一九)春、越中に進攻した。境川合戦(下新川郡朝日町)に大勝して神保慶宗の籠もる二上(守山)城(高岡市)を包囲、陥落は目前となった。ところが、ここで事態が急変したのである。能登口と加賀口=蓮沼口の両口から攻めたが、能登口から攻めた能登畠山方勢に不慮の事態が起きたのである。すなわち「二上の麓まで放火、彼の城落居に及ぶばかりの刻、能登口不慮出来」寒さに向かう折から、やむを得ず退却せざるを得なくなったのである。

この失態は能登畠山方勢の敗北が原因であったといわれる。これについて『富山県史通史編中世』では、畠山勝王が暴走して中立を取りつけていた一向宗寺院土山坊を焼討ちしたため、蜂起した越中一向一揆の急襲を受けて両口すなわち能登口畠山義総勢と加賀口＝蓮沼口の畠山勝王勢が敗退したものと推定している。ともかくこの敗北は畠山勝王の作戦ミスの結果は明らかであった。

この永正十六年（一五一九）の為景侵攻は神保慶宗を窮地に追い込んだだけでなく、神保慶宗と組んで抵抗した椎名慶胤にも同様の被害を与えたようである。永正十六年（一五一九）の越中侵攻に失敗した両越能三ケ国側は翌十七年（一五二〇）の春になると、ともに越中攻撃の再編成に取りかかった。

しかし、畠山勝王の登用はすでに無くなっていた。紀州にいる尚順は、為景に対して、境川の一戦は「まことに稀代の名誉、比類あるべからず」とほめたたえ、神保慶宗攻撃を督励し、能登の畠山義総に対しては、去年の失敗を責めつつ叱咤し、義総自身が越中攻撃の陣頭に立つよう要請したのである。また、本願寺と加賀三ケ寺（本泉寺・松岡寺・光教寺）を調略して、この年もまた越中への非介入を取りつけた。ことに尚順の指揮下に入った越中勢については遊佐慶親・神保慶明に委ね、為景勢と連合して戦局に臨むよう指示している。それは尚順の使者に持たせた「越後江条々手日記」からうかがえる。その「手日記」の内容はまさしく両越能三カ国同盟ともいえる内容であった。しかしこの時点では、かつて尚順の「一字書出」を受けた神保慶宗・椎名慶胤と遊佐慶親とは袂を分かっていたのである。

こうして、両越能三ケ国側の包囲網は成立した。為景は永正十七年（一五二〇）六月十三日越中に出陣した。一方、能登口からは畠山義総・遊佐慶親・神保慶明らが攻め入った。為景は七月三日には境川城（下新川郡朝日町）を陥落させて新川郡を平定し、越年を覚悟して神保慶宗との決戦へと向かったのである。神保慶宗とそれに与同する椎名慶胤らは、これを迎え討たねばならなかった。神保慶宗らは、その年の初秋、神通川を越えて、十二月二十一日、為景勢の拠る新庄城（富山市）に総攻撃をかけた（新庄合戦）。この戦いはまれにみる激しい戦いとなった。神保勢は死物狂いとなり戦ったが劣勢となった。神保勢は敗北し敗走する結果となったのである。おそらく凍てつく神通川や射水の湿原を西走する過程で神保勢の兵力は力尽き、神保慶宗もまた逃走をあきらめ自害して果てたのである。「新庄合戦」の敗北と同じ頃、神保慶宗の居城である二上（守山）城も能登から攻め入った畠山義総・遊佐慶親・神保慶明らの能登勢に奪取されたのを知り、抵抗はもはや不可能と知ったからではないだろうか。

この戦いで双方多大な戦死者がでたが、神保慶宗に与力していた椎名慶胤も戦死したものと思われ、また遊佐弥九郎も戦死した。この後、為景は当時二上山の北麓の多胡（多胡は氷見の田子であろう）に陣している義総のもとに向かった。為景は「一国取候」の軍忠を伝え、また、この二上城の維持が為景・義総にとって重要拠点であることを確認しあい、まだ畠山尚順から正式な統治権確認のない状況下においては、両者は越中の軍事統治は相互補完せざるを得ないことが不可避であることを確認したかったのであろう。しかし、尚順は直ちにこれにこたえることはなかった。永正十八年（一五二一）二月、長尾為景は領内に一向宗禁制を布告した。為景の一向宗禁止令そのものは越後国内に出されたものであるにしても、その対外的に与えた影響は大きなものであった。これに対し、本願寺実如や加賀三ケ寺（本泉寺・松岡寺・光教寺）はこの動きに敏感に反応したと考えられる。この年三月ころ、一向一揆勢は二上城にひしひしと取詰め、攻城戦を開始したのである。ここが落城すれば、当然能登も難儀に及ぶことになる。そこで義総は二上城に援軍を出し、為景もここ数年来の功績が、「労して功なし」ということになり、重ねて出陣せざるを得なくなったのである。この事件を契機に能登に於いても、一向一揆の抗争が見られるようになる。

このようにして大永元年（一五二一）から大永二年（一五二二）にかけて蜂起した一向一揆は越中・能登において為景・義総に対決して、激しい戦闘をくり拡げたのである。こうした経過からすれば、永正十七年（一五二〇）までの本願寺・加賀三ケ寺と両越能三ケ国との和睦は破れ、両者間に抗争が発生したことの起因は、為景の一向宗禁止令の布告に関係していることは確かであろう。こうした折、大永元年（一五二一）十二月七日、尚順は為景の越中出陣を慰労し、約束通り「新川郡守護代職」を与えた。為景にとって尚順からの新川郡の付与とは、まさに苦難の代償を払って獲得された恩賞に他ならなかったのである。それはまた、大永元年（一五二一）から始まった対一向一揆に為景を督励するものでもあったといえよう。これに対し為景は椎名慶胤の戦死した跡には、椎名長常を小（又）守護代に任じ所領を安堵したのである。能登・越中両国における一向一揆の蜂起と抗争は、新将軍足利義晴によって管領に補任された細川高国の意向を容れた実如が停戦を指示した結果、翌大永二年（一五二二）五月ごろには収束に向かったようである。そして、同二年（一五二二）七月十七日、永正十六年（一五一九）以来越中争乱の立役者の一人であった尚順が淡路で没したこともあり、当面両越能と加賀四ケ国の間における抗争は一応静謐を迎え、以後しばらくの間平穏な時期をすごしたのである。

また、尚順のもとで守護代としての役割を担ってきた遊佐慶親・神保慶明はこの段階では両人の権限は長尾為景・能登守護畠山義総の軍事力を背景として越中で、ともかくも実際上の越中支配が推進していったものと思われる。ところが大永二年（一五二二）には畠山尚順が淡路で没したため、遊佐慶親・神保慶明らは後楯を失った。これによりこれ以降次第にその支配力を失っていったのかもしれない。

遊佐慶親の消息もその後途絶えていくのである。

その後、遊佐氏の名が見られるのは『天文日記』天文六年（一五三七）六月十六日条で、代官遊佐左衛門大夫が高野山三宝院領に関わっていることが知られるが、この遊佐氏は『中世後期畿内近国守護の研究』（弓倉年弘）にみられる畠山稙長の守護代遊佐左衛門大夫長清と思われ、在地性は認められない。また、『富山県史史料編中世』では天文二十四年（一五五五）八月二十日付安上宗方書状に越中遊佐氏の名が見られる。それを次に掲げる。

（前略）
近日は書状を以ても申し入らず、本意に非ず候。仍て越前より加州へ行くの儀、両度に及び、越州衆大利を得らる由、尤も珍重に存じ候。万一不慮の越度も候ては、何方も一揆等蜂起せしむべく候。越中の儀も遊佐・神保・椎名・土肥之有る事候へども、一揆法量もなく仕立と云々。能州儀も、遊佐・温井取り相に付きて、飯川越前守差し上げられ候。（以下略）恐々謹言。

宗房（花押）

八月廿日

永原越前守殿御宿所

（根岸旧蔵文書）

『安上宗房書状について－天文～弘治期の北陸情勢－』（久保尚文）では差出人の安上宗房は近江守護六角義賢の家臣であるとしており、宛名人の永原越前守（重康）は六角義賢の奉行人としている。また、能登畠山義総の女が六角義賢の室となっており、一方、六角義賢の女が能登畠山義綱の室になっており、能登守護畠山氏と近江守護六角氏の婚籍関係が知られ、両氏の関係が極めて緊密であったとしている。

『安上宗房書状について—天文～弘治期の北陸情勢—』（久保尚文）では、近江守護六角氏と能登守護畠山氏との関係を次の略系図で示している。

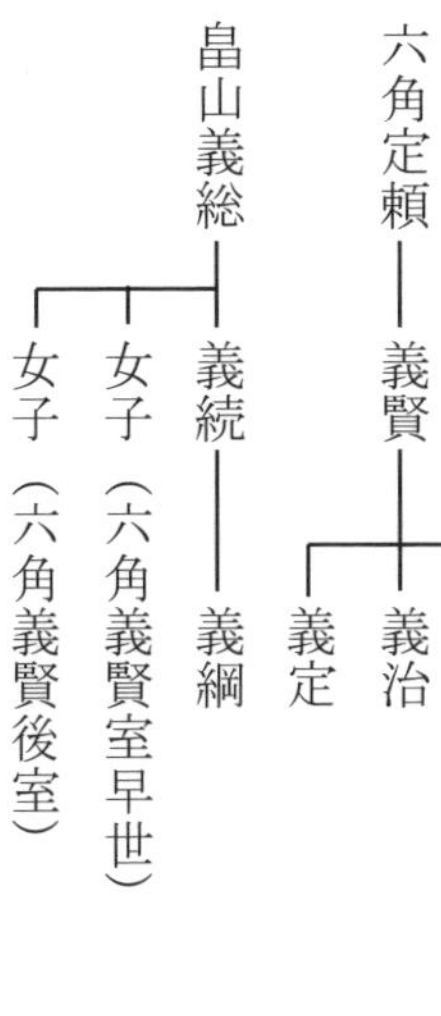

このように緊密な姻戚関係から越中の状況も書き加えられ伝えられることになったのであろう。

これから、天文末年に至っても遊佐氏が越中に在国していたことが窺がえるが詳しい状況は不明である。いみじくも『小矢部市史上巻』では次のように記している。「越中国守護代になった椎名・神保両氏や、桃井・石黒氏らには、いずれも後裔と称する者が現存するが、遊佐氏にかぎってこの地方に見られないのはどうしたわけであろうか」としている。筆者も全く同感である。

ともあれ、永正十七年（一五二〇）の「新庄合戦」で神保慶宗・椎名慶胤・遊佐弥九郎が討死にした。また、遊佐慶親もその後消息を絶ってしまうのであるが、その後の越中はどう展開したのであろうか。それをこれから概観してみよう。永正十七年（一五二〇）の「新庄合戦」後の越中は長尾為景が椎名氏の旧領を安堵して椎名長常を小守護代として新川郡の支配を委ねたのである。

椎名長常は為景の強力な軍事力を背景として、椎名氏の新川郡の支配は当面安定していたと思われる。しかし、長尾為景は天文五年（一五三六）十二月二十四日春日山に於いて没したのである。一方、神保慶宗の戦死後、神保氏は壊滅的な打撃を受けたが、慶宗には男子があったことは確かである。これが後の神保長職に当たることは断定できないが、神保長職は慶宗と同じ「宗（惣）右衛門（尉）」を称していることから見て、放生津神保氏の正統の後継者をもって任じていたとみてよいであろう。再興への動きは、実はゆっくり且つ着実に進められていたのである。神保長職の名の初見は天文十四年（一五四五）十一月の禁制（玉泉寺文書）であるが、神保長職と椎名長常との抗争はこれ以前の天文十二年（一五四三）頃に発生し、能登畠山義続が仲介していたのである。これは天文五年（一五三六）に長尾為景が没し、椎名氏が弱体化したのに対し、これを好機として勢力の安定と拡大を目指す神保長職は従来新川郡に属し、椎名方の支配圏であった神通川以東の富山地域に進出して椎名勢を駆逐するねらいがあったためであろう。『富山県史通史編中世』では、神保氏の富山城の築城は天文十二年（一五四三）頃と結論付けている。『富山市史上巻』では「富山城は天文十二年（一五四三）から永禄三年（一五六〇）にかけて、少なくとも十七年間は神保長職の居城とみられる」としている。こうして神保長職と椎名長常・康胤との抗争は天文十二年（一五四三）に激化して以来、能登守護畠山義綱の仲介による和睦期間をはさみながら、永禄末年（一五六九）～元亀元年（一五七〇）まで続くことになる。大永二年（一五二二）には畠山尚順が淡路で没したため、その跡は嫡子畠山稙長が継承するが、稙長の立場は以後畿内政権の推移及び紀伊国人との関係とりわけ実力者河内守護代遊佐長教の動向に左右されていた。天文三年（一五三四）には遊佐長教に守護職を更迭され根来寺に閉居せざるを得なかったのである。

その後天文十一年（一五四二）に遊佐長教と和解し、守護復帰を果たして、天文十四年（一五四五）五月、稙長の死去するまで守護職を維持するも、極めて不安定であり守護として越中を統治する状態ではなかったであろう。越中は実際には能登畠山氏に依存せざるを得ない状況であったのである。この意味では、稙長は尚順の没後守護になるも、越中に関する限り、稙長の守護としての活動はみられない。

したがって、能登畠山義続の立場は、正式な守護とはいえないまでも、越中戦国諸将にとっては守護に匹敵する存在になっていたとも考えられるのである。ところで、長尾為景が天文五年（一五三六）に没した後、越後の長尾氏はどうなったのであろうか。長尾景虎（謙信）は享禄三年（一五三〇）守護代長尾為景の末子として生まれた。父為景は天文五年（一五三六）八月に守護代職を嫡子晴景に譲ったが、その年の十二月二十四日に没したのである。兄晴景と景虎（謙信）との間で対立が起きたが、守護上杉定実の斡旋によって、兄晴景の跡を継ぐということで春日山にはいった。しかし、一方上杉定実には実子がなかった。そこで養子として伊達稙宗の次男である伊達実元を迎えようとした。これに対して上杉氏家臣内で反対が起こり一方、伊達稙宗と嫡子晴宗との間でも同様に対立が起ったのである。

伊達晴宗は伊達実元が「善臣能士」を連れて越後に向かえば、肝心の領国支配ができなくなるという理由で天文九年（一五四〇）父に叛旗を翻したのである。いわゆる「天文の乱」である。こうして養子問題は消滅したのである。筆者の祖、遊佐氏は畠山高国・嫡子国氏とともに奥州に下向し、以来二本松畠山氏の譜代の被官であったが、二本松畠山氏最後の家督畠山義継の代に袂を分ち伊達実元を頼り、その口入により嫡子伊達成実の家臣になったのである。仮に、伊達実元が上杉定実の後嗣になっていれば、成実の誕生はなかったであろう。また、筆者の祖遊佐左藤右衛門の運命も大きく変わっていたであろう。場合によっては戦国時代の雄長尾景虎（上杉謙信）の運命も変わっていた可能性も否定できないのである。このように歴史は脚本のないドラマをつくり、人を魅了し続けるのである。

話を戻そう。

こうして守護上杉定実の養子問題は立ち消えとなり定実が失意のうちに死去し、越後上杉家は断絶した。上杉定実没後、長尾景虎(謙信)の地位が安定するには時間を要した。その筆頭は一族の長尾政景であった。長尾政景は天文十九年(一五五〇)十二月、坂戸城(南魚沼郡六日町)に立て籠もり謀叛を起こしたのである。しかし、天文二十年(一五五一)七月景虎(謙信)自身がこれの討伐のために出馬することになった。事ここにおよんで、八月ついに長尾政景は屈服し景虎(謙信)の和平を受け入れ、景虎(謙信)の支配下に服することになった。ここに景虎(謙信)は越後の実権を掌握したのである。

景虎(謙信)は天文二十一年(一五五二)五月に従五位の下に叙せられた。その返礼のため天文二十二年(一五五三)五月に上洛し、参内して「住国并隣国」の敵を討つべしとの綸旨を得て帰国している。

こうして、景虎(謙信)は永禄三年(一五六〇)三月二十六日に越中へ進攻している。この景虎(謙信)の出兵はまさに「住国并隣国」の敵を討つべしという綸旨に沿うものであった。この背景には大永元年(一五二一)に父為景が越中守護畠山尚順より越中国新川郡守護代に宛てがわれており、越中の安泰を目指したものといえよう。これは新川郡松倉城(新川郡松倉)に拠る椎名康胤を援け、神保長職の拠る富山城の攻撃を目指すものであった。この景虎の攻撃に神保長職は三月晦日、夜中に富山城を撤去して増山城(砺波市増山)へ逃げのびている。増山城は「嶮難之地」といわれ、景虎は増山城近くに張陣していたが、神保長職は増山城より逃げのびて行方不明となった。ところが逃げのびて行方不明となっていた神保長職は、永禄三年(一五六〇)七月には婦負郡北代の極楽寺(富山市北代)宛に禁制を下し、健在であることが知れる。その後、神保長職は武田信玄と結んで椎名康胤を脅かす動きを見せたのである。長尾景虎は永禄四年(一五六一)上杉の名跡を継ぎ上杉政虎、次いで輝虎、その後出家して謙信と名乗ることになったが、以後煩を避け謙信に統一する。この神保長職の動きに対して、謙信は越中に出兵し、ついに永禄五年（一五六二）には呉服山（五福山）城に拠る神保長職を攻めてこれを降している。

その後、神保長職は謙信と結ぶようになったが、神保氏内部では父子の間で不和が起こり、有力家臣の離反も起こった。子の神保長住は退去して、その後織田信長の家臣として登場する。神保長職も元亀年間（一五七〇～一五七三）には没して家臣団の多くは上杉氏に属するようになった。一方、椎名康胤は永禄五年（一五六二）から永禄七年（一五六四）の間に長尾小四郎を養子に迎えたが同十一年（一五六八）になると、武田信玄の調略により、密かに本願寺及び武田方と通じて上杉謙信と敵対するようになったのである。

このため、翌永禄十二年（一五六九）謙信は軍勢を率いて越中へ進攻し、椎名康胤の本城である松倉城に迫った。松倉城はこの年落城したものとみられ、魚津城（魚津市）に家臣河田長親を入れ帰陣している。こうして、久しく越中にあって砺波郡の遊佐氏の没落後、東西の二大勢力となっていた神保・椎名の両氏が永禄末年（一五六九）から元亀年間（一五七〇～一五七三）にかけて没落し、その後には代わって謙信の武将が配置され、上杉氏による越中支配が開始されるのである。こうした情勢のもとで武田信玄は対上杉謙信戦略の上から、本願寺に対して上杉謙信の動きを牽制するように依頼し、元亀三年（一五七二）五月顕如は加賀一向一揆を越中に派遣したのである。一向一揆勢は越中に入り、東進する構えを示した。このため、北陸沿いの上杉方の拠点である射水郡火宮城（射水郡小杉町）の守将の神保覚広らは新庄城（富山市）に拠る上杉方に救援を要請した。火宮城の事態は急を告げていた。越後勢が六月十五日呉服山（五福山）（富山市）に到着した時には火宮城では一揆方と和睦し開城した後であった。

このため呉服山の越後勢は一揆勢の大軍により神通川の渡し場で敗北したのである。この結果一揆勢は神通川を越えて富山城を占拠し、これを一大拠点とした。これに対し、謙信は自ら軍勢を率いて越中へ出陣し、八月十八日には富山城の東に張陣し、両軍はその間一里ばかりを隔てて対峙することになった。

翌元亀四年（一五七三）正月、先に松倉城を追われた一揆方の椎名康胤が長尾喜平太（上杉景勝）に謙信への身上執り成しを頼んでいる。一揆方の力も弱ったのであろう。謙信はこの機会に一揆方と和睦し、帰陣を図ったが、武田信玄の使者の暗躍により再び一揆方が富山城に入った。このため謙信は引き返して、一揆勢を富山城に押し込め、富山城を囲んで向城を築き富山城を包囲する体制をとった。ところが、元亀四年（一五七三）四月に至りにわかに情勢が変化した。それは上洛中の武田信玄の死である。信玄に支援されていた一揆方は有力な後援者を失い次第に勢力が衰えていった。この後、謙信はいったん帰国し、八月再び越中へ出兵し、加賀まで進み、そこで放火して帰国している。おそらく富山城もこのころ上杉方の手に落ちたと思われる。一揆勢が富山城から駆逐されたことにより、謙信の越中平定は容易となったのである。天正四年（一五七六）謙信は栂尾城（富山市）を落し、飛騨口を固めた。さらに、増山城（砺波市増山）を攻め落とした。あとは、湯山城（氷見市）を落して、能登に行くだけでよいことになった。この時点で謙信の越中平定は終結したとみてよいであろう。なお『越登賀三州志』（富田景周・寛政十年、一七九八）では椎名泰種（康胤）は天正四年（一五七六）三月、蓮沼城において謙信に滅ぼされたとしているが、『日本城郭大系7』で次のように記している。「この後、蓮沼城には上杉氏に追われた椎名康胤が一時拠り天正四年（一五七六）三月、再び上杉謙信に攻められこの地で没したともいう（『三州志』）が、現在のところ椎名氏の在城を裏付ける史料は、ほかにない」としている。

戦記物と見た方がよいであろう。上杉謙信はあとに目指すは能登であった。このように畠山基国が越中守護に補任されてから約二百年で越中は戦国大名の雄上杉謙信によって掌握されたのである。

長尾氏略系図

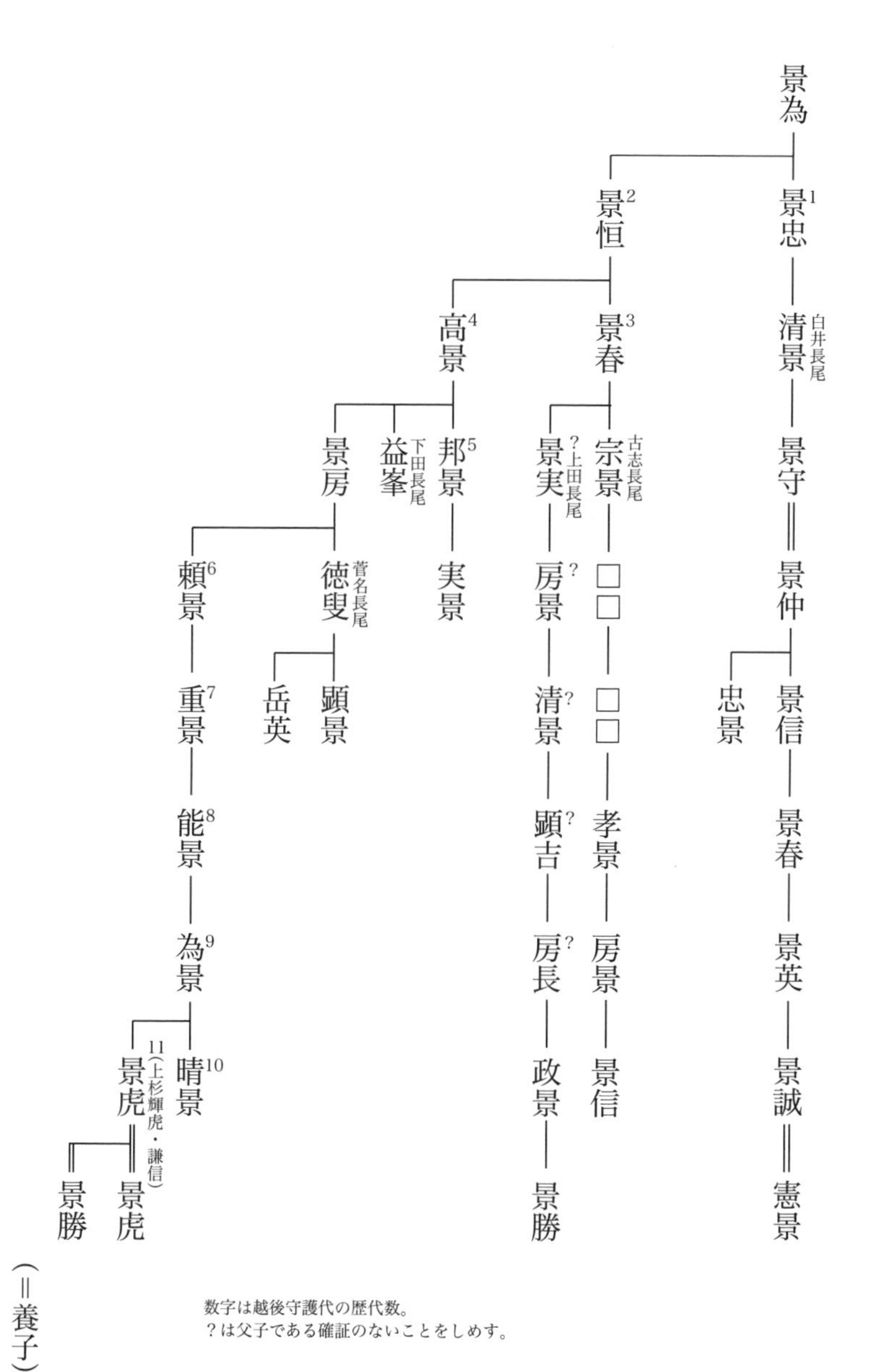
景為
景忠 1
清景 白井長尾
景守
景仲
景信
忠景
景春
景英
景誠
憲景
景恒 2
景春 3
宗景 古志長尾
□□
□□
孝景
房景
景信
景実 ?上田長尾
房景 ?
清景 ?
顕吉 ?
房長 ?
政景
景勝
高景 4
邦景 5
実景
益峯 下田長尾
景房
徳叟 菅名長尾
顕景
岳英
頼景 6
重景 7
能景 8
為景 9
晴景 10
景虎 11（上杉輝虎・謙信）
景虎
景勝
（＝養子）
数字は越後守護代の歴代数。
？は父子である確証のないことをしめす。

上杉氏略系図

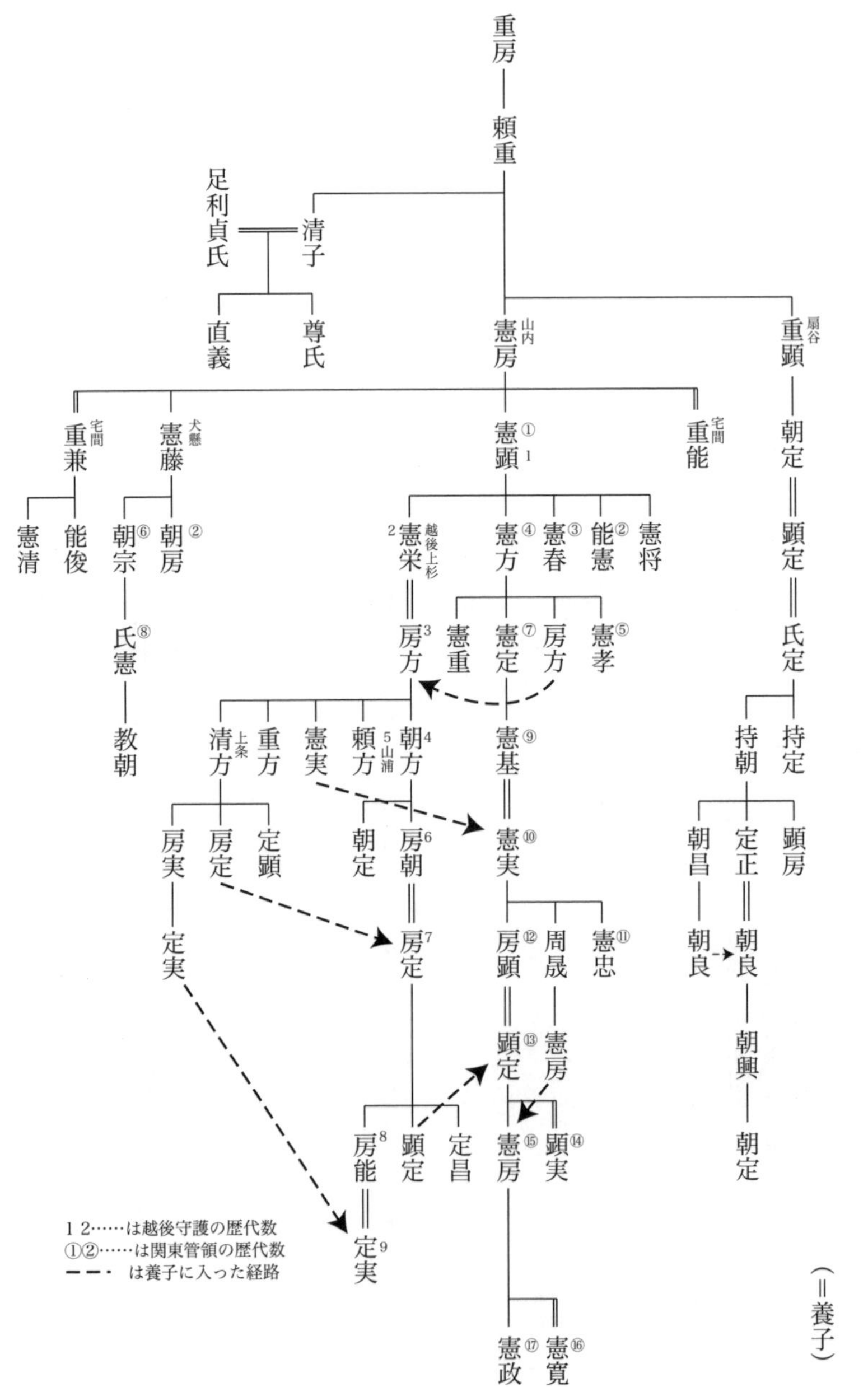
（＝養子）
重房
頼重
清子
足利貞氏
尊氏
直義
憲房 山内
重顕 扇谷
重兼 宅間
憲藤 犬懸
憲顕 ① 1
重能 宅間
朝定
能俊
憲清
朝房 ②
朝宗 ⑥
氏憲 ⑧
教朝
憲将
能憲 ②
憲春 ③
憲方 ④
憲栄 2 越後上杉
憲孝 ⑤
房方
憲定 ⑦
憲重
房方 3
朝方 4
頼方 5 山浦
憲実
重方
清方 上条
憲基 ⑨
憲実 ⑩
定顕
房定
房実
房朝 6
朝定
房定 7
定実
憲忠 ⑪
周晟
房顕 ⑫
顕定 ⑬
憲房
顕実 ⑭
憲房 ⑮
定昌
顕定
房能 8
定実 9
憲寛 ⑯
憲政 ⑰
顕定
氏定
持定
持朝
顕房
定正
朝昌
朝良
朝良
朝興
朝定
1 2……は越後守護の歴代数
①②……は関東管領の歴代数
は養子に入った経路

十六、能登の遊佐氏

古くは万葉の歌人大伴家持も歌を詠んだ風光明媚な景勝の地、能登国でどんな歴史が刻まれたのであろうか。また畠山氏の分国となった能登国において守護畠山氏が中央の政局とどう関わり、それに守護代遊佐氏がどう連動していったかを探っていこう。

それには『石川縣史第壹編』・『七尾市史』・『珠洲市史通史編』・『新修七尾市史14通史編Ⅰ』・『七尾城の歴史』・『富山県史通史編中世』『日本の歴史10下剋上の時代』（永原慶二）・『一向一揆』（笠原一男）・『本願寺・一向一揆の研究』（戦国大名論集）・『古文書の語る日本史』（峰岸純夫）・『蓮如』（笠原一男）などをもとにまとめていきたい。

畠山氏が能登守護に補任されたのは畠山基国になってからである。その補任時期は『新修七尾市史14通史編Ⅰ』によれば嘉慶三年（一三八九）頃である。基国は幕政に深く関わっていたため在京しており、分国支配は守護代が担っていたのである。最初の守護代は神保氏が担っていた。神保氏は遊佐氏同様畠山氏の譜代有力被官である。明徳三年（一三九二）八月、京都相国寺において盛大な落慶供養が行われた際に、畠山基国は郎党三十騎を従えて将軍足利義満一行の行列の先駆けをつとめたが、その郎党の中に神保宗三郎国久・神保肥前守氏久・神保四郎左衛門尉国氏の名がみられる。能登守護畠山基国に代わって守護代として神保肥前入道（氏久）が実務を担っていたのである。

次に能登畠山氏の系図の畠山基国以降を示しておきたい。なお、「能登の遊佐氏」の遵行状、施行状などの史料は、特記ない場合は「七尾市史・資料編第五巻」からの引用である。

能登畠山氏略系図

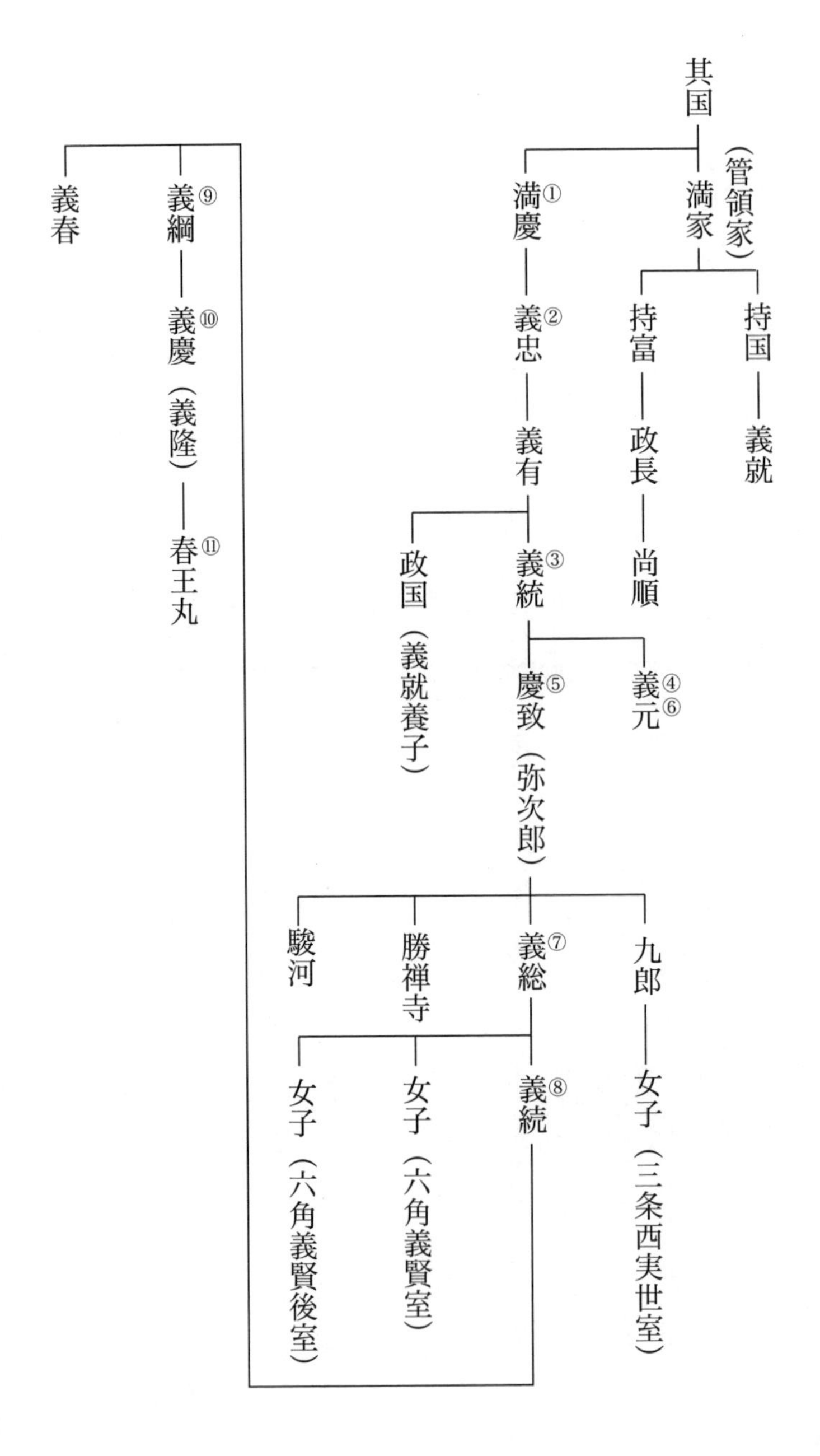

其国
満家（管領家）
持国
義就
持富
政長
尚順
満慶①
義忠②
義有
義統③
政国（義就養子）
義元④⑥
慶致⑤（弥次郎）
九郎
女子（三条西実世室）
義総⑦
勝禅寺
駿河
義続⑧
女子（六角義賢室）
女子（六角義賢後室）
義綱⑨
義春
義慶⑩（義隆）
春王丸⑪

能登国守護・守護代等一覧

守護	在職期間	守護代	小守護代
畠山基国	嘉慶三年頃～応永十三年一月十七日没	神保氏久 神保基久	神保太郎左衛門入道
畠山満慶	応永十三年二月頃～永享四年六月二十七日没	遊佐祐信	池田主計入道
畠山義忠	永享四年七月頃～享徳四年一月頃	遊佐忠光	
畠山義統	享徳四年二月頃～明応六年八月二十日没	遊佐忠光 遊佐統秀	
畠山義元	明応六年九月頃～明応九年七月頃越後出奔	遊佐統秀	
畠山慶致	明応九年七月頃～永正五年九月以前	遊佐統秀	
畠山義元	永正五年九月以前～永正十二年九月二十日没	遊佐秀盛	

守護	在職期間	守護代	小守護代
畠山義総	永正十二年十月~天文十四年七月十二日没	遊佐秀盛 遊佐秀頼	
畠山義続	天文十四年七月~天文二十年末頃	遊佐秀頼 遊佐続光	
畠山義綱	天文二十一年初め頃~永禄九年十月近江出奔	遊佐続光 遊佐盛光	
畠山義慶（義隆）	永禄九年九月頃~天正四年二月四日	遊佐続光 遊佐盛光	

小守護代は遊佐忠光が能登在国して以降は、小守護代は見られず守護代が実質、一国全般を統治したと思われる。なお、ここでは『七尾市史』及び『能登畠山氏家督についての再検討』（東四柳史明）により「義慶」と「義隆」とは同一人としている。

注・作表にあたり『新修七尾市史14通史編I』の「能登守護畠山氏守護在任期間」を引用した。

ここに畠山基国が神保肥前入道(氏久)に宛てた「書下」があるのでそれを掲げる。

得田勘解由左衛門入道(章光)本知行分の事。土田の物(者)ども押書被見し候。根本分帳に入らず候上は、御料所の儀を止め、知行すべきの由申し付けられるべく候。謹言。

(付箋 応永三年)

三月廿二日 徳元(畠山基国)(花押)

神保肥前入道殿

(読み下し)

(得田文書)

畠山基国の意を受けた守護代神保肥前入道氏久は応永三年(一五九六)三月二十九日付けで、神保太郎左衛門入道に交付を命じる遵行状を発している。神保太郎左衛門入道は能登国での小守護代であったと思われる。つづいて、応永六年(一三九九)六月十七日、足利義満が惣持寺の敷地・山林・田畑を安堵した。この義満の御判御教書を受け七月二十三日に畠山基国が守護代神保孫次郎に遵行状を発している。神保孫次郎(基久)は神保氏久の子息で、この時には守護代が交代しているのが知れる。畠山基国は応永十三年(一四〇六)一月十七日に没した。その家督を継いだのは畠山満慶(満則)であった。以後満慶に統一する。満慶は家督の継承とともに能登・河内・越中・紀伊の守護となった。嫡子の畠山満家が時の将軍足利義満の勘気を蒙り蟄居していたためである。満家の蟄居の理由は定かではない。

この間、満慶は兄の満家を支え続けたのである。ところが、応永十五年（一四〇八）五月六日義満没するや、満慶は将軍義持に請い家督を辞退して、これを兄の満家に譲ったのである。当時の人々は、この兄弟愛を「一世の美挙」として賞賛したといわれている。畠山満家は弟満慶に能登一国を与えた。

こうして満慶は能登守護家の始祖となったのである。満慶は修理大夫の官途を名乗っていたことから、この家はその唐名によって「畠山匠作家」と通称されたのである。満慶は庶家能登畠山氏として独立した後も在京し、宗家の兄満家援けて、畠山一族の発展に寄与した。満家は応永十七年（一四一〇）に管領に任じられた。また満慶も幕府内でも重臣であり、御相伴衆として名を連ね、能登一国の守護とはいえ、幕府内で重要な地位を占めていたのである。能登守護畠山満慶は能登守護代には神保氏の代わりに遊佐氏を登用している。一方、『守護領国支配機構の研究』（今谷明）によれば、遊佐美作守が大和宇智郡の分郡守護であり、その小守護代は池田主計入道であったことを記している。

その遊佐美作守の遵行状を次に掲げる。

大和国宇智郡須恵庄（市場并寺社人を除き安堵を給ふ）の事。御寄進状の旨に任せ下地を寺家雑掌に沙汰し付くべきの状件の如し。

応永十六年　三月卅日　　沙弥（遊佐美作守）（花押）

池田主計入道殿

（読み下し）

（大日本古文書・観心寺文書）

つづいて、能登守護代遊佐祐信が小守護代池田主計入道に宛てた遵行状を次に掲げる。

能登国羽咋郡邑智庄内中山（三宅八郎右衛門尉跡）の事。由緒有るに依り、天野彦次良（郎）慶景に充行わるる者なり、今月廿九日御書下の旨に任せ、下地を沙汰し付くべき状件の如し。

応永廿八年十二月廿九日　（遊佐）祐信（花押）

池田主計入道殿

（読み下し）
（天野文書）

『新修七尾市史14通史編Ⅰ』では次のように記している。

「遊佐祐信が能登守護代に就任した時期は定かでないが、応永十六年三月三十日、畠山満家が河内国観心寺に祈祷料として、大和国宇智郡の須恵庄を寄進した際、祐信が池田主計入道に宛てて遵行状を発給している（『観心寺文書』）」としている。これから遊佐祐信が美作守を名乗っていたことが知れる。

また、遊佐祐信は、応永十七年（一四一〇）に禁制を永光寺に出しているのでそれを掲げる。

禁制
能登国洞谷山永光寺の事。寺中・門前・山林等に於いて竹林を切取り、其の外甲乙人乱妨狼藉致すへからず。若し違犯の輩有らば、罪科を処すべきの状件のごとし。

応永十七年八月晦日

沙弥（祐信）（花押）

（読み下し）
（永光寺文書）

これから、遊佐祐信は応永十七年（一四一〇）以前に能登守護代になったことが知れる。さらに、この遊佐美作守祐信は『珠洲市史・資料編中世』では遊佐祐信の実名を遊佐祐信（国光）としている。「国」の通字と時代的にみて、遊佐国長は応永十九年（一四一二）に没しているので、国長嫡子国盛と同世代とみてよいであろう。同じ在京性の観点から、国長の系に係っていた可能性は考えられる。

遊佐祐信は河内宇智郡の分郡守護代から能登守護代に転じた際も在京し、小守護代池田主計入道を能登に在国させて分国の経営にあたらせたものであろう。遊佐祐信以降、遊佐氏は代々「美作守」を名乗ることになる。満慶は永享四年（一四三二）六月二十七日、六十一才の生涯を閉じたのである。兄満家は弟満慶の死にあたり、その落胆ぶりは想像を絶するものがあったといわれる。しかし、その満家も翌永享五年（一四三三）九月十九日、弟の後を追うかのようにこの世を去ったのである。満慶の没後は嫡男の義忠が能登守護を継いだ。満慶の跡を継いだ義忠は、永享二年（一四三〇）頃より守護としての執務が知られる。当時、病床にあった父満慶の代行を果たしていたのである。守護義忠を支えたのは守護代遊佐忠光であった。忠光の「忠」は義忠の一字「忠」を受けたものであろう。義忠は永享六年（一四三四）父満慶と同様に御相伴衆に加わって、幕閣に参与し、永享七年（一四三五）には修理大夫の官途を受けている。こうした折、畠山宗家では畠山持国の跡目問題に端を発した内訌が生じたのである。

文安五年（一四四八）十一月、突如として持国が子義就に家督を譲ったのに対し、有力被官遊佐氏・神保氏等は持富の子弥三郎（政久）を立てようと両派が相争ったのである。

この争いの中で持国も義忠の邸に逃げ込まざるを得ない状況となった。義忠はこの両派の争いではなんとか和解させようと尽力し、持国・義就を蔭で支援したようである。しかし、両派の争いは「嘉吉の変」を経て文安～宝徳～享徳、それ以降も続き、両派の抗争はやがて「応仁の乱」の乱にもちこまれたことは「河内の遊佐氏」ですでに述べた。寛正元年（一四六〇）閏九月十一日、義忠は京都大炊御門富小路の能登守護畠山氏邸から洛外の東山大原に隠居した。このように、義忠も畠山宗家の内訌に巻き込まれ没落することになったのである。ところが、畠山持国の跡目問題が勃発する直前の文安四年（一四四七）越中国阿努荘で争論が起こったのである。ではその阿努荘の争論とはどのようなものであったのであろうか。それをこれから概観してみよう。

阿努荘の争論

阿努荘は射水郡の内氷見市の上庄川流域を中心とした荘園である。阿努荘の本家職は春日社が所有していた。しかし、文安二年（一四四五）以来春日社領分である中村について年貢を未進する事件が起きたのである。春日社領は阿努荘のうち中村で、遊佐孫右衛門尉が七十五貫文で代官として請け負っていた。

春日社は催促したが、代官遊佐孫右衛門尉は中村内相浦村の代官で守護畠山持国被官人の違乱を口実に中村の年貢の未進を続けたのである。春日社は中村と相浦村は別であると主張したが、これに対し代官遊佐孫右衛門尉は相浦村は中村のうちと主張したのである。その背景には中村と相浦村の代官がそれぞれ主君を異にしていることを追及をかわす口実にしたようである。中村の代官は遊佐孫右衛門尉といい能登守護畠山義忠の守護代遊佐孫右衛門尉忠光であったのである。文安四年（一四四七）春日社が時に伝奏であった万里小路時房に斡旋方を依頼し、時房は種々奔走した。『新修七尾市史14通史編Ⅰ』では次のように記している。「春日社から阿努荘中村の年貢代官である遊佐孫右衛門尉忠光が、越中守護畠山持国の被官人の違乱を口実に年貢を未進していることについて、時房に仲介を依頼してきた。時房は、遊佐忠光が能登守護義忠の被官人であることから義忠に解決の交渉をしたが、一向に埒があかなかった。そこで時房は幕府に上裁を仰ぎ、越中国のことなので畠山持国にも糾明を依頼した。相論は最終的には越中守護の決裁を能登守護が了承することで決着した」としている。結局、事件は越中守護畠山持国に持ち込まれた。持国は「此地（阿努荘のある射水郡）は神保知行の郡である」として、現地の調査を神保国宗に命じた。そして遊佐美作守にはまず畠山義忠から督促し、のこりは持国から神保に命じて沙汰させることにしたのである。この事件は色々興味深い状況を提示してくれる。この時期、畠山持国は前記したように跡目問題で内訌が起こり、その内訌の中で持国は義忠の邸に逃れざるを得ない状況に追い込まれ、その影響力は低下しており、越中国北部、特に能登国に近い射水郡阿努荘では支配力の低下は避けられなかったであろう。また越中国の「高瀬荘の争論」でも記したように、この時期は荘園領主は、もはや守護の力を頼らなければ年貢の徴収は困難となっていたのである。守護は代官として年貢徴収を請負う「守護請」を行うようになった。さらにその方向は拡大し、請負った年貢などの未進も各地で起こり始めていたのである。ここに見える遊佐美作守は、次の史料から守護代遊佐孫右衛門忠光であることが知れる。長禄二年（一四五八）四月、畠山義忠は若山庄（珠洲市）の下地を三条実雅家の雑掌に交付するよう守護代遊佐忠光に遵行している。次にそれを掲げる。

能登国若山庄の事。今月廿一日御施行の旨に任せ、下地を三条（実雅）中将家雑掌に沙汰し付くべきの状件の如し。

長禄二年四月廿七日　　（畠山義忠）（花押）

遊佐美作守殿

（読み下し）
（足水家蔵文書）

能登守護代遊佐氏は初代遊佐美作祐信以来美作守を称しており、この守護代美作守は遊佐孫右衛門尉忠光であることが知れる。義忠は晩年には宗家の内訌に巻き込まれ没落することになったのである。

義忠の没年は明らかにされない。寛正二年（一四六一）八月二十一日あるいは寛正四年（一四六三）八月二十一日の両説があるが、一門の行く末を憂いつつ、この世を去ったのである。義忠は若くから和歌をこよなく愛した。室町幕府の和歌会には必ず列席し、自邸でもたびたびそれを催しており、当代歌壇の第一人者であった冷泉為之・招月庵正徹らとも親しく交わった。ことに招月庵正徹との交流は、その晩年まで続けられ、ひときわ親密なものがあった。義忠は当時、幕府に居並ぶ守護大名の間では、夙に風雅の士として令名が高かったのである。能登畠山氏の文化は義忠以降も畠山義統・義総に引き継がれ、義総の時代に大輪の花を咲かせるのである。このように能登守護畠山氏の文化は特筆されるものがある。

大伴家持も能登を旅して歌を詠んだように、能登の風光明媚な風土がこの文化を醸しださせたのであろうか。次に義忠の短歌一首を掲げる。

山も野もみなうづもるる雪のうちにしるしばかりの杉のむら立

義忠の跡を継いだのは孫の義統であった。父義有は父義忠の影響を深く受け歌道に熱心であり、招月庵正徹との雅交もはかられ将来を嘱望されていたが、永享十一〜十二年（一四三九〜一四四〇）頃、大和方面での兇徒鎮圧に赴き戦死したのである。このため義統は若くして義忠の後継者となったのであるが年少のため義忠がその後見者となっていたのである。しかし、義統は享徳四年（一四五五）二月、には左衛門佐に任じられており、守護職についていたとみられる。また寛正初年（一四六〇）には相伴衆にも列せられており幕閣に参与し、将軍義政から信任され、義忠の東山大原隠退後は名実ともに能登畠山家の当主となったのである。この頃、畠山宗家では、弥三郎（政久）没後、義就と政長との争いが絶えず、京都では暗雲が低く垂れ込めていた。暗雲は応永元年（一四六七）になって風雨をよび、遂に十一年にわたる、「応仁の乱」となり、守護大名は東西に分かれて戦った。義統はこれまでいつも畠山義就と結んでおり「応仁の乱」では畠山政長と結ぶ管領細川勝元らの東軍に対して、山名宗全・畠山義就と共闘し、西軍の主力をなしていたのである。この立場は祖父義忠の志を受け継いだものであった。

同時に弟の政国が義就の猶子になっていた関係によるものであった。『応仁記』によれば、義統は能登勢三千騎を引き連れ京洛の地で戦ったと記している。文明二年（一四七〇）の頃、義統に対して東軍へ寝返るように工作が勧められたが、義統は終始西軍の陣にあって節を変えることはなかったといわれる。能登守護畠山義統を支えていたのは守護代遊佐統秀であった。遊佐統秀の「統」は義統の一字を受けたものであろう。文明二年（一四七〇）九月、遊佐統秀が永光寺に対して、禁制をだしているので次にそれを掲げる。

禁制
能登国洞谷山永光寺の事。寺中門前山林等に於いて竹木を切り取り、其の外甲乙人濫妨狼藉致すべからず。若し違犯の輩有らば、罪科に処すべきの状件の如し。
文明弐年九月　日　　統秀（花押）

（読み下し）
（永光寺文書）

これから兵火が能登にまで及んだことがうかがえる。『大乗院寺社雑事記』によれば、文明二年（一四七〇）には、義統の弟政国が朝倉孝景によって殺害されている。政国は畠山義就の猶子となっていたが、義就に実子が生まれたため、追放されていたためである。朝倉孝景は当初西軍に与していたが、その後東軍に寝返り、さらに主君斯波氏を滅亡させ、越前守護に任じられたのである。「下剋上の世」を先駆けた人物とされ、「天下の極悪人」・「天下悪事始業の張本人」と称されるようになるのである。降ってその朝倉氏が逆に織田信長によって滅ぼされ、天罰が下ることはこの時は夢にも思っていたに違いない。

とまれ、文明九年（一四七七）十一月、「応仁の乱」の終結によって義統は自分の分国能登に帰国した。明けて文明十年（一四七八）七月、幕府への帰参がかなえられた。しかし、世上は安定しておらず、『大乗院寺社雑事記』では文明十一年（一四七九）に義統が越後上杉房定と姻戚関係を結び、畠山政長の分国越中国侵入を企て、武力行使がなされたことをうかがわせる。その後の越中国侵攻は確認できず、「応仁の乱」で東西の敵対関係にあった両者の因縁からこのような事態なったと思われる。

とまれ、義統は帰国後は分国統治に努めている。

文明九年（一四七七）には地元代官の五井兵庫頭が神領の神田を押妨するのを、珠洲郡高座宮の神主が府中にある能登守護代遊佐統秀に訴え、在京中の守護義統の裁許を仰いだ。この争論が起きた際に、義統は守護代遊佐統秀に命じて五井氏の横領を停止させている。この守護裁定は、実質的には当時の能登国経営の主導者は守護代遊佐統秀であり、この裁定に遊佐統秀の意向が大きく影響していたことは明らかである。また、文明十三年（一四八一）頃、能登国一ノ宮気多社の料田年貢を石動山が請負っていたが、その後「石動山の争論」が起こった際にも、義統は守護代遊佐統秀に成敗を命じている。

こうして、義統から領国経営の陣頭指揮を任されていた遊佐統秀は能登守護義統の信頼を得る中で、その影響力を能登国に広く浸透させていったのである。また、義統は帰国以降、幕府へたびたび多くの進物を贈って、幕府内での地位の回復に努めている。この進物は鳥目（銭）・太刀・馬はむろんのこと、能登の特産物として知られる、海鼠・海鼠腸などが含まれており、とりわけ海鼠の腸をとって塩辛にした「海鼠腸」は「能登海苔」とともに能登自慢の産物であり、公家の日記にも「コノワタ能登名物」と記され、珍味として好まれていたことがわかる。こうして、義統の分国経営も安定し、その勢威を頼って「応仁の乱」で疲弊した京都を離れ、能登に多くの京都の文化人が下向したのである。能の観世大夫や和歌の招月庵正広などが知られる。文明十六年（一四八四）四月、幕府政所の執事伊勢貞宗は、能登守護代遊佐美作守統秀に宛てて、京から観世大夫（之重）が困窮のため能州へ下向するから、扶助を加えられたいといっている。また、『蔭涼軒日録』文明十六年（一四八四）九月二日条には狂言師兎大夫が「彼太守左衛門佐、太有威勢之事」（かの太守畠山左衛門佐義統殿は、はなはだ威勢がよい）と語っており、義統の勢力が強大であったことが読み取れるのである。

七尾城下には城府と連なって「千門万戸」の家々が立ち並んで盛況を見せたのである。また義統は武家歌人として知られる。府中の守護館では、和歌や連歌の会が催されることがたびたびであった。招月庵正広は文明十五年（一四八三）頃、能登七尾で新春を迎えたとき次のように詠んでいる。

吹風に浪おさまりて能登かなる此国よりや春の立らん

また、文明十五年（一四八三）十一月二日に百韻連歌が張行されたとき、義統が、

松風は雪におさまるあした哉

と発句したことは注目される。どのように松風さわぎ丘の上を吹き荒れようと、その丘も白雪に埋もれて静まるものである。その白雪＝義統の領国能登における治世の一端を見ることができよう。

蓮如が文明三年（一四七一）に越前吉崎に進出し布教を始め、布教は大成功をおさめた。蓮如の本願寺派真宗の教線は村を越え、荘を越え、国境を越えて、吉崎道場に加賀・能登・越中から参集した「道俗男女はその数をしらぬ」盛況を呈したという。蓮如は「諸人群参しかるべからず」と言わしめるほどの盛況を見、「南阿弥陀仏」の念仏の声は北陸の天地にこだましたのである。「講」を通して農民の結合も巾広いものとなる。そうした農民が荘園領主や守護らの過酷な年貢取り立てや、人夫役の徴収について談合するのは当然で現状に対する不満は、いつしか変じて怒りとなり、怒りはまた実力行使へと進展するのも自然であろう。在地国人・地侍らは門徒農民と手を握り、こうして門徒たちは蓆旗を押したて、鍬や鎌を手にして立ち上がったのである。これが一向一揆である。

臨済宗に帰依していた能登畠山氏はこのように、大河のように浸透してくる真宗を嫌い「仏法（真宗）を絶やそう」とする意図があったようである。また義統はそれを可能にするだけの自信をもっていたのであろう。『七尾市史』でも示されているように義統の晩年までは鹿島郡には真宗寺院は僅か一つしか見られないのである。しかし、長享二年（一四八八）六月、加賀で「長享一揆」が起こり数万あるいは二十万ともいわれる一揆に囲まれた富樫政親は三十四才の生涯を閉じたのである。この「長享の一揆」のとき、畠山義統は富樫政親を援けるため出兵したが、間に合わなかったのである。それどころか、延徳二年（一四九〇）十月、一揆は勢いに乗り能登に打ち入ったのである。この一揆は『蔭涼軒日録』の延徳二年（一四九〇）十月二十七日条によれば義統の被官井口氏の裏切りで張本人数名が殺されて不発に終わったのである。しかし義統の驚きを想像することはできる。今や北陸の天地は緊張した空気につつまれていた。そうした中、中央京都でも、政争がうずまき「明応の政変」で細川政元に敗れた前将軍足利義材が越中に亡命してきたのである。明応二年（一四九三）のことである。義統は晩年には中風を患っており、明応六年（一四九七）八月二十日、守護館で不帰の客となったのである。義統は風雅に富み、思慮深く、重厚さに満ちていたといわれる。風雅さは文芸に長じた祖父義忠の薫陶を受けたものと思われ、思慮深さと重厚さは一族の内訌と「応仁の乱」の激動を生き抜き、守護在職四十年間の政治経験が、義統の人格形成に大きく影響したものといえるであろう。義統の跡を継いだのは嫡子義元であった。それを支えていたのは義統からの守護代遊佐統秀であった。義元は父と同様に足利義材擁立派であった。このころの中央京都の政界は、義材を追放して、足利義澄を将軍とした細川政元の専権時代であったので、細川政元の圧力によって、義元は解任され義元は越後に出奔した。政元は義元に代え弟弥次郎を守護に任じた。文亀三年（一五〇三）以前のことである。

この弥次郎擁立政変において、守護代遊佐統秀は弥次郎支持勢力の中心的存在だったのである。『能登畠山氏家督についての再検討』（東四柳史明）では、この弥次郎こそ義元の弟慶致であるとしている。文亀三年（一五〇三）慶致は義統七回忌の法要を営んでいる。これは家督を奪い取った慶致にとって正統性を誇示することが必要であったのであろう。中央の政局を掌握していた政元ではあったが、永正元年（一五〇四）十二月に長年対立していた畠山尚順と畠山義英が和睦したことによって追いつめられていた。これを回避するため、本願寺九代宗主実如に出兵を催促したのである。政元は蓮如時代からの外護者であり、実如は好むと好まざるとにかかわらず、同意せざるを得なかったのである。永正三年（一五〇六）正月、政元が赤沢朝経に畠山義英の拠る河内誉田城を、そして畠山尚順の拠る高屋城を攻撃させた際に、実如は加賀国四郡の一揆衆千人余を参陣させたのである。いわゆる「具足懸」（軍事行動）である。これによって政元の与党たることを明確にした本願寺は北陸の守護勢力をも敵とせざるを得なくなったのである。政元との連携は本願寺にとって両刃の剣だったといえるだろう。河内においては政元・本願寺連合勢力は勝利したが、当然畠山方の巻き返しが予想され、北陸の畠山勢が加賀に侵攻してくる危険性は当初から承知されていたといえる。しかし、政元は本願寺門徒を軍事的に利用することに自信を深めたのである。さらに七月になると政元は北陸での戦いを実如に命じたのである。こうした状況下、危機感を募らせたのであろう。実如の弟で北陸の本願寺門徒の主導者、加賀国本泉寺蓮悟は「永正の一揆」直前の三月「護法」のもとに門徒に対し次のような「檄文」を発している。

一筆申しあげます。能登守護は、仏法（真宗）を絶やそうと、ここ数年長尾能景と連絡し、すでに軍事行動を開始している。身にかかる熱火であるからには、御門徒と一日でもいわれている人々が、これを口悔しいと思わないのは、本当に情けないことである。そもそも今生で極楽往生できるということのような類なき弥仏の法を壊滅させられることは、千万々無念の至りであるから、われも人も年来の天や山のように御恩徳をこうむっている報謝のため、にここにことして、身命を捨てて尽力することこそ本望ではないか。この時にあたって志のある人々が、何時でも同心してくれれば、まことに有難いことである。

あなかしこ、あなかしこ。

こうして、加賀の「永正の一揆」が起こされた。越前に侵攻した一向一揆は九頭龍川を挟んで朝倉勢と対峙したが敗れ、一方、越中に侵攻した一向一揆は「芹谷野戦い」で長尾能景を戦死させたことは、「越中の遊佐氏」ですでに述べた。こうした情勢下、能登畠山氏の政治基盤にも動揺が生じたのである。

このため、慶致と義元との間で講和工作が進んだ。講和の条件は、慶致が引退して兄の義元に家督を返還し、将来、慶致の子息義総を後継者とするものであった。こうして、能登畠山氏の分裂を未然にふせいだのである。こうした折、永正四年（一五〇七）六月二十三日政元は暗殺されたのである。越中に亡命していた前将軍義材は越前、そして周防の大内氏を頼り流寓していたが、永正五年（一五〇八）六月、大内義興に擁せられて上洛してきた。政元暗殺後は、一門の澄元が跡を継いでいたが、同じ一門の高国は澄元に反して大内義興と組み、足利義稙（義材）の上洛を迎えたのである。出迎えた人の中に河内の宗家畠山尚順の姿もあった。この時点で、細川政元に擁立された能登守護慶致は守護を解任され、義稙（義材）派の義元が修理大夫に任じられ、能登守護に還補されたのである。『能登畠山氏家督についての再検討』（東四柳史明）により義統から義元までを要約すれば次のようになる。

「義統の死↓左馬助義元の守護就任↓義元の越後出奔と弥次郎＝左衛門佐慶致守護就任↓慶致の守護解任と修理大夫義元の守護還任となる」となる。義元復帰前の守護代は遊佐統秀であったが復帰後は、遊佐秀盛に代わっている。守護代遊佐統秀は慶致派であり、義元追放の中心人物であったため、復帰した義元は遊佐統秀を忌み嫌い再度登用することはしなかったであろう。『七尾市史』では次のように記している。「義元のころ、重臣遊佐秀盛が長福寺に道場造営のため毎年千疋ずつ寄進していて」としている。これから、復帰後の義元の守護代が遊佐統秀から遊佐秀盛に代わっていることが知れる。義元が能登守護に復帰後の永正六年（一五〇九）十月、惣持寺に禁制を出しているのでそれを掲げる。

禁制　　　　　惣持寺

一、濫妨狼藉の事。
一、竹木を伐り荒す事。
一、寺家に入らざる事。
右此の条々、堅く停止せられるべく訖。若し違乱の輩有らば、罪科に処すべきもの也。仍て下知件の如し。

永正六年十月十九日　　　　（畠山義元）修理大夫（花押）

（読み下し）
（総持寺文書）

義植（義材）が将軍の地位に返り咲くと、義元もそれに応じて上洛して、義植（材）に近侍して、相伴衆となり、細川高国・大内義隆らとともに義稙政権の中心的存在となったのである。

義元は京都にあって、将軍義稙（義材）から信頼され、分国能登は安定していたように見えたものの、永正十年（一五一三）十月頃、思いがけなく「能登錯乱」が勃発したため帰国せざるを得なくなったのである。この錯乱については、その具体的に語る史料は見られない。このため、推定の域をでないが、およそ一年におよぶ、この「能登錯乱」は国人・百姓をも巻き込んだ内乱で、一向宗の関与も指摘されている。「能登錯乱」は義元が急遽帰国したにもかかわらず、平定できず義元の後継者義総が能登に帰国して調停工作をはかると、やがて「錯乱」は鎮定されたのである。錯乱が収まった永正十一年（一五一四）十二月二十六日に守護畠山義元が大呑北荘の御百姓中に対して、七尾出陣の忠節を賞して、年貢十分の一を永代免除するといっている（『加能古文書・温故足徴』）。このことから推測すれば、この錯乱において合戦の場となったのが、守護所の置かれた七尾であった可能性は否定できない。そして、錯乱の収拾に手間取った義元は結果的に守護として「面目を失う」ことになったのである。こうした中にあって、晩年の義元は病床についたため、義総が守護の執務を代行していた。しかし、義元は永正十二年（一五一五）九月十三日から十月七日の間になくなったのである。激動の時代に翻弄された一生といってよいであろう。

義元も能登守護の伝統である武家歌人であり、次の歌をのこしている。

心せき浪にはあらき浦かぜもしがの都のはなのさかりは

義総は永正十二年（一五一五）九月から十月頃義元が没すると、その跡を襲って家督を相続、能登守護となったのは青年武将畠山義総その人であった。義総はこれから以後およそ三十年間、天文十四年

（一五四五）七月に亡くなるまで、七尾城にあって比較的安定した能登統治が行われ、畠山氏の文化の黄金時代を築く人物となったのである。義総が守護を継承した時、義総を支えたのが遊佐孫右衛門尉秀盛であり、義元から引き続いて守護代を務めている。義総は帰国後も朝廷や将軍足利義晴にたびたび礼物を贈って接近をはかり、義総の能登領国における権威を高める役割を果たしている。永正十三年（一五一六）左衛門佐の官途を受け次いで天文四年（一五三五）八月、修理大夫に進んで従四位下に叙せられた。

とはいえ、この当時の北陸も一向一揆の嵐の中にあって、守護義総がどのように一揆に対処するかが、能登畠山氏の興亡にかかわる大問題になっていたのである。また、この頃は、戦国時代の大きな転換期ともなっていたのである。まず永正九年（一五一二）には義元とともに加賀一向一揆を挟撃していた朝倉貞景は、一乗谷で亡くなり、孝景が越前守護になっていた。越後の長尾為景（能景の子）は、一向宗を制圧しつつ、主君である守護上杉房能・関東管領上杉顕定を殺害し、永正十年（一五一三）には自分が擁立した守護上杉定実を幽閉して下剋上を完成し越後国主への道をまっしぐらに進んでいた。一応、一国の領有を確立した戦国大名たちは、遠交近攻の戦略をとりながら国境の安全と隣国の征服をはかる時代に動きだしたのである。永正十六年（一五一九）の秋、越後守護代長尾為景が越中国の不在守護畠山尚順の要請を受け、越中国に侵攻した。これは永正十二年（一五一五）に続いての出陣であった。

今度の出陣は永正三年（一五〇六）に「芹谷野の戦い」で父能景が一向一揆によって戦死したが、その加賀一向一揆に対してさえ、「敵御方は軍の習い、一旦の義吏に苦しからず（敵となったり、味方となったりするのは軍の上ではよくあることなので、ひとまず差し支えない）」といっているのである。

しかしこの「芹谷野の戦い」の際、神保慶宗が父能景への合力を拒んだことに対しての遺恨は放置できないと明言しているのである。為景にとって神保慶宗討伐のための越中出陣は念願でもあったのである。

また、畠山尚順は能登義総にも出陣を要請した。こうして両越能三国同盟を成立させたのである。その上で義総は「能登口」から、大将の畠山勝王は「蓮沼口」から侵攻したのである。為景は「境川の戦い」で神保慶宗を破り、陥落寸前まで迫った。富山付近に陣を張った。一方、義総は「能登口」から二上城を攻め、二上城の麓まで放火し、陥落寸前まで迫った。ところがその「能登口」で「不慮題目出来、無念至極候」という事態がおこり、義総は冬季に向かうころと相まって兵を退かざるを得なくなったのである。「不慮」の事態は具体的にどのようなことを指しているかは不明であるが、大将畠山勝王の作戦ミスが原因ともいわれている。明けて永正十七年（一五二〇）、畠山尚順（卜山）以下尚順で統一する。

尚順は長尾為景に感状を贈り、前年の奮闘を賞したうえで、重ねての出陣と神保慶明（慶宗弟）・遊佐慶親との調談を申し入れた。この年、三月に義総の守護代遊佐秀盛が鹿島郡の永光寺に制札を与えているので、能登勢も準備していたらしい。この永正十七年（一五二〇）七月二日付で義総は含雪院を使者として長尾為景・同房景に書状を送っている。遊佐秀盛も長尾房景に書状送っているのでそれを掲げる。

（読み下し）

御進発の儀に就き、左衛門佐方より書札を以て申され候。誠に連年御辛労の至りに候。此の時弥御計策肝要の由、猶相意得申し入るべく旨候。恐々謹言。

（遊佐）秀盛

（永正十七年）七月二日

長尾弥四郎殿

御陣所

（上杉家文書）

今度の越中侵攻は能登・越後軍の同陣つまり共同作戦成否が勝敗の分かれ目であった。今回も尚順は戦陣に加わらなかった。ただし、尚順は次のように述べている。神保慶宗討伐は為景と確約したので、実現に努力することは勿論である。しかし、「都鄙錯乱」のため京畿を離れられない。その一部始終を懇談するために、榎並下総守を差下すから、御諒解を得られるであろう。越中の情勢は去年の侵攻で戦力低下しているので、この時に侵攻すれば平定は容易であろう。能登の義総には合力するよう堅く申しつけているから即刻行動を起こされるよう頼み入るとしている。

この時榎並下総守がもっていった口上覚らしい「越後江条々手日記」と題する文書が『上杉家文書』にある。『新修七尾市史14通史Ⅰ』によれば概略次のようにまとめている。

一、両畠山家（尚順と義英）の和睦が破れたことから勝王の越中下向はなくなったが、
　神保慶宗成敗は誓紙にて申し合わせたことであるので変りはないこと。
一、尚順自身については世上の様子によって越中下向もあり得ること。
一、京都錯乱のため公方（将軍義稙）の下知が延引していること。
一、尚順と為景の関係は天下に隠れないものであり出陣を急ぐべきこと。
一、能登守護義総自身の進発を厳重に申し下し、義総の覚悟も前年とは大きく変化したこと。
一、飛騨方面にも厳重に申し下したこと。
一、本願寺と加賀国の一向一揆との関係は以前同様のこと。
一、為景が越中に乱入したならば、慶明・慶親両名は越中東部（新川郡）に渡海して合戦すること。
一、越中での計略は慶明・慶親両名と示し合わすこと。

などと申し入れたことがわかる。またさらに「為景へ申し談ぜらるべき内緒の事」とあり、これはおそらく新川郡守護代補任についての密約であったであろう。この「手日記」はまさしく越中・越後・能登の三国同盟といえる内容であった。こうして両越能三国同盟がなり、長尾為景は越中に再度侵攻し、七月三日境川城（宮崎要害）を陥れた。また、「能登口」からは畠山義総・神保慶明・遊佐慶親らが出撃した。この後、神保慶宗討伐戦は成功し神保慶宗・遊佐弥九郎は戦死、おそらく椎名慶胤も戦没したであろうと思われる。この経過は、すでに「越中の遊佐氏」ですでに述べたので割愛する。年が改まった永正十八年（一五二一）二月十三日に、義総は為景に書状を送った。その内容は、「越中国早速一変」と勝利を祝した上で、畠山宗家の畠山尚順を念頭においた両越能三国同盟を再確認するものであった。この時、為景のもとに派遣された義総使者は長派西堂という僧侶で、一緒に持参した遊佐秀盛の「手日記」は『上杉文書』にあるので次に掲げる。

条々

一、何事に於いても三ケ国無二仰合はされ候はば、忝く存じ奉るべく候事。
　付、条々口上之に在り。
　右具に其の意を得られ、尤も本望の由に候。其に就き猶口上の事。
一、加州三ケ寺（光教寺・松岡寺・本泉寺）へ御等閑有るべからざる事。
　付、条々之在り。
　右彼の方（畠山尚順カ）の義入魂分に候。此の方（畠山義総）に於いても等閑に存ぜられざる事。

一、神保出雲守（慶明）方、遊佐新右衛門尉（慶親）方へ、毎篇尊意を加へらるべき事。
右聊かも疏（疎）略に存ぜらるべからず候。弥以て御入魂静謐調肝要に存ぜらる事。
一、御要害の事。
右委曲口上に申され候事。
一、彼の国中（尚順）より旨候とも、御尋ねの上同前に御返事の事。
付、条々口上之在り。
右此の条委曲其の意を得られ候。猶口上申され候事。
以上　（秀盛）花押　（読み下し）
（上杉家文書）

など五ケ条であった。これは両越能三国の同盟関係の再確認したものであった。このように永正十八年（一五二一）の両越能三国同盟の成立は、加賀一向一揆（石川郡若松本泉寺・能美郡波佐谷松岡寺・江沼郡山田光教寺）との協調姿勢とも相まって、北陸の政治情勢に一定の安定的状況をもたらしていたが、永正三年（一五〇六）越前で朝倉氏に敗れ、加賀に逃れていた越前牢人の超勝寺・本覚寺側と加賀三ケ寺側との対立は深まっていた。こうした中、大永二年（一五二二）能登に入った加賀一揆は本泉寺蓮悟に相談なく退却した。畠山義総と一向一揆との講和は加賀三ケ寺の面目をうしなわせるものであり、三ケ寺は加賀教団から浮き上がった。このような情況下の大永五年（一五二五）本願寺実如が亡くなり、まだ若い孫の証如が本願寺宗主となった。やがて本願寺から下間兄弟が加賀に下向すると、超勝寺・本覚寺派は兄弟と結び、国人たちが従った。これに対して三ケ寺派には加賀四郡の長衆がついた。

享禄四年（一五三一）になって、三ケ寺派の超勝寺攻撃によって戦端が開かれた。いわゆる「大小一揆」享禄の乱はこのようにして戦われたのである。能美郡山内にのがれた超勝寺・本覚寺・下間派は（大一揆）は加賀三ケ寺派（小一揆）に包囲されたが、天険を頼んで頑強に抵抗し、封鎖線を破って波佐谷松岡寺を急襲した。また下間兄弟が証如の命令と称して門徒に檄を飛ばして勇気づけた。そして反撃を開始し、早くも七月晦日には、三ケ寺派の筆頭若松本泉寺を焼いた。勝ち誇る超勝寺・本覚寺側は、松岡寺にも火をかけ、最後にのこった山田光教寺へ攻めかかった。

そこで三ケ寺側は援を越前朝倉氏に求めた。そこで朝倉教景（宗滴）が総帥として加賀に入り、手取川の線まで軍を進めた。朝倉氏に呼応して能登・越中の諸軍も加賀に攻めこみ、河北郡太田（津幡町）に布陣した。山崎窪市（金沢市）に布陣した超勝寺・本覚寺方の軍勢と対峙した。能登越中勢が干戈を交えたのは享禄四年（一五三一）十月二十九日であった。しかしながら、十一月二日に二ケ寺勢の攻撃を受けて完敗したのである。太田合戦で能登・越中勢が敗北したためその翌日朝倉軍も兵を退きあげている。以下、その模様を『加越闘諍記』は次のように記しているのでそれによってみてみよう。

一戦もしないうちに打負けて死んだ者は数えきれないし、残った兵どもも、ほうほうの体で本国に逃げ帰ったものだ。そのとき、能登国の大将畠山大隅守家俊・遊佐・神保・三宅・温井備中守父子三人、これらをはじめとして、加州牢人河合藤左衛門・州崎・越中衆など名ある程の名の者は、ことごとく討死した。

能登の大将畠山家俊は能登畠山氏の一族で蓮如の妻・蓮能尼の弟とされている。温井備中守というのは温井孝宗のことである。神保氏は『加越闘諍記』では神保新左衛門尉と記されているが、遊佐氏については記されていない。この遊佐氏について『新修七尾市史14通史編I』では次のように記している。「陣没した諸将のうち、諱や官途は現われていないが、守護代遊佐秀盛もこの合戦で落命したという見解は肯定すべき指摘である」としている。事実これ以降、遊佐秀盛の名は見られない。

次に秀盛の子秀頼が天文元年（一五三二）に永光寺に遵行状を発しているのでそれを掲げる。

（読み下し）

能州若部保、洞谷山永光寺領として、毎年御給米銭の沙汰之在り、然りと雖も康正弐年十一月廿五日（遊佐）前美作守寄附状の旨に任せ、相違有るべからざる者なり。仍て状件の如し。

天文元
十月十三日　（遊佐豊後守）秀頼（花押）

（永光寺文書）

これから、遊佐秀盛は「享禄の錯乱」で戦没したとみてよいであろう。義総の統治に活躍した秀盛に代わって子の秀頼が守護代に代替わりをしたのである。遊佐秀盛は孫右衛門を称しており、子の秀頼は豊後守を称している。いままで能登守護代遊佐氏は遊佐美作守祐信以来、代々美作守を称してきたと述べてきた。また、諸本にも秀頼の子に遊佐美作守続光を系として掲げている。

しかし、ここでその系について検討したい。遊佐秀盛の父は遊佐統秀であり、その主は守護畠山義統であった。遊佐統秀の「統」の一字は畠山義統の一字を受けたものであろう。さらに、遊佐秀盛・秀頼は遊佐統秀の一字「秀」を通字としており、遊佐統秀の系であることは間違いないであろう。しかし秀盛・秀頼両名とも、美作守を名乗ってはいないのである。秀頼の子とされる遊佐続光になって再び美作守を称するようになるのである。これはどうしたことであろうか。『七尾城の歴史』（片岡樹裏人）では遊佐続光の年令について次のように記している。「天正九年（一五八一）六月、長連龍によって捕らえられた時、遊佐続光は六十七才」としている。これから推定すれば遊佐続光は永正十一年（一五一四）生まれとなる。また天文二十二年（一五五三）に起きた「大槻・一ノ宮合戦」では叛乱の中心人物遊佐続光のもとで秀頼は共に戦っているのであり、秀頼の系に懸けるのは難しい。また、ここに『珠洲市史・資料編中世』がある。その中に、遊佐総光が法住寺にあてた「判物」がある。それを次に掲げる。

若山庄の内直郷え臨時課役公私申し出るの時、法住寺并寺領の百姓等に、公田の百姓より十分の一申し懸くる事、其の例無き由之を歎かるの際、免除せしむる処なり。仍て状件の如し。

享禄四年（辛卯）壬五月十九日　（遊佐）総光（花押）

衆徒御中

（読み下し）

（法住寺文書）

『珠洲市史二巻資料編中世』では、また次のように記している。

「享禄四年（一五三一）閏五月十九日、遊佐総光が珠洲郡若山庄内直郷の法住寺に、同寺並びに寺領百姓に対する臨時課役の賦課を免除した。総光は、祐信（国光）・忠光・統秀などの系譜に連なる能登遊佐氏の嫡流（旧守護代家）で、当時若山庄に在地領主的基盤を築くようになっていた」としている。さらに「総光は、当時の畠山義総政権のもとでは、領国支配の中枢から少しく離れた位置にあり、その関心はもっぱら若山庄における在地の掌握化に向けられていたらしい」としている。

前記したように、『七尾市史』では次のように記している。「義元のころ、重臣遊佐秀盛が長福寺に道場造営のため毎年千疋ずつ寄進していて」としている。これは秀盛の父統秀は義元と慶致が「取合」になった時、統秀は慶致擁立の中心人物であり、義元を越後に追放した中心人物である。復帰した義元は統秀（嫡流）は再登用はせず、庶流の秀盛を登用したと考えるのは妥当であろう。次に遊佐総光の官途を考えたい。年次未詳であるが、畠山義総の書状があるので、それを掲げる。

毛付を以て申し登せ候馬の儀、余仁見立て無く候間、馬一疋（鹿毛、無紋）進らせ候、越後より率ゐて上らせ候早馬に候条、之を進らせ候。
御立て置き候はば祝着たるべく候。なお遊佐美作守申すべく候。恐々謹言。

（畠山義総）（花押）

六月二日

大館陸奥守殿　之を進らせ候。

（読み下し）

（古簡雑纂）

この書状は義総が家督を継承した永正十二年（一五一五）以降のものであることが知れる。また、義総は天文五年（一五三六）に入道して悳胤と称しており、これ以前の文書である。遊佐孫右衛門秀盛は、「享禄の錯乱」（享禄四年、一五三一）で戦没したとみられ、秀頼は豊後守を称しており、したがって、この美作守は遊佐総光に比定してよいであろう。最初の義元の守護代遊佐統秀は、復帰した義元に疎まれ、庶流の秀盛が守護代となったと考えられるのである。

したがって、能登遊佐祐信から続光までの嫡流家並びに庶流家略系図は次のようになるであろう。

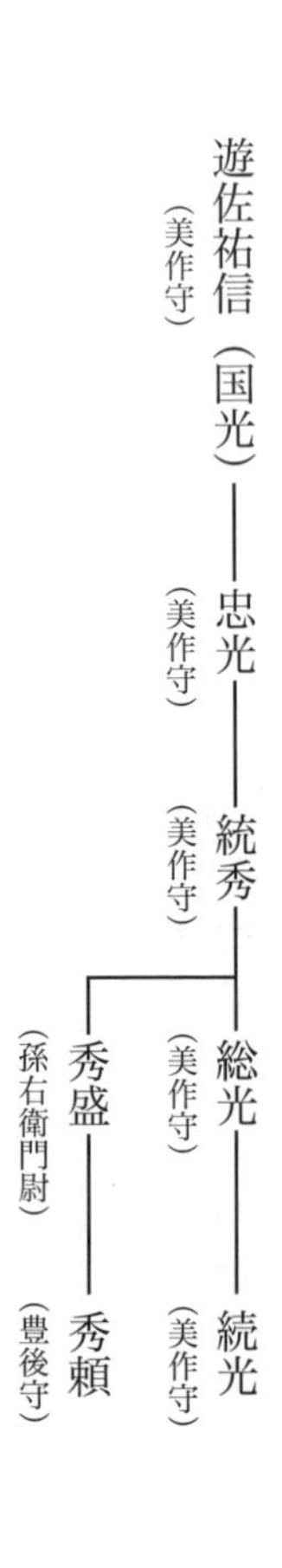

七尾湾に浮かび、万葉の歌人から「能登の島山」とうたわれた能登の島山を眼下にみはらす七尾城は、また難攻不落の名城でもあった。万葉歌人大伴家持が、当時まだ能登は越中国の一部であったが、大伴家持が国司として能登を訪れて時に次の歌を詠んでいる。

鳥総（とぶさ）立て船木伐るといふ能登の島山今日見れば木立繁しも幾代神びそ

（鳥総を立てて船材を伐採するという能登の島山よ。今日見ると木立が繁っていて幾多の年月を経て何と神々しいことか）（鳥総とは木の梢を切って木の株に立てた風習）

七尾城は、その城跡は、七尾市街の東西約五キロメートルに聳える標高約三百メートルの通称城山一帯に立地する。石動山山脈北西に分岐する幾筋の尾根が、七尾湾岸の平野部に向かって張り出している。七尾城は、この急峻な尾根づたいの一角を、利用して築かれた、中世の典型的な山岳城である。

畠山満慶以来百七十年間、守護として能登国に覇をとなえた畠山氏の居城であったのである。この七尾の地は、いわば能登半島を背負う能登国の咽喉部を扼し、古代以来、能登国の政治・経済・文化・交通のかなめとして、もっとも重要な位置を占めてきたのである。したがって、室町時代の初期、守護として入国した畠山氏が、そうした機能・条件を掌握すべく、七尾に守護所を設け、さらに、背後の城山に城郭を築いたのも当然であった。以来、七尾城は、天正五年（一五七七）上杉謙信によって落城するまで、長く領国支配の拠点であったのである。この七尾城跡の山塊は東に鍛冶屋川及び木落川、西に大谷川の深い谷によって囲まれた、守るに易く攻めるに難い自然の要害で、随所に、土塁・石垣・切り通し空堀・井戸などの遺構がある。城の死命を制する水脈に恵まれ山頂付近の「樋の水」はいまも枯れない。「七尾城址」と刻まれた石碑の立っている本丸跡は、南北約五十メートル、東西約四十メートルの二段築成の平坦遺構である。本丸跡の西側真下に広がる南北約四十メートル、東西約二十五メートルの通称遊佐屋敷がある。

「遊佐屋敷跡石垣」　「筆者撮影」

さらに石垣をへだてて、桜の馬場跡がある。遊佐屋敷跡から桜の馬場へと続き、さらに調度丸跡がある。桜の馬場から西方に続いて、通称温井屋敷跡がある。さらにその北方に二の丸跡と呼ばれている二の丸の北方に三の丸がある。さらに本丸跡の東方に長屋敷跡がある。義総の時代に府中から七尾城に居住したといわれている。その義総の統治下にあって、比較的安定した能登に多くの京都の文化人が訪れている。義総もまた類まれにみる武家歌人であり、文芸の愛好家でもあったのである。義総は周防・長門・豊前・筑前など四州の守護で、応仁の乱では西軍の大立物として活躍し、室町時代の武将のなかでも稀にみる程の文武兼備の良将大内政弘に優るとも劣らない文化の愛好者であり保護者でもあったのである。大永六年（一五二六）五月二十九日冷泉為広は七尾城にあった義総邸に招かれ、庭園のたたずまいに惹かれて次の歌を詠むんでいる。

庭ひろみ苔のみどりはかたよりてあつき日影に白きまさこち（真砂道）

また義総は、またの日、次の歌を詠んでいる。

ちぎりとてありそがくれも津の海のことばの花の波のよすらん

広大な庭園を有する七尾城内の義総邸とはいかなるものであったのであろうか。想像を掻き立てる。義総は畠山歴代のなかでも最とも風流の士であり、義総は少年時代を京都ですごし、早くから京の文化にふれていたから和歌を学んだことは容易に推測される。能登に帰国してからは、常に京都と連絡をとり当代古典研究の第一人であった公家の三条西実隆と交流した。義総の文芸活動は幅広く『源氏物語』・『伊勢物語』・『古今集』の古典研究から、歌道・儒学・漢詩文・連歌と多岐に及んでいる。

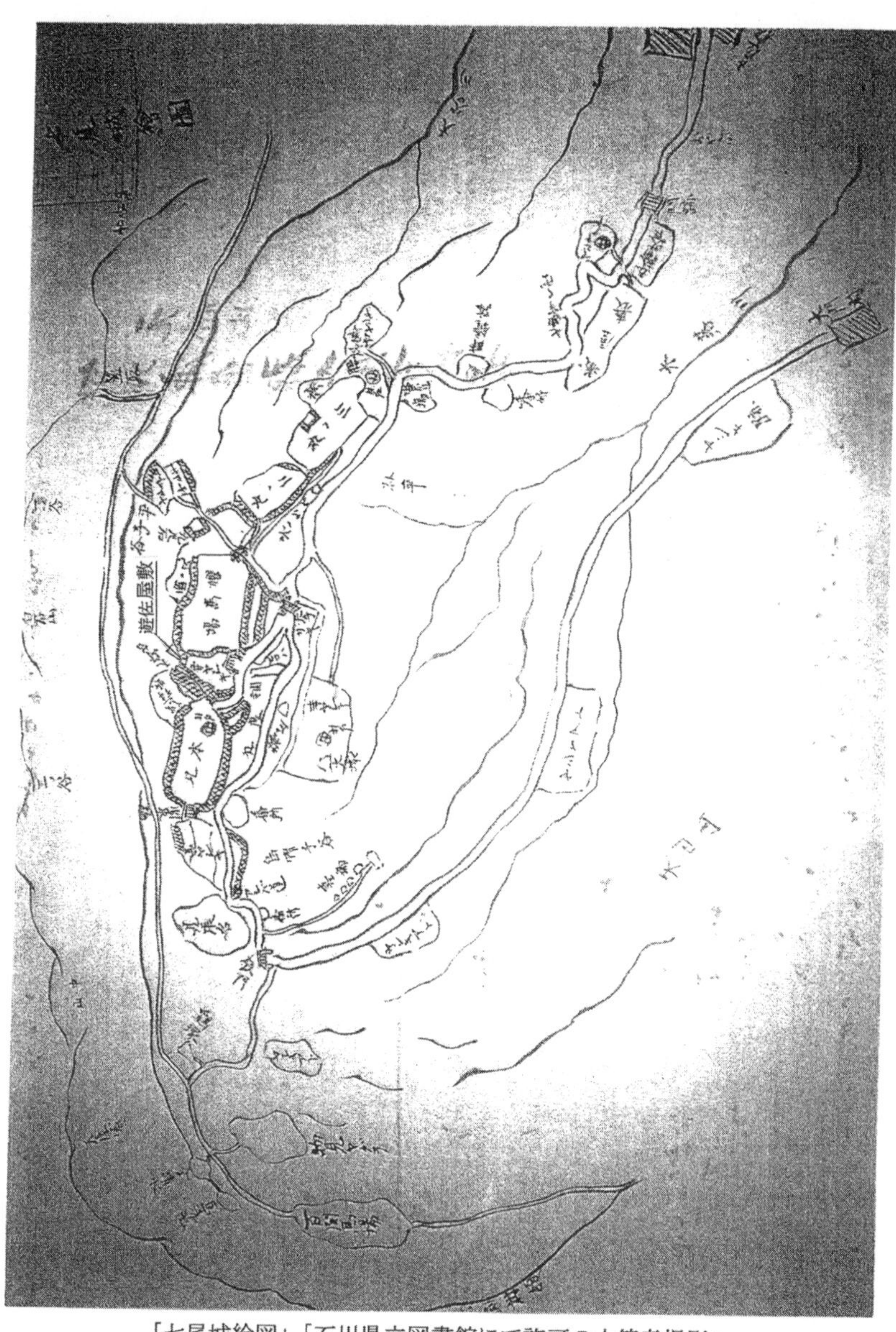

「七尾城絵図」「石川県立図書館にて許可の上筆者撮影」

「←遊佐屋敷筆者追記」

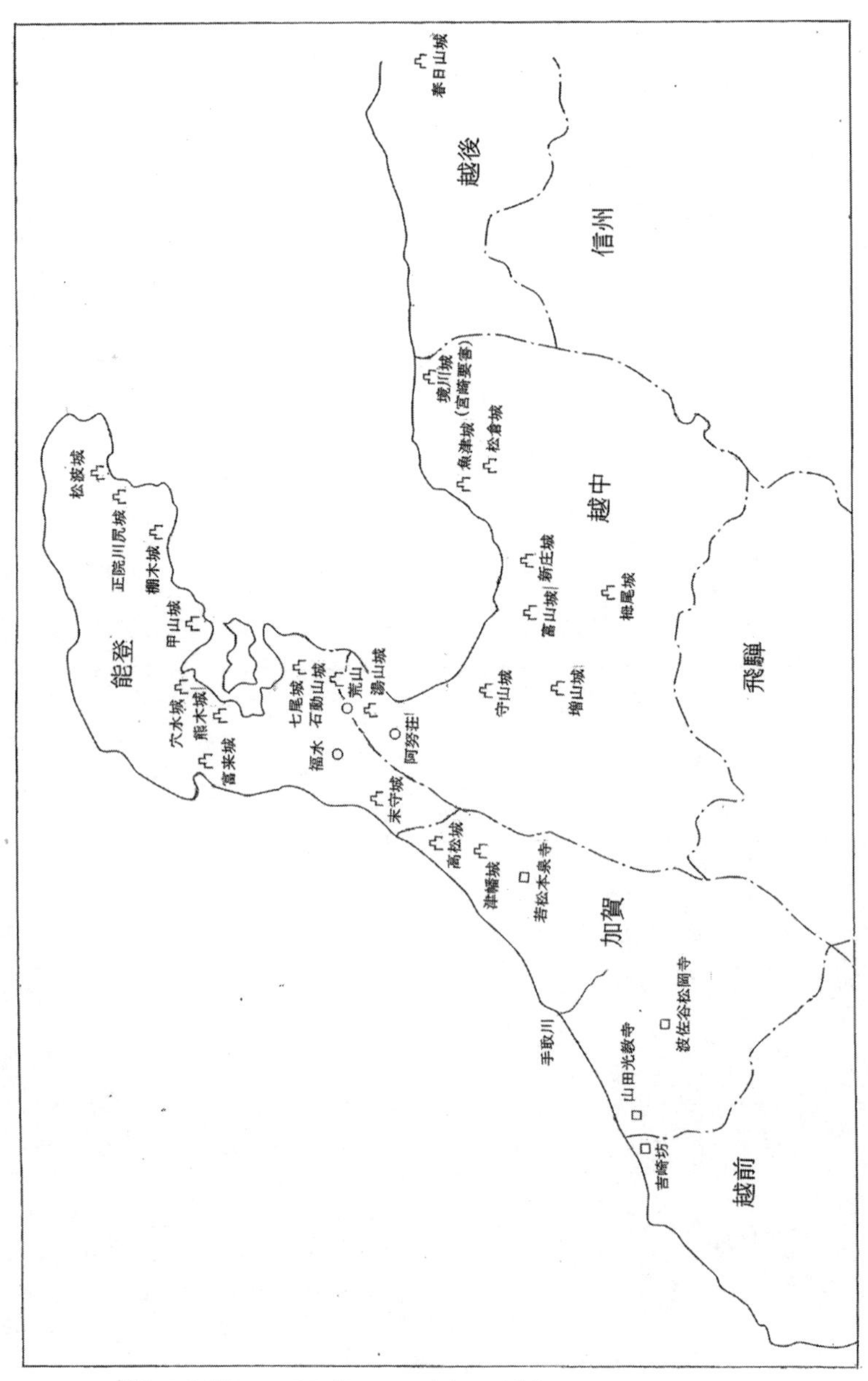

「能登・越中・越後及び隣国関係要図」　「筆者作成」

さらに、能登が生んだ忘れてはならない人物は長谷川等伯その人であろう。等伯は初めは信春と称した。以後等伯に統一する。能登の畠山氏が代々培った風土がこうした日本を代表する画家を生んだにちがいない。長谷川等伯は天文八年（一五三九）七尾城下で生まれた。

しかし、この頃は能登の文化の興隆をもたらした義総が天文十四年（一五四五）に没し、能登は抗争の時代に入った。こうした状況下、等伯は元亀二年（一五七一）能登の将来の不安と都への憧憬が等伯を突き動かしたにちがいない。京都の人となった等伯は狩野派をはじめ多くの画派の画法を積極的に吸収し絵師として次第に名をあげていった。やがて天正十九年（一五九一）豊臣秀吉に抜擢され障壁画の製作にとりかかった。こうして天下人秀吉の命を受けて桃山画壇の最高峰に上りつめ大輪の花を咲かせたのである。

義総は天文八年（一五三九）六月、当時、将軍足利義晴擁立の中心にいた近江守護六角氏と姻婚関係を結び、六角定頼の斡旋で同天文八年（一五三九）十二月、石山本願寺（証如）と和睦し、能登の一向一揆勢力との緊張緩和に腐心するなど、外交を積極的に進めていた。能登の白雪に覆われた七尾山は美しく、七尾城の遺跡は、畠山氏興亡の跡を静かに語りかける。だが戦国の世は動の世界であって、単にきれいごとではすまされないものがある。ここ七尾城でもいくつかの血で血を洗う攻防戦が繰り広げられたのである。こうした義総の比較的安定した領国経営もほころび始めたのである。すなわち義総とその兄弟間の確執が顕在化したのである。義総には三人の兄弟がいた。その舎兄を「九郎（宗徳）」といい、舎弟は「勝禅寺」・「駿河」と称した。このうち九郎は将軍足利義晴の奉公衆でもあった。天文七年（一五三八）七月から八月頃、能登より加賀に退いた九郎・勝禅寺・駿河兄弟が、能登の真宗有力寺院の羽咋郡本念寺（羽咋市）と鳳至郡本誓寺（輪島市）を介して能登入国がかなわなかった場合、再び加賀に退却することの了承を本願寺証如に願ったが、同意は得られなかった（『天文日記』）。

九郎らは翌天文八年（一五三九）にかけて、加越国境にあって、能登侵攻の機会を窺がっていた。そのため、義総の息女と近江六角定頼の子息義賢の婚姻が遅延したため、六角方より証如に通路路次の安全保証および九郎兄弟らの牢人の追放求めた（『天文日記』）。さらに、義総側の働きかけで将軍足利義晴から証如に対し、九郎の能登侵入について、同意・許容する輩は罪科に処すべき命令が伝えられた（『天文日記』）。証如は能登畠山氏の一族の抗争に介入する意図はなく、天文八年（一五三九）末までに本願寺と畠山義総の両者間で和睦交渉が進展し、畠山義総息女と六角義賢の婚姻は成就した。翌天文九年（一五四〇）三月に義総と本願寺は和睦したのである。ともかく、義総と本願寺の和睦は同時に畠山九郎（宗徳）との和睦を意味し、義総は九郎の息女を猶子として、親交の厚かった三条西実隆の孫実世と天文十年（一五四一）十月に婚姻させ、離反した三兄弟の一角を崩すことに成功したのである。しかし駿河などとの和睦はならず、その結末を見ることなしに天文十四年（一五四五）七月十二日、五十五才で没したのである。義総の没後、兄の義繁が天文二年（一五三三）六月五日に早世したため、義続は義総の後継者として早くから認められており、家督相続以前から、左衛門佐の官途を受けていた。天文十四年（一五四五）五月、宗家畠山稙長が死去するに際して、庶家にあたる能登畠山家の義続を、その後継者となすように遺言したが、同天文十四年（一五四五）七月、義続の父義総も死去したため、実現しなかったのである。遊佐秀頼（豊後守）は、義総の治世後半から守護代を務め、義続にも仕えている。宗家畠山稙長が没した折には、宗家家督が未定であったため、義総・義続に代わり、遊佐秀頼は宗家守護代遊佐長教に弔意を表した（『栗棘庵文書』）。次に遊佐秀頼が栗棘庵に宛てた文書を掲げる。

未だ申し通さず候と雖も啓達せしめ候、仍て尾州様御他界の儀に就き、

越中され候、御大儀察し奉り候、委細尚温井兵庫助申すべく候間詳らかにすること能はず候。恐々謹言

六月五日　　　　　　　　　　（遊佐）秀頼　（花押）

栗棘庵　参る

侍者御中

（読み下し）

（栗棘庵文書）

この時、義総が香典として銭千疋（約一万貫）を届けており、同じく義続もまた五千疋を贈っている。義続が寄せた香典が義総の香典に対し五倍の高額であったことは畠山稙長の遺言により、宗家家督を継承する立場でもあった（『天文日記』）ためとみる指摘もある。しかし、義総の時代が能登畠山氏の全盛期であり、義続の時代から衰退の色を濃くし、二年後の天文十六年（一五四七）には、義総の弟畠山駿河父子をはじめとする能登牢人が加越一向一揆の援助を得て、羽咋郡押水（宝達志水町）に侵入したのである。戦いは天文十六年（一五四七）閏七月七日に行われ（押水の合戦）、義続の重臣温井総貞は出陣しなかったが、温井一族の奮戦で駿河父子三人はじめ数百人が討ち取られたという。温井総貞は義続側の大勝利を東福寺栗棘庵に報じているが、これは温井総貞の誇張であるともいわれている。また温井総貞自身「不慮の儀」があったためとして出陣しなかったが、総貞が出陣を控えた背景としては、義続の守護支配の不安定さを示すものかもしれない。遊佐氏は畠山氏の譜代の被官であるが、一方温井氏は奥能登輪島を本貫とし能登在来の被官として地歩を固めた一族である。

しかしその出自についてははっきり分らない。ところが、これから三年後の天文十九年（一五五〇）十月頃、義続は七尾城に籠城する事態に追い込まれた。これは重臣遊佐続光・温井総貞の勢力争いに加賀一向一揆の画策が加わったもようで、乱後、義続が出家して悳祐と号し、ほぼ同時に総貞も入道して紹春と称しているから、遊佐続光を中心に起こされたものと考えられる。

遊佐続光のみが何らの処分もなかったところから、同天文一九年（一五五〇）から天文二十年（一五五一）にかけての能登錯乱を温井総貞と遊佐続光の対立に起因し、総貞方の挑発によって引き起こされたため、遊佐続光が責任を回避できたとする見方が有力である。したがって、『長家家譜』などの伝える天文十二年（一五四三）十一月の「石塚合戦」、つまり遊佐続光の叛乱は、今度の温井総貞と遊佐続光の勢力の争いが誤り伝えられたとの推測は十分に成立する。事実「石塚合戦」はなかったと考えるのが妥当であろう。天文十六年（一五四七）、駿河の能登入国を撃退した温井一族の抬頭を守護代遊佐続光一党が牽制したのであろう。ともかく錯乱は、遊佐続光と温井総貞（紹春）の和解の結果、天文二十年（一五五一）春ころには治まり、このころから翌天文二十一年（一五五二）のはじめころに、義続（悳祐）の子義綱が義続（悳祐）の跡を継ぎ義続（悳祐）が後見することになった。このようにして、七尾城には、東四柳史明が『畠山義綱考』で指摘したように能登畠山氏七人衆が成立したのである。七人衆とは温井備中入道紹春（総貞）・長九郎左衛門続連・三宅筑前守総広・平加賀守総知・伊丹宗右衛門尉続堅・遊佐信濃入道宗円・遊佐美作守続光のことで畠山氏治政が重臣七人の合議制に移ったことを示している。とりわけ遊佐続光と温井総貞（紹春）が双璧であったことは、両名が義続や七人衆とは別に、石山本願寺と交渉をもっていることからでも知られ（『天文日記』）、それは同時に、本願寺に接近し、加越能一向一揆と手を握ることが、政権獲得上無視できなかったことを意味するものであった。

ここに七人衆の連署奉書があるのでそれを掲げる。

悳祐（畠山義続）（印）

能登国鳳至郡諸岳村の事。悳胤（義総）塔頭領所となし、寄進せらる也。永く全く知行せらるべく候。仍て執達件のごとし。

天文廿年五月廿三日

紹春（温井総貞）（花押）
続連（長続連）（花押）
総広（三宅総広）（花押）
総知（平総知）（花押）
続堅（伊丹続堅）（花押）
宗円（遊佐宗円）（花押）
続光（遊佐続光）（花押）

（大徳寺）興臨院雑掌

（読み下し）
（東京帝国大学所蔵文書）

一見、平穏にみえた七尾城も「両雄ならび立たず」といわれるように、両者の暗闘が繰りひろげられていたに違いない。その通り両者の激突は意外に早くやってきた。守護父子義続（悳祐）・義綱と七人衆の均衡が保たれていた状況に変化が生じたのは、天文二十二年（一五五三）六月以後のことであった。

七人衆が遊佐続光派と温井総貞（紹春）派に分裂し、遊佐続光派が能登を逐われたのである。しかし、一旦加賀に退いた遊佐続光とその与党は、河内国の畠山宗家から派遣された遊佐源五・安見紀兵衛らの勢力（河内衆）と加賀一向一揆衆六～七千の助力を得て、同天文二十二年（一五五三）十二月十日能登に攻め込み七尾城を三里（約十二キロメートル）ほど隔てた大槻（中能登町大槻）に陣取ったのである。これに対し守護方を形成したのは温井総貞（紹春）派であった。同天文二十二年（一五五三）十二月二十七日、守護方の温井紹春・続宗父子は遊佐続光を攻め、畠山駿河の子息・遊佐弾正左衛門尉・加治中務丞はじめ雑兵三～四百人を討ち取り、遊佐続光は田鶴浜（七尾市田鶴浜）まで退き、二十八日には加賀に撤兵させられた。守護方の追撃は、一ノ宮（羽咋市一ノ宮）まで及び遊佐続光与党の遊佐孫四郎・伊丹続堅らや河内衆二～四千名を討ち取ったほか、遊佐豊後入道秀頼・平左衛門六郎等を生捕った（大槻・一ノ宮合戦）。叛乱の中心人物であった遊佐続光は越前に逃れたのである。『七尾城の歴史』（片岡樹裏人）では遊佐続光について次のように記している。「天文二十二年、大槻合戦の時、約四十才代」としている。これから遊佐続光と遊佐秀頼は親子ではなく同世代と考えるのが妥当であろう。その後、七尾城内には新しい七人衆の成立が見られたのである。この合戦では畠山義続（悳祐）も本願寺に対し、一向一揆が遊佐続光に加勢しないように求めており、証如も表向きこれに応じたようである。その後の七尾城内には先の七人衆とは違って、温井総貞（紹春）を中心とした新しい七人衆の成立を見たのである。その七人衆は飯川光誠・温井続宗・長続連・三宅総広・三宅綱堅（賢）・遊佐信濃入道宗円・神保総誠などであり、続光派（遊佐続光・平総知・伊丹続堅）が離脱した後に新たに構成された七人衆で、本願寺においても「新七人衆」として認知されたのである（『天文日記』）。一方で温井総貞（紹春）も新七人衆から外れているが、これは続光との対立抗争の責めを負う形で嫡子続宗に温井氏の家督を譲ったものと認められる。しかし、引き続き新七人衆の上に位置する存在として七尾城内における実力を保ち続けたのである。こうして、温井総貞（紹春）が「大槻・一ノ宮合戦」の勝利の模様を声高らかに長福寺栗棘庵に報じたことは、温井総貞（紹春）時代の到来を意味するものであった。しかし、それは長くは続かなかった。天文二十四年（一五五五、弘治元年）に至り情勢が大きく変化する。弘治元年（一五五五）頃実力者温井総貞（紹春）が死亡したのである。これについては『長家家譜』では暗殺説をとっており、また『越登賀三州志』によると、弘治二年（一五五六）義則（義綱）は近臣飯川肥前守義宗とはかって、飯川の家の連歌会にことよせて温井紹春を殺害したというのである。いずれにしても真相は闇に包まれている。この総貞（紹春）の横死と同時に、温井・三宅の一族は、年少の嗣子景隆と、その弟で三宅総広の養嗣子長盛を擁して、難を加賀・越中・越後に避け、次いで能登守護の一族と思われる畠山四郎晴俊を擁し、能登侵攻を試みた。この叛乱軍は温井続宗・三宅総広・三宅綱賢・神保総誠など、七人衆に属していた重臣等から構成され、羽咋郡から鳳至郡西部外浦地域まで占拠したのである。そしてその支配の拠点となったのが勝山城（中能登町芹川）であった。また逃れた温井・三宅一族は加能一向一揆と連絡をとっていたことは確実で、一向一揆の援助のもと、能登入国の軍事行動を開始したものと思われる。ところで「大槻・一ノ宮合戦」で一敗地にまみれた遊佐続光は弘治元年（一五五五）閏十月頃、能登に還住しているのである。あれだけの叛乱を起こした続光が、二年にも満たないうちになぜ帰参できたのであろうか。これは温井一族の攻勢を予想した七尾城方が、先に越前に出奔していた遊佐続光を帰参させ兵力の増強を図ったのであろう。こうした叛乱軍の動向に対し、七尾城方は義続（悳祐）・義綱父子を遊佐続光・長続連・飯川光誠（宗春の子）らが支える体制で三ケ年にわたる籠城策で対抗したのである。七尾城は全国屈指の山城として知られるが、穀倉地帯としての邑知地溝帯と日本海流通路に連絡する富山湾・七尾湾を掌握できる要衝に位置し、戦国城下町七尾の形成と相まって、長期の籠城戦にも十分耐えうる天然の要害であったのである。羽咋郡から鳳至郡西外浦を掌握した叛乱軍に対し七尾城方は鳳至郡内浦から珠洲郡一帯を押さえ七尾湾・富山湾の制海権を確保して、籠城戦に備えたのである。義綱は父義続（悳祐）から家督を譲られながらも、おそらく若年であったため父義続（悳祐）の後見を受けており、遊佐続光らの重臣に領国経営の実権を掌握されていたが、この頃義綱も自らの政治的行動を取り始めたのである。義綱は越後守護代長尾景虎（上杉謙信）に兵糧米の扶助や軍勢の渡海など軍事的援助を要請している。長尾景虎（上杉謙信）に宛てた書状には父義続の印判が添えられていたとともに、使者として遊佐続光が立てられた。またこの籠城中、遊佐続光は外交活動の中核を担っていたのである。こうした七尾城の動きは七尾城方が攻勢に転じようとしていた現れとみることができる。弘治二年（一五五六）七月に至り、椎名宮千代配下の矢代俊盛が兵船を率いて富山湾を渡海して七尾城方を支援することになり、戦況は七尾城方に有利に展開したのである。弘治四年（一五五八、永禄元年）三月頃までに叛乱軍の本拠地となった勝山城は陥落し、勝山城の陥落までに畠山晴俊や温井続宗などが敗死したようである。しかし、永禄元年（一五五八）七月、一旦加賀に退却していた叛乱軍は再び能登に侵入してきたのである。その際の叛乱軍の主導者は弘治年間の主導者ではなく、温井綱貞・三宅綱久・同俊景らであり、さらに永禄二年（一五五九）には温井孝景・三宅綱久・三宅慶甫に代わっている。これは叛乱軍主導者の相続ぐ敗死を推測させるもので、世代交代がなされたのであろう。いずれにしても永禄三年（一五六〇）二月頃には、叛乱軍の占拠した地域が七尾城方の支配の下に復していることが知られ、弘治元年（一五五五）以来、五年におよぶ内乱は収束したのである（弘治の内乱）。永禄三年（一五六〇）に至り、守護畠山義綱の下で能登は一応の静謐をみた。以後、義綱の領国経営を支えたのは先に見た「弘治の内乱」において、七尾城方を形成した、遊佐続光・長続連・飯川光誠ら重臣で領国統治の実務を担ったのは長連理・井上英教等奉行人であった。義綱はこれら奉行人を重用する体制を敷きつつあったかに見える。次に遊佐続光が永光寺に安堵状を発しているので掲げる。

能登国洞谷山永光寺領若部保御給米幷料足伍百文雑年貢等の事、
合わせて參石參斗捌升七合五勺　代物五百文者
右彼の御給は、代々私領に相違無く納むる所の在所なり。
然る間仁叟道遺禅定門頓證菩提の為、当寺え永代寄進奉る所なり。
子々孫々に於いて聊も違乱の妨げ有るべからざる者なり。
仍て後証の為状件の如し。

永禄五（壬戌）
卯月九日　（遊佐）美作守
永光寺参る
（読み下し）
（永光寺文書）

しかしそのような体制の変化が重臣層の義綱に対する反発を呼び戻したようである。永禄九年（一五六六）十月頃、畠山義綱と義続（悳祐）らは能登を逃れ、近江坂本（滋賀県大津市）から京都へと出奔した。重臣遊佐続光や長続連に逐われてのことであった。遊佐続光・長続連らは義綱・義続（悳祐）父子出奔後に嫡男義慶（義隆）を擁立したようである。七尾城を出奔した義綱・義続（悳祐）は七尾城奪回に動きだしたのである。姻戚にある六角氏に援助を求めたであろう。そして、義続（悳祐）は永禄十年（一五六七）に上杉謙信に能登入国の近いことを報じ、義綱・六角義賢らは、本願寺顕如に入国に際し、加賀一向一揆の援助を求めたが、これは体よく断られている。こうして一年余にわたり、準備を整えた義綱の能登入国作戦は、永禄十一年（一五六八）五月上旬に断行された。これに呼応して上杉謙信も越中に侵攻したが本庄繁長の叛乱で帰国した。にもかかわらず、能登へ駒を進めたのである。しかも義綱は永禄八年（一五六五）冬頃から痛風にかかっており、病を押しての出陣である。まさに執念であろう。初戦は義綱有利に五月一日、玉尾城を落し、三日には矢代俊盛の拠る「神明の地」に入り府中池田要害を落とした（玉尾城・神明の地・池田要害の比定地未詳）。氷見の湯山城も落とした。跡は七尾城を調略をもって開城させる勢いを示した。こうした義綱の攻勢にたいし七尾城でも兵力の増強をはかり、温井景隆を中心とする温井一族を帰参させたらしい。こうして七尾城方の反撃が始まった。七月六日七尾城攻略の要地「神明の地」を奪取した。義綱の七尾城奪還に対する望みは切ないものがあり、その後義胤と称したり、永禄十一年（一五六八）九月足利義昭を奉じて上洛した織田信長に働きかけるなどしている。この後もしばしば能登入国作戦は企てられたが成功しなかった。その後、父義続（悳祐）は能登畠山氏滅亡後、十二年を経た天正十八年（一五九〇）三月十二日、他国の空の下で、この世を去った。また義綱は父義続（悳祐）とともに、京都や近江の付近に移り住んだが、長く生きながらえ、文禄二年（一五九三）十二月二十一日、近江国伊香郡の余吾浦で、波乱に富んだ生涯を終えたのである。こうした情勢下、七尾城では畠山義慶（義隆）は、遊佐続光を上位として、温井景隆・長続連・平堯知・遊佐盛光らの若手年寄衆が義慶（義隆）を支えていた。義慶（義隆）は天正元年（一五七三）には、すでに「修理大夫」の官途を受けていた。しかし、翌天正二年（一五七四）七月、義慶（義隆）は鴆毒を盛られ殺されたという。変死の真相は不明で、下手人も『長家家譜』は遊佐続光説としているが、逆に長続連説もあり、また重臣共謀説もある。享年も十八・十九才説がある。いずれにしても重臣たちの間には複雑な思惑があったことは事実であろう。義慶(義隆)の跡は春王丸を擁したといわれる。天正三年(一五七五)七月、織田信長が越前一向一揆平定を目指して動き出した。そして、八月、信長軍は加賀まで進攻したのである。こうした信長の圧力を感じた能登畠山家臣たちは天正三年(一五七五)十二月、遊佐盛光・三宅長盛・平堯知・長綱連・温井景隆の五人の年寄衆が河田長親に謙信への執成しを依頼している(『歴代古案』)。しかし、一枚岩のように見える畠山家臣団だが、内実は三勢力鼎立状態だったのである。天正四年(一五七六)には上杉謙信をめぐる情況は大きく変わった。宿敵本願寺と講和し、信長と断交するのである。備後国鞆(広島県福山市)に移った足利義昭は、毛利氏・本願寺と連動して、謙信にも幕府再興を要請してきた。四月には、信長との和約を破棄して再起した大阪本願寺は謙信との和睦交渉に入った。加賀の一向一揆が謙信の加賀出陣を求めていたのである。五月謙信は祖父以来の怨讐を捨て、本願寺との講和を承諾した。さらに、天正四年(一五七六)二月にも長綱連・遊佐盛光・平堯知・温井景隆の四人連署で謙信に能登出陣を働きかけていた。六月、謙信は毛利氏と結んで信長と断交、足利義昭の斡旋で、武田・北条両氏とも講和し、後顧の憂いを絶った。天正四年(一五七六)には、越中をほぼ平定した謙信は八月末には、越中栂尾・増山城両城を攻略し、九月八日には湯山城に迫りこれを落し、十一月には上杉軍は七尾城を目指した。謙信は十二月「七尾一城となり、城中は日を追って力を失い、落居は疑いない」と述べている。謙信は能登で越年した。場所は石動山城とみられる。天正五年(一五七七)二月、謙信は足利義昭に「七尾一城を残すのみとなった。まだ在陣しているが程なく落城するであろう。上洛のことは聊かも忘れてはいない」と申し送っていた。しかし、七尾城は難攻不落の城であり、七尾城攻撃は膠着状態に陥っていた。この後、謙信は関東の風雲急を聞いて、一旦越後に帰り、天正五年(一五七七)閏七月、再び能登を攻撃したのである。謙信は五万余の軍勢を三手に分け、大手は謙信自ら三万を率いて「本海道筋」、搦手の越中口は直江景綱が七千を率いて、また海上からは鯵坂長実が一万余を率いて珠洲の三崎に上陸し、諸城を攻略し七尾城に迫った。

こうした情勢下、七尾城内では、畠山義慶(義隆)政権は遊佐続光を上位として、温井景隆・長続連・平尭知・遊佐盛光ら若手の年寄衆が義慶(義隆)を支えていたのであるが、すでに述べたように天正二年(一五七四)七月、義慶(義隆)は鴆毒を盛られ殺されたのである。死因は諸説がある。とまれ、義慶(義隆)の傀儡化を画策する重臣たちと自立して大名権力を目指す義慶(義隆)との軋轢が暗殺事件を引き起こしたことだけは言をまたないであろう。また、重臣たちの間にも複雑な権力の確執が内在していたのも事実であろう。表面上では上杉謙信と提携しながらも、それは遊佐一派の意向にすぎず、温井氏は加賀一向一揆と、長氏は織田信長と密かに結ぼうとしていたのである。この関係は謙信が天正四年(一五七六)、本願寺と手を和して信長と断交することによって、対応に大きな変化をもたらすことになったのである。天正五年(一五七七)閏七月十七日、謙信は加賀から一ノ宮・大槻を経て、天神河原(七尾市天神河原町)に陣を敷いた。これに対し、七尾城側は大手赤坂口を長綱連・杉山則直・長連龍・平綱知・飯川義清の長一族が固めた。搦手大谷口は温井景隆・三宅長盛兄弟・木落口を遊佐続光・盛光父子が守備した。難攻不落の七尾城を謙信も攻めあぐねていた。ところが城内は深刻な情況に陥っていたのである。伝染病が流行し、当主畠山春王丸は病死したのである。わずか五才であったという。この春王丸が義春とする説もあるが『七尾市史』では次のように記している。

「つまり義慶の子は春王丸であって義春ではあるまいと思う」ここではその説に従うことにする。

このような苦境に長綱連は弟連龍に織田信長へ援軍を求める使者を命じた。連龍は海路近江へ向かった。

籠城は九月まで持ちこたえたが、遊佐続光・盛光父子は九月十二日上杉謙信への内応を決断、温井・三宅兄弟を誘った。温井・三宅兄弟は長綱連に上杉謙信への降伏を説いたが、織田信長に援軍を求めた以上降伏はできないと拒絶され、密かに遊佐父子と結んだ。九月十五日遊佐続光は城内の自邸に軍評定に事寄せて長続連と子連常・連盛を招いた。病床にあった杉山則直が遊佐続光の二心を疑って、長続連らを引き留めたが、続連は重縁の遊佐（続光の妻は続連の姉妹・盛光の妻は続連の娘）だから心配ないと遊佐邸に向かい討たれたのである。大手口を守備中の長綱連も遊佐邸に向かう途中、待ち伏せた温井の家臣たちに襲撃されて討死にしたのである。杉山則直は病床で自死、飯川義清も切腹した。男で死を免れたのは乳母に守られて越中に逃れた、五才の菊丸と織田へ救援を求め向かった長連龍のみであった。こうして、遊佐氏・長氏・温井氏はそれぞれ命をかけた選択をしたのである。たとえ名ばかりであったとはいえ、城主が死亡して、その中心を失った七尾城内の動揺の色は隠せなかった。こうして九月十五日を迎えた。「年来奉者の好みをもって」遊佐続光は内応を決断したのである。ともかく遊佐続光の手引きによって、その守備口から城内に入った上杉軍によって「長対馬一類一族百余人」が討取られた。こうして、天正五年（一五七七）九月十五日、難攻不落の七尾城は落城したのである。七尾城を落城させた後、上杉謙信は織田軍の北上に備えて、河田長親・鰺坂長実に七尾城を受領させ温井景隆・三宅長盛らの命は助けた。

十七日加能国境の末森城（羽咋郡宝達志水町）を落し、こうして、越中につづいて能登国は完全に戦国大名の雄上杉謙信に掌握されたのである。室町初期以来能登守護として、能登一国に勢力を張った名門畠山氏の滅亡であり、それはまた七尾における中世の終焉を意味するもであった。七尾城を落とした謙信はいち早く南下し、二十三日に七尾城の落城の悲報に接して引き上げようとする織田軍を、加賀湊川（手取川）に破った。やがて能登に引き返し最後の激戦を交えなかったため、あまり壊れていなかった七尾城の修復にとりかかり九月二十六日本丸に登り四方を展望して次のように書状にしたためている。

聞き及び候より、名地、加越能の金目の地形といい、要害山海相応じ、海頬の嶋々の体までも、絵像に写し難き景勝までに候。

これにもまして、人々に膾炙されているのは、かって『石川県史』を編纂した日置謙氏が次のように述べている。「七尾の故城は畠山氏の拠りしが為にあらずして、却りてこの吟あるが故に名蹟たるの感あるに至れり」と、痛歎した次の七言絶句である。

霜は軍営に満ちて秋気清し、
数行の過雁月三更、
越山併せ得たり能州の景、
遮莫家郷の遠征を懐うは、

（遮莫・さもあらばあれ）
（三更・午後十一時〜午前一時）

九月十三夜の明月に、諸将を集めて酒宴を催したときの謙信の詩といわれ、頼山陽の『日本外史』にのせられて有名になった。それにしても、先の書状とにらみあわせ、謙信の感慨をよく伝えた詩であるといってよいであろう。謙信は七尾城に鯵坂長実を城代としてとどめ、そのほかの諸城に配下の武将を配置し、十二月に本国越後春日山城に凱旋したのである。城代として七尾城にあった鯵坂長実は遊佐続光とともに、天正五年（一五七七）十月二十五日、十三ケ条の制札を掲げ、今後の能登における施政方針を明らかにした。この制札は一人が上杉氏の被官、一人は旧畠山氏の被官遊佐続光の二名であるところに能登の安定を願う上杉謙信の治世を想見することができるのである。

しかし能登はこの制札だけでは真の平和が訪れるわけではなかったのである。越後に帰った謙信は同天正五年（一五七七）十二月二十三日、養子景勝に習字の手本として与えた「上杉家家中名字尽手本」の中に遊佐美作守続光の名が載せてある。これは遊佐続光と上杉謙信との結びつきの深さを表わすものであろう。長一族のほとんどは七尾城内で横死したものの、七尾城落城まえに先立って、信長のもとへ使者として急いだ長連龍はまだ生きのびていたからである。遊佐続光はその孫の孫太郎景光を人質として、謙信のもとへ送り、ついで温井景隆・三宅長盛とともに越後に赴き上杉謙信に謁した。すると謙信は遊佐続光が長氏の仇であるので、しばらく越後にとどめ温井景隆・三宅長盛だけを能登にさせたのである。

謙信のこの見通しは正しかったが、その後、遊佐続光は能登に帰国したようである。これが遊佐続光の運命を決定づけたのである。さらに、謙信が天正六年（一五七八）三月十三日春日山城で急死したことが、これに拍車を加えることになったのである。一方、復讐の念に燃える長連龍は、天正六年（一五七八）八月羽咋郡富来（志賀町）に入り、次いで故城穴水を奪回した。しかし、間もなく上杉氏の諸将や遊佐続光・温井景隆・三宅長盛らに攻撃され、石動山を越えて越中氷見にのがれ、織田信長の与党で、守山城主の神保氏張をたのんだ。この知らせを聞いた信長は、十一月に越中の諸将に書状を送り、長蓮龍に尽力することを命じた。

しかし、翌天正七年（一五七九）五月十二日の黒印状では、すでに信長に好みを通じている温井景隆・三宅長盛らについて「最前の儀、いささかも意趣をのこすべからず候」といっている。つまり長連龍に温井景隆・三宅長盛らに私怨をもってはならないというのである。信長は能登への出馬はあくまで上杉氏治下の能登攻略で長連龍の仇討ちではないというのである。しかし、長連龍はあきらめない。長連龍は六月に神保氏張の妹を妻に迎えいよいよ神保氏との結束を固めたのである。信長に通じた温井景隆・三宅長盛らは、七尾城代鯵坂長実にとりいり、謀略をめぐらして甲山城（鳳至郡穴水町）を奪い、次いで正院城（珠洲郡正院町）の長景連（上杉方）を越後に追って勢威を張った。そこで穴水城の長沢光国は、鯵坂長実に温井景隆・三宅長盛らの討伐を進言したが容れられず、長沢光国自ら上杉氏の勢力を盛返そうと手兵を率いて温井景隆らを討伐しようとした。温井景隆らは七尾を退去し石動山に奔った。長沢光国はこれを追撃したが、滝坂の一戦に敗死したのである。これで勢いに乗った温井景隆・三宅長盛らは、七尾城を占拠して鯵坂長実を追放したのである。ここに七尾城が落城後二年にして畠山氏の旧臣温井景隆らによって奪還されたのである。温井景隆らはついで長連龍に誓詞を送って和親を求めたが、復讐にもえる連龍は許さず、天正七年（一五七九）冬、越中から能登に入り、羽咋郡敷波に進出した。天正八年（一五八〇）新春を敷波で迎えた。これに対し、温井景隆・三宅長盛らは邑知周辺の城々に兵を配して、長連龍と対峙した。長連龍が羽咋郡福水（羽咋市）に居を移し、時を移さず七尾方の温井筑前・八代越中と飯山（羽咋市）に戦い、次いで追撃して本郷鉢伏山砦（羽咋市本江町）を落とした。ここに陣し、また白瀬山（羽咋市）に砦を築いた。この知らせを受けた信長は閏三月三十日に返信し、「まことに結構なことである。七尾城の事について言い分があるというが、よくよく考えて注進することが必要である」と指示している。恐らく七尾城にある温井景隆らに対する長連龍の自重を求めたものであろう。また、信長は連龍の戦いを私戦と見ていたのであろう。また、四月二十三日付羽柴秀吉の書状によれば、信長に温井景隆らは知行は信長公の考え通りでよいからと和を請うており、五月十日付長連龍宛て信長の書状によれば、信長は温井景隆らの降伏を許し、連龍から贈られた脇差をかえしている。信長はやはり長連龍の独断専行を警戒していたのであろう。能登の主導権をめぐる長連龍と温井景隆・三宅長盛らの戦いは、五月五日と六月九日の二度、菱脇（羽咋市）を中心に展開し、いずれも連龍が勝利を収めた。連敗した七尾方は、三宅長盛を信長のもとに派遣して、降伏と七尾城明け渡しを願い出た。連龍は仇敵への報復を認めてくれるよう訴えたが信長は許さず、連龍に追撃をやめさせ、九月一日「鹿島半郡」（二宮川以西の五十九カ村）を与え、居城を福水とすることを許した。こうした信長の連龍にたいする態度は、石山本願寺（大阪城）に籠城し、最後の決戦を交えようとした教如が八月二日大阪城を退いて紀州雑賀に移り、石山合戦も終結していて信長の天下統一が目前に近づきつつあったため、天下平定のために長連龍の私怨をすてよというのであろう。天文九年（一五八一）三月二十八日、信長は菅屋長頼を七尾城代として派遣した。遊佐続光・盛光父子は罪ののがれ難いのをさっして逐電した。温井景隆・三宅長盛は礼を厚くして菅屋長頼に接し、七尾城を明け渡して石動山に退去した。執念に燃える長連龍は執拗に遊佐続光・盛光らの追及の手を休めることはなかった。連龍は遂に遊佐続光らが鳳至郡櫛比庄二石村の狂言師翁新五郎の家に隠れているのを捕らえ、六月二十七日、遊佐続光・盛光父子はじめ、その一族を一網打尽に殺害したのである。これで能登の遊佐一族は族滅したといってよいであろう。これは遊佐続光が命をかけて選択した「生き様」の帰結といってよいであろう。この知らせを受けた信長は七月十八日の長連龍宛ての書状で次のように述べている。

（前略）　遊佐こと、悪逆により申し付け本意に達し候由、もっともに候、（後略）

天正九年七月十八日　　　　　　　　信長　印

長　九郎左衛門殿

（読み下し）
（長家文書）

温井景隆らは遊佐一族の誅されたのを聞き、七月十二日能登を去って越後に亡命したのである。さらに信長は八月十三日付連龍宛ての書状で父祖の仇を取り鬱憤を散じたであろうと察し、次のように述べている。

（前略）罷り退き候族、何方に隠居候とも追って首を刎ぬべきの段もちろんに候（後略）

天正九年八月十三日　　　　　　　　信長　印

長　九郎左衛門殿

（読み下し）
（長家文書）

と慰めている。能登はこうして信長の支配下に入り、天正九年（一五八一）八月に前田利家が織田信長から能登一国を与えられた。思えば、長氏一族が殺され七尾城が落城してからここに四年、長連龍の執念に満ちた孤軍奮闘は格別のものがあった。子孫が近世加賀藩前田氏の老臣に列し、いまに至るまでその家名を残しているのは長連龍の余慶といってよいであろう。『七尾市史』では次のように記している。「一方、能登守護代家家系につながる遊佐続光の姿が、七尾落城以後にはほとんど見えないのは不思議である」としている。前田利家は天正十年（一五八二）所口の小丸山に築城し、七尾城はその任務を終了した。この天正十年（一五八二）六月二日織田信長が「本能寺の変」で倒れ、天下が豊臣秀吉の時代に移行したのである。信長に敵対していた「石動山衆徒」はこの時ばかりと越後にあった温井景隆・三宅長盛らと謀り上杉景勝の助勢を請い、能登の前田利家を葬らんとした。

ここに石動山・荒山砦を舞台に戦いが行われた。いわゆる「石動山・荒山合戦」である。この戦いに前田利家は長連龍を参陣させている。前田利家・佐久間盛政らはこの戦いで勝利し、温井景隆・三宅長盛兄弟は討死した。ここに長連龍の執念は結実したといえるであろう。この「荒山合戦」（『群書類従・荒山合戦記』）に遊佐河内守長員の名が見られるが、この遊佐長員の出自は全く不明であり、河内最後の守護代遊佐信教が改名して長員と名乗り、参陣したとは考えることは困難である。「河内守」は遊佐氏の名誉ある官途名であり、それにちなんで、「河内守」を称したものと思われる。いずれにしても戦記物として取り扱われるものであろう。天正十一年（一五八三）四月、前田利家は豊臣秀吉から能登を安堵され、さらに石川・河北二郡を与えられて、金沢（尾山）城を本拠とするようになった。それは同時に、七尾城は歴史上の役目を終えて、中世から完全に近世に移ったことを意味するものであった。こうして畠山基国が能登守護に補任されてから約百九十年後には畠山氏は能登の歴史からも消えたことになったのである。なお長氏は、はじめ「長」ではなく「長谷部」を名乗った。鎌倉時代、鎌倉幕府の御家人となった長谷部信連より始まるとされ、信連は鎌倉幕府から能登大屋荘を与えられて、在地化しその子孫が「長」姓に名乗ったとされる。次に遊佐氏、温井氏、および長氏の略系図を掲げる。

能登遊佐氏略系図

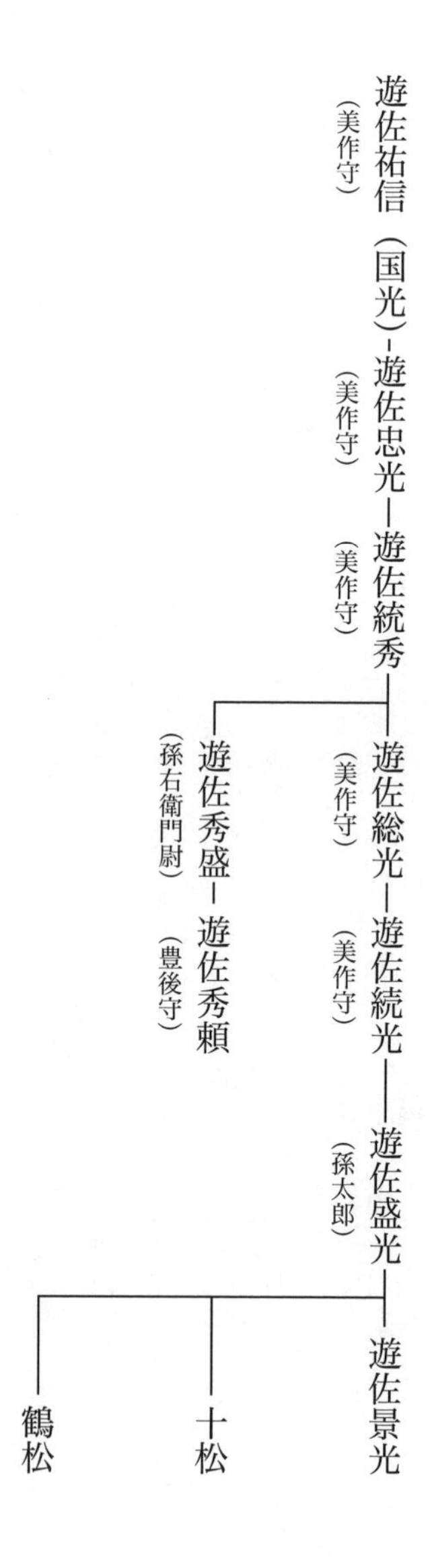

遊佐祐信（国光）
（美作守）
遊佐忠光
（美作守）
遊佐統秀
（美作守）
遊佐総光
（美作守）
遊佐続光
（美作守）
遊佐盛光
（孫太郎）
遊佐景光
十松
鶴松
遊佐秀盛
（孫右衛門尉）
遊佐秀頼
（豊後守）

長氏・温井氏略系図

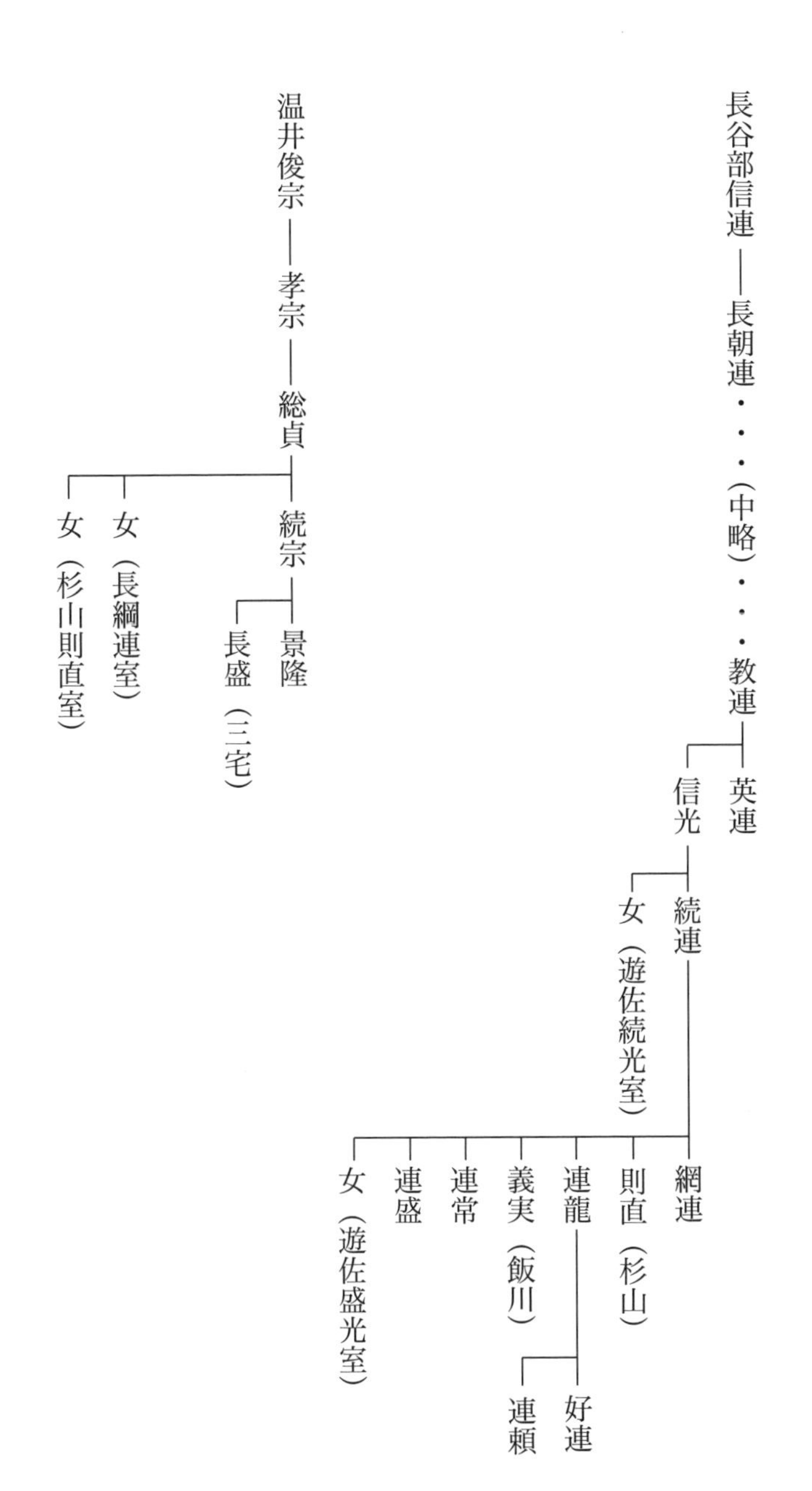
長谷部信連
長朝連・・・(中略)・・・教連
英連
信光
続連
女(遊佐続光室)
綱連
則直(杉山)
連龍
義実(飯川)
連常
連盛
女(遊佐盛光室)
好連
連頼
温井俊宗
孝宗
総貞
続宗
女(長綱連室)
女(杉山則直室)
景隆
長盛(三宅)

十七．紀伊の遊佐氏

紀伊国の歴史は古く『日本書紀』（養老四年、七二〇）には「日前国懸神宮」（和歌山市）が登場しており、東の伊勢神宮に対し西の日前国懸神宮と称されるようになったのである。また神亀元年（七二四）には、聖武天皇が和歌浦（古代紀ノ川河口）を行幸した折、お供をした山部赤人が次の歌を詠んでいる。

若の浦に潮満ち来れば潟をなみ葦辺をさして鶴鳴き渡る

しかし、時代が降るにつれて、この平穏な時代は過ぎ去っていき激動の時代にのみ込まれるのである。紀伊国は畠山氏にとっては縁の深い国であった。『室町幕府守護制度の研究』（佐藤進一）では、南北朝期に畠山国清が守護となっており、舎弟の義深が一時守護であった可能性を指摘している。紀伊国は古来、高野山・根来寺・粉河寺・熊野三山等の寺社勢力が荘園を支配しており、さらに湯河・山本・玉置氏らが幕府奉公衆（幕府の直轄軍）として、それぞれその地にあって在地支配を行っていたのである。

その意味では、紀伊国は畠山氏の他の分国である河内・越中・能登国に比べ、特異な分国であったといえよう。しかも、紀伊国は河内国の隣国であり、京都の政局に深く関わっていた畠山氏の動向は直接紀伊国に影響を与えたことは容易に推測されたことであり、事実その通りであった。それでは守護畠山氏が中央の政局とどう関わり、それに河内・紀伊守護代遊佐氏がどう連動していったかを探っていこう。

それには『和歌山県史中世』・『和歌山市史中世』・『和歌山県の歴史』（安藤精一）・『粉河町史第一巻』・『紀州史研究4』（安藤精一）・『きのくに荘園の世界上巻・下巻』（山陰加春夫）・『中世後期畿内近国守護

の研究』（弓倉弘年）・『室町時代紀伊国守護・守護代等に関する基礎的考察』（弓倉年弘）・『中世高野山史の研究』（山陰加春夫）等をもとにまとめていきたい。しかし、「河内国の遊佐氏」で引用した『守護領国支配機構の研究』（今谷明）の「河内守護および守護代表」に比して、『中世後期畿内近国守護の研究』（弓倉弘年）の「室町時代紀伊国守護・守護代等一覧」は守護畠山氏の守護補任時期や守護正員か否かなど人物比定に若干の違いがみられる。これは論者の間で引用する史料やその史料の解釈の違いによるものと思われる。ここでは「室町時代紀伊国守護・守護代一覧」（弓倉弘年）を引用してまとめていきたい。なお、「紀伊の遊佐氏」の遵行状や施行状などの史料は、特記ない場合は『和歌山県史中世史料一・二』の史料を引用した。紀伊国守護代は河内国と同様に遊佐氏の襲職するところであるが、畠山満慶（満則）期に口郡と奥郡に分割統治され、それぞれ守護代遊佐氏が置かれるが、時には途中転出もみられる。さらに神保氏・誉田氏・丹下氏などの守護代補任がみられる。このため紀伊国の守護代遊佐氏の系を求めることは事実上不可能と思われ、紀伊国守護代遊佐氏の系を求めることは断念せざるをえない。時代は降って、応永六年（一三九九）十月、「応永の乱」が勃発したのである。周防・長門の守護大内義弘は「明徳の乱」で活躍し、乱後は山名氏の領国の一部を加えて、最大の守護となった。また紀伊国の守護も兼ねたことから南北朝合一の下交渉にもあたった。大内義弘は南北朝合一の影の功労者でもあったのである。しかし、将軍足利義満の圧迫を感じていたのである。「御政道を諫めたてまつる」と称して、応永六年（一三九九）十月和泉の堺で将軍義満に反抗して挙兵し、義満の内乱統一の過程で犠牲になった人々に広く挙兵を呼び掛けたのである。しかし、南朝なきあとでは、大内義弘の呼び掛けも大勢力となることはなく南北朝合一の政治的・軍事的な成果を、この大内義弘のいわゆる「応永の乱」はみごとに証明したといってよいであろう。応永六年（一三九九）十二月二十一日、幕府方の総攻撃によって大内義弘は堺で討死したのである。この「応永の乱」には管領畠山基国は嫡子満家とともに出陣し活躍している。守護代遊佐国長も「明徳の乱」に続いて同様に参陣したと思われる。

この「応永の乱」が鎮定された後、畠山基国は大内義弘に代わって紀伊国守護となった。応永六年（一三九九）十二月のことである。父畠山義深が一時紀伊国守護と目される延文五年（一三六〇）から約四十年後に守護になったのである。これで畠山基国は河内・越中・能登・紀伊国四ケ国の守護を兼帯し、畠山氏の中興の祖となり、畠山氏の礎を築いたのである。以後紀伊国は守護畠山氏の襲職するところとなる。ここに紀伊守護畠山基国が守護代遊佐豊後入道助国に宛てた施行状があるので次にそれを掲げる。

（読み下し）

大伝法院領諸公事并国役・守護使入部の事。去んぬる応永三年七月廿三日御下知の旨に任せ、催促を停止せしむべきの状件の如し。

応永七年三月十五日　（基国）　在判

遊佐豊後入道殿

（大日本古文書・醍醐寺文書）

大伝法院は根来寺のことである。この遊佐豊後入道助国は、明徳三年（一三九二）八月相国寺において盛大な落慶供養が行われた時、侍所頭人畠山基国が嫡子満家と郎党三十騎を従えて将軍足利義満一行の先駆けをつとめた時、郎党筆頭遊佐河内守国長に続いて名を連ねている遊佐豊後守助国その人であろう。

遊佐河内守国長との繋がりは明確ではないが、「国」の通字からみて兄弟の可能性は否定できないが、一族であることは間違いない。遊佐助国が紀伊国の初代守護代となったのである。守護所は大野城(海南市)に置かれたようである。遊佐助国の法名は浄安と称した。ここに宛名は未詳であるが、浄安（助国）の知行安堵状があるので次にそれを掲げる。

紀伊国大野郷内幡河禅林寺別当職下地等の事。当知行の旨に任せて、寺家に領掌せしむ、
相違あるべからずの状、件の如し。
応永八年正月十一日　　　沙弥浄安（花押）　（読み下し）
（禅林寺文書）

『足利一門守護発展史の研究』（小川信）により遊佐助国の跡を継いで遊佐家久が紀伊守護代に就任したことが明らかにされている。また同書では次のように記している。「豊後入道（助国・浄安）と家久との関係は不明であるが、或いは父子ではあるまいか」としている。次に遊佐家久（禅久）が打渡状を小守護代に発しておりそれを掲げる。

造外宮役夫工米且来庄段銭の事。
今月廿三日御奉書の旨に任せ、相違有るべからずの状、件の如し。
応永九年六月廿七日
（遊佐）家久（花押）

（読み下し）
（旦来八幡神社文書）

渡辺源左衛門尉殿

畠山基国は応永十年（一四〇三）十一月、将軍足利義満の粉河寺巡礼に際し、紀伊国守護として義満を饗応するために下向している（『吉田家日次記』）。こうした折、畠山基国は応永十三年（一四〇六）一月十七日没したのである。しかし、基国の嫡子満家は「応永の乱」で基国とともに出陣し活躍したにもかかわらず畠山基国の跡を継いだのは弟の満慶（満則）であった。満家は将軍義満の勘気を蒙っていたのである。理由は定かではない。ところがその将軍義満も応永十五年（一四〇八）五月六日急死した。

畠山満慶（満則）は将軍義持に請い畠山氏の家督を兄満家に譲ったのである。兄弟といえども争乱の絶えないこの時代にあって、この兄弟愛は「一世の美挙」と称されたのである。また兄満家は弟満慶（満則）に能登一国を与えた。こうして能登に畠山氏の庶家畠山匠作（修理大夫の唐名）家が誕生した。満家の紀伊守護は『守護領国支配機構の研究』（今谷明）では応永十五年（一四〇八）九月までに就任したとしている。また『中世後期畿内近国守護の研究』（弓倉弘年）では次のように記している。

「基国が守護の時期に、守護代が口郡・奥郡に分かれて設置されていたとする事例が現在のところ見当たらない……畠山満慶の守護就任に伴って、口郡・奥郡の両守護代制が実施されたと考えたい」としている。

さらに『和歌山県史中世』では次のように記している。「紀州の守護代は南北に長い地形からであろうか、やがて口郡（名草・海部・那賀・伊都郡）守護代と奥郡（有田・日高・牟婁郡）守護代の二員制となったが、奥郡のどこかに守護代の役所があった史料はない。大野に口・奥両守護代の役所があったのかもしれない」としている。

「大野城遠望・海南駅側より」　「筆者撮影」

「大野城址」　「筆者撮影」

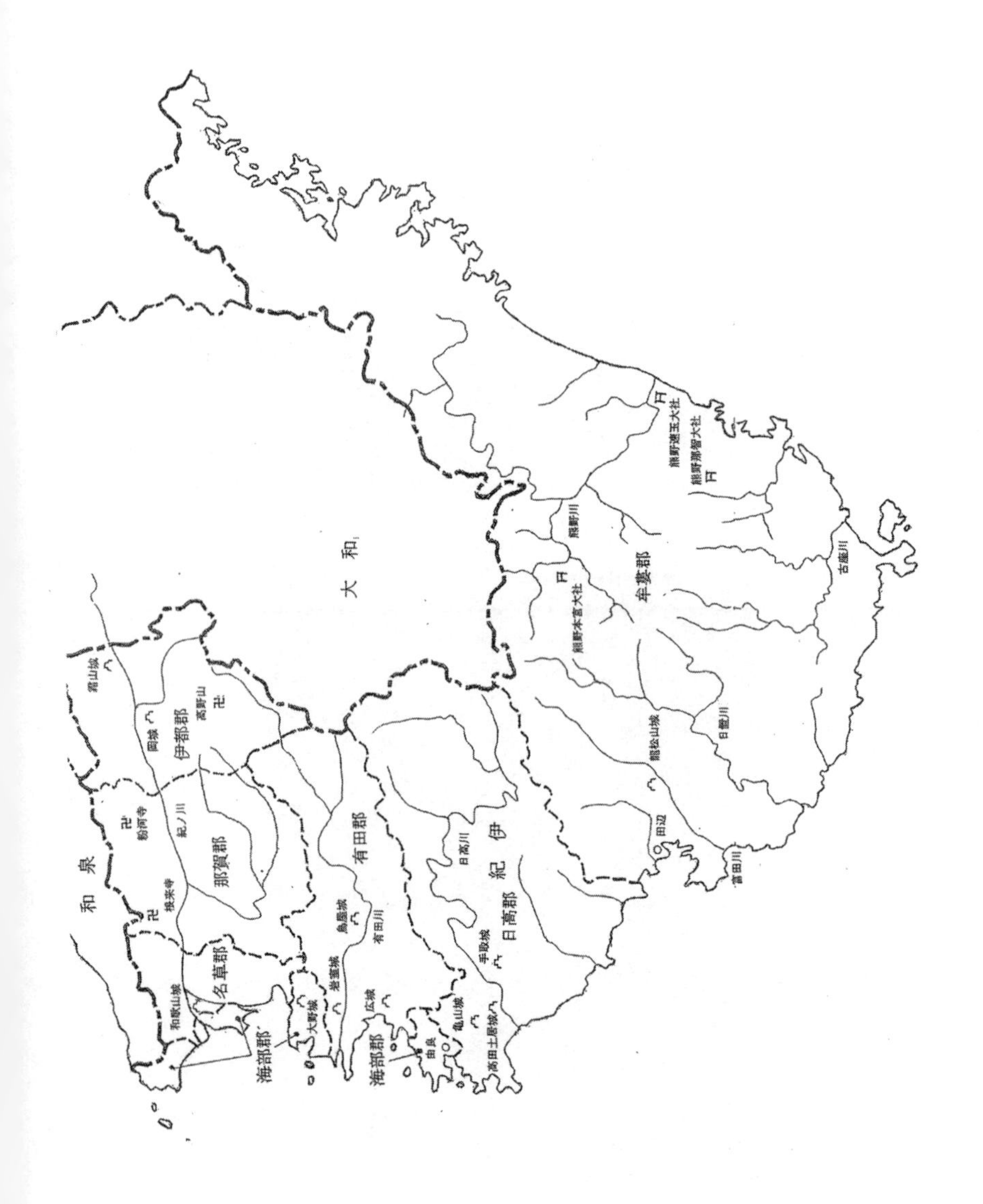

「紀伊国関係要図」　　「筆者作図」

畠山満慶（満則）期の口郡守護代は遊佐家長（祐善）であり、奥郡守護代は遊佐家久（禅久）である。ここに遊佐家長（祐善）が折紙を小守護代草部太郎に宛てて発しているのでそれを掲げる。

（読み下し）

当国且来庄大嘗会段銭の事。御免候。其の旨存知有るべく候なり。謹言。

九月廿九日　家長（花押）

草部太郎左衛門尉殿

（且来八幡神社文書）

この折紙は年紀を欠くが「越中の遊佐氏」ですでに述べた通り、家長は応永二十年（一四一三）六月十五日に越中守護代に転じたことは「教王護国寺文書」により知られるので、この文書は応永二十年以前のものである。家長が転じた後は遊佐慶国が跡を継いで、口郡守護代となっている。一方奥郡守護代は遊佐家久が引き続き守護代であり交代は見られない。次に遊佐慶国の折紙を掲げる。

御即位料且来庄段銭の事。先々免除の旨に任せ、催促を止むべきの由、今月二（日）奉行奉書を下し候。此の旨存知せらるべく候。謹言。

後七月二日　（遊佐）慶国　（花押）

（読み下し）

（日来八幡神社文書）

草部太郎左衛門尉殿

これについて『和歌山県史中世史料二』では次のように記している。「本号は年紀を欠くが、本文の内容から閏七月は応永二十一年と推定し、ここに収める」としている。しかし、遊佐慶国は応永二十六年（一四一九）五月には、遊佐国継に交代していることが知られる。この短い期間に重大事件が起こったに違いない。これは応永二十五年（一四一八）四月に起こった熊野山社僧等が守護勢の社領違乱に対して強訴し、守護勢と田辺付近で合戦したことが挙げられるであろう。『看聞御記』（応永二十五年四月廿四日条）に記載されており『和歌山県史中世』では次のように概要を記している。

「ことの発端は守護側から熊野神領を違乱したことにあるというが、熊野社は幕府に対して守護を訴えることに決し、神輿を奉じて田辺まででむいてきた。守護勢は、田辺に防衛線をしいて、神輿が上洛するのを防ごうとした。熊野勢はやぶれて、田辺に神輿を振りすて、二里（八キロメートル）ばかり退却した。守護勢は勝に乗じて追撃したところ、山中の険阻なところで熊野勢の反撃にあってうち負け、あるいは海中に追落されて溺死する者が多数でた。山中で討たれた侍苗字の者七十余人、そのほか討たれた雑兵はその数知らずという。河内勢も若干討たれた。守護勢が敗れたのは、紀伊国人が寝返ったからだという。大敗に怒った守護畠山満家はかさねて討手をさしむけようとしているという。ただし神訴の方は、将軍（義持）の裁決によって御教書がだされ落居したということだ」としている。

この合戦に口郡の軍勢も動員されたと思われ、これは単なる守護代の交代ではなく、口郡守護代遊佐慶国の身上に不測の事態が起こったことも考えられる。

『室町時代紀伊国守護・守護代等に関する基礎的考察』（弓倉弘年）では次のように記している。「慶国はこの敗北の責任を取らされて罷免・追放されたか、合戦の際戦死したのではないだろうか」としている。次の口郡守護代は遊佐国継（孫四郎）である。

次に遊佐国継（孫四郎）宛ての応永廿六年五月三日付の木沢蓮因・遊佐国盛連署奉書を掲げる。

紀州興国寺雑掌申す、当寺領由良庄領家職、同地頭職内畑村等人足の事。高野金剛三昧院本願願性置文を捧げ、先の守護証状有りと雖も子細を申す寺院互の知行分下地村々各別たるの上、領家朱明門院の代伊王左衛門入道西蓮置文勅裁先の守護下知状等を出帯し、寺家雑掌申す所其の理無きにあらず。所詮領家分并地頭職内畑村人足等に於いては一円寺家進止たる者なり。院家役（正月七日霜崩れ持夫已上）参ケ度に至りては旧規（規カ）例として下知せらるべきの由仰せ出さる所なり、仍って執達件のごとし。

応永廿六年五月三日　（木ノ沢）蓮因　在判

（遊佐）国盛　在判

遊佐孫四郎（国継）殿

（読み下し）

（高野山文書・金剛三昧院文書）

また、次に守護代遊佐国継が小守護代草部十郎に宛てた下知状があるのでそれを掲げる。

紀州且来庄役夫工米段銭の事。勝定院殿（足利義持）御代より、御免除の事に候。催促を止めらるべきの状、件の如し。

永享元

十一月廿八日　（遊佐）国継（花押）

草部十郎殿

（読み下し）

（且来八幡神社文書）

畠山満家の時代に守護領国として、紀伊国の掌握とその支配力は大きく前進した。畠山基国の時代に始まった守護畠山氏の支配はようやく実を結びはじめたといえる。しかし、畠山満家時代の支配強化は、それに伴って、被官である国人をめぐる守護の裁判などが増加し、また熊野山や根来寺僧兵と守護の軍勢が対決した事件が記録されている。こうして遊佐国継が守護代になってから種々大きな紛争の調停に乗り出さざるを得なかったのである。

鞆淵荘の動乱

鞆淵荘の動乱とはどのようなものであったのであろうか。それを概観してみよう。

鞆淵荘は高野山大門の西約十五キロメートルの山中、鞆淵川の渓谷に沿う荘園であった。古くは石清水八幡宮領であったが、元弘三年（一三三三）に後醍醐天皇が高野山の荘園としたのである。

この鞆淵荘の争乱の歴史は古く、鎌倉時代後期から下司・公文と農民らの武力衝突がたびたび起こり、殺害事件も起こっていたのである。応永二十五年（一四一八）に至って、ふたたび下司鞆淵氏と農民との対立がもちあがった。このときは農民の側が折れて妥協が成立したようであるが、ついで応永三十年（一四二三）末、農民は公文の非法十一ケ条、下司鞆淵範景に対し非法十三ケ条の反対の要求を掲げて逃散を敢行したのである。この厳しい農民の闘争を前に公文は非法を認め、それのみか公文彦太郎はその地位を辞任してしまったのである。一方、鞆淵範景も十三ケ条中十二ケ条は非法として中止を認めざるを得なかったのである。しかし、残る一ケ条、すなわち京上夫だけはその中止に反対したのである。

京上夫は「私の儀にあらず、国役等勤仕せしむるの間」徴しているのだというのがその理由であった。これは、鞆淵範景は守護の被官となっていたのであり、義務として負担すべき課役であると主張しているのである。京上夫は守護被官である鞆淵範景にとってはまさに面目にかかわるものであったのである。

下司鞆淵氏がいつ守護畠山氏の被官になったかは不明であるが、貞和・観応の段階では荘園領主高野山にたすけを求めた鞆淵氏は室町時代に入り、守護領国制の進展とともに次第に守護に結びついていったのであろう。鞆淵氏にとって守護の被官になることの意味は、長く対決してきた農民に対しても、また荘園領主に対しても、守護の権力を背景に荘官だけでない立場をもち得ることを意味し、「私の儀にあらず」とは、農民に対して、また荘園領主に対する鞆淵範景の反論であった。おそらく鞆淵範景は意気軒昂たるものであったに違いない。しかし、農民は要求貫徹まで逃散から還住しようとせず、鞆淵荘が亡荘（荒廃すること）となることを恐れた高野山は一山大衆の集会をもって鞆淵範景を「寺敵」と認定鞆淵範景が守護被官であることから「惣じて天下の敵、別して寺家（高野山）の敵、はた又御家門（守護畠山氏）の敵として、守護畠山満家にあてて告発したのである（『高野山文書』）。

「高野山金剛峰寺」　「筆者撮影」

「金堂と根本大堂（右側）」　「筆者撮影」

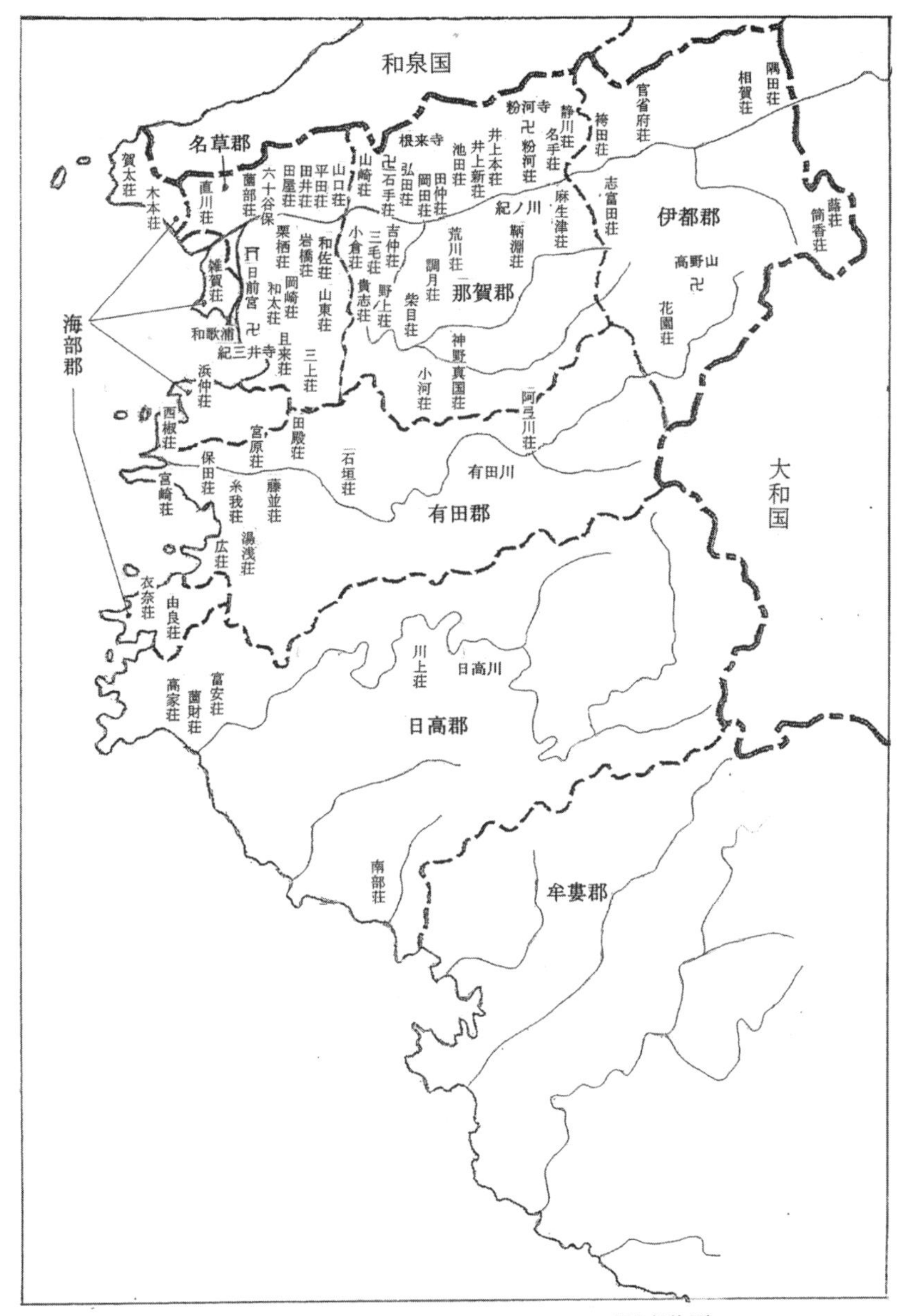

「紀伊国荘園分布概略図」　「筆者作図」

これを受けたものであろう。遊佐国継が小守護代草部三郎左衛門入道に次の書状を発しているのでそれを掲げる。

高野山衆徒雑掌、鞆淵次郎（範景）と相論の間事。去んぬる十七（日）寺家雑掌方へ御奉書を成され候。其の分存知有るべく候なり。謹言。

応永卅一

九月卅日　　（遊佐）国継　（花押）

草部三郎左衛門入道殿

（大日本古文書・高野山文書）

（読み下し）

通常、告発状は大野の守護所を経て在京の守護のもとへ回送されることになるが守護所では回送に先立って口入が行われる。口入とは紛争の調停や示談交渉のことである。大野に出頭した鞆淵範景に対して「国方の面々」らが口入を行った。しかし鞆淵範景は「国方の面々」の寺命に従うべきことを説得し守護もまた鞆淵荘下司職を範景の子息千楠丸に安堵させることを条件にしたが鞆淵範景は従わなかったのである。こうして守護畠山満家は鞆淵範景を追放し子息千楠丸を下司とする裁決をせざるを得なかったのである。ここに年未詳であるが、応永三十一年（一四二四）と思われる遊佐国盛が小守護代草部三郎左衛門入道に宛てた折紙があるのでそれを掲げる。

鞆淵庄々官職の事、鞆淵次郎（範景）の子千楠丸に申し付け候、其の分存知せらるべく候。次郎（範景）の事、堅く折諫し候。庄内経廻有るべからざる候なり。謹言。

八月十九日　（遊佐）国盛（花押）

草部三郎左衛門入道殿

（読み下し）

（大日本古文書・高野山文書）

この事件の底流にあるものは農民闘争の強さ、高野山の荘園支配の巧みさであって、同時に宗教権門に抵抗できなかった守護領国制の限界をあらわすものであった。守護方の口入によって下司となった千楠丸は高野山には忠実であっても守護の被官にはならず、下司職もやがて高野山に奪われ、鞆淵氏も歴史の上から姿を消してしまうのである。鞆淵範景は農民と荘園領主（高野山）の強力な抵抗の前に失脚し没落を余儀なくされたが、それだけに国人たちが、在地領主として成長する上で直面した課題をよく示しているといえよう。そして「鞆淵荘の動乱」は宗教権門高野山の力をまざまざと見せつけたのである。

また、紀ノ川流域では水田稲作に不可欠の用水を確保することが必須であった。このため用水をめぐる紛争はしばしば起こった。この紀ノ川沿いは、穀倉地帯でもあり、多くの荘園が成立していたのである。とまれ、この地方の荘園は用水問題は死活問題であり、また深刻な問題でもあったのである。

ここでは幾つかの代表的な用水相論を取り上げて、その様相を探っていこう。

㈠　名手荘と丹生屋村の用水争い

紀ノ川中流域の高野山領名手荘（那賀町）と粉河寺領粉河荘（粉河町）は水無川（現名手川）を境界として接していた。粉河荘の一村である円生屋村との間に、鎌倉時代以降、水無川から取水する用水をめぐって激しい相論が長年にわたって続けられていたのである。これは仁治元年（一二四〇）から紛争となり、しばしば武力衝突に発展した。水無川は和泉山脈に端を発する紀ノ川の支流で、その名の通り、水量に乏しい河川であったにもかかわらず、双方がこの川に井堰を設けて取水したので用水の争奪は熾烈であった。双方は排他的な領有を主張し、その源である椎尾山がいずれに属するかが大きな論点となった。つまり椎尾山の東西を流下する二つの沢水が椎尾山南方で合流して水無川となっており、その椎尾山の領有も大きな争点となっていたのである。その後も、紛争は約二百年以上にわたって断続的に起こっている。相論のたびに幕府や守護あるいは朝廷の裁許や調停が行われたが、いずれも双方の抗争に結着をつけることはできなかった。それは名手荘や円生屋村にとって、乏しい用水を確保することが死活問題であったことにほかならない。時代は降って、永享五年（一四三三）の夏、畿内近国は大旱魃に見舞われ、降雨を祈願する奉幣や祈祷が何度も行われた。

「粉河寺本堂」　　「筆者撮影」

この永享の五年（一四三三）にいわゆる、「永享の高野動乱」が起こったのである。『満済准后日記』によるとこの年の七月に高野山と粉河寺間に再度用水問題が激化し、高野山から粉河寺へ発向する動きがあり、守護畠山満家は守護代遊佐国継を現地に派遣した。高野山学侶らは発向停止を承知したものの行人らは従わなかった。行人は学侶の下位に属する僧侶であるという。守護代遊佐国継は六月二十三日付で、水論は守護に訴訟すべきであり、性急な武力行使を戒める書状を高野山年預に出したのである（『高野山文書』）。七月十日、高野山の武力行使の禁止を命じるため、在京奉行人の遊佐河内守国盛と斎藤因幡守が紀伊に向けて急ぎ京都を出発した（『満済准后日記』）。守護代遊佐国継は再び軍勢をつれて高野山に登山した。ところが高野山では学侶が守護方として行人らを処罰するだろうとの「雑説」が起こり、急に学侶と行人らが合戦を始めた。その結果行人方が敗れ、自坊に火を放って離山したが、その火は山内に類焼した。大塔・金堂などの大事な建物は学侶と守護勢で警固して無事であったが、山内諸坊寺院が大略、二千坊ばかり消失したのである（『満済准后日記』）。この「高野山動乱」はもともと古くから続いた高野山領名手荘と粉河寺領円生屋村の水論が発端となったものであるが『中世高野山史の研究』（山陰加春夫）では次のように記している。

「この永享五年の『高野山動乱』という事件の底流には、『正長の土一揆』に勇気づけられた金剛峯寺六番衆（行人）の下剋上の運動とそのような運動の結果先鋭化した同寺衆徒方（学侶）・六番（行人）間の退きならない対立があり、それが『守護方の高野山登山』という事態そのものを直接のきっかけにして爆発したことが看取できよう」としている。

ここに、この水論時に遊佐国継が高野山年預に宛てて出したと思われる書状があるのでそれを掲げる。

名手庄と丹生屋村井相論の由承り候。如何様の次第候や。心本無く存じ候。未だ寺家より是非承らず候間、心得申し難く候。いかにも無為たるべく候。楚忽に弓箭など然るべからず候。寺家の支証等、使節を以て給ひ候て、拝見仕り、理非に至り申し付くべく候。楚忽の儀あるべからず候。委細は使者申すべく候。

恐々謹言。

（永享五年カ）
六月廿三日　（遊佐）国継　（花押）

高野山年預御中
之を進らせ候

（読み下し）
（大日本古文書・高野山文書）

(二) 宮井用水の争い

宮井用水は「宮井」または「神宮井」と称され、全長二十八キロメートルもあり、現在も和歌山平野の水田を潤している現役の水路である。その成立は極めて古く、四〜五世紀にあった日前・国懸両神宮（和歌山市秋月）を主神とする豪族であった紀氏が作ったとされている。日前・国懸両神宮は総称して日前宮と呼ばれる。日前宮の鎮座する土地一帯は穀倉地帯でもあり、この地の水田を潤すために作られた用水で、宮に供する水ということから「宮井」または「神宮井」といわれるのである。

日前宮の近くからは、古墳時代の初期（四世紀）に開削された水路が発見されている。これは幅七～八メートル、深さ三メートルと現代の水路にも劣らぬ大規模なもので、この付近の水田地帯には、条里制の地割が色濃く残っていることからも、当時すでに相当広範囲にわたって水路網ができていたことが想像される。江戸時代には那賀郡上三毛村辰の鼻（竜の鼻）から取水し紀ノ川の流れに沿って西行し、日前宮の裏にあたる鳴神村音浦で南の方へ幾筋にも分かれて、名草平野・和田盆地の水田を潤したのである。この音浦樋は日前宮が管理を掌握していたのである。下流の和田川は海水が逆流するため稲作に使えず、和田川をくぐって水が曳かれていた。樋を沈めていたので静火神社が祀られていたという。

この宮井は紀ノ川と並行して南岸をながれていた紀ノ川の分流を利用した可能性もある。取水口は当初は音浦に近い田井ノ瀬付近から導水し、その後水位の関係から漸次上流に推移していったと思われる。一方、平安時代末には宮井の東北方に和佐荘（和歌山市・禰宜・井ノ口・和佐関戸一帯）が立荘され、荘内に高大明神（現高積神社）」が置かれていた。日前宮と和佐荘の用水相論は鎌倉時代からたびたび繰り返されてきたが、永享四年（一四三二）に至り再び日前宮と和佐荘給人（守護被官）らの間で用水相論が起こったのである。和佐荘は開発領主の大伴氏（和佐氏）が握っており、室町時代には、和佐氏は守護畠山氏の被官になっていたのである。この相論は守護と守護被官に対する在地寺社勢力の葛藤といった面を髣髴とさせるものがあり、興味深いものとなっている。まず、この相論の発端について、日前宮は永享五年（一四三三）五月日付の日前・国懸大神宮神官等言上状によると、その訴えの要旨は次の通りである。

「自分たちの領地の中で必要な用水は、自分たちで掘って造るのが、むかしからの常識である。そして、神宮井は日前国懸神宮の昔からの用水である。従って、和佐荘はこの神宮井とは別に用水を掘るべきである。なんら労力を費さず、神宮井の横にかってに分水を掘るというのは言語同断である」としている。

これに対して、和佐荘の給人たちは、永享五年（一四三三）六月日付の和佐荘高大明神雑掌言上状で反論している。要約すると次の通りである。「和佐井は和佐荘以来の用水である。神宮井とは取水口も別であって、日前国懸神宮の分水であると訴えられる覚えがない」と主張している。

ここで興味深いのは日前国懸神宮に対抗する権威として、高大明神を担いでいるのである。和佐荘は高大明神の由緒を掲げ同等の神と主張した。これに対し日前国懸神宮は高大明神は日前国懸宮の末社であり「その謂れはない」と否定した。このように神宮井と和佐荘をめぐって両者の言い分は真っ向から対立したのである。このような相論が起きた場合、まず在国の守護方で仲裁するのが原則で、それが不調の場合は京都に舞台を移し、裁決を受けるのである。守護方では、在国の守護代遊佐国継のもとで小守護代草部盛長が両者の仲裁（口入）を行ったのである。しかし、それはうまくいかず、守護方は和佐荘の給人隅田・和佐氏の二人を在京の守護畠山満家へ「推挙」したのである。日前国懸方も同様に推挙人を上洛させたであろう。京都での訴訟の結果、永享五年（一四三三）四月四日には、在国の守護代遊佐国継宛てに守護畠山満家奉行人連署奉書が出されている。それを次に掲げる。


神宮と和佐庄給人等との用水相論の事、以往の例に背き、始めて神宮より違乱の由、給人等嘆き申すの間、尤も御下知有るべきと雖も、神宝を捧げ嗷訴に及ぶべきの企て、然るべからず、国に於いて、去年のごとく無為の籌策、肝要たるべきもの也、然りと雖も、猶以て事行かざれば、打棄てらるべきに非ず、

所詮井路の様、検使を以て、能々糾明有りて、諸給人申す所奸曲なきの段、
分明たるは、神宮と高大明神と御相論たるべきの上は、御存知有るべからず、但し
和佐井に於いては先々のごとく入れるべきの旨、之を申し付けらるべし、
此趣内々上聞に達せらるべきの由、仰せ下され候也、仍て執達件のごとし。
永享五年四月四日

(木沢) 善堯 (花押)
(遊佐) 国盛 (花押)

遊佐越後守 (国継) 殿

(読み下し)
(湯橋家文書)

日前宮と和佐荘の給人たちの訴えに対して、和佐荘の給人たちの主張を正当なるものとして認め、和佐井を別個のものとして、これまで通りに和佐井の使用を許可したのである。また同時に、永享五年(一四三三) 四月十九日に、管領細川持之から守護畠山満家宛てに出した足利将軍御教書を次に掲げる。

紀伊国神宮領と同国高大明神領の用水相論の事、早く彼の井水に於いては、
先ず近年の例に任せ、その沙汰を致さるべし、理非に至りては、之を糾明
有るため、不日参洛を遂げ、所存を申すべき旨、各相触れらるべきの由、
仰せ下さるの所也、仍て執達件のごとし。
永享五年四月十九日

（細川持之）右京大夫　在判
（畠山満家）左衛門督入道殿

（読み下し）
（湯橋家文書）

守護畠山満家に対して「まず近年の例に任せ、その沙汰を致さるべし」として、用水の使用については近年の使用状況に基づいて裁決するよう指示し、その上でその用水の使用が道理にかなっているか糾明するようにとしている。このことからこの足利将軍御教書は、先にだされた守護畠山満家奉行人奉書を追認したものであった。日前宮は名草郡内では大きな力をもっていて、守護といえどもあなどることができず守護公権力よりさらに大きな公権力の裁許を必要としたのである。この足利将軍御教書を受けて、永享五年（一四三三）五月十日に守護代遊佐国継から小守護代草部盛長宛ての遵行状を次に掲げる。

神宮と高大明神との用水相論の事につき、去んぬる十九（日）の御教書ならびに御遵行（状）の旨に任せ、用水においては、和佐へ取るべきの由、相い触れらるべく候也。謹言。
永享五（年）五月十日　（遊佐）国継　在判
草部中務丞（盛長）殿

（読み下し）
（湯橋家文書）

「日前神宮」　「筆者撮影」

「国懸神宮」　「筆者撮影」

「高大明神」（現高積神社）　「筆者撮影」

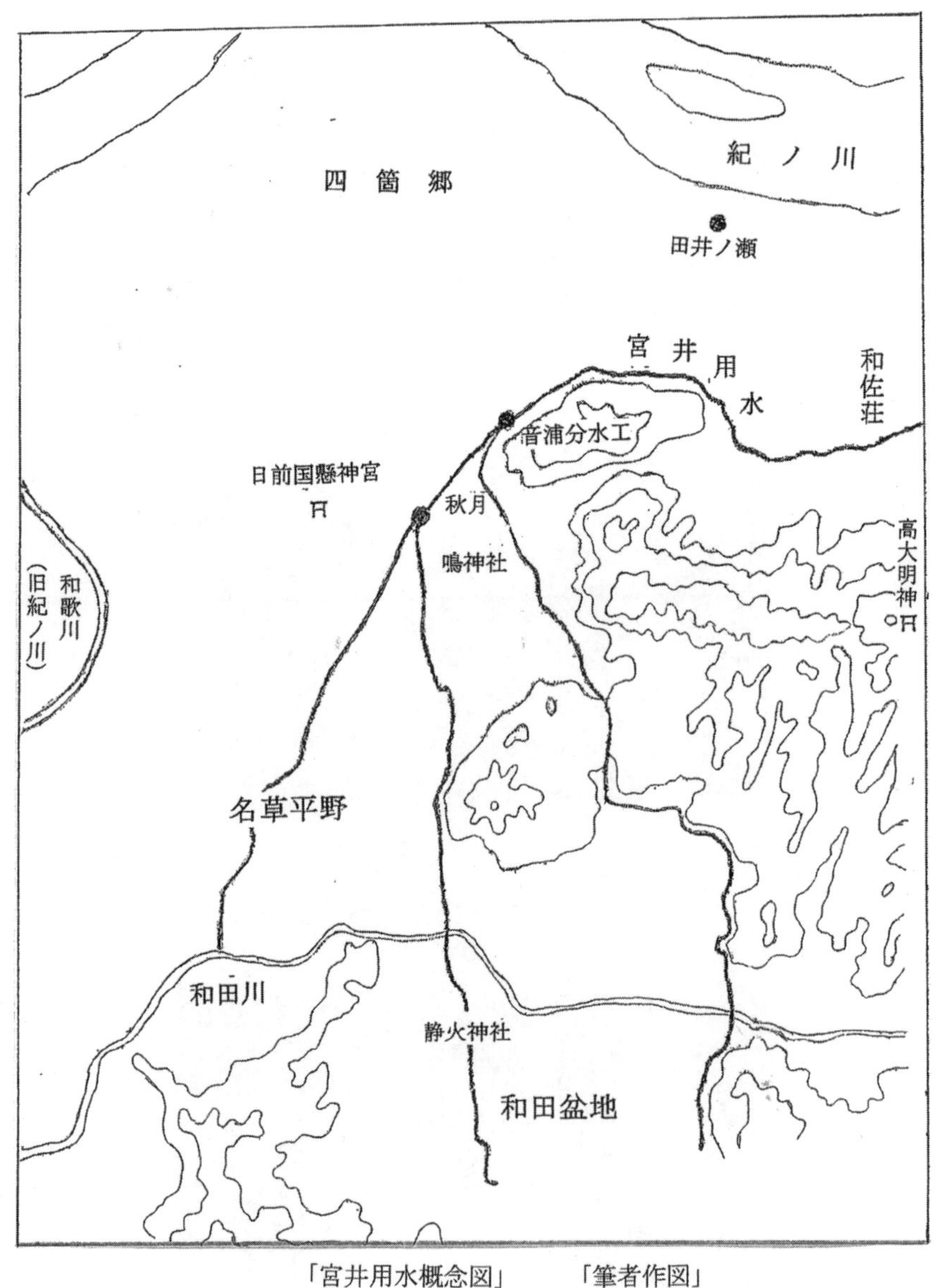

「宮井用水概念図」　「筆者作図」

このように、最終的に和佐荘の給人たちの主張が認められこれまで通りに用水を和佐荘に曳くことができるようになった。この相論の背景は神宮井の上流部に位置する和佐荘の新開発に対して水不足の懸念があり、また永享五年（一四三三）夏に起きた畿内近国の大旱魃も大きく影響したものであろう。

㈢　根来寺と八ケ荘との用水争い

永享五年（一四三三）は大旱魃の影響が深刻で用水問題が多発した。この根来寺と八ケ荘用水争いも例外ではなかった。根来寺（伝法院）領と守護領八ケ荘との間にも用水相論が起こったのである。

守護領八ケ荘の荘名は明らかではないが、山口荘・平田荘・田井荘（何れも和歌山市）など国衙周辺の小荘園で、守護領国制の形成とともに守護領に組み込まれていったものであろう。これら八ケ荘の用水井は、もともと紀ノ川下流で取水していたが旱魃によって、より上流の根来寺領石手荘辺から取水しようとして、この用水相論になったものと思われる。降って、二十余年後の長禄元年（一四五七）ごろから、近畿地方に再び旱魃が続き（『中世寺領荘園と動乱期の社会』・熱田公）、根来寺と守護領八ケ荘との間に再び用水相論が起こったのである。『和歌山県史中世』は『碧山日録』等により次のように纏めている。

「根来寺は八ケ荘の用水井を破壊する挙にでたのである。旱魃を前に、根来寺側が実力行使に出たものであろう。長禄四年（一四六〇）五月、守護（この時は畠山義就）は、口郡守護代遊佐豊後守盛久、奉行人かと思われる神保近江入道、木沢山城守の重臣三人を使節として、根来寺に派遣し、用水井を復すことを命じたのである。三使者は多くの軍勢を率いていた。従って守護からの三使者派遣は、用水相論の交渉といった性格のものでなく、武力による威嚇あるいは攻撃であった。守護の武力にたいして根来寺も武力でこれに答えたのである。三使者は逃れることができずに切腹、余兵は紀ノ川を渡って敗走しようとしたが皮肉にも、そのころ連日の豪雨で紀ノ川は増水しており、守護方の軍勢一千二十余人が溺死した」という。また『経覚私要鈔』では破損し解読不能箇所もあるが討死者は遊佐豊後守以下、侍身分の者四百余人、雑兵はその数知れずと記している。さらに『大乗院寺社雑事紀』では相論の経過は簡単であるが、討死者の名簿は詳しく、遊佐豊後守（盛久）、神保近江入道父子、同五郎、木沢山城守等守護代以下有力被官らを記している。この根来寺と守護勢の合戦は、永享五年（一四三三）の用水相論の再発であったことは間違いなく、しかも守護勢が政治問題をからめて先制攻撃をかけ、根来寺側がやむなく反撃し、守護勢を大敗させたものであった。まさに「長禄の根来寺合戦」といってよいものである。根来寺の大勝は、根来寺の武力を天下に知らしめたのである。そして守護（畠山義就）勢の大敗は、守護畠山氏の分裂と混迷を招き、それが「応仁の乱」へとつながっていくのである。この合戦は、一つ紀州史にとどまらない日本史の転換点として「長禄の根来寺合戦」は大きな意義を有しているのである。こうした激動の永享五年（一四三三）九月、畠山満家が没したのである。満家は四代将軍義持のもとで二度にわたって管領をつとめた宿老であり、将軍義持死去に際しては、畠山満家主導のもと六代将軍義教をたて、また我国最初の徳政一揆に管領として京都での一揆を鎮圧したのである。満家の没後、畠山氏の家督は嫡子の畠山持国が

「根来寺大伝法堂」　「筆者撮影」

跡を継いだ。持国は紀伊はじめ河内・越中などの守護を襲職した。持国は家督相続時の難問であった高野山の紛争も和解にこぎつけたのである。しかし、守護満家・持国の代に守護代として守護を支えてきた遊佐国盛も永享十二年（一四四〇）八月二十日没したのである（『師郷記第三』）。

義教は将軍に就任するや否や強権による恐怖政治を行なったのである。その矛先は管領家畠山氏にも及んだのである。嘉吉元年（一四四一）正月、畠山持国は将軍義教から畠山氏の家督を追われ、河内に下って出家した。持国の庶弟持永が代わって家督として安堵されたのである。持国の失脚の原因は、関東の「結城合戦」に出陣を命ぜられたが辞退したからともいわれ（『看聞御記』）、また持国が、将軍の勘気を受けそうな情勢をみて一家の安全のために、遊佐国政らが持国の庶弟持永を擁立したのだという（『建内記』）。『守護領国制の支配機構』（今谷明）では遊佐国政は遊佐国盛の子息であろうと推測している。「河内の遊佐氏」で述べたように、筆者はこの畠山持永擁立劇は庶子畠山持永および遊佐国政ら庶子同士が将軍義教の畠山氏弾圧を好機ととらえた謀叛と推定している。しかし、持永の家督はあっけなく終わった。嘉吉元年（一四四一）六月二十四日将軍義教が赤松満祐邸での招宴の席上で暗殺されたのである（嘉吉の変）。将軍義教の暗殺直後河内に出家していた畠山持国が軍勢を率いて上洛するとの風聞が流れた。これに対し、畠山持永・遊佐国政らはともに京都を逃れた。遊佐国政らは持国から切腹を命ぜられたが切腹もせず京都の人々が嘲弄したという（『建内記』）。遊佐国政の父国盛は永享十二年（一四四〇）八月二十日没したが、遊佐国盛が少なくともあと半年永らえていれば、この謀叛は起こらなかったと思えるのである。持国が河内に没落し持永が畠山氏の家督になり紀伊守護になった時の紀伊はどうなったのであろうか。持永が守護の時に紀伊守護代であった遊佐国継の寄進状があるのでそれを次に掲げる。

寄進する幡河寺宝塔灯油田の事。
合はせて壱所壱段小者。（在所大野郷井松原外新開と云々）
右現当二世所願成就の為、永く灯油田懈怠無く、備進有るべきの状件の如し。
嘉吉元年六月十四日
（遊佐）越前守国継（花押）
（読み下し）
（禅林寺文書）

遊佐国継は守護畠山満家のもとで「用水争い」・「高野山動乱」などで奔走した口郡守護代であり、紀伊守護が持国から持永に交代した後も引き続きその職にあったことを示している。これは家督の変更後も紀伊分国支配体制を変更しなかったことを意味し、在地支配は持国の体制を引き継いだものと思われる。

遊佐国継についてはこの史料が終見であり、その後持国とともに上洛したか罷免されたかは不明である。「嘉吉の変」後、持国が守護に復帰すると論功行賞と考えられる大規模な人事が行なわれ、在地の支配体制は一変する。紀伊も例外ではなかった。紀伊の口郡では遊佐国継・草部氏から誉田・原・法楽寺氏に交代している。「嘉吉の変」後の人事一新は、持永派の一掃というより持国の河内没落時に近侍した側近を登用したものといえよう。こうして、嘉吉二年（一四四二）末までには持国は舎弟持富を跡目としたのであるが、文安五年（一四四八）十一月に持富から一転して実子義就を跡目としたのである。

これを不満とする反義就派の被官らは享徳三年(一四五四)四月に至り、持富の子弥三郎(政久)を擁立して、義就の廃立を企て、ここに畠山氏の家督紛争が表面化したのである。『富山県史通史編中世』では次のように記している。「遊佐氏は一族で両派に分かれており、一族の内部に抗争をかかえていたようである」としている。両派のうち、義就派は遊佐河内守国助であり、一方、弥三郎(政久)派は遊佐長直に比定されることは「河内の遊佐氏」で述べた。

享徳三年(一四五四)八月十九日、弥三郎(政久)派が再び蜂起し、二十一日持国は能登守護畠山義忠邸に逃れ、翌二十二日義就は没落したのである(『康富記』)。これは細川勝元の支援を受けた結果であるが、弥三郎(政久)は持国を隠居させ、幕府に出仕し家督を相続した。しかし、弥三郎(政久)は享徳三年(一四五四)九月十日建仁寺西院に隠居していた持国を自邸に迎え持国の後継者たることを示そうとした。こうした情勢下、紀伊の情勢はどうなったのであろうか。

紀伊の様子は持国の影響力が残存していたのであろう、義就派が掌握していた。また河内についても弥三郎(政久)派の領国支配を示す史料はなく、紀伊と同様義就派が実権を握っていたようである。

弥三郎(政久)は京都での活動が主で分国経営は後手に回ったようである。しかし、事態は大きく変化する。隠居したはずの持国が当主の座に復帰したのである(『康富記』)。これは河内・紀伊義就派に抑えられた弥三郎(政久)派が窮余の策として持国の隠然たる力を利用しようとしたからであろう。この持国の復帰は義就派を勢いづかせ、将軍義政の庇護もあり、享徳三年(一四五四)十二月十三日義就は上洛して、翌十四日幕府に出仕し、弥三郎(政久)は二十六日没落したのである(『康富記』)。分国河内・紀伊を掌握し将軍の後ろ盾まで得た義就派の前に何ら有効な手段はうてなかったのである。ここに畠山持国・義就期に紀伊守護代であった遊佐盛久の折紙があるので次にそれを掲げる。

坂井郷五分の一土貢不足入立の事。御奉書の旨に任せ、惣村田地弐町を以て、
小泉に渡し付くるの上は、此の外自今以後、相互に綺を成すべからざるの旨、
寺家の雑掌存知有るべき者なり、仍て執達件の如し。

長禄三

卯月十日　　　　遊佐豊後守
　　　　　　　　　盛久　在判

粉河寺衆徒御中

（読み下し）
（方衆座文書）

しかし、この遊佐盛久は、前述したように「根来寺と八ケ荘との用水争い」に端を発した用水争い「長禄の根来寺合戦」で長禄四年（一四六〇）五月十日に根来寺衆と戦い戦死している。享徳四年（一四五五）三月二十六日持国が没し、義就が家督を継承した。弥三郎（政久）も長禄三年（一四五九）秋ごろ没し、弟政長が跡を継いだ。これ以降義就と政長は不倶載天の仇敵のごとく争いを続けていくのである。

次に政長の紀伊口郡守護代遊佐直重の折紙があるのでそれを掲げる。

紀州且来庄熊野本宮造営料段銭の事、御免除の旨に任せ、催促を
停止せらるべきものなり。申し付くべきの状、件の如し。

寛正三

七月九日　　　　（遊佐）直量（花押）

菱木七郎次郎殿　　（読み下し）

（日来八幡神社文書）

畠山義就は翌長禄四年（一四六〇）九月に家督を剝奪されて河内に没落し、政長がその地位を襲った。紀伊においては長禄四年（一四六〇）閏九月二十四日および十月四日と両者の合戦が粉河寺で行われたが、義就方が敗北し、政長方が概ね優勢となった。これは「長禄の根来寺合戦」で守護代遊佐豊後守盛久以下紀伊における有力被官を多数失ったことと、義就が幕府より追討を受ける立場にあり、加担をためらう勢力が存在したことによるであろう。

ここで長禄・寛正期の紀伊での義就・政長の勢力図を『室町時代紀伊国守護・守護代等に関す基礎的考察（弓倉弘年）』を引用すると概略すると次のようである。

	政長派	義就派
寺社	根来・粉河	（高野山）（熊野三山）
奉公衆	湯河・玉置　（山本）→	↓
内衆・国人	小倉・熱川・貴志・目良等	中村・湯浅・愛洲・土居等

※（　）内は消極派
↓は転向したもの

奉公衆湯河氏は亀山城（御坊市湯川町）に拠り、玉置氏は手取城（日高郡川辺町）に拠り、山本氏は龍松山城（西牟婁郡上富田町）に拠っていたといわれる。義就は河内嶽山城（大阪府富田林市）に籠ったが、寛正四年（一四六三）四月十五日嶽山城が陥落し、義就は高野山に敗走したが、高野山内には反義就派多くて逗留することができず、義就は岡城（伊都郡九度山町）に拠って抗戦したが、四面楚歌の状態では到底支えることが出来ず、寛正四年（一四六三）八月六日、北山（奈良県吉野郷）に没落した。しかし、義就は寛正六年（一四六五）十一月八日、天河（奈良県吉野郷天川村）に出陣して活動を開始した。文正元年（一四六六）八月二十五日吉野を出て、大和壷坂寺（奈良県高市郡高取町）に陣した義就は、文正元年（一四六六）十二月二十五日、山名持豊（宗全）の斡旋により上洛し、翌文正二年（一四六七）正月二日将軍足利義政に対面した。一方、将軍義政は政長の邸に臨もうとしたが中止し、五日には義就の供応を受けている（『斉藤親基記』）。さらに六日には義政は政長の邸を義就に与えようとし（『大乗院日記目録』）、政長の管領を罷免したのである。政長は邸に火をかけて、上御霊社に陣を敷いたが、この戦いに敗れ没落したのである（『後法興院記』）。この時点で、畠山氏の家督を義就が回復したことが知れる。このように京都では、義就方有利に事が運んでいるが紀伊の情勢はどのようになったのであろうか。紀伊では義就の出陣と時を同じくして、能登守護畠山義有の次男で義就の猶子となっていた畠山政国が活動を開始した。文正二年（一四六七）正月一日に南部城（高田土居城・日高郡南部町）を攻略、広城（有田郡広川町）も落とすなど、政国は政長方の拠点を相次いで手中にし、根来寺を除く紀伊の大半は義就方に属したといわれるほど、その勢いは強かった。緒戦における活躍はめざましいものであった。しかし、応仁元年(一四六七)五月十四日、一転して政長が幕府に出仕した。これが契機となって政長に与する細川勝元、一方、義就に与する山名持豊（宗全）はそれぞれの与党を召集し、応仁元年（一四六七）五月二十六日京都での戦端が開かれた。「応仁の乱」の勃発である。当初、日和見的態度をとってきた将軍足利義政は六月三日、牙旗を細川勝元に与え、東軍に加担することを明らかにした（『大日本史料八』）。これを契機に政長が再び守護に還任されたとみてよいであろう。

このような京都の事態展開に際し、紀伊の情勢はどのように変化したのであろうか。紀伊の大半を平定した畠山政国は京都の戦局が逼迫した六月初旬紀伊より河内に入り、六月十七日入京した。一方、政長方の活動も六月以降活発化し、六月十三日政長の有力被官神保長誠が湯河政春の戦功を讃えた書状を発給している（『古今采輯』東京大学史料編纂所収）。この政長方の反撃により、応仁元年（一四六七）末から翌二年（一四六八）初頭にかけて、広城・高田土居城（南部城）と相次いで奪回した。ここで「応仁の乱」時における政長派・義就派の勢力図をもう一度、前掲『室町時代紀伊国守護・守護代等に関する基礎的考察』（弓倉弘年）を引用すると次のとおりである。

	政長派	義就派
寺社	根来・粉河	（高野山）熊野三山
奉公衆	湯河・玉置・山本	
内衆等	草部・野辺	畠山政国
国人被官	小山・山田・奥・平野等	有馬・入鹿・日足等

※（　）内消極派

こうした折、文明五年（一四七三）三月、西軍の領袖山名持豊（宗全）が病死し、五月には、東軍の領袖細川勝元もまた病死した。両将は奇しくも同年に没したのである。この「応仁の乱」は畠山氏の家督争いに端を発したものだけに東軍・西軍の領袖の死没はその大義名分の大半はすでにないものとなった。両派閥を引き継いだ細川政元と山名政豊との間で講和が決定した。しかしこの講和には畠山義就・畠山政長ともに反対であった。紀伊では依然として文明八年（一四七六）十一月から翌九年（一四七七）閏正月にかけての義就方の奥郡での反撃も大勢を覆すには至らず、政長方優勢のうちに終局を迎えたのである。しかし、義就は政長との徹底抗戦をとなえ、京都の戦乱に見切りをつけ、文明九年（一四七七）九月、分国の実力支配を目指し義就は河内に下向し、戦火は南山城から河内一帯に拡大し、有名な「山城の国一揆」を招いたことはすでに述べたところである。では紀伊の情勢はどうだったのであろうか。

政長の紀伊領国支配を示す事例がいくつか見られる。ここに政長の口郡守護代遊佐長恒が発した書状があるのでそれを掲げる。

御公役の事。先々のごとく三の一、三分の二、一人分御沙汰有るべく候。此の分に於いては是非に及ぶべからず候。恐々謹言。

文明十七年
乙巳十月廿一日　遊佐兵庫助
長恒（花押）

安楽河弾正左衛門殿
安楽河新左衛門殿
之を進らせ候。（読み下し）
（平野文書）

このように畠山義就は紀伊での勢力が不振のまま、延徳二年（一四九〇）十二月十二日没し、嫡子基家が跡を継いだ。

しかし、この時点では基家相続後、紀伊における基家方の活動は乏しく政長方優勢のうちに「明応の政変」を迎えるのである。「明応の政変」により京都に香厳院清晃（足利義澄）を擁した細川政元政権が成立した。政元と対立した政長は明応二年（一四九三）閏四月二十五日細川政元の向けた軍勢により河内正覚寺（大阪市）で自刃し、嫡子尚順を紀伊へ落した。この正覚寺の戦いで河内守護代遊佐長直も自刃したのである。将軍足利義材（義尹・義稙）は政元方に捕えられたが、六月二十九日夜豪雨をついて脱出して越中へ下向し、神保長誠を頼ったのである。神保長誠は政長の紀伊守護代であったが、幸いにも「明応の政変」以前に越中放生津に帰国しており足利義材を迎えたのである。

「明応の政変」は紀伊にとっても大事件であった。正覚寺の戦いで畠山政長とともに口郡守護代遊佐長恒および奥郡守護代神保長通が戦死したのをはじめとして分国支配に関わった多くの被官が戦死したのである。一方、畠山尚順が入国したことにより、紀伊は畠山基国が守護職を得て以来はじめて畠山当主による直接支配が行われることになったのである。しかし、尚順方は「明応の政変」で受けた打撃は大きく紀伊の支配体制再建と基家方の攻撃をしのぐのが精一杯で、組織的な河内反抗は実施されていない。畠山基家は明応二年（一四九三）九月十二日紀伊へ軍勢を派遣した。さらに十月四日には高野山勢も加わって、尚順方の根来寺衆を攻撃したが敗北している。明応四年（一四九五）三月基家は再び紀伊に出兵している。紀南でもこれに呼応して愛洲氏等の基家与党が蜂起し、明応四年（一四九五）四月田辺に乱入した。明応四年（一四九五）六月十二日、尚順方は愛洲氏の拠点を攻略して、この方面を平定している。このように基家方の作戦は失敗し明応四年（一四九五）七月基家の軍は河内に引き上げている。これは紀伊においては「応仁の乱」以来、政長流優位の情勢に変化がないことを示している。

ここに尚順期の紀伊守護代遊佐順房が折紙を発しているのでそれを掲げる。

幡河寺領の内、小中谷田地作の事。小中左衛門太郎申事
有りと雖も、支証無きに依り、彼の作寺家え渡し付け候由、
申し遣はさるべく候者なり、仍て状、件の如し。

明応四
六月十一日　　　　　　　　　　　　（遊佐）順房（花押）
長岡新右衛門尉殿

（読み下し）
（禅林寺文書）

これは尚順方にとって、紀伊での戦局に目途がついたことを示すとともに尚順の紀伊支配が確立したことを示しているといえよう。尚順は明応四年（一四九五）十月と翌明応五年（一四九六）十月に和泉より河内に入ろうしたが成功しなかった。明応六年（一四九七）九月、基家方の内紛に乗じて尚順は河内へ進攻し、明応六年（一四九七）十月十三日高屋城（大阪府羽曳野市）を奪い、明応八年（一四九九）一月三十日には、基家を河内十七箇所で敗死させたが、明応八年（一四九九）十二月二十日尚順は細川政元の軍勢と摂津天王寺に戦って敗れ、紀伊に敗走した。しかし尚順は明応九年（一五〇〇）八月から九月にかけても河内に進攻したが、河内を奪回するには至らなかった。基家の没後、跡を継いだ義英はまだ幼少で細川政元の後見を受けており、当時は政元の全盛期であり河内の奪回は至難の業であった。

ところが盤石と思われた細川政元政権も、永正元年（一五〇四）九月に摂津守護代薬師寺元一の叛乱が発生するなど、細川氏被官の内紛が激化していったのである。

このような状況下に畠山義英は永正元年（一五〇四）十二月十八日、それまで対立していた畠山尚順と和睦し、尚順と同様、足利義稙（当時は義尹）方についた。細川政元は畠山義英の反幕府姿勢に対し守護職を剥奪し、永正二年（一五〇五）十一月二十七日、追討軍を派遣した。追討軍は永正三年（一五〇六）正月二十六日に誉田城、二十八日に高屋城を相次いで攻略し義英・尚順ともに没落させたのである。しかし、追討軍は紀伊へは進攻しておらず、紀伊を征圧するつもりはなかったと思われる。したがって当時の幕府が紀伊守護職をどのように考慮していたかはよくわからない。とまれ、両畠山氏の和睦が行われた永正元（一五〇四）以降、義英の被官らが誓度寺に寺領を安堵しているのである。ここに遊佐就盛・基盛の義英奉行人連署奉書下知状があるのでそれを次に掲げる。

当寺并諸塔頭根本の寺領等の事。今月廿日御下知の旨に任せ、領掌せしめ訖。執務を全うせられ、弥精誠を抽んぜらるべきの状、件のごとし。

永正四年八月廿日

基盛（花押）

（遊佐）就盛（花押）

誓度寺雑掌

（読み下し）

（興国寺文書）

これは義英と尚順が和睦したことで、紀伊国内で尚順方からみても足利義稙方守護として、合法的権力を行使できるようになったと考えられる。義英が和睦を利用して勢力拡大を図っていたようである。

しかし、永正四年（一五〇七）六月二十三日細川政元が暗殺され、細川氏は養子間の抗争を続けていく。一方、畠山氏の和睦も所詮一時的なものであり、永正四年（一五〇七）十二月四日和睦破れ、十日尚順は幕府に帰参し守護職を得た。この後、畠山氏の抗争は細川氏の抗争と絡み合って展開するが細川澄元と細川高国が対立するに至り、義英は澄元に、尚順は高国に与した。永正四年（一五〇七）十二月十五日周防に流寓していた足利義稙が、大内義興の援助を受けて上洛を開始、翌永正五年（一五〇八）四月二十七日尚順は高国とともに義稙を堺に出迎え、高国政権下でも守護に任じられたが幕府の要職につけられることはなかった。これ以降尚順・義英は河内を中心に抗争を展開した。永正八年（一五一一）七月十三日尚順方の守護代遊佐順房が義英の軍勢と戦って戦死した（『二条寺主家記抄』）。

さらに永正十年（一五一三）八月二十四日、河内観心寺周辺で合戦が行われ義英方は大敗して没落した（『拾芥紀』）。以後、永正十五年（一五一八）九月まで義英の消息は知れず、河内・紀伊は尚順のもとでひとまず平静を取り戻している。しかし、永正十五年（一五一八）八月、高国を支えていた大内義興が帰国した。これにより九月には河内・紀伊に隣接する和泉で、義英方の活動が行われるようになり分国の支配も不安定になった。尚順の嫡子稙長は永正十七年（一五二〇）には高屋城主であったことが知れる（『室町家御内書案』）が、永正十七年（一五二〇）二月から五月にかけて畠山稙長が高屋城の攻防戦を義英と行っている（『祐維記抄』）。また永正十七年（一五二〇）六月二十二日、畠山稙長が細川高国と図り、遊佐順盛を遣わして大和の筒井順興と越智家全との和睦を斡旋している（『祐維記抄』）。なお、越中についてはこの時期『上杉家文書』から畠山尚順の活動が見えるが稙長の活動はまったく見られない。

尚順の紀伊在国もこれまで終始足利義稙を支援してきたことを考慮すればまことに奇異な事だが「明応の政変」後、在京して領国経営を行なえるほど情勢は甘くなかったのであろう。これを示すように永正十七年（一五二〇）八月、尚順は湯河氏らを中心とする国人らに広城から追放され和泉堺に退いた（『祐維記抄』）。また「守護畠山氏と紀州『惣国一揆』」（石田晴男）によれば「湯河氏を中心とした国人一揆が尚順を追放した」としている。これには異論もある。この追放は尚順の支配強化により、反発を招いた結果である。一方、稙長は永正十七年（一五二〇）八月中には湯河氏等と和睦している。『室町時代紀伊守護・守護代等に関する基礎的研究』（弓倉弘年）では稙長の家督と尚順の罷免は永正十七年（一五二〇）八月以降十八年（一五二一）三月までの間としている。永正十八年（一五二一）三月七日細川高国と不和になった将軍足利義稙が出奔し、再挙を図り、尚順もこれに応じている（『大日本史料九』）。足利義稙とともに淡路に移った尚順は永正十八年（一五二一）五月再挙の一環として紀伊入国を試みるが失敗する（『祐維記抄』）。この後、畠山尚順は畠山義英と和睦し、大永元年（一五二一）十月、足利義稙ともに上洛を企てるがこれも成功しなかった（『祐維記抄』）。尚順は翌大永二年（一五二二）七月十七日淡路で没した（『大日本史料九』）。義英も大永二年（一五二二）に没している（『中世後期畿内近国守護の研究』弓倉弘年）。義英の跡は義堯が継いだ。義堯は足利義維・細川晴元側に与して、足利義晴・細川高国側の畠山稙長と抗争を展開していく。畠山義堯の守護代は遊佐堯家である。この遊佐堯家の発した書状があるのでそれを次に掲げる。この文書は年紀を欠くが『中世後期畿内近国守護の研究』（弓倉弘年）では次のように記している。「……遊佐堯家書状は、大永七年（一五二七）二月十一日と推定できる」としている。

未だ申し付けず候と雖も啓せしめ候。御入洛の儀に仍て、阿州仰せ合はせられ候条、諸口相催し候。然れば先年仰せ遣はされ候筋目、相違無き様憑み入り候。必ず其の砌使者を以て申し入るべく候。子細に於いては尚申し分けらるべく候。
恐々謹言。

二月十一日　（遊佐）尭家（印）

奥殿

橋爪殿

（読み下し）

（奥家文書）

尚順と義英が相次いで没した後、その跡を継いだ稙長と義堯は、それぞれ稙長は足利義晴・細川高国に与し義堯は足利義維・細川晴元に与し抗争を続けたが、紀伊に関しては尚順を追放した主力の湯河氏が稙長、義堯の抗争に、どちらか一方に与したとされる史料はなく、大永から天文初年にかけての紀伊は、単に義堯・稙長方に分れて抗争するだけでなく複雑な様相を呈しており明確ではないようである。

享禄五年（一五三二）六月十八日義堯が、二十日には三好元長が相次いで一向一揆に敗死し、いわゆる堺公方府が崩壊した。これを期として、享禄元年（一五二八）十一月十一日、高屋城が陥落（『厳助往年記』）して、以降劣勢に立たされていた稙長が失地回復を目指して活動していた。だが、細川晴元と足利義晴が和睦し、畠山稙長と対立していた畠山義堯の旧臣で細川晴元の被官でとなっていた木沢長政も足利義晴方となり稙長はさらに苦境に立たされた。天文三年（一五三四）正月稙長は本願寺と同盟して、事態の打開を目指すが、これに反対する遊佐長教は天文三年（一五三四）八月木沢長政と和睦して稙長の弟長経を擁立したのである。このため稙長は高屋城に帰れず、紀伊に在国することになった。

遊佐長教は本願寺と同盟することが、すなわち反幕府側になること危惧したためであろう。

しかし、天文十年（一五四一）十月木沢長政が幕府に反旗を翻すと、高屋城の弥九郎がこれに味方して没落した。この弥九郎は『守護領国支配機構の研究』（今谷明）では政国に比定していると思われる。

翌天文十一年（一五四二）三月稙長が高屋城に復帰した。一方、飯盛城（大阪府四條畷市）の在氏も幕府との交渉も不調に終わり、天文十二年（一五四三）正月飯盛城が陥落して没落した。ここに河内は稙長のもとに一元化されることになった。ここに稙長期の守護奉行人奉書があるので次にそれを掲げる。

丹下盛賢・遊佐左衛門大夫長清はともに紀伊守護代である。


小山三郎五郎、牟婁郡内誉田分の事。仰せ付けられるべきの由、度々言上、御思案候と雖も、慶景先に任せ置かれ、御下知成され候由、仰せ出され候。

恐々謹言。

永正十八
三月十七日
（丹下）盛賢　印
（遊佐）長清　印

野辺掃部允殿

（読み下し）

（大日本史料・小山文書）

稙長は天文十四年（一五四五）五月十五日没するが、守護代遊佐長教はその後継者にその弟政国を擁立したのである。しかし、『中世後期近国守護の研究』（弓倉弘年）では政国は正式な守護とは認めず、「惣領名代」の位置づけをしている。さらに、『室町時代紀伊国守護・守護代等に関する基礎的考察』（弓倉弘年）では次のように記している。「天文十五年（一五四六）夏頃より起こったこの乱（細川氏綱の乱）は、遊佐長教が中心的な役割を果たしており、細川晴元政権に政国の家督を承認させるつもりはなかったようだ。政長系畠山氏の勢力が反幕府的行動をとっているのを見た在氏は、遅くとも同年末までには晴元政権に帰参し、守護に補任されたとみられる。名実ともに守護たらんとして活動した在氏だがその勢力は紀伊にはほとんど及ばず、天文十八年五月九日の堺北庄の戦で三好長慶・遊佐長教の軍勢に大敗して没落し、晴元政権も同年六月二十四日の摂津江口の戦での敗北を機に崩壊した」としている。一方、『河内守護畠山氏の研究』（森田恭二）では在氏は晴元政権に帰参した時に「守護に復帰したかどうかは疑わしい」としている。これ以降、義就系畠山氏の当主が守護に任じられることもなく、その勢力は局地的なものになってしまい、永禄年間（一五五八〜）に入ると当主の消息さえもわからないほど凋落し、紀伊における所見もなくなるのである。次に、政長系の畠山氏を見てみよう。細川晴元政権の崩壊以降幕府の権力も凋落していく。畠山高政は天文二十一年（一五五二）九月二十九日に家督を相続した。その跡を秋高（昭高）が家督を継いだ。永禄十一年（一五六八）九月二十六日、足利義昭が織田信長とともに入京すると、十月四日畠山高政とともに出仕した（『言継卿記』）。この時点で復活した幕府から正式に紀伊守護職を認められたと考えられる。河内守護職をも得て高屋城に復帰したのである。守護畠山秋高（昭高）の紀伊守護代遊佐盛（盛直）が秋高の感状と同日付で隅田能長（市兵衛）に副状を発しているのでそれを次に掲げる。この書状は年紀を欠くが『中世後期畿内近国守護の研究』（弓倉弘年）から永禄十一年頃と推定される。

去んぬる十八日、高野衆と両郡田土野郷に於いて一戦に及び候処に、道筋一番鑓を入れ、太刀疵を蒙られ候事、旁以て比類なき働きとも思し召され神妙通、御書を成され候。弥御忠節肝要たるべきの由、猶相意得申すべき旨に候。

恐々謹言。

十一月十二日　（遊佐盛直）盛（花押）

隅田市兵衛（能長）殿

（読み下し）
（隅田家文書）

信長に擁立されて上洛し将軍となった足利義昭であったが、信長の傀儡になるのを潔しとしなかった。足利義昭は次第に信長の傀儡化に反発し、二人の間は不和になっていった。義昭には将軍家としての意地がそうさせたのであろう。天正元年（一五七三）四月、二条城に足利義昭は信長に対して挙兵したが、二条城は落とされた。義昭は山城槙島城に籠った。河内高屋城にいた畠山秋高（昭高）は将軍義昭と信長との動きを見ながら揺れ動いていた。天正元年（一五七三）四月、義昭と信長との講和の不成立を見て畠山秋高（昭高）と河内守護代遊佐信教は将軍義昭に与したのである。しかし、足利義昭は天正元年（一五七三）七月三日、山城槙島城で再び挙兵したが落城し、天正元年（一五七三）七月二十一日には義昭は信長に槙島城を追われて、ここに室町幕府は終焉を迎えたのである。一方、高屋城ではこれに先立つ六月二十五日畠山秋高（昭高）は守護代遊佐信教に弑逆されていたのである（『大日本史料十』）。一旦は守護として将軍義昭についたものの織田信長の圧倒的ともいえる軍事力を目の当たりにし反信長戦線に躊躇した秋高

（昭高）を殺害したものであろう。ところで紀伊守護代遊佐盛（盛直）はその後どうなったのであろうか。その動向は『織田信長文書の研究』（奥野高広）から伺い知ることができる。

次の織田信長の命を受けて羽柴秀吉が遊佐盛（盛直）に宛てた書状があるのでそれを掲げる。

此方弥異儀（議）なく候間、御心易かるべく候、安（保）田佐介人質の事、未だ出されざるの由、信長承り候。如何御由（油）断に候哉。早々仰せ付けられ御進上候様に、私より申上ぐべき旨候。御披露あるべく候。

恐々謹言。

秀吉（花押）

（天正二年）五月十七日

遊佐勘解由左衛門（盛）殿

（読み下し）

（『織田信長文書の研究』）

同書の注記では次のように記している。

「（天正二年）四月二日本願寺光佐が挙兵すると、三好康長・遊佐盛らも河内高屋城で味方する。保田知宗は紀伊在田郡八幡山城の土豪。四月に信長は大坂に出陣して攻撃している。しかし四月の時点では（遊佐）盛の進退は判然せず、むしろ保田知宗を把握するのが急務と考えられた。そこで信長は羽柴秀吉に命じ知宗の人質を徴するよう盛を通じ督促された」としている。

この時期、信長は本願寺との一向一揆と対決しており、種々調略をめぐらしている状況がうかがえるのである。また同書の注記では次のように記している。「（天正）二年四月二日本願寺門跡の顕如が挙兵し三好康長・遊佐信教らも河内高屋城で、信長に抗戦する」としている。

これから河内守護代遊佐信教と紀伊守護代遊佐盛（盛直）が同じく高屋城にいたことが知れる。しかし、紀伊守護代遊佐盛（盛直）が上洛した時期は明確ではないが『中世後期畿内近国守護の研究』（弓倉弘年）では遊佐盛（盛直）の紀伊守護代在職の下限を永禄十二年（一五六九）四月頃としている。また『きのくに荘園の世界上巻』（山陰加春夫）では次のように記している。「三好三人衆の行動にたいして、同年（元亀元年）八月二日、将軍足利義昭は紀伊守護畠山秋高に紀伊衆の動員の要請をした」としている。

これから、おそらくこの頃、遊佐盛（盛直）は紀伊国人保田知宗らとともに上洛したと考えてよいであろう。これから紀伊守護代遊佐盛（盛直）は河内守護代遊佐信教らとともに高尾城に籠り、信長方に対したことがわかる。しかし、天正三年（一五七五）四月十九日三好康長が信長に降伏した際には、遊佐信教と全く同様、その消息を絶ってしまうのである。全く、摩訶不思議といってよいであろう。

しかし、河内守護代遊佐信教と紀伊守護代遊佐盛（盛直）はこの戦国の世に、ともに織田信長や秀吉と深く関わっていたことは筆者にとっても驚くべき事であった。表舞台には登場しないがまさに影の役者であったというべきであろう。こうして河内・紀伊守護代両遊佐氏は歴史上からその姿を消してしまうのである。では、その後の紀伊はどうなったのであろうか。ここで紀伊国が宣教師ルイス・フロイスの目にどう映ったかを記してみよう。ルイス・フロイスの『日本史』によれば次のようである。

「堺の付近を和泉の国（と称するが）、その彼方には、国を挙げて悪魔に対する崇拝と信念に専念している紀伊国なる別の一国が続いている。そこには一種の宗教（団体）が四つ、五つあり、そのおのおのが大いなる共和国的存在で、昔から同国では常にこの信仰を滅ぼすことができなかったのみか、ますます大勢の巡礼が絶えず、その地に参詣している」としている。ルイス・フロイスにとっては日本の伝統的な宗教的団体は敵対勢力であり、その宗教的団体が崇拝する対象は悪魔であったのである。ルイス・フロイスが紀伊国での共和国的存在としてあげている団体は高野山・粉河寺・根来寺と雑賀衆の四つであり、もう一つはおそらく熊野三山であったであろう。ルイス・フロイスにとって、彼らが崇拝する宗教のもとで強固に団結しており、宣教師にとって布教は困難を極め、彼らの崇拝する宗教が悪魔のごとく映ったのであり、その牙城を切り崩すことはおそらく不可能であったであろう。

話を戻そう。

織田信長と石山本願寺との戦い（石山合戦）は、元亀元年（一五七〇）に始まったが、統一政権を目指す信長にとって、本願寺は各地の一向一揆を従え、また西国の大名とも結んで抵抗する最大の障害物となっていたからである。信長の石山攻撃が開始されると近江・伊勢などの一揆がいっせいに蜂起した。このため信長は形勢不利とみて、いったん軍を引き、元亀三年（一五七二）本願寺と和を結んだ。

その後、信長は本願寺の手足をもぐ作戦に転じ、浅井・朝倉次いで伊勢長嶋一揆・越前一向一揆などを次々と攻撃した。この間、本願寺は防御を固め、毛利氏との同盟を成立させた。天正四年（一五七六）に至り、信長は大軍を率いて大坂に来襲した。この合戦における雑賀衆の活躍はめざましく、水軍は毛利水軍と連合して織田水軍に大きな打撃を与え、また陸上の戦闘でも鉄砲衆の奮戦によって、信長の足に銃創を負わせたのである。しかし、双方に多数の死者がでて、相互に支払った犠牲も大きく、信長は本願寺を攻略することができずに兵を引いた。この合戦で本願寺を攻略するためには、まず雑賀衆の本拠を攻撃する必要があることを信長は痛感したのである。

そして信長は翌天正五年（一五七七）二月、紀伊に出陣したのである。小雑賀付近で激戦が行われたが、雑賀一揆を壊滅させるまでには至らなかった。

本願寺はその後も抗戦を続けたが、天正七年（一五七九）頃になると本願寺は制海権を奪われて形勢不利となり、翌天正八年（一五八〇）本願寺と信長との間に和睦が実現し本願寺十一世顕如は石山城を退き、紀伊鷺森に向かった。こうして十年におよんだ石山合戦は本願寺の敗北によって終結したのである。

その後、天正九年（一五八一）から十年（一五八二）にかけて信長が高野山を攻撃するために大軍を動かすという風聞が流れたが、間もなく信長が「本能寺の変」で自害したので事なきを得たのである。石山退城を巡って顕如と徹底抗戦派の教如の対立が見られたが、この対立は本願寺の最大の与党である雑賀衆の動向にも大きな影響を及ぼしたのでる。雑賀衆内にも強硬派と穏健派の対立を生じさせた。雑賀衆は強硬派の主導するところとなった。「本能寺の変」による信長の死後は、信長の意を継いだ秀吉との対決となった。天正十三年（一五八五）三月、秀吉は十万以上の大軍を率いて来襲した。

秀吉は三月二十一日に大坂を進発、三月二十三日に秀吉軍が根来寺に兵を進めた時には衆徒の多くは逃れ去っていた。秀吉は根来寺に火を放ち、次いで二十四日に雑賀に進軍した。ここでも雑賀衆の多くは逐電しており、同様に放火が行われた。さらに秀吉は紀南にも兵を進め、湯河氏の小松原館を焼き、熊野まで達したという。こうして秀吉の大軍の前に紀伊の諸勢力はあえなく壊滅したかに見えたが雑賀衆・根来衆の残党が太田城に立て籠もったのである。秀吉は立て籠もった衆徒勢の抵抗が強く容易に落城させられなかった。秀吉は紀ノ川の大量の水を引き入れ水攻めにした。こうして根来・雑賀を炎上させた後、約一ケ月後にようやく太田城を落城させたのである。ここに信長の意を継いだ秀吉が紀伊平定したのである。大局的に見れば戦国大名たりえた信長に消滅させられたといってよいであろう。

こうして畠山氏の分国の一つでもある紀伊国も畠山基国が紀伊国守護となった応永六年（一三九九）から天正十三年（一五八五）まで約百九十年で消滅したのである。

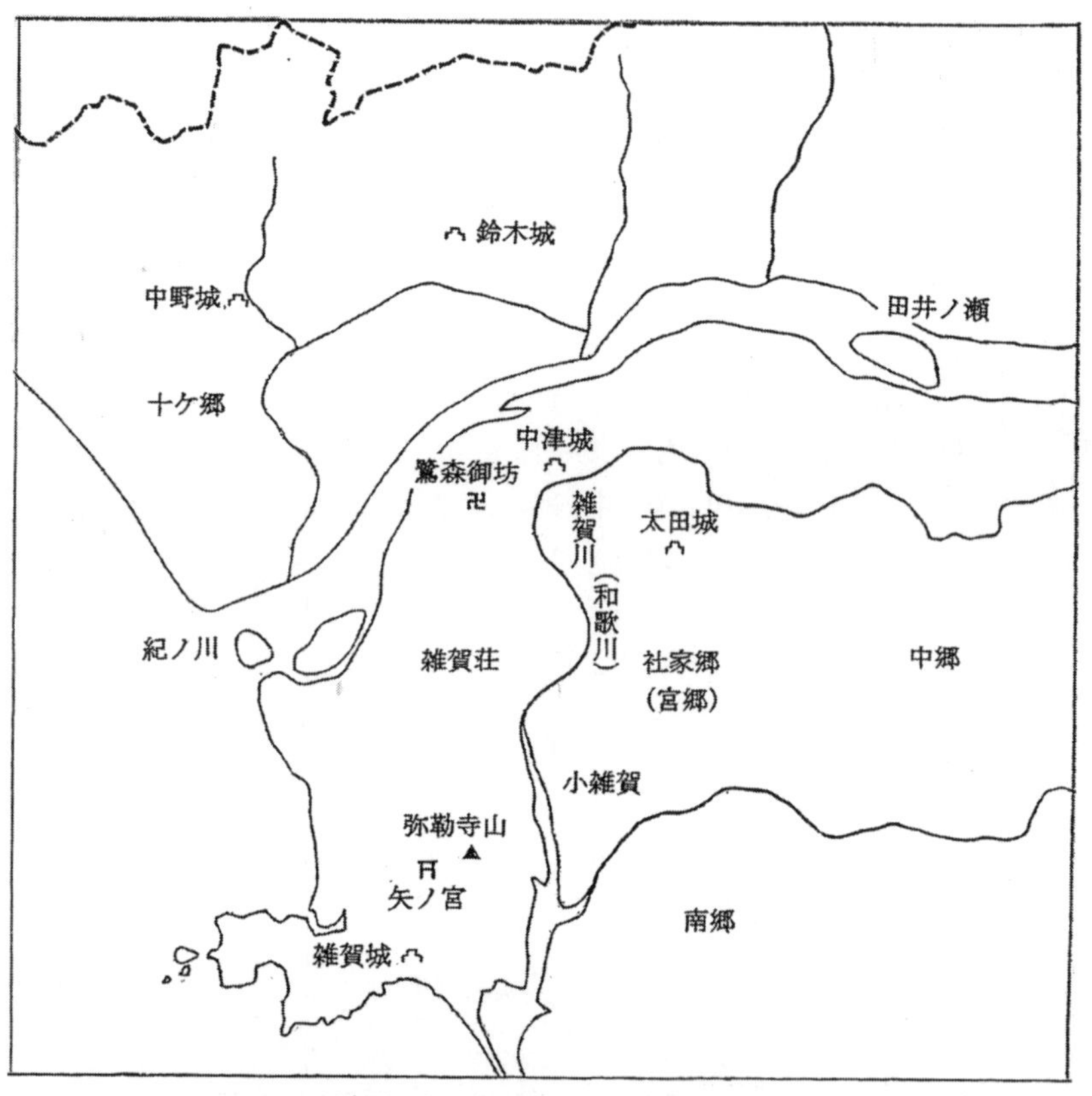

「織田信長雑賀攻め関係要図」　「筆者作図」

室町時代紀伊国守護代一覧

守護	在職期間	守護代	小守護・奉行人等
基国（徳元）	応永6 12 8—同13 1 18没	遊佐助国（浄安） 遊佐家久	いなは某 長瀬言弥 某姓長潮（長頼カ） 某姓秀朝 中村兵庫入道妙通 広瀬某 渡辺源左衛門尉 某姓秀明 某姓明阿 某姓義□ 伊地知民部入道寿持
満慶（道祐）	応永13 1 18—同15 6 21…↓	遊佐祐善（家長）（口郡） 遊佐禅久（家久）（奥郡）	草加太郎左衛門尉 木沢兵庫入道善堯（善光カ）
満家（道端）	↑応永15 9 17—永享5 9 19没	遊佐家長（口郡）	草部太郎左衛門尉 木沢兵庫入道善堯（善光カ）

遊佐慶国
（口郡）
遊佐家久
（奥郡）
遊佐国継
（口郡）

玉手入道道秀
草部宴盛
中村四郎兵衛入道
誉田某
中村某
杉原某
熊野成実
草部三郎左衛門入道元俊
藤代某
湯尾某
平窪某
木沢蓮因
遊佐国盛
平豊前入道
遊佐豊後入道
斎藤因幡守
長岡新右衛門尉
草部盛長
熊野道盛

持国（徳本）	永享5 9 19—同13 1 29隠居	遊佐国継 （口郡）	
持永	永享13 1 29—嘉吉1 7 4没落	（遊佐国継？） （口郡）	
持国（徳本）	↑…嘉吉1 8 3—享徳3 8 26隠居	誉田久康 （口郡） 遊佐盛久 （奥郡）	原七郎右衛門尉（入道融意） 法楽寺職久 原四郎左衛門尉（入道浄観） 江河新左衛門尉（入道覚円カ） 江河六郎右衛門尉 原職近 中村掃部入道道吉 （中村カ）正通 馬場通定
政久（弥三郎）	享徳3 8 26……同年9 22—同年11 27（同年12 26没落）	遊佐盛久 （奥郡）	
持国	享徳3 11 12—同4 3 26没		
義就（義夏）	享禄4 3 26—長禄4 9 16没落	遊佐盛久 （口郡）	誉田某 神保近江入道 木沢山城守

政長	長禄4 9 26—文正2 1 2	遊佐直重（口郡） 神保長誠（奥郡） 遊佐長恒（口郡）	菱木七郎次郎 野辺十郎左衛門尉（宗貞カ） 草部太郎左衛門
義就（代行者政国） 〔西軍守護〕	↑…文正2 1 23—応仁1 5 14 応仁1 5 14—文明9 1 19↓		遊佐盛貞
政長	↑…応仁1 6 13—明応2 4 22 （同年4 25敗死）	遊佐長恒（口郡） 神保長誠（奥郡） 神保与三（奥郡） 神保長通（奥郡）	山田彦左衛門 平三郎左衛門尉（知久カ） 野辺掃部允（宗貞カ） 斎藤基守 某姓直秋（直賢） 某姓直秀
基家（義豊）	↑…明応2 5 19— 同8 1 30戦死		

守護	在職期間	守護代	小守護代等
尚順（尚慶）〔足利義材方守護〕	明応2 4 25—永正4 12 10	遊佐順房	長岡継覚 山田恒定 丹下盛祐 神保慶恵 野辺六郎右衛門 某姓直賢 長修理少輔（久信カ） 長岡家次 藤原（保田カ）則泰
義英〔足利義材方守護〕	明応8 1 30—永正1 12 16……↓ ↑……永正2 8 14—同4 12 10	遊佐就盛 遊佐基盛	遊佐元繁 某姓康綱 某姓盛秀 遊佐英当 隅田繁久
尚順（卜山・尚慶）	永正4 12 10—同17 8 没落……↓	遊佐順房	野辺慶景 神保五郎左衛門尉
義堯（義宣）〔足利義維方守護〕	↑大永3 3 18……大永7 2 大永7 2—享禄5 6 18敗死	遊佐堯家	平英正 某姓英作

稙長	↑……永正18 3 17—天文3 8…… ……天文11 3—同14 5 15没	丹下盛賢 遊佐長清	神保式部丞 山本忠善 玉置正直 三宝院快敏 遊佐長教 飯沼康頼 寒川景範
政国（惣領名代） 〔細川氏綱方〕	天文14 5 15—同18 6……同21 2 17？		
在氏	天文15末頃—同18 6没落		
高政（一空）	天文21 9 29—永禄8 6……↓		
秋高（政頼）	↑……永禄8 12 11……同11 10 10 —元亀4 6 25没	遊佐盛	丹下遠守 平豊後入道 三宅智宣 遊佐高清

注・「室町時代紀伊国守護・守護代等一覧表」は『中世後期畿内近国守護の研究』（弓倉弘年）の「室町時代紀伊国守護・守護代等一覧」からの転載である。

十八．奥州の遊佐氏

奥州の遊佐氏は大別して、㈠鳴子の遊佐氏と㈡二本松の遊佐氏に分けられる。それは両方とも出羽国遊佐郷を本貫とするが、㈠鳴子の遊佐氏は出羽国動乱期に遊佐郷を離れ二本松（畠山氏）に流寓し、後に鳴子に居住するようになった遊佐氏であり、一方、㈡二本松の遊佐氏は「建武新政」期に出羽国遊佐氏の一流が上洛し畠山高国の被官になり畠山高国・嫡子国氏とともに奥州に下向した遊佐氏である。

筆者の遊佐氏は後者の系に属する。㈡二本松の遊佐氏は後述することとし、最初に㈠鳴子の遊佐氏について記述する。

㈠　鳴子の遊佐氏

鳴子の遊佐氏は全国的に見ても「遊佐氏」の多いことでよく知られている。

鳴子町（旧名）の遊佐氏は、平成二十六年九月一日現在で二百二十戸であるという。それに対し「遊佐氏の現状」ですでに述べたように、平成十九年十二月時点での全国の遊佐氏は二千百八十一戸（電話帳調べ）である。実に全国の約一割の遊佐氏が鳴子町（旧名）に居住されている。以後、便宜上「鳴子町」と呼称することとする。鳴子町の遊佐氏の占める割合の多さでは突出している。なぜ、これほど多くの遊佐氏が鳴子町におられるのであろうか。また『苗字の歴史』（豊田武）では次のように記している。

「山形県遊佐から鳴子付近への移住も考えられる」としている。ではこれから「鳴子の遊佐氏」がどのような歴史を刻んでいったのか、その歴史を探っていこう。それには『鳴子町史上巻』・『岩出山町史上巻』・『遊佐町史上巻』などをもとにまとめていくことにしたい。

石柱碑　「筆者撮影」

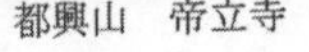

都興山　帝立寺　「筆者撮影」

『鳴子町史上巻』によれば鳴子町の遊佐氏について次のように記している。

「風土記御用書出」（宮城県史二五「風土記」所収）に、安永二年（一七七三）の玉造郡鳴子村肝入平蔵書上が載せられている。彼は鳴子村肝入のほかに、「尿前町検断・萬御判肝入・尿前御境目古来人」の肩書をもつ有力者で初代が尿前に住居してから十三代目に当り、代々「御境目〆り」（藩境の警備）を勤めた家柄である。その書上によれば、先祖は平氏畑山兵衛介宣重で、出羽国遊佐郷の内、平津という所へ御所の皇子に供奉して都から下向し、年久しくこの地に住居した。菩提寺の都起山帝立寺に、今なおその位牌があるという。戦国時代に至り、その子孫の遊佐勘解由宣春の代に遊佐郷を離れた。おそらく敗戦により落武者になったのであろう。彼ははじめ二本松（福島県）に赴き畠山氏にたよった。勘解由宣春はのちに栗原郡（宮城県）に移り、「三迫筑後殿」（氏名未詳）の出陣に加勢して数度の功があった。筑後の死後、その内室と結んで嫡子を後見し、子供も多く出生したが、その頃「出羽国の兵乱に付、岩手の関かために加わり、小屋館の番所を請取り居」たという。

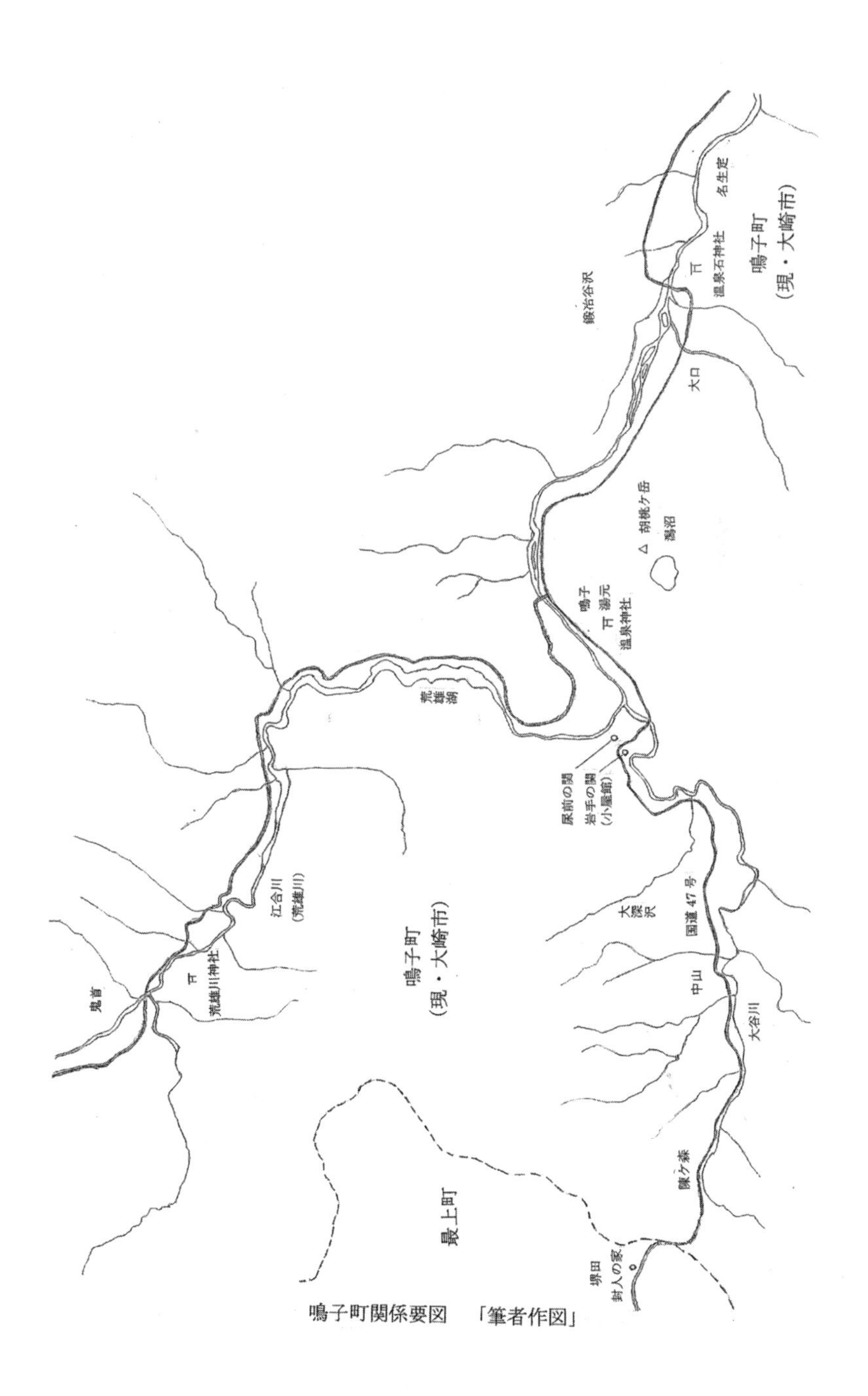

鳴子町関係要図　「筆者作図」

初代遊佐勘解由宣春が戦国期、敗戦により落武者となり遊佐郷を離れたのは事実であろう。しかし、初代遊佐勘解由宣春が二本松（福島県）に赴いて、のちに栗原郡（宮城県）に向かったとするのは迂回すぎであろう。酒田市の郷土史家は次のようであったろうと述べている。

「落武者であれば、最短の距離を取ったであろう。すなわち入有屋から有屋峠（山形県最上郡金山町）を抜け直接鬼首（旧鳴子町）に入ったのであろう」としている。筆者もこの見解に賛成である。

とまれ、明治四年、その後裔の遊佐甚平（第十七代甚之丞）の玉造郡長退職願（宮城県庁文書課所蔵文書）に、「先祖遊佐勘解由より但馬まで五代、尿前小屋館と申す所住居仕り、鳴子村を領し」とある。「尿前小屋館」というのは、尿前の西方の山上、もとの薬師堂の辺である。おそらく宣春は大名大崎氏の家中になり、大崎領境を警備するために「岩手の関」に配置され、尿前小屋館の番所（関所）を請け取ってそこに居住したのである。そして「暇な時は田畑開発し、鳴子尿前へ田畑始て開き、手下の者共ならびに子孫住居仕り、夫より村と罷り成り候」とある。「このようにして彼は尿前遊佐氏の初代となり、子孫代々尿前小屋館に住居して『岩手の関』を守ると共に、一族や手下の者共と付近を開発して村をつくるようになった。遊佐氏初代勘解由宣春が尿前小屋館に配置された年代は明らかではないが、彼は『尿前遊佐家系図』によると、天文二年（一五三三）三月二日、六十九才で死んでいるので、おそらく大永年間（一五二一～二八）のことであろう。ともかく、宣春が近世鳴子村の草分けであるといってよい」としている。また、前掲「風土記御用書出」によれば、始祖畑山兵衛介宣春の姓は平氏、皇子に供奉して出羽国遊佐郷平津に下り、年久しく住んだ。そこに菩提寺の帝立寺があり、先祖の位牌もあるというのである。帝立寺は曹洞宗の寺院である。筆者も実際に帝立寺（山形県遊佐町小原田）を訪れてみた。確かに位牌は二つあり、相当に古いものであることが確認できた。

遊佐町を訪れた際入手した「地名伝説・平津」という小冊子がある。それには次のように書かれている。「かつて〝平都（ひらつ）〟とも称され、歴史は地元に構える『都興山・帝立寺』に伝わる文書で知ることができる。室町期殿塚弾正という豪族が当地方を支配していた。一四四一（嘉吉元）年、都から後醍醐天皇の子孫とされる平家一門の帝立（ていりゅう）太子が荒木新右衛門という人物を従えて当地を訪れ、弾正の保護を受けて住み着いた。自分の名を冠した『帝立寺』を創建すると〝都落ち〟して寺領を〝興〟した意味を込め『都興山』と命名した。一方太子の行方を案じた都では、ようやく当地にいることが分かり、迎えの使者を向かわせた。しかし太子は帰ることを拒み『年ふれば爰も〝雲居〟の遊佐の浦住めば〝平（たいら）の都〟なり』と詠んだ和歌を使いの者に託して都に戻してしまう。後に村人は太子ゆかりの地とあがめ、文中の『平の都』を簡略して〝平都〟の字を当てた。だが当時、海が迫る地形であったことから入江や港を指す〝津〟の字に替えて地名として定着した由来がある」というのである。

これから「鳴子の遊佐氏」の記す遊佐氏の始祖平姓畑山兵衛介宣重が供奉した皇子は平姓帝立太子に比定でき、平氏畑山兵衛介宣重を荒木新右衛門に置き換えれば筋書きは酷似していることが分かる。

畑山は畠山に通じるものであり畠山氏を指すものであろう。平姓畠山氏を称することで平姓帝立太子の家臣であることを示し、家臣であるこの権威づけをしたのかもしれない。しかし平姓畠山氏は鎌倉期に跡絶えているのである。源頼朝の重臣畠山重忠は元久二年（一二〇五）六月、北条氏に攻められ武蔵国二股川（横浜市旭区）で討死し、嫡子重保も由比ガ浜で誘殺され、その後、一族も討取られているのである。よって、嘉吉年間（一四四一〜三）は源姓畠山氏である。「書上」では始祖平姓畑山兵衛介宣重から初代遊佐勘解由宣春に至る系および改名については一切触れられてはいない。

これらから「鳴子の遊佐氏」の始祖畑山兵衛介宣重は一応伝承上の人物として扱った方が妥当であろう。「書上」で帝立寺に位牌があると述べているが、その位牌を巡って地元の史書では見解が分かれている。『出羽国風土略記』（進藤重記・宝暦十二年、一七六二）では「大居士と有は遊佐氏の戒名にや」としているのに対し、『飽海郡誌』（斎藤美澄・大正四年、一九一五）ではそれは殿塚弾正のものとしている。

話を戻そう。

大崎氏は足利一門の名族斯波氏であり南北朝期の奥州四探題（斯波・畠山・吉良・石堂氏）の中を生き抜き奥州に奥州探題としてその覇を唱えたのである。しかし豊臣秀吉の小田原城攻めに参陣せず秀吉の奥州仕置きにより没落したのである。天正十八年（一五九〇）大崎氏は二百五十年余にして没落し、この地は木村吉清・清久を経て伊達政宗の領国となったが遊佐氏は代々「岩手の関」小屋館を守り続けたのである。百姓身分になったが苗字帯刀を許されたのである。四代左近宣成は元和元年（一六一五）伊達政宗の大坂出陣に一族の馬上十騎を率いて参陣し、首級二を挙げたことを記している（『遊佐氏系図』）。五代遊佐但馬宣兼の時、尿前小屋館があまりに西方の山間で不便が多かったので、元和末年（一六二三）関を尿前屋敷の内に移し、「尿前関」とよぶようになった。ここで但馬は出羽の羽黒山へ出奔しようとした犯科人を藩命を受けて兄弟三人で討ち、褒美として藤島の鑓一筋を拝領している。六代遊佐平八郎宣重は引き続き「尿前小屋館」を守っていたが、初代鳴子村肝煎(入)を命ぜられた。これ以降遊佐氏は代々鳴子村の肝煎(入)と検断を兼ねると共に「尿前境目守」を世襲したのである。『鳴子町史上巻』は次のように記している。「一家が幕政時代を通して肝煎・検断を勤めた例は、きわめて稀で同村における遊佐氏の地位がいかに堅固なものであり、また権力を誇ったかが知られる。極言すれば、同家は鳴子町の領主のようなおもむきがあった。鳴子村を開発した歴史的な事情によるものである」としている。

また、次のように記している。「鳴子村・同村中山・大口村・名生定村で遊佐姓を名のる百姓はいずれも尿前遊佐氏より分出したものであり、しかも肝煎・検断・組頭を勤めるに足る有力な百姓が多くその子孫は大体没落することなく現在まで存続している」としている。また六代遊佐平八郎宣重の代に藩が中山を羽前街道（最上街道）の宿駅とすべく計ったことを受け大いに尽力し、さらに、それは七代遊佐平左衛門に受け継がれ中山宿の成立に貢献したのである。その功績を称え、幕末の大肝煎遊佐甚之丞が中山宿の羽前街道に「遊佐大神」を建立した。これは中山宿の創立に尽くした先祖に対する報恩感謝の念をあらわすと共に、中山宿の発展を祈ったものであろう。八代遊佐権右衛門の代になって、藩の境目仕置が厳しくなり境目守は士分の者でなければならぬことになって「尿前関」に岩出山伊達家から横目（番所役人）と呼ばれる役人が派遣されることになった。このため、ここに横目役人の駐在する番所が建てられることになったのである。遊佐氏は一応境目守の重責を免れることになったが、遊佐氏が引き続き「尿前関」の警

遊佐大神碑　「筆者撮影」

護に当たったことに変わりはない。尿前番所の設置は寛文十年（一六七〇）であったといわれる。では尿前番所はどのようなものであったのであろうか。尿前番所の施設を安永二年（一七七三）、十二代遊佐甚之丞信顕の記述では次のようである。これによると場所は尿前遊佐屋敷内で、屋敷内に街道をつくり、東の表門から入って西の裏門に出るようにし、表門は遊佐家の人数で守備に当り、裏門は境目取締り上もっとも肝要なので、ここに村より二人ずつ番人をつけておき、夜中は錠をかけた。

その近所に約百四十坪の土地に番所を建て、ここに岩出山伊達家から、横目役人が派遣されたのである。

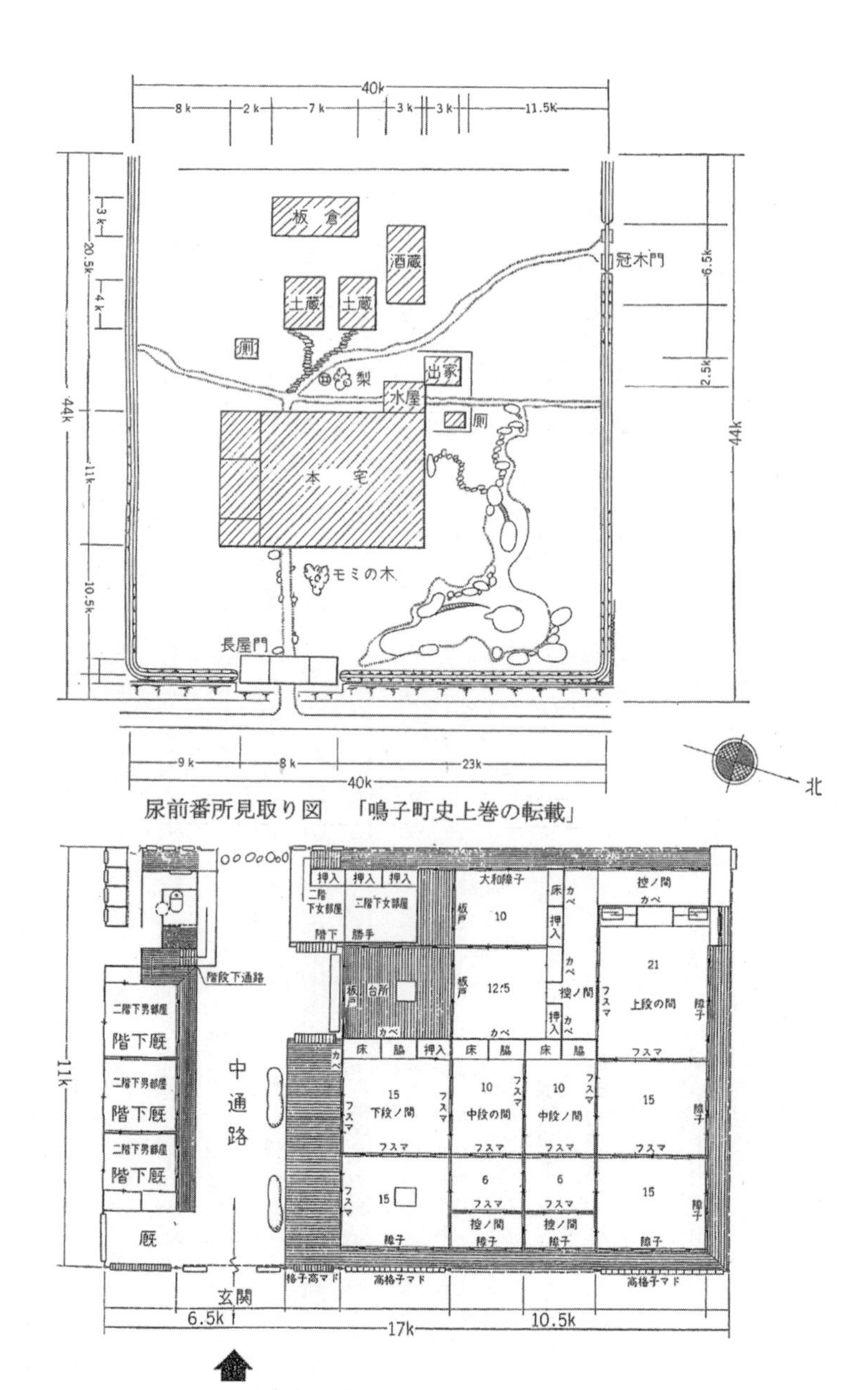

尿前番所見取り図　「鳴子町史上巻の転載」

尿前番所役宅平面図　「鳴子町史上巻の転載」

創建当時の番所の規模については明らかでないが、幕末の「尿前番所」の屋敷面積は、実測によると東西四十四間（約八十メートル）、南北四十間（約七十メートル）の千七百六十坪、周囲は石垣の上に土塀をめぐらし、屋敷内に長屋門・役宅・厠・酒蔵・土蔵・板蔵等の建物十棟があったという。

東入口の長屋門は間口八間、奥行二間の十六坪、役宅は間口十七間・奥行十一間の百十七坪であった。取締まりの実情はどのようなものであったであろうか。それは、実際に俳人松尾芭蕉と門人河合曾良一行がここ「尿前関」を通過した際に記した『奥の細道』からうかがい知ることができる。元禄二年（一六八九）五月十五日、奥の細道を行脚中の芭蕉が門人曾良を伴って「尿前関」を通過しようとした際、「関守にあやしまれて漸として関をこす」と『奥の細道』に記し、また、曾良はその『随行日記』に「尿前（中略）関所有、断六ケ敷也。出手形ノ用意可有之也」と記している。これによって尿前番所の守がいかに厳重であったかが知られ、遊佐氏の実直な勤務ぶりが知られるのである。この曾良の日記からみると、ことわる（あらかじめ通告する）だけでは通過は困難で、通行手形が必要だったようである。「尿前」とは妙な名前である。この名前の由来は、はっきりせず義経伝説に、よらなければならないようである。

尿前の関　「筆者撮影」

義経一行は出羽から平泉に向かう途中、亀割峠で生まれた亀若丸がこの地に来て、初めて啼いたので「鳴子」の地名になったといい、その幼児が初めて尿をしたのが、この関の場所だったというのである。

他の伝説もあるが敢えて取り上げることもないであろう。

封人の家　「筆者撮影」

とまれ、芭蕉と曾良は関所をようやく通過できた後、難所を乗り越え出羽の堺田（山形県最上郡最上町）に着いたが、すでに日は暮れていた。芭蕉は次のように記している。

「山をのぼって日既に暮れければ、封人（国境の守役）の家を見つけて舎を求む」と記している。

封人の家は旧有路家の住居であり、国の重要文化財である。入口は三ケ所であり、身分によって分けられていたという。向かって左は役人（武士）の入り口で座敷に続く。中の入り口は「ござしき（板敷）」に続く。右手の入り口は土間に続き、右手は馬小屋である。芭蕉と曾良は単なる旅人であり、恐らく右手の入り口から入り、寝た場所も馬小屋に近い所であったことは間違いないであろう。芭蕉は「尿前関」にはあまり好感を持たなかったようであり、油をしぼられた上、風雨のためさらに三日も逗留せざるを得なくなったである。その腹癒せであろうか、芭蕉は次の句を残している。

蚤、虱　馬の尿する　枕もと

芭蕉と曾良はその後、立石寺に入り、次の句を詠んでいる。

閑さや　岩にしみ入る　蝉の声

さらに五月二十八日、二十九日最上川大石田に逗留し、有名な次の句を詠んでいる。

五月雨を　あつめて早し　最上川

鳴子と言えば、第一に温泉が頭に浮かぶであろう。ここ鳴子温泉郷は古来から名湯で知られた場所であった。『続日本後紀』の承和四年（八三七）四月戍申の条にも次のように記している。

「陸奥国申す。玉造塞の温泉石神、雷響き振い、昼夜止まらず。温泉河に流れてその色漿の如し。加うるに以て山焼け谷塞がり、石崩れ木を折る。更に新沼を作る。沸声雷の如し。此の如き奇怪、勝げて計うべからず。よって国司に仰して災異を鎮謝し夷狄を教誘せしむ」とある。

すなわち、当時この地に火山の大爆発がおこり、温泉が沸騰し、さらに「新沼」すなわち現在の潟沼ができたことを記している。十世紀のはじめに作られた『延喜式神名帳』には、「玉造郡三座」として、

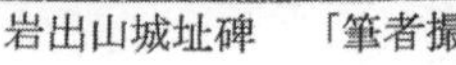

岩出山城址碑　「筆者撮影」

岩出山城遠望　「筆者撮影」

温泉神社（鳴子）、温泉石神社（川渡）、荒雄河神社（鬼首）があげられている。遊佐一族が寛永年間に入り湯守となり、寛永十三年（一六三六）大規模な家を建築して湯治人宿をはじめた。最も古い遊佐幸次郎の宿は遊佐屋と称した。現在も「ゆさや」と称し、約三百八十年続いている。降って、享保十年（一七二五）七月二十四日五代仙台藩主伊達吉村（獅山）は鷹狩を兼ねて鳴子四箇村（鳴子・大口・名生定・鬼首村）を巡察した。これについては『獅山公治家記録』同日条にくわしく記されている。鳴子村では肝煎遊佐甚之丞（尿前遊佐家）を案内として所々をたずね、湯元に到着、薬師堂を見、湯守加右衛門（湯元遊佐家・現在の遊佐屋の先祖）を召して尿前・鳴子の歴史を尋ねた。午下刻（午後一時）尿前宿に着駕、そこへ岩出山領主伊達弾正（村泰）が来て拝謁している。晩餐の後「尿前境番所」に行き、横目の斎藤安太郎が迎え出た。吉村は番所の中に入っていろいろな事を尋ねた上、なお一層精出して守衛すべきことを命じた。この夜、尿前遊佐家に泊まっている。湯治でもないのに、藩主みずから鳴子四箇村に三日間も滞在したことはこれまでなかったことで、藩主をはじめて眼前にみた村人たちはどんな気持ちだったのであろうか。吉村は歴代藩主中、初代政宗、二代忠宗につぐ名君といわれ、将軍吉宗にならって仙台藩における享保の改革を行ない、大いに治績をあげた藩主であったのである。このように「鳴子の遊佐氏」も大崎氏没落後も伊達政宗の麾下に属し直接的には支藩岩出山伊達家の支配を受けるようになったのである。筆者の遊佐氏も代々二本松畠山氏に仕えていたが、畠山義継の時、袂を分かち伊達政宗の従兄弟（母方）亘理藩主伊達成実に仕えるようになったが、幕末に至り岩出山藩主伊達義監の次男伊達邦成が亘理藩主となり北海道開拓に向かう際、筆者の遊佐氏も従っている。これは「二本松の遊佐氏」でも述べるが「鳴子の遊佐氏」と筆者の遊佐氏、双方の遊佐氏とも伊達氏との関わりをもつようになったのであり、これも何かの縁というものであろう。

次に伊達政宗から岩出山伊達氏の略系図を掲げる。

伊達政宗┳忠宗（伊達家宗家）
　　　　┗宗泰―宗敏―敏親―村泰―村輯―村通―村則―宗秩―義監┳邦直
　　　　　　　　　（宗親）（弾正）　　　　　　　　　　　　　┗邦成（亘理藩主）

とまれ、「鳴子の遊佐氏」は「尿前関」を長いこと守り、明治期へと続いて行くのである。

次に初代から明治維新までの遊佐氏の系図を『鳴子町史上巻』および『宮城県史二五』（風土記御用書出）によりまとめると次のようになる。

初代　遊佐勘解由宣春
二代　遊佐長門宣元
三代　遊佐九郎左衛門宣易
四代　遊佐左近宣成
五代　遊佐但馬宣兼
六代　遊佐平八郎宣重
七代　遊佐平左衛門宣次
八代　遊佐権右衛門宣清
九代　遊佐甚之丞信明
十代　遊佐平兵衛信光
十一代　遊佐平左衛門信満
十二代　遊佐甚之丞信顕
十三代　遊佐平蔵信行
十四代　遊佐平右衛門
十五代　遊佐甚兵衛
十六代　遊佐平十郎
十七代　遊佐甚之丞
十八代　遊佐甚十郎

明治維新に至る

「鳴子の遊佐氏」について河内守護代遊佐国助の後裔とする説がある。これについては「河内の遊佐氏」で述べたように史実ではない。遊佐国助は室町幕府管領家畠山氏の被官であり、河内国守護代であったことは間違いではない。

畠山持国の庶子義就が生まれたことから、この後、家督問題が深刻になり畠山義就と畠山政長が不倶戴天の仇敵の如く争いこれが究極的に「応仁の乱」の引き金なったことは周知の事実である。

しかし、この畠山義就と畠山政長との争いの中で、長禄四年（一四六〇）十月法隆寺門前の龍田（奈良県生駒郡斑鳩町）に陣した畠山政長に対し、遊佐国助が攻め寄せたが畠山政長・遊佐長直に攻められ、神南山(三室山・奈良県生駒郡斑鳩町)で畠山義就方は敗北した(神南山合戦)。この戦いで長禄四年(一四六〇)十月十日遊佐国助は討死にした。この戦いの様子は『長禄寛正記』に詳しい。

遊佐国助は今際の時、郎党を呼んで次のように言い残している。

「一男は館御供に残し置き、末の子は出家させて、わが菩提を弔えと伝えよ」と。

一男は義就の守護代となっており、末の子は僧侶になっており、国助の後裔が出羽国に来たというのは伝承に過ぎない。ところで「鳴子の遊佐氏」がこれほど多くの子孫を残しえたのはなぜなのであろうか。

一つは、幸いにも奥州探題として覇を唱えた大崎（斯波）氏の麾下に属したことであり、また大崎氏の内訌にも関わることがなかったことによるものであろう、さらに大崎氏没落後は戦国武将の雄伊達政宗の麾下に属したことによるものであろう。それにもまして何より「尿前関」を長きにわたり実直に勤め上げたことが最大の理由として挙げられるであろう。

平成四年十月二十日、「鳴子の遊佐氏」の出身地、山形県遊佐町と宮城県鳴子町（現・大崎市）が姉妹都市として締結した。これはまさにこれ以上の慶事はないというべきであろう。

㈡　二本松の遊佐氏

いよいよ、筆者の遊佐氏の系に関わる遊佐氏について記載することになる。畠山高国はその嫡子国氏とともに奥州に下向を命ぜられた際に、筆者の遊佐氏の祖もともに下向している。畠山高国と嫡子国氏が中央の政局にどのように関わり、家臣の遊佐氏がそれにどのように連動していき、どのような歴史を刻んでいったのであろうか。それには『日本の歴史9南北朝の動乱』（佐藤進一）・『福島県史第一巻』・『二本松市史第一巻』・『安達町史1』・『本宮町史第一巻』・『伊達町史（北海道）』・『伊達市史（北海道）』・『亘理町史上巻』・『伊達政宗』（小林清治）等をもとにまとめていきたい。さらに時間軸をもう一度南北朝期に戻さなければならない。なお、ここで掲載する史料は特記ない場合は『二本松市史第三巻資料編一』からの引用である。建武三年（延元元年、一三三六）十二月、後醍醐天皇は神器を奉じて吉野に奔り朝廷を開いた。南北朝の始まりである。こうして、これ以降約六十年にわたる激動の時代に入ることになるのである。奥州多賀城（宮城県多賀城市）にいた北畠顕家のもとに吉野に遷幸した後醍醐天皇や伊勢国（三重県）に在陣していた父北畠親房から、再度の至急上洛を命じる綸旨や書状を託された使者たちが、年末から正月にかけてつぎつぎと到着した。しかし多賀国府は足利方の攻撃を受けており厳しさが増していたのである。北畠顕家は義良親王を奉じて伊達郡霊山城（霊山町）に本拠を移さざるを得ず、上洛準備をすることにしたのは建武四年（延元二、一三三七）正月八日であった。足利尊氏は斯波家長を関東執事とし、新たに石堂義房を奥州総大将に任じ、霊山城に総攻撃をかけ、戦場はしだいに霊山城付近に狭まっていったのである。だが北畠顕家はその勝負を捨てて、八月十一日霊山城を立ち再度上洛の途についたのである。顕家が進発すると、一挙に上洛し、再度京都を奪回し情勢を好転させようと、乾坤一擲の長征にかけたのである。白河関を越えるころには十万騎になったという。その勢力三万余騎、奥州軍の再度の西上は、後醍醐天皇にとって京都奪回の切り札であったのである。北畠顕家は北関東の敵を撃破して鎌倉に入り斯波家長を敗死させた。すでに年が明けて延元三年（暦応元、一三三八）正月二日、鎌倉を進発した。それからの奥州軍の進撃は急速であり、すさまじいものであった。兵糧を確保する準備もできなかったのであろう。すべて現地調達であった。『太平記』は次のように記している。

「元来無慚無愧（暴悪、残酷）ノ夷共ナレバ、路地ノ民屋ヲ追捕シ（家財を没収し、家を破壊する）、神社仏閣ヲ焼払フ。惣ジテ此勢（軍勢）ノ打過ケル跡、塵ヲ払テ海道二、三里（沿道の左右二、三里）ガ間ニハ、在家ノ一宇（一軒）モ残ラズ草木ノ一本モ無リケリ」としている。

嵐のような奥州軍は快進撃を続け、二十八日には、美濃青野原（岐阜県大垣市）に待ちかまえる高師冬軍と激突、緒戦に大勝利を得た。しかし味方の損失も大きく、足利方の第二線を破り、京都を衝くことなしに垂井（岐阜県不破郡垂井町）から伊勢路を選んだのである。

この瞬間に顕家の運命は決まった。『太平記』は北陸の新田義貞と相呼応すれば勝機はあったと評している。当時、伊勢守護であった畠山高国軍を抜き伊勢より伊賀（三重県北西部）を経て奈良に入り、ここで態勢を立て直し、京都を衝こうとしたが、京都から下った高師直軍と奈良般若坂で戦って敗れ、河内に退いた。再度態勢を整えて北進して、一時は優勢を取り戻して山城の八幡を占領したが、尊氏が大軍を差し向けるに及んで形勢は逆転し、延元三年（暦応元、一三三八）五月二十二日、顕家は和泉堺浦で最後の決戦を挑んだが大敗し討ち死にした。その時、まだ二十一才の若者であったという。

北陸の新田義貞も、その二ケ月後に越前藤島（福井県吉田郡）で戦死した。一方、北畠顕家軍の進攻を防ぎきれなかった伊勢守護畠山高国にとっても、その後の運命を大きく変えた出来事となったのである。『室町幕府守護制度の研究』（佐藤進一）では、畠山高国の伊勢守護補任時期を建武三年（一三三六）十二月ころから同五年（一三三八）頃としている。また、『足利一門守護発展史の研究』（小川信）では次のように記している。「高国が同じく南軍圧迫の重要な一翼を担う伊勢守護に起用されたのは、軍功のみでなく名門畠山氏の嫡流という門地が条件になったに違いない。しかし高国の在職は二年に満たず、歴応元年（一三三八）九月頃までに、高師秋が伊勢守護となって入部した。高国の伊勢守護罷免の理由は明確ではないが、同年（南朝延元三年）正月長駆美濃に進攻した北畠顕家の率いる奥州南軍が同月末伊勢に転じ、二月同国雲津川・櫛田川等に高師直・師泰以下の幕府軍と戦い、つづいて伊賀を経て南都を衝いており、……高国の伊勢守護解任は、おそらくこれらの南朝方の軍事行動を阻止しえなかった責任を問われたのであろう」としている。続けて次のように記している。

「その後高国は、康永元年（一三四二）十月造営中の天龍寺に勅使が差遣され尊氏・直義が臨場して、綱引・禄引が執行された際、木工長七人に贈る餝馬七疋中の一疋を贈進しているが（『天龍寺造営記録』）、その外には暫く動静が伝わらず、不遇のまま在京したものとみえる」としている。

一方、吉野に籠る南朝の面々は北畠顕家の討死に続いて、新田義貞の戦死の悲報に接し皆茫然自失の態に陥ってしまったのである。その時、結城宗広が奥州小幕府の再建を主張したのである。

面々は、この宗広の建議に「この議ゲニモ然ルベシ」と賛同せざるを得ず、宗広の意見を直ちに実施に移すことにしたのである。北畠顕信（顕家弟）を陸奥介兼鎮守府将軍に任じて陸奥大守義良の輔弼とし、北畠親房や結城宗広をさしそえて、ともに陸奥に下し、奥州小幕府体制を再建させようとしたのである。そして延元三年（一三三八）九月十二日、足利勢の充満する陸路を避けて伊勢大湊（伊勢市）よりそれぞれに出航した。ところが奥州に向かった船は遠州灘で暴風雨にあい親房はなんとか常陸に上陸できたが義良親王・北畠顕信・結城宗広らは伊勢に吹き戻されたのである。義良親王はそのまま吉野に入り、後醍醐天皇の崩御（延元四年八月十六日）の後を受けて践祚し後村上天皇となったのである。

結城宗広は伊勢で重病にかかり客死した。延元三年（一三三八）十一月のことであった。臨終のさまを描写する『太平記』の記事には、なかなか迫真力がある。「息子親朝よ。私のために供仏施僧の作善も称名読経の追善もするな。ただ朝敵の首をとって、わが墓前に懸け並べよといいざま刀を抜いて逆手にもち、口に突き刺し、歯がみをして死んだという」この動乱期にみごと身を処した人物であったのである。

こうした南朝の動きに対し尊氏は高師冬を関東に下し北畠親房に対峙させたのである。一旦吉野に吹き戻された北畠顕信は再度奥州に進発したのは延元四年（暦応二、一三三九）も押しせまった頃であった。

その時、奥州では多賀国府は奥州総大将石堂義房の手に落ち奥州有力武将は足利方となり、日一日と優勢を広げつつあった。一方、南朝方の伊達氏・田村氏・葛西氏らは各々孤立しており勢力を結集できる状況ではなかった。先に常陸入りを果たした北畠親房が最初に拠った神宮寺城は足利方に攻められ、わずか一ケ月で落ち、小田治久の小田城（茨城県筑波町）に移らざるを得なくなったが釘付けの状態であった。こうした折、ようやく北畠顕信は小田城に入城し、親房と綿密な戦略がねられた。その焦点は多賀国府奪回をどうするかであった。その結果、顕信は常陸から海路桃生郡日和山城（石巻城・宮城県石巻市）に入城し、そこで北奥勢の南部氏・葛西氏らを糾合し、一方、親房は結城氏・伊達氏らの南党勢を統括し、南北両方から石堂氏を挟撃する結論に達したようである。北畠顕信が日和山城（石巻城）に入城したのは、暦応三年（興国元、一三四〇）七月ころであった。石堂義房も必死の覚悟を決めて国府を立ち栗原郡三迫（宮城県栗原市）まで出陣した。その間、北畠親房と北畠顕信の両方から石堂義房を挟撃して国府を奪回するよう結城親朝は強く命ぜられたが、親朝はそれに対して決して動こうとはしなかったのである。こうした折、常陸の小田治久が高師冬の調略により北党に寝返り、親房は小田城を逃れて関城（茨城県真壁郡関城町）に移らざるを得なくなった。こうした状況下、「三迫の決戦」の火ぶたが切って落とされたのである。結果は石堂義房の勝利に帰した。この戦いの敗因の一つが結城親朝の不参加であったといわれている。敗れた北畠顕信は命からがら北奥に逃れざるを得なかったのである。

しかも結城親朝は康永二年（一三四三）六月十日、足利方の軍門に下ったのである。関城・大宝城が陥落し、親房が吉野に帰山したのは、それから半年もかからなかったのである。次に結城氏白川略系図を掲げる。

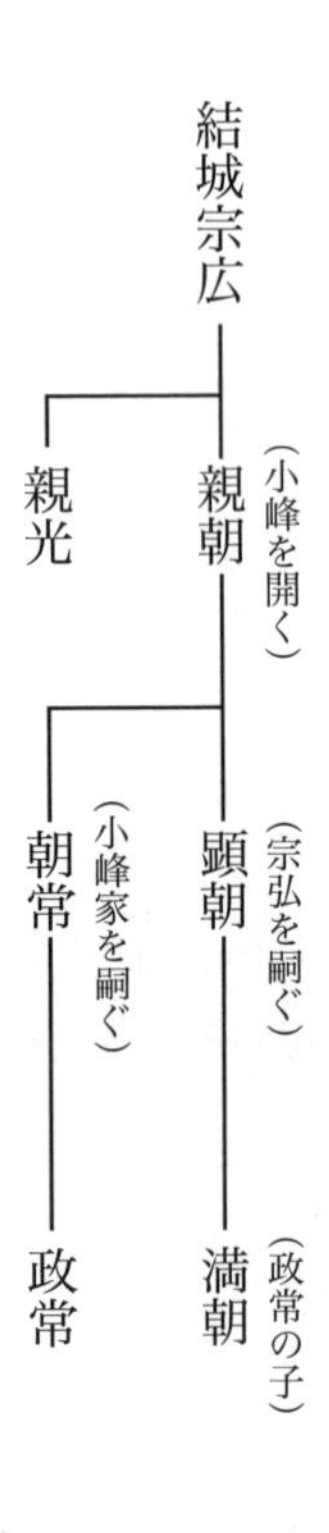

この結城宗広の嫡男結城親朝の「生き様」をどう評価したらよいのであろうか。世人は結城親朝を評して「優柔不断」・「日和見主義」・「二股膏薬」・「首鼠両端」という、あらん限りの酷評を与えている。父結城宗広の壮絶な「死に様」に対してこの酷評は当然であろう。こうして「三迫の決戦」は終わり、小康状態に入った。しかし北奥では依然として北畠顕信・南部氏らが勢力を保ち、霊山（伊達郡）・宇津峰（郡山市田村町）でも南党勢が抵抗を示していた。石堂父子は奥州支配の組織化を急ぐ余り、時には幕府の指令まで無視した専断の行為が目立ち、その強引な支配ぶりに奥州武士の反感を買う結果となった。康永四年（貞和元、一三四五）に突如石堂義房父子が京都に召喚されたのである。この年八月に京都で天龍寺の完成を祝う落慶供養が盛大に挙行された。後醍醐天皇の菩提を弔うために天龍寺を建立したことは、足利

幕府が南朝勢力をも配下に従えようとする宣言に等しく全国各地の有力武将らが参加させられたが、この祭儀は奥州総大将による奥州支配の終焉を意味し、奥州管領制に切り換えることをも意味していたのである。この頃、中央では足利尊氏と直義兄弟が協力して二頭政治を行なってきたが、直義の勢力が増大するにつれて直義と尊氏の執事高師直の対立が、いつしか尊氏と直義との対立に発展していき、執事高師直は足利直義に対する劣勢を取り戻そうとして、貞和二年（正平元、一三四六）畠山国氏を奥州管領に任命し父高国とともに下向させたのである。一方足利直義は負けじと吉良貞家を一方奥州管領として派遣し、高国・国氏父子とともに多賀国府に入った。国氏は高師直方の青年将校であり、一方、吉良貞家は足利直義の片腕的武将であった。直義・師直双方から各々推薦されたとみられ、両者とも宿命を負っていたといえよう。高国・国氏父子は田地ケ岡（二本松市塩沢）・貞家は四本松（二本松市岩代町上長折）に拠ったともいわれている。畠山高国については、『二本松系図』および郷土史書の多くが「奥州探題」としている。しかし高国の発給文書は全く見られず、奥州管領の補任は畠山国氏で父高国は早くに国氏の補佐役になったものであろう。ここで畠山高国の系について再度確認しておかなければならない。『尊卑文脈』等多くの系図では高国は時国の子として掲げているがこれは明らかに誤りである。『太平記』（巻九）では足利高氏（尊氏）が後醍醐天皇追討のため上洛した時その軍勢の中に「畠山上野守高国」の名があり、また『太平記』（巻十四）では足利尊氏が新田義貞追討のため出陣した軍勢の中に「畠山左京大夫国清」の名があり、高国と国清は同時期に活動している。『足利一門守護発展史の研究』（小川信）でも次のように指摘している。「したがって、両人（時国と高国）を父子とみることは殆ど不可能で、この間に少なくとも一代、おそらく二代の欠落があるに違いない」としている。さらに「しかも『尊卑分脈』『系図纂要』に伝える高国の享年から逆算すると、その出生は嘉元三年（一三〇五）となる」としている。一方、国清は嘉元元年（一三〇三）生まれである。いずれにしても、高国・国清兄弟であることは間違いない。畠山高国の系図を訂正の上、次に略系図を掲げる。

畠山義純（源姓畠山祖）――泰国――時国――貞国――家国┬高国――国氏――国詮
　　　　　　　　　　　　　　　　　　　　　　　　　├国清
　　　　　　　　　　　　　　　　　　　　　　　　　└義深

ここで筆者遊佐氏の系と畠山高国との関わりについて述べることにしたい。

筆者の所持している『亘理世臣家譜略記』には遊佐左藤右衛門について次のように記されている。
「先祖内蔵は上方の産にて……」としている。この「上方の産」は、ここでは「上方出身」という意味であり、畠山高国が奥州に下向した際に、ともに下向した遊佐氏の系に関わる遊佐氏である。

では畠山高国とともに下向した遊佐氏は誰なのであろうか。

それは『積達古館弁』（安西彦貴・享保十二年、一七二七）では次のように記している。
「岩倉館・畠山高国入道の家臣遊佐内蔵頭居城なりと、案ずるに二本松家に仕し、遊佐一党の祖はこの遊佐内蔵頭なるべし」とあり、筆者の「二本松の遊佐氏」の祖をこの遊佐内蔵頭に繋げて間違いないであろう。以後遊佐内蔵頭の嫡流家は岩倉館を居城としている。多賀国府に入った高国・国氏は国氏が主体となり、管領として単独に或いは吉良貞家と連署を以って各武将の提出する着到状や軍忠状に証判を与え、また直接執事高師直に吹挙状を発給している。さらに『福島県史第一巻』では、管領府の状況について次のように記している。「さらに、畠山国氏の父高国・舎弟直家（『尊卑分脈』は直泰）および氏家・遊佐氏らの畠山氏譜代の家臣たちも、常時管領府に勤務していたことが知られる」としており遊佐氏の在勤していることが知れる。この遊佐氏は遊佐内蔵頭を指していることは間違いない。また『二本松市史第一巻』では、次のように記している。「それと同時に、管領府が成立しても、南奥の南党勢が伊達郡境の霊山城と田村荘境の宇津峰城にたてこもり抵抗しつづけていたために、この二つの城のあいだに位置する安達荘地域では、依然として軍馬の響きも絶えることがなかった。奥州管領は管領府に着任すると同時に、この両城攻撃の段取をとり、貞和三＝正平二年（一三四七）秋七月に総攻撃を開始した。畠山国氏には、なによりの出番であり、前年初冬には弟の直宗（『尊卑分脈』は直泰）や執事遊佐氏らとともに信夫余部（福島市）まで出陣し、総攻撃のさいは安積郡新御堂陣（郡山市）で指揮をとった。吉良貞家も、配下の足利一族仁木式部大輔をまず派遣し、総攻撃には自らも出陣し、伊達郡藤田陣（国見町）から安達郡成田に本陣をすすめた」としている。成田は、現在の二本松成田であるという。ここに見える遊佐執事は遊佐内蔵頭であろう。次に畠山国氏が管領として発した軍勢催促状を次に掲げる。

（読み下し）

（佐藤文書）

兇徒対治の為、信夫余部を発向せしむる所なり。

不日馳せ参ぜしめ、忠節を致さるべきの状、件の如し。

貞和二年十月八日

右馬権頭　（畠山国氏）

佐藤十郎左衛門入道殿（性妙）

次に畠山国氏が吉良貞家とともに発した連署吹挙状を掲げる。

佐藤十郎左衛門性妙申す恩賞の事。申状幷具書案壱巻、進上せしめ候。性妙参洛を企て言上すべきの由之を申すと雖も、凶徒対治の為留め置き候の間、代官を参らせ候。此の旨を以て御披露有るべく候。恐惶謹言。

貞和二年閏九月十七日　　右馬権頭（畠山）国氏（花押）

右京大夫（吉良）貞家（花押）

進上　武蔵守殿（高師直）

（読み下し）
（佐藤文書）

こうした畠山国氏と吉良貞家との協同による管領府の運営はまもなく破綻することになる。貞和五年（正平四年、一三四九）閏六月、幕府の執事高師直と足利尊氏の弟直義との不和が深刻となり師直は執事職をやめされた。八月には師直のために直義は副将軍の職を追われ、一時出家したが、翌観応元年（正平五、一三五〇）十月、足利直義党は兵を挙げて足利尊氏・高師直を攻め、観応二年（正平六、一三五一）二月遂に師直とその一族を滅ぼした。「観応の擾乱」の勃発である。

この中央での「観応の擾乱」は、早くも奥州に飛火し、観応元年（正平五、一三五〇）の暮れにはそれぞれ宿命を負った畠山・吉良両管領は敵味方に分かれ観応二年（正平六、一三五一）正月、双方同士討ちの火ぶたを切るに至った。「観応の擾乱」当初の形勢は京都でも鎌倉でも、直義方が絶対優勢であった。従って奥州武将の多くは直義方に味方するものが多く、結城・和賀・国分・伊賀等の有力武将の一族が集まったのに対し、畠山氏に味方したのは留守・宮城の一族だけであった。しかし、吉良貞家も必死であった。次に吉良貞家の軍勢催促状があるのでそれを掲げる。

師直、師泰治罪の事、仰せ下さるの旨に任せて、打立ち候処、
畠山上野入道、同右馬権守国氏、留守但馬守家次、師直に同意せしむる間、
今月九日以来所々において合戦の刻、御方打ち勝つにより、
国氏等府中に落ち籠り、岩切、新田両城の間、連日合戦最中なり。
時日を廻らさず、庶子を相催し、馳せ参じ軍忠を致さば、
宜しく賞を抽んでるべきの状、件の如し。
観応二年正月廿八日　　右京大夫（吉良貞家）（花押）
伊賀三郎左衛門尉殿
（読み下し）
（飯野文書）

畠山高国・国氏・直泰父子は、留守・宮城氏の兵とともに岩切城（仙台市岩切）に拠り、余目城（余目氏・留守氏一族）に呼応して吉良軍に対した。吉良貞家は弟貞経とともに全軍を岩切城に集結させ、和賀氏の一族は岩切城の搦手太田口を固め、結城顕朝は余目城に備え、岩切城との連絡を絶ち、二月十二日総攻撃を開始した。激戦の末、衆寡敵せず畠山氏は敗れて高国・国氏父子および遊佐氏は自刃した。余目城も落城した。筆者も訪れたが岩切城は東西七百メートル×南北五百メートルの天険の要害であった。

岩切城主郭遠望　「宮城県青少年の森」側から「筆者撮影」

岩切城登り口　「筆者撮影」

この時の状況を結城顕朝は弟の結城朝常に次の書状を発している。

今月（十二日）岩切城に寄り懸かりて合戦し追ひ落とされ了。
畠山禅門父子はらきられぬ。其の他御内外様百余人
打ち死にはらきり了。かかる目前かわゆき事見候はす候。
遊佐の物共、体あはれに覚え候、一人ものこらずうち死にはらきり了。（以下略）
（観応二）二月十二日　　　　顕朝（花押）
白川七郎兵衛尉殿（朝常）
（読み下し）
（結城文書）

また、『桜雲記』では次のように記している。

「（観応二年二月）同月十二日、奥州岩切の城を貞家攻め破って、畠山高国、その子国氏并に遊佐等自害し、従類百余人自殺す」としている。さらに『関城繹史』でも同様に次のように記している。

「十二日貞家攻メテ、其ノ城ヲ陥ル。高国父子及ビ家宰遊佐某等戦死スルモノ百余人」としている。

この自刃した家宰遊佐氏は遊佐内蔵頭であろう。この岩切城の戦いで畠山高国・国氏らは自刃し畠山氏は壊滅的な打撃を受け族滅の危機となった。しかし高国・国氏が自刃の後、国氏の遺児王石丸は家臣箕輪貞義に護られて安達太良山中に逃れたのであり族滅は辛うじて免れたのである。遊佐氏も同様であった。もし遊佐氏が族滅していれば、筆者の祖遊佐左藤右衛門も存在しなかったであろう。

幸い王石丸は安達太良山中から葦名氏を頼り、その後鎌倉に移り、そこで成長し畠山国詮と称するようになる。この「観応の擾乱」の動揺を巧みに衝いたのが南朝勢であった。

北畠顕信は尊良親王の皇子守永王（宇津峰宮）を奉じて挙兵し、観応二年（正平六、一三五一）十一月「広瀬川の戦い」で吉良貞家軍を破り多賀国府を奪回したのである。王石丸は一つに大石丸・平石丸とあるが、『二本松市史第一巻』に従い王石丸に統一する。しかし「観応の擾乱」は長くは続かなかったのである。足利尊氏と弟直義の確執は高師直の死後でも決着はつかなかった。直義は観応二年（正平六、一三五一）八月一日京都を出奔し、北陸へ、さらに十一月十五日鎌倉に入った。尊氏は十一月二日、南朝と講和までして鎌倉に入り、観応三年（正平七、一三五二）二月二十六日、直義を殺害し「観応の擾乱」は終結したのである。直義は鴆毒により殺害されたともいわれている。こうした状況下、吉良貞家は尊氏に抵抗する自信はもとより無く吉良貞家は尊氏に屈した。こうして、吉良貞家は勢力を盛り返し、観応三年（正平七、一三五二）三月、吉良貞家は北畠顕信の南進計画の裏をかき、みごと多賀国府を奪回したのである。これ以降、守永王を奉じて北畠顕信は宇津峰城（郡山市田村町）に立て籠もり、一年有余の長い攻防戦が展開されたのである。しかし文和二年（正平八、一五五三）宇津峰城は陥落した。北畠顕信は宇津峰城落城とともに守永王を奉じて出羽に入った。一方、危機を脱した王石丸は早くも、文和三年（正平九、一三五四）幼児であったが、結城朝常に書状を送り、畠山管領家の健在を誇示しようとしており、奥州管領として再挙をはかろうとする様子がうかがえる。『二本松市史第一巻』では次のように記している。「『幼少の間、判形あたわず候』と追而書きに記した達筆な筆跡は、おそらく執事遊佐氏の手になるものであり、封紙も同筆である」としている。この遊佐氏は岩切城で自刃した遊佐内蔵頭の嗣子であろう。それを次に掲げる。白河参川守は白河荘小峰城主白河朝常である。

畠山王石丸書状（「結城家文書」）『二本松市史第１巻通史編１』の転載

畠山殿より状（当国管領の事仰さると云々、文和三六三）

謹上　白河参川守殿　　　　王石丸

指すたる事無く候の上、幼少の間、承り申さず候。
本意に背き候、向後に於いては細々、案内申すべく候。
御同心候はば、悦び為し候。抑聊代官を以て申せしむる旨に候。
聞こし召され候はば、悦ぶべく存じ候。心事後信を期し候。
恐々謹言。

（文和三年）五月廿二日　　　　王石丸

謹上　白河参川守殿

追って申し候。
幼少の間、判形能わず候。恐れなさしめ候。
重恐々謹言。

（読み下し）
（結城文書）

これから遊佐氏も族滅を辛うじて免れることができ、執事として幼少王石丸を懸命に補佐している姿がうかがえるのである。また守永王を奉じて出羽に入った北畠顕信について『遊佐町史上巻』では次のように記している。「(正平)十年ころ、二人は藤島城(東田川郡藤島町)か立谷沢城(東田川郡立谷沢町)にいたというが、その動静は定かでなく、あるいは飽海郡の延命寺(酒田市東平田生石)にいたともいう。延命寺の境内やその近くの村々には、延元・興国・正平など南朝年号記銘の板碑が二十基近くが現存している」としている。出羽国遊佐郷のある飽海郡は少なくとも、南朝方であったことは間違いない。

北畠顕信が出羽に確かに居た証左は次の寄進状である。その寄進状によれば正平十三年(延文三、一三五八)八月、北畠顕信は由利郡小友村(秋田県由利郡本庄市)を吹浦の一の宮両所宮(大物忌神社・月山神社)に寄進したのである。次にそれを掲げる。しかし、これ以降の北畠顕信の足取りについては、北奥に居たとも吉野に帰還したともいわれるがその詳細はわからない。

奉寄進
出羽国一宮両所大菩薩に
由利郡小石郷乙友村を寄進し奉る事。右は天下の興復、
別して陸奥・出羽両国の静謐の為めに
寄進し奉る所の状、件の如し。

正平十三年八月三十日
従一位行前内大臣源朝臣　(顕信)花押　(大物忌神社文書)(『遊佐町史上巻』の転載)

話を戻そう。

一方、吉良貞家は多賀城を奪回し、宇津峰城を陥落させ、守永王・北畠顕信らを追ったが、文和三年（正平九年、一三五四）春になると、忽然とあらゆる史料から消えてしまうのである。この頃までに、おそらく死没してしまったのであろう。「観応の擾乱」は奥州をも動乱の渦に巻き込んだが、時代は変わりつつあった。中央の分裂に乗じて、奥州管領を自認するものが各地に登場してきたのである。すでに文和三年（正平九、一三五四）には、岩切城で自刃した畠山国氏の嫡子王石丸（国詮）が幼少の身ながら遊佐執事らが書状を書き送り管領の権限を表明したことは述べた。吉良貞家の跡を継いだ子息満家はこうした状況下では乗り切れない難局となったのである。石堂義元も父義房が康永三年（興国五、一三四四）まで、奥州総大将であった業績を梃にとって同じく奥州管領として乗り込んできた。さらに多賀国府を襲って遂に吉良満家を追却したのである。そこで、足利尊氏は奥州支配の強化を図って、急遽新たに斯波家兼を奥州管領として派遣した。石堂義元は斯波家兼に攻められ敗死したといわれる。

しかし、その斯波家兼も延文元年（正平十一、一三五六）死没し、すぐその跡を子息直持が継ぎ、吉良満家とともに奥州管領に就任した。通説ではこの時期の東北を奥州四管領と呼ぶ。所謂四管領の時代が現出したのである。では、先に幼少の身ながら管領を称した王石丸はその後どうなったのであろうか。

会津から葦名氏を頼り、鎌倉で成長して国詮と名乗ったのである。至徳元年（一三八四）国詮は管領を称し、川辺八幡神社（福島県石川郡玉川村）の神領安堵を発している。次にそれを掲げる。

陸奥国石河庄八幡宮神領河辺村・急当村・沢尻村并同国会津河沼郡内佐野村等の事。
安堵及び御寄進等の旨に任せ、領掌相違有るべからざるの状、件の如し。

至徳元年六月十五日　　　　　　　　　　修理大夫　御判

石河板橋左京亮殿　　　　　　　　　　（読み下し）

（川辺八幡神社文書）

この畠山国詮が石河庄八幡宮（川辺八幡）神主石河板橋氏にその神領を安堵したことは、国詮が奥州管領に復帰したことを示すものであろう。思えば「観応の擾乱」で父国氏が自刃してから、早や三十余年が過ぎ去ったことになり、この空白の期間はあまりに長すぎた。しかし国氏の嫡男国詮は元の如く管領職に補任され、修理大夫の官途を受けたのである。国詮のもとに譜代の家臣がまた参集したのである。

『松府来歴金華鈔』（国会図書館所蔵・沢崎実備・安永三年、一七七四）では次のように記している。

「国氏の嫡男次郎国詮を斯くのごとく管領職に補任ありて修理大夫に任ぜられしかば、譜代重恩の家臣遊佐・鹿子田・本田・榛沢・箕輪・堀江・安斉・石垣の輩はせ集まりて、是を補佐しまいらせたり」としている。年代は不明であるが、この遊佐氏は家臣の筆頭に名が乗せられており「観応の擾乱」で自刃した執事遊佐内蔵頭の嗣子で、王石丸が幼少時期の執事として輔弼した遊佐氏と考えてよいであろう。

しかし、奥州四管領の抗争中、吉良・畠山両氏の争いは激烈を極めた。

『奥州探題畠山氏と其裔五百川流域の開発者』（曽我伝吉）では次のように記している。

「四管領の抗争中吉良・畠山両氏の争いは激烈を極めた。当時吉良満家は駒ケ崎（栗原郡）を根拠とし、畠山国詮は沢田要害（古川市北方）まで進出していたが、斯波氏が吉良氏を援けたので、畠山氏は長世保三十番神（志田郡松山）に館を築き、鉢森に陣を布いた大崎勢（斯波氏）と色麻川（鳴瀬川）をはさんで対陣したが、畠山氏は敗れて竹城保内の長田（松島高城）に城を築き、吉良の軍と激戦を交えたが遂に城は陥落し、海路逃れて二本松に帰り、二本松畠山氏となった」としている。

さらに「畠山国詮が二本松に逃れて落ち着くと、その後を追うように吉良満家も斯波氏に追われて、東安達四本松に退き、康応二年（元中七年、一三九〇）鎌倉に召喚され、四管領の争いは遂に斯波氏の勝利に終わり斯波氏は大崎に居城し、大崎氏を称し、代々管領職を継ぎ次第に勢力を増大し、詮持のとき畠山氏の分郡加美郡、恩賞の地黒川郡を抑留するに至った」としている。

こうして四管領の時代は終わり、ただ斯波氏（大崎氏）のみが独り勝ちし勢力を維持したのである。

畠山国詮は幕府に「分郡加美郡・恩賞地黒川郡」を斯波詮持が横取りしたので訴えでた。

足利義満は伊達政宗（大膳大夫）と葛西満良に対し国詮の代官に引き渡すことを沙汰したのである。

国詮が二本松定住直後の事と思われ、吉良・畠山両管領が死闘をつづけている間に、斯波氏（大崎氏）が侵略したもので、この御教書をさかいに宮城県内でのすべての領地を失い僅かに、また管領の名を残して西安達の領主という、地方大名に定着することになったのである。

それに対し、足利義満は次の御教書を発している。それを次に掲げる。

陸奥国加美郡の事。畠山修理大夫国詮分郡なり、
而左京大夫抑留すと云々、綷常篇に絶するか。同国黒河郡は、
国詮恩賞の地なり、同前、早く伊達大膳大夫（政宗）相共に、
彼の所に莅み、国詮代に沙汰し付けらるべし。彼の左右に就き沙汰有る為、
注申せらるべきの状、仰せに依りて執達件のごとし。

明徳二年六月廿七日　　　　　　　右京大夫（細川頼元）　花押

葛西陸奥守（満良カ）殿

（読み下し）
（伊達家文書）

この御教書が発せられても、畠山国詮の領地になることはなかったのである。畠山国氏が父高国とともに奥州管領として下向した時とは、比べることができないほどの零落ぶりであった。「観応の擾乱」で畠山高国・国氏が自刃した衝撃と、その後に及ぼした影響が如何に大きなものであったかを示しているといえよう。畠山国詮は四人の男子があった。畠山国詮は庶出の長男、満国を川崎村大将内三島館主（川崎殿・大井田氏）とし、同次男満詮を本宮館主（本宮殿・鹿子田氏）四男氏泰は、椚山館主（新城殿）とし、三男満泰は嫡妻の出の上、武勇絶倫のため二本松城第四代城主として相続させたのである。畠山満泰は将軍足利義満の一字を賜ったということである。

この畠山満泰の時、二本松城を築城したといわれている。畠山国詮のこの仕置きが、後に内訌を起こす最大の要因になったことは否定できないのである。二本松畠山氏の系図は一代畠山高国から四代畠山満泰までと九代畠山義氏から十一代畠山義継までは諸系図とも一致しており、変更はない。

しかし、五代から八代までは諸系図で一致していない。ここに『福島史学研究第六七号』所収の「二本松畠山氏系図小考」（渡辺芳雄）がある。それは畠山高国以降の系について記載されている諸本を網羅し、整理されて「別表　系図一覧表」として掲げている。それを引用すると次のようになる。

番号	系図名	一代	二代	三代	四代	五代	六代	七代	八代	九代	十代	十一代
①	清和源氏　尊卑分脈第三編（国史大系）	高国	国氏	国詮	満泰							
②	清和源氏系図　続群書類従5上	高国	国氏	国詮								
③	清和源氏12　系図纂要（内閣文庫）	高国	国氏	国詮	満泰	持泰	政泰				義国	義継
④	足利系図　続群書類従5上	なし										
⑤	清和源氏　畠山　寛政重修諸家譜巻第九十八	高国										
⑥	畠山系図（河内）諸家系図纂	なし										
⑦	畠山系図（河内）続群書類従5上	なし										
⑧	両畠山系図　続群書類従5上	高国	国氏	国詮	満泰	持泰	政泰	尚泰				
⑨	畠山家譜　畠山記	なし										
⑩	積達古館弁　安西彦貴著・柳沼善介校閲	高国	国氏	国詮	満泰	持泰	政泰	晴国			義国	義継
⑪	二本松系図　続群書類従5上	高国	国氏	国詮	満泰	持重	政国	義国	家泰	義氏	義国	義継
⑫	畠山系図　積達館基考（二本松市史）	高国	国氏	国詮	満泰	持泰	政国	村国	家泰	義氏	義国	義継
⑬	畠山家系　仙台叢書6（明治28年）	高国	国氏	国詮	満泰	持重	政国	材国	家泰	義氏	義国	義継
⑭	畠山家本系図　山口道斎物語（二本松市史）	高国	国氏	国詮	満泰	持重	政国	村国	家泰	義氏	義国	義継
⑮	当地伝来畠山系図山口道斎物語（二本松市史）	高国	国氏	国詮	満泰	持泰	政泰	時国			義国	義継
⑯	本宮家譜　伊達世臣家譜	高国	国氏	国詮	満泰							
⑰	相生集　岩磐史料叢書	高国	国氏	国詮	満泰	持泰	政国	村国	晴国	義氏	義国	義継
⑱	松府来歴金華鈔（二本松市史）	高国	国氏	国詮	満泰	持重	政国	稙国	家泰	義氏	義国	義継

注・「二本松畠山氏系図小考」（渡辺芳雄）の「別表　系図一覧表」の中で次の三か所を訂正した。
(1)「②清和源氏系図」の満泰以下の系を本文通り「③清和源氏12」国詮以下の系に移し換えた。
(2)「③清和源氏系図12」の「高国　国史　国詮」とあるが、系図纂要により「国氏」と訂正した。
(3)「⑥畠山系図（河内）群書類従5上」と記載されているが、本文中に「⑥畠山系図（河内）
『諸家系図纂』所掲の系図である」とあり、訂正の上記載した。
この表から「二本松畠山系図小考」（渡辺芳雄）では論考の上、二本松畠山氏の系を一代畠山高国から十一代畠山義継までを次のようにまとめている。

一代　高国
二代　国氏
三代　国詮
四代　満泰
五代　持重
六代　政国
七代　晴国
八代　家泰
九代　義氏
十代　義国
十一代　義継

これをもとに『安達町史1』をも合わせて、まとめた二本松畠山氏の系図を掲げると次のようになる。

二本松畠山氏系図

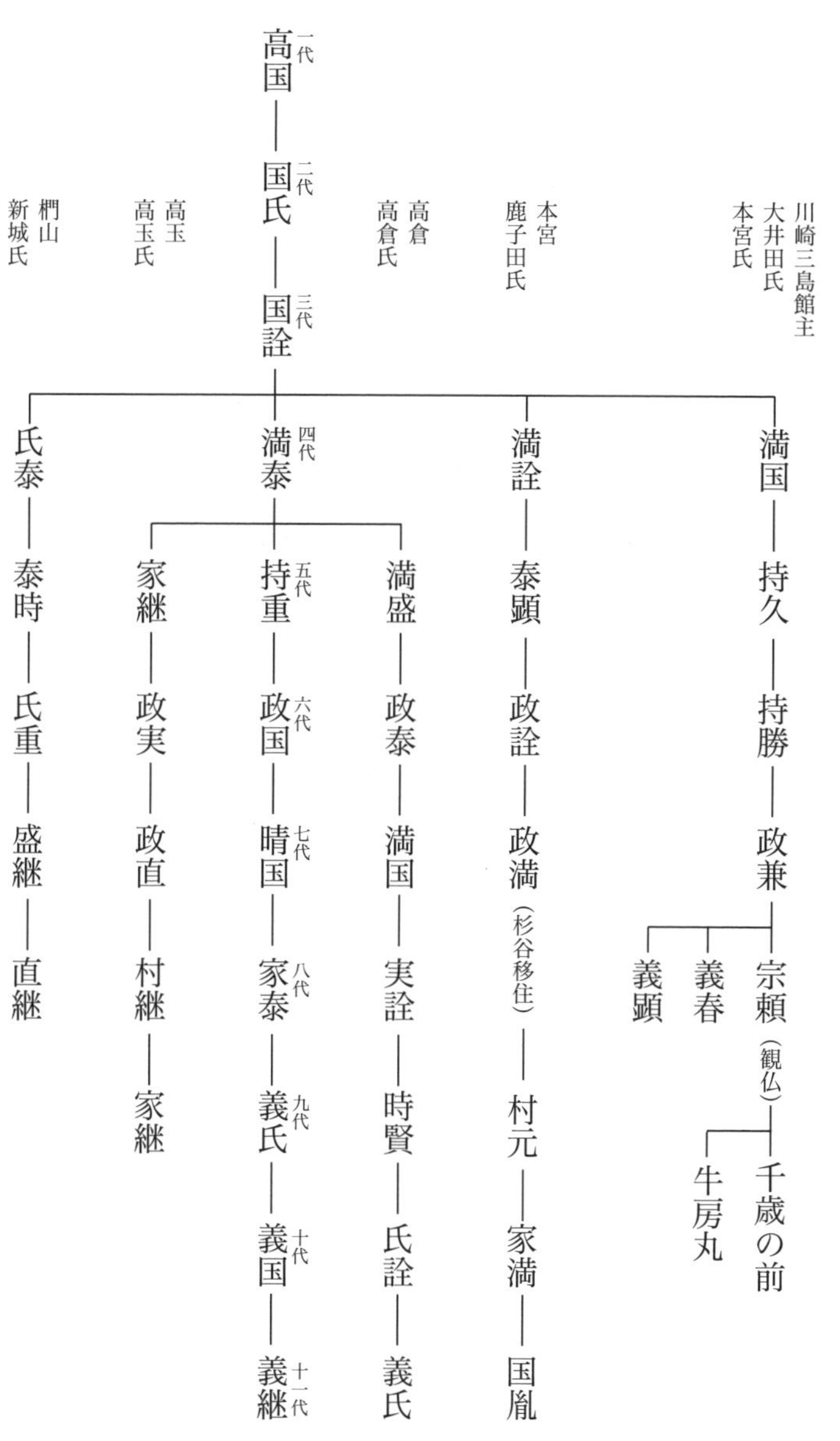

この二本松畠山氏の系図について『二本松市史第一巻』では次のように記している。

「二本松畠山氏当主の名はかなりまちまちになっており、このことはとりもなおさず畠山氏一族の争いの複雑さを示すもので、戦国末期に伊達政宗との争いに敗れる遠因は、このようなことにあったのではなかろうか」としている。奥州の畠山氏を「二本松」と称するようになったのはいつ頃であろうか。

奥州の畠山氏を「二本松」と明記した最も古いものは『満斉准后日記』に記された次のものである。

永享四年（一四三二）正月七日「二本松　畠山修理大夫ト号ス」これ以降「二本松」が地名および氏姓として定着し国人大名とみなされるようになったものと思われる。

では、「二本松の遊佐氏」の筆者の遊佐氏は、その後、どうなったのであろうか。

「観応の擾乱」で受けた衝撃は遊佐氏も畠山氏と同様、極めて大きかった。遊佐内蔵頭が畠山高国・国氏とともに自刃した後、その嗣子が辛うじて族滅を免れ、国氏の遺児王石丸を援け執事として、管領としての書状を小峰城主白河朝常に送った書状（前掲・結城家文書）、さらに王石丸が成長じて国詮となって復帰した時も遊佐氏が馳せ参じていること（『松府来歴金華鈔』）はすでに述べた。この遊佐氏の名前は筆頭に乗っており、「譜代重恩の家臣遊佐」とあり、おそらく王石丸が幼少の時の遊佐執事であろうと思われる。

しかし、遊佐氏の系についても畠山氏同様史料は少ない。「観応の擾乱」とその後の王石丸が成長するまでの三十余年間の空白期間はあまりに長すぎたのである。筆者の遊佐氏と遊佐内蔵頭およびその嗣子遊佐執事との系の関わりを探っていこう。『亘理世臣家譜略記』にある筆者の祖、遊佐左藤右衛門との関わりを示す史料は数少なく、筆者の管見したところ次の史料のみである。

『奥陽仙道表鑑』（木代定右衛門・正徳四年、一七一四）では次のように記している。

「遊佐藤右衛門と云う者は渋川の旧主にて遊佐新左衛門と云う者の子なり、代々二本松の郎党なりしが何時しか伊達兵部大輔実元が手に属して子息成実に仕へけるとぞ」としている。

これから、遊佐藤右衛門は渋川の旧主で代々二本松畠山氏に仕えていたことがわかる。

また『積達古館弁』（安西彦貴・享保十二年・一七二七）では次のように記している。

「渋川・田子屋館　城主は遊佐左藤右エ門嫡子新右エ門なりと云、……（遊佐）左藤右エ門と云う者は此処の産にて藤五郎成実に属し居たり、此の左藤右エ門がことなるべし、遊佐の佐の字伝写の誤りにて一字多く出る成べし」とある。遊佐左藤右衛門は遊佐藤右衛門のことであり同人であることがわかる。

しかし、筆者の持つ『亘理世臣家譜略記』の遊佐左藤右衛門は代々左藤右衛門を称しており、「遊佐左藤右衛門嫡子新右衛門」は誤りである。これは「左藤右衛門嫡子左藤右衛門」か、または「左藤右衛門嫡子（左）藤右衛門」となるべきである。このように、遊佐左藤右衛門は紛らわしい名前らしく、諸本で誤って伝えられている。前掲の『遊佐藤右衛門と云う者は渋川の旧主にて遊佐新左衛門と云う者の子なり』の「遊佐新左衛門」は、はたして、どこで間違えられたのであろうか。それを探っていこう。

『奥羽永慶軍記』（戸部正直・元禄十一年、一六九八）（校注今村義孝）では次のように記している。

「渋川の城より遅れ馳せに来る鎧武者二騎遊佐藤左衛門・加（嘉）藤大炊左衛門とて名を得たる剛の者なり。されども、味方大敗軍の時なれば、心ならず共に二町ばかり引退く。能き敵なれば是を討んと、本宮右兵衛尉・氏家大三郎二騎、足軽十四、五人、もみにもんで追かけたり。鹿子畑高き所に馬を立て制して曰く。『剛の者をば長追せぬものなり。止れ〳〵』といはれて、二騎の者は馬を扣へける。足軽どもは耳にも更に聞入ず、能き敵なれば討とらんとて追駆けるが、案の如く馬の跡立ちよき所にて、佐藤右（左）衛門取て返し、田一畝の中にて立所に敵三人突倒す。是を見て、残る人数少し臆する所に、三人の首をかき落し、馬に打乗り帰らんとする所に、鹿子畑・氏家・本宮・水野一平かれこれ十四、五騎、歩者廿余人かけ来り、佐藤右衛門を中に取籠め、我討取らんと攻たりけり。遊佐此由を見て、かけ散さんと走りたりしが、敵大勢なれば危く見えし所に、加籐大炊左衛門返し合ひ、二本松の馬武者一騎、歩者三人突き伏せ、その上、佐藤右衛門を助け引返しけり。軍は時の運によるとは云いながら、彼等二騎が振舞は、凡人の業とは見えざるなり」としている。ここでは遊佐左藤右衛門のことを遊佐佐藤右（左）右衛門、藤左衛門等と混乱している。さらに、藤左衛門の「藤」は「新」と誤伝・誤写されて「新左衛門」になったものと思われる。遊佐左籐右衛門はいつのころから左藤右衛門を称したかは定かでない。『亘理世臣家譜略記』では、そこまでの記載はないが、嫡流遊佐内蔵頭（実名不詳）は「観応の擾乱」で自刃しており、その嫡流遊佐執事（実名不詳）の頃から分かれ遊佐左藤右衛門を称したと考えたい。また『亘理世臣家臣略記』の遊佐左藤右衛門は「東川端城」に居城したとある。

しかし、筆者が現地で調べてもこの名称の城はない。一方、「渋川館」はまた別名「田子屋館」とも称されており、前記の『奥陽仙道表鑑』（木代定右衛門）・『伊達日記』（伊達成実）等でも遊佐左藤右衛門はここ渋川の産としている。「田子屋館」の北百五十メートルには払川が流れており、それから先は駒寄川となっており、払川東端に位置している。また、『積達大概録』（享保二十一年、一七三六年書上・菅野弥次右衛門写本）では次のように記している。「田子谷館・遊佐左藤右衛門カ居館也」としている。

さらに『日本城郭大系』では次のように記している。「田子屋館・安達郡安達町田子屋・天正年間、遊佐左（藤）右衛門の居城。空堀残る」としている。これらから遊佐左藤右衛門は「田子屋館・渋川館」を居城としたとしてよいであろう。次に畠山満泰の築城した二本松城、畠山満国の拠った三島館、遊佐内蔵頭の拠った岩倉館、遊佐左藤右衛門の拠った田子屋館および八丁目城の相対位置関係図と二本松城と各館の写真を次に示しておきたい。

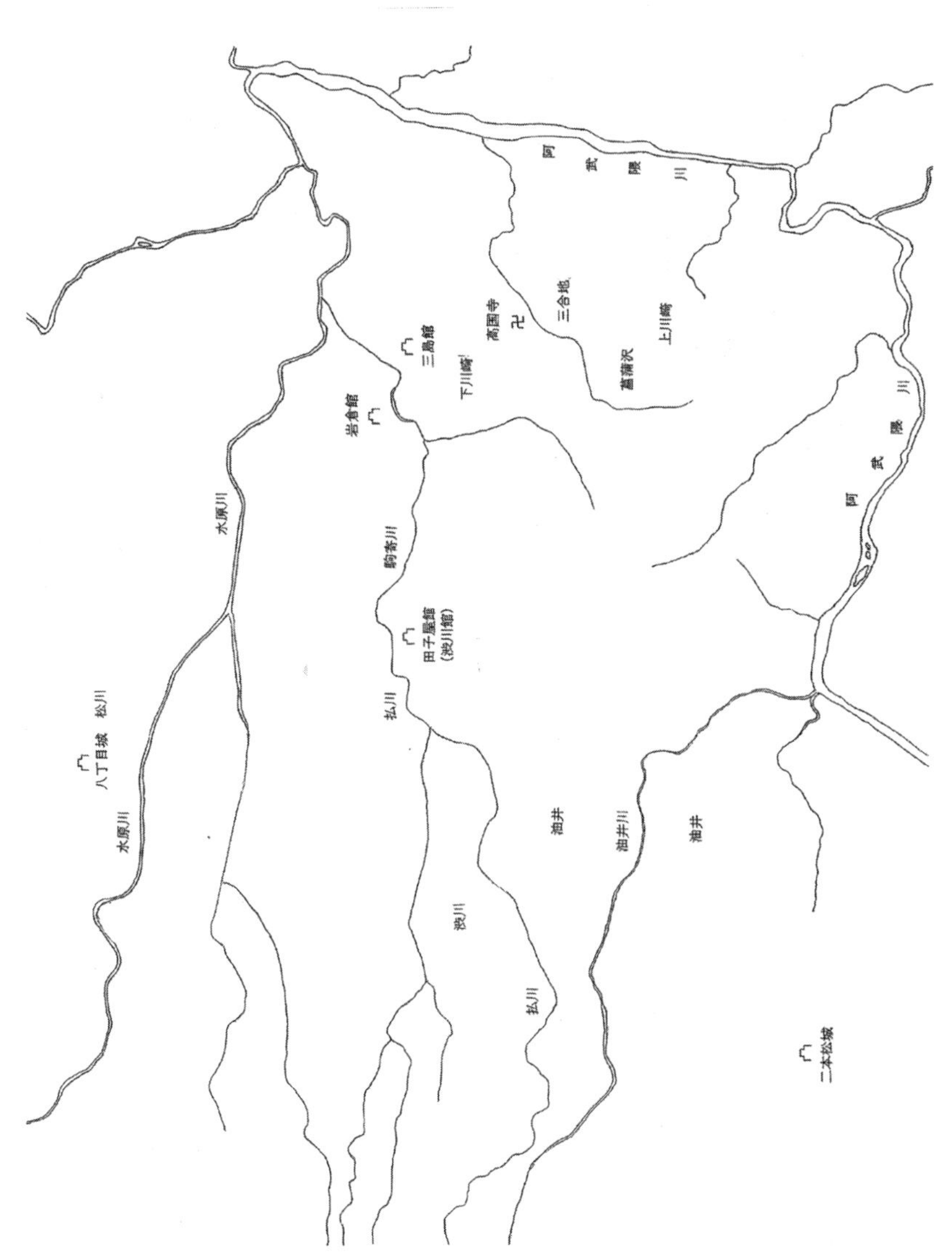

二本松城・三島館・岩倉館・田子屋館（渋川館）相対位置関係図　「筆者作図」

田小屋館からの凡その直線距離　二本松城 5.5 km, 三島館 2.5 km, 八丁目城 3.5 km

二本松城本丸跡『二本松市史第１巻通史編１』の転載

二本松城　「筆者撮影」

三島館　「筆者撮影」

岩倉館（三島館より望む）　「筆者撮影」

田小屋館（渋川館）　「筆者撮影」

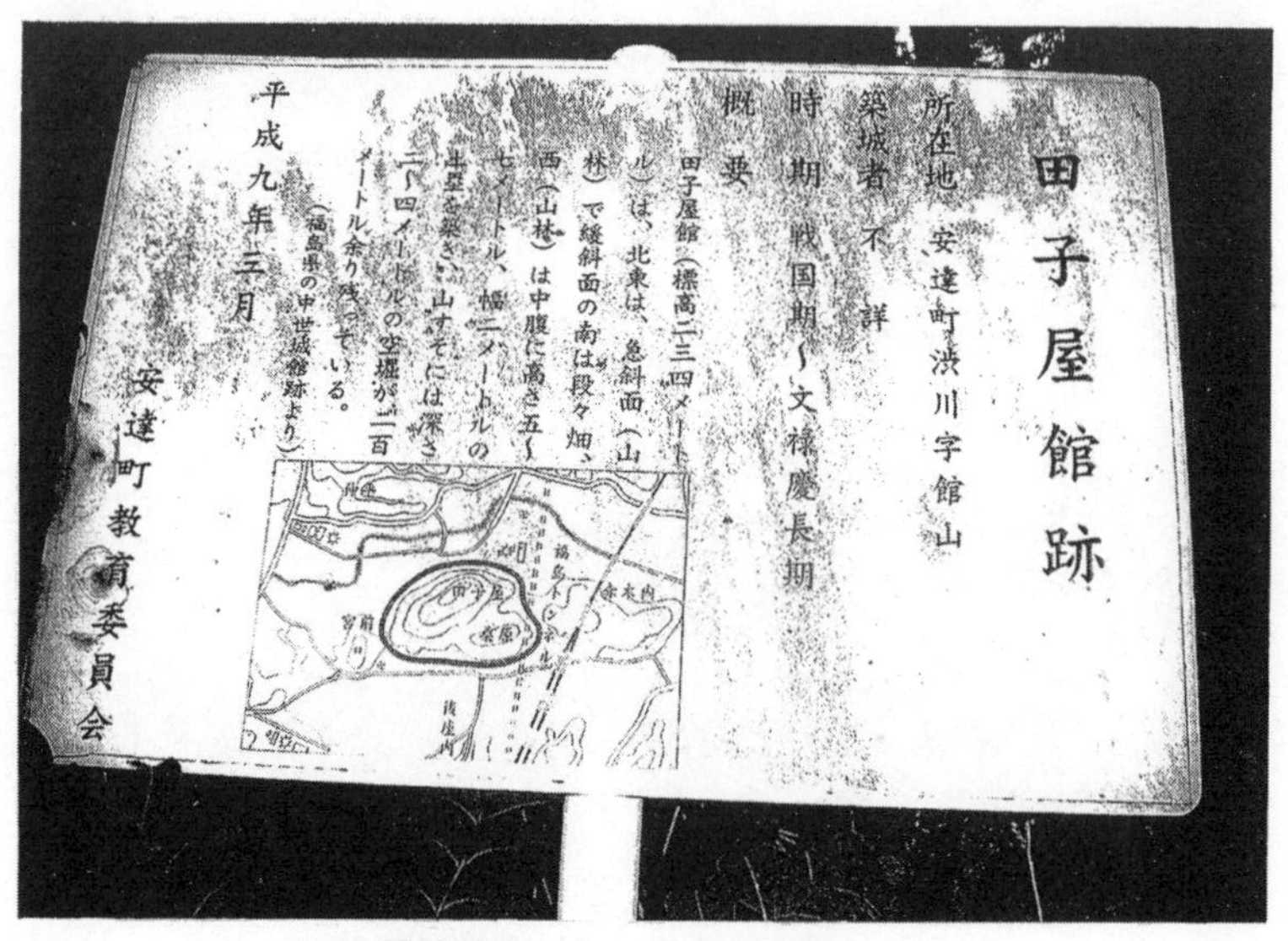

田小屋館跡立て札　「筆者撮影」

とまれ、前述したように、二本松畠山氏の系図は一代高国から四代満泰までと九代義氏から十一代義継まではどの系図でも一致している。しかし五代から八代までは当主の比定および氏名も様々であり確定されていないのが現状である。これはとりもなおさずこの時期の二本松畠山氏の惣領制の崩壊を示すとともに、二本松畠山氏の内紛の大きさを示すものでもあろう。二本松畠山氏が再び史上に登場するのは時代が降って、九代義氏の代になってからである。この頃、伊達氏にも内訌が起きたのである。

いわゆる「天文の乱」である。「天文の乱」は伊達稙宗が勢力拡大の一環として、三男時宗丸（後の実元）を越後守護上杉定実の養子とすることから起こった。この時、上杉定実は伊達家に「竹に雀」の家紋と宇佐美長光の名刀（北海道伊達市開拓記念館蔵）を贈り、また定実の一字「実」の字が与えられ時宗丸は実元を名のったのである。しかし稙宗が百騎もの精兵「善臣能士」をつけることに対し伊達家弱体化をおそれた嫡子晴宗は中野宗時・桑折景長らの支援のもと、天文十一年（一五四二）六月、晴宗は鷹狩りの帰路を襲って稙宗を捕えて、桑折西山城に幽閉したのである。一方、越後上杉定実は家臣らの反対にあい、この実元の入嗣は実現しなかったのである。仮にこの入嗣が実現していれば実元は越後の人となっていたはずで、おそらく嫡子成実の誕生はなかったであろうし当然政宗のその後の運命も大きく変わったものとなっていたであろう。また筆者の祖遊佐左藤右衛門が伊達成実の家臣になることもなかったであろう。こう考えると、歴史は誠に興味の尽きないものなのである。

ところが稙宗は側近小梁川宗朝によって救出されて娘婿懸田俊宗の居城懸田城（伊達郡霊山町）へ脱出し、相馬顕胤をはじめとする縁戚関係にある諸大名に救援を求めたため、伊達氏の内紛は一挙奥州諸大名も巻き込む大乱になった。序盤は伊達稙宗の子らと縁組していた諸大名の多くが加担したため稙宗方優位のうちに展開した。この時二本松畠山氏の当主は義氏であった。

畠山義氏は田村隆顕・石橋（塩松）尚義とともに稙宗方であった。他方畠山氏四代満泰の長子であった満国は妾腹の子のため川崎村大将内三島館主となっていた。その満国から四代目の政兼が本宮に進出し、鹿子田氏を追って本宮氏を称していたが、その子宗頼は乱の当初から伊達晴宗方であった。天文十五年（一五四六）かとみられる四月十八日付の本宮宗頼あて晴宗の書状で「其地、今に堅固に相抱えられ候、前代目出たく干要に候」とある。また、『伊達正統世次考』では天文十五年（一五四六）六月七日条の伊達稙宗派の上郡山景軽あて稙宗書状には「去る三日、二本松義氏、本宮を撃ち、又まさに重ねて来りこれを攻めんとす、翌日宗頼、本宮城を棄て磐城に出奔す」と記している。これによれば、本宮宗頼は天文十五年（一五四六）六月三日本宮城を棄て、岩城氏のもとに走ったのである。本宮城を攻撃したのは畠山義氏であり、畠山義氏は石橋（塩松）・田村氏と協力して安積郡の過半を伊達稙宗方に従えたという。ところが、天文十六年（一五四七）、伊達稙宗方の田村隆顕と葦名盛氏の間に不和が生じて両者が争いはじめると、葦名氏は伊達晴宗方に転じた。このため戦況は一転して伊達晴宗方優位に傾くと、さらに稙宗方からの離反者が相次ぎ、ついに天文十七年（一五四八）九月、将軍足利義輝の仲裁を受けて、稙宗が隠居して晴宗が家督を継ぐという条件で和解し、騒乱は終結した。

本宮城遠望　「筆者撮影」

本宮宗頼・直頼父子は引き続き岩城氏のもとに居り、宗頼は年不明であるが、その後ひそかに川崎にもどり二本松討伐の計画を進めたのである。『松府来歴金華鈔』及び『安達町史1』をもとに要旨をまとめると次のようである。二本松畠山氏は九代の義氏が夭亡し、継子がなかったので、従兄弟の新城義国をして、畠山高国から十代目の家督を相続せしめたのである。このとき、下川崎の三島館主本宮宗頼はかねてより、満国が畠山三代城主国詮の長男であるにもかかわらず、妾腹であるとの理由から嫡妻の子である弟の満泰が四代城主になったことを悔しく思っていた。これに加え、義氏早世により義国が新城の家より家督を継いだことを聞きて大いに憤った。このため、長臣岩倉館主遊佐内蔵介正頼（遊佐氏嫡流家）と相談し、先ず畠山の正統嫡流なることを世上に知らしめんがために、元祖畠山上野介高国の祖廟を岡田の地に建立しこれを「高国寺」と号したのである。高国寺では創建は天文十二年（一五四三）としている。さらにこの謀りごとが二本松畠山氏にさとられないようにと宗頼は剃髪の身となり、かつ「畠山」の名を改め、大井田観音坊勧仏と名のったのである。さらに、二本松畠山氏の近族を味方につける策を講じたのである。しかし、この謀は二本松畠山義国の聞きおよぶところとなり、義国軍が三島館討伐に進発したのである。

高国寺　「筆者撮影」

この「川崎の戦い」で観仏坊勢は敗退し、観仏坊（宗頼）は捕えられ首を刎ねられたのである。さらに義国軍は観仏坊の長男牛房丸を追い、牛房丸は阿武隈川に沿って落ちていき、追手厳しく敵の手にかかるよりはと傍の淵に身をなげて死んだという。今の牛房淵であるという。

『安達町史1』によれば「川崎高国寺の『開創記』には相馬二本松家の古文書に拠るとして次のことが記されている」とし次のように記している。「宗頼の弟義春（菖蒲沢館主）、義顕（三合地館主）共に敗れ、居館に帰途追われて、菖蒲沢に於て一戦、義春此の地にて戦死、義顕三合地館ふもとにて戦死、其の子幼少であったので母と三春に落ちのびた。時に元亀三年（一五七二）二月二十八日であった」と記している。

『二本松市史第一巻』では「義国と義継の家督交替が元亀・天正の交と推測される」としており、また『奥州探題畠山氏と其裔五百川流域の開発者』（曽我伝吉）でも次のように記している。

「金華鈔は宗頼の反乱を企てたのは、二本松相続が動機としているが、義国の相続は天文十六年三月と思われ、また（宗頼が）本宮を追われ岩城氏に走って間もない時で、敗死まで二十年余もあるので当たらない。おそらく其の動機は父祖伝来本家二本松に対する宿怨ではなかったか」としている。

これらから観音坊勧仏を討ったのは『安達町史1』にある元亀三年（一五七二）は正しいと思われ観仏坊宗頼を討ったのは畠山義国と義継の家督交代が行われた直後で義継あったかもしれない。遊佐内蔵頭の嫡流家の史料は、極めて少なく確実な史料としては二本松城落城後の伊達政宗による論功行賞において『二本松市史第一巻』では「遊佐くらの守」また『伊達治家記録』では「遊佐内蔵」として名を残しているにすぎないのである。岩倉館主嫡流家遊佐内蔵介正頼が「川崎の戦い」に参陣し敗北したからであろうか。

筆者は「高国寺」に嫡流家遊佐内蔵介正頼および筆者遊佐氏に関わる史料がないか尋ねてみた。しかし一度火災にあって全焼し史料はないということであった。

元亀年間（一五七〇～七三）に八丁目城（福島市松川町字愛宕山）城主堀越能登守宗範の内通によって八丁目城が二本松城主であった畠山義国の手に落ちると大森城（福島市大森字城山）城主伊達実元（晴宗の弟）は天正二年（一五七四）にこれを奪回し、さらに二本松城を攻撃しようとしたのである。

畠山義継は田村清顕を頼んで和議を申し込んだが伊達輝宗は許さなかった。結局天正二年（一五七四）七月、畠山義継は伊達輝宗に対し、五十騎の軍勢を出すことで、伊達輝宗の麾下に入り和睦は調った。しかしそれも束の間、翌年岩瀬の二階堂盛義の子盛隆が葦名氏の養子となると義継は会津葦名・岩瀬の二階堂と親しくなり、従って岩瀬の二階堂と仲の悪い田村清顕を離れようとし、表面伊達輝宗に随いながら内心敵意をもち、八丁目城の奪回をもくろんでいた。この形勢を見た伊達実元が再び二本松攻撃姿勢をとると畠山義継はまた伊達・田村氏を敵とする不利を思って、今度は葦名氏に和睦の執成しを頼み、その詫び言もかない無事に終わり田村との和睦も調った。その後義継は度々大内定綱等と共に伊達輝宗の戦いに兵を出して軍役の義務を果たしていたが、大内定綱が伊達政宗に対し去就を反復させたことにより、政宗の怒りをかい、天正十三年（一五八五）八月二十四日政宗は小手森城（安達郡東和町針道）を始めとして小浜城（安達郡岩代町小浜）・宮森城（安達郡岩代町小浜）・岩角城（安達郡白沢村）等の諸城を落とした。

大森城遠望「『伊達成実』（亘理町立郷土資料館）の転載」

大内定綱は二本松を経て会津に敗走した。この戦いに畠山義継は大内定綱を援けて葦名勢とともに小手森城で伊達勢と戦って敗退した。一方、大森城主伊達実元は天正十二年（一五八四）、子息成実に家督を譲り、大森城を去り八丁目城に隠居していたのである。伊達政宗が小浜城に移ると、義継は身の危険を感じ、八丁目城の伊達実元を頼み、近年田村氏に恨みがあって、

八丁目城遠望　「『伊達成実』（亘理立郷土資料館）の転載」

佐竹・会津に味方したが、元来代々伊達氏の味方をし、自分も輝宗のために再度の御奉公をした。そのことを思って、当家の身代を立てて貰いたいとの嘆願をした。実元は病のため、この願いは輝宗より政宗に申し送られた。政宗は承知しなかったが輝宗の説得で「さらば二本松の内、南は杉田、北は油井川を切に明らかに渡され、中五ケ村にて身代立置、子息を人質に渡し給ふべし」との政宗の返答に、義継は領地の内、北か南一方を残してほしいと嘆願したが、政宗は承知しなかった。義継は仕方なく十月六日、宮森城の輝宗を訪ね、降参の旨を告げ、もし許されなければ自害の覚悟であることを述べた。そのことを政宗に伝えると義継の子息国王（梅王）を人質に渡すことで和睦は叶えられ、十月七日夜、義継は小浜城の政宗に対面して、宮森へ帰り、翌八日朝小浜城の成実に使者を出し「今度思ひの侭なる身代ひとへに輝宗公と御辺（成実）の故なりとて、輝宗へ此御礼を申上、急き居城（二本松）へ罷り帰り申合せの子供差上候はん、御辺は是へ出向ひ御前頼入」とのべ、義継は輝宗の前に出た。二本松降参というので成実を初め小浜より伊達政景外家老の

人々、義継方は鹿子田和泉ら三人が座敷まで供をした。義継が表の庭より内へ入る処で、鹿子田和泉が義継へ何事か耳打ちをすると、うなずきながら座敷に入った。お互いに何んの物語もなく、やがて義継が辞去するのを輝宗が見送って出ると義継が式台に手をつき、「御取持深く過分の処に、某を生害有べき由承りて候」いうより早く輝宗を引き付け脇差をぬき、其周囲を義継の供の者が押し包むようにして輝宗を引き立て、一同馬で二本松さして駆出した。伊達方は咄嗟のことであり細道のため、ただ狼狽号叫するばかりであった。この日政宗は越川（小瀬川）の狩場に出ていたが急報に接し、狩場より高田に向かい、平石「粟の巣」で義継の一隊と遭遇した。しかし、義継の鞍つぼに抱かれた輝宗、それを抜刀で囲んで走る一行を目前にして輝宗を救う手段はない。この時、輝宗は大声をあげ「速やかに義継を撃殺せ、我を顧みて家の恥を残すな」と叫んだという。政宗は父諸共打取る決心をして、一度に鬨の声をあげ鉄砲を打ちかけ、士卒二十三騎の他従者共五十余人共に討死した（粟の巣の変）。輝宗四十二才、義継三十三才であった。鹿子田和泉が義継に耳打ちしたのは、町中で刀を磨ぐ者がいった戯言を伝えたものであったという。この「粟の巣の変」で義継とともに討死にした遊佐氏は遊佐孫九郎であった。

粟の須古戦場跡　「筆者撮影」

　遊佐孫九郎は菅田館（二本松市十神）に拠っていた。『積達館基考』（成田頼直・文政三年、一八二〇）によれば遊佐筑後守その子左馬、その子は掃部、そして掃部の子が孫九郎であるという。

とまれ、政宗は父輝宗の死後一人立ちし戦国の荒波に立ち向かわなければならない運命におかれ、戦国大名として過酷な運命を切り開いていったのである。

ここで『伊達政宗』（小林清治）によって、伊達氏の家系を訪ねてみよう。『寛政重修諸家譜』によれば、伊達氏は藤原山蔭の子孫朝宗を大祖としている。朝宗ははじめ常陸伊佐庄中村（茨木県下館市）に住んだが、文治五年（一一八九）源頼朝の奥州征伐に四人の子息らを従軍させ、伊達郡（福島県）阿津賀志山（厚樫山）の戦いに軍功をあげ伊達郡を賜って、ここに移りこれまでの伊佐あるいは中村姓を改めて伊達を称したという。始めは「伊達」は「イダテ」と称したが後に「ダテ」となったという。いずれにしろ、伊達氏が早くから藤原姓を称した名門であることは『吾妻鏡』の「常陸介藤時長」の存在によりあきらかである。伊達氏は南北朝の動乱を契機にその勢力を伸ばした。七代行朝は陸奥守北畠顕家のもとで多賀国府（宮城県多賀城市）の式評定衆の一人として活躍し、南朝方の有力拠点となった霊山城はほかならぬ伊達郡にあったことは伊達氏の重きをしめすものである。また八代宗遠は長井氏から出羽国長井庄（山形県置賜地方）を奪い、亘理氏を破って、これを麾下に属させ、さらに奥州探題大崎氏（斯波氏）から二郡（柴田・伊具）を攻め取った。九代政宗（大膳大夫）は明徳二年（一三九一）大崎氏が畠山国詮（安達郡二本松城主）の領地加美郡・黒川郡（共に宮城県）を侵略したのを幕府の命を受けて葛西満良とともに阻止している。これについてはすでに述べた。また政宗の代には、あらたに黒川・名取・宮城・深谷・松山（共に宮城県）宇多（福島県相馬郡）の諸地方の武士たちが伊達氏の麾下に属している。政宗は伊達氏の中興の祖といわれている。政宗の孫十一代持宗は、応永二十年（一四一三）懸田定勝と相携え、大仏城（福島城・福島市）に拠って関東管領に抵抗したが、政宗・持宗の反乱の後楯には関東管領と不和になった幕府があったのであるが、伊達氏の勢力は持宗のころに抜きがたいものとなったといえる。持宗は上洛すること二度に及び、将軍足利義持から一字を賜った。将軍の名の一字を戴くことはこれよりのち輝宗に至る伊達歴代の例となった。十二代成宗も二度上洛している。

政宗・持宗の代に幕府と関東管領との対立に乗じて勢力を拡大させた。成宗の孫十四代稙宗は将軍義稙から一字を拝領し、それと同時に左京大夫に任じられ、大永二年（一五二二）には前例のない陸奥国守護となった。天文五年（一五三六）、稙宗が領国に布いた『塵介集』（『伊達氏御成敗式目』）はいわゆる分国

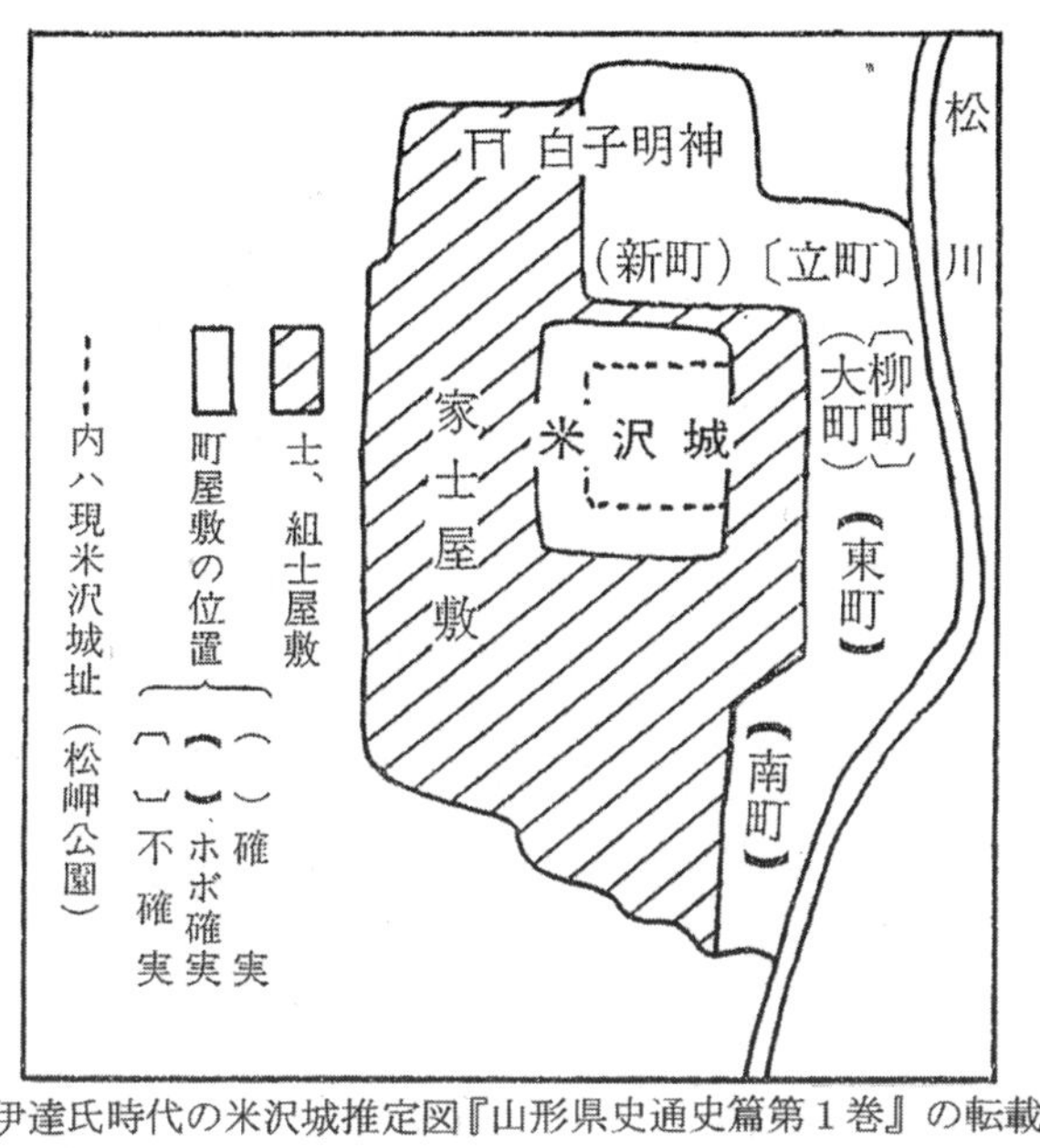

伊達氏時代の米沢城推定図『山形県史通史篇第１巻』の転載

法の一典型である。稙宗の子晴宗は弟実元の越後上杉氏への入嗣に反対し、父、弟と数年にわたって干戈をまじえ弘治年間（一五五五～八）の末ころ奥州探題に補せられた。左京大夫と奥州探題は以前大崎氏（斯波氏）の世襲するところであったが、これらの官職は二つながら足利一門の大崎氏（斯波氏）の手から奥州の名族伊達氏の手に移ったのである。これまで伊達郡の桑折地方の高子岡・梁川・西山など転々とした伊達氏の居城が、米沢に移されたのは、晴宗の家督相続間もないころである。信夫・伊達の支配はすでに安定しているので米沢に移すことによって最上氏との境を固めようとしたのであろう。永禄六年（一五六三）の室町幕府の『諸役人附』によると、「大名」と認め

られたものは、日本全国に五十余りで、北条・上杉・武田・織田・島津・毛利などが名を連ねているが、奥羽からは伊達晴宗が葦名氏と共にこれに加わっている。稙宗・晴宗の代に認められた伊達氏の勢力の急速な拡大には、この父子の政治力が大きな動因となっていた。政治力の端的な現われは政略結婚である。稙宗は数人の妻妾からあげた十四男七女のうち二男六女を大崎、葛西・相馬、葦名、二階堂、田村、懸田の諸氏に入れ、四男を麾下の諸氏に入嗣させた。晴宗は愛妻との間にもうけた六男五女のうち四男三女を岩城・留守・石川・国分・二階堂・葦名・佐竹の諸氏に入れた。中南奥の諸勇族との姻戚関係によって、伊達氏の権力は東北の地方にそびえたつに至ったのである。永禄八年（一五六五）輝宗が晴宗のあとを継いで十六代の当主になったころ、その勢力はやや傾き始めたかに見えた。政略結婚による親近関係は、往々にしてその一世代で終わることが多い。この時期の常である父子の対立とからんで、世代が変わればむしろ敵対関係に転化することもあった。輝宗の代には外交関係においては、まさに不利な立場に置かれる状況になった。わずかに田村氏と親しかったほかは、東に相馬、南に畠山・葦名・佐竹、北に最上など、近隣の諸氏はいずれも、表では好を通じながら、裏では伊達氏の隙をねらっていた。輝宗が家督を継いだ年の初めのころは、稙宗・晴宗が共存し、伊具郡丸森城および信夫郡杉目城（福島市）にそれぞれ隠居していた。その年の六月に稙宗が没してからは晴宗と輝宗の対立は激しさを加えたかと憶測される。伊達政宗は永禄十年（一五六七）八月三日、米沢城主伊達輝宗の嫡男として米沢城（山形県）に生まれた。母は輝宗の正室義姫、最上義守の息女である。時に輝宗二十四才。義姫二十才であった。名は梵天丸である。天正五年（一五七七）十一月十五日、十一才の梵天丸は元服して藤次郎政宗と称した。「政宗」は九代政宗（大膳大夫）のその名である。梵天丸に期待するところあった輝宗は、伊達中興の祖、政宗（大膳大夫）にあやからせようとこの名をとったのである。

伊達氏略系図

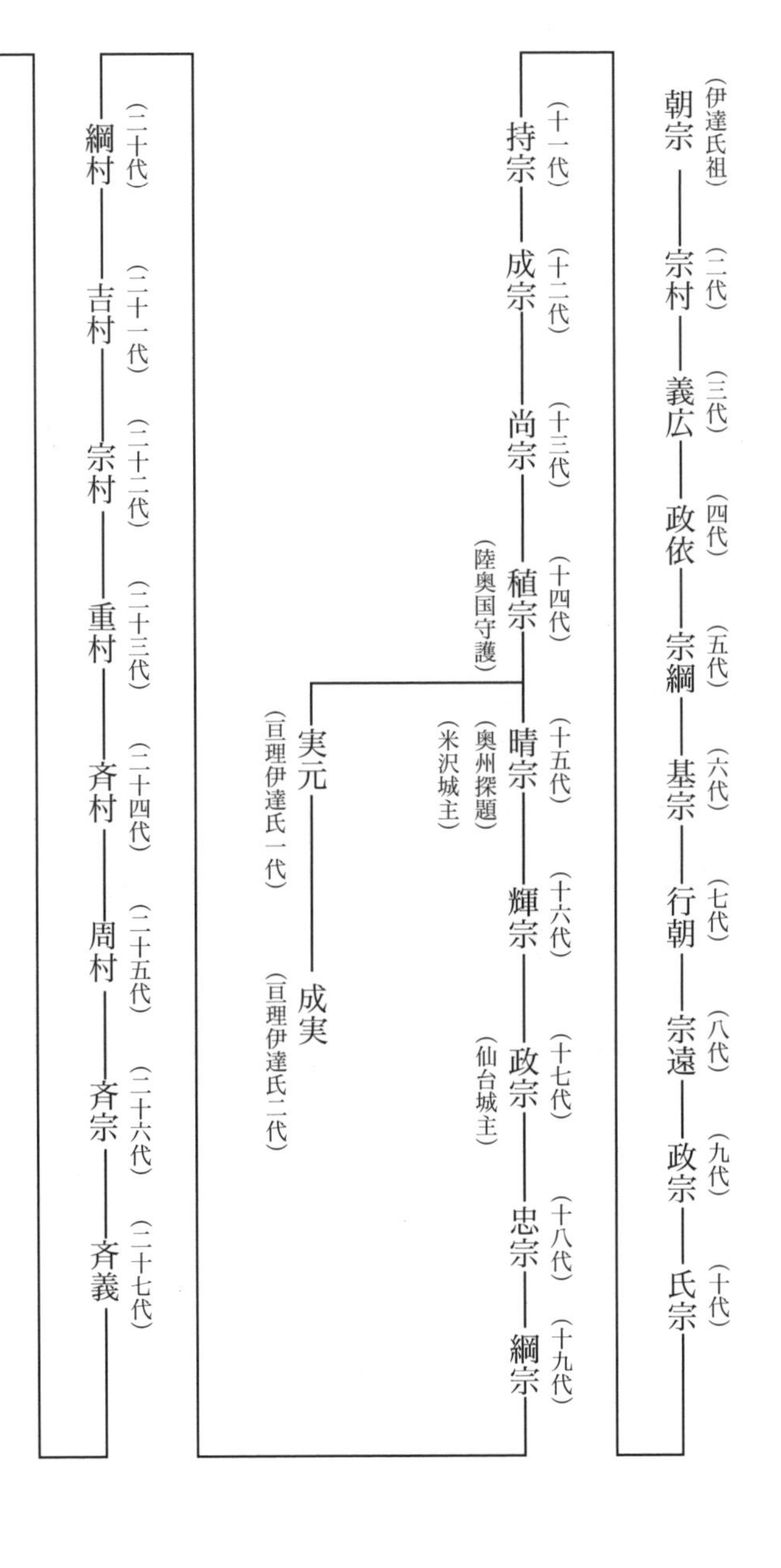

(伊達氏祖)朝宗
(二代)宗村
(三代)義広
(四代)政依
(五代)宗綱
(六代)基宗
(七代)行朝
(八代)宗遠
(九代)政宗
(十代)氏宗
(十一代)持宗
(十二代)成宗
(十三代)尚宗
(十四代)稙宗
(陸奥国守護)
(十五代)晴宗
(奥州探題)
(米沢城主)
実元
(亘理伊達氏一代)
成実
(亘理伊達氏二代)
(十六代)輝宗
(十七代)政宗
(仙台城主)
(十八代)忠宗
(十九代)綱宗
(二十代)綱村
(二十一代)吉村
(二十二代)宗村
(二十三代)重村
(二十四代)斉村
(二十五代)周村
(二十六代)斉宗
(二十七代)斉義
(二十八代)斉邦
(二十九代)慶邦

伊達政宗画像　　特別展「伊達政宗―生誕450年記念」より転載

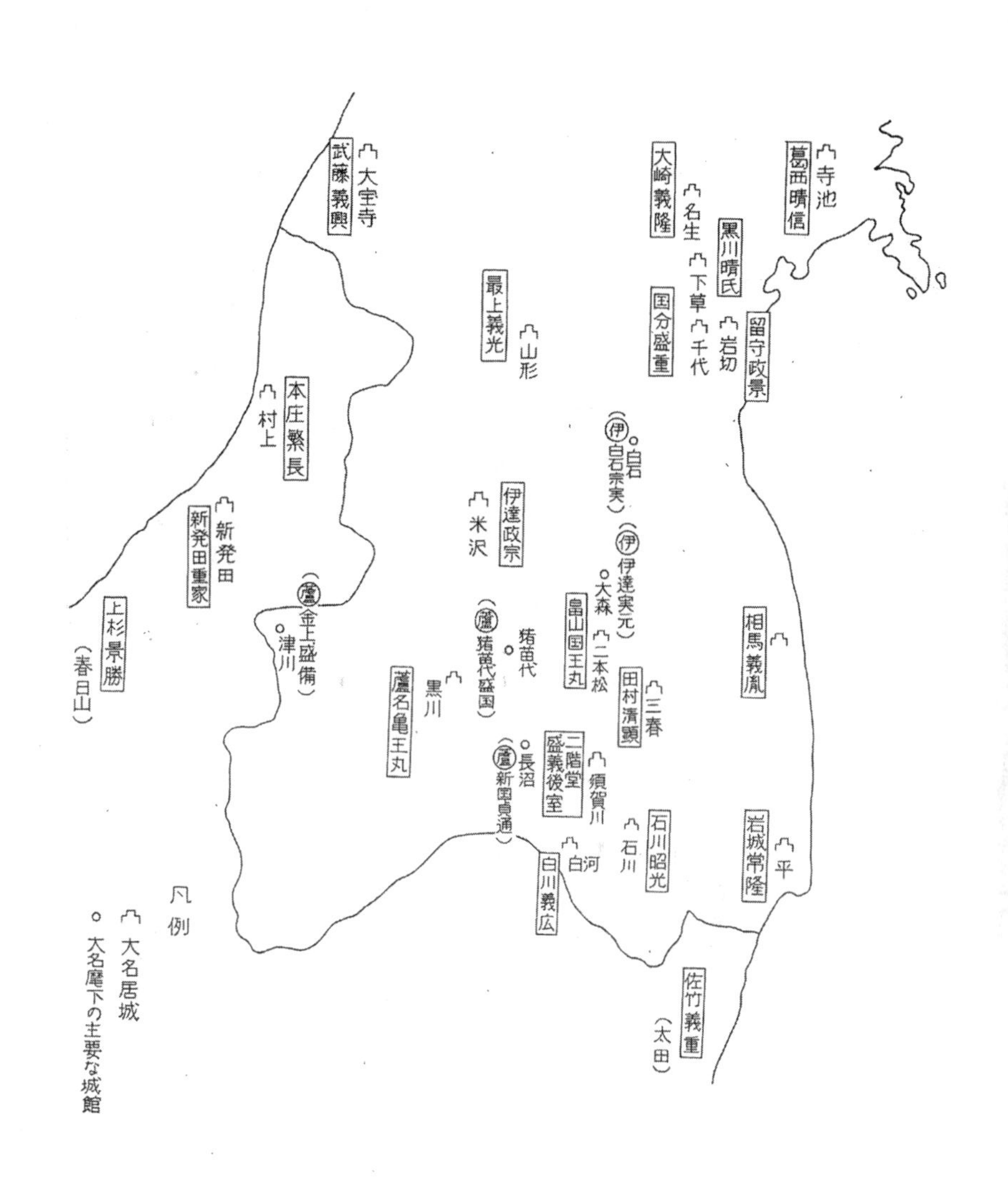

群雄割拠図　天正14年５月現在

『會津若松史１』の転載

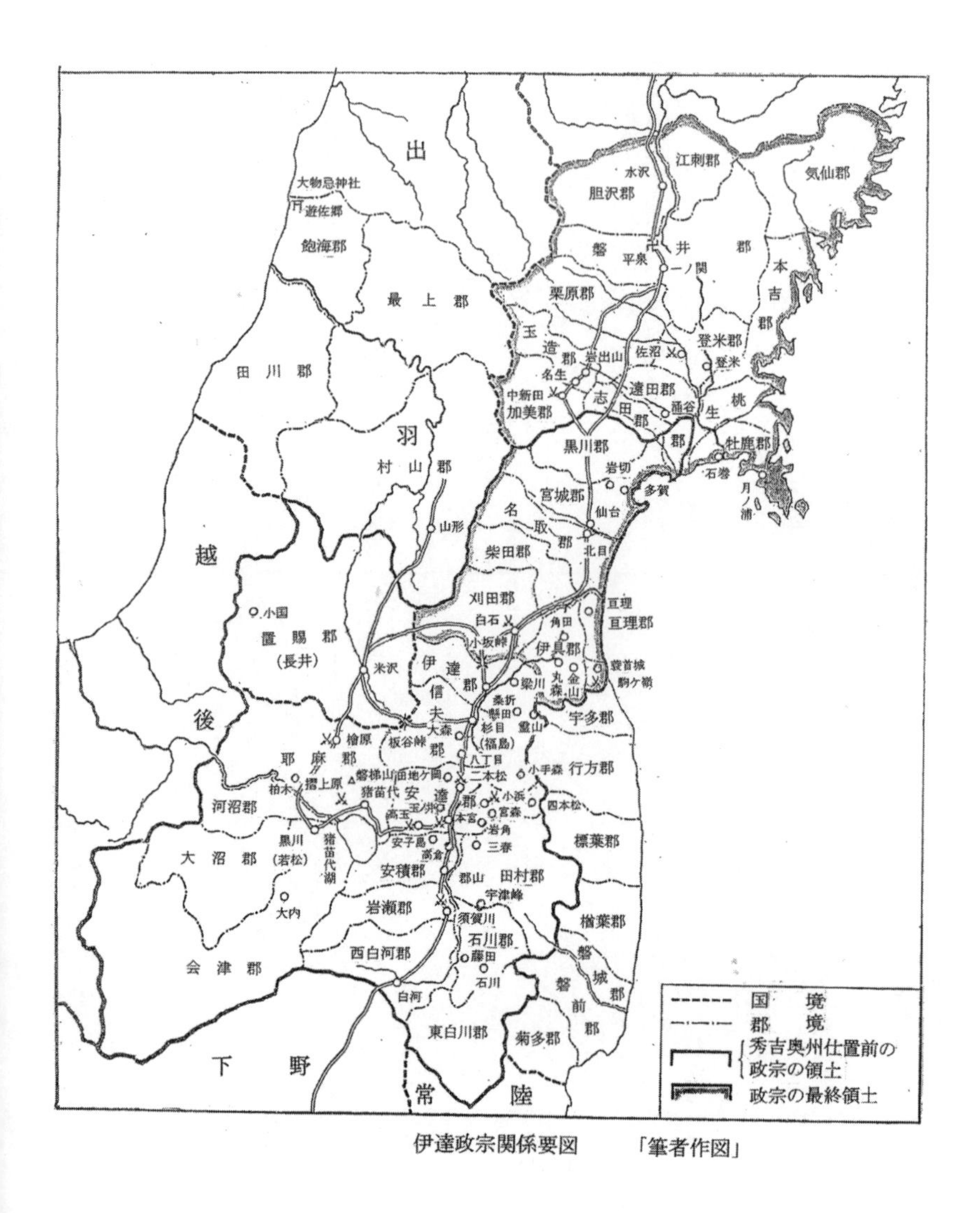

伊達政宗関係要図　「筆者作図」

伊達成実画像　特別展「伊達政宗―生誕450年記念」より転載

天正七年（一五七九）の冬、雪深い板谷峠を避け小坂峠を迂回して、田村清顕の息女愛姫が三春（福島県田村郡）から輿入れをした。政宗十三才、愛姫十二才である。筆者の『坂上系図』には、「政宗室喜多」とある実名であろう。天正九年（一五八一）五月、十五才の政宗は父に従って出陣した。初陣である。相馬氏との戦いであった。もともと稙宗・晴宗父子間の争乱は稙宗が婿の相馬顕胤に伊達郡の内を割き与えようとしたことに一つの原因をもつものとみられる。したがって、晴宗の代以来相馬氏との緊張は強く稙宗の死後、永禄九年（一五六六）に金山城および小斎城が、元亀元年（一五七〇）にはさらに丸森城（何れも宮城県伊具郡丸森町）が、それぞれ相馬盛胤の手中に陥った。さらに天正の初めには伊達氏の本領である伊達郡や信夫郡までが相馬氏の侵すところとなった。輝宗の反抗は、天正四年（一五七六）頃から始められた。政宗の初陣は失地回復のための一連の反抗戦のうちの一つであった。以後天正十二年（一五八四）の夏にいたるまで連年、政宗は父と共に伊具郡の各地に転戦し小斎・金山・丸森の諸城を奪回した。天正十二年（一五八四）五月、田村・石川・佐竹・岩城四氏の調停によって、伊達と相馬との和睦がなった。その結果、回復戦の戦果が認められて、伊達氏の旧領は回復された。政宗の武将としての始まりである。また、伊達氏の回復興隆の業もその途についたといえる。中興の祖九代政宗の名を世子に襲わせた輝宗の抱負ははやくも実現され始めたのである。天正十二年（一五八四）十月政宗は父輝宗から家督を譲られている。一方、政宗とともに戦国の世を生抜いた伊達成実の方はどうであろうか。

『伊達成実』（亘理町立郷土資料館）によって見よう。

伊達成実は永禄十一年（一五六八）伊達実元の嫡子として大森城（福島市）に生まれた。幼名は時宗丸と称し、のち藤五郎と称した。政宗より一才年下であり、母は伊達晴宗の娘である。母方の系から見て従兄弟にあたる。天正七年（一五七九）大森城にて元服した。

元亀年間（一五七〇～七三）に八丁目城主堀越能登守宗範の内通によって八丁目城が二本松城主畠山義国の手に落ちると大森城から伊達実元は天正二年（一五七四）にこれを奪回し、さらに二本松を攻撃しようとしている。しかし、実元は天正十二年（一五八四）、子息成実に家督を譲り大森城を去り八丁目城に隠居したのである。

筆者の祖遊佐左藤右衛門常高がいつ八丁目城の実元を頼り、嫡子成実の家臣となったかは明らかでないが、天正十四年（一五八六）正月「渋川館の戦い」で成実方として活躍しており、畠山義継が「粟の巣の変」（天正十三年十月）で討死にする以前に義継と袂を分かち実元を頼り、そして成実の家臣になっていたものと思われる。この袂を分かった原因は果たして何だったのであろうか。それは、おそらく、元亀三年（一五七二）頃に行われたと思われる「川崎の戦い」によるものであろうと思われる。

『亘理世臣家譜略記』の遊佐左藤右衛門に記載されているとおり「義継に恨み之有り」である。

この「川崎の戦い」に敗れた観仏坊（本宮宗頼）が討死し、弟二人義春（菖蒲沢館主）と義顕（三合地館主）も討ち死にし、観仏坊の長男牛房丸は阿武隈川に身を投げて死んだ。それに与力した岩倉館に拠っていた遊佐内蔵正頼（嫡流家）も敗北したのである。一説には遊佐内蔵正頼は家臣から外されたともいわれている。こうした状況下、遊佐左藤右衛門常高は畠山義継と袂を分かつことを決心したとしても当然の成り行きではなかったろうか。

天正十三年（一五八五）十月、畠山義継が「粟の巣の変」で討死後、二本松城では義継の遺児の国王丸を大将に新城弾正が指揮に当り、本宮・玉井等の支城の兵を本城に集め籠城の守を堅くして、伊達勢の来攻に備え、会津、佐竹の来援を待った。一方、政宗は父輝宗の葬儀を米沢で行った後、小浜城に戻り、十月十五日二本松城に対し、一万三千の兵を以て攻撃を開始したが、その日の夜より大風雪が十八日まで続き、そのためにやむなく二十一日小浜城に引き上げた。伊達成実を渋川館（田小屋館）に置いて、政宗は小浜城に帰陣した。天正十四年（一五八六）正月元日、畠山の将鹿子田右衛門佐継胤が侍百騎、足軽千を以て急に渋川館（田小屋館）の油断を見込んで攻めた（渋川の戦い）。

伊達成実はかねてこのことあるを考え、配置に油断なく、両軍ここで大いに戦った。成実の部下に遊佐左藤右衛門がいたが、かれはもともと、ここの生まれであり、地理に詳しく、真先きに進んで切りかかり敵を討ち取った大剛のものという。この遊佐左藤右衛門についてはすでに『奥羽永慶軍記』（戸部正直・元禄十一年、一六九八）（校注今村義孝）で述べた。

また『松府来歴金華鈔』（沢崎実備・安永三年、一七七四）でも、この戦いを次のように記している。

「元旦鹿子田が相謀て今日ハ元日の事なれば敵も油断して居成ん、急に渋川の城へ押寄て伊達成実を打取て残兵を追ひ払わん迚元日の暁に百騎斗りを引率して田小谷（屋）館へそ押寄ける、成実も流石に二本松勢の押へにゑらまれし謀略無双に志して更に油断なく彼の様の時を伺て敵兵出べき事や有んと心掛たる事なれバ、少しも騒がず羽田右馬介志賀大炊左衛門遊佐左藤右衛門等ヲ始究竟の者共に防がせ其身ハ小高き所に馬を乗り上ケ下知をなし、鹿子田が進退の躰を伺ひ透を討んと謀る其内に大森八丁目ハ成実が領地なれバ、両所に残し置たる侍共我も〳〵と駈付て大勢になりけれバ、鹿子田此有様に辟易して」としている。

さらに『仙台武鑑』（佐藤信直・延享二年、一七四五没）では次のように記している。

「遊佐左藤右衛門常高ハ、逃行味方ヲ尻目ニ白眼ミ、キタナキ者トモ形勢カナ返セ〳〵ト呼テ、猪ノ勢子ヲ破ントスル勢ヲ為シテ、唯一騎烟ヲ立テ火出ル程戦ヒケル、二本松方ニ鹿子田右衛門ハ、常高コソ世ニ聞ヘタル驍勇ノ士也、去来ヤ渠カ軍スルヲ見物セントテ、小高キ阜ノアルケルニ、馬ヲ乗上見居タリシニ、常高所ノ案内ハ能知タリ、毎戦地理ヲ得テ縦横ニ駆散シ、十文字ニ當リ四方八面ヲ拂ヒ靡ケ、其威凛々トシテ精神益強ク、此ニ在カトスレハ忽然トシテ後ニ出、二本松勢ノ横ヲ破リ、田一枚ノ中ニシテ三人ニ鎗付シ二人ハ首ヲ取リタルケル、敵此猛勇ニ辟易シ色メキ立テ逃走ル」としている。

この遊佐左藤衛門常高は『亘理世臣家譜略記』にある、まさしく遊佐左藤右衛門常高その人である。

このように筆者の祖遊佐左藤右衛門常高は諸本に「大剛のもの」として記載されている。

話を戻そう。

伊達勢の攻撃にさらされる二本松を救援すべく、天正十三年(一五八五)十一月佐竹義重が作戦を開始した。この戦いを「人取橋の戦い」といわれるが、この戦いは伊達政宗・伊達成実にとって将来を決する戦いでもあった。この戦いは『政宗記』(伊達成実)・『奥羽永慶軍記』(戸部正直)等に記載されている。ここでは『伊達政宗』(歴史群像シリーズ⑲)および『伊達成実』(亘理町立郷土資料館)・『安達町史1』・『奥州探題畠山氏と其裔五百川流域の開発者』(曽我伝吉)等をもとに概観してみよう。

十一月十日頃、二本松の急を知った佐竹義重、義宣父子・義宣の弟会津芦名義広、岩城常隆、石川昭光、白川義親、二階堂(岩瀬輝隆)、相馬義胤の諸氏は、佐竹義重を盟主とする連合軍を組織して、兵三万を率いて二本松救援のため、須賀川に集結、十一月十六日には、前田沢の南の原に野陣を構えた。

一方この情勢を知った政宗は十一月十六日七千余(八千余ともある)の軍兵を率いて岩角城に移り、その夜本宮城に入城した。伊達の布陣は二本松城に備え杉田に国分盛重・天童頼澄、玉井城に白石宗実、高倉城には高倉近江(氏詮)、桑折宗長、富塚宗綱、伊藤重信を、本宮城には、瀬上景康、中島宗求、浜田景隆、桜田元親を配置し、伊達成実は糠沢に宿営後、千余人を率いて本宮の南方瀬戸川館に進出する態勢をとった。十一月十七月早朝伊達政宗は本陣を観音堂の丘(日輪寺丘)に本陣を置き、国分盛重(本宮より進出)を後備に、留守(伊達)政景を左、原田宗時を右に配し、亘理元宗・重宗父子を前衛にした。

その前方に鬼庭左月、片倉景綱を配し、その南方、荒井、五百川辺には白石宗実（玉井より進出）、浜田景隆（本宮より進出）、高野壱岐を配した。さらに先鋒として泉田、七宮、柴野、青木等が青田原に布陣した。一方、伊達成実は左翼最前線、瀬戸川を前に街道脇の瀬戸川館に陣取った。連合軍は高倉城方面に白川、石川、二階堂（岩瀬）、岩城、佐竹の兵、中央荒井方面に芦名、佐竹、相馬の勢、会津街道には佐竹、芦名等の主力が北進して、伊達軍の本陣に迫った。総帥佐竹義重の主力は、青田原の伊達勢の泉田、七宮、柴野、青木等を追って本陣に向かって突進し、付近一帯は激戦の巷と化し、敵味方入り交り佐竹義重、伊達政宗の両将は視呼の間に迫り、伊達勢は危険な状態に陥った。時に伊達の老将鬼庭左月は、この危急を救うため兜もつけず綿帽子をかぶり、六十騎を率いて連合軍に突進し、人取橋を越えて奮戦、部下の多くとともに討死にした。行年七十三才であった。この時、政宗は重囲を脱して本宮城に退いた。中央荒井方面からの会津勢は前田沢兵部とともに伊達勢の白石宗実、浜田景隆、高野壱岐等を追いつめ、瀬戸川館の伊達成実と激戦、成実の臣下下郡山内記、伊庭野遠江等が善戦した。この戦いで会津勢は船橋方面に進出し、成実勢の背後に廻り古観音堂の伊達本陣の側面を脅かした。この戦いで味方の殿をつとめた伊庭野遠江は、鉢巻姿で戦って壮烈な戦死を遂げた。鬼庭左月と同じ七十三才であった。

仙道人取橋古戦場跡「筆者撮影」

また『奥羽永慶軍記』（戸部正直）では次のように記している。

「下郡山内記・伊場野遠江……遊佐藤左衛門、加（嘉）藤大炊左衛門を始めとして、馬の鼻を並べ、切先を揃いて討て懸る」としている。ここにある「遊佐藤左衛門」は前述したように「遊佐藤右衛門」のことであり、すなわち「遊佐左藤右衛門」をさしている。この戦いに参陣していることがうかがえる。

一方、高倉城は要害の地であるため、連合軍は大兵を向けた。これに対し伊達勢は、伊東重信の玉砕戦法による本陣救護の主張に従い、寡兵でもって善戦したが連合軍はこれを破り、阿武隈川添いの街道を北進し伊達勢を圧倒した。こうした状況下、成実は孤立したが、成実は討死に覚悟で退陣しなかったといわれる。こうして伊達勢は終始守勢のうちに、戦いは連合軍の猛攻撃で経過していったが、すでに日暮れとなって連合軍は引きあげた。この日の戦いは「武分れ（引き分け）」となったのである。

連合軍側は、明日の決戦で伊達軍を粉砕すべく策戦をねったが、佐竹の一将義政が乗馬の手入れの事から下僕に刺殺されるという突発事故起り、さらに常陸の本国から江戸重通、里見義頼がその留守をせめようとする動きが伝えられ、常陸へ帰らざるを得ないという余儀ない事態となり、他の諸将も後日を期して引きあげた。優勢だった連合軍は、ついに本宮城を抜くことなしに兵を引いたのである。

政宗は翌十八日、岩角城に停留、連合軍の再来を窺い小浜城に入り、この年の冬を越した。連合軍は再び来襲することはなかった。伊達政宗の生涯における最大の激戦の一つであった。天は伊達政宗に味方したといってよいであろう。政宗十九才、成実十八才であった。

この戦いを『会津四家合考』（向井吉重）・『奥羽永慶軍記』（戸部正直）・『奥陽仙道表鑑』（木代定右衛門）では「高倉合戦」または「安積合戦」といい、『政宗記』（伊達成実）では「本宮戦附人取橋合戦」といっている。

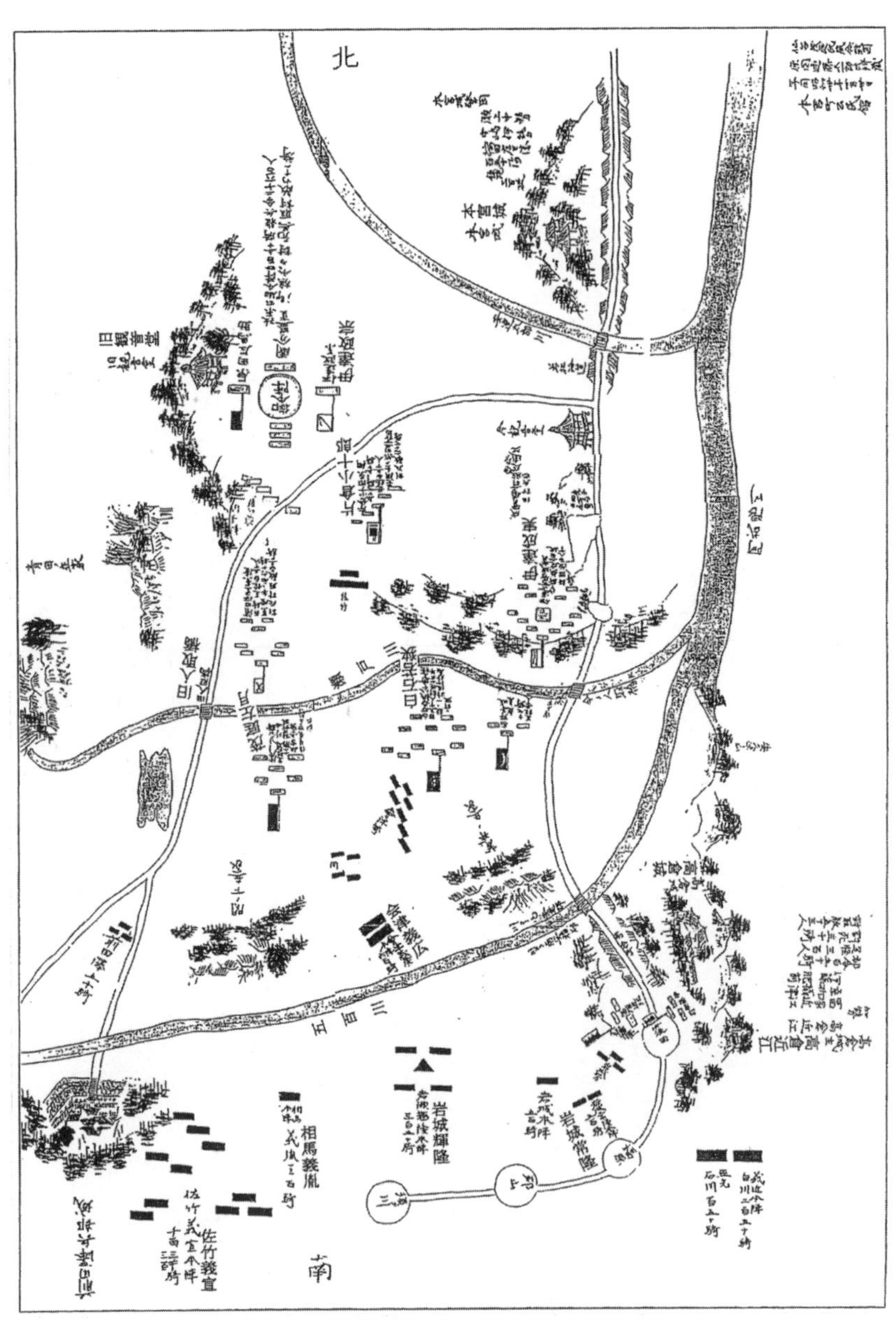

人取橋合戦図『図説本宮の歴史・本宮町史別巻』の転載

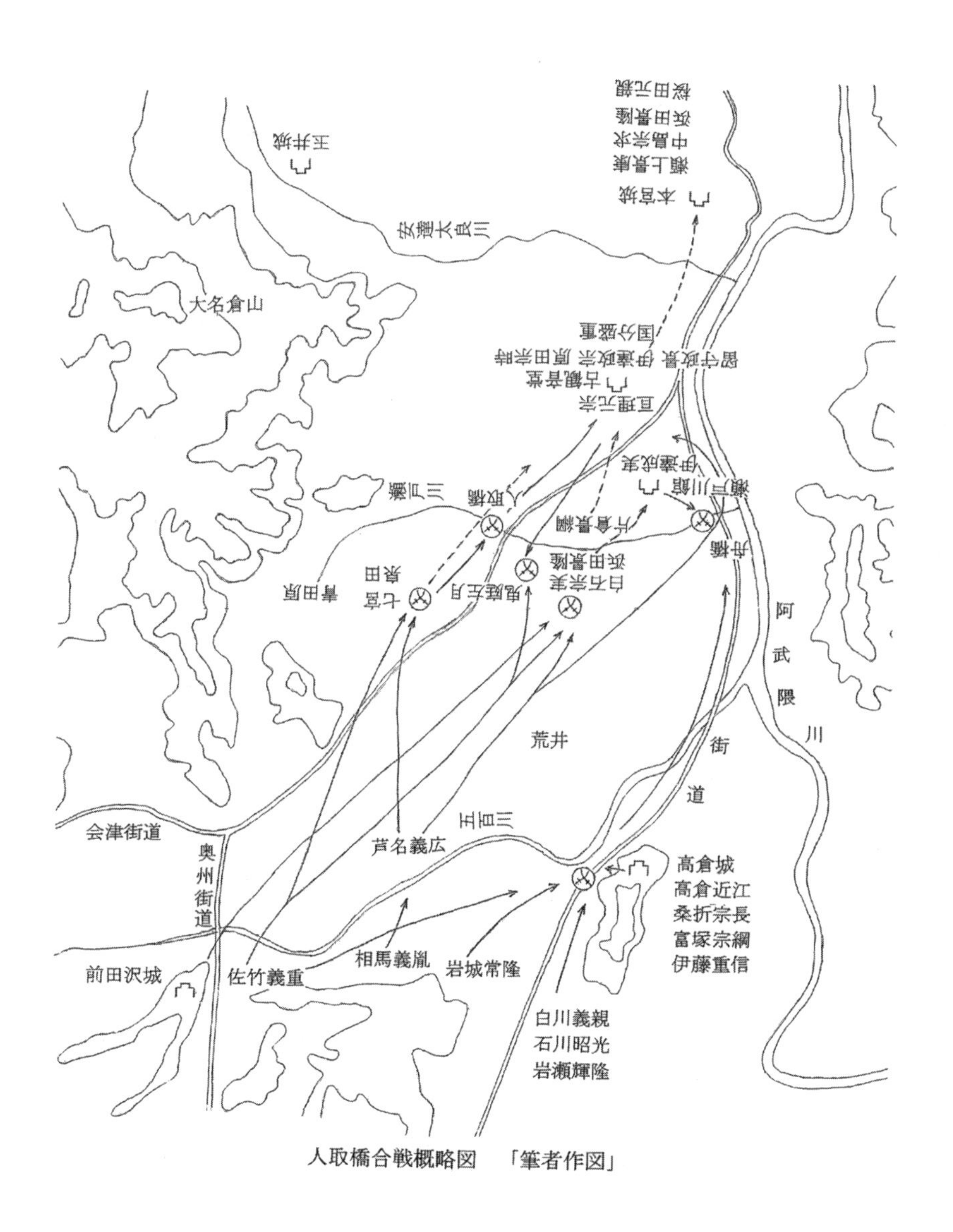

人取橋合戦概略図　「筆者作図」

この戦いは「武分れ（引き分け）」となったが、伊達勢が総崩れする中で、成実一人ふみとどまって敵を退けたのである。政宗は、この成実の武勇にいたく感激し、その夜、山路淡路を使者に自筆の感状を送り「本日の働き比類なき武功なり」とほめたたえ、翌日の合戦の備えをするよう命じた。

政宗が成実に送った感状があるのでそれを次に掲げる。

抑、今日観音堂において戦の敵を後になし、又荒井より助け来り候大軍と貴殿小勢を以て合戦に及び、比類無き所に却って太利を得られ、又も有るまじきと耳目を驚かせ候。御辺壱身の扱いに依り諸軍を助け、悦事斜めならず候。然りと雖も下（家）中に死人手負数多有るべき事、笑止の至りなり。明日は敵陳（陣）本宮へ近陳（陣）為すべきの由、其の聞こえを得候。迚も、彼の地出られなば、本望たるべく、伊達上野守政景へも、其の旨同意に申し付候。

恐惶謹言

十一月十七日亥の刻　　政宗

御使者山路淡路殿

（読み下し）

（北海道伊達市開拓記念館蔵）

二本松城をなかなか落城させられないでいた。老臣新城盛継らは城主国王（梅王）丸を守護し城を堅守していたためである。政宗は二本松重臣を内応させる戦術にでた。これも政宗の戦術の一つであった。天正十四年（一五八六）三月十一日、畠山家臣箕輪玄番、氏家新兵衛、遊佐丹波、遊佐源左衛門（のち下総）、堀江式部（のち越中）五人が相談し、伊達方に奉仕し、二本松を乗っ取らせたいと申し入れ、それぞれ人質を進上したのである。四月上旬、再び二本松城攻めの軍を出したが、城は落ちなかった。天嶮に拠る二本松城は攻め難く、政宗は城を囲むほどの人数を残して小浜城に引揚げた。七月初め相馬義胤が伊達実元白石宗実を介し、二本松籠城衆が城を明け渡すので許されたいとの調停をしてきたのである。政宗はこれを受け二本松城の討伐を停止した。十六日降伏の約束に従って、国王（梅王）丸は、本城に火を放って会津に走った。一年余にわたる戦いの日々は、ここにようやく終わりを迎えたのである。政宗は片倉景綱に二本松の仕置きを申し含めて、八月上旬約満一年ぶりに米沢城に戻った。

二本松城番となった片倉景綱は政宗に味方した畠山旧臣らの知行割を行なった。『二本松市史第一巻』では内応した諸士に対する論功行賞を「二本松恩所之日記」をもとに整理して次のように記している。恩賞を受けた主な氏名を記す。（『二本松市史第一巻通史編1』より一部転載）

日記名・月日	氏名	知行所在の郷村名	貫高	備考
「二本松恩所之日記」 八月二十四日	箕輪玄番	（恩地）箕輪一宇、高越一宇		栗ケ柵城主
	堀江式部	（恩地）大江・塩田・五百川 大江（加恩）杉田	十六・八	
	遊佐丹波守	（恩地）杉田・大江・塩田	三八・二	
	氏家新兵衛	（恩地）本宮・塩田・大江・ 五百川（加恩）杉田	三一・三	本宮城代
	遊佐源左衛門	（下総）塩川一宇（東田子屋を除）		

		吉倉一宇・米沢一宇	（表中三名略）
「本宮衆」 八月二十四日	堀江与三兵衛	本宮・塩田	五・〇 （以下三十五名略）
「二本松配分之日記」 九月七日	遊佐くらの守 遊佐左藤右衛門	下川崎 硫黄田・松はし	四六・三二　下川崎岩倉城主 一〇・五　伊達成実家中 （以下十五名略）

『二本松市史第一巻』では遊佐源左衛門を（下総）と記している。さらに「天正十四年霜月十四日、配分之日記」には遊佐源左衛門（下総）は八月二十四日の塩川・吉倉・米沢の三村の代わりに、青木・立子山等八十一貫余を給され、氏家新兵衛・遊佐丹波守はそれぞれ五十貫文を超える加増を給されている。

遊佐左藤右衛門は「渋川の戦い」・「人取橋の戦い」等の参陣の軍功によるものであろう。

遊佐内蔵守については下川崎岩倉城主とあるので、「川崎の戦い」で観仏坊宗頼（本宮）に与力した嫡流遊佐内蔵介正頼と同一人とも思えるが、どのような働きをしたかは定かではない。ここで注目されるのは「本宮衆」堀江与三兵衛以下三十五名にも及ぶという事実である。もともと川崎大井田氏四代政兼が本宮に進出し鹿子田氏を追って杉田に走らせ、五代宗頼は「天文の乱」では晴宗方で反二本松であったが天正十五年（一五八七）二本松義氏に追われ岩城に走ったのである。『二本松市史第一巻』では次のように記している。「政宗は天正十三年（一五八五）冬から十四年（一五八六）春ころに「本宮衆」の内応に成功していたことが考えられる」としている。これは二本松畠山氏の庶流の臣であり主家二本松との主従関係は緊密ではなく、むしろ反二本松であったことを表すものであろう。

ここで政宗に内応した遊佐丹波守と遊佐源左衛門（下総）ついて述べてみたい。

『大日本地名辞書』（吉田東伍）は「本宮城址」について次のように記している。

「本宮城址・三址あり、一は明神山の菅森、一は愛宕山、一は大黒山にて、氏江、遊佐、鹿子田、三家の墟にて、皆二本松の族党なり」としている。ここでは「皆二本松の族党なり」としているのである。

『日本歴史地名大系7』では「本宮城跡」（本宮町舘ノ越）では次のように記している。

「本宮城（本宮館）」跡はこの一帯にある三つの城館跡の総称で、安達太良神社のある菅森山と西側にまたがって菅森館跡、これより北東の大黒山に鹿子田館跡、南方の本宮小学校の敷地へ続く愛宕神社一帯に愛宕館がある」としている。また『相生集』（大鐘義鳴・天保十二年、一八四一）では次のように記している。「愛宕舘　遊佐下総守居るといふおもふに菅森舘にハ氏家此舘にハ遊佐氏の住せしなるべし下総守ハ丹波か父なり」としている。これによると遊佐丹波守と遊佐下総守は父子であるという。

内応の恩賞を受けた遊佐源左衛門（下総）はこの遊佐下総守に比定してよいであろう。おそらく本宮城の愛宕館に拠っていた遊佐丹後守・下総守は政宗の「本宮衆」の内応調略に応じたと考えられるが妥当であろう。また遊佐丹波守と下総守は政宗の家臣になっているが、遊佐丹波守、下総守の出自が『伊達世臣家譜第三巻』（平士の部）にある。それによると次のようである。「遊佐丹波守と下総守は兄弟で源姓、その父を遠江守重定といい、遠祖は遊佐勘解由左衛門、その子孫の遊佐河内守重常は永禄（一五五八～）に守護職となって長野城にあったが、織田信長に滅ぼされ、その子重定が二本松の畠山義継に仕えて二本柳邑を領した、二子あり、長を丹波守某、次を下総守重勝といい、ともに天正に伊達氏に降ったが、丹波守の家は亡くなった」というのである。『相生集』では丹波守と下総守を父子の関係としている。一方『伊達世臣家譜』では兄弟としているが一族であることは間違いないであろう。

姓は源姓であるとしているが、その可能性はある。

鹿子田館に居た鹿子田氏とそれを杉田に追った大井田氏(本宮氏)は、もともと二本松氏の庶流であるが、畠山氏の一族であり源姓である。おそらく婚姻を通して源姓と称したのであろう。しかし、「河内の遊佐氏」ですでに述べたように、河内の遊佐氏は守護代を襲職したことは事実であるが、守護は畠山氏の襲職するところであり、遊佐氏は守護に補任された事実はない。また、長野城に拠ったとしているが『河内長野市史』では次のように記している。「なお河内長野城というのは幻の城」としている。

畠山高国とともに下向した遊佐氏は南北朝期からここにあったたし、まして戦国末期、今仕えたばかりの新入りの遊佐氏が、二百年来の遊佐氏を押し退けて、にわかに義継の重臣になったとは考えられない。おそらくは畠山氏一族との婚姻により源姓を名のり重臣となったとするのが自然であろう。

話を戻そう。

二本松・本宮衆への論功行賞の終わった九月十三日、政宗は片倉景綱と入れ替わりに伊達成実が大森城から二本松に入城した。二本松城は名門畠山氏が居城した名城であり、ここに据られたことは大きな名誉であった。戦乱で荒廃した、とりわけ焼亡した、本丸、諸館の再建が成実によって進められた。

成実が二本松城に在城したときに、政宗が成実にあてた書状があるので次にそれを掲げる。

急度示し預け候。則ち披見せしめ候。依て十一日の夜に討ち参り候ひけるや。心元無く候。塩除衆共の扱ひと見へ申し候。之に就き、苗代田の地、御機(気)遣ひに候や。彼の夜討ちの故に引き籠め候えば、外聞見所如何に存じ候。警固をも差し籠められ、先づ以て是非に抱へられ然るべく候。不断手先には、柴見番を置かれ候ひて能く候べく候。万々書中には、申されず候。只々賦に相極まり候由存じ候。鉄砲の事、尤も相越すべく存じ候えども、事切れも之無く候に、何となく当秋中警固は如何に候。併せ重ねて様体により、人数遣はせも申すべく候。

恐々謹言。

追って、幾度ながら、安子島へ御入魂然るべく候。彼の人分別無きの者に候間、諸事抛たれ不足候べく候。彼の人無二に候へば、夜討ち其の外も罷越すまじく候。能々御思安（案）候べく候。以上。

（天正十五年）七月十三日　（伊達）政宗（花押）

五郎殿

（読み下し）

（北海道伊達市開拓記念館蔵）

天正十七年（一五八九）は政宗の攻勢によって局面が展開した年であり、戦国武将としての真価が余すところなく発揮された年であった。奥州を制覇する戦略構想は天正十七年（一五八九）の春を迎えて、次第に具体化し始めていた。眼前に立ちはだかる最大の障害は、会津黒川城に拠る葦名義広であった。この強敵を倒さなければ、その夢は現実にはならない。政宗はその夢に向けて動き出した。ここに「摺上原の戦い」が勃発することとなる。その様子を『政宗記』（伊達成実）・『伊達成実（亘理町立郷土資料館）』・『會津若松史1』等により概観してみよう。

天正十七年（一五八九）の四月二十二日、政宗は米沢城を発向、大森城に入った。その後の動きは急だ。

五月三日、本宮城に陣を移すや、翌四日に安子ケ島城、五日に高玉城（何れも福島県郡山市）を一気呵成に攻略する。両城を落として猪苗代方面へ進撃路を確保するや、五月半ば、今度は一転、相馬領北方に進攻して駒ケ嶺城、蓑首城（何れも福島県相馬郡新地町）を強襲した。相馬義胤と岩城常隆が連合して田村領をうかがいはじめたため、背後を衝くことで敵の動揺を誘い圧力を取り除こうとの作戦であった。その

摺上原　戦場は磐梯山の左の麓
『伊達成実』（亘理町立郷土資料館）の転載

間、蘆名義広も手をこまねいていたわけではない。父佐竹義重とともに、二十七日に須賀川に着陣。翌二十八日には滑川まで進出して、北上の動きを見せていた。南奥の風雲はにわかに急を告げはじめた。折りしも六月一日、かねてから誘降工作を進めていた蘆名一族の猪苗代盛国が伊達方に寝返り、会津への道は完全に確保された。智謀の将政宗はこの好機を逃すはずはなく、果敢な決定を下したのである。兵力が手薄な会津へ突入、一挙に敵の本拠を制する策を建てたのである。反伊達勢力が東に結集しているのに、西に向かおうとする政宗の戦略は一見無謀とも思えた。しかし政宗の戦略眼は十分な勝算ありと読んでいた。政宗の行動は迅速だ。猪苗代盛国の誘降がなるや、すかさず片倉景綱、伊達成実を猪苗代城に送り込む一方原田宗時、新田義綱を檜原峠に向かわせ大塩城（耶麻郡北塩原）の攻略を命じた。東と北から会津に

進撃して北方で合流、会津を席捲しようとしたのである。六月四日夜半、政宗は猪苗代城に入った。政宗のこの動きに義広もすかさず反応、同じ四日、猪苗代湖南を迂回して急遽黒川城に入った。激突の時間は迫った。翌五日朝、まず義広が動いた。朝靄をついて黒川城を進発した葦名勢は、高森山に本陣を置き、日橋川の北の山に段々に陣を敷き、湖水近くの在家を焼き払って気勢をあげ、富田将監を先陣に、約一万六千の勢力である。「葦名勢動く」の報に接した政宗も直ちに出撃命令を下した。先手は猪苗代盛国、二番片倉景綱、三番伊達成実、四番白石宗実、五番旗本、六番浜田景隆、左翼大内定綱、右翼片平親綱という陣立てで、総兵力約二万三千で、政宗本陣は八ケ森であった。伊達勢の出撃に、葦名勢は磐梯山麓の摺上原に進出して迎撃体制をとった。両軍とも陣形は魚鱗であったと伝える。午前八時、両軍の先陣がついに激突、血戦の幕は切って落とされた。摺上原はたちまち修羅の戦場と化した。緒戦の戦況は葦名勢優勢の内に進んだ。開戦時、西から烈風が砂塵を巻いて伊達勢の正面に吹きつけ視界をふさいでいた。追い風に乗っての猛攻となり、猪苗代勢はたちまち攻め崩され、二陣の片倉景綱勢も足並みがみだれはじめる。すかさず伊達成実勢、白石宗実勢が敵陣の真っただ中に切り込み、態勢を挽回する。今度は葦名の旗本が参戦、成実勢、白石勢を押し返す。思わぬ苦戦に政宗もたまらず、旗本を戦場に投入、さらに鉄砲隊に命じ二百挺で横合いから銃撃させた。このとき、天祐神助というべきか、それまでの西風が突如として東風に変わり、葦名勢に濛々たる砂塵を叩きつけたのである。これを機に戦況は急変する。伊達勢は強風を背に「士卒一人トシテ刀ニ血ヌラザル者ナシ」（『伊達治家記録』）というほどの猛反撃に転じたのである。浮き立つ葦名勢、勇将、強兵も少なくないが一枚岩ではなかった。義広は常陸佐竹家からの入り婿であり、義広随従の家臣と、葦名家の宿老との間に、軋轢が生じており、疑心が暗鬼を呼ぶ状態であった。戦意喪失の葦名勢は算を乱して、我勝ちに壊走した。その退路を日橋川の激流がふさぐ。

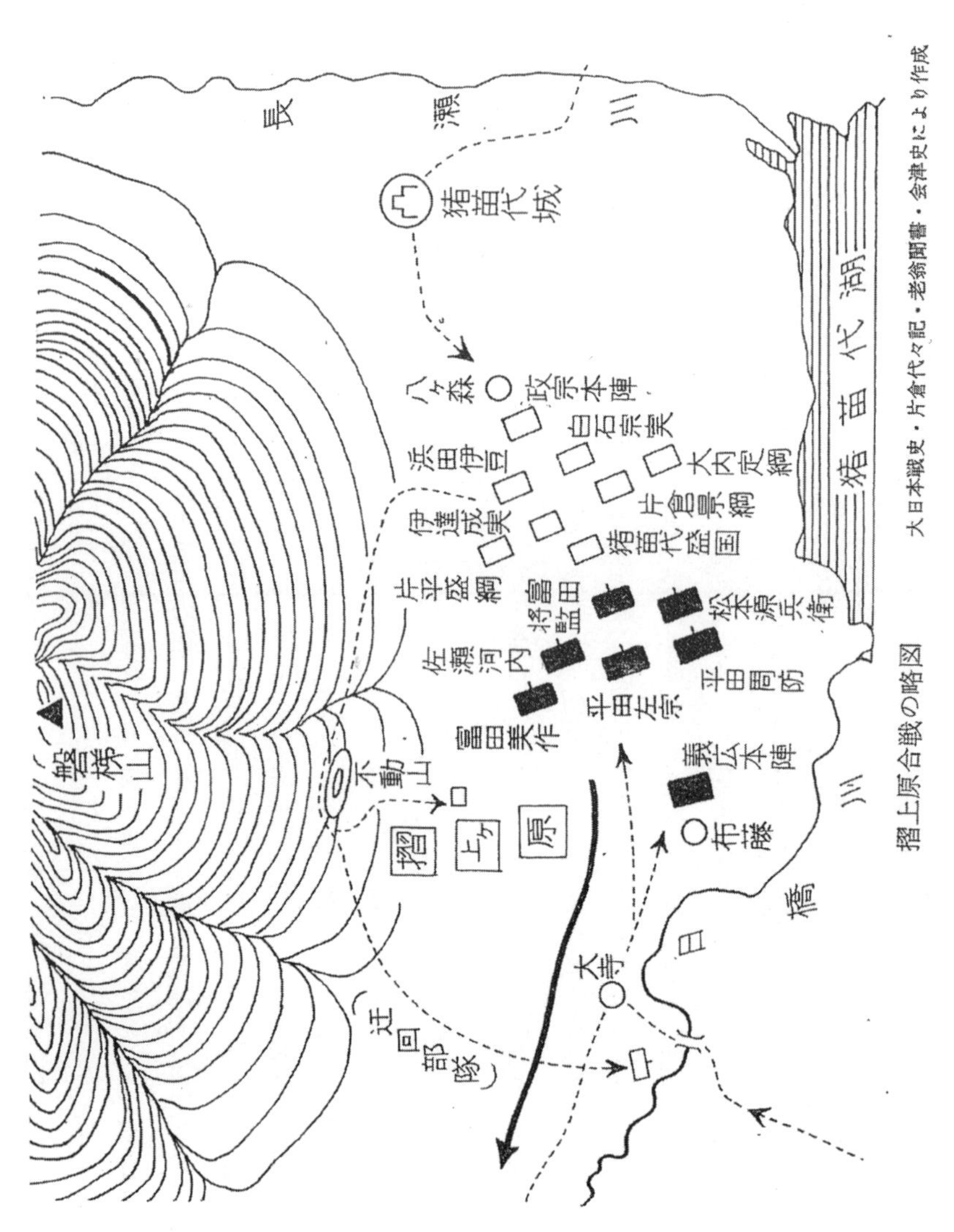

摺上原合戦　『會津若松史１』の転載

事前に猪苗代盛国が橋を破壊していたのである。葦名勢はおびただしい数の溺死者を出す惨憺たる有様であった。義広はわずか三十騎ばかりの共に守られて黒川城へ逃れたものの、十日夜、黒川城を脱出、佐竹家をたより常陸へと遁走した。翌十一日、政宗は難なく黒川城への入城を果たしたのである。冷静な情勢判断、意表を衝く作戦、果敢なる決断、疾風迅雷の行動、政宗の卓越した軍略がもたらした圧倒的勝利であった。そしてこの勝利により、政宗は奥州の覇者としての地歩を確固たるものにしたのである。しかし、同時に、政宗の両腕として「人取橋合戦」同様政宗を支えた伊達成実・片倉景綱の働きを忘れてはならないであろう。政宗は、陸奥国五十四郡と出羽国十二郡を合わせた六十六郡のその半ばにおよぶ三十余郡が、若干二十四才の政宗の手中になったのである。伊達家の領土はこの時点で最大に達したのである。政宗が黒川城に入城して数日を経た天正十七年（一五八九）六月十六日、政宗は使者を上洛させ、前田利家らを介して葦名討伐の趣旨を秀吉に報告した。しかし、秀吉の問責を受けることになったのである。

葦名氏はすでに前年の十月以来秀吉の麾下に属していたからである。七月三日、秀吉の問責の使者が黒川城に参着した。私恨を以て秀吉麾下の葦名氏を滅ぼし、会津を乗っ取って居住することに対する問責である。この後、京都からは政宗にたいして上洛の催促が幾度かあった。これに対し、政宗は使者を上洛させ、秀吉側近の浅野長政らを通じて弁明に努めた。さらに豊臣秀次や前田利家らに駿馬などを進物として贈り、秀吉への執成しを頼んだ。一方、この間にも政宗は相馬・佐竹両氏との戦いを計画し、北方には、和に背いた大崎義隆をも討つ準備を進めた。しかし、天正十八年（一五九〇）に入って、前年から立てられていた秀吉の小田原攻撃の計画はさらに進められ秀吉からの上洛の催促はいよいよ急となった。秀吉は三月一日京都を出発して小田原に兵を進め、三月十三日に京都からの使者が浅野長政らの書状をもって下着した。政宗もその態度を大きく変更せざるをえなくなったのである。

一家一族を集めて数度に及ぶ談合の結果、ついに小田原参陣が決定された。三月二十四日に政宗は、前田利長（利家嫡子）に書状をしたため、小田原陣の後詰めを約したのである。四月十五日小田原に向かって黒川城を出発した政宗であったが、南会津の大内に着いたが、北条氏の領内を通ることの不可能を察し、再び黒川城に引き返した。時期の遅れたことを嘆く政宗に向かって伊達成実は秀吉に敵対することを強く説いて、片倉景綱と鋭く対立したのはこの頃であろう。しかし、浅野長政らの四月二十日付の書状で参陣を催促し、遅参のないようにとの便りがあって、参陣日がいよいよ決められた。会津を没収される覚悟も決めた。五月九日政宗は片倉景綱以下百騎ほどの小勢で黒川城を出発した。黒川城の留守居には伊達成実が当たっていた。小田原に到着したのは、小田原城の陥落が一月あまり後に迫った六月五日であった。秀吉は政宗の謁見を許さず、小田原に近い底倉（神奈川県足柄下郡）に押し込めた。片倉景綱以下は斬死の覚悟を決めた。小田原から政宗は黒川城の成実に次の書状を送っている。それを掲げる。


追って、何とも何とも取り紛るる故、細筆能はず候。以上。

態の来章再三披見。祝着の至りに候。仍て小田原の様子先々に相替わり無き義（儀）、堅固に抱え置かるるの由候。但し果たして落居有るべからざる程に候か。

扨又登りの事は、明日九日議定せしめ候。其元を罷り通るべく候と雖も、宿々の義（儀）、早々に申し付け候条、其の儀能わず候。縦路次中恙無く候とも、津川口尚々油断有るべからず候。吉事後音に申し述ぶべく候。恐々謹言。

五月八日　政宗（花押）

五郎殿

（読み下し）
（北海道伊達市開拓記念館蔵）

七日、前田利家、浅野長政らの詰問使が差遣された。服属の遅延、秀吉麾下の葦名氏を滅ぼし会津に居住を移したことおよび親類の間柄にある諸家を敵とした罪が詰問された。これに対して政宗は、四隣との緊張のため参陣に遅延したこと、父輝宗の仇討ちである二本松攻めの行きがかりから葦名氏を滅ぼすようになったこと、および諸家との戦いでは、最上氏とは家臣が通じて叛逆したことに起因すること、相馬氏とは義胤が田村家の乗っ取りを計ったためであること、大崎氏とは境目の争論に起因することを述べた。政宗の答弁を利家から聞いた秀吉は、会津攻略の罪を攻めるにとどめて、会津・岩瀬・安積を没収し、本領に加えて二本松・塩松および田村を安堵することにしたのである。

九日、政宗は陣所で、初めて秀吉に謁見した。秀吉五十五才、政宗二十四才であった。この時、政宗は死装束で謁見したことはあまりに有名な場面である。七月五日、小田原を陥落させた秀吉は自らも小田原を発って二十六日、宇都宮に着いた。八月九日、秀吉は黒川城に着き、政宗もよばれて黒川城に入った。電光石火秀吉は奥羽諸家の処分が決定された。すでに宇都宮では南部信直・佐竹義宣・岩城貞隆らが所領を安堵されていたが、ここでは、大崎義隆・葛西晴信・石川昭光・白河義親が、さらに十月初めには田村宗顕の所領も没収された。筆者の『坂上系図』では田村宗顕について「故あって自刃」と記している。会津および岩瀬・安積・白河・石川の諸郡は蒲生氏郷に、大崎・葛西地方十二郡は木村吉清・清久父子に、それぞれ与えられた。最上義光・秋田実季・相馬義胤らもこれと前後して所領を安堵された。

天正十九年（一五九一）の秋、八月から九月のころに政宗の所領は最終決定された。

政宗の希望と運動もむなしく、伊達（福島県）信夫（同上）・田村（同上）・刈田（宮城県）の諸郡および二本松・塩松、これに加えて長井（米沢地方）は没収となった。これらの諸郡はどれも大崎・葛西の諸郡の二〜三郡分に相当する豊かさをもち、しかも伊達氏に縁の深い諸郡であった。政宗の傷心は大きかった。新しく決定した領域は大崎・葛西の十二郡すなわち江刺・胆沢・気仙・磐井（以上岩手県）・本吉・登米（現訓・とめ）・牡鹿・加美・玉造・栗原・遠田・志田の諸郡に、桃生・黒川・宮城・名取・亘理・伊具・柴田（以上宮城県））宇多（福島県）に計二十郡である。

政宗は岩手沢城（玉造郡岩手山町）に入り、ここを岩出山城と改めた。政宗は岩出山城への移転後、まもなく、新たな知行割を行なった。石川昭光が六百貫文（一貫は十石）を与えられて志田郡松山に（慶長三年角田に移る）、伊達成実は伊具郡に十六郷と柴田郡に一郷をあたえられて二本松から伊具郡角田（慶長七年亘理に移る）、亘理重宗は八百八十五貫文をえられて亘理から遠田郡涌谷に、片倉景綱は信夫郡大森城から亘理に（慶長七年白石城に移る）その他の諸士もそれぞれ知行を受けている。

そうした折、文禄元年（一五九二）秀吉の「朝鮮出兵」が行われたのである。正月五日、政宗は三千人の軍勢を率いて、岩出山城を出発した。二月十三日入京した。三月十七日、第一次の征軍が京都を出発した。第一番前田利家、二番徳川家康、三番伊達政宗、四番佐竹義宣という順であった。

派手好みの秀吉の前を分別行進するとあって、各大名は趣向をこらし、軍装をきらびやかに美しく仕立てて行進した。それにしても、きらびやかさには見慣れた京童を思わずうならせたのが政宗軍の全く奇抜な軍装であった。これは伊達成実の筆になる『成実記』に詳しい。それによると、伊達勢は紺地に金の日の丸の幟三十本・鉄砲百挺・弓五十張・鑓百本が列を連ね、馬上三十騎には伊達成実・留守政景・亘理重宗をはじめ一族・宿老および大身の諸士が加わったという。派手な振舞いに対して「伊達をする」といい、またその人を「伊達者」とよぶことは、この時から京童の間に始まったという説がある。

予備軍として名護屋の本陣にいた政宗は、文禄二年（一五九三）出動命令を受け四月十三日釜山に上陸した。当然成実も同行したものと思える。八月、秀吉は出征軍の内地帰還を命じた。政宗は閏九月中旬京都に着いた。秀吉は政宗に伏見に屋敷を与えた。この後、文禄四年（一五九五）夏まで京都での生活は、政宗にとって、その教養をみがき見聞を広めるための貴重な期間となった。秀吉は秀次・家康・利家と吉野に遊び、政宗もこの一行に加えられた。この時、政宗と秀次との接触が、のちに政宗が秀吉から嫌疑の目を向けられることになるのである。文禄四年（一五九五）四月二十三日、政宗は帰国の途につき、岩出山城に向かった。しかし、間もない七月下旬、再び政宗は急遽上洛しなければならなくなったのである。この七月十五日、関白秀次は謀叛の疑いで秀吉に切腹させられたのである。政宗もまた秀次に加担したという嫌疑をもたれたのである。政宗は詰問使に対し秀吉に対して邪心がないことを力説し、八月二十四日、石川義宗・伊達成実・伊達（留守）政景・亘理重宗以下、上方詰の十九人の重臣が連署した誓紙を提出して事件は落着をみたのである（『貞山公治家記録』）。秀次事件が決着をみた文禄四年（一五九五）の秋から冬にかけて、政宗は国もとから一家・一族はじめ大身の諸士の妻子を伏見に上らせた。伏見に常駐する伊達勢は数千をかぞえ、その屋敷のあたりは伊達町（現在もある）と呼ばれたのである。成実も伏見に住んで居たが文禄四年（一五九五）妻が病死したため角田に帰り葬った。慶長二年（一五九七）に出兵した再度の「朝鮮出兵」の経過も思わしくないままに慶長三年（一五九八）八月十八に秀吉はこの世を去ったのである。天下の動きは急となり体制は徳川家康へと大きく傾いていく。

ここから、また『伊達成実』（亘理町立郷土資料館）をもとにまとめていくことにしたい。

政宗は家中の統率を徹底させるため家格を門閥と家臣に大別した。門閥は一門・一家等四階級に分けた。

門閥は伊達宗家と血縁関係にある家、および由緒ある功臣の中から選ばれた。家臣は宿老・着座・太刀上等七階級に分けた。伊達成実は一門の第二席に、石川昭光を第一席としたのである。ちなみに片倉景綱は一家の末席としたのである。慶長三年（一五九八）秀吉の死去の前、年月は定かでないが成実は角田から伏見へ出て、ここから出奔し高野山に入った。出奔の理由は定かでない。朝鮮出兵の際、京都を出発時の伊達勢の序列は『貞山公治家記録』には政宗の麾下では伊達成実を筆頭に記している。しかし、その三年後、秀次謀叛の疑いをかけられて秀吉に差出した政宗家臣の誓紙では、筆頭は石川昭光の子息石川義宗（十八才）であった。この時点で、政宗は一門の序列を決定したものと思われる。このことは成実の自負と誇りをどれほど傷つけたか計り知れない。政宗・成実の命運をかけた「人取橋の戦い」では石川昭光は佐竹方で敵方であったこと思えばなおさらであろう。政宗の処遇に不満ないし物申すことがあったことは事実であろう。おそらく相当屈折した理由があったはずである。この成実の出奔時に筆者の祖遊佐左藤右衛門、父の実家の祖常盤実定が従っている。その後、成実は相州小田原の糟谷郷に移り住み浪人生活を送った。この際、成実は小田原城主大久保忠世の庇護を受けている。慶長三年（一五九八）に成実の出奔は政宗にとっても相当の衝撃であった。政宗は使者を出したが成実は翻意せず、政宗は角田城を接収した。この際、この接収に抗し成実の家老羽田右馬之助以下三十人が討死にした。慶長五年（一六〇〇）、石田三成と結んだ上杉景勝は、徳川家康に反旗を翻した。家康から景勝を後方から牽制するよう内命を受け、六月十四日大阪にいた政宗は急ぎ北目城（仙台市北目）に戻り、上杉氏の属城白石城を攻めることになり、二十一日、北目城を出て白石城（宮城県白石市）に向かった。この危急の際に政宗は石川昭光・留守政景・片倉景綱に命じ、成実に帰参を促したので成実も時勢を察し、これに応じ帰国した。成実は石川昭光の客将として参陣した。

二十四日白石城を攻撃二十五日、白石城は落城した。八月二十二日、徳川家康は政宗にいわゆる「百万石のお墨付き」を出すが、政宗を完全に味方にする単なる方便だったといわれている。

慶長五年（一六〇〇）十二月二十四日、政宗は千代城におもむき、新城の縄張始めを行なった。ついで、翌六年（一六〇一）一月十一日、普請始めをした。地名も仙台に改めた。城の完成は慶長十五年（一六一〇）のことであった。政宗は仙台城を築いて間もないころ次の一首を詠んでいる。

入りそめて国ゆたかなるみきりとや　千代とかきらしせんたいのまつ

これは新城への移転にあたって、これまでの千代の文字を仙台に改め、千代という限定をとりはらって無限の繁栄を期して「仙人が住む高台」を表す「仙台」に改めたという。政宗の強い決意のほどが感じられる。その後領国支配を進め六十二万石の太守になったのである。実高百万石をこえるといわれる。

一方、慶長七年（一六〇二）大晦日、伊達成実は伊達政宗からの書状により亘理を所領することになった。政宗に帰参し、白石城攻めに大きな働きをしたとはいえ、出奔後、浪々の身となり知行もなく嘗ての家臣も散り散りになり、家中を整えるのは容易なことでなかったであろう。恐らく大急ぎで家臣団の再形成をしたと思われる。次に成実が政宗から亘理への知行宛て行ないの書状があるのでそれを掲げる。

矣

この度片倉備中こと白石の地へ相移るべき由申付け候、

之により其方の義曰（亘）理へお越し有るべく候、様躰においては

石見守口上に申し含め候、　　恐々謹言

（慶長七年）極月晦日　　政宗 

伊達安房守殿

（読み下し）

（北海道伊達市開拓記念館所蔵）

成実は亘理に入ると、すぐに城（亘理要害）の構築と城下作りに入った。亘理要害は原形はすでに、亘理元宗によって作られており、その後片倉景綱によって手を加えられていた。成実はさらに時勢に対応できるように要害に再構築をしたのである。亘理の知行高は成実の入府時は約六千百余石であったが、その後、加増されて成実治世中に二万石になり、幕末には約二万四千石の知行高となったのである。

折から、大坂（豊臣）方との風雲が急を告げていた。慶長十九年（一六一四）十月一日、徳川家康は大坂征討（大坂冬の陣）の触れを出した。政宗・成実ともに出陣した。この戦いは徳川方の軍勢十数万で大坂城を攻めたが、大坂方の守備は堅く膠着状態となった。両軍は各陣地で対峙するのみであった。

結局、この戦いは徳川方の和睦申し込みにより、引き分けのような形で終了し諸将は帰った。和睦成立の後、約束どおり、大坂城の外濠が埋められたが、家康は条件にない内濠まで埋めたのである。これが原因で、翌慶長二十年（一六一五）四月、再び戦火が交わされた。政宗・成実ともに参陣している。

この戦いで大坂方が敗れ、慶長二十年（一六一五）五月八日、豊臣秀頼の自刃により決着した。大坂の陣は徳川方の圧倒的な勝利に終わり、名実ともに徳川の天下となったのである。

政宗像　「筆者撮影」

大手門脇櫓と石垣　「筆者撮影」

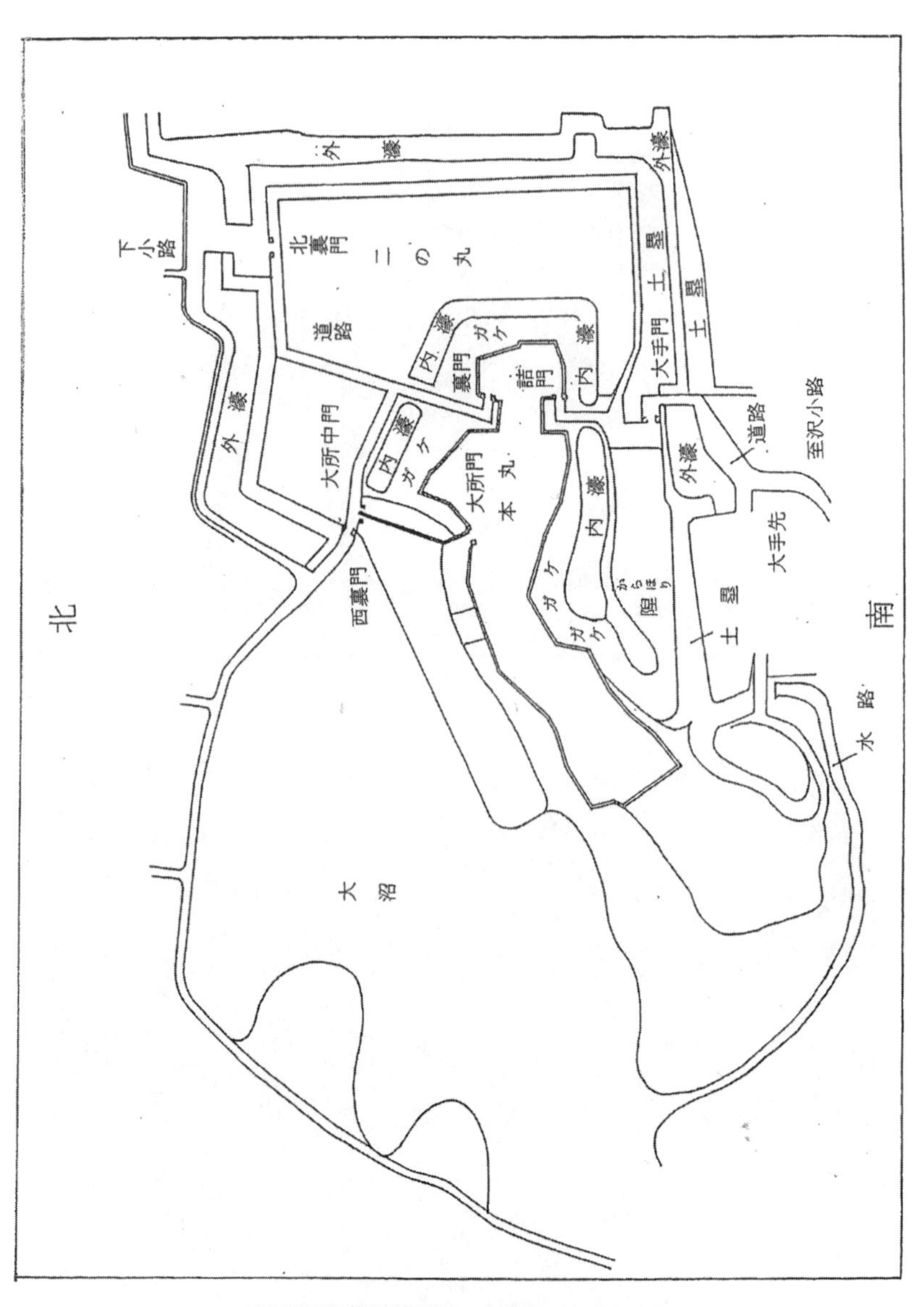

亘理要害屋敷図（亘理町史上巻）

『伊達成実』（亘理郷土資料館）の転載

しかし、元和二年（一六一六）四月、天下に平和が来たことを見とどけたように徳川家康が七十五才でこの世を去った。この頃になると、成実の存在はますます重さを増していった。それは政宗を支えてきた股肱の臣、亘理元宗、白石宗実、留守（伊達）政景、片倉景綱が次々と世を去っていたからである。石川昭光も元和八年（一六二二）に没した。ここにきて政宗は、成実一人を頼りとするほかなかったのである。過去に避けがたい確執があったが、それを超え、成実は誠実に藩政を輔弼したのである。まさに仙台藩の重鎮として政宗を援けたのである。元和六年（一六二〇）江戸城修築には政宗名代として普請にあたり元和七年（一六二一）、仙台藩江戸屋敷が類焼した時は政宗名代として幕府から金子を拝領している。寛永十三年（一六三六）四月二十日死を予感した政宗は病をおして江戸に上った。二十八日江戸屋敷に到着、五月二十四日江戸屋敷で病没し、その夜霊柩は江戸を立った。政宗は辞世の次の和歌を残している。

曇りなき心の月を先だてて　浮世の闇を照してぞ行く

葬儀に先立って石田将監ら十五人が殉死した。それまでの間にこれほどの多数の殉死者を出したのは、佐賀藩主鍋島勝茂および肥後藩主細川忠利があるに過ぎない。政宗の法名は貞山禅利大居士、法号は瑞巌寺殿であった。位牌は松島の瑞巌寺に安置された。以後寛文三年（一六六三）殉死は禁止されている。

ここに、成実の書状の中で唯一日付のある政宗生前の仙台藩に上申した「軍役人数見積」に関する追伸書状があるのでそれを掲げる。

尚々、本の御弓矢に違ひ申し候間、何とぞ成る事に候はば、一人成りとも連れ増し申し候様存じ候へども、是非に及び申さざる事、無念なる事に候。以上。
態啓せしめ候。

一、若し世上御六ケ敷儀も出来候はば、人数如何程召し連れ申すべく候由、貴殿を以て御尋ねに御座候。則ち申し上ぐべき儀に候得ども、隠密に仰せ付けられ候得ども、其の砌小拾郎人数の儀申し上げられ候。其の上何も人衆御尋ねなどと申し候ひて、下々さわがしき様に申し唱へ候に付きて、御為然るべからず候。又只今申し入る事に之無く候間、貴殿御登りの砌も、其の分に申し候ひて、申し上げず候。去（然）し乍、御尋ねの所事延び申し候得ば、如在の様に御座候条、此の度書付仕り候ひて上らせ申し候。御披露頼み入り候。御尋ねの衆、何も申し上げられ候や。左様に之無く候はば、急に御尋ねは入らざるかと存じ候。跡々か様に御座無く候ひて、今此のごとくに候へば、如何に存じ候間、折々に静かに成られ然るべく存じ候。少々我等申し上げ候とも、御申し然るべく候。大事の儀に御座候。

一、本々の御弓矢に違ひ、遠国に之有るべく候。如何様にも人数召し連れ申したく存じ候へども、手前罷り成らず、所柄（柄）人も之無き故、此の通りに申し上げ候。我等此の度かとめの御奉公に候へども、力及び申さず候。是非無く申す事に候。万々口上に申し付け候。

恐惶謹言。

（寛永十年）正月十六日

（伊達安房守）

成実

石母田大膳様

人々御中

（大日本古文書・伊達家文書）（読み下し）

成実は寛永十五年（一六三八）五月、藩主忠宗の名代として江戸に上り、前年の藩内河川大氾濫のため拝借した金子拝借の御礼を申し上げた。この時、成実は七十一才、高齢ということで、輿に乗って門を入ることを許され、杖をつくことも許された。城内では大老・老中にお礼を言上し、その後の別室での饗応の席で奥羽の軍談を所望され、「仙道人取橋合戦」を物語った。御簾を隔てて聞いていた将軍家光も天晴な武士と誉めたということである。成実には二人の子がいたが、夭折したので跡継ぎがなかった。それを政宗は気の毒に思い、九男の喝食丸（のち二代宗実）を養子にやることにしたのである。

正保三年（一六四六）二月九日、かねてから願っていた宗実の家督相続が許可された。六月四日、伊達成実は亘理において七十九才の生涯を閉じたのである。成実の死は三日後、江戸の仙台藩主忠宗のもとに飛脚をもって知らされた。死因は老衰といわれているが定かではない。

次に成実の辞世の和歌を残しているのでそれを掲げる。

古も稀なる年に九つの余るも夢のうちにぞありける

成実は雄山寺殿久山天昌大居士（のち大雄寺殿久山天昌大居士）と諡され雄山寺（亘理町のちの大雄寺）寺内の南東の高みに葬られた。成実の死に際して、四名の家臣が殉死している。

それは常盤蔵人元定・但木越後直次・前田図書実信・小川五兵衛高家の四名である。

亘理町大雄寺　「筆者撮影」

亘理町大雄寺伊達成実霊屋『伊達成実』（亘理郷土資料館）の転載

前田図書実信　常盤蔵人元定

小川五兵衛高家　但木越後直次

殉死した家臣４名の墓の位置

亘理伊達氏略系図

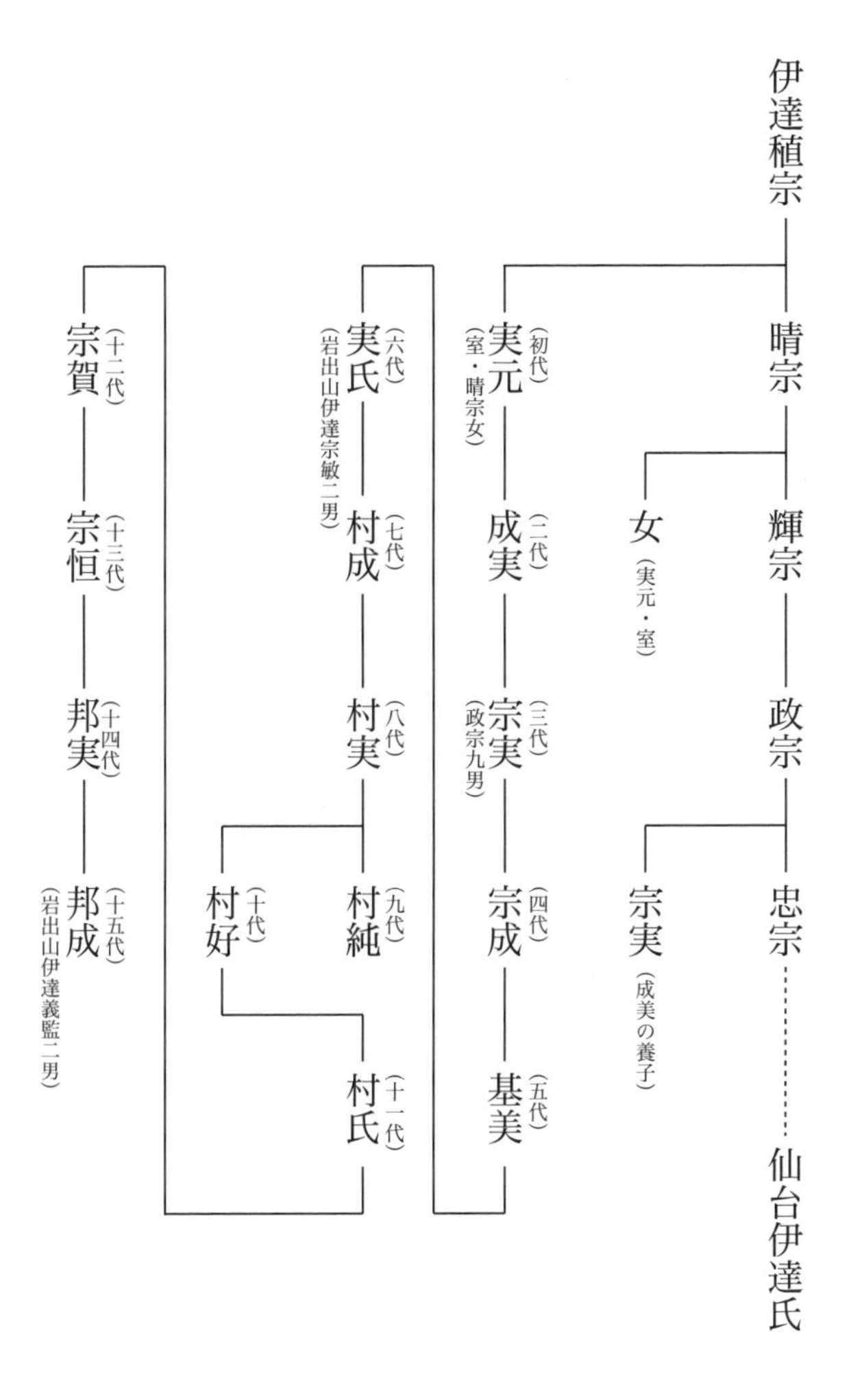

伊達稙宗
晴宗
輝宗
政宗
忠宗
仙台伊達氏
女
（実元・室）
宗実
（成美の養子）
（初代）
実元
（室・晴宗女）
（二代）
成実
（三代）
宗実
（政宗九男）
（四代）
宗成
（五代）
基美
（六代）
実氏
（岩出山伊達宗敏二男）
（七代）
村成
（八代）
村実
（九代）
村純
（十代）
村好
（十一代）
村氏
（十二代）
宗賀
（十三代）
宗恒
（十四代）
邦実
（十五代）
邦成
（岩出山伊達義監二男）

常盤蔵人元定は、筆者の父の実家常盤であり、元定を初代としている。
常盤蔵人元定は次の辞世の和歌を残している。

月の入るあとをしたいてやがて身は同じ道にと行くすえの空

今でも成実の霊廟の前に殉死した四名の墓が置かれ成実を護り続けている。現在この霊廟は昭和五十四年六月宮城県指定有形文化財に指定されている。
正保三年（一六四六）六月四日、成実が没した後、養子の宗実が跡を継いだ。成実の遺風を伝えながらも新しい動きが始まる。成実以降の歴代邑主と主な事跡を『伊達成実』（亘理町立郷土資料館）により略記すると次のようである。但し、北海道伊達市伊達氏では伊達実元を初代、伊達成美を二代としている。ここではそれに準拠する。

三代　宗実
成実没後、成実の養子を約束されていた政宗九男・幼名喝食丸は寛永二年（一六二五）元服して宗実と改め、正保三年（一六四六）八月二十七日、亘理に入府し、三代目邑主となった。藩主忠宗の名代として度々江戸に上り、将軍家より数々の拝領物を受けている。また新田開発に努め知行高を増やしている。寛文五年（一六六五）六月五日、五十三才で没した。

四代　宗成

宗実の嫡子で正保四年（一六四七）、十一才で元服。明暦三年（一六五七）、伊達宗藩の名代として江戸城に上り、四代将軍家綱に謁している。寛文五年（一六六五）三十才で跡目を継ぐが、わずか五年で寛文十年（一六七〇）六月、三十五才で没した。

五代　基実

寛文十年（一六七〇）七月、父宗成の跡を継ぎ、五代邑主になった嫡子千代松は、延宝元年（一六七三）江戸に上り藩主綱基（後の綱村）に謁して元服、一字、基を賜り基実と改める。天和元年（一六八一）九月、藩主綱基の妹、夏姫と結婚するが、翌天和二年（一六八二）、天然痘にかかり二十才で没した。

六代　実氏

基実の急逝後、岩出山邑主伊達宗敏の二男が跡を継ぎ、天和二年（一六八二）二月、亘理伊達家の六代目邑主となった。翌天和三年（一六八三）、四代宗成の三女（五代基実の妹）虎乙姫と結婚し、宗氏と称した。宗氏は領内を治めること二十三年、多くの事跡を残した。宝永四年（一七〇七）隠居した。享保元年（一七一六）将軍吉宗の宗の字を憚り実氏と改めた。翌享保二年（一七一七）六十四才で没した。

七代　村成

村成は実氏の嫡子であり、元禄十一年（一六九八）九月、仙台城中で元服、藩主綱村の一字を賜り村成と称した。江戸で伊達宗藩のために務めること多く、宝永二年（一七〇五）、二十才にして黄金二千両の賞を賜った。宝永四年（一七〇七）十二月、跡を継いだ。享保八年（一七二三）藩主吉村より「雪薄」の御紋を賜っている。享保十一年（一七二六）七月、四十一才で没した。

八代　村実

享保十一年（一七二六）村成の没後、二男、初太郎が三才で家を継いだ。幼少での家督相続について藩主吉村は、幼主を援けることを家臣に諭し、家臣たちもまた協力して治世に当たることを誓った。享保十九年（一七三四）九月、初太郎は仙台城中で元服し、藩主吉村の一字を賜り、村実と称した。延享二年（一七四五）六月、成実公百年忌の法要を行った。また延享二年（一七四五）十月、藩主の名代として江戸に上り、九代将軍家重の宣下の儀に参列した。その他、宗家の政務に尽力することが多かった。宝暦七年（一七五七）十一月、三十四才で没した。

九代　村純

宝暦八年（一七五八）正月、十三才で父の跡を継いだ兵力丸（村実の嫡子）は、同宝暦九年（一七五九）仙台城にて元服、藩主重村の一字を賜り村純と称した。生来病弱で、且つ嫡子兵力も幼少であったので、弟英之助（村実二男）を養子として明和四年（一七六七）隠居した。邑主の座にあること十一年、この後、長い闘病療養生活を続け、寛政七年（一七九五）三月、五十才で没した。

十代　村好

明和四年（一七六七）三月、兄村純の養子となり、十代目を継いだ。同明和四年（一七六七）三月二十二日、仙台城で元服した。藩主重村の一字を賜り村好と称した。しかし安永二年（一七七三）宗藩に財政上の問題が起こった（「安永疑獄」）。この処置の不手際から、その責任をとり、安永二年（一七七三）十月、隠居を願い出て、兄、村純の嫡子兵力に跡を譲った。寛政七年（一七九五）七月十二日、四十一才で没した。有為な人物だったが、不測の事件に遭遇、不遇のうちに世を終えたのである。

十一代　村氏

安永二年（一七七三）、十代村好の隠居により九才で家督を命じられて十一代目を継いだ。同安永六年（一七七七）三月、仙台城で元服した。藩主重村の一字を賜り村氏と称した。寛政八年（一七九六）前藩主重村、藩主斉村と相次いで没し、また跡継ぎの政千代（後の周宗）は幼少のため、村氏は宗藩を援け藩政に尽力した。その他幕政に尽力したのでしばしば褒賞された。また天明の大飢饉の際は最も悲惨で多くの餓死者が出たがこの災難に尽力し乗り越えた。享和三年（一八〇三）十一月、三十九才で没した。

十二代　宗賀

天明五年（一七八五）に生まれた村氏の嫡子兵力は、寛政九年（一七九七）元服して実孝と称した。享和四年（一八〇四）正月、家を継ぎ十二代邑主となった。藩主周宗幼少のため宗藩を援けること多かった。十代藩主斉宗の一字を賜り宗賀と改めた。この時代は文化、文政期にあたり、亘理領内も平和で産業が発達した。しかし、宗賀は日常病弱であったため、文政五年（一八二二）嫡子兵力の番代奉公が許され、同文政七年（一八二四）隠居した。嘉永五年（一八五二）六十八才で没した。

十三代　宗恒

宗賀の嫡子、兵力は文化十二年（一八一五）二月、仙台城で元服した。藩主斉宗の一字を賜り宗恒と称した。文政七年（一八二四）、父の隠居により家を継ぎ十三代邑主となった。天保二年（一八三一）、仙台藩主斉義の息女佑姫と嫡子兵力が婚約、弘化元年（一八四四）結婚した。同天保三年（一八三二）病気がちの宗恒は、嫡子兵力の番代奉公を願い出て許され、同天保四年（一八三三）隠居。文久元年（一八六一）三月、五十九才で没した。

十四代　邦実

宗恒の嫡子兵力は天保六年（一八三五）三月、仙台城で元服した。藩主斉邦の一字を賜り邦実と称した。十一代藩主斉義の娘と結婚、弘化四年（一八四七）、父の隠居の跡を受け継ぐが、安政六年（一八五九）父に先立ち逝去した。三十七才であった。夫人佑姫は後に保子と改め、仏門に入り貞操院と称した。後に養子の邦成とともに北海道開拓という難事業に立ち向かう運命をたどることになる。

十五代　邦成

十五代亘理伊達家を継いだ邦成は、岩出山伊達義監の二男として生まれ、安政六年（一八五九）七月、十九才で邦実の養子となり、邦実の娘豊子と結婚し藤五郎と称した。この頃幕末期に当りまさに激動の時代に突入していた。

その後の邦成には厳しい運命が受けていたが邦成は、それをどのように切り開いていったのであろうか。また、筆者の祖遊佐左藤右衛門の後裔はその後どうなったかをこれから探っていこう。

それには『亘理町史上巻』・『伊達町史（北海道）』・『新稿伊達町史上巻（北海道）』・『伊達市史（北海道）』によることにしたい。

邦成は慶応元年（一八六五）八月藩主の名代として江戸の警備にあたっていたが、慶応四年（一八六八）仙台藩に会津討伐の勅命が下り出陣した。その後、邦成の意に反して仙台藩の軍議は一変して奥羽越同盟が結ばれ新政府軍と戦うようになったのである。戦況不利で後退し、亘理要害が降伏の場に当てられ終戦となったのである。この戊辰戦争の敗戦の結果、東北の諸藩は賊名を冠され、各々処分されたのは、明治元年（一八六八）十二月であった。処分は過酷であった。仙台藩は六十二万石から二十八万石に減封され、亘理藩は、二万四千石からわずか五十八石に減らされたのである。さらに、亘理は南部領になることになった。徹底的に「打ちのめされた」とはまさにこのことをいうのであろう。邑主邦成と重臣の心配は一方ではなかった。明治二年（一八六九）五月のある日、家老の常盤新九郎（後の田村顕允・筆者の父常盤の本家）は人払いの上「我が伊達家は未曽有の危機に際会した。これを切り抜けるのは容易なことではない。先祖伝来の地といって、ここにとどまっていては枯死滅亡、先祖の名を辱めるのみである。一大決心をもって血路を開かねばならぬ。仄聞するに目下政府は蝦夷地（北海道）の開拓を計画していると。この際、主臣一体となり蝦夷地に移住し、彼の地を開拓して自活の道を講ずると同時に、北門の警備に当たってはどうか。北門の警備は武士の本領であり、又名誉でもあり、戊辰の汚名をすすぐ好機でもある。この際主従こぞって北地開拓のため彼の地へ移住してはどうか」と上申したのである。邦成は「窮地を脱するための計画構想は頗る良い。然るにこれを決行するには多大の資金が必要である。もともと財政は豊かでないのに戊辰の戦費にほとんどを蕩尽し、さらに家禄が減少され、今や窮乏の極み、何をもってこの大事業を決行するか」常盤新九郎は次のように答えた。

「主公の言われるよう窮乏の時であるが、幸いに一千三百余の譜代の家臣がある。これは資力とも、資力以上の資力というべきものである。この人力こそ拓地植民の資源である。今や家臣は食うに禄なく、住むに家なく、北地を開拓して食地を求める以外に生存の道はない。決死の覚悟をもって事に当たればことの成らぬはない。何ぞ無資力を恐れましょうや」と藩主の決意を促してやまなかったので邦成もこれを了解し、一切の計画と実行を新九郎に一任した。常盤新九郎は開拓移住の許可を得るには、まず勤王の志を示すため、五稜郭に籠る榎本武揚指揮下の幕府軍を討つ官軍に加わるべく動いた。しかし、こうしている内に榎本武揚軍は官軍に降伏してしまったのである。常盤新九郎は直接新政府へ願い出るよりほかに道は亡くなった。そこで新九郎はその年の五月二十八日に上京し、つてをもとめて参議広沢真臣にあった。蝦夷地開拓の希望を申し述べたところ、参議は大いに賛成し、「早速三条公に申し上げ、詮議の上、指示するから、三日後再び参邸せよ」とのことで、予想外の応諾を得て喜んだ。三日後、広沢邸に参上すると「不日蝦夷地開拓の儀御発令有之の筈に付き、其の期を待ち請願せらるべし」と指示があったので、直ちに邦成のもとに「広沢参議の好意と尽力により、事は順調に進んだから蝦夷地開拓の願書を本藩を通じて提出されたい」と報告した。然るに願書はなかなか到着しない。それどころか「此の度の常盤の行動は本藩を無視した越権であるとして願書を受けず、常盤を捕えて監禁せよと捕使を派遣した」という。

若き日の伊達邦成

「伊達市開拓の歴史」(心の伊達市民便り)の転載

これから分かるように政宗・成実が戦国時代にとった臨機応変な柔軟な対応ができず、幕末における仙台藩重臣達の頭脳の硬直ぶりが目に浮かび、官軍に敗れるのは当然であろう。

とまれ、邦成は驚き急使を差遣し「本藩より捕吏向う。暫らく潜伏し難を避けよ」と通達した。これを聞いた常盤新九郎は「我は公明正大なり何ぞ潜伏の要あらん」と泰然として数日を過ごしたが再び邦成から使者が来て、「本藩よりの嫌疑晴れたり、速やかに帰国せよ」と知らせてきた。蝦夷地開拓移住の許可を目前に控えながら千載一遇の好機を失うことを恐れた常盤新九郎は在京して運動すること決意し、上京した使者に建言書をもたせ帰国させた。其の建言書は、要するに邦成に蝦夷地移住の確固たる決意を促したもので「若し臣が意見を以て不可とせらるるに於ては速かに臣が首を刎ね、上は天朝宗藩に謝し奉り下は衆庶に謝し給へ、臣顕允（常盤新九郎）君家に奉ずるの時今日にあり、伏して願わくは閣下諒察を垂れ給へ」と悲痛の心境を述べている。しかし、国元からの願書は一向に届かず常盤新九郎（田村顕允）は好機の逸するのを恐れ、民部小弁（民部省の役人）渡辺昇に事情を述べた。渡辺は深く同情し「一先ず内願書でよいから」といって、それを提出させ、一方東京の仙台藩邸に「邦成を至急上京せしめるよう」命じた。仙台藩邸では民部省命令であるから、早速国元仙台に使者を走らせた。こうして邦成は八月二十二日早籠で上京した。翌二十三日太政官に出頭すると「北海道開拓御用仰せ付」けるという御沙汰書が渡され続いての呼び出しにより八月二十五日、出頭した邦成に次の辞令が渡された。

伊達藤五郎

胆振国之内有珠郡

右一郡其方支配ニ被仰付候事

八月

太政官

筆者も「伊達市開拓記念館（北海道）」で拝見したが予想よりはるかに大きな堂々たるもので立派なものであった。こうして、蝦夷地開拓は本決まりとなった。

明治二年（一八六九）九月七日、邦成は常盤新九郎（田村顕允）を有珠郡開拓執事に任じた、「創業経営一切の事を専任し容喙を許さぬ」と全幅の信任をあたえたのである。当時邦成二十八才常盤新九郎（田村顕允）三十七才であった。常盤新九郎は一大決心をなし、まず常盤の姓を田村と改めた。それについて『伊達町史（北海道）』ではつぎのように記している。

「夫れは翁の先祖は田村麿将軍の後裔である田村義顕であったからである。即ち義顕の孫左馬之助が奥州田村郡常盤郷に住し代々常盤姓を名のったので其後、常盤を姓として顕允に至ったのであるが、夫れを元の姓に復したのである。翁の先祖が如何にして亘理藩に仕える事になったかと言うに、天正年間左馬之助の次男勝定が祖父清顕の遺志によりて伊達政宗に寄り、勝定の孫實定は亘理藩祖伊達成實の家に客となり、小田原にも扈従したが、之が縁となりて亘理藩の家臣となり、代々家宰を勤めて来た實定より八世の孫顕信の第四子が顕允である」としている。筆者の『坂上系図』も同一である。

さらに『伊達町史（北海道）』では「二十二才の時、主君の特別の選に依り江戸に上り、昌平校に学ぶこと数年、又江戸在学中に向島に居を構えていた大橋訥庵に兵学を学んだ、同門の士の中には勝海舟もいた」としている。筆者は左馬之助とその嫡子甲斐が拠ったと思われる常盤郷の常盤城（福島県田村郡常葉町）を訪れてみた。常盤郷は田村荘の中にある。『三春町史』では次のように記している。「常盤郷は前出十村（常盤・久保・新田作・西向・鹿山・山根・関本・小檜山・堀田・早稲川）のほかに岩井沢・古道の都路二村が入れられているが、この二村は一六世紀の半ばころ相馬顕胤の娘が田村清顕に嫁した時に化粧料として贈られた村といわれ、本来田村庄に属したものでないと考えられる」としている。

常盤城本丸跡「筆者撮影」

常盤城鳥観図（説明板より）「筆者撮影」

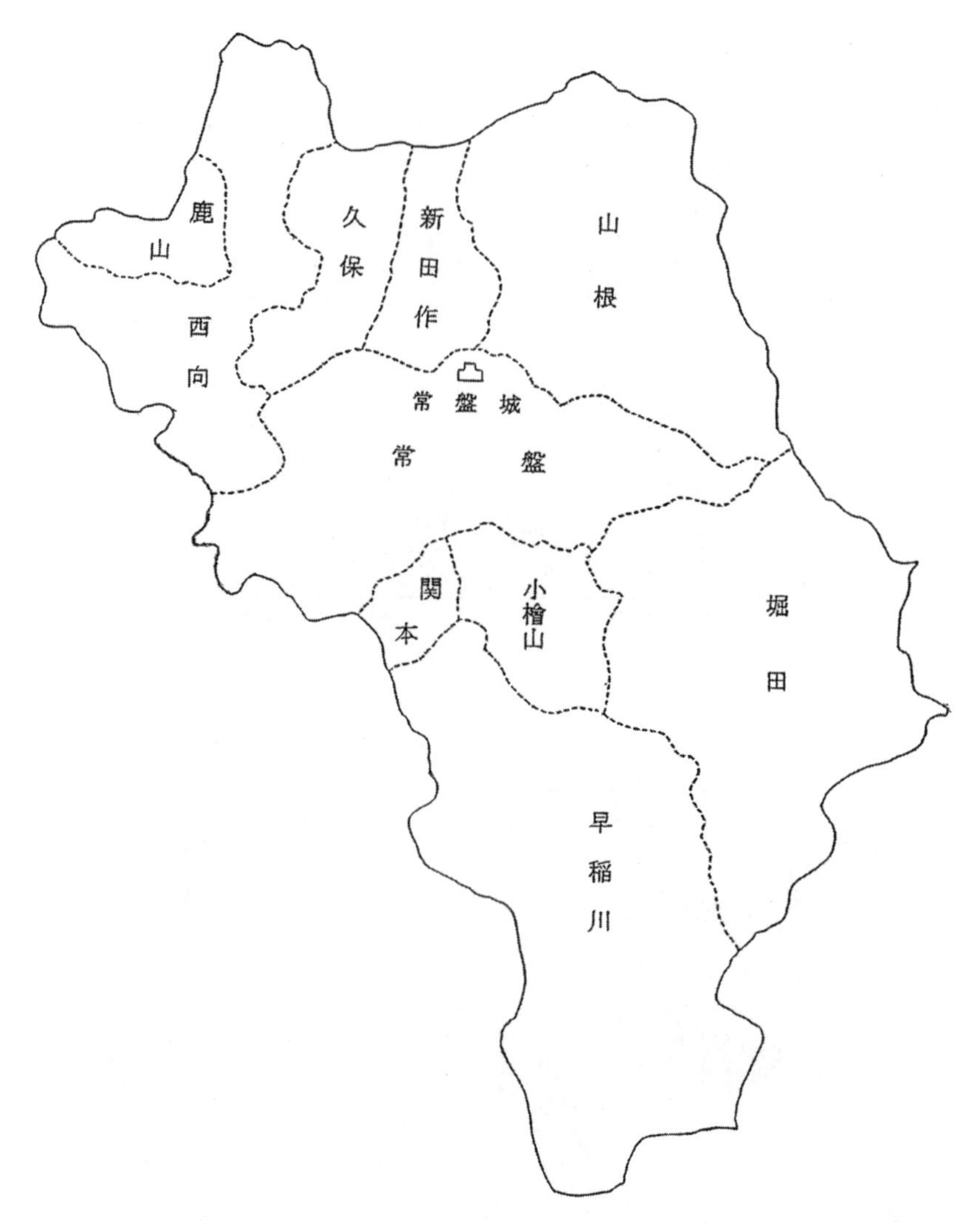

常盤郷（10ケ村）「筆者作図」

筆者も訪れたが、まさに常盤城は天然の要害の山城であった。『日本城郭大系3』では「常盤城　天正年間は常葉（常盤）氏の居城」としている。

話を戻そう。

亘理伊達家の重大な転換期に際して、伊達邦成と田村顕允は入念な打合わせを行ない、田村は東京に残り、周到な準備に取りかかった。一方、邦成は九月七日、東京を発ち十三日仙台に着き、十八日亘理に帰り、菩提寺大雄寺へ総家臣を召集し、先祖の霊前で北海道の御用を拝したことを発表し、兼ねて一同の不退転の決意を促したのである。一方、田村顕允は東京から海路北海道へ直行して支配地を受け取り邦成の到着を待つことを申し合わせ、九月十四日東京を出発し、同十九日函館着、翌二十日函館裁判所（後の開拓使役所）に出頭した。

明治二年（一八六九）八月、蝦夷は北海道と改められ、函館奉行は廃止され函館裁判所が置かれ、開拓使が札幌に置かれるまで北海道を治める出先の役所となっていたのである。十月十八日には室蘭詰所の役人から支配地の有珠郡を受取った。南は室蘭郡の境から、北は虻田郡の境までであった。翌十九日有珠会所（役所）内に開拓役所を仮設した。一方、邦成一行は九月二十四日海路青森に向かい、十月四日青森着、十三日乗船、十四日函館に着き開拓使役所に出向し東久世長官に会い、さらに有珠郡に向け出発した。十月二十日田村は虻田に邦成を迎え有珠会所へ入り、二十二日には支配地の境界点に次の二つの標識を建てた。邦成、顕允にとって誠に感慨深いものであったに違いない。

従是北有珠郡伊達藤五郎支配所
明治二年十月二十二日

従是南有珠郡伊達藤五郎支配所
明治二年十月二十二日

こうして邦成の開拓の第一歩が始まったのである。邦成は精力的に行動した。翌日より毎日支配地を巡検し、土人（アイヌ）を集めて、「今般開拓使が置かれ、蝦夷地の名称を廃して北海道と称し、郡村を分ち、内地人を移し土地を開拓することとなった。邦成儀一郡の支配を仰せつけられ、来春から漸次人を引移し土地開拓農業勉励致させることとなった。土人一統我等の支配を受け、是までの通り、家業に相励み、御用相勤むるは勿論、農業をも勉励するよう心がけられたい」と訓諭し物品をあたえている。

また、由緒ある有珠の善光寺に参詣している。今後の成功を祈願したのであろう。

邦成は前途を祝うささやかな宴を張った。この席上、邦成は次の和歌を詠んでいる。

春に見し都の花にまさりけり蝦夷が千島の雪のあけぼの

こうして、明春を期して、第一回の移住を決行することを定め、その間の不在取締りに家臣二名を置いて、邦成、顕允は十一月八日有珠を出発、帰国の途につき亘理に着いた。邦成は直ちに家老以下重役を集め、次のように述べた。「此の度、有珠郡の支配を仰せ付けられたことは、伊達氏再興の恩典に浴したもので感謝に耐えない。早速支配地を検分したが思いにまさる好条件の土地である。然るに、開拓移民の業は古来最初のことで、その制度方法等も他に範を求めることができぬ。従って容易の業ではなく前途に幾多の困難のあることを覚悟せねばならぬ。不撓不屈の精神をもってこれに当たらねば目的は達せられない。

諸士は同心協力援助されんことを望む」と決意を促した。さらに第一回移住は明治三年（一八七〇）三月中旬に出発と決め移住人員男女二百五十人と定め戸数は六十戸を標準と定めた。

移住方針の特色は、戸主の独身移住を許さぬことであった。

家族を引き連れて移住させ、夫婦相寄り、父子相助けて、困難に耐えさせようとしたのである。これは田村顕允の発案で、旧臣一同も快く承諾したのであるが有珠郡移住の標語、「同心協力」「不撓不屈」の精神は、これによって一層強固になった。次いで十二月大晦日、大雄寺に旧臣一同を集め邦成は次のように述べている。「此度の有珠郡開拓のことは去る九月十八日当菩提寺で申し聞かせたが、早速支配地を検分したところ思いにまさる好条件の土地である。然るに、この開拓の業たるや未曽有のことで、又一大難事である。不撓不屈の精神をもって同心協力、全力を挙げて目的達成に努める所存であるから、一同も我と行をともにせられよ」と告諭したのである。大晦日の夜は次第に更け、列座の家臣は死して後止まんことを誓い、決意に身を引締めたのである。明治三年（一八七〇）正月八日第一回移住二百二十人と大工、土方その他の人夫三十人の選択をおえた。移住の費用は邦成自ら家宝の刀剣、甲冑をはじめ書画、茶器、屏風を処分して金に替え、移住者各自も分限に応じて資金をととのえ移住出発の日を待つのみとなった。しかし船便がまだ確定しない。田村顕允は上京して当時まだ本庁が東京にあった開拓使へ交渉して、官船、長鯨丸を借りいれることができた。横浜で米二百俵（一ケ年の食糧）を買い同船に積み込み三月二十四日寒風沢（松島湾内の港）に入港した。邦成一行二百五十名は住み馴れた故郷を後にして寒風沢に向かい三月二十九月同地を出帆した。一同は故郷を離れ、まだ見ぬ北海道の開拓に向かう不安とどう向き合っていたのであろうか。顕允は用事が残っていたため次の便で行くことにした。

海上無事四月二日函館に着き、六日室蘭に入港した。翌七日上陸、徒歩で有珠会所に至り、付近の家に分宿した。翌八日から家中青壮年者、大工、木こり、農夫らが先になって紋瞥の林野に出かけて小屋掛けにかかり、昼夜兼行野宿して四月十五日迄の短期間に、五十六軒の仮小屋を建て、有珠会所附近の家に分宿していた人々を、ここへ移し開拓の拠点を据えた。そして四月十七日には邦成自ら鍬をとって開拓の第一歩をしるしたのである。こうして亘理武士たちは、彼らの武士の魂である両刀を脇に置き魂を鍬に込めたのである。こうして、希望と熱意に燃えた移住武士団は日夜開墾に努めたので、同年五月初旬には七町七反余の開墾地を得たのである。このような進み方であったため同年九月十七日に開拓使東久世長官が巡視の際「開拓の成績本道第一なり」と称賛している。同年七月二十日には第二回の移住団が出発した。この亘理藩の戊辰戦争から移住までの様子については、NHKBSプレミアムの平成二十七年一月二十九日に次のタイトルで放映された。「英雄たちの選択・感動秘話！　北海道開拓明治維新伊達家の挑戦地方創生のヒント満載」である。ここで特記しなければならないのは貞操院保子の渡道についてである。前述したように仙台藩主慶邦の妹姫であった。十七才のとき亘理の亘理邑主伊達邦実に嫁いでいたが、邦実は安政六年（一八五九）七月、三十七才の若さで没したのでる。娘の豊子の養子として岩出山邑主義監の二男邦成を迎えたのである。邦成が有珠郡支配となり、家臣を引き連れて、渡道することとなったとき、貞操院は邦成とともに移住することを希望したので、驚いた邦成や宗藩伊達家の方で深窓に暮らした女人の耐えられる所ではないと手を尽くして説得したが彼女の心をかえることはできなかった。明治四年（一八七一）二月、邦成一家も加わった第三回の移住団とともに渡道したのである。ここに貞操院保子の堅い決意を示した和歌があるので、これを掲げる。

すめらぎの御国のためと思ひなば蝦夷も千島もなにいとうべき

亘理武士団の移住はこの後も、明治三年（一八七〇）から同十四年（一八八一）まで続けられた。それを、まとめると次のようになる。

第一回	三年三月	二二〇人	松島湾から官船長鯨丸で元室蘭上陸　その後徒歩
第二回	三年八月	七二人	徒歩で下北大間、函館、森間徒歩、森有珠間船、
第三回	四年二月	七八八人	石浜港から汽船猶竜丸で元室蘭上陸、貞操院及び邦成一家来住
第四回	五年三月	四六五人	官船庚牛丸で室蘭上陸、金華山沖で事故あり
第五回	六年六月	五六二人	渡道経路不明
第六回	七年四月	五八人	〃
第七回	八年五月	五六人	〃
第八回	十三年三月	三五八人	〃
第九回	十四年四月	七二人	〃
旧柴田家臣		一二三人	明治三年四月以降四回位に分けて移住
計二、七七四人			

移住後の貞操院は一般移住者とさほど変わらない陋屋にすみ周辺の開拓地に出かけて泥にまみれながら鍬を振るう移住者を見舞っては、激励を続けていたという。

日夜開墾に明け暮れる開拓者にとって貞操院の励ましは何物にも勝る力はなかったであろう。しかし、この後困難が襲ってきた。第三回の移住は七八八と大集団の移住であった。

そのため家具農具等は別に帆船を傭い運搬することになったが、帆船は事故に遭い遅れること二月余、四月二十日漸く有珠湾に到着したが、開墾播種の時期を失い、秋の収穫を失い、秋の収穫は予定の半分にも達せず、持ち合わせの食糧もやがて食いつくすこととなった。田村顕允らは奔走した。開拓使からは帰農移民となるならば食料も経費も補助すると勧告されたが、元来君臣一体となり北門警備の移民であると宣言し、自費で移住した以上、これに頼ることもできず、第一の難関にぶつかったのである。

食料不足であるから野生のふき・わらび・ゆり根などもとって食べた。この有様を見たアイヌは「仙台人がやってきて開墾するのはよいが、ふきばかり食うので、お尻の穴までふきになる」と歌っていたという。衣食住の困難はその後数年間続いたのであるが、わけてもこの年はひどかったし、最初の困難でもあるから一層つらく感じたことであろう。さらに亘理武士団に驚愕の知らせが舞い込んできた。

明治四年（一八七一）七月、廃藩置県の令が発せられ、これが北海道にも実施されることとなり、翌五年（一八七二）一月支配地は土地人民を開拓使へ引き継がねばならぬことになった。そもそも亘理伊達藩は君臣一体となり、北門の警備として自費移住したのであり、つまり亘理伊達藩を封建制の形で有珠郡に移したのである、伊達邦成も田村顕允もこの形態を永く持続するという政府の約束のもとに移住したのである。然るに幾ばくもなく支配地を返上せよとあっては心穏やかでなかった。「民籍編入」により、禄をもらえない士族は民籍に入るというのである。亘理武士団の北海道開拓はあくまで自費で移住したのは、完全に帰農したのではないのである。北門警備を兼ねた武士団であり、精神はあくまで武士であり、二刀の代わりに鍬を握ったのである。開拓使のために当初の意志を蹂躙され悲憤慷慨した。

邦成はこの処置に次のように述べている。

「圧政も甚だし、人心大いに沮喪し慨嘆に堪えざるなり」その故もあってか邦成には『従来通り取締り可致』があったが、結局、明治五年（一八七二）の五月には土地人民を開拓使に引き継いだ。この時邦成は「修行の為三、四年上京したいから職を辞したい」と願い出たが慰留され辞意を撤回した。爾来悲憤慷慨十余年士族復権は多年の宿望であったが、明治十八年（一八八五）三月愈々士族復籍の出願を為し同年許可となったのである。ここに漸く武士の魂を取り戻したのである。ところで、筆者の祖遊佐左藤右衛門と直系の祖遊佐又右衛門の後裔は何時移住したのであろうか。この筆者の祖遊佐左藤右衛門と直系の祖遊佐又右衛門はともに『亘理世臣家譜略記』に記載されているが、その関わりについては、伊達成実の家臣になった遊佐左藤右衛門常高の次男路高が父常高の隠居料四貫（四十石）を貰い分家したのである。遊佐左藤右衛門常高は、すでに諸本に「大剛のもの」として記載されていることは述べてきた。遊佐左藤右衛門常高が抜群の軍功を挙げたため隠居料を賜わったものであろう。仮に隠居料を賜わることがなければ、筆者の直接の祖遊佐又右衛門は分家できず一生「部屋住み」で終わっていたかもしれないのである。『伊達町史（北海道）』・『亘理町史上巻』等の移住時の名簿は実名であるため分らなかったが「伊達市開拓記念館（北海道）」を訪れ確認したところ「家中御名前と移住者調べ」（田村一彦再編）から移住時の遊佐左藤右衛門の実名は遊佐亮梧であることが分かり、父高知とともに第三回で移住している。一方、遊佐又右衛門は『朔北開闢志』（北海道伊達開拓史）により移住時の実名は遊佐省三（のち高開に改名）とあることが確認できた。第三回で移住し、母は第四回で移住している。

しかし父又右衛門は移住前に、すでに亘理小堤村で没していたため、この移住には母ひとりであった。『伊達町史（北海道）』・『亘理町史上巻』では、第三回移住者名簿に遊佐良三とあるが、これは遊佐省三のことであり誤植であろう。戸籍によれば遊佐省三（高開）は嘉永三年（一八五〇）の生まれであり、二十一才の時移住したことになる。筆者の父の実家常盤小藤太は、第三回で移住している。

これで遊佐左藤右衛門および遊佐又右衛門の後裔はそれぞれ幕末まで続き移住していることが確認できた。また幕末時のそれぞれの禄高は遊佐左藤右衛門は七貫(七十石)、遊佐又右衛門は八貫(八十石)であり、また父の実家の常盤小藤太(顕定)は九貫(九十石)であったことも確認できた。また、遊佐左藤右衛門および又右衛門ともに幕末までの家格は「御広間御呼懸」の家格であることが分かった。

筆者の曽祖父遊佐省三(高開)の戸籍によれば入植地は「北海道有珠郡黄金蘂村番外地」とある。『北海道開拓物語』(秋永芳郎)によれば「黄金蘂」はアイヌ語で「オコンプシッペ」といい「川口にコンブのあるところ」という意味であるという。現在は「黄金蘂」の当て字は難しく「黄金」になっている。とまれ、邦成、顕允は有珠郡のみならず支配地の増加を目指しており、虻田郡は明治四年(一八七一)三月、一旦伊達邦成の増支配とされたが、同年八月北海道の支配制度が廃止されて開拓使の直轄地となったのでその支配はならなかった。しかし、邦成、顕允の農業にかける思いは強く、また先見の明をもっていた。これからは西洋農具の導入が必要であり紋鼈の地に早く取りいれようと考えていたのである。それはプラウ(馬の後ろにつけて土をすく農具)やハロー(馬の後ろにつけてすいたあとの土を砕く農具)等であった。開拓使に出向いて西洋農具の払い下げ方を願い出ている。また、明治五年(一八七二)開拓使東京官園(実験農場)に遊佐高開ら六名を送り指導を受けさせている。そして早くも明治七年(一八七二)プラウなど西洋農機具を導入したのである。紋鼈の人々の開拓にかけた情熱と進歩的に取り組んでいた様子がわかるのである。二、三年後には五十台、六十台と増えていき、明治十年(一八七七)から同十四年(一八八一)までに開拓使が払い下げたプラウの総台数二九五台の内約四三%の一二七台を紋鼈の開拓団が購入したのである。耕地づくりは飛躍的に伸びていったのである。また邦成は子弟の教育にも心かけ明治五年(一八七二)には「有珠郷学校」を設立している。また明治十年(一八七七)八月、クラーク博士がアメリカに帰るに際し、有珠郡紋鼈の開拓村を視察した際、「甜菜というダイコンがあるが、それを作って利益をあげること、そのためには政府に運動して砂糖工場を建ててもらったらよいであろう」といろいろ助言した。こうした折、明治十一年（一八七八）パリで万国博覧会があり、日本の政府からも内務省勧農局長松方正義が出席した。会場に出品されているビート（甜菜）の製糖機械を見て、一台持ち帰った。邦成、顕允は誘致活動をし、日本で始めての甜菜製糖工場を設立したのである。また支配制が廃止された後、有珠郡の開拓者にも一般開拓に準じ、扶助米や開墾料などが支給されたが、邦成は開拓者たちの気のゆるみと開拓村の浪費を戒め、これらの一部を積み立てて備荒の資金としていたが、明治九年（一八七六）五月、この資金をもって、全開拓者を社員とする「永年社」を設立した。この組織は後の産業組合とも考えられもので、病気、災害など緊急時の資金の貸し出しから、共同物資の購入、さらに硫黄山採掘事業、菜種油精油工場等の経営、開拓者の生産したダイズやアズキなどの生産物の委託販売まで広囲にわたった。開拓者たちの物心両面に潤すところの多かった組織であった。こうした進取に取り組んだ村起こしは「紆余曲折」はあったものの着実に成果を上げていったのである。明治十四年（一八八一）第二回内国勧業博覧会が東京で開かれた時、有珠郡移民拓地表を出品したところ、北白川能久親王総裁より邦成には名誉一等賞牌、顕允には協賛一等賞牌が賞与されたのである。

胆振国有珠郡紋鼈村　伊達邦成

維新の後天下に先だち其の旧臣を率いて深く曠漠無人の境に入り一に身を開拓に委ね堅忍不抜備さに難苦を嘗むること茲に十有三年、遂に地を開く一千三百二十余町、民を移して産に就かしむる殆んど三千人、深莽荒草化して五村落をなすに至る。加之浪費を誡め金穀若干を貯えて　不慮に備へ各人土着の意を固くす偉業宏図一世に冠絶せり。而して前途の功業尚得て測るべからず　以て名誉を輝すに足る。うたた感賞すべし。右之薦告に拠り名誉賞牌を授与す

明治十四年六月十日

内国勧業博覧会事務総裁

二品勲一等　　能久親王

胆振国有珠郡紋鼈村

田村顕允

旧主邦成を補け北海道の開拓に従事し十有三年の久き日夜奮励堅忍不抜以て此の絶大の事業を成さしむ。其協賛の労偉なり　右の薦告に拠り協賛牌を授与す

明治十四年六月十日

内国勧業博覧会事務総裁

二品勲一等　　能久親王

当初の開拓移民については、開拓使が自ら移民を招致するとともに各藩に支配地を与えて開拓に当たらせたが、不毛厳寒と財政困難を理由に支配地の返上を願うものが続出して失敗に終わっている。その中にあって亘理武士団が一致団結し、不毛の地と称せられた北海道が禾穀豊熟、内地に遜色のないことを証明したのは北海道開拓史上の一大功績である。邦成は開拓の功により、明治十四年（一八八一）五月四日、従六位に叙せられたのである。明治二十二年（一八八九）四月八日、開拓二十年記念祭がおこなわれた。式は始まると邦成の式辞があり、次に顕允が開拓出願より千辛万苦の移住開拓の次第を述べた。苦楽を共にした人々の目には涙があった。邦成の式辞は次の通りであり、この時の情況をよく表しておりまた名文であるので全文を掲げる。

本郡移住開拓二十年記念の祝典を挙行す。此の日老若老幼手を携えて共に歓呼し男女袂を連ねて共に謳歌す、嗚呼何ぞ盛んなる。余今此盛典に臨み、万感胸に溢れ、悲喜交々集り言わんと浴して言う能わず、歔欷（すすり泣き）之れを久しうす。回顧すれば明治維新の始め我が旧封厄運に際会し、将に三百年一心同体の情を割き、離群索居の苦域に陥らんとす。時に朝廷意を北門の警備に留め、開拓の挙あるを聞き決然志を立てて一邑を挙て移住し、上は朝廷の万一に報い奉り、下は闔邑（村をあげて）其所を得て緩急事ある日は犬馬の労を致さんと期し、家宰田村顕允をして計画を処理せしむ。諸子皆欣然として之れに従い、綿々百世、墳墓の地を離れ、茫々千里無人の境に入り、身を来耜（すき）の間に委ね、心を北門の鎖鑰（門扉のかんぬき）に傾け、樹間に眠り、草根を食い、戴星踏月、櫛風沐雨、茲に二十年、遂に当初の目的を達し、今日あるを致す。是れ偏に官庁保護の優渥なるに因ると雖も、抑々亦諸子が志気の堅固にして旧誼を重んずるの誠意に基せずんば非るなり。而して業は困難に成りて逸楽に荒む。已に諸子と辛酸を共にし創業を既往に送る、願くは共に守成を将来に迎え衣食足りて礼節を守り、倉稟豊かにして子弟を教へ、以て聖代の隆盛に報いんこと、余が宿昔の希望にして又諸子の必ず負うべきの一大義務なり。余歓喜の余り、既往を顧み将来を慮り、懐抱を傾けて諸子に告げ、併せて祝意を表す。

明治二十二年四月八日　　　　従六位　伊達邦成

明治二十五年（一八九二）七月、邦成は有珠郡開拓の功により、勲四等に叙せられ、瑞宝章を授けられ次いで十月十五日特旨を以て華族に列せられ男爵を授けられた。且従五位に昇叙されたのである。

伊達邦成公
『伊達市史』の転載

田村顕允公
『伊達市史』の転載

そして、その年の十月、叙爵の祝賀会が東京上野精養軒で催された。この時、貞操院は北海道へ移住して以来はじめて上京し、この喜びの会に出席して参会者の一同から祝福を受けた際の様子を『北海道開拓物語』（秋永芳郎）では、次のように記している。「私はどこへも出かけまいと思っていたところ、もう息子もりっぱに開拓に成功しましたから、こんどはその成功を兄の楽山公（慶邦）に報告しなければと思い出てまいりました、と大変控えめに喜びの色をみせ、決してその手柄を誇らなかったといわれている」としている。その貞操院は明治三十七年（一九〇四）十一月十三日、七十八才の生涯を終えている。邦成は戊辰戦争で完膚無きまでに討ちのめれたが、ここに完全に勝者となったといってよいであろう。

さらに、明治三十二年（一八九九）六月、雑誌「太陽」（当時日本一の大雑誌）の発刊十二週年記念として発行された明治十二傑の一人として載せられたのである。今回は武人としてではなく、農業家としてである。十二傑の顔ぶれは、伊藤博文（政治家）、福沢諭吉（教育家）、渋沢栄一（商業家）など、いずれも各界の第一人者であり、邦成は北海道開拓の功労者として天下に紹介されたのである。名を遂げた邦成は、明治三十七年（一九〇四）十一月二十九日、六十四才でこの世を去ったのである。その後伊達邦成は田村顕允（大正二年没）とともに昭和十年、開拓功労者、伊達町の元勲として九月鹿島国足神社（通称鹿島神社）に合祀されたのである。また、伊達邦成、田村顕允（常盤新九郎）はともに「国史大辞典」にその名を刻している。明治三十三年（一九〇〇）七月一日付で北海道一級町村制が施行された。亘理藩が移住してきた東西紋鼈を中心に稀府・黄金蘂、長流、有珠の六ケ村を合わせて「伊達村」と改称したのである。初代の村長は山田致人が選出された。彼は明治四年（一八七一）紋鼈の移住者達が食糧欠乏の危機に際し、迅速に奔走してくれて開拓民数百名を飢餓の恐怖から救ってくれた恩人の山田致人を招請したのである。初代から五代までの村長の人名と就任年月日を記すと次のようになる。

初代　山田致人　　明治三十三年（一九〇〇）十月十八日
二代　星源左衛門　明治三十四年（一九〇一）九月　六日
三代　安住元思郎　明治三十五年（一九〇二）四月十六日
四代　手代木茂篤　明治三十七年（一九〇四）五月十六日
五代　遊佐高開　　明治四十一年（一九〇八）六月十九日〜大正九年（一九二〇）十月九日
（六代以降の村長は略す）

この五代村長遊佐高開（又右衛門）が筆者の曽祖父であり二十一才の時に母とともに移住したのである。遊佐高開村長時代の主な事跡を『伊達町史（北海道）』・『新稿伊達町史（北海道）』・『伊達市史（北海道）』

等により略記すると次のようになる。


明治四十一年（一九〇八）　五月・六月　長流川氾濫大水害起こる。

明治四十二年（一九〇九）　九月役場庁舎新築（現市役所の位置）。

明治四十三年（一九一〇）　七月有珠岳大爆発する。

明治四十四年（一九一一）　皇太子（大正天皇）本道行啓、日露侍従を差遣し本村を巡視する。

明治四十五年（一九一二）　明治天皇崩御。

大正二年（一九一三）　十一月二十日元老田村顕允逝去。村葬執行。

大正四年（一九一五）　大正天皇即位大典記念事業として開拓記念碑を建設十一月除幕式挙行。

　　故伊達邦成に従四位が贈られる。

大正五年（一九一六）　遊佐村長再選さる。

大正六年（一九一七）　十二月市街地に始めて電灯を点ず。

大正八年（一九一九）　九月開村五十週年記念式挙行。

大正九年（一九二〇）　遊佐高開村長十月九日まで在職。


筆者の曽祖父遊佐高開は二期約十一年の長きにわたり村の発展に尽くした。『新稿伊達町史（北海道）』では明治四十一年の長流川の氾濫大水害に際して次のように記している。

「もちろん、遊佐村長をはじめ村吏ならびに村会議員など、これが復旧に腐心されたであろうことは、容易に想像されるところである」としている。同様に明治四十三年有珠岳大爆発に際しても、陣頭指揮を行なったことであろう。また大正二年（一九一三）には、遊佐高開は移住の功労者田村顕允（常盤新九郎）の村葬を執り行っている。また、大正四年十一月には開拓記念碑を建てその除幕式を執り行っている。大正四年は大正天皇の即位の大典をむかえた年であり、伊達町もこれを記念するとともに、伊達町の事跡と辛酸を伝え、後進子弟の修行の一助に資さんとし、開拓記念碑を鹿島神社境内に建立したのである。同年十一月五日その除幕式には、北海道庁長官、室蘭支庁長を始め、地元有志一千名が参列し、いとも荘厳な儀式は伊達町開拓以来未曽有の盛事であったと伝えている。また、大正八年九月には開村五十周年を挙行している。「伊達村開拓記念碑」の「碑文」およびその「碑文解読文」は「新稿伊達町史」に詳しい。遊佐村長時の大正六年十月、有珠郡伊達村大字東紋別村在住の柴田考三郎氏が発起人となり苦労して、故郷に思いを馳せながら「亘理郡臥牛館の図」を完成させたのである。その作成までの経過は同図にある「本図作ノ動機ト本旨」に詳しい。手分けして生存している故老を訪ね隣近所を思い出しながら作成したものであるという。従って極めて貴重な復元図である。この復元図には家老常盤新九郎（田村顕允）、遊佐左藤右衛門、遊佐又右衛門、父の実家常盤俊太夫の家が記されている。それを次に掲げる。

五代村長　遊佐高開（筆者曽祖父）
『伊達町史』の転載

遊佐高開は大正九年十月退職した後、大正十一年東京府北豊島郡高田町字雑司ヶ谷村に転居している。理由は分からない。雑司ヶ谷の家は先の大戦の東京大空襲で全焼している。ちなみに、昭和五十六年亘理町と伊達市は「ふるさと姉妹都市」を締結した。まさに慶事と称すべきであろう。また東日本大震災の時には伊達市は亘理町に援助の手を差し伸べている。

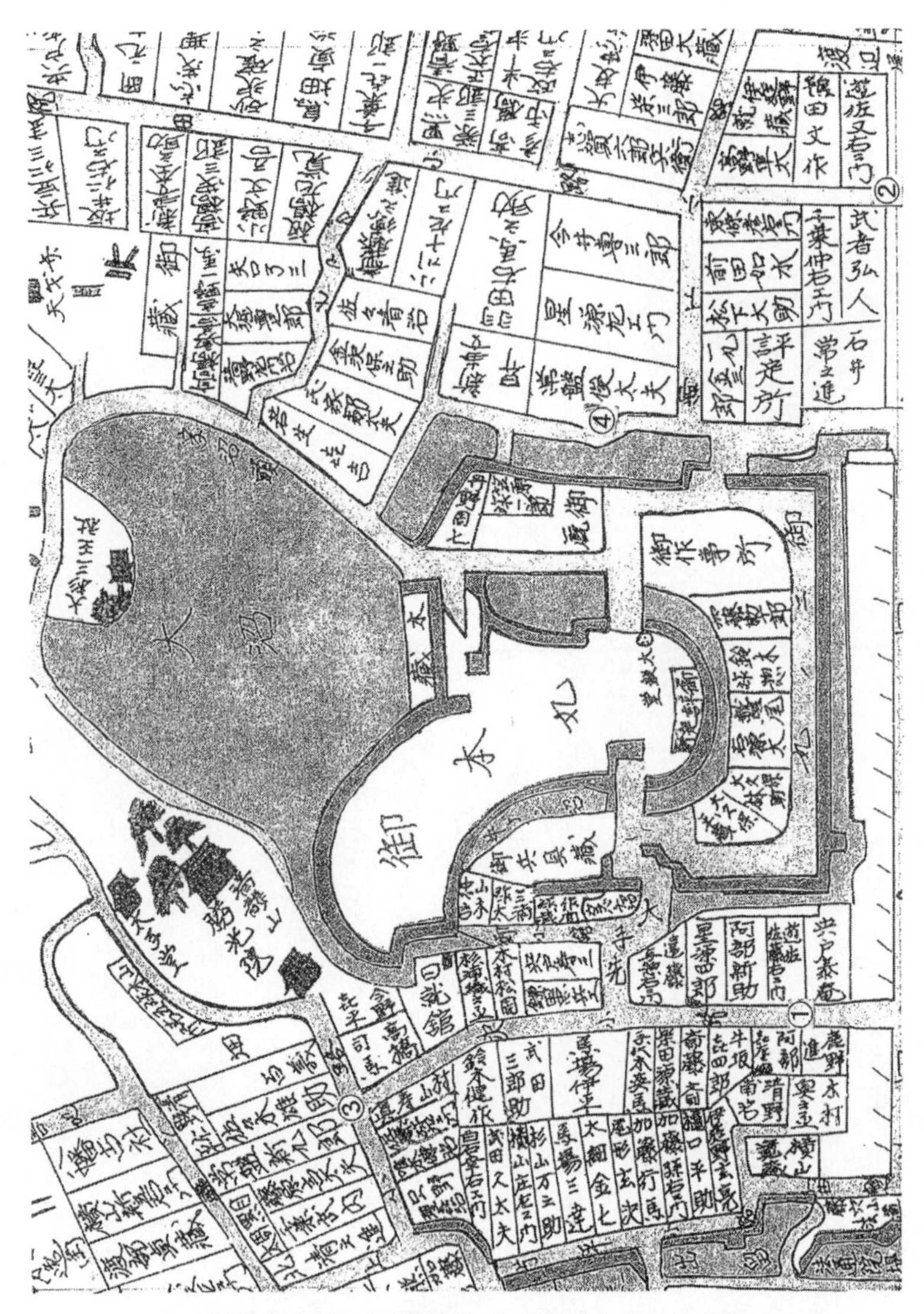

亘理郡臥牛館の図（亘理要害）「亘理郷土史研究会作成」の転載

①遊佐左藤右衛門　②遊佐又右衛門　③常盤新九郎（田村顕允）④常盤俊太夫（父の実家）

「迎賓館」（旧伊達家邸・明治 25 年築）（北海道伊達市）「筆者撮影」

ここで「二本松の遊佐氏」の系譜をまとめていきたい。南北朝期に畠山高国とともに奥州に下向した遊佐内蔵頭（執事）の嫡子遊佐某（執事）が仕えた畠山国詮（王石丸）の没年は諸説あるが、二本松市称念寺の墓誌では没年は応永七年（一四〇〇）である。遊佐某（執事）はそれ以前に没しているであろう。また『亘理世臣家臣略記』の某左藤右衛門は嫡子左藤右衛門常高が天正十四年（一五八六）にはすでに活躍しているので父の某左藤右衛門の上限を天文二十年（一五五一）頃まで遡れるであろう。この間およそ百五十年間、一代三十年とすれば（遊佐左藤右衛門）はおよそ五代になるであろう。これから遊佐高開までの系をまとめると次のようになる。遊佐内蔵頭の嫡流の系は残念ながら管見の限り不明である。

二本松遊佐氏略系図　（某左藤右衛門以降は『亘理世臣家譜略記』及び遊佐高開戸籍による）

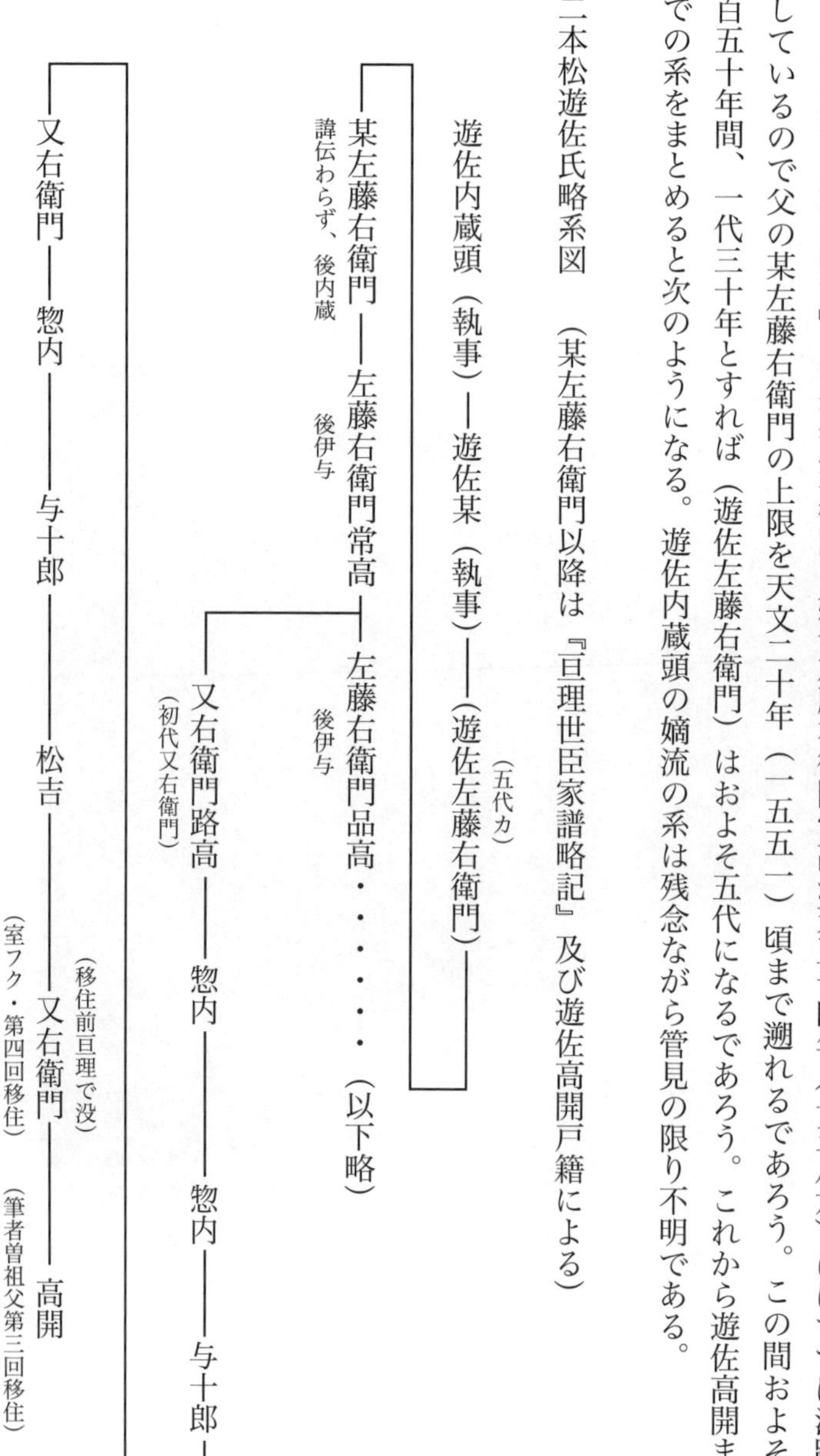

ここで、父の実家の常盤家と嫡流家の家老常盤新九郎（田村顕允）との系の関わりを筆者の所有する『坂上系図』により、父の実家常盤の初代元定からの略系図まとめ記すと次のようになる。

常盤氏略系図（筆者所有の『坂上系図』による）

吉定（常盤氏嫡流家）・・・・・・・・（六代略）・・・・・・・・顕允（田村顕允）

元定（父の常盤氏初代）・・・・・・・・（七代略）・・・・・・・・顕定――正顕（六男）――陸男（筆者の父）

また、筆者の曽祖父遊佐高開以降の系は「戸籍」により、まとめると次のようになる。

遊佐高開（室・常盤顕定次女夕子）――時尾（養子）（室・ユキ）――睦男（常盤正顕六男）（室・恒ツネ）――恒郎（次男・筆者）（室・和子）――恒和（嫡子）（室・広南コナミ）

十九．遊佐氏の出自

ようやく、出羽国遊佐郷から始まって、南北朝期に出羽国遊佐氏の一流が上洛し、さらにそれに続いて「河内の遊佐氏」・「越中の遊佐氏」・「能登の遊佐氏」・「奥州の遊佐氏（鳴子の遊佐氏・二本松の遊佐氏）」について述べてきた。これで遊佐氏については、ほぼ言い尽くせたであろう。

「出羽の遊佐氏」（宗家）については『日本の歴史11戦国大名』（杉山博）でも武藤（大宝寺）晴時は「戦国大名」と記載されており、また「従五位下」に叙任されている武藤晴時に天文七年（一五三八）に滅ぼされたと推定した。大局的にいって「越中の畠山氏」・「能登の畠山氏」は戦国大名上杉謙信に滅ぼされ、また「河内の畠山氏」・「紀伊の畠山氏」は戦国大名織田信長によって滅ぼされ、さらに「二本松畠山氏」は戦国大名伊達政宗によって滅ぼされたといってよいであろう。

これらから、極論すれば、「出羽の遊佐氏」・「鳴子の遊佐氏」を除いては、遊佐氏は畠山氏の守護代・執事として活躍するも、結局のところ畠山氏と運命をともにしたといっても過言ではないであろう。

しかし、遊佐氏を名のる人々の最大の関心事は何といっても、その出自であろう。

「鳴子の遊佐氏」の祖「平姓畑山兵衛介宣重」は伝承上の人物であろうと推定し、また畠山義継の重臣源姓遊佐丹波守および下総守は二本松城が落城した時に伊達政宗に帰属し家臣となったが、源姓遊佐氏は二本松畠山氏かその一族との婚姻により源姓を称したのであろうと推測した。また「越中の遊佐氏」の小守護代遊佐長滋の歌が連歌師飯尾宗祇が編纂した『新撰菟玖波集』のなかに「藤原長滋」として名前が載っている。これに対し『富山県史通史編中世』では「畠山内遊佐加賀守藤原長滋」と説明記載している。「藤原長滋」だけでは畠山氏の被官である遊佐長滋と認識されないと危惧したからであろう。

『新撰菟玖波集』では「藤原長滋」以外記載がなく、前後の文脈から探ることができず、この「藤姓」の出自は筆者の管見のところ全く不明である。この遊佐長滋は越中小守護代で河内守護畠山政長の被官である。一方、同じく畠山政長の被官である遊佐直量は、その本姓は「河内の遊佐氏」で述べたように、本姓は示していない。『新撰菟玖波集』が編纂された時、遊佐長滋が「藤姓」を私称したかもしれない。いずれにしても、畠山政長の時代は遊佐の本姓は未詳であったと考えてよいのであろう。

また畠山政長の嫡子河内守護畠山尚順の守護代遊佐順盛が「藤原左衛門尉」と記している安堵状が、『大日本古文書・金剛寺文書』にある。これは「河内の遊佐氏」で述べたように守護畠山尚順が日野氏（藤姓）と婚姻関係にあり、同様に守護代遊佐順盛が日野氏と婚姻にあったかは不明であるが、婚姻関係がない場合は「藤姓」を私称したか僭称したかもしれない。

「藤姓」として正式に称しているのは筆者の管見したところ「河内守護代」遊佐長教のみである。『歴名土代』（湯川敏治）では天文十三年（一五四四）に叙爵された遊佐長教について次のように記している。

従五位下　遊佐藤長教　三月廿三日、〈遊佐〉同日、河内守

これは「河内の遊佐氏」で述べたように、これは遊佐長教が日野氏（藤姓）との姻婚によるものであり「藤原姓」であるが「秀郷流藤原姓」ではない。

しかし「遊佐氏の家紋と出自」で記したように、多くの「遊佐氏」を名のる方々が「藤秀郷流」を称しているのである。では「藤秀郷流」はどこから来たのであろうか。

遊佐氏の出自はその不明確さ故、最初によるのはまず第一に『姓氏家系大辞典』（太田亮）であろう。

そこには次のように記されている。

遊佐　ユサ　和名抄、出羽国飽海郡に遊佐郷を収む。伝え云ふ、「文治中、源頼朝・武藤資頼を以って、田川、飽海の郡を管せしむ。其の臣遊佐太郎繁元をして、五丁野を治せしめ、子孫・職を襲ひ、遂に全部を称して、遊佐郡と称す」と。……また次のように記している。

1　秀郷流藤原姓　羽前国飽海郡遊佐郷より起る。
前述遊佐繁元の後と云ひ、又小山家の庶流也と云ふ。……としている。

しかし、ここで考慮されなければならないのは武藤資頼と遊佐太郎繁元との被官関係である。武藤資頼は間違いなく「秀郷流藤原姓」であり源頼朝の家臣であることは間違いない。しかし、『武藤系図』にあるように武藤資頼が源頼朝の奥州合戦に加わり、文治五年（一一八九）の「阿津賀志山の戦い」での軍功によって大泉荘を賜ったというのは極めて疑わしい。『吾妻鏡』の「阿津賀志山の戦い」における武藤資頼についての記述がないのである。さらに武藤資頼は、すぐに九州大宰府に向かっているのである。『古代中世史論集・鎌倉時代の太宰府と武藤氏』（九州大学国史学研究室編）では次のように記している。「注（6）建久六年（一一九五）三月に源頼朝の上洛に従った『武藤小次郎』が関東における武藤資頼の動向を示す下限であるから（『吾妻鏡』同月十日条）資頼はこれ以降九州に下向したと考えられる」としている。一方、遊佐太郎繁元は『荘内物語』（小寺信正、享保九年、一七二四）に記されているが、遊佐太郎繁元の活動期は「文正」即ち一四六六年であり時代的齟齬をきたしており、武藤資頼と遊佐太郎繁元との被官関係は考えられない。従って遊佐太郎繁元が武藤資頼の「秀郷流藤原姓」の系とはなりえないのである。また小山氏は下野国の豪族で間違いなく藤原秀郷流であり、その庶流については、それはすでに述べたように小山氏庶流の益戸顕助が建武三年（一三三六）足利尊氏に従い上洛し、「三井寺の戦い」で戦死、それを哀れんだ尊氏から顕助の子秀助が讃岐国香川郡井原庄（香川県香南町）を賜わり、庄内の由佐に住んで由佐氏を称したのである。「河内の遊佐氏」と「讃岐の由佐氏」は互いに近くに住したため、室町から戦国期にかけて「河内遊佐氏」と「讃岐由佐氏」とが混同されて記載されている。『長倉追罰記』（永享七年、一四三五）（『続群書類従』）では次のように記している。

「越前の織田氏と、由佐の河内守が瓜の紋」としている。由佐氏の河内守は一人もおらず明らかに遊佐氏と由佐氏と混同された例である。しかし、由佐氏と遊佐氏との婚姻関係がなければ遊佐氏を由佐氏の「秀郷流藤原姓」とはなりえないのである。『姓氏家系大辞典』（太田亮）は『大日本地名辞書』（吉田東伍）と並び称される大書といわれているが、こと遊佐氏に限っていえば、時代的齟齬をきたしているにも拘わらず、武藤資頼の被官として遊佐太郎繁元をとらえ、また遊佐氏と由佐氏の系を精査することなしに由佐氏と遊佐氏を一括して「秀郷流藤原姓」と直結させたことが遊佐氏の出自に大きな混乱を招いたことは否めないのである。さらに、『筆濃余理』（安倍親任・慶応二年、一八六六）では、奥州平泉の藤原清衡（秀郷流）の後裔の藤原忠衡について次のように記している。

「河北冠者忠衡……一説を設くれば此河北は即当郡の事にて、忠衡若くは遊佐殿の元祖ならずや。若然らば此時頼朝卿に謁、本領を安堵し、遊佐の郡司として代々大舘に住、川北の一党となれるもの歟」としている。しかし「奥州合戦」で降人となった平泉藤原氏の中で、源頼朝によって所領安堵されたのは「法華経」の熱心な信者であり、また老齢であった忠衡の父俊衡のみである。

出羽国飽海郡（最上川以北）の異称を「河北」といい、河北忠衡の河北をこれに結び付けて、出自の不明確な遊佐氏を強引に付会したものとしか思われない。『尊卑分脈』では河北忠衡の子は「山聖円」と記載されており、おそらく山僧であったかもしれない。

安倍親任は自身、自説の僻論を自覚して次のように述べている。

「右、酒田・遊佐・東禅寺三家の考、殊に予が憶見に出る処。全く牽強符会の僻説にして、更に十歩百歩の誇り免れがたきしと云えども、思う処を爰につらねて後索に便す」としている。

この僻説が遊佐氏の出自が「秀郷流藤原姓」であるということを増幅させたのかもしれない。

これらを考え合わせると、明らかに「秀郷流藤原姓」または他の「藤原姓」との婚姻がなければ、元来の遊佐氏は、どの系にも関わらない「遊佐氏族」といってよいであろう。筆者の『亘理世臣家譜略記』にあるように遊佐氏は「姓詳ならず」すなわち、どの系にも繋がらないということである。『和名類聚抄』（承平年間九三一〜八）は源順により編纂されたものであるが、それには、「遊佐郷」と明記されており、全国約四千の郷の史料は九世紀のものも使用されたともいわれ、この頃には郷長・里長が存在し、「遊佐氏の発祥」もすでに見られたと考えてよいのであろう。「藤原姓」は中臣鎌足が臨終（六六九年十一月十四日没）に際して、天智天皇より初めて「藤姓」を賜ったものである。藤原秀郷はその後裔であるが、天慶二年（九三九）関東地方で「平将門の乱」が起こり、天慶三年（九四〇）にこれを鎮圧し、名をあげた武将である。この時には「遊佐氏」はすでに出羽国の「遊佐郷」に発祥したとみてよく、藤原秀郷の系に繋げることは困難であろう。また、時代的に考えても「遊佐氏」の発祥は古く敢えて藤原秀郷に繋げる必要もなく、藤原秀郷に対して、「遊佐氏」は何ら遜色のない氏族といってよいのであろう。「遊佐氏」は出羽国飽海郡遊佐郷を本貫とする「遊佐氏族」といってよいのである。

あとがき

遊佐氏の系は極めて難解であり、またその道のりは極めて厳しいものであった。よくここまでたどりつけたものと誠に感慨深いものがある。齢八十に近い筆者の気力と体力を維持せしめてくれた両親に感謝以外の言葉が見つからない。ひたすら感謝するのみである。しかし、その両親はすでにもういない。

その父・母も先の大戦で死線を乗り越えたのである。父は戦場で母は四人の子を連れての逃避行であった。終戦まじか、我が一家は満州ハルビンに住んで居た。父は急遽応召され戦場に向かった。残された家族は母、長女（十四才）、兄（十一才）、筆者（六才）、妹（四才）であった。昭和二十年八月九日、ソ連が参戦し進攻したのである。その時、家の手伝いをしてくれていた王さん（兄の手記より）という中国人が母に今日、逃げ出さないと危ないといってくれ、我々は取るものもとりあえず、それぞれ背中にリュックを背負い日本に向けての逃避行が始まったのである。この逃避行の中で筆者の記憶に強烈に残っていることが二つある。一つは、場所は不確かだが、兄の手記では「アパートのような建物」とある。何階かの一室に潜んでいるところをソ連兵に追いつかれ襲われた。一人が拳銃を我々に向けたとき、母は必死に助命を願い、我々は死を免れたのである。その後どれ位たったのか、突然パーンという銃声が聞こえ皆な窓から外を見下ろしているので筆者も階下を見た。道路に男一人が倒れているのを目撃した。おそらく死んでいたであろう。このことは兄の手記にも書いてあるので間違いないであろう。

もう一つは、これも場所は定かでないが、母がともかく日本の方に向かう列車と聞いて頼み込んで乗せてもらった。その列車は有蓋貨物列車であった。姉の話では、それは馬を運ぶ貨車であったという。貨車の中は床だけで足の踏み場もないほど超満員で寿司詰め状態で息苦しいほどであった。天井近くに窓があるのみであったからである。真中に鉄の扉があった。ソ連兵はその扉を強引に開け、扉付近にいた人々のなけなしの荷物を強奪したのである。母の荷物も強奪された。兄の手記にもその後の資金はどうしたのだろうかと記している。母は親戚、知人を頼りその資金を借りたと思われる。兄の手記では、この頃はまだ電話等の「インフラ」は通じていたという。それを手掛かりに頼ったものと思われる。正しく点と線の逃避行であったのである。それでも我々は幸運にも日本にたどり着くことができた。日本にたどり着き、父の実家のある北海道伊達町（現伊達市）松ケ枝の「常盤家」に転がり込んだのである。兄の手記によると昭和二十一年に入っていたという。寒い日であったのを覚えているのでその頃であろう。

後日、母は当時の逃避行を振り返って「日本人同志の中で死ねるのならそれも本望であつた」と。

筆者は帰国後も栄養失調のため体力回復できず、その年の入学は母の決断で一年遅らせ、早くも浪人の身となったのである。筆者の人生の中で今でも記憶に残っている最高の御馳走は帰国後、父の実家「常盤家」で御馳走になった「白米にかけた卵御飯」である。只それだけである。この一言で、終戦直後の食糧事情が表せていると思う。その後「常盤家」を離れてからの食事は、イモ・ダイコン・カボチャ等を刻んだ中に米がパラパラと入った食事である。これは全国どこでもあまり変わりなかったであろう。全国総飢餓状態であったのである。幼少の頃の思い出はいつも「空腹」であったことである。今の飽食に慣れきった人々には想像することは無理であろう。「常盤家」を離れて親戚の世話で、母と姉は、当時、末永町にあった「帝国繊維㈱伊達亜麻工場」に働きはじめた。社宅は工場から約一キロ離れた鹿島町にあった五軒長屋の一戸に入った。母・姉とも慣れない仕事で大変だったろうと思う。姉は昼は働き、夜は夜学に通った。兄は新聞配達をして家計を援けた。筆者は台所にあった炊事用の大きな甕に長屋にあった一つの共同井戸の手押しポンプから毎日バケツで汲んでつぎ足すのが仕事であったと記憶している。この時期はどこの家庭でも同じであったであろう。各人それぞれ懸命に働いたのである。この亜麻工場は筆者にとっても思い出のある工場である。時々、叺（カマス）に入った亜麻カス（燃料として使用）を荒縄で背負い、工場から自宅まで時間をかけて運んだ記憶がある。また、この工場の動力源の蒸気機関に興味を惹かれいつも窓越しにそれを眺めていたからである。しかし、今は、その面影はない。

また鹿島町にあった社宅跡も今は全く様変わりして当時の面影を抱かせるものは何一つない。

時の流れというものであろう。

一方、父の方はどのような運命が待っていたのであろうか。父もまた死線をさまよっていたのである。それは父および戦友の手記『ミハイロ会文集』によってうかがい知ることができる。その中からその当時の様子を見てみよう。父は終戦まぢかに応召されたので当然二等兵である。配属になったのは「孫呉・第一五二〇二部隊」であった。この頃は戦闘武器はほとんどなく、主に特攻訓練であったという。

『ミハイロ会文集』で父は次のように記している。

「教練……日毎実戦訓練で匍匐前進と銃剣術、更に驚かされたものに急造爆雷という、関東軍窮余の果てに考えたものであろう。二つ合わせの骨箱位の木箱に黄色の板火薬を充填した、重さ五、六キログラム位の上部に雷管をつけ、それに引金用の細紐二十五センチメートルのものを取り付けその箱を両手で抱えあげ、引金用の紐を軍服の第二釦に結びつけ、敵戦車目掛けて突っ込む。突っ込む方法には匍匐前進、蛸壺に潜んで敵を待つ。実際に訓練して見て昼の戦闘では全く成功率はゼロに等しく、日本軍の特徴とする夜戦用ならまだしも成功の見通はないでもないが、要はそれを持つ兵の度胸のよさ、沈着冷静機敏の備わった兵でなければならないと思われた……」としている。同じく『ミハイロ文集』で父の部隊の上官であった西沢正中尉がこの特攻戦に関して次のように記している。それを掲げる。

「黄色爆薬のこと……参謀本部は種々研究を重ねた結果考えだした所謂死の兵器『黄色爆薬』という代物がそれである。戦車の至近距離より爆薬箱を抱いて体当り自爆肉弾戦法である。私が、この爆薬とその戦法を知った時全く言うに言われないヘンな気持になったと云うよりグラグラッと愕然、色を失ったものだ。状況によっては死を強いなければならない立場にあり早晩、私は誰かに命令せねばならぬからだ。クジ引き、ジャンケン或は民主的に選挙で決めるというなら私も心の重圧から免れ、苦悩から解放されるわけだが軍隊という所はそれはダメ、通用どころかとんでもない話である。上官の命令は天皇の命令という厳然たるオキテのようなものがあって総て命令で事を律するのである。陣地に在って色々と多忙を極めたが何時もこの一事が脳裏にこびりつき本当に憂々悶々とさえなかった。遂に最も怖れておった場面に直面する時が来た。八月十二日昼頃であった。本部からの指令は南孫呉方面から駒沢台方向に対し機甲部隊来襲の兆候あるにより直ちに厳戒態勢にはいるべしと。駒沢台陣地の最右翼は金川小隊が配置についておったが急遽全隊員集合、敵戦車群来襲を想定した一連の状況を説明、現在只今より愈々決戦態勢に入るわけだが対戦車の最有力対抗手段は一同もとくと承知の如く結局は爆薬である。死なば諸共一連托生の状況下に入ることは必然であるが時間的に一足さきに『お前死んでくれ、死んで来い』と命令するのは誠に過酷極まりなく全く断腸の想いである。息がつまり自然と私の声は震え全身に脂汗がにじみ出、遂に涙で声がとぎれた。シーンと寸時の静けさの空間に……突然全く突然である手を挙げた者が居た。目はランランと私を凝視！　梶菊夫である。蒼く白く厳しい形相で！端村光春である。続いて伊藤房次郎、遊佐睦男、茂木和一郎等々。後ろの方からも次々と……

『もう結構です。わかりました』私は静かに制した。軍隊調の言葉から自然と敬語調へ……

ジーンと熱いものがこみ上げて、こみ上げて私は絶句した。人間内奥の霊性―悲壮これ以上の悲壮なことはあるだろうか。この崇高な犠牲的精神！　この勇猛に対し私はかつて経験したことのない大きな感動に打ち震えたのである。

特にご家族の皆々様へ！

あなたの夫はあなた方のお父さんはそしてお兄さまは……若き青春時代を軍隊という所に否応なしに狩り出され、日ソ戦の最前線の戦場に立たされ、今涙で書き綴った爆薬の箱を抱いて敵戦車に体当り自爆する寸前まで追いやられたのである。終戦の大詔がもう二日、三日遅れていたとしたら戦場の推移はどう変化しておっただろう。おそらく今日の生は……あり得なかったのでは無かろうか。

そして尚引続きシベリヤでの抑留生活等、まことに筆舌では表現出来ない様な御辛労をなさったのである。どうか孫の代まで長く永く語り伝えて戴きたいのである。そして

人類最大の罪悪は……

人間最大の悲劇は……

愚の骨頂！　人間と人間の殺し合い！

それは『戦争』であることを……」

筆者は父の名を読んだ時、涙がこみ上げあふれて先が読めなくなっていた。父は妻子がいるにも関わらず武士としての「生き様」を貫いたのである。

そして終戦となり、父はソ連軍に拿捕され極寒の地シベリヤに抑留されたのである。そこはシベリヤのミハイロチェスノコフスカヤという場所であった。零下四十度を越す極寒の地である。

そこで捕虜となった抑留者たちは、原木の伐採から、それの製材、運搬、貨車に積み上げる強制労働を強いられたのである。そこで、抑留者たちは満足な食事も与えられず、栄養失調となり、また衛生設備のない収容所はさながら南京虫と虱の巣くつとなり、衰弱者続出、その上赤痢患者となり次々と死んでいったのである。その様子は、父の書いた『ミハイロ会文集』の一部が『捕虜体験記』(ソ連における日本人捕虜の生活体験を記録する会・高橋大造)に載せられているのでそれを掲げる。

「赤痢患者になって……『ああ、生きられるであろうか』、私は不安のどん底に陥る思いだった。小野軍医は毎日見舞いに来てくれたが、『遊佐、薬はないのだ。おまえはまだ体力があるから、食べたいだろうが三日間絶食すること、そして左腹を温めること以外にない。残念だが、医者として、頑張れと言うことよりほかなにもないのだ』と言う。その言葉が今も耳から消えない。梶君や戦友がつぎつぎ見舞いにきて、激励してくれた。梶君はちょうど虱退治の滅菌室に勤務していたので、私が退室するまでの四十日間、日に何回となく、私と彼の水筒を温めては交換にきてくれた。私は、『こんなところで死んでたまるか、露助(ソ連兵)の奴、こんな寒いところまで引っ張ってきて、なんの医薬も設備もない、食物も十分与えない野蛮な国で死んでたまるか』という憤りが強かったのか、死を免れた。小野軍医は、『やっとこれだけ手に入れた。飲まないよりはましだから飲んでおけ』と言って、二、三度、白い丸薬を持ってきてくれた。断食三日という指示だったが、私は六日間断食した。ともあれ、私にとって小野、梶の両君は命の恩人である。入室中、私は上の段に寝ていたが、隣の人が何病であるか知る由もなかった。彼の食事を見ると、御粥に、なんの肉かわからないが、ぶつ切れの肉が入っていた。腹を空かして働いている人々が羨むようなものだった。しかし、彼は立ち上がる気力もなく、寝たきりだった。

食事だけは飯盒をガチャガチャさせて食べていた。私たちは、隣同士であっても、お互いに話をする

ミハイロチェスノコフスカヤ
第20地区 第9分所 正門

「ミハイロ文集」（小野寺林氏の絵日記より）

元気もなかったので会話もしなかったが、ある夕方、彼は独り言をいっていたと思ったら急に静かになった。そして死んでいた。その夜は大変だった。私は、襟もと、手首、足元がとりわけザワザワ感じたので、見ると、死んで冷たくなった隣人の虱が、温かい私のほうに大移動を始めたのである。かといって、こちらも払いきれるものではないし、また、その気力なかったので、虱の大軍を無条件に受け入れたわけである。そのとき、私は、虱がどのようになって血を吸うのかを発見した。虱は人間の柔らかい毛穴を見つけて口先を突っ込み、前足で立って逆立ちになって血を吸う。そして、見る見る内に頭の方から尻にかけて赤くなり、全身真っ赤になるとポロリと落ち、おちたところでどこにでもしがみつくのである。シベリヤで虱に食われなかった者は一人もいなかったろうが、血の吸うのをまざまざとみたのは私一人かもしれない」と記している。父を支えたのは何だったのであろうか、おそらく父を支えたのは、亘理武士団の不撓不屈の開拓者魂であったに違いない。昭和二十三年五月に痩せて帰還した。ソ連抑留者の生存率はシベリヤ各地の抑留部隊で異なるようであるが、『ミハイロ会文集』で父は次のように記している。

「一二七名内外患者の病院内死亡、他に転居等を除くと入ソ当時元気だった一千名は僅か三百五十名になっていた」としている。筆者は幼少の頃、父から伝えられた次の言葉がある。

「今は二刀差さざるも、大は大事の為、小は小事の為、いざ事あれば一刀のもとに処すべし」と。

この武士の魂の継承は禄高には一切関係はないのである。筆者はこの魂の継承は必要だと考えている。現在、我々、生を受けた誰もが先祖をもち、我々の先祖が長い苦難の道を乗り越えてきた上に存在していることを、そして長い歴史の上に立っていることを、もう一度踏み留まって考える必要があるのではないだろうか。また、一人の戦争体験者として、絶対に戦争は避け、平和を追い求めるために、誰もが英知を絞り出すことが絶対に必要であると思うのである。こうしたことを思うとき、筆者は両親および遊佐氏および常盤氏の先祖に対する鎮魂の念を禁じ得ないのである。これがエンジニアの筆者をしてこの本を書かしめたのである。幸い執筆中、平成二十七年一月二十九日、ＮＨＫＢＳプレミアム「英雄たちの選択　感動秘話！　北海道開拓明治維新伊達家の挑戦地方創生のヒント満載」が放送された。これは筆者の背中を強く押して励ましてくれた。明治維新においては勝者側の企画放送は数知れないが、こうした、明治維新時の敗者側の目線に立って、敗者がその後どのようにして苦境を乗り切り、そしてどう生きていったかを、これからも企画放送してくれることを心からお願いしたいと思っている。この本を書きあげるのに際し、山形県遊佐町始め、多くの遊佐氏・常盤氏に所縁のある土地を訪れた。そこで、多くの方々のお世話になった、また史料集めのために千葉県立図書館はじめ多くの各地の図書館の方々に長きにわたってお世話になった。このことをこの紙面を借りて厚く御礼を申し上げたいと思っている。

筆者はこの本を書くにあたって全身全霊をもって書いたつもりでいる。ここに感謝の念をもって筆を置くことにする。

遊佐恒郎 略歴

昭和 14 年　満州国奉天（現瀋陽）生れ。

昭和 21 年　帰国、父の故郷北海道有珠郡伊達町（現伊達市）に居住。

昭和 39 年　東北大学工学部機械工学科卒。

同年　民間企業に就職。

昭和 57 年　技術・開発に従事。米国 H.T.R.I（Heat Transfer Research Inc.）の伝熱計算ソフト導入及びその運用に携わる。

昭和63年　社団法人日本機械工業連合会主催「優秀省エネルギー機器」(昭和62年度)に於いて筆者の開発した「ヘリカルバッフル式熱交換器」が主席入賞。これに関して「ハイテクで迫る極限の省エネ機器」として昭和 63 年 2 月 23 日付「日刊工業新聞」で紹介さる。

遊佐氏の研究

発行　二〇一九年四月一日　初版第一刷

著　者　遊佐　恒郎

発行人　伊藤　太文
発行元　株式会社　叢文社
〒一一二―〇〇一四
東京都文京区関口一―四七―一二江戸川橋ビル
電　話　〇三（三五一三）五二八五
ＦＡＸ　〇三（三五一三）五二八六

印刷・製本　モリモト印刷

定価はカバーに表示してあります。
乱丁、落丁についてはお取り替えいたします。

ISBN978-4-7947-0800-7